郁賢皓
周福昌 注譯
姚曼波
傅武光 校閱

新譯左傳讀本

（中冊）

三民書局

國家圖書館出版品預行編目資料

新譯左傳讀本(中)／郁賢皓,周福昌,姚曼波注譯;傅武光校閱.——二版六刷.——臺北市：三民，2022
冊；　公分.——(古籍今注新譯叢書)

4710841099939（平裝）
1.左傳—註釋

621.732

古籍今注新譯叢書

新譯左傳讀本(中)

注譯者　郁賢皓　周福昌　姚曼波
校閱者　傅武光

發行人　劉振強
出版者　三民書局股份有限公司
地　址　臺北市復興北路 386 號(復北門市)
　　　　臺北市重慶南路一段 61 號(重南門市)
電　話　(02)25006600
網　址　三民網路書店 https://www.sanmin.com.tw

出版日期　初版一刷 2002 年 9 月
　　　　　初版二刷 2006 年 3 月
　　　　　二版一刷 2009 年 1 月
　　　　　二版六刷 2022 年 5 月
書籍編號　S032390
　　　　　4710841099939

新譯左傳讀本 目次

中冊

襄公

宣公

【題解】魯宣公，名俀（《世本》作「倭」），文公之子，母為敬嬴。在位十八年，謚「宣」。《逸周書・謚法解》：「聖善聞周曰宣。」

魯宣公為文公庶子，其母敬嬴受寵。敬嬴又結交莊公之子、魯卿東門襄仲。文公死後，襄仲殺文公嫡子惡及視，並殺叔仲惠伯，立俀為宣公。宣公元年以濟西之田賂齊。齊惠公新立，欲結好魯國，故許立俀而棄其外甥惡。宣公又娶齊女為夫人，事齊甚敬。八年，襄仲死，又寵信其子公孫歸父，而三桓（桓公之後的孟孫、叔孫、季孫三氏）懷怒。十八年，公孫歸父謀去三桓未成而宣公死，季孫行父重提襄仲殺嫡立庶之罪而逐東門氏，歸父奔齊。於是魯成公即位，三桓稱強，政在季氏。

宣公之世，齊、魯交好，魯國力有所增強。四年伐莒，七年同齊伐萊，八年築平陽城，九年攻取根牟，十年伐邾，齊歸還濟西之田。齊惠公死後，齊頃公不斷入侵魯、衛，奪魯汶陽之田，而晉未能救助，故魯結好楚國以抗齊。十七年，晉、齊交惡，魯遂與晉、衛諸國會盟於斷道，於是形成晉、魯、衛、曹結盟以抗齊的局面。

宣公之世，楚莊王稱霸。宣公三年楚伐陸渾之戎，陳兵洛水，問王室九鼎之輕重，有覬覦天下之心。王孫滿答以「在德不在鼎」，周「天命未改」，以絕楚王非分之想。四年楚王親臨戰陣，滅若敖氏之亂。八年滅舒蓼，疆土擴至今安徽省合肥、巢湖地區，與吳、越結盟。十一年楚王攻滅陳國而後復立，虜陳人使居於夏州。十四年與齊結好。晉為免與楚衝突，只能坐視楚國擴張。

秦共公、秦桓公相繼，仍念崤戰舊怨，不肯與晉修好。六年、七年，赤狄、北狄先後伐晉，晉三面受敵，陷於被動。而晉靈公又不修政事，奢侈昏庸，因而被殺。晉霸主地位衰落，處在晉、楚之間的宋、鄭，宋傾向於晉，鄭則取無原則立場，唯強是從，「與其來者」。因而晉、楚交兵伐鄭，鄭朝晉而暮楚。十二年楚莊王破鄭，鄭襄公卑辭求降。楚王許和，留鄭以為緩衝。晉軍渡河救鄭，副帥先穀與大夫魏錡、趙旃等求戰挑釁，遂惹怒楚王，決戰於邲。晉軍將帥不和，沒有統一的謀略，臨戰又指揮失誤，以致不戰自敗，士兵爭相渡河逃跑，「舟中之指可掬」。這是晉、楚之間第二次大規模交戰。楚取勝後又滅蕭，直逼宋、衛。十四年宋殺楚大夫文之無畏，楚莊王怒而圍宋。至十五年五月，宋苦守九個月，「易子而食，析骸以爨」，不見晉兵救援，只得降楚。於是莊王稱霸中原。戰後莊王又以「止戈為武」為題，提出「武功七德」，反對窮兵黷武。

宣公九年，晉景公即位，積極振興霸業。十一年白狄歸服，十五年滅赤狄潞氏，又敗秦於輔氏，解除了後顧之憂。十六年士會執政，嚴明刑法，晉國力復振。十七年晉為聯齊抗楚，使郤克聘齊，不意郤克受辱而致晉、齊失和。

宣公十五年魯國「初稅畝」，履畝而稅，對公田、私田一律徵稅。這等於承認私田的合法性，是井田制遭到破壞的一個重要標誌。《漢書．食貨志》云：「周室既衰，暴君污吏漫其經界」，「上下相詐，公田不治，故魯宣公初稅畝，《春秋》譏焉。」而翦伯贊認為「這為地主經濟的興起開闢了道路」。

左氏記事，常具體而形象地描述事件的發生過程及人物的言行，而且有了人物性格刻畫和細節描寫，成為富有文學價值的敘事文學。如宣公二年宋大夫羊斟為一羹之怨，害華元被俘；華元逃歸後，築城役夫作民歌嘲諷的記載；三年鄭文公妾夢天使與之蘭花的記載；四年楚國子文取名穀於菟的緣由以及楚滅鬭椒的記載；十二年邲戰中楚軍單車挑戰的記載；蕭大夫還無社避難苦井的記載，無不生動傳神。而對於昏君暴行和醜惡本質的無情揭露，更是本期傳文的重要篇章。如二年傳痛斥「晉靈公不君」；四年傳寫鄭靈公負氣戲辱臣下而被殺；九年、十年傳寫陳靈公之淫亂而被殺，都寫得有聲有色，豐富多采，成為傳記文學作品。

元年

癸丑，西元前六〇八年。周匡王五年、齊惠公元元年、晉靈公十三年、秦共公稻元年、楚莊王六年、宋文公三年、衛成公二十七年、陳靈公六年、蔡文公四年、曹文公十年、鄭穆公二十年、燕桓公十年、許昭公十四年。

經 元年春王正月，公即位。

公子遂如齊逆女。

三月，遂以夫人婦姜至自齊。

夏，季孫行父如齊。

晉放其大夫胥甲父于衛。

公會齊侯于平州。

公子遂如齊。

六月，齊人取濟西田。

秋，邾子來朝。

楚子、鄭人侵陳，遂侵宋。晉趙盾帥師救陳。

宋公、陳侯、衛侯、曹伯會晉師于棐林，伐鄭。

冬，晉趙穿帥師侵崇。

晉人、宋人伐鄭。

傳 元年春王正月，公子遂❶如齊逆女❷。尊君命❸也。

三月，遂以夫人婦姜❹至自齊。尊夫人❺也。

夏，季文子❻如齊，納賂以請會❼。

晉人討不用命❽者，放胥甲父❾于衛，而立胥克❿。先辛⓫奔齊。

會于平州⓬，以定公位。

東門襄仲如齊拜成⓭。

六月，齊人取濟西之田⓮，為立公故，以賂齊也。

宋人之弒昭公⓯也，晉荀林父以諸侯之師伐宋⓰，宋及晉平，宋文公受盟于晉。又會諸侯于扈⓱，將為魯討齊，皆取賂而還⓲。鄭穆公曰：「晉不足與⓳也。」遂受盟于楚。陳共公之卒⓴，楚人不禮焉㉑。陳靈公受盟于晉。

秋，楚子㉒侵陳，遂侵宋。晉趙盾帥師救陳、宋。會于棐林㉓，以伐鄭也。

楚蒍賈㉔救鄭，遇于北林㉕，囚晉解揚㉖，晉人乃還。

晉欲求成㉗於秦。趙穿曰：「我侵崇㉘，秦急崇，必救之，吾以求成焉。」

冬，趙穿侵崇，秦弗與成。

晉人伐鄭，以報北林之役。於是晉侯侈㉙，趙宣子㉚為政，驟㉛諫而不入，故不競㉜於楚。

【注　釋】❶公子遂　魯莊公子，名遂，字仲，又稱東門襄仲，執掌魯國政事。❷逆女　迎娶魯宣公夫人齊女姜氏。逆，迎。❸尊君命　意謂經文之所以稱「公子遂」，是為了尊重國君的使命。「公子」是當時寵號，公子遂是魯上卿，宣公叔祖父，故「公子遂如齊逆女」表示禮節隆重。❹婦姜　因宣公母敬嬴尚健在，姜氏有姑，故稱「婦」。❺尊夫人　意謂經文單稱「遂」，不稱「公子遂」，是為了尊重夫人。❻季文子　即季孫行父，魯桓公之子季友之孫，名行父。❼納賂以請會　進獻財物，請求齊惠公會見魯宣公。宣公是魯文公庶子而立為君的，故求齊承認其君位。賂，財貨，即下文濟西之田。❽不用命　不聽從命令。文公十二年傳，秦、晉河曲之役，秦軍將夜遁，晉軍命將士逼迫秦軍於黃河岸邊來進攻它。晉國胥甲、趙穿二人不從命，不肯迫秦軍於險地而攻之。❾胥甲父　即胥甲，胥臣之子，時為下軍佐。趙穿是趙盾的從父兄弟、晉襄公女婿，故未放逐，只放逐胥甲。❿胥克　胥甲之子。⓫先辛　晉大夫，胥甲的屬下。⓬平州　在今山東省萊蕪市西。據經文，是魯宣公與齊惠公會於平州。⓭拜成　拜謝齊惠公完成會見之禮。⓮濟西之田　濟水（今湮沒）以西的田地。其地在今山東省巨鹿縣、東平縣之間。今賂齊，至宣公十年歸還魯。⓯弒昭公　宋昭公無道，被殺。見文公十六年傳。⓰伐宋　晉國大夫荀林父率領晉、衛、陳、鄭四國聯軍伐宋。見文公十七年傳。⓱會諸侯于扈　晉與宋、衛、蔡、陳、鄭、許、曹等國諸侯會盟於扈，以謀伐齊，齊賂晉侯，故未能伐齊而還。見文公十五年傳。⓲皆取賂而還　文公十七年傳云，晉荀林父伐宋，猶定宋文公之位而還。未言受宋賂，此補敘，明言晉亦受宋賂。⓳與　結交；親附。⓴陳共公之卒　見文公十三年經。陳共公名朔，死後由陳靈公繼位。共，同「恭」。㉑不禮焉　沒有到陳國行弔喪、會葬之禮。㉒楚子　楚莊王。楚國始封君為子爵，故稱其君為楚子。㉓棐林　鄭地，在今河南省新鄭市東二十五里。據經文，與晉軍會於棐林的有宋、陳、衛、曹四國諸侯。晉趙盾領兵救陳、宋，楚軍退走，趙盾與四國諸侯會師伐鄭，因鄭背晉親楚。㉔蔿賈　楚大夫，字伯嬴，孫叔敖之父。㉕北林　鄭地，在今河南省新鄭市之北，鄭州市東南。㉖解揚　晉大夫，字子虎，其先人食邑於解（在今山西省運城市解州鎮）。又稱霍虎。此年被囚於楚，後歸晉。㉗求成　求和。㉘崇　秦附庸國。殷商時有崇國，為文王所滅，其地在今陝西省戶縣東。此崇國當是改封之國，其地當在渭北黃河之濱，近晉。㉙於是晉侯侈　從此晉靈公生活奢侈。這與上文所言晉取齊、宋之賂有關。㉚趙宣子　即趙盾，晉國正卿，掌國政。「宣」當是其謚號。㉛驟　屢次。㉜競　爭。

【語　譯】魯宣公元年春季，周王曆法的正月，魯國上卿公子遂到齊國去迎接齊女。《春秋》之所以稱他「公子遂」，是為了尊重國君的使命，表示迎娶禮節隆重。

三月，公子遂領著宣公夫人婦姜從齊國回到魯國。《春秋》之所以只稱「遂」，而不說「公子遂」，是為了尊重夫人。

夏季，魯卿季文子到齊國，進獻財禮，請求齊惠公會見魯宣公，承認他是魯國國君。

晉國人懲罰河曲之役時不聽從命令的人，把胥甲父放逐到衛國，而讓他的兒子胥克繼承爵位。他的屬下大夫先辛逃亡到齊國。

魯宣公和齊惠公在平州會盟，以確認宣公的君位。

東門襄仲去齊國，拜謝會盟圓滿成功。

六月，齊國人取得濟水以西的田地。這是因為齊國幫助立宣公為國君的緣故，用它作為禮物送給齊國。

宋國人殺死昭公後，晉國的荀林父率領晉、衛、陳、鄭四個諸侯國的軍隊攻打宋國，宋國和晉國講和，宋文公接受晉國的盟約。晉國又在扈地召集八國諸侯會盟，準備為魯國討伐齊國。結果晉國取了齊、宋兩國的財貨而回軍。鄭穆公說：「晉國是不值得親附的了。」就接受了楚國的盟約。以前陳共公死的時候，楚國沒有去行弔喪、會葬的禮儀，陳靈公就到晉國接受盟約。

秋季，楚莊王侵襲陳國，接著侵襲宋國。晉國趙盾率領軍隊救援陳、宋。宋文公、陳靈公、衛成公、曹文公在棐林和晉軍會師，討伐鄭國。楚國大夫蔿賈領兵救援鄭國，在北林和晉軍相遇接戰，俘獲晉國的大夫解揚，把他囚禁了回國去。晉軍也就回去。

晉國想和秦國講和。趙穿說：「我們去侵襲崇國，秦國必然為崇國著急，前去救它。我們就可以乘機求秦國講和。」冬季，趙穿領兵去打崇國，秦國卻不肯跟晉國講和。

晉國人攻打鄭國，以報復北林遭遇戰的失利。當時，晉靈公生活奢侈，趙宣子執政，多次勸諫都不聽，所以晉國不能跟楚國爭強了。

【說　明】 鄭穆公於魯文公十七年就以〈鄭子家與晉趙宣子書〉與晉絕交，接受了「晉不足與」的現實，又看到楚國聲勢日強，所以棄晉盟楚。晉國就和宋、陳、衛、曹四國聯合伐鄭，楚軍救鄭，在北林發生遭遇戰，晉軍失利。可見晉國的霸主地位已經衰落，楚強晉弱的格局已經形成。晉國出於戰略上的考慮，要求與秦媾和，以便集中力量對付楚國。但晉靈公少不更事，納賂受賄，生活奢侈，不修政事，使晉國內外交困，危機四伏，難以與強楚抗衡。

末章晉伐鄭、晉侯侈，為明年鄭伐宋、晉侯被殺張本。

二年

甲寅，西元前六〇七年。周匡王六年、齊惠公二年、晉靈公十四年、秦共公二年、楚莊王七年、宋文公四年、衛成公二十八年、陳靈公七年、蔡文公五年、曹文公十一年、鄭穆公二十一年、燕桓公十一年、許昭公十五年。

經 二年春王二月壬子，宋華元帥師及鄭公子歸生帥師戰于大棘，宋師敗績，獲宋華元。

秦師伐晉。

夏，晉人、宋人、衛人、陳人侵鄭。

秋九月乙丑，晉趙盾弒其君夷皋。

冬十月乙亥，天王崩。

傳 二年春，鄭公子歸生[1]受命于楚，伐宋。宋華元[2]、樂呂[3]御[4]之。二月壬子，戰於大棘[5]，宋師敗績。囚華元，獲樂呂[6]，及甲車[7]四百六十乘[8]，俘二百五十人，馘[9]百。狂狡輅鄭人[10]，鄭人入於井。倒戟而出之，獲狂狡[11]。君子曰：「失禮違命，宜其為禽也[12]。戎[13]，昭果毅以聽之之謂禮[14]。殺敵為果[15]，致果為毅[16]。易之，戮也[17]。」將戰[18]，華元殺羊食士[19]，其御[20]羊斟不與。及戰，曰：「疇昔[21]之羊，子為政[22]；今日之事，我為政。」與入鄭師，故敗。君子謂：「羊斟，非人也，以其私憾，敗國殄民[23]，於是刑孰大焉[24]？《詩》所謂『人之無良』[25]者，其羊斟之謂乎！殘民以逞[26]！」宋人以兵車百乘、文馬百駟[27]，以贖華元于鄭。半入[28]，華元逃歸。立于門外，告而入[29]。見叔牂[30]，曰：「子之馬然也[31]？」對曰：「非馬也，其人也。」既合而來奔[32]。宋城[33]，華元為植[34]，巡功[35]。城者謳曰：「睅其目[36]，皤其腹[37]，棄甲而復[38]。于思[39]于思，棄甲復來[40]。」使其驂乘[41]謂之曰：「牛則有皮，犀兕尚多，棄甲則那[42]？」役人曰：「從[43]其有皮，丹漆[44]若何？」華元曰：「去之！夫[45]其口眾我寡。」

秦師伐晉，以報崇[46]也，遂圍焦[47]。夏，晉趙盾救焦。遂自陰地[48]及諸侯之師侵鄭[49]，以報大棘之役。楚鬬椒[50]救鄭，曰：「能欲諸侯[51]而惡[52]其難乎？」遂次于鄭，以待晉師。趙盾曰：「彼宗競于楚[53]，殆將斃[54]矣！姑益其疾[55]。」乃去之。

【注釋】❶公子歸生　鄭國執政大夫，字子家。❷華元　宋國右師，六卿之首。華督曾孫，華耦之弟，前後執政約四十年。❸樂呂　宋國司寇，六卿之一。❹御　同「禦」。抵禦。❺大棘　宋地，在今河南省睢縣南、柘城縣西北故大棘城。❻獲樂呂　指樂呂被殺死。獲，古時生獲（活捉）、死獲（殺死）都稱獲。此處與「囚」對言，則「囚」為生獲，「獲」為死獲。❼甲車　兵車。因馬披甲衣，故稱甲車。❽乘　量詞，一車四馬叫乘。❾馘　殺死敵人割其左耳以計數報功。❿狂狡輅鄭人　宋國大夫狂狡迎戰鄭軍。輅，迎戰。⓫倒戟二句　狂狡倒拿著戟，把戟柄給井裏的鄭國士兵，要把他拉上來，鄭人反而殺死了狂狡。⓬失禮二句　失行軍之禮，違殺敵之命，當然要被人擒獲了。禽，同「擒」。按，古代軍法以殺敵為上，狂狡拘於小仁，授人以柄，故失在軍之禮。⓭戎　兵戎之事。指用兵之道。⓮昭果毅句　明白教育士兵要有勇敢、剛毅的殺敵精神，讓大家聽命，這就叫禮。《大戴禮・四代》：「甲冑之戎昭果毅以聽。」僖公二十二年傳：「明恥教戰求殺敵也。」戎事以殺敵為禮，此禮非揖讓之禮。是因事制宜之謂。⓯殺敵為果　勇敢殺敵叫「果」。⓰致果為毅　養成這種勇敢的精神品質叫「毅」。毅，有毅力。⓱易之戮也　反之（不這樣做），就要被殺戮。這是譏狂狡違反其道，自取滅亡。易，更換。⓲將戰　臨近作戰時。以下補敘華元被俘經過。⓳食士　給士兵吃。⓴御　駕車的人。㉑疇昔　以前；昨日。㉒子為政　由你作主。㉓殄民　殘害人民。㉔於是刑孰大焉　這樣的罪惡，按刑法，還有誰比他再大的呢。㉕人之無良　見《詩經・鄘風・鶉之奔奔》，意謂這是人類中最壞的人。無良，不良。㉖逞　圖一時快意。㉗文馬百駟　毛色有文彩的馬四百匹。四馬為駟，同駕一車。㉘半入　車馬送去一半。㉙告而入　告知守城官，然後入城。表示華元行動一絲不苟。㉚叔牂　杜注謂即羊斟。羊斟陷華元於敵，自己脫身逃歸。㉛子之馬然也　意謂你驅車入鄭軍，是由於你的馬不聽指揮造成的嗎。也，讀為「邪」，表疑問語氣。華元知羊斟挾怨害己，故意委婉其詞而詰問他。杜注「華元見而慰之」，則此句為直陳句。似不合文理，說見楊樹達《讀左傳》。㉜既

合而來奔　回答之後，因懼罪，就逃來魯國。合，答。㉝城　築城。動詞。㉞為植　作為領導；任監工之事。從孔穎達說。㉟巡功　巡視築城的事。功，事。㊱睅其目　瞪大他的眼睛。睅，眼睛瞪大突出。《說文》：「睅，大目也。」㊲皤其腹　腆起他的大肚子。皤，大；鼓起。㊳棄甲而復　丟盔棄甲逃回來。以上三句目、腹、復三字為韻。㊴于思　兩腮長著大鬍子。于，發語詞，無義。思，同「偲」、「䰄」。多鬚貌。以上睅目、皤腹、于思是寫華元形貌。㊵復來　指又來巡視。思、來為韻。㊶驂乘　站在車右的陪乘。平時稱驂乘，戰時稱車右，護衛主帥。㊷牛則三句　意謂牛嘛有皮，可製甲衣，犀牛、兕牛皮還有很多，丟掉盔甲有啥要緊呢。兕，雌的犀牛。那，「奈何」的合音詞，今俗語「怎麼樣」。皮、多、那三字古音歌部為韻。㊸從　同「縱」。即使。㊹丹漆　指塗甲衣的紅色、黑色染料。㊺夫　彼。代詞。他們。㊻崇　楚附庸小國。晉軍伐崇之役見宣公元年傳。㊼焦　晉邑，在今河南省陝縣西南。㊽陰地　在焦邑之南，今河南省盧氏縣東北舊有陰地城。㊾及諸侯之師侵鄭　經文作「夏，晉人、宋人、衛人、陳人侵鄭」，故諸侯之師為四國聯軍。㊿鬭椒　楚大夫，字子越，又字伯棼，為楚國若敖氏曾孫。(51)欲諸侯　要諸侯擁護。(52)惡　厭惡；怕。(53)彼宗競于楚　他們若敖氏宗族在楚國爭權稱強。競，爭強。(54)斃　倒下去，猶今言完蛋。楚滅若敖氏見宣公四年傳。(55)益其疢　加重他驕兵輕敵的毛病。

【語　譯】魯宣公二年春季，鄭國的公子歸生接受楚國的命令，出兵攻打宋國。宋國的華元、樂呂領兵抵禦。二月十日，在大棘開戰，宋軍大敗。鄭國囚禁了華元，獲得樂呂的屍首，繳獲戰車四百六十輛，俘虜士兵二百五十人，割下被打死的士兵的左耳一百個。宋國的狂狡在迎戰鄭軍時，有個鄭國士兵落到井裏。狂狡倒拿著戟，把戟柄給他想拉他出井，結果狂狡反被刺死了。君子說：「在軍失禮，違背了殺敵的命令，他活該要被擒獲了。戰爭，就是要發揚勇敢、剛毅的精神，以聽從殺敵的命令，這就叫禮。殺死敵人就是勇敢，養成這種勇敢殺敵的品質就是剛毅。反之，不這樣做，就活該要被殺戮。」臨近作戰時，華元殺羊犒勞士兵，給他駕戰車的羊斟沒有吃到羊羹。到作戰時，羊斟說：「前日的羊，是你作主；今天打仗，由我作主。」就驅車進入鄭軍戰陣，所以宋軍失敗，華元被俘。君子認為：「羊斟簡直不是人！由於他有私怨，使國家戰敗，百姓受害。這樣的罪，按刑法，還有誰比他再大的呢？《詩》所說的『存心不良』，大概是說羊斟吧！他就是殘害百姓來使自己快意。」戰後，宋國人用兵車一百輛，毛色漂亮的馬四百匹，去向鄭國贖回華元。車馬剛送去一半，華元就逃了回來。華元站在城門外，告知了守門人，然後才進城。他見到羊斟說：「是你的馬不受駕御才這樣的嗎？」羊斟回答說：「不是馬，是人造成的。」回答以後就逃奔到魯國來。宋國築城牆，華元主持這事，去監工巡視工程。築城的僕役唱歌說：「瞪大著眼，腆著大肚，丟盔棄甲往回走。連鬢鬍子長滿腮，丟盔棄甲逃回來。」華元使他的陪乘去對他們說：「有牛就有皮，犀牛皮、兕牛皮多得是，丟了盔甲有啥了不起？」僕役們又說：「即使有牛皮，紅漆、黑漆又在哪裏？」華元說：「離開他們吧！他們的嘴多，我們的嘴少，說不過他們。」

秦軍攻打晉國，以報復去年晉軍入侵崇地，因此就包圍晉地焦邑。夏季，晉國的趙盾領兵救援焦邑。接著就在陰地會同宋、衛、陳三國軍隊去襲擊鄭國，以報復大棘戰役的失敗。楚國的鬬椒領兵救援鄭國，說：「能夠想要諸侯擁護而又怕困難嗎？」就駐軍在鄭國，等待跟晉軍交戰。趙盾說：「他們若敖氏宗族在楚國爭權稱強，快要完蛋了。姑且加重他驕兵輕敵的毛病吧！」於是就退兵離開鄭國。

【說 明】楚國命鄭國去攻打宋國，戰於大棘，自己在一旁坐收漁人之利。秦國乘機伐晉圍焦邑。晉處在南楚西秦兩面夾擊的境地。故趙盾領兵救焦，會合三國軍隊攻鄭，為宋國大棘戰敗報仇。但又採取迴避的審慎策略，一方面是麻痺楚軍，讓他們驕兵輕敵的毛病更加嚴重；另方面也不想貿然與鄭、楚正面交戰，以免陷入被動。晉軍實力已不如晉文公時代了。

大棘之戰，宋軍大敗，損失慘重。宋軍之敗就敗在一杯羊羹上。臨戰時殺羊犒士，本是好事，可主帥華元偏沒把羊羹分給為他駕兵車的大夫羊斟。上了戰場，羊斟竟為區區一杯羊羹洩私忿，驅車馳入鄭軍戰陣，自己脫身逃歸，以致華元被俘，副帥樂呂戰死，宋國全軍覆沒。傳文憤怨斥責「羊斟，非人也」，是喪心病狂的敗類。從另一方面說，人生有許多的偶然和不測，稍一疏忽，常會鑄成遺憾。《詩》云：「民之失德，乾餱以愆。」難免有羊斟這樣的人，為一杯羊羹而如此怨毒，造成「敗國殄民」的慘禍。真是既有一飯之恩（如本傳下章翳桑之餓人），也有一飯之仇（如本傳羊斟及宣公四年傳之子公）。「與」或「不與」，在特定的背景下，或其人處於窮厄，或其人為可賤亦可畏的「非人也」，就會產生或感恩圖報、或怨毒洩忿而造成意想不到的結果。此後類似的事見之於記載者並不在少。

傳文先寫大棘之戰華元被俘，然後補敘被俘緣由及戰後逃歸情況，再寫戰後宋國築城，華元以主帥之尊，親至工地巡視，辨事勤謹。築城的役卒用創作歌唱的方式嘲笑華元，華元並沒生氣，只是由於說不過築城的役隸而快快走開，表現出華元是個比較寬和的貴族統治者。文章生動雋永，口吻宛然，哄笑之聲可聞，確是史傳散文中富有文學意味的篇章。

傳 晉靈公不君❶：厚斂❷以彫牆❸；從臺上彈人，而觀其辟丸❹也；宰夫❺胹熊蹯不熟❻，殺之，寘諸畚❼，使婦人載以過朝❽。趙盾❾、士季❿見其手，問其故，而患之。將諫，士季曰：「諫而不入，則莫之繼也⓫。會請先，不入，則子繼之。」三進及溜，而後視之⓬，曰：「吾知所過⓭矣，將改之。」稽首⓮而對曰：「人誰無過？過而能改，善莫大焉。《詩》曰：『靡不有初，鮮克有終⓯。』夫如是⓰，則能補過者鮮矣。君能有終，則社稷之固⓱也，豈唯羣臣賴之？又曰：『袞職有闕，惟仲山甫補之⓲。』能補過也。君能補過，袞不廢⓳矣。」猶不改。宣子驟諫⓴。公患之㉑，使鉏麑㉒賊㉓之。晨往，寢門闢矣，盛服㉔將朝，尚早，坐而假寐㉕。麑退，歎而言曰：「不忘恭敬，民之主㉖也。賊民之主，不忠；棄君之命，不信。有一于此[27]，不如死也。」觸槐而死。秋，九月，晉侯飲趙盾酒[28]，伏甲[29]將攻之。其右[30]提彌明知之，趨登[31]曰：「臣侍君宴，過三爵[32]，非禮也。」遂扶以下[33]。公嗾[34]夫獒[35]焉，明搏[36]而殺之。盾曰：「棄人用犬，雖猛何為？」鬥且出[37]，提彌明死之。

初，宣子田[38]於首山[39]，舍于翳桑[40]。見靈輒餓[41]，問其病。曰：「不食三日矣。」食之[42]，舍其半[43]。問之。曰：「宦[44]三年矣，未知母之存否，今近焉，請以遺之[45]。」使盡之，而為之簞食與肉[46]，寘諸橐[47]以與之。既而與為公介[48]，倒戟[49]以禦公徒[50]，而免之。問何故。對曰：「翳桑之餓人也。」問其名居，不告而退。遂自亡[51]也。

乙丑[52]，趙穿[53]攻靈公於桃園[54]。宣子未出山而復[55]。太史[56]書曰：「趙盾弒[57]其君。」以示于朝。宣子曰：「不然。」對曰：「子為正卿[58]，亡不越竟[59]，反不討賊[60]，非子而誰？」宣子曰：「嗚呼！《詩》曰：『我之懷矣，自詒伊慼[61]。』其我之謂矣[62]。」孔子曰：「董狐，古之良史也，書法不隱[63]。趙宣子，古之良大夫也，為法受惡[64]。惜也，越竟乃免[65]。」宣子使趙穿逆公子黑臀[66]于周，而立之。壬申[67]，朝于武宮[68]。

初，驪姬之亂[69]，詛[70]無畜羣公子[71]，自是晉無公族[72]。及成公即位，乃宦卿之適[73]，而為之田[74]，以為公族。又宦其餘子[75]，以為餘子[76]。其庶子為公行[77]。晉於是有公族、餘子、公行。趙盾請以括[78]為公族，曰：「君姬氏[79]之愛子也！微[80]君姬氏，則臣狄人也。」公許之。冬，趙盾為旄車之族[81]，使屏季以其故族[82]為公族大夫。

【注釋】❶晉靈公不君　晉靈公，晉襄公之子，名夷皋，在位十四年。即位時尚抱在其母穆嬴懷中，此時不過十六、七歲。是歷史上有名的暴君。不君，在君位而言行不合為君之道。上年傳文說他受齊、宋賄賂，生活奢侈，本傳詳寫其無道殘暴之事。❷厚斂　重徵賦稅。斂，同「歛」。徵稅。❸彫牆　用彩繪裝飾宮牆。泛指生活奢侈。彫，亦作「雕」。❹辟丸　躲避彈子。辟，同「避」。❺宰夫　膳夫；廚師。負責國君膳食。❻胹熊蹯不熟　煮熊掌沒有煮爛。胹，煮。❼寘諸畚　把宰夫的屍體支解了放在筐子裏。寘，同「置」。畚，用草繩把蒲條編成的筐子。《說文》：「畚，蒲器也。」❽使婦人載以過朝　使宮中侍女裝在車上運出去，經過朝堂。《公羊傳·宣公六年》云：趙盾與諸大夫立于朝，有人荷畚自閨出。趙盾曰：「是何也？」曰：「膳宰也，熊蹯不熟，公怒，以斗擊而殺之，支解，將使我棄之。」可見靈公是在小寢中殺死宰夫，小寢在正寢後兩側，載屍出小寢閨門，在朝堂旁經過，故趙盾得見。❾趙盾　趙衰之子，晉襄公七年為晉正卿，將中軍，掌國政（見文公六年傳），前後凡二十年，為晉國名臣。諡宣子。下文稱其諡號。❿士季　晉大夫，士蔿之孫，名會，字季。下文自稱其名。其先食邑於隨，後食邑於范，故又稱隨會、范會。諡武子，又稱范武子。見文公七年傳。⓫諫而不入二句　意謂如果兩人同去進諫而晉君不接受，就沒有人接著我們去進諫了。莫之繼，即「莫繼之」。⓬三進二句　意謂士會入門向前行走一程，就伏地行見君之禮，晉靈公故意裝作沒有看見；士會再往前行走，入庭，再行禮；再前行，登上殿階，到殿堂的簷下，將登堂，靈公才不得不看著士會說話。溜，簷下滴溜水之處。⓭所過　所犯的過錯。過，動詞。犯錯誤。所，用在動詞前，組成名詞性詞組，指代錯誤。靈公搶先說自知錯誤，不要士會開口進諫。⓮稽首　叩頭。古時最恭敬的拜禮，先雙手合拱，作揖行拜禮二次，然後下跪，雙手合拱按地，叩頭至地。⓯詩曰三句　見《詩經・大雅・蕩》，意謂人們做善事，都有個好的開頭，卻很少能堅持到底。即謂人們改過遷善，往往有始無終。靡，通「無」。鮮；少。⓰夫如是　照此說來。夫，句首發語詞，提起議論。是，此。⓱社稷之固　國家就鞏固，有保障。⓲又曰三句　見《詩經・大雅・烝民》。詩本是以袞衣有缺而縫補，喻指周宣王有過錯，仲山甫能為他彌補，此處是藉以勸勉靈公補過。袞，天子的禮服。此指天子。職，職責。一說通「適」。闕，通「缺」。仲山甫，周宣王卿士，輔佐宣王中興。⓳袞不廢　即袞職不廢，謂國君應盡的職責不會荒廢，即君位不會失掉。⓴驟諫　屢次進諫。驟，屢次。㉑患之　以之為禍患，即憎恨他。㉒鉏麑　晉國力士，靈公使為刺客。㉓賊　害；暗殺。㉔盛服　朝衣朝冠穿戴整齊。㉕假寐　坐著打盹兒。不解衣冠，閉目養神。㉖民之主　人民的支柱；為民作主的忠臣。㉗有一于此　在此不忠、不信二者中必有一項。㉘飲趙盾酒　請趙盾飲酒。㉙甲　鎧甲。指甲士。㉚右　車右；站在兵車右邊護衛主帥的勇力之士。又稱驂乘。趙盾的車右提彌明，〈晉世家〉作「示眯明」。㉛趨登　快步登上殿堂。㉜過三爵　古時君宴臣，小燕（宴）禮，臣不能超過三爵，就應辭退，故謂過三爵非禮，以促趙盾速退。爵，酒杯。古時酒杯形似雀，故酒杯稱爵。㉝遂扶以下　接著把趙盾扶下殿來。按宴禮，大夫皆脫屨升堂就席，此言不容趙盾考慮，急迫不及著襪納屨，赤足下堂。故一本作「遂跣以下」。㉞嗾　喚狗的聲音。作動詞。㉟夫獒　那頭猛犬。夫，代詞。那。獒，《爾雅・釋畜》：「狗四尺為獒。」㊱搏　徒手搏鬥。㊲鬥且出　與伏甲一面搏鬥一面退出宮廷。㊳田　同「畋」。打獵。㊴首山　又名首陽山，在今山西省永濟市東南。㊵舍于翳桑　舍，住宿；休息。翳桑，王引之《述聞》謂當是地名，在首山下。杜注謂桑樹的蔭涼處，按文例則應作「翳桑下」，故王說較勝。㊶餓　指幾天沒吃，餓極而病倒。古時飢餓二字有別，飢指一般的肚子餓，吃不飽。㊷食之　給他飯吃。㊸舍其半　留下一半不吃。舍，同「捨」。㊹宦　做貴族的僕隸。《呂氏春秋・報更》云：「趙盾問之曰：『汝何為而餓若是？』對曰：『臣宦于絳，歸而糧絕，羞行乞而憎自取，故至于此。』」㊺請以遺之　讓我把留下的一半食物送給母親吃。遺，通「饋」。贈送。㊻為之簞食與肉　另外給他一籃飯食和肉食。簞，盛飯的圓形竹籃。㊼橐　口袋。見僖公二十八年傳注。㊽與為公介　做了晉靈公的甲士，參加在攻殺趙盾的伏甲隊伍裏。與，參與。介，甲。㊾倒戟　倒戈；掉過頭來反擊。㊿公徒　靈公的甲士。因是徒兵，非車兵，故云「徒」。(51)遂自亡　於是就自己逃亡。杜注云：「輒亦去。」指靈輒逃亡。王引之《述聞》謂趙盾逃亡。王說雖有理，然按「遂」字義，杜說較勝。(52)乙丑　九月二十六日。(53)趙穿　趙盾族弟，晉襄公女婿。(54)攻靈公於桃園　《述聞》詳論「攻」本作「殺」。《孔子家語》用傳文亦作「殺」。桃園，晉君的園囿名。(55)未出山而復　山，指晉國邊境的山。復，回來。〈晉世家〉云：「盾遂奔，未出晉境。乙丑，盾昆弟將軍趙穿襲殺靈公於桃園，而迎趙盾。趙盾素貴，得民和。靈公少，侈，民不附，故為弒易。盾復位。」(56)太史　官名，此指晉國史官董狐。(57)弒　下殺上叫弒。晉君為趙穿所殺，但史官認為趙盾要負殺君之罪。魯《春秋》經文亦書「晉趙盾弒其君夷臯」。(58)正卿　卿大夫之首。晉國正卿為國家最高長官，兼掌軍民。(59)竟　同「境」。國境。(60)反不討賊　回朝以後又不懲辦賊人。反，同「返」。賊，大逆不道的人。指趙穿。(61)詩曰三句　杜注謂「逸詩也」。今《詩經・邶風・雄雉》有「我之懷矣，自詒伊阻」，《詩經・小雅・小明》有「心之憂矣，自詒伊戚」。此二句意謂由於我眷念祖國（所以回朝），結果反而給自己找來苦惱。懷，眷戀。詒，同「貽」。給。伊，其。代詞。那個。慼，憂。(62)其我之謂矣　這詩句說的大概是我吧。這是「其謂我矣」的倒裝句式。其，副詞，表示推測語氣。(63)書法不隱　記載史事的法則：不能隱諱不說。謂董狐秉筆直書，不迴護趙盾。(64)受惡　蒙受弒君的惡名。(65)越竟乃免　如逃亡出國就可避免弒君的惡名。杜注：「越境則君臣之義絕，可以不討賊。」(66)公子黑臀　晉文公少子，襄公之弟，母為周女，故久居於周，迎立為君，是為晉成公，在位七年。(67)壬申　十月三日。(68)武宮　晉武公之廟，在曲沃。曲沃武公併晉為晉侯，在位三十九年，其子即晉獻公。新君即位，必朝武宮。見莊公十六年傳注。(69)驪姬之亂　驪姬為驪戎之女，晉獻公以之為夫人，後讒殺太子申生，逐羣公子，而立其子奚齊為太子。見僖公四年傳。(70)詛　盟誓。(71)無畜羣公子　不准收容畜養晉獻公之庶子及先君的各支庶子。驪姬殺太子申生，誣陷公子重耳、夷吾，盡逐羣公子，且禁後世畜羣公子。晉惠公夷吾亦不納羣公子。文公之子亦多在他國，如公子雍在秦，公子樂在陳，公子黑臀在周。襄公之庶子亦然，故晉國無公族。(72)公族　有二義，一為諸侯同姓的公族子弟，二為官名，即公族大夫，掌教訓公族子弟。此公族指公族大夫，下同。獻公既不畜羣公子，無公族，亦廢公族大夫之官。至此年復立公族大夫，然以異姓為之，兼掌卿大夫子弟教育之責。(73)乃宦卿之適　就把官職（公族大夫）授給卿的嫡長子。適，同「嫡」。正妻所生之子，常指長子。(74)為之田　給他田地。即給他封地、食邑。(75)餘子　與嫡子相對而言，餘子就是庶子；與嫡長子相對而言，正妻所生的其他嫡子就是餘子。此指後一義，即指嫡長子的同母弟。(76)以為餘子　也設置餘子官職。此餘子是官名，掌餘子政事及教育之責。(77)其庶子為公行　即「宦其庶子為公行」。公行，官名，掌管卿大夫妾所生的庶子的教育，率領他們成為諸侯的將士。杜注：「庶子，妾子也。掌率公戎行。」(78)括　趙括，趙盾的異母弟。趙衰從重耳（晉文公）出亡時，娶狄女叔隗為妻，生趙盾。見僖公二十三年傳。後晉文公以女妻趙衰，稱趙姬，生原同、屏括、樓嬰三子。屏括即趙括，食邑於屏，下文稱屏季。見僖公二十四年傳。(79)君姬氏　即趙姬，與晉成公黑臀為姊弟。趙盾在成公面前稱她為君姬氏，就是尊她為嫡母（趙衰正妻）。(80)微　通「非」。如果沒有。此句是趙盾感念君姬氏之恩。趙衰隨晉文公返國後，趙姬固請趙衰接叔隗與趙盾歸晉，且讓叔隗為正妻，以趙盾為嫡子。故趙盾得嗣卿位。(81)旄車之族官名，即餘子，掌管國君的旄車。旄車，諸侯所乘的兵車，亦稱戎路（輅）。故餘子之官即《詩經・魏風・汾沮》之「公路」。趙盾本為嫡子，當為公族大夫，今讓於趙括，自居餘子之職，教育卿大夫之餘子，掌管國家的兵車。(82)以其故族　率領原由趙盾率領的族屬。故族，指自趙夙（趙盾祖父）以來的各支嫡庶子弟，即趙氏宗族。趙氏宗族本是卿族，由趙盾統率，今讓趙括統率而為公族大夫。從此趙氏卿族強盛而成為公族，故〈晉世家〉云「賜趙氏為公族」。

【語譯】晉靈公言行不合為君之道：重徵賦稅，用來彩繪裝飾宮牆；在高臺上用彈弓彈人，而看臣下躲避彈丸來取樂；有一次廚師煮熊掌沒有煮爛，靈公就把他殺死，屍體支解了放在蒲筐裏，叫侍女裝著運出去。經過朝堂時，趙盾和士季看到死人的手，問知殺人的緣故，為此就很擔憂，準備進諫。士季說：「同去進諫，如果國君聽不進去，就沒有人敢繼續進諫了。請讓我先去，如果他不聽，你就接著進諫。」士季前行施禮三次，到殿階上的屋簷下，晉靈公才轉眼看他，說：「我知道犯的錯誤了，打算改正。」士季叩頭回答說：「哪個人沒有過錯？有了過錯能改正，就沒有什麼好事比這再好的了。《詩》說：『做好事沒有不有個開頭，但很少能堅持到底的。』照此說來，能彌補過錯的人就很少了。國君能改過，有始有終，那國家的鞏固有保障了，豈只是臣下們依靠你改過？百姓都仰望著呀！《詩》又說：『周宣王有了過失，只有仲山甫來彌補。』這是說能彌補過錯。國君如能彌補過錯，國君的職責就不會荒廢了。」可是晉靈公仍然沒有改正。趙宣子屢次進諫。晉靈公認為他是禍患，派遣刺客鉏麑去暗殺他。鉏麑早晨前去，趙盾寢室的門已經打開，他朝衣朝冠已穿戴整齊，將要去上朝辦事。因時間還早，就坐著打盹兒。鉏麑退了出去，感歎說：「不忘記恭敬國事，真是為民作主的忠臣。殺害百姓的忠臣，就是不忠；放棄國君的使命，就是不信。在這兩項裏有一項，就不如死了好。」他就一頭撞死在槐樹上。秋季九月，晉靈公請趙盾喝酒，埋伏了甲士準備攻擊殺死趙盾。趙盾的陪乘提彌明察覺危險，就快步登上殿堂說：「臣下侍奉國君飲酒，超過三杯，就不合禮了。」說完，就扶起趙盾下殿堂。晉靈公呼惡狗來咬他，提彌明徒手搏鬥，把狗打死了。趙盾說：「不用人而用狗，狗雖然凶猛，又有什麼用呢？」不料埋伏的甲士都已來攻殺，趙盾同提彌明一面搏鬥，一面退出宮廷。提彌明為此犧牲。

當初，趙盾在首陽山打獵，住宿在翳桑，看見靈輒餓倒在地上，問他有什麼病。靈輒說：「已三天沒有東西吃了。」趙盾給他飯吃，他留下一半不吃。問他為什麼。他說：「在外面做僕役已經三年了，不知道母親還在不在世，現在快到家了，請讓我把這一半送給她吃吧！」趙盾讓他都吃掉，另外給他一籃飯食和肉食，放在袋子裏而後給了他。後來靈輒做了晉靈公的甲士，參加在攻殺趙盾的甲士行列裏。他倒戈反擊，抵禦晉靈公的甲士，使趙盾才免於禍難。趙盾問他為什麼這樣做。他回答說：「我就是在翳桑餓倒的那個人！」問他的名字和住處，想報答他。他不肯告訴趙盾，退出宮門就自己逃亡了。

九月二十六日，趙穿在桃園殺死了晉靈公。趙盾沒有走出國境就返回朝廷。太史董狐記載說：「趙盾弒其君。」在朝堂上公布給大家看。趙盾說：「不是這樣呀！」太史回答說：「您是正卿，逃亡卻沒有走出國境，回來又不懲罰凶手，弒君的不是你是誰？」趙盾說：「哎呀！《詩》說：『由於我眷念祖國，沒有逃亡出境，反給自己帶來了憂傷。』這大概說的是我了。」孔子說：「董狐是古代的好史官，按照記事法則秉筆直書，不加隱諱。趙宣子是古代的好大夫，為了記事的法則而蒙受弒君的惡名。太遺憾了，要是逃出國境，就可以避免背上弒君的罪名了。」趙盾派趙穿到成周迎回公子黑臀而立他為國君。十月初三日，公子黑臀到武公神廟朝祭並即位。

當初，驪姬作亂的時候，在神前祭祀盟誓，不許收容晉君的公子們。從此晉國國內就沒有公族子弟，也不設公族大夫的官職。到晉成公即位後，就把這個官職授給卿的嫡長子，並且給他田地，讓他做公族大夫。又把官職授給卿的其他嫡子，讓他們任餘子官。讓卿的庶子任公行官。晉國從此有了公族、餘子、公行三種職官。趙盾請求讓趙括擔任公族大夫，說：「他是君姬氏的愛子。如果沒有君姬氏，那麼下臣現在還只是一個狄人。」晉成公同意他的請求。冬季，趙盾任餘子官，掌管旄車之族，讓趙括統率原由他統率的趙氏宗族子弟，任公族大夫。

【說　明】「人誰無過，過而能改，善莫大焉」這是至理名言，至今仍不失為人們自律克己的重要準則。無奈晉靈公是個過而不改的無道昏君。他的被殺，實是咎由自取。這也說明了儉以養百德、奢則生萬惡的道理。

傳文在揭露晉靈公荒淫殘暴的同時，表彰了趙盾敢於直諫、忠於國事的品格。作者善於通過故事情節、人物語言、搏鬥場景的記敘，在矛盾鬥爭中來表現人物。趙盾的驟諫、盛服假寐，就寫出了他恭敬國事、為「民之主」、「古之良大夫」的形象。鉏麑不願「賊民之主」，感動而退，觸槐而死；既不失忠，又不失信；身為刺客而有俠士之風。提彌明機智勇敢，危急中扶趙盾下殿，殺猛犬，鬥伏甲，為保護主帥免遭厄運而犧牲，雖死猶榮。翳桑之餓人早年受趙盾一飯之恩，如今當趙盾受到攻殺的危急時刻，能挺身而出，拚死相救，倒戟以禦公徒，使趙盾出險免禍，又不留姓名而去。傳文圍繞忠臣諫暴君這一主要矛盾，將史事的前因後果寫得脈絡分明，對這許多人物寫得如此形象生動，字裏行間充滿感情，極富傳記文學色彩，所以成為傳世名篇。二千多年後的今天，讀來仍感人肺腑。

晉自獻公驪姬之亂以來，不畜羣公子，故惠、文、襄公之世，晉無公族。成公即位後，以趙氏宗族子弟復立為公族。成公是晉文公子，襄公庶弟，與趙姬為姊弟。加上趙盾懼弒君惡名，故讓庶弟、趙姬愛子趙括為公族大夫。由此趙氏卿族貴為公族。而卿族又非趙氏一宗，三軍將佐就有六卿。《史記・六國年表》云：「是後陪臣執政，大夫世祿，六卿擅晉權，征伐會盟，威重于諸侯。」百餘年後，至春秋末年終於三家分晉而晉亡，蓋淵源於此。

三年

乙卯，西元前六〇六年。周定王瑜元年、齊惠公三年、晉成公黑臀元年、秦共公三年、楚莊王八年、宋文公五年、衛成公二十九年、陳靈公八年、蔡文公六年、曹文公十二年、鄭穆公二十二年、燕桓公十二年、許昭公十六年。

經 三年春王正月，郊牛之口傷，改卜牛，牛死，乃不郊，猶三望。

葬匡王。

楚子伐陸渾之戎。

夏，楚人侵鄭。

秋，赤狄侵齊。

宋師圍曹。

冬十月丙戌，鄭伯蘭卒。

葬鄭穆公。

傳 三年春，不郊而望，皆非禮也❶。望，郊之屬也。不郊，亦無望可也。

晉侯伐鄭，及郔❷。鄭及晉平❸，士會❹入盟。

楚子❺伐陸渾之戎❻，遂至於雒❼，觀兵于周疆❽。定王❾使王孫滿❿勞楚子，楚子問鼎⓫之大小、輕重焉。對曰：「在德不在鼎⓬。昔夏之方有德也，遠方圖物⓭，貢金九牧⓮，鑄鼎象物⓯，百物而為之備，使民知神、姦⓰，故民入川澤山林，不逢不若⓱。螭魅罔兩⓲，莫能逢之。用能協于上下，以承天休⓳。桀有昏德，鼎遷于商，載祀六百⓴。商紂暴虐，鼎遷于周。德之休明，雖小，重也㉑；其姦回昏亂，雖大，輕也㉒。天祚㉓明德，有所厎止㉔。成王定鼎于郟鄏㉕，卜世三十，卜年七百[26]，天所命也。周德雖衰，天命[27]未改。鼎之輕重，未可問也！」

夏，楚人侵鄭，鄭即晉[28]故也。

宋文公即位三年[29]，殺母弟須及昭公子，武氏之謀也[30]。使戴、桓之族攻武氏於司馬子伯之館，盡逐武、穆之族。武、穆之族以曹師伐宋[31]。秋，宋師圍曹，報武氏之亂也。

冬，鄭穆公[32]卒。初，鄭文公有賤妾曰燕姞[33]，夢天使與己蘭，曰：「余為伯儵[34]。余，而祖也。以是為而子[35]。以蘭有國香[36]，人服媚之如是[37]。」既而文公見之，與之蘭而御之[38]。辭曰：「妾不才，幸而有子。將不信[39]，敢徵蘭乎[40]？」公曰：「諾！」生穆公，名之曰蘭。文公報[41]鄭子[42]之妃，曰陳嬀[43]，生子華、子臧。子臧得罪而出[44]。誘子華而殺之南里[45]。使盜殺子臧于陳、宋之間。又娶于江[46]，生公子士。朝于楚，楚人酖之[47]，及葉[48]而死。又娶于蘇[49]，生子瑕、子俞彌。俞彌早卒。洩駕惡瑕[50]，文公亦惡之，故不立也。公逐羣公子，公子蘭奔晉，從晉文公伐鄭[51]。石癸[52]曰：「吾聞姬、姞耦[53]，其子孫必蕃。姞，吉人也，后稷之元妃也[54]。今公子蘭，姞甥也，天或啟之，必將為君，其後必蕃[55]。先納之，可以亢寵[56]！」與孔將鉏、侯宣多[57]納之，盟于大宮[58]而立之，以與晉平。穆公有疾，曰：「蘭死，吾其死乎！吾所以生也59。」刈60蘭而卒。

【注釋】❶不郊而望三句　不舉行郊祀，卻舉行望祭，這都是不合於禮的。郊，祭祀天地，祈求穀物豐收。周天子始可郊祭，近似秦、漢之封禪，是一種隆重的典禮。諸侯只可祭境內的名山大川。因周公旦功大，特許魯國可行郊祭之禮。望，祭名，是郊祭之後遙望境內的山川舉行的祭祀。魯國是祭東海、泰山、淮水，稱三望。郊祭必先擇牛，稱「卜牛」，卜定後稱「郊牛」；然後卜吉日，卜日以後郊牛稱「牲」，即祭牲。今年經文云：「郊牛之口傷，改卜牛，牛死，乃不郊。」杜注：「言牛雖傷、死，當再改卜取其吉者，郊不可廢也。」望祭是附屬於郊祭的，既不郊祭，就不必望祭。今魯「不郊而望」，故云「皆非禮也」。❷鄖　地名，在鄭國北部。當在今河南省鄭州市東。❸平　媾和。❹士會　晉卿，士蒍之孫，名會，字季，又稱士季、隨會、范會、范武子。❺楚子　楚莊王。❻陸渾之戎　散居於今河南省嵩縣及伊川縣境內之戎人，其人皆披髮，為戎狄之俗。見僖公二十二年傳「秋，秦、晉遷陸渾之戎于伊川。」❼雒　指雒水，今稱洛河。楚莊王至伊川，北行即至雒邑（今洛陽市）南之洛水旁。❽觀兵于周疆　在周王室的境界內陳兵示威。〈楚世家〉作「觀兵于周郊」。觀兵，陳兵示威。❾定王　周定王，周匡王弟，名瑜。❿王孫滿　周卿士。見僖公三十三年傳。⓫鼎　古代烹煮用的器物，圓形三足兩耳，也有方形四足的，多用青銅鑄成。此指九鼎，傳為夏代使九州貢金（金屬）所鑄，大而重，為傳國寶器，非烹煮之器，故九鼎是王權的象徵。武王克商，遷九鼎於雒邑。楚王問鼎之輕重，意在逼周而取天下。⓬在德不在鼎　意謂鼎之輕重在於君王之德行如何，而不在於鼎之本身。⓭遠方圖物　圖畫遠方的各種物象。⓮貢金九牧　使九州之牧貢金。相傳夏代分天下為九州，州的首長稱州牧。金指青銅之類金屬。⓯鑄鼎象物　以九州所貢金屬鑄成鼎，並把所圖畫的九州物象鑄在鼎上。然迄今考古所見，還未見夏器九鼎。⓰神姦　指鑄在鼎上的各種物象，有神物、怪物。《呂氏春秋》云：「周鼎著饕餮，有首無身，食人未咽，害及其身，以言報更也。」禹之鑄鼎，使民知神姦之物，且以寓法戒。⓱不逢不若　張衡〈東京賦〉及《爾雅．釋詁》郭注引《左傳》俱作「禁御不若」。不若，不順。指不利於人的怪惡之物，即下文螭魅罔兩之類。⓲螭魅罔兩　相傳為山林、水澤中能害人的怪物。又作「魑魅魍魎」。罔兩，又作「蝄蜽」。⓳用能協于上下二句　意謂因此民無災害，能上下協和，以承受上天賜與萬物。用，以；因。休，賜福；佑護。⓴載祀六百　謂商代有國六百年。載祀為年歲義。《爾雅．釋天》：「夏曰歲，商曰祀，周曰年，唐虞曰載。」自成湯元年（西元前一七一五年）至紂王六十三年（周武王十一年）滅紂，凡十七代三十一君，共六百四十年。㉑德之休明三句　如果君王德行美好光明，九鼎雖小，亦重而不可遷。即王權穩固。㉒其姦回昏亂三句　如果德行不好，姦邪昏亂，九鼎雖大，也是輕的，會被遷走。即喪失王權。其，如；若。回，違；邪惡。㉓祚　福。此作動詞。賜福；保佑。㉔厎止　使固定；不變更。厎，定，與「止」義近。㉕定鼎于郟鄏　把九鼎安放、固定在洛邑。郟鄏，古地名，在今河南省洛陽市舊城西部，此即指洛邑王城。周公營洛邑，定為東都。洛邑有兩城，西為王城，東為成周城，皆在洛水之北。郟鄏以郟山即北邙山得名。㉖卜世三十二句　意謂周代占卜得國有三十世七百年。《漢書・律曆志》云：「周凡三十六王，八百六十七載。」按自武王十一年滅紂，至東周赧王亡，共八百二十年。均過七百之數。㉗天命　古時君王以王權天授來號令人民，君王謂天子。所謂「受天明命」、「奉天承運」。桀、紂昏暴，天命已終；湯、武受天命「恭行天罰」，革前朝桀、紂之命。這就是古時的天命觀。㉘即晉　親近晉國。即，就；接近；靠攏。㉙宋文公即位三年　宋昭公被殺，宋文公便即位，翌年改元（見魯文公十六年傳）。故宋文公即位第三年，即宋文公二年，魯文公十八年。㉚殺母弟二句　宋國武氏之族奉宋昭公之子與司城須作亂，須是宋文公同母弟。宋文公殺昭公子及母弟須，逐出武氏穆氏之族。武穆之族即出亡曹國（今山東省定陶縣）。見文公十八年傳。㉛以曹師伐宋　此事當在去年或前年，傳文是追敘前事。㉜鄭穆公　鄭文公子，名蘭，在位二十二年（魯僖公三十三年至宣公三年）。㉝燕姞　南燕國之女，姞姓。鄭文公納燕姞事，《史記・鄭世家》記載在鄭文公二十四年，即魯僖公十一年，故知鄭穆公死時約四十四歲。㉞伯鯈　南燕國始祖，姞姓。㉟以是為而子　把這蘭花作為你的兒子。是，此。代指蘭花。而，爾；你的。㊱國香　蘭花之香在全國數第一。㊲人服媚之如是　女人佩帶它就嬌媚如蘭花一樣可愛。服，佩。媚，愛。㊳御之　讓她侍寢。國君進用皆曰御，妃妾接寢亦曰御。與「幸之」義同。㊴將不信　如若不信。將，假若。㊵敢徵蘭乎　請以蘭為信物，好嗎。徵，信；憑證。㊶報　私通。㊷鄭子　鄭文公叔父，鄭莊公之子，字子儀。在位十四年，因無謚號，故稱鄭子。㊸陳嬀　鄭子之妻，陳國之女，嬀姓。㊹子臧得罪而出　子臧得罪而出奔宋，鄭文公使盜殺之於陳國、宋國之間。見僖公二十四年傳。㊺誘子華而殺之南里　子華違犯父命，見僖公七年傳。被殺事見僖公十六年傳。南里，鄭地，在今河南省新鄭市南五里。㊻江　小國名，嬴姓。在今河南省息縣西南。魯文公四年為楚所滅。㊼酖之　讓他喝毒酒。酖，用鴆鳥的羽毛浸泡的毒酒，此「酖」用作動詞。㊽葉　楚地，故城在今河南省葉縣南三十里。㊾蘇　蘇氏之國，即溫國。武王時封司寇蘇忿生於溫，其地在今河南省溫縣西三十里。㊿洩駕惡瑕　鄭國大夫洩駕憎惡公子瑕，子瑕奔楚。見僖公三十一年傳。子瑕被殺見僖公三十三年傳。(51)從晉文公伐鄭　公子蘭從晉文公伐鄭，鄭大夫石甲父、侯宣多迎子蘭入鄭，立為太子。見僖公三十年傳。(52)石癸　即石甲父，名癸，字甲父。(53)耦　配偶。後作「偶」。鄭文公為姬姓，燕姞為姞姓。54姞吉人也三句　姞，是吉祥有福的人，相傳是后稷的嫡妻。故此「姞」非指燕姞。后稷，周族始祖，名契，母為姜嫄，堯命為稷官，教民稼穡，播種五穀，因號后稷，姬姓。其元妃為姞姓之女，相傳是黃帝之後。55蕃　茂盛；興旺。石甲父認為姬姓后稷與姞女相配，其子孫繁衍興盛為周族，今鄭文公與燕姞相配，其子子蘭亦必興盛。56亢寵　保持寵信。亢，庇護。57孔將鉏侯宣多　都是鄭國大夫。鄭穆公三年，侯宣多專權謀亂，被殺。見文公十七年傳。58大宮　鄭國祖廟。新君即位，要朝祖廟，對先祖盟誓。59吾所以生也　我是由於蘭花才出生的。60刈　割。

【語譯】 魯宣公三年春季，魯國不舉行郊祭，卻舉行望祭，這都不合於禮。望祭，是屬於郊祭的。不舉行郊祭，也就不必舉行望祭了。

晉成公發兵攻打鄭國，到達郔地。鄭國同晉國講和，晉國卿大夫士會到鄭國締結盟約。

楚莊王發兵攻打陸渾的戎人，接著到達洛水，在周王直轄的疆界內陳兵示威。周定王派遣王孫滿慰勞楚莊王。楚莊王問他九鼎的大小輕重如何。王孫滿回答說：「鼎的大小輕重在於君王的德行如何而不在鼎本身。從前夏朝正是有德行的時候，圖畫遠方的各種物象，讓九州的長官進貢銅等金屬，鑄成九鼎，並把圖畫的物象鑄在鼎上，因而各種物象都很完備，讓百姓知道神物和怪物。所以百姓進入川澤山林，就不會採用對人們不利的怪物。螭魅魍魎這些害人的鬼怪，人們也不會遇上，因而百姓沒有災害，能上下和諧，以承受上天賜予的福佑。夏桀昏亂，九鼎就遷到商國，商朝前後六百年。商紂王暴虐，九鼎就遷到周國。所以德行如果美好光明，鼎雖然小，也是重而不可遷的。如果君王姦邪昏亂，九鼎雖然大，也是輕的，會被遷走。上天賜福給德行美好的人，九鼎是有固定地方的，不是隨便可變動的。周成王把九鼎固定在洛邑郟鄏，占卜的結果，周朝要傳三十代，享國七百年。這是上天所授的天命。周朝現在國祚雖然衰微，但天命並沒有改變。九鼎的輕重，是不可以詢問的。」

夏季，楚國軍隊入侵鄭國。這是由於鄭國親近晉國的緣故。

宋文公即位的第三年，殺了名須的同母弟和昭公的兒子，這是由於武氏謀亂造成的。宋文公讓宋戴公、宋桓公的後世族人在司馬子伯的客館裏攻打武氏之族，把宋武公、宋穆公的後世族人全部驅逐出國。武公、穆公的後代族人到了曹國，就率領曹軍攻打宋國。今年秋季，宋國軍隊圍攻曹國都城，以報復武氏之族的叛亂。

冬季，鄭穆公去世。當初，鄭文公有個低賤的妾叫燕姞，夢見天使給她一支蘭花，天使對她說：「我是伯鯈。我，就是妳的祖先。把這蘭花作為妳的兒子吧。因為蘭花的香味甲於全國，號稱國香。妳佩帶著它，就嬌媚得像這蘭花一樣討人喜愛。」不久，鄭文公見到燕姞，給她一支蘭花，讓她侍寢。燕姞對文公說：「我的地位低賤，僥倖懷有孩子。如果別人不相信，請把這蘭花作為信物，好嗎？」鄭文公說：「好的。」果然生了穆公這兒子，取名叫蘭。鄭文公和叔父子儀的妃子叫陳嬀的私通淫亂，生了子華、子臧。後來子臧得了罪逃出鄭國。子華違犯父命，被誘騙到南里而殺死了。鄭文公又派殺手把子臧殺死在陳國、宋國的交界地方。鄭文公又到江國娶妻，生了公子士。公子士到楚國朝見楚王，楚國因滅了江國，怕公子士有仇，就給他喝了毒酒，他到葉地就毒發而死了。鄭文公又在滍國娶蘇氏為妻，生了子瑕、子俞彌。俞彌早死。大夫洩駕憎惡子瑕，鄭文公也討厭他，所以不立他為太子。鄭文公驅逐所有的公子，公子蘭逃到晉國，後來跟隨晉文公攻打鄭國。鄭國大夫石甲父說：「我聽說姬姓和姞姓的人成為配偶，他們的子孫必定繁衍昌盛。姞，就是吉祥有福的人，是后稷的嫡妻。現在公子蘭，就是姞氏的外甥。上天或許要使他光大昌盛，必將做國君，他的後代也必然繁盛。如果先接納他為太子，就可以庇護我們，寵信我們。」於是石癸和孔將鉏、侯宣多接納公子蘭回國，在祖廟裏祭祀盟誓，立為國君，因此鄭國和晉文公講和。今年鄭穆公有了病，說：「蘭花死了，我大概要死了吧！我是靠著蘭花才出生的。」割掉蘭花，鄭穆公就死去了。

【說　明】楚莊王打敗了陸渾之戎後，兵臨周都王城南面的洛水之濱，陳兵示威，並向前來勞軍的王孫滿詢問九鼎的大小輕重，對九鼎很有興趣，表現出圖霸中原、稱雄天下的非分之想。因為九鼎是傳國之寶器，王權的象徵。王孫滿以「在德不在鼎」的道理，義正辭嚴地回絕莊王，「鼎之輕重，未可問也。」當時周室雖衰，中原諸侯的力量仍比較強大，所以楚莊王也知趣地退兵回去了。而問鼎、遷鼎、定鼎等成語皆由此而來。據古籍所載，禹鑄九鼎，重大無比。桀亡遷商，紂亡遷周，定鼎洛邑。言之鑿鑿，鑄鼎當非虛言，九鼎當實有其物。竹添光鴻云：「九鼎之淪于泗，為顯王之四十二年甲午。」則為西元前三二七年。後遭秦之亂。迄今考古所見，未有夏器。寶鼎重見天光，當待之異日。

本傳因鄭穆公之亡，追敘其母、鄭文公妾燕姞憑香蘭而生穆公的故事。蘭死，穆公亦亡。前後相應，有似神話一般。傳文又追敘鄭文公其他五子，三個被殺，一個早死，一個鴆死，獨公子蘭立為君，在位二十二年。傳文之意謂穆公之所以能大興於鄭是「天所啟也」。這是天命論的反映，實不足信。鄭穆公一死，內亂加劇，國勢日衰。

四年

丙辰，西元前六〇五年。周定王二年、齊惠公四年、晉成公二年、秦共公四年、楚莊公九年、宋文公六年、衛成公三十年、陳靈公九年、蔡文公七年、曹文公十三年、鄭靈公夷元年、燕桓公十三年、許昭公十七年。

經 四年春王正月，公及齊侯平莒及郯。莒人不肯。公伐莒，取向。

秦伯稻卒。

夏六月乙酉，鄭公子歸生弒其君夷。

赤狄侵齊。

秋，公如齊。公至自齊。

冬，楚子伐鄭。

傳 四年春，公及齊侯平莒及郯❶。莒人不肯。公伐莒，取向❷，非禮也。平國以禮，不以亂❸。伐而不治，亂也❹。以亂平亂，何治之有？無治，何以行禮？

楚人獻黿❺於鄭靈公。公子宋❻與子家❼將見，子公之食指動❽，以示子家，曰：「他日❾我如此，必嘗異味。」及入，宰夫將解❿黿，相視而笑。公問之，子家以告。及食大夫黿（羹）⓫，召子公而弗與也。子公怒，染指於鼎，嘗之而出。公怒，欲殺子公。子公與子家謀先⓬，子家曰：「畜老，猶憚殺之，而況君乎？」反譖子家⓭。子家懼而從之。夏，弒靈公。書曰「鄭公子歸生弒其君夷」，權不足也⓮。君子曰：「仁而不武，無能達也⓯。」凡弒君：稱君，君無道也⓰；稱臣，臣之罪也。

鄭人立子良⓱。辭曰：「以賢⓲，則去疾不足；以順⓳，則公子堅⓴長。」乃立襄公。襄公將去穆氏㉑，而舍子良。子良不可，曰：「穆氏宜存，則固願也。若將亡之㉒，則亦皆亡，去疾何為㉓？」乃舍之，皆為大夫。

【注　釋】❶平莒及郯　使莒國和郯國講和。平，和。莒，己姓國，在今山東省莒縣一帶。郯，嬴姓國，在今山東省郯城縣西南二十里。❷向　莒邑，在今山東省莒縣南七十里。❸平國二句　意謂調停諸侯國之間的不和，應當用禮義的辦法，不應當用戰亂的辦法。亂，指用兵伐莒。❹伐而不治二句　討伐人家就沒有太平，就是造成戰亂。❺黿　大鼈，俗名甲魚、團魚。❻公子宋　鄭國大夫，字子公。下文稱其字。❼子家　鄭大夫，即公子歸生。❽食指動　第二個手指動了起來。古以大指為巨指，第二指為食指，中指為將指，第四指為無名指，第五指為小指。❾他日　指往日。❿解　分解。指把甲魚切開，以便食用。⓫及食句　等到拿黿羹給大夫吃的時候。黿字下當有羹字，下文嘗之而出，即嘗羹。詳王引之《述聞》。羹，煮成的有汁的食品，如菜羹、肉羹。⓬謀先　商議先動手。指殺死鄭靈公。⓭反譖子家　子公反而在鄭靈公面前誣陷子家要殺君。譖，誣陷。⓮書曰二句　《春秋》記載說「鄭公子歸生弒其君夷」，是因為公子歸生（子家）權力不足以抵敵子公。這是解釋經文僅書子家有弒君之罪而不書子公的緣故。夷，鄭靈公名夷。⓯仁而不武二句　仁愛而沒有勇武的精神和力量，就沒有能力施行仁義。達，通；行。子家初稱「畜老猶憚殺之」，是尚有仁義之心；但無力制止子公，就是「不武」，故不能自達仁義之道而蒙受弒君之罪。⓰稱君二句　意謂《春秋》如果記載國君的名字，就表示這是國君無道才被殺。君無道就是昏君。⓱子良　鄭穆公庶子，名去疾，字子良。⓲以賢　按才能說。以，按照；依據。⓳以順　按長幼順序說。⓴公子堅　鄭穆公庶子，鄭靈公之弟，子良之兄，立為鄭襄公。㉑穆氏　指鄭穆公的眾庶子，襄公的眾兄弟。㉒亡之　使他們逃亡，即逐出鄭國。㉓何為　杜注：「何為獨留？」

【語　譯】魯宣公四年春季，魯宣公和齊惠公使莒國同郯國講和，莒國人不肯。魯宣公就出兵攻打莒國，佔領了莒國的向地，這是不合於禮的。使兩個國家講和要用禮義的辦法，不能用戰亂的辦法。現在出兵去討伐就不會太平，只會造成戰亂。用戰亂的辦法去平定戰亂，哪會有什麼太平？沒有太平，又怎麼能實行禮義？

楚國人獻給鄭靈公一隻大甲魚。鄭國大夫公子宋和子家將要進見鄭靈公，公子宋的食指忽然自己動起來，就把動著的食指給子家看，說道：「往日我的食指這樣動起來，就一定會嘗到美味。」等到進入鄭君的宮殿，廚師正要殺甲魚，兩個人互相看著而笑起來。鄭靈公問他們為什麼笑，子家就把剛才的情況告訴鄭靈公。等到鄭靈公把甲魚羹賜給大夫們吃的時候，就把公子宋召喚來但偏不給他吃。公子宋大怒，用手指頭在鼎裏蘸了一下，嘗到味道後才退出去。鄭靈公大怒，要殺死公子宋。公子宋和子家商議要先下手。子家說：「牲口老了，還怕被殺死，何況國君呢？」公子宋就反過來誣陷子家。子家害怕，只好跟著他幹。夏季，就殺死了鄭靈公。《春秋》記載說：「鄭公子歸生弒其君夷。」這是由於公子歸生（子家）權力不足的緣故。君子說：「仁義而沒有勇武的力量，就沒有能力實施仁義。」凡是殺死國君，如果記載國君的名字，這是表示國君無道才被殺的；記載臣下的名字，就表示這是臣下的罪過。

鄭國人要立公子去疾為國君，子良辭謝說：「以賢明而論，我去疾是不夠做國君的；以長幼順序論，是公子堅年長。」於是就立公子堅為鄭襄公。襄公想要驅逐他的兄弟們，而赦免子良，讓他留在國內。子良不同意，說：「穆公的眾庶子應該留下來，這本是我的願望。如果要驅逐他們，使逃亡去別國，那就都驅逐逃亡，為什麼單獨留下我去疾呢？」於是赦免了他們，讓他們都做大夫。

【說　明】去年鄭穆公死，今年其子夷被立為鄭靈公。公子宋的「食指動」，要嘗美味。靈公以黿羹招待大夫，卻偏不給公子宋吃，要使他的食指動無效。公子宋大怒，偏要「染指於鼎，嘗之而出」。靈公也大怒。結果公子宋先下手，做了國君只幾個月的鄭靈公就為了一勺黿羹而被殺，可見穆公之族勢力強大。《韓非子・難四》說：「明君不懸怒。懸怒則臣懼罪，輕舉以行計，則人主危。鄭君怒而不誅，故子公弒君。」這是從法家視角所作的評論。從倫理道德說，公子宋（子公）因一羹之仇而殺靈公，和宣公二年傳羊斟因羊羹之仇而陷華元於敵，同是「民之失德，乾餱以愆」的罪惡行為，暴戾凶殘，毫無人道。

鄭襄公即位後，謀逐穆公之族，只因公子去疾勸阻，才免得再生禍亂。

傳 初，楚司馬子良❶生子越椒❷。子文❸曰：「必殺之！是子也，熊虎之狀而豺狼之聲❹，弗殺，必滅若敖氏❺矣。諺曰：『狼子野心。』是乃狼也，其可畜乎❻？」子良不可。子文以為大慼❼。及將死，聚其族曰：「椒也知政❽，乃速行矣，無及於難。」且泣曰：「鬼猶求食，若敖氏之鬼不其餒而❾？」及令尹子文卒，鬬般⑩為令尹。子越為司馬。蔿賈⑪為工正⑫，譖子揚而殺之，子越為令尹⑬，己為司馬。子越又惡之，乃以若敖氏之族，圄⑭伯嬴於轑陽⑮而殺之，遂處烝野⑯，將攻王。王以三王之子⑰為質焉，弗受。師于漳澨⑱。秋七月戊戌⑲，楚子與若敖氏戰于皋滸⑳。伯棼射王，汰輈㉑，及鼓跗㉒，著於丁寧㉓。又射，汰輈，以貫笠轂㉔。師懼，退。王使巡師曰：「吾先君文王克息㉕，獲三矢焉。伯棼竊其二，盡於是矣。」鼓而進之，遂滅若敖氏。

初，若敖㉖娶於䢵㉗，生鬬伯比。若敖卒，從其母畜於䢵，淫於䢵子之女，生子文焉。䢵夫人㉘使棄諸夢㉙中，虎乳之。䢵子田，見之，懼而歸。夫人以告㉚，遂使收之。楚人謂乳穀，謂虎於菟㉛，故命之㉜曰鬬穀於菟。以其女妻伯比。實為令尹子文。

其孫箴尹㉝克黃㉞，使於齊，還及宋，聞亂。其人曰：「不可以入矣。」箴尹曰：「棄君之命，獨誰受之？君，天也，天可逃乎？」遂歸復命，而自拘於司敗㉟。王思子文之治楚國也，曰：「子文無後，何以勸善？」使復其所，改命曰生。

冬，楚子伐鄭，鄭未服也。

【注 釋】❶司馬子良 若敖氏之孫，鬬伯比之子，子文之弟，官司馬，掌軍法。❷子越椒 即鬬椒，字子越，又字伯棼，下文稱其字。見文公九年傳。❸子文 若敖氏之孫，鬬伯比之子，又稱鬬穀於菟。為楚國令尹，執政近三十年。見莊公三十年傳及僖公二十三年傳。❹熊虎之狀句 其狀如熊虎，其聲如豺狼。之，其。❺若敖氏 若敖為楚武王之祖，名熊儀，時當西周之末。其後人以若敖為氏。子文、子良等都是若敖氏子孫，是楚國顯貴之族。❻其可畜乎 怎麼可以養著他呢。其，豈。❼以為大慼 以此為大憂。慼，憂。❽知政 參知政事，即執掌國家政事。❾鬼猶求食二句 鬼神如果還要吃飯，那若敖氏之鬼（祖先）不是將要挨餓了嗎。意謂若敖氏子孫將滅絕，無人祭祀。猶，若。假設連詞。其，將。而，同「耳」。句末語氣詞。❿鬬般 子文之子，字子揚，名般，亦稱中公鬬班。按，自子文起，若敖氏世為楚國令尹（相當於國相，兼掌軍民），子文之後依次為子玉、蔿呂臣、子上、成大心、成嘉。鬬般當是繼成嘉之後為令尹。⓫蔿賈 字伯嬴，孫叔敖之父。見僖公二十七年傳。⓬工正 官名，掌管百工。又稱工尹，可臨時統兵。見文公十年傳。⓭子越為令尹 《史記・楚世家》謂在楚莊王九年。可知殺害鬬般及蔿賈亦在莊王九年，即魯宣公四年。⓮圄 囚禁。⓯轑陽 楚邑，顧棟高說在今湖北省江陵縣境，沈欽韓說在潦河之陽，在今河南省新野縣境。⓰烝野 當在轑陽附近。⓱三王之子 指楚文王、楚成王、楚穆王之子孫。楚莊王以三王之子給子越作人質，以取信子越，求得和解。⓲師于漳澨 楚王駐軍在漳水之濱。從沈欽韓說，漳澨當在今湖北省荊門市西、當陽市東的漳水東岸。澨，水濱。⓳戊戌 初九日。⓴皐滸 楚地，從沈欽韓說，在今湖北省襄陽縣西。㉑汏輈 射過車轅。意謂箭力強而行激。汏，過。輈，駕在馬上以引車的曲木，在車的中央。木直的叫轅，曲的叫輈。㉒鼓跗 鼓架之足。古時元帥親掌旗鼓，故鼓架在楚王兵車上。㉓著於丁寧 射著銅鉦。丁寧，合音為鉦。鉦似鈴而無舌，中有柄，可撞擊發聲，軍中用以號令士兵後退，所謂擊鼓進軍、鳴鉦收兵。㉔以貫笠轂 射穿車蓋正中的轂。笠，車蓋。車蓋有弓骨二十八根，皆聚於主骨，主骨即稱轂，在車蓋正中處。子越兩矢皆汏輈，一矢稍下及鼓跗，一矢偏上貫笠轂，都是射向居中的楚莊王，其勢甚危。㉕文王克息 楚文王攻佔息國。見莊公十四年傳。息，在今河南省息縣。㉖若敖 指若敖氏，與西周末年的楚武王之祖若敖恐非一人。㉗䢵 古國名，即鄖國，在今湖北省安陸市。一說在今湖北省鄖縣，不可信。㉘䢵夫人 䢵國國君䢵子之妻，子文的外祖母。㉙夢 雲夢澤，在今湖北省雲夢縣。㉚夫人以告 䢵夫人這時才把其女私通鬬伯比而生子之事告知䢵子。㉛楚人謂二句 楚國人叫乳為「穀」，叫虎為「於菟」。穀，本字為㝅，牛羊的乳汁。《說文》：「㝅，乳也。」於菟，虎的別稱，亦作「烏菟」。㉜命之 名之；給他取名。按，給子文取名穀於菟，即乳虎、小虎之義。鬬為其氏，子文為其字。㉝箴尹 官名，負責規諫。㉞克黃 鬬般之子，子文之孫。㉟司敗 官名，掌刑獄，相當於魯、宋等國的司寇。

【語　譯】當初，楚國的司馬子良生了子越椒，子良的哥哥子文說：「一定要殺死他！這個孩子，形狀如熊虎，聲音如豺狼，不把他殺了，就必定會害得若敖氏滅族。俗話說：『狼子野心。』這孩子是條狼呀，怎麼可以養著他呢？」子良不同意。子文把這事作為一件很憂慮的事。到他臨死時，就聚集他的族人，說：「如果鬬椒一旦執政，大家就趕快走吧，不要遭到禍難。」又哭著說：「鬼神如果還要吃飯，那若敖氏的鬼不是將要挨餓了嗎？」等到令尹子文死後，他的兒子鬬般做了令尹，子越做司馬，蔿賈做工正。子越憎恨鬬般，讓蔿賈誣陷子揚（鬬般）而殺了他。子越就做了令尹，蔿賈自己做了司馬。子越又憎惡蔿賈，就帶領了若敖氏族人把伯嬴囚禁在轑陽，而後又殺死了他。於是子越住在烝野地方，準備進攻楚莊王。楚莊王用三代國王的子孫作人質以求和解，可是子越不接受。楚王軍隊駐紮在漳澨水濱。秋季七月初九日，楚莊王和子越、若敖氏的族人在皐滸大戰。子越用箭射楚王，箭力強，很快飛過車轅，穿過鼓架，射著銅鉦。子越又射一箭，飛過車轅，射穿車蓋正中的轂軸。楚王的士兵害怕，向後退卻。楚莊王派人到軍隊各處巡視說：「我們的先君楚文王攻佔息國時，獲得三支好箭，子越偷去兩支，都這樣用完了。」楚王擊鼓下令進軍，終於消滅了若敖氏一族。

當初，若敖氏在䢵國娶妻，生了鬬伯比。若敖氏死後，鬬伯比跟著他的母親養在䢵國，後來和䢵國君主的女兒私通，生下了子文。䢵國君主的夫人讓人把子文丟在雲夢澤中。有老虎給他餵奶。䢵國君主打獵時看到這情景，害怕得趕快回來。夫人才把女兒私通和生兒子的情況告訴他，他就讓人去把孩子抱回來收養。楚國人把乳奶叫做穀，把老虎叫做於菟，所以給這個孩子取名叫鬬穀於菟，並且把他的女兒正式嫁給鬬伯比做妻子。鬬穀於菟後來就成為令尹子文。

子文的孫子克黃任箴尹官，出使到齊國去，回來時到了宋國，知道國內子越椒叛亂的事。他的隨從人員說：「我們不能回去了。」箴尹說：「丟棄國君的使命，還有誰會接納我？國君，就是上天，難道可以逃避上天嗎？」就回到楚國復命，報告出使的情況，並且到司敗官府那裏請求囚禁自己。楚莊王想起子文治理楚國的功勞，說：「子文如果沒有後代，如何鼓勵別人做好事？」就讓克黃恢復原來的官職，把他的名字改為

「生」。

冬季，楚莊王領兵進攻鄭國，這是由於鄭國沒有順服的緣故。

【說　明】本傳寫楚國子越椒叛亂、楚莊王滅若敖氏之族的史事。子越是若敖氏曾孫，貪權奪位，是個「狼子野心」式的典型人物。他任楚國司馬後，就憎惡堂兄令尹鬬般，使蔿賈誣陷而後殺害他，自己奪得令尹高官後，又憎惡司馬蔿賈而殺害他，最後率領若敖氏之族叛亂，喪心病狂地攻打楚王。楚王駐軍漳水之濱，後在皐滸展開激戰。子越向楚王連射兩箭，都越過楚王車轅，矢力強而行激，只是一箭偏下，射著銅鉦，一箭偏上，射穿車蓋弓骨主軸。楚莊王臨危不懼，意志堅決，鼓舞士氣，勇猛進軍，終於消滅若敖氏之族，平定了內亂。傳文寫戰爭場面，寫得驚心動魄，扣人心弦。襄公二十六年傳又云：「若敖之亂，伯賁（伯棼，即子越椒）之子賁皇奔晉。」

子越之亡，應了文公九年傳魯國叔仲惠伯的話。傳文又兩處用「初」字領起，補敘往事：一是補敘子越出生時情況。子越「熊虎之狀而豺狼之聲」。他的伯父子文認為這孩子是條惡狼，「狼子野心」，養大了必禍及氏族，滅絕子孫，「若敖氏之鬼不其餒而」。子文死後，歷史真如他所預料的那樣被滅族。二是補敘子文這個私生子出生時情況和為他取名鬬穀於菟的由來。穀於菟是楚人方言，即乳虎、小虎之意。傳文於此滅若敖氏關節處兩次補敘往事，是因為自從子文為令尹，若敖氏始居顯位，此後稱強於楚達六十餘年，至子越而若敖氏亡。故敘子越、子文之生，將若敖氏由強而亡的始末交代清楚。左氏如此編排史事可謂匠心獨運，而且同上年傳文寫鄭穆公（公子蘭）由生至死情況一樣，使人物富有傳奇色彩，穀於菟傳為美談，「狼子野心」成為後世以豺狼的凶殘本性比喻野心家對權力名位的狂妄貪欲和狠毒用心。由此也可見傳文語言的形象性與表現力。

五　年

丁巳，西元前六〇四年。周定王三年、齊惠公五年、晉成公三年、秦桓公榮元年、楚莊王十年、宋文公七年、衛成公三十一年、陳靈公十年、蔡文公八年、曹文公十四年、鄭襄公堅元年、燕桓公十四年、許昭公十八年。（注：秦桓公元年，《史記・十二諸侯年表》作秦共公五年，與傳異，今據傳。）

經 五年春，公如齊。

夏，公至自齊。

秋九月，齊高固來逆叔姬。

叔孫得臣卒。

冬，齊高固及子叔姬來。

楚人伐鄭。

傳 五年春，公如齊。高固❶使齊侯止公❷，請叔姬焉❸。

夏，公至自齊。書，過也❹。

秋九月，齊高固來逆女，自為也❺。故書曰「逆叔姬」，卿自逆也。

冬，來❻，反馬❼也。

楚子伐鄭。陳及楚平❽。晉荀林父救鄭，伐陳。

【注釋】❶高固　齊國上卿，高傒曾孫，又稱高宣子。❷止公　強留魯宣公。❸請叔姬焉　向魯宣公請求與魯女叔姬成婚。

❹書過也　意謂《春秋》記載「夏，公至自齊」，是表示魯宣公有過錯。❺齊高固二句　齊國高固來魯國迎娶魯女，是為自己迎娶新婦。逆，迎。卿大夫娶婦，必親迎，故經文云「齊高固來逆叔姬」，傳文解釋這是「自為也」、「卿自逆也」。❻來　經文作「冬，齊高固及子叔姬來」，傳文單言「來」，主語承上文省略。這時叔姬已成婚，故冠以「子」字。❼反馬　送還馬。反，同「返」。古禮，卿大夫娶婦，乘女家的車，駕女家的馬，三個月後夫家留車而返其馬，所謂行反馬之禮，表示以後不會發生出婦之事。❽平　媾和。

【語　譯】宣公五年春季，魯宣公到齊國去。齊國上卿高固讓齊惠公留住魯宣公，向魯公強求與魯女叔姬成婚。到夏季，魯宣公才從齊國被放回來。《春秋》記載「公至自齊」，就是表示宣公有過錯。

秋季九月，齊國的高固來魯國迎娶叔姬，這是為自己迎娶新婦。所以《春秋》記載「齊高固來逆叔姬」，就是表示是卿大夫為自己迎娶的。

冬季，高固和子叔姬來魯國，是為了來履行「反馬」的禮節的。

楚莊王進攻鄭國。陳國和楚國講和。晉國的荀林父領兵救援鄭國，討伐陳國。

【說　明】魯公室日衰，故魯宣公又親自去齊國討好齊惠公。齊上卿高固強留宣公，硬要宣公答應把魯女叔姬嫁給他作妻子。由春留到夏，宣公答應了才放他回魯國。宣公與鄰國之臣聯姻，《春秋》認為是一種過錯，所以予以記載。

楚莊王在平定了子越之亂，穩定了國內政局以後，就轉而北伐鄭國，陳國也向楚求和。《史記・晉世家》說：「晉成公三年，鄭伯初立，附晉而棄楚。楚怒，伐鄭。」又〈鄭世家〉說：「楚怒鄭受宋賂縱華元（見宣公二年傳），伐鄭。」都記敘了楚伐鄭的緣故。晉國荀林父雖領兵救鄭，但不久因赤狄入侵，晉已自顧不暇，無力與楚抗衡了。

據經文，秦共公稻上年已死，故今年為秦桓公元年，而《史記・十二諸侯年表》謂今年為秦共公五年，〈秦本紀〉亦謂「共公立五年卒」，與傳異。

六　年

戊午，西元前六〇三年。周定王四年、齊惠公六年、晉成公四年、秦桓公二年、楚莊王十一年、宋文公八年、衛成公三十二年、陳靈公十一年、蔡文公九年、曹文公十五年、鄭襄公二年、燕桓公十五年、許昭公十九年。

經 六年春，晉趙盾、衛孫免侵陳。

夏四月。

秋八月，螽。

冬十月。

傳 六年春，晉、衛侵陳，陳即楚❶故也。

夏，定王使子服❷求后于齊❸。

秋，赤狄❹伐晉，圍懷❺及邢丘❻。晉侯欲伐之，中行桓子❼曰：「使疾❽其民，以盈其貫❾，將可殪也❿。〈周書〉曰：『殪戎殷⓫。』此類之謂也⓬。」

冬，召桓公⓭逆王后于齊。

楚人伐鄭⓮，取成⓯而還。

鄭公子曼滿與王子伯廖⑯語，欲為卿。伯廖告人曰：「無德而貪，其在《周易》豐之離⑰，弗過之矣⑱。」間一歲⑲，鄭人殺之。

【注釋】❶陳即楚　陳國親近楚國。即，就；靠近。指上年「陳及楚平」。❷子服　周大夫。❸求后于齊　到齊國去求娶齊女為王后。❹赤狄　狄族的一種。以往經傳但書「狄」，如閔公二年狄侵衛、僖公二十四年狄伐鄭、文公七年狄侵魯西鄙，都是指赤狄。宣公三年經文始見赤狄之稱。❺懷　晉地，在今河南省武陟縣西南十一里。❻邢丘　晉地，在今河南省溫縣東二十里之平臯故城。❼中行桓子　晉卿，荀林父，晉文公時曾任步軍中行主將，謚桓子，故稱中行桓子。❽疾　病；困病；危害。❾以盈其貫　讓他惡貫滿盈。貫，本指用繩子穿錢幣，至盈滿為一貫，此借喻罪惡滿貫。舊刑律凡竊盜贓私罪至死者亦稱滿貫。❿將可殪也　大概可以一舉殲滅了。將，殆。副詞。殪，殺死；殲滅。⓫殪戎殷　殲滅大殷朝。語出《尚書・康誥》：「天乃大命文王殪戎殷。」《爾雅・釋詁》：「戎，大也。」周稱殷商為「大國殷」、「大邦殷」、「大商」。此「戎殷」即「大殷」。⓬此類之謂也　「謂此類也」的倒裝句式，說的就是這一類事情。⓭召桓公　周王卿士。周王娶婦不親迎，故遣召桓公代周定王迎娶王后。⓮楚人伐鄭　杜注謂此伐鄭之役即宣公九年、十一年傳的厲之役。⓯成　媾和。⓰公子曼滿與王子伯廖　二人都是鄭國大夫。⓱豐之離　《周易》〈豐〉卦䷶變成〈離〉卦䷝。《周易》〈豐〉上六爻辭云：「豐其屋，蔀其家，闚其戶，闃其無人，三歲不覿，凶。」言高大其屋，庭院架棚，蔀蔽陽光，而門庭寂寥，三年不見其人，故凶。這是說曼滿無德而貪位，不過三年，必定滅亡。⓲弗過之矣　杜注：「不過三年。」之，指代上述卦象。⓳間一歲　間隔一年，即第三年。

【語譯】魯宣公六年春季，晉國、衛國入侵陳國，這是由於陳國親近楚國的緣故。

夏季，周定王派大夫子服到齊國求娶齊女為王后。

秋季，赤狄族攻打晉國，包圍了晉國的懷地和邢丘。晉成公想要討伐。中行桓子說：「讓他危害那裏的百姓，等他惡貫滿盈，到時候就可一舉殲滅他。〈周書〉說：『殲滅大殷國。』說的就是這一類事情。」

冬季，周王卿士召桓公到齊國代周王迎娶王后。

楚軍攻打鄭國，講和以後就回去。

鄭國的公子曼滿對王子伯廖說，他想要做卿。伯廖告訴別人說：「沒有德行卻貪得權位，他是應在《周易》豐卦䷶變成離卦䷝這樣的卦象上，不會超過三年，必然滅亡。」隔了一年，鄭國人就殺死了公子曼滿。

【說　明】周滅商後大封諸侯（見僖公二十四年傳），是把土地及土地上的百姓一起封賜給諸侯的，即所謂授民授疆土，讓諸侯帶了子弟、卿大夫和軍事扈從去建立大大小小的諸侯國，而被封賜的百姓都是當地最早的居民，並不是從外地移遷去的。周天子就是要諸侯去統治、控制這些百姓。由於經濟文化發展的不平衡，到春秋時中原各國經濟文化較為先進，自稱為華夏、諸夏。和他們相毗鄰的或錯雜居住的就被稱為戎、狄、蠻、夷，雖然也稱之為國，實只是部落，國君只是酋長。戎和狄主要分布在黃河中上游及其北面，分有各種部族。如戎有西戎、北戎、山戎、姜戎、陸渾之戎等。狄分為白狄、赤狄等。白狄主要在今陝西境內，赤狄大多在今山西省東南及河南省北部。赤狄又有為潞氏、留吁、甲氏、廧咎如等部族。而鄋瞞長狄當是赤狄之別種，居於今山東省西部（見文公十一年經傳）。夷有淮夷、萊夷等。楚國西部、南部則有羣蠻、百濮等（見文公十六年傳）。戎、狄、蠻、夷的生活方式、禮俗甚至語言，和華夏人有所不同。如被髮左袵就是戎狄的習俗。春秋前期，戎狄勢力頗盛，就是衛、魯、齊、晉等國也常遭到戎狄的侵伐。春秋中期以後，許多戎狄蠻夷就被華夏各國所征服和吞併，如西戎為秦所滅，東夷、萊夷為齊所滅，赤、白狄多為晉所滅。強制他們接受華夏文化，以後就逐步融合，也就沒有華夷之分了。本傳就是寫赤狄伐晉，晉用荀林父之謀，讓赤狄暫時佔領晉地，掠奪人民財富，待至惡貫滿盈、人民怨怒，就可一舉殲滅了。至宣公十五年，晉就滅了赤狄潞氏，十六年又滅甲氏、留吁、鐸辰等赤狄餘部，此後赤狄就融化為晉人了。

七　年

己未，西元前六〇二年。周定王五年、齊惠公七年、晉成公五年、秦桓公三年、楚莊王十二年、宋文公九年、衛成公三十三年、陳靈公十二年、蔡文公十年、曹文公十六年、鄭襄公三年、燕桓公十六年、許昭公二十年。

經 七年春，衛侯使孫良夫來盟。

夏，公會齊侯伐萊。

秋，公至自伐萊。

大旱。

冬，公會晉侯、宋公、衛侯、鄭伯、曹伯于黑壤。

傳 七年春，衛孫桓子❶來盟，始通❷，且謀會晉❸也。

夏，公會齊侯伐萊❹，不與謀也。凡師出，與謀曰「及」，不與謀曰「會」❺。

赤狄侵晉，取向陰之禾❻。

鄭及晉平，公子宋❼之謀也，故相鄭伯以會❽。冬，盟于黑壤❾。王叔桓公❿臨之，以謀不睦⓫。

晉侯之立也⓬，公不朝焉，又不使大夫聘，晉人止公⓭于會。盟于黃父，公不與盟⓮。以賂免⓯。故黑壤之盟不書⓰，諱之也。

【注釋】❶孫桓子　即孫良夫，衛國大夫。❷始通　開始往來修好。宣公即位七年，衛始來盟，故曰始通。❸且謀會晉同時商議和晉君會見。故冬有黑壤之會。❹萊　國名，在今山東省昌邑市東南。❺凡師出三句　凡是出兵，事先參與謀劃的叫「及」，沒有參與策劃的叫「會」。這是釋經之語。伐萊，魯國事先沒有與齊謀劃，是齊國要伐萊，魯只是出兵助之而已，故經文作「公會齊侯伐萊」，不作「公及齊侯伐萊」。❻向陰之禾　向陰，晉地，在今河南省濟源市西南。禾，指麥子。晉用夏正，麥熟在夏至前。❼公子宋　鄭國大夫，字子公，曾弒鄭靈公。見宣公四年傳。❽相鄭伯以會　做鄭襄公的贊禮官來參加會盟。相，贊禮官，負責禮儀。用作動詞。❾黑壤　晉地，又名黃父，在今山西省翼城縣東北六十五里之烏嶺，接沁水縣界。❿王叔桓公　周王卿士，奉周王之命到會監臨，但不參加盟誓，故經文未書。⓫以謀不睦　為了商議處置對晉國不友好的國家。⓬晉侯之立也　晉成公，襄公之弟，文公之子，名黑臀，魯宣公二年即位為君。⓭止公　拘留魯宣公。止，留。⓮公不與盟　魯宣公被拘囚，故不參加黑壤之盟。⓯以賂免　由於向晉國進獻財物才獲釋回國。賂，財貨。用作動詞。⓰不書　指《春秋》不記載黑壤之盟，只記載「會於黑壤」，是為了隱諱被囚禁的恥辱。

【語　譯】魯宣公七年春季，衛國大夫孫桓子前來魯國會盟，兩國開始往來修好，同時商量會見晉成公。

夏季，魯宣公會同齊惠公出兵攻打萊國，但事先並沒有參與謀劃。凡是出兵，事先參與謀劃的就記載說「及」，沒有參與謀劃的就記載說「會」。

赤狄族又入侵晉國，割取了向陰地方的麥子。

鄭國和晉國講和，這是出於公子宋的謀劃，所以公子宋作為鄭襄公的贊禮官一起參加盟會。冬季，晉成公、宋文公、衛成公、鄭襄公、曹文公五國諸侯在晉地黑壤結盟。周王室卿士王叔桓公到會監臨，以商議處置不友好的諸侯國。

晉成公即位的時候，魯宣公沒有去朝見，又沒有派大夫去聘問，晉國人因此在黑壤之會時拘留了魯宣公。在黃父（黑壤）結盟時，魯宣公由於被囚禁所以沒有參加。後來向晉國送了財物才被釋放回國。所以《春秋》不記載黑壤之盟，是為了隱諱宣公被囚禁的恥辱。

【說　明】晉國仍以霸主自居，召集魯、宋、衛、鄭、曹五國諸侯到黑壤會盟。但由於晉成公即位時，魯國未行朝聘之禮，所以在會上就把魯宣公囚禁起來，不讓他參加結盟。這是魯宣公即位以來又一件屈辱的事，故

《春秋》諱言黑壤之盟。魯國送了財物，晉國才放魯宣公回國。這是繼齊、宋行賄之後，晉國受賄的第三次記錄。可見春秋中期已是上貪下怨，貴詐力而賤仁義了。

鄭國繼續游移於晉、楚之間，上年與楚媾和，今年又與晉媾和。鄭襄公還以公子宋為相禮官，參加了晉為盟主的黑壤之盟，以苟安於一時。陳國畏楚，就不敢赴會。

八年

庚申，西元前六〇一年。周定王六年、齊惠公八年、晉成公六年、秦桓公四年、楚莊王十三年、宋文公十年、衛成公三十四年、陳靈公十三年、蔡文公十一年、曹文公十七年、鄭襄公四年、燕宣公元年、許昭公二十一年。

經 八年春，公至自會。

夏六月，公子遂如齊，至黃乃復。

辛巳，有事于大廟，仲遂卒于垂。壬午，猶繹，萬入，去籥。

戊子，夫人嬴氏薨。

晉師、白狄伐秦。

楚人滅舒蓼。

秋七月甲子，日有食之，既。

冬十月己丑，葬我小君敬嬴，雨，不克葬。庚寅，日中而克葬。

城平陽。

楚師伐陳。

傳 八年春，白狄❶及晉平。夏，會晉伐秦❷。晉人獲秦諜❸，殺諸絳市❹，六日而蘇❺。

有事于大廟❻，襄仲卒❼而繹❽，非禮也。

楚為眾舒❾叛故，伐舒蓼，滅之。楚子疆之❿，及滑汭⓫。盟吳、越⓬而還。

晉胥克⓭有蠱疾⓮，郤缺為政⓯。秋，廢胥克，使趙朔佐下軍⓰。

冬，葬敬嬴⓱，旱，無麻⓲，始用葛茀⓳。雨，不克葬⓴，禮也。禮，卜葬，先遠日，辟不懷也㉑。

城平陽，書，時也㉒。

陳及晉平。楚師伐陳，取成而還。

【注釋】❶白狄　狄族的一種，其地在黃河之西，渭水以北。今陝西省黃龍、宜川、延長等縣及延安市皆白狄之境。見僖公三十三年傳。❷會晉伐秦　主語白狄承上省略。經文作「晉師、白狄伐秦」可證。❸諜　間諜，俗稱奸細。❹絳市　晉都城絳的集市。絳，在今山西省翼城縣東南十五里。❺蘇　蘇醒。指活過來。❻有事于大廟　在太廟行大祭之禮。事，指禘祭。

大廟，周公之廟。大，同「太」。❼襄仲卒　襄仲為魯國上卿，魯莊公之子，名遂，又稱公子遂，掌國政達三十餘年。出使齊國時死在路上。❽繹　祭名，禘祭的次日再祭稱繹。經文云：「壬午（六月十七日），猶繹。」按，辛巳日，魯國已知襄仲死，古禮，卿卒，應廢止繹祭，而魯國仍繹祭，故云「非禮也」。❾眾舒　眾舒姓國。指散居在今安徽省舒城縣、廬江縣、巢湖市一帶的蠻夷部落，有舒庸、舒蓼、舒鳩、舒龍、舒鮑、舒龔等。因同宗異國，統稱之為眾舒、羣舒。「故」字屬下句讀亦可。見文公十四年傳。❿疆之　楚滅舒蓼後，把其地劃入楚國疆界。疆，用作動詞。舒蓼為羣舒之一，其地在今安徽省舒城縣東、廬江縣東百二十里古龍舒城。⓫滑汭　滑水轉彎處。春秋之滑水，《春秋彙纂》謂「在今江南廬州府東境」，則當在今安徽省合肥市與廬江縣以東，巢湖市與無為縣之西。當時楚疆至此，故下文楚與吳、越會盟。⓬吳越　傳文始見吳、越。吳，姬姓國，始祖為周文王的伯父泰伯、仲雍，他們讓位於弟季歷而奔至江南梅里（在今江蘇省無錫市東南三十里的梅村鎮），教民農耕，被擁立為君長。傳至壽夢，漸強大，稱王，始有紀年（壽夢元年為魯成公六年，西元前五八五年）。壽夢死，長子諸樊立，遷居於吳（今江蘇省蘇州市），稱吳國。越，姒姓國，相傳夏代君主少康的庶子始封於會稽（在今浙江省紹興市），經二十餘世至允常，開始強大，稱越王。允常死，子句踐立，始有紀年（句踐元年為魯定公十四年，西元前四九六年）。故此傳楚與吳、越之盟，當是楚莊王與吳壽夢之父、越允常之父或祖所訂的盟約。⓭胥克　晉卿，胥臣之孫，胥甲之子，任晉國下軍之佐。⓮蠱疾　古人謂害人的毒蟲為蠱，此蠱疾實是食物中毒，以致神經錯亂。詳《說文》段注。⓯郤缺為政　郤缺執掌國政。郤缺，郤芮之子，郤克之父，又稱郤成子，本任晉上軍將。此時蓋趙盾已死，故郤缺為政。⓰使趙朔佐下軍　胥克因病免去其下軍佐的官職，由趙朔任下軍佐，即下軍的副帥，輔佐下軍將。趙朔，趙盾之子。⓱敬嬴　魯文公次妃，宣公生母，死於六月戊子（二十三日）。⓲旱無麻　去年有旱災（宣公七年經：「秋，……大旱。」），故今年「無麻」。麻，指大麻，雌雄異株，雌曰苴，雄曰枲，花落後，拔而漚之，其皮可織麻布、製繩索。⓳葛茀　用葛草製成引柩的繩索。葛，草類植物，纖維可供編織。茀，通「紼」。大繩，特指用以引棺柩的繩索，本用麻製成，此年旱無麻，改用葛茀，自此以後魯不用麻紼而用葛紼。⓴雨不克葬　經文云：「冬十月己丑（二十六日），葬我小君敬嬴，雨，不克葬。庚寅（二十七日），日中而克葬。」春秋時以甲、丙、戊、庚、壬五奇日為剛日，乙、丁、己、辛、癸五偶日為柔日，葬均選柔日。己丑因雨，改於庚寅日葬，本是不得已的事，故云「禮也」。㉑卜葬三句　意謂占卜安葬的日子，先卜選較遠的日子，以免被別人認為對死者不加懷念。古時卜葬日，先卜來月下旬，不吉，則卜中旬，又不吉，則卜上旬，由遠日而近日，表示子孝，不急於安葬。辟，同「避」。免。㉒城平陽三句　在平陽築城牆，經文加以記載，是因為築城合於時令。古時築城在冬時農閒季節。平陽，魯邑，在今山東省新泰市西北四里故平陽城。

【語　譯】魯宣公八年春季，白狄同晉國講和。夏季，白狄會同晉國攻打秦國。晉國人抓住秦國的一個間諜，把他殺死在國都絳城的街市上，過了六天他又活了過來。

魯國在太廟舉行大祭，上卿襄仲死了，魯國在大祭的次日還舉行祭祀，這是不合禮制的。

楚國因為舒人各國叛亂，所以討伐舒蓼，把舒蓼滅亡了。楚莊王把它的土地劃入楚國的疆界，直到滑水的轉彎處，並且同吳國、越國結盟了才回去。

晉國下軍佐胥克因食物中毒而得病，這時是郤缺主持國政。秋季，就免了胥克的職位，任命趙朔做下軍的副帥。

冬季，安葬宣公母親敬嬴。由於去年旱災，沒有大麻，就開始用葛草做牽引棺柩的繩索。由於下雨，不能在卜選的日子下葬，這是合於禮的。按照禮制，卜選安葬的日期，先要卜選較遠的日子，以避免別人認為對死者不加懷念。

魯國在平陽築城，《春秋》加以記載，是因為合於築城的時令。

陳國和晉國講和。楚國軍隊就進攻陳國，陳國求和以後才回國。

【說　明】楚國在滅若敖氏之後，又平定羣舒之亂，滅了舒蓼，疆界擴展到滑水。說明楚國勢力已向東擴張到江淮地區，已與吳國接壤。楚莊王正其疆界後，與吳、越結盟，這是傳文對楚與吳、越交往的首次記錄，有著值得注意的歷史意義。

關於舒蓼，杜注誤為二國。舒蓼是羣舒之一，而舒是另一個偃姓國，僖公三年經言「徐人取舒」，文公十二年傳言「楚子孔執舒子平」，舒子即舒國君主，疑此後舒已滅於楚。蓼是另一個姬姓小國，在今河南省固始縣東北，文公五年傳就說楚軍滅蓼。可見舒蓼並非舒、蓼二國，而是文公十四年傳楚國令尹子孔（成嘉）所伐的舒蓼，只是那時因為鬭克、公子燮二人作亂，才未能滅舒蓼，而於今年始逞莊王之意。

陳國同鄭國一樣，先跟晉媾和，楚軍一來，就跟楚媾和。所以實際上這是晉、楚爭霸，誰也不願坐視對方控制陳、鄭，擴張其勢力範圍。而誰能佔到上風，關鍵在於誰的內外政策得人心，誰的政治軍事力量強大了。

魯國上卿襄仲（公子遂）死在出訪齊國的路上，死在哪一天，已難確定。魯國在六月辛巳日（十六日）正在太廟大祭，得知仲遂已死，但在次日壬午（十七日）仍舉行繹祭，經傳都認為違背了禮制。《禮記・檀弓下》也說：「仲尼曰：非禮也，卿卒不繹。」而魯國卜選「冬十月己丑（二十六日），葬我小君敬嬴，雨，不克葬。庚寅（二十七日），日中而克葬。」經傳認為是合於禮的。這反映了春秋時的一些宗教、道德觀念，說明魯國是特別重視周王朝的禮樂制度的。

九年

辛酉，西元前六〇〇年。周定王七年、齊惠公九年、晉成公七年、秦桓公五年、楚莊王十四年、宋文公十一年、衛成公三十五年、陳靈公十四年、蔡文公十二年、曹文公十八年、鄭襄公五年、燕宣公二年、許昭公二十二年。

經 九年春王正月，公如齊。

公至自齊。

夏，仲孫蔑如京師。

齊侯伐萊。

秋，取根牟。

八月，滕子卒。

九月，晉侯、宋公、衛侯、鄭伯、曹伯會于扈。

晉荀林父帥師伐陳。

辛酉，晉侯黑臀卒于扈。

冬十月癸酉，衛侯鄭卒。

宋人圍滕。

楚子伐鄭。

晉郤缺帥師救鄭。

陳殺其大夫洩冶。

傳 九年春，王使來徵聘❶。夏，孟獻子❷聘於周。王以為有禮，厚賄之。

秋，取根牟❸，言易也❹。

滕昭公❺卒。

會于扈❻，討不睦❼也。陳侯不會，晉荀林父❽以諸侯之師伐陳。晉侯卒于扈，乃還。

冬，宋人圍滕，因其喪也。

陳靈公與孔寧、儀行父❾通於夏姬❿，皆衷其衵服⓫，以戲于朝。洩冶諫曰：「公卿宣淫，民無效焉！且聞不令⓬。君其納之⓭！」公曰：「吾能改矣。」公告二子。二子請殺之，公弗禁，遂殺洩冶。孔子曰：「《詩》云：『民之多辟，無自立辟⓮！』其洩冶之謂乎！」

楚子為厲之役⓯故，伐鄭。

晉郤缺⓰救鄭。鄭伯敗楚師于柳棼⓱。國人皆喜，唯子良⓲憂曰：「是國之災也，吾死無日矣！」

【注　釋】❶王使來徵聘　周定王的使臣來魯國要求魯國派人去聘問王室。徵，求。❷孟獻子　公孫敖之孫，文伯穀之子。經文稱仲孫蔑。❸根牟　小國名，在今山東省沂水縣東南。❹言易也　經文記載「取根牟」，是說這事完成得很容易。凡攻取城邑或國家很容易，經文就說「取」。❺滕昭公　滕國國君，死於此年八月。滕國在今山東省滕州市。❻扈　鄭地，在今河南省原陽縣西約六十里，舊原武縣西北。經文謂「九月，晉侯、宋公、衛侯、鄭伯、曹伯會于扈」。陳國未與會。❼不睦　指對晉國不友好的國家。此時晉、楚爭霸，從於楚者即不睦於晉。七年冬，陳未參加晉國黑壤之盟，上年冬又與楚媾和，今年又不參加扈之會，就是不睦於晉。❽荀林父　晉卿，又稱中行桓子，本任中軍副帥。❾孔寧儀行父　都是陳國之卿。孔寧即公孫寧。❿通於夏姬　跟夏姬通姦淫亂。凡淫曰通。夏姬是鄭穆公之女，姬姓，為陳國大夫御叔之妻，夏徵舒之母。⓫皆衷其衵服　都把夏姬的內衣貼身穿著。衷，貼身的內衣。用作動詞。貼身穿著。衵服，內衣；近身的汗衫之類。《說文》：「衵，日日所常衣也。」⓬公卿三句　國君和卿宣揚淫亂，百姓就無所效法，而且名聲又不好。卿，諸侯國高級官員，職位高於大夫，僅次於公侯，此指孔寧、儀行父二人。聞，聲譽。令，善。⓭君其納之　希望國君把內衣收藏起來吧。其，副詞，表示祈使語氣。納，收藏。⓮詩云二句　見《詩經・大雅・板》，意謂人的行為多邪惡，就不要再去自立法度。上「辟」字為邪僻義，下「辟」字為法則義。傳文所引孔子語，後人附益而輯入《孔子家語》。⓯厲之役　杜注以為即宣公六年傳楚伐鄭之役。此乃推測之辭。六年傳云「楚人伐鄭，取成而還」，十一年傳云「厲之役，鄭伯逃歸」。楚既取成而還，鄭伯又何必逃歸？故厲之役當在七年或八年，但未見經傳。厲，古小國名，其地在今湖北省隨州市附近之厲鄉。⓰郤缺　晉卿，郤芮之子，郤克之父，又稱郤成子，時掌晉國政。⓱柳棼　鄭地，在今河南省襄城縣東。⓲子良　鄭穆公庶子，鄭襄公之弟，又稱公子去疾。

【語　譯】魯宣公九年春季，周定王的使者來魯國要求派人去聘問周王。夏季，魯卿孟獻子就到成周去聘問天子。周定王認為有禮，贈送給他豐厚的財禮。

秋季，魯國佔領了根牟，《春秋》記載為「取根牟」，是說攻取很容易。

滕昭公在八月去世。

晉成公、宋文公、衛成公、鄭襄公、曹文公五國諸侯在扈地會見，是為了攻打對晉國不和好的國家。陳靈公沒有來參加會見。晉國的荀林父率領五國諸侯軍討伐陳國。由於晉成公死在扈地，荀林父便領兵回國。

冬季，宋軍包圍滕國，這是乘滕昭公喪事的機會。

陳靈公和卿大夫孔寧、儀行父三人與夏姬通姦淫亂，都把夏姬的內衣貼身穿著，而在朝廷上開玩笑。大夫洩冶進諫說：「國君和卿宣揚淫亂，百姓就無所效法，而且名聲很不好。希望國君把內衣收藏起來吧！」陳靈公說：「我能改過了。」陳靈公轉身就把洩冶的話告訴孔寧、儀行父兩人。這兩個人請求去殺死洩冶，陳靈公也不禁止，就殺死了洩冶。孔子說：「《詩》說：『人們多行邪惡，就不要再去自立法度。』這大概說的是洩冶吧！」

楚莊王為了厲地戰役的緣故，領兵攻打鄭國。

晉國的郤缺領兵去救援鄭國。鄭襄公在柳棼打敗了楚軍。國內的人都很歡喜。只有子良擔憂說：「這是國家的災難，我們離死期沒有多少日子了。」

【說　明】本年晉成公死在諸侯會見的扈地，晉景公即位為君，仍算是中原盟主。陳、鄭二國處在晉、楚之間，今年晉伐陳未果，楚又伐鄭。鄭襄公在晉軍救援下打敗了楚軍，其弟子良擔心會招致災禍，國無寧日。從此晉、楚交兵伐鄭，十二年就有楚軍破鄭都之禍。而陳靈公荒淫無道，在如此形勢下，仍然與兩個大臣一起同夏姬淫亂。更可笑而可恨的是淫人之妻，還穿著她的內衣，在朝廷上嬉笑為樂，真是厚顏無恥之極。大夫進諫，他一邊敷衍，一邊又告知淫亂的大臣，慫恿他們殘殺了忠諫的大夫。傳文正面揭露了陳國君臣這夥衣冠禽獸的醜惡行徑。明年陳靈公被殺，是死有餘辜。十一年楚軍入陳，殺夏徵舒，陳國幾乎滅亡了。

十年

壬戌，西元前五九九年。周定王八年、齊惠公十年、晉景公獳元年、秦桓公六年、楚莊王十五年、宋文公十二年、衛穆公速元年、陳靈公十五年、蔡文公十三年、曹文公十九年、鄭襄公六年、燕宣公三年、許昭公二十三年。

經 十年春，公如齊。

公至自齊。

齊人歸我濟西田。

夏四月丙辰，日有食之。

己巳，齊侯元卒。

齊崔氏出奔衛。

公如齊。

五月，公至自齊。

癸巳，陳夏徵舒弒其君平國。

六月，宋師伐滕。

公孫歸父如齊。葬齊惠公。

晉人、宋人、衛人、曹人伐鄭。

秋，天王使王季子來聘。

公孫歸父帥師伐邾，取繹。

大水。

季孫行父如齊。

冬，公孫歸父如齊。齊侯使國佐來聘。

饑。

楚子伐鄭。

傳 十年春，公如齊。齊侯以我服故，歸濟西之田❶。

夏，齊惠公❷卒。崔杼❸有寵於惠公，高、國❹畏其偪❺也，公卒而逐之，奔衛。書曰「崔氏」，非其罪也；且告以族，不以名❻。凡諸侯之大夫違❼，告於諸侯曰：「某氏之守臣某❽，失守宗廟，敢告。」所有玉帛之使者❾則告，不然則否。

公如齊奔喪❿。

陳靈公與孔寧、儀行父⓫飲酒於夏氏⓬，公謂行父曰：「徵舒⓭似女。」對曰：「亦似君。」徵舒病之⓮，公出，自其廄射而殺之。二子奔楚⓯。

滕人恃晉而不事宋，六月，宋師伐滕。

鄭及楚平。諸侯之師伐鄭⓰，取成而還。

秋，劉康公來報聘⓱。

師伐邾⓲，取繹⓳。

季文子初聘于齊⓴。

冬，子家㉑如齊，伐邾故也。國武子㉒來報聘。

楚子伐鄭。晉士會㉓救鄭，逐楚師于潁北㉔。諸侯之師戍鄭㉕。鄭子家㉖卒。

鄭人討幽公之亂㉗，斲㉘子家之棺，而逐其族。改葬幽公，諡之曰靈。

【注釋】❶濟西之田　濟水以西的田地，在今山東省巨野縣、東平縣之間。宣公元年，魯國將濟西之田賂齊，今年齊國歸還魯國。❷齊惠公　齊桓公之子，名元。經文云：「夏四月……己巳（十四日），齊侯元卒。」子無野立，為齊頃公。❸崔杼齊大夫，崔夭之子，食邑於崔（今山東省章丘市西北），以邑為氏。惠公死後被逐，奔衛，時尚年少。後復為齊卿，殺齊莊公。見襄公二十五年傳。❹高國　高氏、國氏，世為齊國上卿。此當指高固、國佐。❺偪　同「逼」。迫害。❻書曰四句　意謂《春秋》記載說「齊崔氏出奔衛」，稱其氏族「崔」，不稱其名「杼」，就表示不是他有罪過；而且通告諸侯的文書也只稱他的氏族，不稱他的名字。這是解釋《春秋》的記事法則。❼違　離。出奔或被逐，都是離開本國，都稱違。❽某氏之守臣某　上某字為姓氏，下某字為人名。上文言「告不以名」，則齊國通告諸侯的文書但云「崔氏之守臣」，不言「杼」。❾玉帛之使者　指遣使聘問的諸侯國。古時到別國聘問的使臣，執玉帛行聘禮，故稱玉帛之使。❿公如齊奔喪　魯宣公到齊國去奔齊惠公的喪。魯宣公本是文公庶子，不當立，是齊惠公幫助定位的（見宣公元年傳），故惠公死，宣公親自去弔唁。但古無諸侯奔諸侯喪之禮。⓫孔寧儀行父　二人是陳國卿，與陳靈公一起同夏姬通姦淫亂。見上年傳。⓬夏氏　夏徵舒之家。⓭徵舒　夏徵舒，字南，陳大夫御叔之子，其母夏姬淫蕩。刺陳靈公淫亂的《詩經．陳風．株林》稱徵舒為夏南。按，靈公在位已十五年，徵舒已為卿。靈公君臣淫夏姬，不避夏南，當面侮辱說他長得像儀行父、也像國君，以此戲謔取笑，不知羞恥。⓮病之　為此憤恨。病，受辱；憤懣。《史記．陳世家》作「徵舒怒」。⓯公出三句　〈陳世家〉云：「靈公罷酒出，徵舒伏弩廄門射殺靈公。孔寧、儀行父皆奔楚，靈公太子午奔晉。」廄，養馬房。⓰諸侯之師伐鄭　去年鄭敗楚師於柳棼，鄭恐楚報怨，故今年與楚講和。晉國就和宋、衛、曹諸侯軍伐鄭。見經文。⓱劉康公來報聘　康公至魯回訪，是答謝去年魯國孟獻子聘問成周之禮。《國語．周語》載康公回周與定王論魯諸大夫事，可參讀。劉康公，周王卿士，即王季子，食邑於劉（今河南省偃師市南）。《公羊傳》謂康公是匡王之子，定王同母弟；《穀梁傳》謂為定王之子。⓲伐邾　經文作「公孫歸父帥師伐邾」。邾國在今山東省鄒城市南嶧山之陽，後改號鄒國。⓳繹　邾國都繹（見文公十三年傳），此繹為別邑，近於都城。⓴季文子初聘于齊　季文子聘齊是齊頃公即位後魯國第一次派人去聘問，故稱初聘。季文子，即季孫行父，季友之孫，魯卿。㉑子家　名歸父，東門襄仲之子，魯莊公之孫，又稱公孫歸父。魯伐邾國，恐齊不滿，故子家至齊國表示謝意。㉒國武子　齊國上卿，國歸父之子，名佐，經文稱國佐。國武子聘魯是對季文子聘齊的回聘。㉓士會　晉卿，士蔿之孫，字季，又稱士季、隨會、范會、范武子。㉔潁北　潁水以北，此指今河南省禹州市以北。㉕諸侯之師戍鄭　晉、宋、衛、曹四國諸侯軍留在鄭國守衛。㉖鄭子家　鄭國大夫公子歸生，字子家。㉗幽公之亂　指鄭國公子宋及子家殺鄭靈公。見宣公四年傳。靈公初諡幽，故幽公即靈公。㉘斲　同「斫」。砍；劈。斲棺，即剖棺陳屍。

【語 譯】魯宣公十年春季，魯宣公到齊國去。齊惠公因為我們魯國順服，所以把濟水以西的田地歸還給魯國。

夏季，齊惠公去世。崔杼曾受到齊惠公的寵信，高氏、國氏兩族怕受他的迫害，所以惠公一死就趕走了崔杼，崔杼逃亡到了衛國。《春秋》記載說「齊崔氏出奔衛」，就表示這不是他的罪過；而且齊國通告諸侯的文書也只稱氏族，不說他的名字。凡是諸侯的大夫離居本國，就通告其他諸侯國說：「某氏的守臣某，不能守護宗廟了，謹此告知。」凡是有使者友好往來的國家就發給通告，不是這樣的國家就不發通告。

宣公到齊國弔唁齊惠公的喪禮。

陳靈公和大臣孔寧、儀行父到夏徵舒家喝酒。靈公對儀行父說：「徵舒長得像你。」儀行父回答說：「也像國君啊！」夏徵舒為此感到憤恨。到靈公喝完酒出門時，夏徵舒在馬房裏用箭射殺靈公。孔寧、儀行父兩人逃亡到楚國。

滕國人依仗晉國而不事奉宋國。六月，宋國軍隊進攻滕國。

鄭國和楚國講和。晉、宋、衛、曹四國諸侯軍就進攻鄭國，鄭國講和以後才退兵回去。

秋季，周王卿士劉康公前來魯國回聘。

魯國出兵攻打邾國，佔領了邾國繹地。

季文子在齊頃公即位後初次聘問齊國。

冬季，子家到了齊國，是為了向齊國解釋魯國討伐邾國的緣故。齊國上卿國武子來魯國回聘（答謝季文子到齊國的聘問）。

楚莊王進攻鄭國。晉國的士會去救援鄭國，在潁水北面趕走了楚軍。晉、宋、衛、曹四國諸侯軍留在鄭國守衛。鄭國的子家去世。鄭國人為了討伐殺害幽公的動亂，就劈開了子家的棺材陳屍示眾，還趕走了他的族人。又改葬幽公，把他的諡號改為「靈」。

【說 明】春秋中期，諸侯多殘暴昏憒，如齊懿公、楚穆王、晉靈公等都是劣跡昭著的人（見前傳文）。而陳靈公則是淫昏之君的典型。他與孔寧、儀行父君臣三人與大夫御叔之妻夏姬通姦淫亂，都穿著夏姬的內衣嬉笑於朝，又殘殺忠諫的大夫洩冶（見上年傳）。本傳又寫君臣微服南冠，同到夏姬家縱酒淫樂，且不避夏姬之子夏徵舒。更可惡的是淫人之妻後，又侮人之子來戲謔取笑。荒淫無道而不以為恥。按禮，諸侯不能擅入大夫家。《禮記．禮運》云：「諸侯非問病、弔喪而入諸臣之家，是謂君臣為謔。」〈周語中〉云：「陳靈公與孔寧、儀行父南冠入夏氏。棄其伉儷妃嬪，而帥其卿佐，以淫于夏氏，不亦嬻姓矣乎？」陳國人民作了民歌《詩經．陳風．株林》來諷刺陳靈公。〈詩序〉云：「刺靈公也。淫乎夏姬，驅馳而往，朝夕不休息焉。」傳文對此醜惡行徑予以揭露。夏徵舒怒而殺靈公，靈公之死是罪有應得。但權位世襲的宗法制度認為夏徵舒有弒君之罪，明年就被殺而迎立靈公之子午為君，是為陳成公。

鄭國公子歸生，字子家，是穆公庶弟。從文公十三年傳及十七年傳來看，他可說是輔佐穆公的賢臣。聲討霸權主義的名文〈鄭子家與晉趙宣子書〉也是傳世之作。公子宋殺鄭靈公而子家也有弒君惡名，死後又被剖棺暴屍於市，全家被逐，可說是善始而未有善終。這同樣說明貴族的腐敗與沒落。

晉、楚交兵伐鄭，鄭處於兩難的危險境地，朝從晉而暮從楚，只圖苟安於一時。去年在晉國郤缺的援軍幫助下，敗楚師於柳棼，但怕楚國報復，今年夏季就同楚國講和。但又招致晉、宋、衛、曹四國聯軍伐鄭，鄭又只能同晉講和。冬季，楚就興師伐鄭，晉國士會領兵來救，於潁水之北擊退楚軍，諸侯聯軍就索性留在鄭國守衛。這導致宣公十二年楚莊王領兵入鄭都之禍。

十一年

癸亥，西元前五九八年。周定王九年、齊頃公無野元年、晉景公二年、秦桓公七年、楚莊王十六年、宋文公十三年、衛穆公二年、陳成公午元年、蔡文公十四年、曹文公二十年、鄭襄公七年、燕宣公四年、許昭公二十四年。

經 十有一年春王正月。

夏，楚子、陳侯、鄭伯盟于辰陵。

公孫歸父會齊人伐莒。

秋，晉侯會狄于欑函。

冬十月，楚人殺陳夏徵舒。

丁亥，楚子入陳。

納公孫寧、儀行父于陳。

傳 十一年春，楚子伐鄭，及櫟❶。子良❷曰：「晉、楚不務德而兵爭，與其來者❸可也！晉、楚無信，我焉得有信？」乃從楚。夏，楚盟于辰陵❹，陳、鄭服也。

楚左尹子重❺侵宋，王待諸郔❻。

令尹蔿艾獵❼城沂❽，使封人❾慮事，以授司徒❿，量功命日⓫，分財用⓬，平板榦⓭，稱畚築⓮，程土物⓯，議遠邇⓰，略基趾⓱，具餱糧⓲，度有司⓳。事三旬而成，不愆于素⓴。

晉郤成子㉑求成于眾狄㉒。眾狄疾赤狄之役㉓，遂服于晉。秋，會于欑函㉔，眾狄服也。是行也，諸大夫欲召狄。郤成子曰：「吾聞之，非德，莫如勤，非勤，何以求人？能勤，有繼㉕。其從之也㉖。《詩》曰：『文王既勤止！』㉗文王猶勤，況寡德㉘乎？」

冬，楚子為陳夏氏亂㉙故，伐陳。謂陳人「無動㉚，將討於少西氏㉛。」遂入陳，殺夏徵舒，轘諸栗門㉜。因縣陳㉝。陳侯㉞在晉。

申叔時㉟使於齊，反，復命而退。王使讓之㊱曰：「夏徵舒為不道，弒其君，寡人以諸侯討而戮之。諸侯、縣公㊲皆慶寡人，女獨不慶寡人，何故？」對曰：「猶可辭㊳乎？」王曰：「可哉。」曰：「夏徵舒弒其君，其罪大矣。討而戮之，君之義也！抑㊴人亦有言曰：『牽牛以蹊㊵人之田，而奪之牛。』牽牛以蹊者，信有罪矣！而奪之牛，罰已㊶重矣！』諸侯之從也，曰：『討有罪也！』今縣陳，貪其富也！以討召諸侯，而以貪歸之㊷，無乃不可乎？」王曰：「善哉，吾未之聞也！反之㊸可乎？」對曰：「吾儕㊹小人所謂『取諸其懷而與之』也。」乃復封陳。鄉取一人焉以歸，謂之夏州㊺。故書曰「楚子入陳，納公孫寧、儀行父于陳」，書有禮也㊻。

厲之役，鄭伯逃歸㊼，自是楚未得志㊽焉。鄭既受盟于辰陵，又徼事于晉㊾。

【注釋】❶櫟　鄭邑，在今河南省禹州市。❷子良　即公子去疾，鄭穆公之子，鄭襄公之弟。❸與其來者　誰來，就跟誰結交。與，交好。❹辰陵　陳地，在今河南省淮陽縣西六十里，在西華縣境。❺子重　即公子嬰齊，楚莊王之弟，官左尹。❻郔　鄭地，即宣公三年、十二年傳之郔，當在今河南省鄭州市東。一說為楚地，在今河南省項城市境，則與鄭地郔是同名異地。❼蔿艾獵　杜注以為即蔿敖、孫叔敖；孔疏引《世本》以為是孫叔敖之兄。官令尹。令尹是楚國最高長官，相當於國相，兼掌軍民。❽沂　楚邑，在今河南省正陽縣境內。❾封人　鎮守邊境的官員。沂邑當是楚邊邑，故封人負責籌劃築城及管理施工。❿以授司徒　把工程計畫報告司徒。司徒是國家高級官員，掌管土地、田賦、勞役。⓫量功命日　計量工程需用工多少，規定工程完工日期。⓬分財用　按各工程段分配材料和所用工具。財，通「材」。⓭平板榦　校平築城用的夾牆板和樹立兩旁的支柱，使高低闊狹平準，所築城牆整齊。榦，亦作「幹」，樹立在夾板外側以支撐夾板的木柱。古時城牆是用土夯築而成。⓮稱畚築　使運的土方和夯築的城牆功效相稱。即不浪工費料，也不偷工減料。畚，運土之器，與「箕」同義，類似籮筐。築，夯土之杵。⓯程土物　計算土方和所用材木的定量。程，度量；計量。⓰議遠邇　研究取水取土的遠近，使勞逸均勻。⓱略基趾　勘察確定城基和四至。即確定城牆的闊狹、方圓、曲直。⓲具餱糧　準備好築城役夫的糧食。餱，乾糧。⓳度有司　審察工程各有關方面的主管人選。即各司其職，力求勝任。⓴不愆于素　沒有超過預定的計畫。愆，過。素，本。指原定計畫。㉑郤成子　即郤缺，晉卿。㉒求成于眾狄　同狄人的各部落謀求和平友好。狄指白狄族。㉓疾赤狄之役　痛恨赤狄的役使。赤狄以潞氏最強，常使眾狄服苦役。宣公十五年傳晉滅赤狄潞氏。㉔欑函　狄地。㉕非德六句　意謂如果沒有德行，就不如勤勞些；如果連勤勞也沒有，那用什麼去要求別人順服呢。能夠勤勞，就必有功效。有繼，杜注：「勤則功繼之。」㉖其從之也　希望國君前去會見狄人。即不要倨傲召狄人來晉。其，表示祈使的副詞。從，就；往。㉗詩曰二句　見《詩經・周頌・賚》，謂周文王已很勤勞。止，句末語助詞，無義。㉘寡德　寡德之人。指晉君。㉙夏氏亂　指夏徵舒殺陳靈公事，見上年傳。按，今年楚已以夏徵舒為陳侯而與之盟於辰陵，至冬季猶伐陳，則非僅因其殺君而已，或徵舒自立為君，陳有人不服，故楚因而乘機伐陳。㉚無動　不要驚恐。〈陳世家〉作「無驚」。意謂楚軍不是討伐百姓。㉛少西氏　指夏徵舒。徵舒的祖父名少西，字子夏。故稱徵舒為少西氏。㉜轘諸栗門　把他車裂在栗門。轘，古代酷刑，用馬車分裂人體，俗稱五馬分屍。栗門，陳都城的城門名。㉝因縣陳　於是把陳國作為一個縣。即滅陳以為楚縣。縣，用作動詞。㉞陳侯　指陳靈公太子，名午，此時逃亡在晉，後迎立為陳成公。㉟申叔時　楚大夫。㊱讓之　責問他。㊲縣公　楚稱縣大夫為縣公，亦稱縣尹。㊳辭　申述理由。㊴抑　不過。轉折連詞。㊵蹊　小路；捷徑。用作動詞。踐踏。㊶已　太。程度副詞。㊷以貪歸之結果是為了貪得陳國。歸，結局。㊸反之　還給他們。指復立陳國。反，同「返」。㊹吾儕　我們這一般人。㊺夏州　在今湖北省武漢市漢陽以北地區，即江漢合流地區。楚莊王讓帶回來的陳國人住在這一地區，稱為夏州，故其後漢水又稱夏水。㊻故書曰三句　所以《春秋》記載說「楚子入陳。納公孫寧、儀行父于陳」，就是說楚莊王做得有禮。入陳，不佔有陳地而復立陳國，迎太子午而立為陳君，即上文「封陳」。這與孔子「興滅國，繼絕世」之義相合，故傳文謂「有禮」。然納二卿是否「有禮」，後人多有疑議。㊼厲之役鄭伯逃歸　此事不見經傳，杜注謂即宣公六年傳楚子伐鄭之役。疑在宣公七年或八年，見宣公九年傳注。厲，小國名，為楚所滅，其地在今湖北省隨州市西北厲山下之厲鄉。㊽未得志　意謂沒有得到鄭國的親附。七年鄭及晉平，八年鄭伯與晉等諸侯會於扈，九年鄭敗楚師，十年諸侯之師戍鄭。㊾徼事于晉　請求事奉晉國。

【語譯】魯宣公十一年春季，楚莊王發兵攻打鄭國，到達櫟地。鄭國的子良說：「晉國和楚國不致力於德行而用武力爭霸，我們只可以誰打來就同誰交好。晉國、楚國都沒有信用，我們哪能有信用？」於是就順從楚國。夏季，楚國在辰陵主持會盟，陳、鄭兩國都順服。

楚國的左尹子重領兵入侵宋國，楚莊王住在郔地聲援他。

令尹蔿艾獵在沂地築城，派遣鎮守沂地的官員考慮工程計畫，把計畫報告給司徒。計算工程用工多少，規定完工日期；分配材料、用具；校平夾牆板和支柱，使築的城牆高下闊狹平準；規定所用土方和夯築勞力，使用料用工與築城的功效相稱；計算所運土方與所用材木的定量；研究取水取土的遠近；勘察和確定牆基和四至；準備好役夫的糧食；審察工程各有關部門的主持人選，使各稱其職。工程三十天就完成了，沒有超過原定的計畫。

晉國的郤成子（郤缺）同狄人各部落謀求和平友好。狄人各部憎恨赤狄對他們的役使，於是順服晉國。秋季，晉景公前去和狄人首領在欑函會談，狄人各部都表示順服。這次欑函相會之前，晉國的大夫們本想召喚狄人首領來晉會談。但郤成子說：「我聽說，沒有德行威望，就不如勤勞一些；如果連勤勞也沒有，又怎能要求別人順服他？能夠勤勞，接著就有成果。希望國君還是屈從狄人吧！《詩》說：『周文王已經很勤勞了。』文王尚且勤勞，何況缺少德行的人呢？」

冬季，楚莊王因為陳國夏氏作亂的緣故，領兵討伐陳國。對陳國百姓說：「不要驚恐，我們是要討伐少西氏。」於是楚軍進入陳國都城，殺死了夏徵舒，在栗門把他五馬分屍。接著把陳國設置為楚國的一個縣。這時陳成公還在晉國沒有即位呢！

申叔時出使去齊國後回到楚國，向楚莊王匯報、復命後就退下殿去。楚莊王派人責備他，說道：「陳國夏徵舒無道，殺死他的國君。我帶領諸侯來討伐，把他殺了。諸侯、縣大夫都向我慶賀，只有你偏不向我慶賀，這是什麼緣故？」申叔時回答說：「還可以讓我說幾句嗎？」楚莊王說：「可以呀！」申叔時就說：「夏徵舒殺了他的國君，他的罪過是很大的了；君王討伐而殺了他，這是君王應做的義事。不過人們也有話說：『牽牛踐踏別人的莊稼田，就奪走了他的牛。』牽牛踐踏田地的人，是確實有罪過的了；但奪走他的牛，懲罰也太重了吧！』諸侯跟從君王來伐陳，說是討伐有罪的人。現在卻把陳國設立為楚國的一個縣，這是貪圖陳國的財富。用伐罪號召諸侯，而結果是貪其財富。這恐怕不好吧？」楚莊王說：「說得好！我還沒有聽到過這樣的話。把陳國還給他們，可以嗎？」申叔時回答說：「這就是我們一般小人所說的『從懷裏再拿出來還給人家』呀（還，比不還好）！」楚莊王就重新封立陳國。從每個鄉帶一個農奴回楚國，讓他們住在一地，稱為夏州。所以《春秋》記載說：「楚子入陳。納公孫寧、儀行父于陳」，這樣記載是說楚王做得有禮。

厲地的那次戰役，鄭襄公逃走回國。從此以後，楚國就沒有得到鄭國的親附而滿意過。今年鄭國已在辰陵接受楚國的盟約，但又去要求事奉晉國。

【說明】城濮之戰以後，晉、楚為爭霸而爭奪對鄭國的控制權。自宣公三年以來，晉、楚就交兵伐鄭，鄭親楚則晉怨，親晉則楚怨。鄭國無法成為中立國、和平區，而深受戰禍兵災之苦。鄭國公子去疾（子良）看到這一點，他說「晉、楚不務德而兵爭」，於是採取了「與其來者可也」的實用主義態度，誰來就跟誰交好，認為「晉、楚無信，我焉得有信？」強國無信義，弱國無外交。今年鄭國一面與楚盟於辰陵，一面又去事奉晉國。又想兩面討好。鄭國採取這種無原則的外交立場，雖是不得已的權宜之計，但並不能改變自己弱國挨打的地位，其後果是十分危險的。明年就有大禍。

晉景公屈尊親往狄地，謀求和狄人各部和好結交，使眾狄歸服。楚莊王領兵「入陳」、「縣陳」，聽了申叔時關於奪人之牛的諷諫，改而「封陳」，復立陳國。就是所謂已經藏到自己懷裏，又從懷裏拿出來還給人家。這是很不容易的明智之舉。《淮南子・人間》說：「諸侯聞之，皆朝于楚。」《孔子家語》和《史記・陳世家》說，孔子讀《春秋》至楚復立陳國時，連聲讚歎「賢哉！楚王」。晉、楚各有千秋，明年就爆發了晉、楚邲之戰。

本傳還記載了楚國在沂地築城的情況。築城是建設工程，是一項軍事、政治活動。傳文反映了諸侯國築城從計畫到施工的九個方面的內容，具有古代建築工程學的史料價值。

十二年

甲子，西元前五九七年。周定王十年、齊頃公二年、晉景公三年、秦桓公八年、楚莊王十七年、宋文公十四年、衛穆公三年、陳成公二年、蔡文公十五年、曹文公二十一年、鄭襄公八年、燕宣公五年、許昭公二十五年。

經 十有二年春，葬陳靈公。

楚子圍鄭。

夏六月乙卯，晉荀林父帥師及楚子戰于邲，晉師敗績。

秋，七月。

冬，十有二月戊寅，楚子滅蕭。

晉人、宋人、衛人、曹人同盟于清丘。宋師伐陳，衛人救陳。

傳 十二年春，楚子圍鄭❶，旬有七日。鄭人卜行成❷，不吉；卜臨于大宮，且巷出車❸，吉。國人大臨，守陴者皆哭❹。楚子退師。鄭人脩城。進復圍之，三月，克之。入自皇門❺，至于逵路❻，鄭伯肉袒牽羊以逆❼，曰：「孤不天❽，不能事君，使君懷怒以及敝邑，孤之罪也！敢不唯命是聽？其俘諸江南，以實海濱，亦唯命❾；其翦以賜諸侯，使臣妾之，亦唯命❿。若惠顧前好，徼福於厲、宣、桓、武⓫，不泯其社稷，使改⓬事君，夷於九縣⓭，君之惠也，孤之願也，非所敢望也。敢布腹心，君實圖之。」左右曰：「不可許也，得國無赦！」王曰：「其君能下人⓮，必能信用其民矣！庸可幾乎⓯？」退三十里，而許之平。潘尫⓰入盟，子良出質⓱。

【注釋】❶楚子圍鄭　此接上年傳文末章。楚國始封君為子爵，故經傳稱其君為楚子，此指楚莊王。❷卜行成　占卜派人求和的吉凶。❸卜臨二句　為在太廟哭祭、兵車列陣在街巷占卜吉凶，即為誓死巷戰、與宗廟共存亡而進行占卜。臨，哭祭宗廟。大宮，太宮，即祖廟。❹守陴者皆哭　守城將士不能哭祭於大宮，故哭於城上，表示決一死戰。陴，城頭上的矮牆，古稱女牆，廣三尺，高二尺五寸。守城者必登城而守陴。❺皇門　鄭國都城（在今河南省新鄭市）的城門名。楚軍攻破鄭都是因鄭人石制為內奸所致。❻逵路　寬闊的通衢大道。能並行九輛車馬的大道叫逵。❼鄭伯句　鄭襄王脫去上衣，露出肩背，牽著羊去迎接楚莊王。這是表示請罪受刑。袒，裸露。逆，迎。❽孤不天　我不能承奉上天旨意。即不蒙天佑。孤，諸侯謙稱。❾其俘三句　如果把我俘虜到江南，流放到海邊無人居住的地方，也只有聽從這命令。文王時封熊繹於楚，初都丹陽（今湖北省枝江縣），東周時楚文王遷都於郢（今湖北省江陵縣），在江北。自郢都以南，楚通稱江南。海濱即指江南，春秋時尚不知有南海。❿其翦三句　如果滅亡鄭國，分賜諸侯，使鄭國人做諸侯的奴僕婢妾，也只有聽從這命令。翦，滅。臣妾，使男人做臣僕，女人做婢妾。⓫徼福句　如果託鄭國始祖周厲王、周宣王、鄭桓公、鄭武公的福。即不滅亡鄭國。徼，求。周厲王之子姬靜為周宣王。宣王時始封厲王庶子鄭桓公於鄭。鄭桓公之子鄭武公，曾稱強於諸侯。⓬改　更；重新。⓭夷於九縣　等同於楚國的各個縣。夷，儕；等類。楚滅唐、隨、息、鄧諸小國，皆置以為縣，以其君為縣公。九，非實數，只是泛指。⓮能下人　能屈居別人的下位，即事奉別人。下，用作動詞。⓯庸可幾乎　怕是還有希望的吧。與僖公十五年傳「晉其庸可冀乎」義同。《史記‧楚世家》改作「庸可絕乎」（豈可滅亡他嗎？）〈鄭世家〉云：「莊王曰：所為伐，伐不服也。今已服，尚何求乎？」⓰潘尪　楚大夫，字師叔。疑為文公元年傳之太師潘崇之子。⓱子良出質　鄭國子良到楚國作人質。子良即公子去疾，是鄭襄公之弟，其人仁讓忠良，史稱其賢。

【語　譯】魯宣公十二年春季，楚莊王領兵圍攻鄭國都城，已有十七日。鄭國人為求和占卜吉凶，結果不吉利；為在太廟哭祭、把兵車排列在街巷決戰占卜，很吉利。都城裏的人到太廟號哭，誓死決戰，守城的將士在城上大哭，誓死守城。楚莊王退兵。鄭國人又修築城牆。楚軍又進兵，再次包圍鄭都，經三個月，攻破了都城。楚軍從皇門入城，到達通衢大道，佔領要地。鄭襄公脫去上衣，露出肩背，牽著羊迎接楚莊王，說道：「我不能承奉天意，沒有事奉好君王，使君王帶著怒氣來到敝國，這是我的罪過，豈敢不唯命是聽？如果把我俘虜到江南，放到海邊，也只聽君王吩咐；如果要滅亡鄭國，把鄭地分賜諸侯，讓鄭國人做奴僕婢妾，也只聽君王吩咐。如蒙君王顧念舊好，託周厲王、周宣王、鄭桓公、鄭武公的福，不滅絕他們的封國，讓鄭國重新事奉君王，等同於楚國的屬縣，這是君王的恩惠，是我的心願，但不是我敢於指望的。謹坦陳這內心的話，請君王考慮決定吧！」楚王左右的官員說：「不能答應他的要求！攻下一個國家就沒有赦免的。」楚莊王說：「他的國君能屈居別人之下，必定能取信於民，而百姓能為他效命，怕是還有希望吧，豈可滅亡他們呢？」於是楚國退兵三十里而允許鄭國講和。楚大夫潘尪前去結盟，鄭國的公子子良到楚國作人質。

【說明】本年傳文可分六段，前五段記晉、楚邲之戰。以上為第一段，寫楚莊王領兵圍鄭、破鄭，鄭伯請降。這是邲之戰的導火線。

楚軍在春季圍鄭十七日，鄭人不降，楚就退兵。鄭人誓死巷戰，修築城牆，楚又進兵圍城，經三個月才破鄭都，前後一百二十多日。城破後，鄭襄公肉袒牽羊，迎莊王入城，請罪求降。從實力說，楚國已能吞併鄭國，改為屬縣，但楚王沒有這樣做。他「怒其貳而哀其卑」，看到鄭襄公低聲下氣，唯命是聽，「必能信用其民」，舉國號哭，君民一心，國力仍不可小覷。更重要的是，楚如滅鄭，把晉、楚之間的這片緩衝區域收歸己有，就將自己置於與鄭人和晉人正面對抗的被動地位。所以楚王最終允許鄭國講和，同上年楚入陳而復立陳國，不取其地，都是明智之舉。鄭國也正是利用了這個形勢，敢於與楚周旋，以保全其宗廟社稷。楚圍鄭的實質是與晉爭霸。

傳夏六月，晉師救鄭。荀林父將中軍❶，先縠❷佐之。士會❸將上軍，郤克❹佐之。趙朔❺將下軍，欒書❻佐之。趙括、趙嬰齊❼為中軍大夫，鞏朔❽、韓穿❾為上軍大夫，荀首❿、趙同⓫為下軍大夫。韓厥⓬為司馬。及河，聞鄭既及楚平，桓子欲還，曰：「無及於鄭而勦民，焉用之⓭？楚歸而動，不後⓮。」隨武子曰：「善。會聞用師，觀釁而動⓯。德、刑、政、事、典、禮不易，不可敵也，不為是征⓰。楚軍討鄭，怒其貳而哀其卑⓱。叛而伐之，服而舍之，德、刑成矣。伐叛，刑也；柔服⓲，德也，二者立矣。昔歲入陳⓳，今茲入鄭，民不罷勞⓴，君無怨讟㉑，政有經㉒矣。荊尸而舉㉓，商、農、工、賈㉔不敗其業，而卒乘輯睦㉕，事不奸㉖矣。蔿敖㉗為宰，擇楚國之令典㉘，軍行，右轅，左追蓐，前茅慮無，中權，後勁㉙。百官象物而動㉚，軍政不戒而備㉛，能用典㉜矣。其君之舉也，內姓選於親，外姓選於舊㉝，舉不失德㉞，賞不失勞。老有加惠，旅有施舍㉟。君子小人，物有服章㊱。貴有常尊㊲，賤有等威㊳，禮不逆矣。德立、刑行、政成、事時、典從㊴、禮順，若之何敵之？見可而進，知難而退，軍之善政㊵也。兼弱攻昧，武之善經也㊶。子姑整軍而經武㊷乎！猶有弱而昧者，何必楚？仲虺㊸有言曰：『取亂侮亡。』兼弱也。〈汋〉曰：『於鑠王師，遵養時晦㊹。』耆昧㊺也。〈武〉曰：『無競維烈㊻。』撫弱耆昧，以務烈所㊼，可也。」彘子曰：「不可。晉所以霸，師武、臣力也。今失諸侯㊽，不可謂力；有敵而不從，不可謂武。由我失霸，不如死！且成師以出，聞敵彊而退，非夫㊾也！命為軍帥，而卒以非夫，唯羣子能，我弗為也！」以中軍佐濟㊿。

知莊子(51)曰：「此師殆哉！《周易》有之，在〈師〉䷆之〈臨〉䷒(52)，曰：『師出以律，否臧，凶(53)。』執事順成為臧，逆為否(54)。眾散為弱，川壅為澤(55)。有律以如己(56)也，故曰律。否臧，且律竭(57)也。盈而以竭，夭且不整，所以凶也(58)。

不行之謂〈臨〉59，有帥而不從，臨孰甚焉60？此之謂矣。果遇，必敗，彘子尸之61，雖免而歸，必有大咎62。」韓獻子謂桓子曰：「彘子以偏師63陷，子罪大矣！子為元帥，師不用命，誰之罪也？失屬64亡師，為罪已重，不如進也！事之不捷，惡有所分65。與其專罪66，六人同之67，不猶愈乎？」師遂濟68。

【注釋】❶荀林父將中軍　荀林父率領中軍。古時中軍主將即為上、中、下三軍統帥。荀林父，諡桓，故下文稱桓子，又稱中行桓子。宣公八年傳，晉郤缺執政。此時蓋郤缺已死，故荀林父為統帥。❷先縠　當是先軫的孫子或曾孫。其祖食邑於原，本人食邑於彘，故下文稱原縠、彘子。時輔佐荀林父，為副帥。此人剛愎自用，邲戰失敗後奔狄，明年被殺。❸士會　士蔿之孫，字季，食邑於隨、范，故又稱士季、隨會、范會，隨季。諡武，故又稱隨武子、范武子。❹郤克　郤缺之子，諡獻，下文稱郤獻子、郤伯。❺趙朔　趙盾之子，又稱趙莊子，晉成公之婿。❻欒書　欒枝之孫，欒盾之子，下文稱欒武子、欒伯。❼趙括趙嬰齊　二人都是趙衰之子、趙盾的異母弟。分別食邑於屏、樓，故又稱屏括、樓嬰。❽鞏朔　晉大夫，又稱鞏伯、士莊伯。❾韓穿　晉大夫，當與韓厥同族。❿荀首　荀林父之弟，因食邑於知，故別為知氏，又稱知季、知莊子。⓫趙同　趙括的同母兄，亦稱原同、原叔。⓬韓厥　即韓獻子。曲沃桓叔之子韓萬，韓萬之孫韓簡，韓簡之孫即韓厥。⓭無及二句　意謂沒有趕上救鄭國而勞苦百姓（士兵），出兵有什麼用。及，動詞。追趕上。勦，同「剿」。勞累。⓮楚歸二句　意謂等楚軍回去後我軍再出動伐鄭（責其降楚），也不晚。⓯觀釁而動　觀察敵人，有隙可乘時再出兵進擊。釁，縫隙；破綻。⓰德刑政事三句　意謂德行、刑法、政令、事務、典章、禮儀六個方面不違背常規，這樣的國家是不可抵敵的，是不能對他征伐的。易，改變；違反。是，此。指楚國。⓱怒其貳而哀其卑　貳，有二心。卑，卑下。指低聲下氣求和。⓲柔服　對順服的國家用文德安撫。柔，用作動詞，安撫。⓳昔歲入陳　指去年楚莊王入陳國殺夏徵舒，立陳成公。入而不佔有其地曰「入」。⓴罷勞　疲勞。罷，通「疲」。㉑君無怨讟　百姓對國君沒有怨言。讟，怨。㉒政有經　政治有常規。經，不變的常法、規則。㉓荊尸而舉　列成荊尸之陣而後用兵。荊尸，楚武王創制的一種陣法，見莊公四年傳。㉔商農工賈　行曰商，處曰賈。即商販、店主。㉕卒乘輯睦　步兵、車兵和睦。乘，車兵。輯，和。㉖事不奸　各行其事，互不侵擾。意謂對外用兵，內不侵擾商農工賈，外不致士卒不和。奸，侵犯；騷擾。㉗蔿敖　蔿賈之子，名敖，字孫叔，故又稱孫叔敖，為楚之名相。宰，楚稱令尹為宰，中原各國以上卿為宰，執掌國政。㉘令典　好的法典。令，善。㉙軍行六句　意謂軍隊行進時，右軍跟隨主帥的車轅，左軍負責尋求草蓐，安排歇息，前軍開道，以旌旄為信號告知後軍，防有意外，中軍權衡利弊，制定策略，後軍是勁力精兵押陣。右、左、前、中、後是指楚軍五部，各有任務。一說右指步卒之分在右者，行軍時挾護兵車以為戰備，左指步卒之分在左者。轅，駕車之木。此指兵車。用作動詞。茅，讀作「旄」。用犛牛尾裝飾的旌旗謂之旄旌。古制，前軍探路，以旌旄為標幟，告知後軍，如前有水，則舉青旌，前有車騎，則舉飛鴻之旗。慮無，偵查有無敵人，以防意外。㉚百官象物而動　各級軍官按照旗幟上所畫圖象行動，聽從指揮。象物，指繪有各種鳥獸圖象的旗幟，用以指揮全軍。如舉日章則晝行，舉月章則夜行等。見《管子・兵法》。㉛不戒而備　不待主帥號令而能萬事完備。戒，敕令。㉜能用典　能按典章制度辦事。㉝內姓二句　同姓中有才能的人，就從親近的宗族中選拔出來，異姓中有才能的人，就從世代舊臣中選拔出來。㉞舉不失德　舉拔人材，不遺漏有德行的人。㉟旅有施舍　對旅居在外辦事的人有所賜予。㊱物有服章　衣服飾物各有規定的標誌。古時貴族和平民的服飾不同，以別尊卑。㊲常尊　有一定的禮儀以表示尊貴。常，指經常不變的禮儀。㊳等威　威儀有等差以表示貴賤的不同等級。㊴事時典從　辦事合於時宜，附合人們的意願；頒布的法典，人們樂意服從。㊵軍之善政　行軍用兵的最好謀略。㊶兼弱二句　兼併積弱不振的國家，攻打諸侯昏昧的國家，這是用兵的好法則。㊷整軍而經武　整頓軍隊，籌劃用兵。即指上文知難而退、兼弱攻昧。㊸仲虺　傳為商湯的國相，姓任。今本《尚書・仲虺之誥》是偽古文。㊹汋曰三句　見《詩經・周頌・酌》。汋，即「酌」。句意謂：啊！天子的軍隊多麼威武，率領他們去攻取昏昧的國君。此詩讚美武王伐紂。於，表示讚美的歎詞。鑠，美；神氣；威武。遵，率領。養，取。時，是；此。晦，昏昧。㊺耆昧　即攻昧。耆，攻伐。㊻武曰二句　見《詩經・周頌・武》，意謂沒有比攻克紂王的功業再盛大的了。競，強；盛大。烈，功業。㊼以務烈所　致力於建功立業。烈所，功業之所在。㊽今失諸侯　指失去鄭國。㊾非夫　不是大丈夫所做的事。㊿以中軍佐濟　率領中軍副帥屬下的部隊渡過黃河。(51)知莊子　即荀首，荀林父之弟，以知為氏。知又作「智」。下文又稱知季。(52)在師䷆之臨䷒　從〈師〉卦變成〈臨〉卦。〈師〉卦䷆坎下坤上，〈臨〉卦䷒兌下坤上。師變為臨，就是坎變為兌。(53)師出三句　這是《周易》〈師〉卦初六爻辭，意謂軍隊出征必須服從號令紀律，統一行動，如紀律不好，就有凶禍。否臧，不善。即下文「執事順成為臧，逆為否」之意。(54)執事二句　凡辦事能順其道而行就會成功，這就是臧（好），反其道而行就失敗，這就是否（不好）。這是解釋爻辭之義。(55)眾散二句　這是解釋卦象。〈晉語四〉云：「坎，眾也。」〈坎〉卦象徵眾；〈兌〉卦象徵柔弱；故坎變為兌就是眾心渙散，力量變得柔弱。坎代表水，兌代表澤。坎變為兌就是水川壅塞，淤積而變為澤。這卦象表示政令不通，軍隊渙散，沒有力量，故是凶象。(56)有律以如己　意謂軍隊有紀律，聽從指揮，三軍進退如一人，猶如自己指揮自己。(57)否臧且律竭　紀律不好，辦事不順成，法制號令就無用。竭，窮盡，即無用。(58)盈而以竭三句　川水盈滿，遇阻塞而變為澤，澤水易竭盡；軍令不暢行，遇到阻塞，隊伍不整，眾散為弱，所以凶險。這是把爻辭卦象合起來加以論述。夭，阻遏。(59)不行之謂臨　〈臨〉卦是兌下坤上。坎變為兌，即川壅為澤，水不流乃成〈臨〉卦。(60)臨孰甚焉　還有什麼比這號令不行的後果更嚴重的呢。(61)彘子尸之　彘子（副帥先縠）造成這凶禍，要承擔主要的罪責。尸，主；居。(62)大咎　大禍。明年晉殺先縠。(63)偏師　指軍隊的一部分，以別於主力。(64)失屬　失去鄭國。彘子敗，必失鄭國。(65)惡有所分　失敗的罪過有大家分擔。惡，罪。(66)專罪　元帥一人擔當罪責。(67)六人同之　六個人共同分擔罪責。六人，指三軍將佐。(68)濟　渡河。指全軍渡過黃河。與上文「及河」、「以中軍佐濟」相承。

【語　譯】夏季六月，晉國的軍隊去救鄭國。荀林父率領中軍，先縠輔佐他。士會率領上軍，郤克輔佐他。趙朔率領下軍，欒書輔佐他。趙括、趙嬰齊任中軍大夫，鞏朔、韓穿任上軍大夫，荀首、趙同任下軍大夫。韓厥任司馬。軍隊到達黃河邊，聽到鄭國已經和楚國講和，桓子想要回兵，說：「沒有趕上救鄭而勞苦百姓，出兵有什麼用？等楚軍回去以後我軍再出動伐鄭，也不晚。」隨武子說：「好。士會聽說用兵之道，是觀察敵人的瑕隙而後乘機進擊的。如果敵軍的德行、刑賞、政令、事務、典則、禮儀不違反常規，就是不可抵敵的，不能征伐這樣的國家。現在楚莊王討伐鄭國，恨他有貳心，又可憐他的卑下。鄭國背叛就討伐他，鄭國順服就赦免他，這樣德行和刑威都有了。討伐叛逆，這是刑威；安撫順服，這是德行，這二者已樹立起來了。去年楚軍攻入陳國，今年攻入鄭國，但楚國百姓並不覺得疲勞，對國君沒有怨言，這是政令有常規了。楚軍陳列荊尸之陣而後行軍，商販、農夫、工匠、店主都不荒廢他們的行業，步兵車兵和睦，這是各行其事，互不侵擾了。蔿敖做令尹，選用楚國法典中好的部分，行軍時，右軍跟隨主將的車轅，左軍打草安排歇息，前軍以旌旄為標幟，在前開路，告知後軍，以防意外，中軍權衡斟酌，謀劃決策，後軍以精兵押陣。各級軍官按照旌旗上的物象的指示而採取行動，聽從指揮，軍事政務不必等待命令而各自備辦，這是能運用典章法則了。他們的國君選用人材，同姓就在親近的宗族中選拔，異姓就在世代舊臣中選拔。提拔人材不遺漏有德行的人，賞賜也不遺漏有功勞的人。對老人有優待，對旅居在外辦事的人有賜予。貴族庶民，各有規定的服飾。地位尊貴的人有一定的禮儀來表示對他的尊重，地位低賤的人有一定的等差來表示威儀，這樣禮儀沒有不順的了。德行樹立，刑賞施行，政事成就，辦事合時，典則遵行，禮儀順當，這樣的國家怎麼能抵敵呢？看到可以前進才前進，知道難以取勝就後退，這是治軍的好策略。兼併弱而不振的，進攻昏昧的，這是用兵的好規則。您姑且整頓軍隊，籌劃用兵吧！還有弱小而又昏昧的國家，何必定要進攻楚軍呢？仲虺說過：『攻取動亂的國家，欺負可以滅亡的國家。』說的就是兼併弱而不振的。《詩經・周頌・酌》篇說：『啊！天子的軍隊多麼威武，率領他們去攻取昏昧的國家。』說的就是進攻昏昧的。《詩經・周頌・武》篇說：『沒有比武王的功業再盛大的了。』安撫弱小的，進攻昏昧的，以致力於建功立業的事，這就可以了。」彘子說：「不行。晉國所以能稱霸，是由於軍隊勇武，臣下得力。現在失去了鄭國，不能說是得力；有了敵人不去追逐，不能說是勇武。由於我們無能而失去晉國的霸主地位，我不如去死。而且組成軍隊，出兵作戰，聽到敵人強大就退兵，這不是大丈夫。任命做軍隊的統帥，結果做出不是大丈夫所做的事，這只有你們做得出，我是不會幹的。」說完，就率領中軍副帥屬下的軍隊渡過黃河。

知莊子說：「先穀的這支軍隊危險了。《周易》有這樣的卦象，從師卦䷆變到臨卦䷒，爻辭說：『出兵要按法令紀律統一行動，法令紀律不嚴明，後果必定凶險。』辦事順其道而行會成功，這是『臧』；反其道而行會失敗，這是『否』。眾心渙散，力量變為弱小，川水壅塞，就淤積成為沼澤。有法令紀律約束，指揮三軍就如指揮自己一樣，所以叫做律。辦事不順其道而行，法令紀律就窮盡而無用。川水盈滿，遇到阻塞就變為澤，澤水容易枯竭；軍隊號令不行，遇到阻塞，隊伍就渙散不整，這是凶險的徵兆。川水壅塞不流才成臨卦，有統帥而不聽從號令，號令不行，還有什麼比這更嚴重的嗎？卦辭說的就是彘子的這種行為了。果真和敵人相遇接戰，他一定失敗，彘子就是造成失敗的罪魁，即使免於戰死而回國，也定有大禍。」韓獻子對桓子說：「彘子率領一部分軍隊失陷，您的罪過就大了。您是元帥，軍隊不聽從命令，這是誰的罪過？失去屬國鄭國，丟失一部分軍隊，構成的罪過太重了，不如乾脆進軍。作戰如果不能取勝，失敗的罪責有大家分擔。與其元帥一人承擔罪責，不如三軍將佐六個人共同承擔，這樣不是還好一點嗎？」於是晉軍全軍渡過了黃河。

【說　明】以上為第二段，寫晉三軍將佐因鄭國降楚，所以對於是否繼續進軍、與楚交戰意見不一。反映出晉軍出師前並無縝密的戰略方針和統一的作戰計畫。《史記・鄭世家》云：「晉聞楚伐鄭，發兵救鄭。其來持兩端，故遲，比至河，楚兵已去。」晉三軍元帥荀林父想要退兵，不想與楚決戰。上軍主將士會表示贊同，還講了一大篇道理。這是左氏借士會之口，記述楚莊王用孫叔敖治國治軍的情況和取得的成就，也表現出士會的政治、軍事思想。他概括為「德立、刑行、政成、事時、典從、禮順」六個方面，先總述後分論，說明楚軍不可抵敵。士會又提出晉軍用兵的策略原則，應「觀釁而動」、「見可而進，知難而退」、「兼弱者昧」，始可建功立業。士會所言是明智之舉，他不愧為足智善謀的春秋名臣。但中軍副帥先縠不從號令，認為退兵不是大丈夫之所為，就率領部分軍隊單獨渡河。下軍大夫荀首看出這是凶象敗兆，出師而號令不行，將帥意見分歧，眾心渙散，隊伍不整，先縠必敗，「必有大咎」。司馬韓厥建議，為免偏師失陷，不如進軍，三軍將佐可同擔失敗罪責。因而三軍被迫全部渡河。可見晉軍已陷入被動，既無軍事謀略和作戰計畫，更無作戰的準備，因而必敗無疑。

傳 楚子北師次於郔❶。沈尹❷將中軍，子重❸將左，子反❹將右，將飲馬於河而歸。聞晉師既濟，王欲還，嬖人❺伍參❻欲戰。令尹孫叔敖弗欲，曰：「昔歲入陳，今茲入鄭，不無事矣。戰而不捷，參之肉其足食乎❼？」參曰：「若事之捷，孫叔為無謀矣。不捷，參之肉將在晉師，可得食乎？」令尹南轅反旆❽。伍參言於王曰：「晉之從政者⑨新，未能行令。其佐先縠，剛愎⑩不仁，未肯用命。其三帥者，專行不獲⑪。聽而無上，眾誰適從⑫？此行也，晉師必敗。且君而逃臣⑬，若社稷何？」王病之⑭，告令尹，改乘轅而北之，次于管⑮以待之。

晉師在敖、鄗⑯之間。鄭皇戌⑰使如晉師，曰：「鄭之從楚，社稷之故也，未有貳心⑱。楚師驟勝⑲而驕，其師老⑳矣，而不設備。子擊之，鄭師為承㉑，楚師必敗。」彘子曰：「敗楚服鄭，於此在矣！必許之。」欒武子曰：「楚自克庸㉒以來，其君無日不討國人而訓之于民生之不易、禍至之無日、戒懼之不可以怠㉓。在軍，無日不討軍實㉔而申儆之㉕于勝之不可保、紂之百克而卒無後㉖，訓之以若敖、蚡冒㉗篳路藍縷㉘，以啟山林。箴㉙之曰：『民生在勤，勤則不匱。』不可謂驕！先大夫子犯㉚有言曰：『師直為壯，曲為老。』我則不德，而徼怨㉛于楚。我曲楚直，不可謂老。其君之戎㉜，分為二廣㉝，廣有一卒㉞，卒偏之兩㉟。右廣初駕㊱，數㊲及日中，左則受之㊳，以至于昏。內官序當其夜㊴，以待不虞。不可謂無備。子良㊵，鄭之良也；師叔㊶，楚之崇㊷也。師叔入盟，子良在楚，楚、鄭親矣！來勸我戰，我克則來，不克遂往，以我卜㊸也！鄭不可從。」趙括、趙同曰：「率師以來，唯敵是求。克敵、得屬，又何俟？必從彘子。」知季㊹曰：「原、屏，咎之徒也㊺！」趙莊子㊻曰：「欒伯善哉！實其言，必長晉國㊼！」

楚少宰㊽如晉師，曰：「寡君少遭閔凶㊾，不能文㊿。聞二先君之出入此行也(51)，將鄭是訓定(52)，豈敢求罪于晉？二三子無淹久(53)！」隨季(54)對曰：「昔平王命我先君文侯(55)曰：『與鄭夾輔周室，毋廢王命！』今鄭不率(56)，寡君使羣臣問諸鄭，豈敢辱候人(57)？敢拜君命之辱(58)？」彘子以為諂(59)，使趙括從而更之(60)，曰：「行人失辭(61)。寡君使羣臣遷大國之跡於鄭(62)，曰『無辟(63)敵』。羣臣無所逃命(64)。」

【注　釋】❶北師次於郔　軍隊北進，駐紮在郔地。郔，鄭地，在今河南省鄭州市北。上年傳「王待諸郔」，是在郔之南境，今進駐北境。❷沈尹　沈縣大夫，《呂氏春秋》作沈尹蒸、沈尹巫，《新序》作沈尹竺。沈縣在今河南省沈丘舊縣治東三十里。❸子重　即公子嬰齊，楚莊王之弟，時官左尹，率領左軍。❹子反　本是宋國公子側，仕楚為司馬，此時率領右軍。❺嬖人　寵臣。古時寵臣、寵妾都可稱為嬖人。❻伍參　伍奢的祖父。❼參之肉其足食乎　伍參的肉難道大家夠吃嗎。古人痛恨其人，常說食其肉猶不足。此言戰而不勝，雖殺伍參，猶不足以謝國人。❽南轅反旆　迴車向南，軍中大旗也轉向南。就是罷兵南歸。南，用作動詞。反，同「返」。旆，軍中大旗，長八尺，旗末狀如燕尾。❾從政者　指荀林父。去年秋，晉猶有郤缺執政，故荀為元帥、執國政不過數月。❿剛愎　強硬固執。⓫專行不獲　指三軍將佐欲專行而不得。即無法作主，施行號令。⓬聽而無上二句　將士要聽從命令卻沒有可以聽從的上司，大家不知去聽從誰的號令。適，主；專一。「眾誰適從」即無所適從。⓭君而逃臣　楚莊王是君，晉諸將是臣，如楚退兵，就是君逃避臣，未免辱國。⓮王病之　楚王為此不愉快。⓯管　本是周文王子叔鮮封地，春秋時為鄭邑。在今河南省鄭州市北二里。⓰敖鄗　二山名，在今河南省滎陽市北。晉、楚交戰之邲即在今滎陽市東北、鄭州市西北。秦時置倉敖山，稱敖倉。⓱皇戌　鄭卿，又見成公二、三、四、五年傳。⓲未有貳心　指鄭對晉未有二心，心猶在晉。⓳驟勝　屢次得勝。楚莊王自文公十六年傳滅庸後，屢伐陳、宋，又伐陸渾之戎，又滅舒蓼，去年伐陳，今伐鄭，皆勝。⓴老　軍隊在外日久，因疲勞而士氣衰落。㉑承　繼。㉒克庸　楚滅庸國。見文公十六年傳。㉓其君

無日句　謂楚君治理百姓，無日不以人民生計不易、外患隨時會降臨、戒懼之心不可稍有懈怠來教導他們。討，治。于，以。介詞，和下面三個短句構成介賓結構作「訓之」的補語，現代漢語作狀語。下同。㉔軍實　指軍中將士。㉕申儆之　再三告誡他們。儆，警備；警誡。㉖紂之百克句　紂王曾百戰百勝，但最終滅亡絕後。《史記・律書》云：「夏桀、殷紂，手搏豺狼，足追四馬，勇非微也；百戰克勝，諸侯懾服，權非輕也。」㉗若敖蚡冒　都是楚國遠祖。若敖，名熊儀，為楚武王之祖，當周幽王之世。蚡冒，即楚厲王，其弟熊通為楚武王。㉘篳路藍縷　意謂乘著柴車，穿著破衣。形容拓荒創業的艱苦。篳路，用竹木編成的車。路，大車。藍縷，雙聲聯綿詞，亦作「襤褸」。㉙箴　用良言規勸。㉚子犯　即狐偃，晉文公舅父，跟隨文公出亡，後為晉文公謀臣。所引子犯之言見僖公二十八年傳。㉛徼怨　招怨；結仇。㉜戎　戰車。此指楚王的親兵。㉝二廣　楚軍以廣為單位，二廣即左廣右廣。㉞一卒　楚以三十輛兵車為一卒。卒為戰車之數，非指徒兵之數。廣、卒與下文之偏、兩都是專名。㉟卒偏之兩　每卒又分為左右兩偏。一偏為十五輛兵車。㊱初駕　先駕車。下文云：「右廣雞鳴而駕，日中而說（止息）。」㊲數　數漏刻，即計算時刻。㊳左則受之　左廣就接替右廣。謂白天由左右二廣輪流駕車備戰。㊴內官句　謂入夜，由楚王親近的內臣依次值夜班戒備。序，依次。當，值。㊵子良　即鄭國公子去疾，入質於楚。㊶師叔　即潘尪，楚大夫，入鄭結盟。㊷楚之崇　楚國百姓崇敬的人。崇，尊崇。作名詞用。㊸以我卜　以我戰之勝負，決定其從晉或從楚。此承上句「我克則來，不克遂往」。㊹知季　即知莊子荀首。㊺原屏二句　趙同、趙括都是（先縠一類）自取禍殃的人。此承上句「必從彘子」，及上文彘子「必有大咎」而言。原，即趙同，因食邑於原，故又稱原同。屏，即趙括，食邑於屏，故稱屏括。徒，一類人。一說通「塗」，謂原、屏之言是自取禍殃之道。㊻趙莊子　即趙朔，趙盾之子。趙同、趙括是他的叔父，故不敢責怪他們，只是贊同欒武子（欒書）的意見。㊼實其言二句　照他的話去做，定可使晉國長勝不敗。長晉國，一說可為晉國諸卿之長，即為執政。㊽少宰　官名，是太宰的副職。㊾閔凶　憂患。楚莊王元年，公子燮與鬬克作亂。故云少遭閔凶。見文公十四年傳。㊿不能文　不善於辭令；說話坦率無文飾。(51)聞二先君句　聽說兩位先君（楚成王、楚穆王）來往在此伐鄭的路上。楚成王六年令尹子元伐鄭，見莊公二十八年傳。楚穆王八年出師伐鄭，見文公九年傳。行，道路。(52)將鄭是訓定　「將訓定鄭」的倒裝句式，「是」是代詞，複指前置賓語「鄭」。句意謂就是為了要教導鄭國、安定鄭國。連上句，意謂楚歷來是鄭的宗主國，有權伐鄭。(53)淹久　久留（在鄭國）。(54)隨季　即士會、隨武子。(55)文侯　晉文侯。曾同鄭武公助平王東遷洛邑，共定周室。言外謂晉是奉周王之命來質問鄭國是名正言順的。(56)不率　不遵循王命。指不與晉相親近。率，循。(57)候人　古時治理道路、迎送賓客的官員。此指楚國少宰。(58)敢拜君命之辱　豈敢拜受楚君的命令。以上皆外交辭令，實謂此事與楚無關，不勞少宰迎送。59謟 奉承；討好。60從而更之 接著更改士會回答少宰的話。61行人失辭 我們的外交官把話說錯了。行人，外交人員。見桓公九年傳注。隨季為上軍帥，臨時接待楚之少宰，故稱之為行人。62遷大國之跡於鄭 把大國的足跡挪出鄭國。直言就是把楚軍趕出鄭國。63辟 同「避」。64無所逃命 沒有地方逃避晉君的命令。即非與楚交戰不可。

【語　譯】楚莊王領兵北上，軍隊駐紮在郔地。沈尹率領中軍，子重率領左軍，子反率領右軍，準備到黃河飲馬以後就回國。聽到晉國軍隊已經渡過黃河，楚莊王就想退兵回去，寵臣伍參要求決戰。令尹孫叔敖不想打，說：「往年我們攻入陳國，今年攻入鄭國，不是沒有戰事。打起來如果不能取勝，伍參的肉難道夠大家吃的嗎？」伍參說：「如果戰事得勝，孫叔敖就是沒有謀略了。如果不能得勝，我伍參的肉將會落在晉軍手裏，你們能吃得到嗎？」令尹孫叔敖迴車向南，大旗也轉向。伍參對楚莊王說：「晉國執政的是新人，不能行使號令。他的副帥先縠強硬固執，凶殘不仁，不肯聽從命令。他們三軍的統帥，想要專權行事卻又辦不到。將士想要聽從命令卻沒有可以聽從的上級，大家無所適從，不知聽誰的好。這一仗，晉軍一定失敗。而且國君逃避晉國的臣下，國家怎能蒙受這恥辱？」楚王聽了很不愉快，就通知令尹孫叔敖把戰車改而向北，駐紮在管地以等待晉軍。

晉軍駐在敖山、鄗山之間。鄭國的皇戌出使到晉軍中。說：「鄭國順從楚國，是為了保存國家的緣故，對晉國並無二心。楚軍屢次得勝，因而驕傲；他們在外日久，士氣衰退；而且不設防禦。你們進攻他們，我鄭國軍隊作後援，楚軍一定失敗。」彘子說：「打敗楚軍，降服鄭國，就在這一仗了。定要答應皇戌的請求。」欒武子說：「楚國自從滅了庸國以來，他的國君沒有一天不拿這樣的話去治理和教育百姓：人民的生計很不容易，禍患不知哪天會到來，戒備和警懼之心不可稍有懈怠。在軍隊中，沒有一天不拿這樣的話去治理將士、再三告誡他們：勝利不會永遠保有，商紂王百戰百勝但終究滅亡了，沒有後代。還拿先祖若敖、蚡冒乘柴車、穿破衣開拓山林，艱苦創業的事跡教育軍民。告誡他們說：『百姓的生計在於勤勞，勤勞了就食用不會匱乏。』所以不能說楚軍驕傲。先大夫子犯說過：『出兵作戰，理直就氣壯，理曲就氣衰。』我們做的事不合於道德，因而和楚國結怨。我們理曲，楚國理直，這就不能說楚軍士氣衰落。他們國君的親兵戰車分為左右二廣，每廣有戰車三十輛，又分為左右兩偏，每偏十五輛。右廣早上先駕車戒備，計算時間到中午才止息；左廣就接著它，一直到晚上。夜裏就有左右近臣依次序值夜班，以防發生意外。這就不能認為楚軍不設戒備。子良是鄭國的傑出人物，師叔是楚國所崇敬的人。師叔入鄭國結盟，子良作人質留在楚國，楚國和鄭國關係親密了。現在鄭國來勸我們作戰，我們戰勝就來投靠我們，我們不勝就去投靠楚國，這是用我們的勝負來卜定他們投靠誰！鄭國的話不能聽從。」趙括、趙同說：「領兵而來，就是為了找敵人作戰。戰勝敵人，就得到屬國，還要等待什麼？定要聽從彘子的話！」知季說：「原同、屏括跟彘子一樣是自取禍殃的一類人。」趙莊子說：「欒武子說得好啊！實行他的話，必定能使晉國長勝不敗。」

楚國的少宰來到晉國軍營，說：「我們國君年輕時就遭到憂患，不善於辭令。聽說兩位先君往來在由楚到鄭的路上，就是要教導和安定鄭國，我們豈敢得罪晉國？你們諸位不必久留此地！」隨季（士會）回答說：「以前周平王命令我們的先君晉文侯說：『和鄭國共同輔佐周王室，不要廢棄天子的命令！』現在鄭國不遵循王命，不跟晉國友好，我們國君派遣我們臣下責問鄭國，豈敢勞駕楚國官員來迎送？豈敢拜受你們國君的命令？」彘子認為這是奉承楚國，就讓趙括跟上去更正隨季的話，說：「我們的外交代表說話不恰當。我們國君使臣下們把大國的足跡從鄭國挪出去，命令我們說『不許躲避敵人！』我們臣下沒有地方可以逃避國君的命令，只能同貴國決一死戰。」

【說　明】 以上為第三段。楚莊王領兵北進，本想「飲馬於河而歸」。晉軍渡河後，楚令尹孫叔敖也怕「戰而不捷」，故「南轅反旆」，往南退兵。但寵臣伍參對晉軍的弱點瞭解得十分清楚，斷定「晉師必敗」。這使楚王看到了取勝的可能，改變了退兵的主意，決定採取積極防禦戰略，命孫叔敖改轅北進，駐軍管地以待晉軍來犯。

晉駐軍於敖、鄗之間。鄭國派皇戌前去說明降楚實非本願，認為楚軍一「驕」二「老」三「不設備」，「楚師必敗」，慫恿晉軍出戰。這使先縠堅持其「敗楚服鄭」的主張。但欒書對皇戌的話逐一辯駁，並認為楚、鄭關係已親，皇戌的話不可聽從。而趙括、趙同贊同先穀，趙朔贊同欒書。戰與不戰兩種意見爭執不下。楚國少宰到晉軍交涉，察看動靜，說楚國攻取鄭國與晉無關，要晉退兵。晉國士會針鋒相對，加以拒絕，措辭得體。但先穀認為他是奉承楚國，辭令失當，改而要求與楚交戰以逐出楚軍。其實晉已處下風，要從楚國手裏把鄭國奪回來是很困難的。正確的戰略目標應是加強自身的政治、軍事力量，爭取晉、楚、鄭三國達成互不侵犯的和議。但晉主帥無謀，「未能行令」，副帥先穀只是挑起禍端，使危機加深。

傳 楚子又使求成于晉，晉人許之，盟有日矣❶。楚許伯御樂伯，攝叔為右❷，以致晉師❸。許伯曰：「吾聞致師者，御靡旌摩壘而還❹。」樂伯曰：「吾聞致師者，左射以菆❺，代御執轡，御下，兩馬❻，掉鞅❼而還。」攝叔曰：「吾聞致師者，右入壘，折馘❽，執俘而還。」皆行其所聞而復。晉人逐之，左右角之❾。樂伯左射馬而右射人，角不能進。矢一而已❿。麋興於前，射麋麗龜⓫。晉鮑癸當其後，使攝叔奉麋獻焉，曰：「以歲之非時，獻禽之未至⓬，敢膳⓭諸從者！」鮑癸止之⓮，曰：「其左善射，其右有辭⓯，君子也。」既免⓰。

晉魏錡⓱求公族⓲未得，而怒，欲敗晉師。請致師，弗許。請使⓳，許之。遂往，請戰而還。楚潘黨⓴逐之，及熒澤㉑。見六麋，射一麋以顧獻㉒，曰：「子有軍事，獸人無乃不給於鮮；敢獻於從者。」叔黨命去之㉓。趙旃㉔求卿未得，且怒於失楚之致師者，請挑戰㉕，弗許。請召盟㉖，許之。與魏錡皆命而往。郤獻子㉗曰：「二憾㉘往矣！弗備必敗。」彘子曰：「鄭人勸戰，弗敢從也；楚人求成，弗能好也。師無成命㉙，多備何為？」士季曰：「備之善。若二子怒楚㉚，楚人乘我㉛，喪師無日矣！不如備之。楚之無惡㉜，除備㉝而盟，何損於好？若以惡來，有備不敗。且雖諸侯相見，軍衛不徹㉞，警也。」彘子不可。士季使鞏朔、韓穿帥七覆㉟于敖前，故上軍不敗。趙嬰齊使其徒先具舟于河，故敗而先濟。

潘黨既逐魏錡，趙旃夜至於楚軍，席㊱於軍門之外，使其徒入之。楚子為乘廣三十乘，分為左右㊲。右廣雞鳴而駕，日中而說㊳；左則受之，日入而說。許偃御右廣㊴，養由基㊵為右；彭名御左廣，屈蕩為右。乙卯㊶，王乘左廣，以逐趙旃。趙旃棄車而走林，屈蕩搏之，得其甲裳㊷。晉人懼二子之怒楚師也，使軘車逆之㊸。潘黨望其塵，使聘而告曰：「晉師至矣！」楚人亦懼王之入晉軍也，遂出陳㊹。孫叔曰：「進之，寧我薄㊺人，無人薄我！《詩》云：『元戎十乘，以先啟行㊻。』先人㊼也。《軍志》曰：『先人有奪人之心㊽。』薄之也。」遂疾進師，車馳卒奔，乘晉軍㊾。桓子不知所為，鼓於軍中曰：「先濟者有賞。」中軍、下軍爭舟，舟中之指可匊㊿也！

晉師右移51，上軍未動。工尹齊52將右拒卒53以逐下軍。楚子使唐狡與蔡鳩居告唐惠侯54，曰：「不穀不德而貪，以遇大敵，不穀之罪也；然楚不克，君之羞也！敢藉君靈，以濟楚師55！」使潘黨率游闕56四十乘，從唐侯以為左拒，以從上軍。駒伯57曰：「待諸乎58？」隨季曰：「楚師方壯，若萃59於我，吾師必盡，不如收而去之。分謗、生民60，不亦可乎？」殿其卒61而退，不敗。

【注釋】❶盟有日矣　晉、楚議和，已約定訂立盟約的日期。❷楚許伯二句　許伯、樂伯、攝叔三人皆楚臣，為勇力之士。此非元帥兵車，故御者許伯居中，射者樂伯執弓矢居左，攝叔執戈盾為右衛。❸以致晉師　單車到晉軍陣前挑戰。古時將戰，先使勇力之士犯敵，單車挑戰，謂之致師。楚莊王已求和，而將士又單車挑戰，是表示不想和，使晉將帥生疑，以生事端，俟機取勝。❹御靡旌摩壘而還　御者使兵車疾馳、車上旌旗傾斜，兵車迫近敵人的營壘而後才回來。御，駕車者。靡，向後仰倒。兵車疾馳，才能使車上軍旗後仰傾側。摩，迫近。此句言御者致師之道。❺左射以菆　車左的人要用好箭射敵人。菆，質量堅好的利箭。❻兩馬　排比整齊駕車的馬。兩，用作動詞。使馬並排、兩兩成對。一車四馬，中有兩服，旁有兩驂。致師時，車留在敵軍營外面等候，車右殺入敵壘，射者代為執轡，御者下車，使兩服兩驂並排成對，排比整齊，顯示勇猛而從容。❼掉鞅　整理好馬的韁繩絡子。掉，搖動擺弄，有整理之意。杜注：「掉，正也。」鞅，套在馬脖子上用以駕車的皮帶。❽折馘　割取敵人的左耳。❾左右角之　左右兩翼夾攻他們。角，較量；攻擊。❿矢一而已　只剩下最後一支箭了。⓫麋興於前二句　恰巧前面出現一隻麋鹿，樂伯用最後一支箭射著麋鹿脊背的中央。麋，俗稱四不像，皮可製革，肉可食。麗，箭附著於物。《廣雅》：「麗，著也。」龜，禽獸背脊中央隆起處。古以箭射中禽獸背脊、穿到腋下為善射。⓬以歲之非時二句　由於還不到獻禽的時節，給你們獻禽的人還沒來。這是外交辭令。按《周禮》「夏獻麋」，專門負責獵取禽獸的人（即下文的「獸人」）要進獻麋鹿。此時為周正六月，即夏正四月，只是初夏，故云「非時」、「未至」。禽，即獸。《說文》：「禽，走獸總名。」⓭膳　用作動詞。作膳食之用。⓮止之　使部下停下來。即阻止部下追擊。⓯有辭　善於辭令。⓰既免　都免於被俘。既，盡。⑰魏錡　晉大夫，魏犫之孫，又稱呂錡，食邑於廚，故下文又稱廚武子。⑱公族　公族大夫，官名，掌教育公族子弟。⑲請使　請求作使臣前往楚軍。據下文，是讓他去楚軍召人來訂和約，但他卻去請求交戰。⑳潘黨　楚大夫，又稱叔黨，潘尪之子。㉑熒澤　即滎澤，古澤名，在今河南省滎陽市之東、鄭州市西北，漢以後淤為平地。㉒顧獻　回車獻給潘黨。顧，回頭。㉓命去之　命部下離去，不追擊他。㉔趙旃　趙穿之子。趙穿是趙盾的堂弟，故趙旃與趙朔是堂兄弟。㉕請挑戰　請求領兵出戰。與「致師」單車挑戰不同，大約楚漢時，挑戰才是獨身赴敵。㉖請召盟　請求去召請楚人來訂和約。盟，結盟。實際上他也是去挑釁的。㉗郤獻子　即郤克。㉘二憾　兩個挾有私怨的人。指魏錡、趙旃二人。郤克預見二人將去挑起事端。㉙師無成命　軍隊出來沒有一定的策略。成，有一成不變之意。㉚怒楚　激怒楚國。㉛乘我　暗中襲擊我軍。㉜楚之無惡　楚軍如無惡意。㉝除備　作好戒備。除，修；治。下文「徹」才是撤除義。㉞徹　通「撤」。撤除。㉟七覆　伏兵七處。此句以下寫士季、趙嬰齊二事，並預將上軍、中軍戰後情況提前交代清楚。㊱席　鋪席而坐。即席地而坐。趙旃坐於軍門外，表示無所畏懼。㊲為乘廣二句　意謂楚王把戰車分為左右二廣，每廣三十乘。乘，戰車。㊳說　脫；止。指卸車休息。㊴許偃御右廣　楚大夫許偃駕御右廣的指揮兵車。這是楚莊王的親兵戰車，故楚王居中，御者居左。下文「彭名」句同。㊵養由基　楚大夫，食邑於養，名由基，字叔，又稱養叔，春秋時有名的善射者。㊶乙卯　按曆法推求，六月無乙卯，當為周正七月乙卯，即七月十三日。㊷屈蕩搏之二句　屈蕩下車和趙旃搏鬥，獲得他的皮製下衣。古時上衣稱衣，下衣稱裳。㊸使軘車逆之　派軘車接應趙旃。軘車，用於駐守的一種兵車。逆，迎接。晉人意不在戰，故用駐守的兵車接應。㊹出陳　出兵列陣迎戰。陳，同「陣」。用作動詞。擺開戰陣。㊺薄　同「迫」。逼近。㊻詩云三句　見《詩經・小雅・六月》，意謂天子行軍時，有大兵車十輛在前面開道（突破敵人的行陣）。㊼先人　在敵人動手之前搶先進攻。即先發制人。㊽奪人之心　奪去敵人的鬥志。㊾乘晉軍　乘晉軍未備而襲擊進攻。㊿舟中之指可匊　渡船中的手指多得可用兩手捧起來。匊，亦作「掬」，雙手捧取。此言士兵爭渡，先乘舟者不讓攀附船舷者登舟，用刀亂砍，故舟中斷指可掬。(51)晉師右移　晉中軍、下軍向右方敗退。黃河在右方，故右移以求渡河。(52)工尹齊　楚大夫名齊，官工尹。工尹掌管百工，戰時亦統兵。見文公十年傳。(53)右拒卒　右方拒陣的士兵，即右翼部隊。拒，方形陣。見桓公五年傳。(54)唐惠侯　唐國君。唐國，春秋時已為楚之屬國，至楚昭王時滅唐。其地在今湖北省隨州市西北之唐縣鎮。楚莊王使唐、蔡二大夫告唐惠侯事當在未戰之前，此為補敘。(55)敢藉二句　謹借重唐君的威靈，來幫助楚軍取勝。藉，假借。靈，福。濟，幫助成功。(56)游闕　巡游和補缺的戰車。何處兵車損壞，即予補充，相當候備戰車。(57)駒伯　郤克之子，又稱郤錡，與父同在軍中。(58)待諸乎　抵禦楚軍嗎。即與之交戰嗎。待，禦敵，古籍常見。說見王引之《經義述聞》。59萃　聚。指集中兵力攻擊。60分謗生民　杜注：「同奔為分謗，不戰為生民。」意謂退而不戰，既分擔戰敗的指責，又保全士兵的生命。61殿其卒　士會親自作上軍的殿後。殿，行軍走在最後。一說上軍作晉軍的殿後。

【語　譯】楚莊王又派使者到晉軍求和，晉軍答應了，約定了結盟的日期。楚國的許伯又給樂伯駕御戰車，攝叔作車右，到晉國軍營前單車挑戰。許伯說：「我聽說單車挑戰，駕車人要疾馳而使車上軍旗向後傾斜、迫近敵營，然而才回來。」樂伯說：「我聽說單車挑戰，車左的人要用利箭射敵，代替居中的御手執掌馬韁繩，御手要下車，排比馬匹，使兩兩相對，整理好馬脖子上的皮帶，然後從容不迫地回來。」攝叔說：「我聽說單車挑戰，車右要殺入敵營，殺死敵人後割取左耳，活捉俘虜，然後回到車上。」這三個人都照著所聽說的致師的方式去做了，然後回營。晉國人追擊他們，左右兩翼夾攻。樂伯左右開弓，射馬射人，使晉軍左右兩翼不能前進。箭只剩下了一支。有隻麋鹿在前面起跑，樂伯用最後一支箭射著麋鹿背脊中央。晉國的鮑癸正追在他的後面，樂伯讓攝叔下去拿麋鹿獻給他，說：「由於今年還不到獻禽的時節，獻禽的官吏還沒來，就把這麋鹿送給您的隨從作為膳食吧！」鮑癸讓部下停下來不再追趕，說：「他們的車左善於射箭，車右善於辭令，都是君子啊！」因此許伯等三人都免於被俘。

晉國的魏錡要求做公族大夫，沒有達到目的，因而很生氣，想要使晉軍失敗。他請求單車去挑戰，沒有得到允許；請求出使楚軍，被允許了。於是就到楚軍中，卻是請求楚軍同晉交戰。回來時，楚國的潘黨追逐他。追到滎澤時，魏錡看見有六隻麋鹿，就射死一隻，回車送給潘黨，說：「您有軍事在身，獻禽的官員恐怕不能供給新殺的獸肉，謹以此奉獻給您的隨從人員。」潘黨下令不再追逐魏錡。晉國大夫趙旃要求升任卿帥沒有達到目的，而且對於放走楚國單車挑戰的人很生氣，就請求領兵出戰，沒有得到允許；請求去召請楚國人前來訂立盟約，允許了。趙旃和魏錡都接受命令前去楚營。郤克說：「這兩個心懷不滿的人前去（只怕會挑起禍端），如不加防備，必然失敗。」彘子說：「鄭國人來勸我們作戰，我軍不敢聽從；楚國人來求和，又不能友好。領兵沒有一定的謀略，多加防備做什麼用？」士季說：「有防備的好。如果這兩人去激怒了楚軍，楚軍乘機襲擊我們，我軍很快就會喪亡。不如防備的好。如果楚軍沒有惡意，有所戒備而能結盟和議，怎會損害友好？如果楚國帶著惡意來，我們有了戒備，就不會失敗。而且即使是諸侯相見，軍隊的守衛也不撤除，就是保持警惕。」彘子不同意。上軍將帥士季派鞏朔、韓穿兩個大夫率領七隊伏兵分別埋伏在敖山前，所以戰爭發生後上軍不敗。中軍大夫趙嬰齊派部下先在黃河準備好船隻，所以戰敗後能搶先渡過黃河。

楚國潘黨趕走了魏錡以後，晉國趙旃在夜晚到達楚軍駐地，鋪開席子坐在軍門外面，派他的部下進入軍門。原來楚莊王把兵車分為左右二廣，一廣三十輛。右廣在早晨雞啼時套車守衛，到中午卸車休息；左廣就駕車接替，到太陽落山時卸車休息。許偃駕御右廣的指揮車，養由基作車右；彭名駕御左廣的指揮車，屈蕩任車右。七月十三日傍晚時，楚莊王乘坐左廣的指揮車，去追逐趙旃。趙旃丟掉兵車跑進樹林，屈蕩下車去和他搏鬥，獲得了他的鎧甲和下衣。晉軍怕這兩人去惹怒楚軍，就讓駐守用的兵車前去接應他們。楚國追逐魏錡的潘黨遠望飛揚的塵土，就派兵車奔馳回去報告說：「晉國的大軍打來了！」楚國人也怕楚王陷入晉軍的包圍，就出兵擺好陣勢迎戰。令尹孫叔敖說：「進軍！寧可我軍迫近敵人，不要讓敵人迫近我們。《詩》說：『大兵車十輛，衝在前面開道。』就是要搶在敵人的前面動手。《軍志》說：『先發制人，可以奪去敵人的鬥志。』這是要主動迫近敵人。」於是楚國疾速進軍，戰車奔馳，士卒快跑，乘隙進攻晉軍。晉元帥桓子不知所措，在軍中擊鼓宣告說：「先渡過河的有賞。」中軍、下軍士兵互相爭奪渡船，先上船的人用刀亂砍攀著船舷的士兵的手指，船中的斷指多得可以用手捧起來！

晉國的中軍、下軍向右邊轉移，上軍沒有動。楚國工尹齊率領右方陣的士兵去追擊晉軍的下軍。戰前，楚莊王派唐狡和蔡鳩居向唐惠侯求告說：「我無德而貪功，又遭遇強大的敵人，這是我的罪過。然而楚國如果不能取勝，那也是國君的恥辱。謹借重國君的威靈，以幫助楚軍取勝。」戰時，就派潘黨率領巡游補缺的後備兵車四十輛，跟隨唐惠侯作為左方陣，去迎戰晉國的上軍。晉軍駒伯說：「抵禦楚軍嗎？」隨季說：「楚軍士氣正旺盛；如果集中兵力向我軍進攻，我們上軍必然被消滅光。不如收兵離開他們。收兵不戰既可分擔戰敗的指責，又保全士兵的生命，不也是好的嗎？」就親自作上軍的殿後而退兵，因此上軍不敗。

【說明】以上為第四段，是邲之戰正文，晉中軍、下軍潰敗，上軍不敗。先寫大戰前的零星接觸。楚軍單車挑戰，許伯善御，樂伯善射，攝叔勇力而善言辭。而晉軍魏錡、趙旃因求權位未得而心懷不滿，受命至楚軍請人來訂盟約，卻去請戰挑釁，激怒楚軍。晉諸將對要不要戒備的問題又意見不一。先縠意氣用事，中軍、下軍毫無戒備。乙卯日將夜晚時，被激怒的楚王親率左廣追擊趙旃。晉軍軘車去接應魏、趙二人，楚軍見塵土揚起，認為晉大軍出戰，於是全軍出陣，疾速進兵，車馳卒奔，乘晉軍無備而掩殺過來。主帥荀林父不知所措，竟下令「先濟者有賞」，以致中軍、下軍向右方黃河邊潰退，爭船渡河，「舟中之指可掬」。傳文只用幾句話就寫出晉主帥的漫無主張和士兵不戰自敗、潰不成軍、爭相渡河、自相殘害的慘狀。只有上軍因主將士會於戰前設「七覆」於敖山，戰時又親自殿後指揮退兵，所以不敗。

傳 王見右廣，將從之乘。屈蕩戶之❶，曰：「君以此始，亦必以終❷。」自是楚之乘廣先左❸。晉人或以廣隊❹，不能進。楚人惎之❺脫扃❻。少進，馬還❼；又惎之拔旆投衡❽，乃出。顧曰：「吾不如大國之數奔也❾！」趙旃以其良馬二濟其兄與叔父❿，以他馬反⓫。遇敵不能去，棄車而走林。逢大夫⓬與其二子乘，謂其二子無顧⓭。顧曰：「趙傁⓮在後。」怒之，使下，指木曰：「尸女於是⓯！」授趙旃綏⓰以免。明日以表⓱尸之，皆重獲⓲在木下。楚熊負羈⓳囚知罃⓴，知莊子以其族反之㉑，廚武子㉒御，下軍之士多從之。每射，抽矢，菆，納諸廚子之房㉓。廚子怒曰：「非子之求，而蒲之愛㉔，董澤之蒲，可勝既乎㉕？」知季曰：

「不以人子㉖，吾子其可得乎？吾不可以苟射故也㉗。」射連尹襄老㉘，獲之，遂載其尸；射公子穀臣㉙，囚之；以二者還。及昏，楚師軍於邲㉚。晉之餘師不能軍㉛，宵濟，亦終夜有聲。

丙辰㉜，楚重㉝至於邲，遂次于衡雍㉞。潘黨曰：「君盍築武軍，而收晉尸以為京觀㉟？臣聞克敵，必示子孫，以無忘武功。」楚子曰：「非爾所知也！夫文，止戈為武㊱。武王克商，作〈頌〉曰：『載戢干戈，載櫜弓矢！我求懿德，肆于時〈夏〉，允王保之㊲！』又作〈武〉㊳，其卒章曰：『耆定爾功㊴。』其三曰：『鋪時繹思，我徂維求定㊵。』其六曰：『綏萬邦，屢豐年㊶。』夫武，禁暴、戢兵、保大、定功、安民、和眾、豐財者也㊷，故使子孫無忘其章㊸。今我使二國暴骨㊹，暴矣㊺！觀兵㊻以威諸侯，兵不戢矣！暴而不戢，安能保大？猶有晉在，焉得定功？所違民欲猶多，民何安焉？無德而強爭諸侯，何以和眾？利人之幾，而安人之亂㊼，以為己榮，何以豐財？武有七德，我無一焉，何以示子孫？其為先君宮，告成事而已，武非吾功也㊽。古者明王伐不敬㊾，取其鯨鯢㊿而封之(51)，以為大戮，於是乎有京觀，以懲淫慝(52)。今罪無所(53)，而民皆盡忠，以死君命，又何以為京觀乎？」祀于河，作先君宮，告成事而還。

是役也，鄭石制(54)實入楚師，將以分鄭，而立公子魚臣(55)。辛未(56)，鄭殺僕叔及子服。君子曰：「史佚(57)所謂『毋怙亂』(58)者，謂是類也。《詩》曰：『亂離瘼矣，爰其適歸(59)？』歸於怙亂者(60)也夫！」

鄭伯、許男(61)如楚。

秋，晉師歸，桓子請死，晉侯欲許之。士貞子(62)諫曰：「不可。城濮之役，晉師三日穀(63)，文公猶有憂色。左右曰：『有喜而憂，如有憂而喜乎？』公曰：『得臣(64)猶在，憂未歇也！困獸猶鬥，況國相乎？』及楚殺子玉，公喜而後可知(65)也，曰：『莫予毒也已(66)！』是晉再克(67)，而楚再敗也。楚是以再世不競(68)。今天或者大警晉也(69)，而又殺林父，以重楚勝，其無乃久不競乎？林父之事君也，進思盡忠，退思補過，社稷之衛也，若之何殺之？夫其敗也，如日月之食(70)焉，何損於明？」晉侯使復其位。

【注釋】❶戶之　阻攔他。戶，同「扈」。阻止。❷君以此始二句　楚王乘此左廣開始作戰，也就必須乘此左廣到戰役結束。屈蕩為楚王所乘左廣兵車的右衛，故作此言。杜注：「軍中易乘，則恐軍人惑。」❸先左　本是右廣先駕，到中午才由左廣接替，自此役之後，改為左廣先駕，至中午由右廣接替。❹或以廣隊　有兵車陷於坑中不能出。或，有的。廣，兵車。隊，同「墜」。❺惎之　教他們。惎，教。❻脫扃　卸去車前的橫板。扃，兵車前面的橫板，用以擱置和遮攔兵器。❼還　通「旋」。盤旋不進。❽拔旆投衡　拔去軍旗和車轅前的橫木。拔、投互文。旆，大旗。衡，車轅前端的橫木，駕於馬頸。❾吾

不如句　意謂我們不如你們大國常打敗仗，多次逃跑，所以你們有經驗拉車出坑。這是晉人反譏楚人、藉以解嘲的話。❿趙旃句　謂趙旃用他的兩匹好馬給他的哥哥和叔父駕車逃跑。春秋時尚無騎戰，此非二人各騎一馬。兄當指趙朔，叔父當指趙同，同在晉下軍。⓫以他馬反　換用別的馬車逃回來。反，同「返」。按，趙旃前被楚左廣追逐入樹林，此是逃回晉軍時事。下句棄車走林是第二次被逐。⓬逢大夫　當是晉國大夫，逢是姓氏。⓭無顧　不要回頭看望。⓮趙傁　指趙旃。傁，同「叟」。老頭兒，是對長者的敬稱。⓯尸女於是　在這樹下收你們的屍骨。尸，收屍。女，同「汝」。⓰綏　供人拉著登車的繩子。⓱表標誌；記號。⓲重獲　被敵殺死，屍體重疊著。生獲為被俘，死獲即被殺，此指死獲。⓳熊負羈　楚大夫。⓴知罃　知莊子（荀首）的兒子，名罃，字子羽，又稱武子罃。父子同在軍中。㉑以其族反之　帶著他的部屬重新回去殺敵。古時貴族都有宗族子弟組成軍隊，平時為家兵，戰時編入軍隊，以為部屬。㉒廚武子　即魏錡，因食邑於廚，故稱廚武子、廚子。㉓房箭袋。古時箭袋掛在背後，知季每射，必自背抽箭，若是好箭，就順手納入前面御者廚子的箭袋。㉔非子之求二句　不去找回自己的兒子，卻一味捨不得好箭。言外責其不用箭射敵人。求，尋找。蒲，蒲柳，又名赤楊，其幹堅直，是做箭杆的好材料，此指好箭。㉕董澤二句　董澤的蒲柳會用得完嗎。董澤，古澤名，在今山西省聞喜縣東北四十里，盛產蒲柳。勝，盡。既，同「概」。取用。見《廣雅疏證》。㉖不以人子　謂不抓獲楚人的兒子。㉗不可以苟射故也　所以不能把好箭隨便射出去。即要選中楚將士而射。㉘連尹襄老　楚國大夫名襄老，官連尹，掌管車輛。㉙公子穀臣　楚莊王之子。後來晉國以襄老之屍和穀臣換回知罃。見成公三年傳。㉚邲　鄭地，在今河南省鄭州市西北，滎陽市東北之廣武鎮。《水經注》謂在楚王所駐管地之東六里，即在今鄭州市東六里。㉛不能軍　潰不成軍；無法組織行伍。㉜丙辰　六月無丙辰，當是七月丙辰，即十四日。乙卯邲戰的次日。㉝重　輜重；載器物、糧食的大車。輜重常在軍後，故丙辰始至邲地。㉞衡雍　在今河南省舊原武縣（今原陽縣原武鎮）西北五里，黃河舊在其北。㉟君盍二句　意謂國君何不築成高丘以掩埋晉屍、樹立標記以彰武功呢。盍，「何不」的合音詞。武軍、京觀是一件事，積屍在坑，堆土為高丘，建表木以記功，謂之武軍。高丘狀如城闕，可以觀四方，故謂之京觀。㊱夫文二句　從文字說，止戈合起來是武字。楚莊王解釋「武」的字義是止戈，即止息干戈、制止戰爭、禁止強暴才是武，窮兵黷武是不對的，與下文戢兵禁暴相應。《說文》據此說武字是「止戈」的會意字，武字下云：「楚莊王曰：夫武，定功、戢兵，故止戈為武。」甲骨文武字象人持戈以行。㊲頌曰六句　見《詩經・周頌・時邁》，意謂武王克商後，收藏干戈，袋裝弓箭，武王求此美德，陳之於此〈夏樂〉，王業有成而真能保有天下。載，句首語助詞。戢，收藏武器。干，盾。櫜，盛放弓矢的袋子。用作動詞。懿，美。肆，陳述；頒布。時，是；此。夏，樂名，據鄭箋。允，誠。王保之，王天下而保有之。《詞詮》釋肆為故，夏為大：「故于是大，王保持此強大。」㊳作武　指作《詩經・周頌・武》篇。〈武〉篇是讚頌周武王武功的樂舞，稱〈大武〉之樂。下引句為其卒章末句。㊴耆定爾功　使鞏固你的功業。耆，使得到。毛傳：「耆，致也。」杜注：「言武王誅紂，致定其功。」㊵其三曰三句　今見《詩經・周頌・賚》篇，王國維認為〈大武〉之樂有六章，〈賚〉為六篇之一。傳文以之為〈武〉詩第三章。句意謂布陳此勤勞的美德而加以發揚，我前往伐紂，只是為了求得百姓安定。鋪，敷；布。時，是；此。指上句「文王既勤止」的美德。繹，推演；發揚廣大。思，句末語助詞，無義。徂，往。指往伐紂王。㊶其六曰三句　今見《詩經・周頌・桓》篇，傳文以之為〈武〉詩第六章，王國維認為〈桓〉亦〈大武〉六篇之一。句意謂安定萬邦，常有豐年。綏，安。萬邦能安，民眾自然和樂，與下文「和眾」相應。年豐則與下文「豐財」相應。㊷夫武二句　意謂武功就是禁止強暴、止息戰爭、保有天下、鞏固功業、安定百姓、和樂大眾、豐富物產的事功。夫，句首語氣詞，表示將發議論。此句所言武功七項，即下文所謂武功七德，亦即上文「示子孫以無忘」之武功。保大，保有天下。天下至大，故云保大。㊸章　顯著的功業。㊹暴骨　暴露屍骨。暴，同「曝」。㊺暴矣　夠殘暴的了。㊻觀兵　陳兵示威，使諸侯畏服。㊼利人之幾二句　以人之危而為己之利，以人之亂而為己之安。謂乘晉國之危亂而戰勝之以利己，這不是豐財的正道，故下句云「何以豐財」。幾，危殆。㊽其為先君宮三句　還是給楚國先君修建神廟，祭告戰勝晉國的事就算了，戰勝晉國並非是我要的武功。其，表示委婉語氣，副詞。事，指戰事。㊾不敬　指不從王命，沉湎淫亂的昏君。不是一般意義的不敬。見成公二年傳。㊿鯨鯢　海中大魚，雄為鯨，雌為鯢，此喻吞食小國的凶惡之人，是天下的首惡。51封之　殺戮後堆土埋葬。52淫慝　淫惡，即指「不敬」。53今罪無所　現在不能確指晉國罪在何處。與「罪無所歸」同義。54石制　鄭大夫，字子服，是引楚軍入鄭的內奸。55將以分鄭二句　想要分割鄭國，一半割給楚國，一半立公子魚臣為君。公子魚臣字僕叔。56辛未　當是七月辛未，二十九日。57史佚　西周初年的史官，名佚，也作「逸」。58毋怙亂　不要乘人之亂以謀己利。怙，仗恃。59詩曰三句　見《詩經・小雅・四月》，意謂戰亂使百姓離散，生活困病，流亡到何處才是歸宿呢。瘼，病；困苦。爰，今《詩》作「奚」，何處。適，往。60歸於怙亂者　歸罪於乘機作亂的人。按，傳文將「爰其適歸」釋為歸罪於何人，故接以「歸於怙亂者」，是變其義而用之。61許男　許昭公。許國始封君為男爵，故其君皆稱許男。許國在今河南省許昌市。62士貞子　晉大夫，士會庶子，名渥濁，又稱士伯、士貞伯。63晉師三日穀　城濮之戰，晉國戰勝後，食楚軍所積之糧食三日。見僖公二十八年傳。64得臣　城濮之戰時為楚國令尹，字子玉，戰敗後自殺。65公喜而後可知　僖公二十八年傳作「晉侯聞之而後喜可知」，知猶見，謂喜形於色。66莫予毒也已　即「莫毒予也已」。沒有誰來害我了。毒，害。67再克　兩次戰勝。城濮之戰，晉勝楚；殺子玉，等於晉又打了一次勝仗，楚打了兩次敗仗。68再世不競　楚成王、楚穆王兩代國勢不能強盛。競，強。69今天句　現在上天或者是對晉國嚴厲警告。指晉敗於邲。70日月之食　古人常以日蝕月蝕、無損其明以喻人之過錯，此喻荀林父雖敗，無損於他的忠誠。食，同「蝕」。

【語　譯】楚莊王見到右廣，想去乘坐。屈蕩阻攔說：「國君乘這左廣開始作戰，也一定要乘左廣到戰爭結束。」從此後，楚國的兵車改為左廣先駕，中午才由右廣接替。晉國人有戰車陷落在坑裏不能前進，楚國人教他們卸去車前橫板，車子稍有前進，馬又盤旋著打轉，楚國人又教他們拔去車上大旗，扔掉車轅頭上的橫木，這樣車才拉出了坑，逃了出去。晉軍士兵回過頭來說：「我們不像大國人常打敗仗，多次逃跑，有拉車出坑的經驗喔！」趙旃拿他的兩匹好馬給他的哥哥和叔父駕車，幫助逃跑。自己用別的馬車回來，又碰上敵人不能逃脫，就丟棄車馬跑到樹林裏。這時逢大夫和他的兩個兒子同乘一輛兵車，他對兩個兒子說不要回頭張望。兒子偏回頭張望，說：「趙老頭還在後邊。」逢大夫為此發怒，讓兒子下車，指著樹木說：「在這裏收你們的屍骨。」就把車上的繩子給趙旃拉著登車，他才逃回來免得被俘。第二天，逢大夫按照標記前去收屍，兩個兒子都被殺死在樹下，屍體重疊在一起。楚國的熊負羈捉住知罃把他囚禁起來。知莊子帶領他的部屬回過來尋找。廚武子魏錡給他駕御戰車。晉國下軍的甲士大多跟著他。荀首每次射箭，從背上抽到好箭，就放進魏錡背上的箭袋裏。魏錡發怒說：「不去找回自己的兒子，卻一味捨不得好箭。我國董澤的蒲柳，會用得完嗎？」知莊子說：「不抓到楚國將士的兒子，我的兒子難道可以找回來嗎？所以我不能把好箭隨便射出去呀。」知莊子射死了楚大夫連尹襄老，就用戰車裝上了他的屍首；又射中了楚國公子穀臣，把他囚禁在車上。把這兩人帶回了晉國。到黃昏時，楚軍駐紮在邲地。晉國剩下的士兵已經潰不成軍，連夜渡河，又喧鬧了一整夜。

七月十四日，楚軍的輜重來到邲地，軍隊就駐紮在衡雍。潘黨說：「國君何不建築高丘，掩埋晉國人的屍首，高丘上樹立標記以顯示武功呢？下臣聽說，戰勝了敵人，一定要有紀念物給子孫看，讓他們不要忘記武功。」楚莊王說：「這不是你所知道的。從文字看，止戈二字合起來是武字。武王戰勝商朝，作〈周頌〉說：『收藏干戈，袋裝弓箭。我追求那美德，布陳在這〈夏〉樂之中，成就王業而保有天下。』又作〈武〉

篇，它的最後一章說：『使你能鞏固你的功業。』它的第三章說：『布陳先王勤勞的美德而加以發揚，我前去征討商紂王只是為了求得天下安定。』它的第六章說：『安定萬邦，常有豐年。』所以武功就是禁止強暴、止息戰爭、保有天下、鞏固功業、安定百姓、和樂大眾、豐富財物的意思，使子孫不要忘記這七方面的大功。現在我使兩國士兵暴露屍骨在荒野，是夠強暴的了；陳兵炫耀武力，使諸侯畏服，戰事不能止息了；強暴而不止息戰事，怎能保有天下？晉國還存在，哪能鞏固功業？違背百姓願望的地方還很多，百姓如何能安定？沒有德行而硬要和諸侯相爭，又用什麼去和樂民眾？乘別人的危亂而謀取自己的利益和安定，作為自己的繁榮，又怎麼能豐富財物？武功要有七項美德，我卻沒有一項，還用什麼來昭示子孫後代？還是為楚國先君修建神廟，把戰勝晉國的事祭告先君就可以了，用兵作戰、窮兵黷武不是我追求的武功。古代聖明的君王討伐不敬的昏君，攻取那罪魁禍首，把他殺死埋葬，以此作為大殺戮，這才建高丘、有京觀以懲戒罪惡。現在不能指出晉國有什麼罪，晉國百姓都盡忠，為執行國君的命令而死，又怎麼能建造高丘、樹標記以顯耀武功呢？」楚王說完，就在黃河邊祭祀了河神，修建了先君的神廟，祭告戰事勝利，而後就回國去。

這次戰役實是鄭國的石制把楚軍引進來的。他企圖分割鄭國，立公子魚臣為國君。七月二十九日，鄭國殺死了僕叔和子服。君子說：「史佚所說的『不要靠動亂謀私利』，說的就是這一類人。《詩》說：『戰亂使百姓離散，生活是多麼困苦，他們離散到哪裏才可歸宿呢？』歸罪於靠戰亂謀私利的這些人吧！」

鄭襄公、許昭公到楚國去朝見。

秋季，晉軍回國，荀林父請求處自己死罪，晉景公打算答應他。士貞子勸諫說：「不可以。城濮之戰，晉軍三天吃著楚軍留下的糧食，晉文公還面有憂色。左右的人說：『有了喜事還憂愁，如果有了憂愁的事反倒喜悅嗎？』晉文公說：『楚國的令尹得臣還活著，憂愁的事還沒有完結。被困的野獸尚且要死鬥，何況是一國的宰相呢？』等到楚國讓得臣自殺，晉文公才喜形於色，說：『沒有人來害我了！』這等於是晉國戰勝兩次，楚國戰敗兩次。楚國由此兩代不能強盛。現在上天或許是要嚴厲警戒晉國，如果再殺死荀林父而使楚國再次得勝，那恐怕會使晉國好久也強盛不起來吧？荀林父事奉國君，進，想竭盡忠誠；退，想彌補過錯，這是捍衛國家的人，怎麼可以殺死他呢？至於這次戰敗，就像日蝕月蝕，不會損害日月的光亮一樣，哪會損害他的忠誠呢？」晉景公就使荀林父官復原位。

【說　明】以上為第五段，先雜敘戰役中的五件戰事，再寫晉、楚雙方的善後情況，補敘鄭殺內奸石制、魚臣，收束前文。五件戰事猶如戰爭全局中的幾個特寫鏡頭，也可說是大戰的餘波。如晉軍兵車奪路逃跑，陷入坑中不能出，楚軍並沒俘獲他們，而是兩次教他們如何出陷。晉人出陷後也並沒感謝一句，反譏笑楚軍慣於逃跑才有此經驗。這說明楚軍並不想窮追不捨，在血戰中兩軍戰士也存在友情。如逢大夫為救趙旃而犧牲二子，又從一個側面反映了戰爭的殘酷和將士的犧牲精神。又如知罃被楚軍俘獲，其父知莊子率部重返戰場，但他並不去找回兒子，而去抓獲楚國將士，因為他知道要在戰場上找兒子是很難的；他愛惜好箭，「不可以苟射」，但一箭射死連尹襄老，一箭射中公子穀臣，表現出他的機智和善射。後來交換戰俘，兒子果得以歸晉。

邲之戰是晉、楚爭霸過程中繼城濮之戰後的第二次大規模交戰，是春秋五大戰役之一。傳文用上述五段寫明了戰爭的起因、發展、結局及其勝敗的原因。戰前，對晉軍將帥的意見分歧、缺少謀略、軍令不行、指揮失誤等記敘特詳，而楚軍情況常從晉將帥的爭論中藉以說明。傳文又取多種角度正面記敘戰爭情況，從零星接觸到大規模進軍交戰，有全局情況也有局部細節。晉、楚雙方，事緒紛繁，但無不交代清楚，可說是記事散文的典範之作。

邲之戰人物眾多，雙方有名有姓的將帥就各有二十餘人。傳文在記敘戰事發展過程中，寫出了眾多人物的面貌，這也是傳文引人入勝的魅力所在。如晉軍荀林父的少謀寡斷，「未能行令」，先穀的剛愎自用，魏錡、趙旃的私怨敗事，都寫得具體生動，而士會、欒書、荀首、韓厥等人，或智謀善斷，或顧全大局，或勇敢有為，都表現出名將風度。楚莊王更是有勇有謀，果敢決策，進退有據，又善用兵，知人善任，孫叔敖、伍參、樂伯、潘黨、屈蕩等人都為其所用，表現出眾。楚國取勝，確非偶然。楚莊王由此成為春秋霸主。他在位期間也是楚國最為強盛的時期。

邲之戰並非是雙方勢均力敵的決戰。晉國是由於內部不和、指揮失誤而不戰自敗的，潰退時又爭渡相殘。楚國正是利用了晉軍的弱點而獲大勝的。楚莊王對此有清醒的認識，戰後，他拒絕了築京觀炫耀武功的建議，他以「止戈為武」作題，在引用《詩》句的基礎上，提出了著名的「武功七德」，反對窮兵黷武。這可說是對春秋時期爭霸戰爭的一次全面而深刻的總結。

傳 冬，楚子伐蕭①。宋華椒②以蔡人救蕭。蕭人囚熊相宜僚及公子丙③。王曰：「勿殺，吾退。」蕭人殺之，王怒，遂圍蕭，蕭潰。申公巫臣④曰：「師人多寒。」王巡三軍，拊⑤而勉之。三軍之士皆如挾纊⑥。遂傅⑦於蕭。還無社⑧與司馬卯⑨言，號申叔展⑩，叔展曰：「有麥麴⑪乎？」曰：「無。」「有山鞠窮⑫乎？」曰：「無。」「河魚腹疾⑬奈何？」曰：「目於眢井而拯之⑭。」「若為茅絰，哭井則己⑮。」明日，蕭潰。申叔視其井，則茅絰存焉，號⑯而出之。

晉原縠、宋華椒、衛孔達、曹人同盟于清丘⑰，曰：「恤病⑱，討貳。」於是卿不書，不實其言也⑲。宋為盟故，伐陳⑳。衛人救之。孔達曰：「先君有約言㉑焉。若大國㉒討，我則死之。」

【注　釋】①蕭　宋附庸國，後為宋邑，在今安徽省蕭縣舊治。②華椒　宋大夫。③熊相宜僚及公子丙　二人皆楚大夫。熊相是氏，名宜僚。④申公巫臣　楚國申縣大夫，名巫臣，字子靈，屈氏，又稱屈巫。⑤拊　通「撫」。安撫。⑥挾纊　如同披上新絲綿。比喻悅而忘寒。❼傅　通「附」。靠近。指逼近蕭都城。❽還無社　蕭國大夫。❾司馬卯　楚大夫，官司馬，名卯。❿號申叔展　呼叫申叔展出營。申叔展，楚大夫，與還無社熟識。⓫麥麴　即麥麯，釀酒用的酒母，俗稱酒藥，蒸麥做成，用以發酵。⓬山鞠窮　即芎窮，產於四川者稱川芎，其根入藥。時兩軍對陣，不便明言，故用此隱語，麥麴和山鞠窮都是禦濕藥物，叔展二問是暗示無社逃到低濕泥澤處以避害，無社不解其意，答曰「無」，故再以河魚開導，無社始明其意。⓭河魚腹疾　古時習語，比喻因寒濕而患風濕病，此暗示城破時避難低濕處。⓮目於眢井句　你看到枯井就可以救我。眢，本指眼睛枯陷失明，此指枯竭無水。無社告知申叔，自己將躲在枯井中。⓯若為二句　你做條茅草繩放在井上，對著井哭的就是我。絰，麻帶。己，我。恐枯井難以確知，又恐錯認別人，故約定此記號。⓰號　哭，有聲無淚曰號。與上文「號」字義不同。⓱清丘　衛地，在今河南省濮陽縣東南七十里，山東省鄄城縣西南四十里。⓲恤病　周濟困難的國家。⓳於是二句　意謂對於這次盟會，《春秋》不記載各國卿的名字，是由於他們沒有實踐盟約的話。⓴伐陳　陳國此時從楚，宋國依照盟約「討貳」去討伐陳國。㉑先君有約言　指衛成公與陳共公有舊好，相約互救。見文公元年、二年傳。故宋伐陳，衛大夫孔達以先君約言而救陳，但救陳又背棄晉、宋、衛、曹四國的清丘之盟。㉒大國　指晉國。

【語　譯】冬季，楚莊王攻打蕭國。宋國的華椒率領蔡國軍隊去救援蕭國。蕭國人囚禁了楚國大夫熊相宜僚和公子丙。楚莊王說：「不要殺他們，我退兵。」蕭國人殺了他們。楚莊王大怒，就包圍了蕭國，蕭國人潰散奔逃。楚大夫申公巫臣說：「軍隊裏的人寒冷得很。」楚莊王巡視三軍，安撫而慰勉他們，三軍將士心裏感到溫暖，都像披上了新絲綿一樣。於是軍隊前進、逼近蕭城。蕭國大夫還無社通過楚軍司馬卯傳言，把他的朋友、楚大夫申叔展喊出軍門，叔展說：「你有酒藥嗎？」還無社說：「沒有。」「有川芎嗎？」還無社又說「沒有。」申叔展說：「得了風濕病怎麼辦？」還無社說：「注意看枯井就可以拯救我。」申叔展說：「你在井上放條茅草繩，有個向著井哭的就是我了。」第二天，蕭國崩潰。申叔展尋找井，看到井上有茅草繩放著，就放聲號哭，把還無社救出枯井。

晉國的原穀、宋國的華椒、衛國的孔達和曹國卿大夫在清丘結盟，誓盟說：「周濟有困難的國家，討伐有貳心的國家。」對於這次盟會，《春秋》沒有記載卿的姓氏名字，是由於他們沒有實踐盟約。宋國為了實踐盟約，進攻有貳心的陳國，但衛國就背棄盟約去救援陳國，孔達說：「先君衛成公和陳共公有約定，要友好相助。如果大國來討伐我國，我就為此去死。」

【說　明】這是本年傳文的第六段。冬季嚴寒時節，楚軍圍攻蕭國，蕭國軍民潰散，流離失所。蕭大夫還無社與友人申叔展通過暗語相約，城破，避難枯井，始免於難。蕭國是宋國附庸，其地在宋之東。楚破蕭國，宋救蕭未成。說明楚勢力深入淮河以北，直逼宋、曹諸國。故晉、宋、衛、曹四國會盟清丘，這是大夫會盟之始。陳從楚，宋依靠晉國力量伐陳，以報攻蕭之仇。而衛國孔達救陳。為宣公十四年傳衛殺孔達張本。

十三年

乙丑，西元前五九六年。周定王十一年、齊頃公三年、晉景公四年、秦桓公九年、楚莊王十八年、宋文公十五年、衛穆公四年、陳成公三年、蔡文公十六年、曹文公二十二年、鄭襄公九年、燕宣公六年、許昭公二十六年。

經 十有三年春，齊師伐莒。

夏，楚子伐宋。

秋，螽。

冬，晉殺其大夫先穀。

傳 十三年春，齊師伐莒❶，莒恃晉而不事齊故也。

夏，楚子伐宋，以其救蕭也。君子曰：「清丘之盟❷，唯宋可以免焉❸。」

秋，赤狄伐晉，及清❹，先縠❺召之也。

冬，晉人討邲之敗❻與清之師，歸罪於先縠而殺之，盡滅其族。君子曰：「惡❼之來也，己則取之。其先縠之謂乎！」

清丘之盟，晉以衛之救陳也，討焉❽，使人弗去，曰：「罪無所歸，將加而師❾。」孔達❿曰：「苟利社稷，請以我說⓫，罪我之由⓬。我則為政，而亢⓭大國之討，將以誰任⓮？我則死之。」

【注釋】❶莒　己姓國，在今山東省莒縣一帶。❷清丘之盟　晉、宋、衛、曹四國於清丘結盟。見上年傳。❸唯宋可以免焉　意謂晉、衛皆背棄盟約，只有宋國履行盟約，討伐有貳心的陳國，衛國反而去救陳，見上年傳；今夏、楚伐宋，晉國又不來救助，故只有宋國可以免世人譏議。❹清　晉地，又稱清原，在今山西省稷山縣東南二十餘里。❺先縠　即原縠，又稱彘子，本為晉國中軍副帥，邲之戰失敗後不得志，與赤狄共謀伐晉，妄圖變亂。❻討邲之敗　追究邲戰失敗的責任。見上年傳。❼惡　罪。指刑戮。❽討焉　責問衛國。焉，於此。指代衛國。❾罪無所歸二句　意謂如果不能歸罪於某人（無人承擔救陳的罪責），就將把軍隊加到你們頭上。而，同「爾」。你們。❿孔達　衛國執政大夫，又稱莊叔，是孔成子的祖父，曾助衛成公復國。見僖公二十八年傳。⓫說　解說；歸罪於我以為解說。⓬罪我之由　其罪是由於我。⓭亢　當；面對。⓮將以誰任　將由誰來承擔罪責呢。

【語譯】魯宣公十三年春季，齊國軍隊攻打莒國，是由於莒國依恃晉國而不事奉齊國的緣故。

夏季，楚莊王領兵進攻宋國，是因為去年宋國去救援蕭國。君子說：「清丘的盟約，只有宋國是照著做的，可以免得世人譏議。」

秋季，赤狄攻打晉國，直到清原。這是先縠去把他們召來的。

冬季，晉國人追究邲地戰役失敗和赤狄進犯清原的罪責，歸罪於先縠而殺死了他，他的族人也全部被殺。君子說：「刑戮來到，那是自找。這說的大概是先縠吧！」

按照清丘締結的盟約，晉國由於衛國去救援陳國，就派人來責問衛國。晉國使者不肯離去，說：「如果罪責無所歸屬，就把戰爭加到你們頭上。」衛國大夫孔達說：「如果對國家有利，就說是我的罪過吧，罪責由我承擔。我執掌國政，而面對晉國的責問，還能把罪責推給誰來承擔呢？我就為此而死。」

【說　明】「楚子伐宋」當接上年傳文「楚子伐蕭，宋華椒救蕭」一章。晉使人討責衛國事當接上年傳文「宋伐陳，衛孔達救陳」一章。而本傳孔達「罪我之由，我則死之」，又當與下年傳文「孔達縊而死」連讀。春秋時期戰亂連年，無辜百姓遭受多少禍難。負有罪責的先縠為此滅族，孔達自縊而死。但應負罪責的又何止他們兩人！

十四年

丙寅，西元前五九五年。周定王十二年、齊頃公四年、晉景公五年、秦桓公十年、楚莊王十九年、宋文公十六年、衛穆公五年、陳成公四年、蔡文公十七年、曹文公二十三年、鄭襄公十年、燕宣公七年、許昭公二十七年。

經 十有四年春，衛殺其大夫孔達。

夏五月壬申，曹伯壽卒。

晉侯伐鄭。

秋九月，楚子圍宋。

葬曹文公。

冬，公孫歸父會齊侯于穀。

傳 十四年春，孔達縊而死，衛人以說于晉而免❶。遂告于諸侯曰：「寡君有不令❷之臣達，構❸我敝邑于大國，既伏其罪矣。敢告。」衛人以為成勞❹，復室其子❺，使復其位❻。

夏，晉侯伐鄭，為邲故❼也。告於諸侯，蒐焉❽而還，中行桓子❾之謀也，曰：「示之以整❿，使謀而來⓫。」鄭人懼，使子張⓬代子良⓭于楚。鄭伯如楚，謀晉故也。鄭以子良為有禮⓮，故召之。

楚子使申舟⓯聘于齊，曰：「無假道于宋⓰。」亦使公子馮聘于晉，不假道于鄭。申舟以孟諸之役惡宋⓱，曰：「鄭昭、宋聾⓲，晉使不害，我則必死。」王曰：「殺女，我伐之。」見犀⓳而行。及宋，宋人止之⓴。華元㉑曰：「過我而不假道，鄙我㉒也。鄙我，亡也！殺其使者，必伐我。伐我，亦亡也！亡一也！」乃殺之。楚子聞之，投袂㉓而起，屨及於窒皇，劍及於寢門之外，車及於蒲胥之市㉔。秋九月，楚子圍宋。

冬，公孫歸父㉕會齊侯于穀㉖，見晏桓子㉗，與之言魯，樂。桓子告高宣子㉘，曰：「子家其亡乎！懷於魯矣㉙。懷必貪，貪必謀人。謀人，人亦謀己。一國謀之，何以不亡？」

孟獻子㉚言於公曰：「臣聞小國之免於大國也，聘而獻物，於是有庭實旅百㉛；朝而獻功㉜，於是有容貌、采章㉝，嘉淑而有加貨㉞，謀其不免㉟也。誅而薦賄㊱，則無及也。今楚在宋，君其圖之。」公說㊲。

【注釋】❶以說于晉而免　以此向晉國解說而免於被討伐。❷不令　不善。❸構　在二者之間製造事端，造成仇怨。❹成勞　過去已有的功勞。指孔達有輔助衛成公復國的功勞。見僖公二十八年傳。❺復室其子　又為他的兒子娶妻。室，妻室。用作動詞。娶妻。孔達之子名得閭，字叔穀，是孔成子之父。❻復其位　繼承他父親的祿位。❼為邲故　鄭國降楚，造成邲之戰，晉敗。見宣公十二年傳。❽蒐焉　在那裏閱兵。即向鄭示威。焉，於彼。❾中行桓子　即荀林父，晉上卿，邲之戰時為晉國元帥。❿整　隊伍整齊，軍紀嚴明。⓫使謀而來　讓鄭國自謀而來順服。⓬子張　鄭穆公孫，即公孫黑肱，又稱伯張。⓭子良　鄭穆公子，名去疾。前年到楚國作人質。⓮有禮　指子良讓位給公子堅（鄭襄公）。事見宣公四年傳。⓯申舟　楚大夫，字子舟，名無畏，諡文，故又稱文之無畏。⓰無假道于宋　假，借。古時凡過他國之境，必行借道之禮。申舟去齊國聘問，要經過宋國，時宋國親晉，楚王命申舟不要向宋請求假道，正是藐視宋國，有挑釁之意。⓱以孟諸之役惡宋　文公十年傳，宋昭公畏楚伐宋，迎楚穆王至宋，親為前導，在孟諸澤射獵，時申舟隨楚穆王為左司馬，竟當眾鞭笞宋昭公的御者，因此為宋所憎恨。孟諸，宋國澤名，在今河南省商丘市東北。惡，構惡；結仇。⓲鄭昭宋聾　鄭國人頭腦清楚，宋國人糊塗昏瞶。昭，目明。聾，耳聾。昭聾為反義互文，即鄭目明，宋不明；鄭不聾，宋聾。⓳見犀　使申犀拜見楚莊王。即將申犀囑託於王。見，用作使動詞。犀，申舟之子。⓴止之　拘留他。㉑華元　宋卿，掌國政。華督曾孫，華孫御事之子，見文公十六年傳。㉒鄙我　把我們宋國當作楚國的邊邑。鄙，邊邑。作動詞。以為邊邑。㉓投袂　一甩袖子。表示憤怒。投，揮。袂，袖。㉔屨及於窒皇三句　古人在室內不穿鞋。楚莊王在寢宮，聞申舟被殺，怒而起，起而走，未及穿鞋、佩劍，故侍者追到寢宮前的庭院才趕上楚王，送上鞋子；另一侍者追到寢宮的殿門外才趕上楚王，送上佩劍；御者駕車趕到蒲胥集市才讓楚王坐上車。屨，鞋。指奉屨者。及，追趕上。窒皇，寢宮前的庭院，洪亮吉謂宮中甬道。寢門，寢宮的殿門。蒲胥，楚都城的集市名。蒲胥之市當即蒲胥街，在寢門外。㉕公孫歸父　魯莊公之孫，襄仲之子，字子家。襄仲擁立宣公，故宣公寵信歸父。㉖穀　齊邑，在今山東省東阿縣舊治東阿鎮。㉗晏桓子　齊大夫，晏嬰之父，食邑於晏（今山東省齊河縣之晏城），以邑為氏。㉘高宣子　即高固，齊國上卿。㉙子家二句　意謂子家（公孫歸父）將會逃亡吧！他懷戀魯宣公對他的寵信。其，副詞，表示測度語氣。懷，戀。㉚孟獻子　魯卿，公孫敖之孫，文伯穀之子。其後稱孟孫氏。㉛庭實旅百　庭中陳列的禮物真的有上百件。旅，陳列。㉜朝而獻功　小國國君去朝見大國諸侯，奏獻自己治國或征伐的功勞。㉝容貌采章　指小國進獻的五光十色的財物和各種裝飾品，如珠玉羽毛、象牙皮帛之類。㉞嘉淑句　美好而且增加常額以外的禮物。㉟謀其不免　謀求免除本來不能免除的罪。㊱誅而薦賄　等到大國責罰時再進獻財貨。薦，進。賄，財貨。㊲說　同「悅」。高興。

【語　譯】魯宣公十四年春季，衛國大夫孔達自縊而死，衛國人以此向晉國解說而免於被討伐。於是衛國向諸侯國通告說：「寡君有個不好的臣子孔達，在我國和大國之間製造事端，現在已經伏罪了。謹此通告。」衛國人認為孔達過去有功勞，便為他的兒子娶妻，讓他的兒子繼承祿位。

夏季，晉景公領兵討伐鄭國，是因為邲之戰時鄭國降服楚國的緣故。晉國通告諸侯，閱兵以後就回國。這是中行桓子的主意，他說：「讓鄭國看到我軍隊伍嚴整，使他們自己商議好了前來順服我國。」鄭國人害怕，派子張到楚國去代替子良作人質。鄭襄公也前去楚國，策劃對付晉國的事。鄭國認為子良有禮，所以召他回國。

楚莊王派申舟到齊國去聘問，說：「不要向宋國行借道通行之禮。」又派公子馮到晉國去聘問，也不要向鄭國行借道通行之禮。申舟因為孟諸澤的戰役得罪了宋國，說：「鄭國明白，宋國糊塗，去晉國的使者沒有危險，我就必然會死。」楚莊王說：「要是宋國殺你，我就討伐他。」申舟使兒子申犀拜見了楚王然後出使。到達宋國時，宋國人拘留了他。宋國執政的華元說：「經過我國而不行借道之禮，這是把我國當作楚國的邊邑屬縣了。把我國當作他的邊邑，這是視我為滅亡的國家了。殺了他的使者，他們必然來攻打我國。攻打我國也不過是滅亡。反正一樣是滅亡。」就殺死了申舟。楚莊王聽到這消息，一甩袖子就站起來奔出去，侍奉的人追上去，趕到庭院才送上鞋子，追到寢宮殿門外才送上佩劍，駕車的追到蒲胥街市才讓他坐上車子。秋季九月，楚莊王就發兵圍攻宋國。

冬季，魯國的公孫歸父在穀地會見齊頃公，又見了晏桓子，和他談到魯國時，對魯宣公寵信自己表示很高興。晏桓子把這情況告訴高宣子說：「子家恐怕會逃亡吧！他太懷戀魯宣公的寵愛了。懷戀寵愛必定貪婪，貪婪就必定算計別人。算計別人，別人也就算計他自己。一個國家的人算計他，他怎麼會不逃亡避禍呢？」

孟獻子對魯宣公說：「臣聽說小國之所以免罪於大國，是由於去聘問又進獻財物，因此庭中陳列的禮物有上百件；由於去朝見而奏獻治國之功，所以有五光十色的各種財物和裝飾品，美好而又有額外增加的財貨，這是謀求免除本來不能赦免的罪。如大國責罰時再去進奉財貨，就來不及了。現在楚國正在包圍宋國，希望國君好好考慮一下！」魯宣公聽了很高興。

【說　明】十二年楚國攻破鄭國都城，鄭降楚。接著發生邲之戰，晉國大敗。今年晉國重整軍隊，攻打鄭國，閱兵而回。鄭襄公到楚國求援。說明當時唯有晉國還能與楚抗衡。去年楚攻破了宋的附庸蕭國。宋國與晉會盟於清丘，故楚國今年就向宋挑釁，讓大夫申舟訪問齊國，路過宋國而不行假道之禮。宋國執政的華元不肯屈辱，殺了申舟。楚莊王大怒，投袂而起，九月就發兵圍攻宋都（今河南省商丘市）。宋國處於危亡之中。此當與下年傳文「宋人使樂嬰齊告急于晉」、宋城內「易子而食，析骸以爨」一章連讀。

楚圍宋，魯懼，故派卿大夫公孫歸父去會見齊頃公。孟獻子又建議魯宣公派人聘問楚莊王，向楚國賄賂財物，以免討伐。故下年傳就有「公孫歸父會楚子于宋」，當然少不了要送去大量財物。魯國眼看著宋國危亡而不救，反而向圍攻宋國的楚王「獻物」討好，說明齊、魯等國也已屈從於楚；大國諸侯爭霸就是為了掠奪更多的物質財富。小國之民既要受本國貴族領主的聚斂，又要受霸主的雙重剝削，生活之困苦是可想而知的。

十五年

丁卯，西元前五九四年。周定王十三年、齊頃公五年、晉景公六年、秦桓公十一年、楚莊王二十年、宋文公十七年、衛穆公六年、陳成公五年、蔡文公十八年、曹宣公盧元年、鄭襄公十一年、燕宣公八年、許昭公二十八年。

經 十有五年春，公孫歸父會楚子于宋。

夏五月，宋人及楚人平。

六月癸卯，晉師滅赤狄潞氏，以潞子嬰兒歸。

秦人伐晉。

王札子殺召伯、毛伯。

秋，螽。

仲孫蔑會齊高固于無婁。

初稅畝。

冬，蝝生。

饑。

傳 十五年春，公孫歸父❶會楚子于宋。

宋人使樂嬰齊❷告急于晉，晉侯欲救之。伯宗❸曰：「不可。古人有言曰：『雖鞭之長，不及馬腹❹。』天方授楚❺，未可與爭。雖晉之彊，能違天乎？諺曰：『高下在心❻。』川澤納汙，山藪藏疾，瑾瑜匿瑕，國君含垢❼，天之道也。君其待之！」乃止。使解揚❽如宋，使無降楚，曰：「晉師悉起，將至矣。」鄭人囚而獻諸楚。楚子厚賂之，使反其言❾。不許，三而許之。登諸樓車❿，使呼宋人而告之，遂致其君命⓫。楚子將殺之，使與之言曰：「爾既許不穀⓬，而反之，何故？非我無信，女則棄之⓭。速即⓮爾刑。」對曰：「臣聞之，君能制命為義，臣能承命為信⓯。信載義而行之為利⓰。謀不失利，以衛社稷，民之主⓱也。義無二信，信無二命⓲。君之賂臣，不知命⓳也。受命以出，有死無霣⓴，又可賂乎？臣之許君，以成命也㉑。死而成命，臣之祿㉒也。寡君有信臣，下臣獲考死㉓，又何求？」楚子舍之㉔以歸。

夏，五月，楚師將去宋。申犀㉕稽首於王之馬前，曰：「毋畏知死而不敢廢王命，王棄言㉖焉。」王不能答。申叔時僕㉗，曰：「築室反耕者㉘，宋必聽命。」從之。宋人懼，使華元㉙夜入楚師，登子反㉚之床，起之㉛，曰：「寡君使元以病告㉜，曰：『敝邑易子而食，析骸以爨㉝。雖然，城下之盟，有以國斃，不能從也㉞。去我三十里，唯命是聽。』子反懼，與之盟㉟，而告王。退三十里，宋及楚平。華元為質。盟曰：「我無爾詐，爾無我虞㊱。」

【注　釋】❶公孫歸父　魯宣公寵臣，襄仲之子，字子家。❷樂嬰齊　宋國公族，宋戴公的五世孫。❸伯宗　晉大夫，孫伯起之子。❹雖鞭之長二句　即使馬鞭子很長，也不能打到馬肚子上(因為打馬肚子，馬會跳起來摔下騎馬的人)。喻晉雖強大，也不宜攻擊楚國。一說不及馬腹，喻力所不及，言晉無力勝楚。❺天方授楚　謂上天正給楚國強大的機遇。桓公六年傳亦有此語。❻高下在心　或高或低，或伸或屈，都在自己心中裁度。謂處理事情要因時因地制宜，隨時權變。❼川澤四句　謂川澤容納眾水，也會容納污濁，山林草莽之地也會藏有毒蟲，美玉也會含有瑕疵斑痕，國君忍受一時之恥辱，也無損於大德。前三句是比喻，第四句是本意。汙，同「污」。藪，水少草多的澤地。疾，指蛇蠍之類的毒蟲。匿，藏。❽解揚　晉力士，字子虎，又稱霍虎，其先祖食邑於解。宣公元年傳晉與楚戰於北林，解揚被楚所囚，後當歸晉，故又使如宋。❾使反其言　讓他說相反的話。就是要他對宋人說晉國不肯出兵救宋。❿樓車　兵車上裝有雲梯一類的東西，可登以望敵。成公十六年傳稱巢車。⓫致其君命　傳達晉君的命令。解揚並沒有聽從楚王的要求而「反其言」。⓬不穀　不善。諸侯自稱，如同寡人、孤。⓭女則棄之　是你背棄了諾言。女，同「汝」。⓮即　就；接受。⓯君能制命二句　國君能發布正確的命令就是義，臣子能完成國君的使命就是信。⓰信載義句　以臣之信載君之義而行，就是國家的利。意謂臣子奉行正確的命令才有利國家。臣之信以君之義為前提。⓱民之主　人民的支柱。傳文言「民之主」共有五處，都是指卿大夫。⓲義無二信二句　國君講義，不能要求臣下奉行兩種不同的命令；臣下守信，不能奉行兩個國君的命令。⓳不知命　不懂得國君制命的道義。即不知「義無二信」的道理。言外謂解揚知「承命為信」、「信無二命」的道理。⓴受命以出二句　接受君命後出使，就寧可死也不能廢棄君命。霣，同「隕」。杜注：「廢墜也」。㉑以成命也　是為了藉以完成晉君的使命。㉒祿　福；幸事。㉓獲考死　意謂死得其所。杜注以「獲考」為句，「死」屬下句，釋「考」為「成」，即成命。恐不確。㉔舍之　赦免他。舍，同「捨」。㉕申犀　楚大夫申舟之子。申舟即文之無畏，上年被宋國殺死。見上年傳。㉖棄言　背棄諾言。楚王曾許諾申舟，必伐宋以報仇，今宋未降服，楚軍就退兵，故曰「棄言」。㉗申叔時僕　申叔時是楚國大夫。僕，御；駕車。當是為楚王御車。㉘築室反耕者　在田野築房室，把當地種田的農民招呼回來。這是古時圍師常用的持久之計。反，同「返」。使動用法。蓋當時民多逃亡，故使返回。㉙華元　宋卿，執國政。㉚子反　本是宋國公子，名側，後仕楚為司馬，邲之戰時率領楚國右軍，此時是圍宋的楚軍將帥，早年與華元相熟識。華元何以能夜入楚營、直登子反之床，後人多有猜測之辭。據杜注，華元是探知楚軍虛實之後，混入楚軍營中的。㉛起之　子反已入睡，華元叫他起來。即劫持他。㉜以病告　把宋國的困難情況告訴你。㉝析骸句　拆開屍骨當柴燒。宋已無糧食，無燒柴，困難之極。爨，燒火做飯。㉞城下之盟三句　寧可與國家一起滅亡，也不能順從楚國訂立城下之盟。城下之盟，敵人兵臨城下簽訂的喪權辱國的盟約。㉟與之盟　指子反和華元訂立退兵三十里的盟約。㊱我無爾詐二句　我不要欺騙你，你不要欺騙我。虞，欺。成語「爾虞我詐」本此。

【語　譯】魯宣公十五年春季，魯國的公孫歸父到宋國會見楚莊王。

宋國派樂嬰齊到晉國去告急，晉景公打算救援宋國。大夫伯宗說：「不可以。古人有這樣的話：『鞭子即使很長，也不能打到馬肚子上。』上天正在給楚國機會，我們不能和他爭強。晉國雖然強盛，但能夠違背天意嗎？俗話說：『高高低低，都在心裏。』河流湖泊也不妨容納污泥濁水，山林草莽也會暗藏毒蟲猛獸，美玉也會含有瑕疵斑痕，國君也不妨忍受點恥辱，這是上天的常道。君侯還是等機會吧！」晉景公聽了，就停止發兵救宋。但又派解揚到宋國去，叫宋國不要投降楚國，將告訴宋國說：「晉國的軍隊已全部出發，將要到達了。」解揚路過鄭國時，被鄭國人捉住，囚禁起來送給楚國。楚莊王用豐厚的禮物賄賂他，要他把話反過來說。解揚不答應，經過三次利誘才表示答應。楚國人讓解揚登上樓車，向宋國人喊話，把相反的話告訴宋人。解揚就乘機傳達晉君的命令。楚莊王火了，要殺死他，派人對他說：「你已經答應了楚王，卻又違背了，是什麼緣故？不是我沒有信用，而是你背棄了諾言。快去受你的刑罰吧！」解揚回答道：「下臣聽說：國君能發布正確的命令就是義，臣下能奉行命令就是信。臣下按照正確的命令去施行就對國家有利。謀劃如何不喪失利益，以便保衛國家，這才是百姓的好大夫。國君講義，就不能有兩種命令要臣下去奉行；臣下講信，不能去奉行兩種不同的命令。楚王賄賂下臣，就是不懂得發布命令的道義。我接受了國君的命令而後出使，寧可犧牲生命也不能廢棄使命，難道可以受賄賂而廢棄使命嗎？下臣所以答應你，不過是為了藉此機會完成國君給我的使命。死而能完成使命，這是下臣的幸運。我們國君有講信義的下臣，下臣死得其所，還要求什麼呢？」楚莊王赦免了解揚，讓他回國去。

夏季五月，楚軍將要撤離宋國。申犀就在楚莊王的馬車前叩頭說：「我的父親無畏明知要死在宋國，卻不敢背棄君王要他出使齊國的命令，然而君王卻背棄了自己的諾言！」楚莊王無話回答。申叔時正為楚莊王駕車，就說：「在田野修造房舍，把逃亡的農民招呼回來就可持久圍宋，宋國必然降服，聽從命令。」楚莊王聽從了他的意見。宋國人害怕，就派華元在夜裏潛入楚軍營，登上楚軍將帥子反的臥床，把入睡的子反叫起來，說：「我們國君派我華元來把困難情況告訴你：『敝國已經沒有糧食，也沒有燒柴了，大家交換著子女殺了吃，把屍骨拆開來當柴燒。儘管這樣困難，我們也寧可同國家一起滅亡，決不能依從你們，簽訂屈辱的城下之盟。你們退兵，離我三十里，宋國才唯命是聽。』」子反很害怕，就和華元訂立退兵的盟約，然後報告楚莊王。楚軍就退兵三十里。宋國終於和楚國講和。華元到楚國去作人質。盟誓說：「我不欺騙你，你不欺騙我。」

【說　明】上年秋九月，楚莊王圍攻宋國。至今年春，宋人向晉國告急。晉國因新敗於邲，而楚勢力正盛，所以晉大夫伯宗以「雖鞭之長，不及馬腹」為喻，強調晉不能與楚爭強，只能暫時忍辱含垢，等待機會。從而打消了晉景公救宋的念頭。但又派使臣解揚到宋國去謊稱晉已發兵，要宋堅守勿降。解揚途中被囚至楚軍，楚王厚賂，要他說相反的話。解揚假為應允，登樓車傳達了晉君的話，完成了使命。雖然傳達的也是謊言，但解揚這種寧死不辱使命的精神還是可敬的，故傳文稱之為「信臣」、「民之主也」。至此年五月，楚軍「築室，反耕者」，以為持久之計。宋國固守已有九個月，城中糧盡柴絕，樹皮草根也沒有了，「易子而食，析骸以爨」，但未見晉有救兵，只好與楚媾和結盟。所謂寧死不從城下之盟也只能是文飾之辭而已。宋執政大臣華元（文公十六年已為宋六卿之首）入楚為質，楚軍才罷兵而去，盟辭還說得很堂皇：「我無爾詐，爾無我虞。」

《公羊傳》記此役未言華元夜入楚師，而是說：「莊王圍宋，軍有七日之糧耳，盡此不勝，將去而歸耳。於是使司馬子反乘堙而窺宋城，宋華元亦乘堙而出見之。」餘與傳所敘情事大略相同，但寫華元以「君子」二字感動子反，子反以「不欺」二字感動楚王，以解釋經文「宋人及楚人平」的緣由。是別一種寫法。

傳 潞子嬰兒❶之夫人，晉景公之姊也。酆舒❷為政而殺之，又傷潞子之目。晉侯將伐之，諸大夫皆曰：「不可。酆舒有三雋才❸，不如待後之人！」伯宗曰：「必伐之。狄有五罪，雋才雖多，何補焉？不祀，一也！耆❹酒，二也！棄仲章❺而奪黎氏❻地，三也！虐我伯姬❼，四也！傷其君目，五也。怙❽其雋才，而不以茂德，茲❾益罪也！後之人或者將敬奉德義，以事神人，而申固其命❿，若之何待之？不討有罪，曰『將待後』，後有辭而討焉⓫，毋乃不可乎？夫恃才與眾，亡之道也。商紂由之⓬，故滅。天反時為災，地反物⓭為妖，民反德為亂。亂則妖災生。故文，反正為乏⓮，盡在狄矣！」晉侯從之。六月，癸卯⓯，晉荀林父敗赤狄于曲梁⓰。辛亥⓱，滅潞。酆舒奔衛，衛人歸諸晉，晉人殺之。

王孫蘇與召氏、毛氏⓲爭政，使王子捷⓳殺召戴公及毛伯衛，卒立召襄⓴。

秋，七月，秦桓公伐晉，次于輔氏㉑。壬午㉒，晉侯治兵于稷㉓，以略狄土，立黎侯㉔而還。及雒㉕，魏顆㉖敗秦師于輔氏，獲杜回，秦之力人也。初，魏武子有嬖妾㉗，無子。武子疾，命顆曰：「必嫁是！」疾病㉘則曰：「必以為殉㉙！」及卒，顆嫁之，曰：「疾病則亂㉚，吾從其治㉛也。」及輔氏之役，顆見老人結草以亢㉜杜回，杜回躓而顛㉝，故獲之。夜夢之曰：「余，而㉞所嫁婦人之父也。爾用先人之治命，余是以報。」

晉侯賞桓子㉟狄臣千室㊱，亦賞士伯㊲以瓜衍之縣㊳，曰：「吾獲狄土，子之功也。微子㊴，吾喪伯氏矣！」羊舌職㊵說是賞也，曰：「〈周書〉所謂『庸庸祗祗』㊶者，謂此物㊷也夫。士伯庸中行伯㊸，君信之，亦庸士伯，此之謂明德矣。文王所以造周㊹，不是過㊺也。故《詩》曰：『陳錫哉周㊻。』能施也！率是道㊼也，其何不濟？」

晉侯使趙同㊽獻狄俘于周，不敬。劉康公㊾曰：「不及十年，原叔必有大咎。天奪之魄㊿矣！」

初稅畝(51)，非禮也。穀出不過藉，以豐財也(52)。

冬，蝝生(53)，饑。幸之(54)也。

【注釋】❶潞子嬰兒　潞國國君名嬰兒。潞國是赤狄族。當時所謂夷狄之國實只是部落，或尚在氏族社會，故其國又稱潞氏。春秋時稱夷狄之君為「子」。潞國在今山西省潞城市東北四十里。❷酆舒　潞國執政長官。見文公七年傳。❸雋才　才能出眾。雋，俊。❹耆　通「嗜」。周代禁嗜酒，故嗜酒為罪之一。❺仲章　潞國賢人。❻黎氏　本是殷商時古國，其地在今山西省長治市西南三十里黎侯嶺下，為潞氏所奪。❼虐我伯姬　虐殺潞子的夫人伯姬。伯姬即晉景公之姊，姬姓。❽怙　依恃。❾茲　此；這。❿申固其命　鞏固他的國家的命運。⓫後有辭而討焉　等到後來的執政者有理，晉國再去討伐。有辭即無罪而有理。⓬由之　依此道而行。即「恃才與眾」。⓭地反物　地上所生之物違反物性。⓮反正為乏　小篆「乏」字是「正」字反寫，《說文》亦引此語解說乏字。伯宗之意謂反其正道而行必致匱乏。其實「乏」字造字之本意恐非如此。⓯癸卯　十八日。本年經文云：「六月癸卯，晉師滅赤狄潞氏，以潞子嬰兒歸。」又文公十一年傳云：「晉之滅潞也，獲（長狄）僑如之弟焚如。」嬰兒不知是否即焚如。⓰曲梁　在今山西省潞城市北四十里，今名石梁。⓱辛亥　六月二十六日。⓲王孫蘇與召氏毛氏　三人都是周王室卿士。召氏即召戴公，毛氏即毛伯衛。王孫蘇爭政事，已見文公十四年傳。⓳王子捷　經文作王札子。⓴召襄　召戴公之子，繼父位為周王卿士。㉑次于輔氏　駐軍在輔氏。輔氏，晉地，在今陝西省大荔縣東約二十里、朝邑鎮西北十三里。㉒壬午　七月二十七日。㉓稷　晉地，在今山西省稷山縣南五十里之稷亭。㉔立黎侯　潞氏奪黎氏地，晉復立黎侯，其地在今山西省黎城縣東北十八里。㉕雒　晉地，在今陝西省大荔縣東南，以洛水而得名。洛水，發源於陝西省西北部，南流至蒲城縣改向東南流，至朝邑鎮南流入渭水。到雒地的是晉將魏顆。㉖魏顆　魏犨（魏武子）之子。魏武子是畢萬之孫，曾跟隨重耳（晉文公）出外流亡，見僖公二十三年傳。㉗嬖妾　寵愛的妾。妾是正妻以外所娶的女人。㉘疾病　病危。㉙以為殉　把妾作陪葬。㉚亂　指神志不清。㉛治　指神志清醒。從其治，即照他神志清醒時說的「必嫁是」去辦。㉜亢　遮攔。《廣雅・釋詁》：「亢，遮也。」㉝躓而顛　被結草絆著而跌倒。躓，被東西絆倒。㉞而　同「爾」。你。㉟桓子　即荀林父。字伯，謚桓。晉文公時為中行將（步兵中軍主將），故又稱中行伯、中行桓子。因滅赤狄潞氏有功，故受賞。㊱狄臣千室　狄人奴隸一千家。臣，奴僕。賞以奴隸，其所耕土地當一併賞之。㊲士伯　即士貞子，名渥濁。士會庶子。因諫殺荀林父有功，故受賞。見宣公十二年傳。㊳瓜衍之縣　今山西省孝義市北十里之瓜城。㊴微子　如果沒有您。微，通「非」、「無」。㊵羊舌職　晉大夫，叔向之父。㊶庸庸祗祗　見《尚書・周書》之〈康誥〉篇，意謂任用有用的人，尊敬可敬的人。庸，同「用」。上字為動詞，下字為名詞。祗，敬，句法同上。這個意義後作「祗」。㊷此物　此類事情。指賞桓子及士伯。㊸庸中行伯　以中行伯為有用的人。庸，用。動詞的意動用法。下句同。㊹造周　創建周朝。㊺不是過　不過如此。代詞「是」作賓語前置，即不過是。㊻詩曰二句　見《詩經・大雅・文王》，意謂文王布施恩賜，所以能創建周朝以至於今。陳，布。錫，賜。哉，通「載」。創始。《國語・周語》作「陳錫載周」。㊼率是道　依照這種做法去行事。率，循。㊽趙同　晉大夫，趙衰之子，趙盾異母弟。又稱原同、原叔。成公八年傳晉殺趙同。㊾劉康公　即王季子。㊿天奪之魄　天奪去他的魂魄。之，其。古人以為人的軀體之外另有所謂魂魄。失魂魄即死。(51)初稅畝　魯國開始按田畝的多少來徵稅。就是承認土地私有權而一律徵稅。傳文謂「非禮」，實是對奴隸社會土地所有制的改革，具有歷史進步作用。(52)穀出不過藉二句　指過去的徵稅方法：所徵收的穀子不超過藉田的規定，是為了增加財貨。按，古時實行井田制，中間一塊是公田，歸天子或諸侯所有，四面八塊歸受封的貴族領主所有，分封的天子或公侯只徵收公田的穀子。井田是用奴隸協力耕種，實行無償勞動，稱為藉田或協田，即憑藉民力以耕田，〈魯語下〉謂「藉田以力」。隨著生產力的發展，不得不破壞此種井田制的束縛。實行初稅畝，就是對貴族領主所有的土地一律徵稅，一方面增加公室的收入，另方面承認貴族對土地的私有權。這就為地主階級的產生提供了條件。(53)蝝生　飛蝗的幼蟲生長孵化為蝗蟲。蝝為未曾孵化、未生有翅的幼蟲，孵化後即為飛蝗，食穀為害。魯用周正，魯之冬正是夏正之秋，故蝗災造成饑荒。(54)幸之　幸，實是㚔字，音聶，有罪、災之義。《說文》云：「㚔，所以驚人也。」隸書作「幸」，後人㚔幸相混。幸之即罪之、災之。這是解釋經文的話，謂經文之所以記載「冬，蝝生」，是因為牠造成了災害，要怪罪執政者。莊公二十九年傳：「凡物，不為災，不書。」此書必為災。

【語　譯】 潞國君主名叫嬰兒，他的夫人是晉景公的姊姊。酆舒執政以後殺死了她，又打傷了潞君的眼睛。晉景公準備討伐他。大夫們都說：「不行。酆舒有三項突出的才能，不如等到他的後任再去討伐。」大夫伯宗說：「一定要討伐他。狄人有五條罪狀，酆舒的才能雖然多，有什麼補益？不祭祀祖先，這是第一條罪狀。喜歡喝酒，這是第二條罪狀。棄用賢人仲章而奪取黎氏的土地，這是第三條罪狀。殺害我們國君的姊姊伯姬，這是第四條罪狀。傷了他國君的眼睛，這是第五條罪狀。他依仗自己的才能，而不修養美德，這就更增加了罪過。繼任他的人或者將會敬奉德義而事奉神明，鞏固他國家的命運，那時就沒有理由討伐他了，怎麼可以等待他的後任呢？現在不討伐有罪的人，說『將等待後任』，後任有了理我們卻去討伐，這怕是不可以吧？再說依仗才能和人多，這本是亡國之道。商紂王就是這樣做的，依仗才能和人多，所以被滅亡。天違反時令就造成災害，地違反物性就生長出妖怪，人違反德義就生出禍亂。有了禍亂就會發生天災地妖。所以造的文字，『正』字反過來就是『乏』字。這些反常的事都在狄族發生了。」晉景公聽從了他的意見。六月十八日，晉國荀林父領兵在曲梁打敗了赤狄；二十六日，滅了潞國。酆舒逃亡到衛國，衛國人把他送回晉國，晉國人殺死了他。

周王室卿士王孫蘇和召氏、毛氏爭奪政權，指使王子捷殺死了召戴公和毛伯衛，最後立了召襄公做執政卿士。

秋季七月，秦桓公攻打晉國，駐軍在輔氏地方。二十七日，晉景公在稷地進行武裝演習，攻取狄族的土地，重新立了黎國君主然後回國。讓魏顆領兵到達洛水地方，在輔氏擊敗秦軍，俘獲了杜回這個秦國的力士。當初，魏顆的父親魏武子有個愛妾，沒有生兒子。魏武子生病時，吩咐魏顆說：「我死去後，你一定要讓她出嫁。」到病危時，又吩咐說：「我死後，一定要把她陪葬。」到魏武子死後，魏顆把她改嫁了，說：「病危時就神志不清，我聽從他清醒時說的話。」到這次輔氏的戰役，魏顆看到有個老頭兒把野草打成結來遮攔杜回的道路，杜回就被絆倒在地，所以俘獲了他。魏顆夜裏夢見那個老頭對他說：「我，就是你所出嫁的女人的父親。你執行你父親清醒時的遺命，我以此作為報答。」

晉景公賞給桓子狄族奴僕一千家，又把瓜衍縣賞給士伯，說：「我得到狄國的土地，是您的功勞。如果沒有您，我就喪失伯氏了。」大夫羊舌職闡明這次賞賜的意義，說：「〈周書〉所謂『任用有用的人，尊敬可敬的人』，說的就是這一類事情吧！士伯認為中行伯是可以任用的人，國君信用了，也認為士伯是可以任用的人，這就叫英明的德政了。文王所以能創建周朝，也不過如此了。所以《詩經》說：『文王布施、賜恩給天下，創建了周朝。』就是說文王能施恩於百姓。遵循這個道理去行事，還有什麼事情不能成功的？」

晉景公派趙同到成周進獻俘虜的狄人，表現得不恭敬。劉康公說：「不到十年，原叔一定有大禍難。上天將奪去他的魂魄了。」

魯國開始按田畝多少徵稅，這是不合於禮的。過去徵收的穀子不超過藉田的規定，那是為了增加財貨。

冬季，蝗蟲的幼蟲孵化成飛蝗，造成了饑荒。《春秋》之所以加以記載，是由於牠造成了嚴重的災害。

【說　明】赤狄潞國執政的酆舒強暴無禮，文公七年傳就記載赤狄侵犯魯國西鄙，後常騷擾晉東部邊疆。晉景公聽從大夫伯宗的意見，於六月派荀林父領兵攻滅潞國，殺死酆舒。經文云，晉師滅潞氏，以潞子嬰兒歸。文公十一年傳云，晉之滅潞，獲僑如之弟焚如，則嬰兒當即焚如，但傳未明言，難以定論。七月，秦桓公伐晉，晉大夫魏顆在輔氏打敗秦軍，俘獲秦將杜回。傳文由此補敘往事：魏顆之父魏武子當初有寵妾，魏武子患病時吩咐魏顆要讓寵妾改嫁，病危時又叮囑要讓寵妾活人殉葬。魏武子死後，魏顆沒有讓她殉葬，而讓她再嫁。因而戰時寵妾之父鬼神現身，結草絆倒杜回，以此為報。事雖屬迷信，但「結草圖報」、「死當結草」等後來成為著名的成語典故，常見於古代詩文。且由此可見當時仍有以妻妾活殉的遺俗。一九五九年在侯馬喬村還發現戰國時的殉人墓葬，足見至戰國時代猶有殘酷的人殉存在，故不能不說魏顆確實有好生之德，比之秦穆公是開明得多了。

本年魯國實行初稅畝，這是古代史的一件大事，說明魯國井田制已經瓦解而正式宣告廢除井田制，承認土地私有的合法性而一律徵稅。這是對土地天子、公侯所有制的一種改革。魯僖公十五年（西元前六四五年）傳，韓之戰晉惠公被俘後，晉大臣為改變失敗所造成的不利形勢，實行爰田制，即把一部分公田賞賜給士大夫私有，以收攬人心，為以後「軍功賜田」開了先河。本年晉國因荀林父滅潞氏有功，賞以「狄臣千家」，千戶奴僕所耕的土地當一併賞賜，就是軍功賜田的例子。這說明土地私有制在晉國也正已逐漸發展。五十年之後，至魯襄公三十年鄭國子產執政，進行改革，實行「丘賦」，按丘畝徵稅，情同魯國的「稅畝」。可見至春秋中期，中原各國普遍確立土地私有制。

十六年

戊辰，西元前五九三年。周定王十四年、齊頃公六年、晉景公七年、秦桓公十二年、楚莊王二十一年、宋文公十八年、衛穆公七年、陳成公六年、蔡文公十九年、曹宣公二年、鄭襄公十二年、燕宣公九年、許昭公二十九年。

經 十有六年春王正月，晉人滅赤狄甲氏及留吁。

夏，成周宣榭火。

秋，郯伯姬來歸。

冬，大有年。

傳 十六年春，晉士會❶帥師滅赤狄甲氏及留吁、鐸辰❷。三月，獻狄俘❸。晉侯請于王，戊申❹，以黻冕❺命士會將中軍，且為太傅❻。於是晉國之盜逃奔於秦。羊舌職❼曰：「吾聞之，『禹稱❽善人，不善人遠。』此之謂也夫！《詩》曰：『戰戰兢兢，如臨深淵，如履薄冰❾。』善人在上也。善人在上，則國無幸民❿。諺曰：『民之多幸，國之不幸也！』是無善人之謂也。」

夏，成周⓫宣榭火⓬，人火⓭之也。凡火，人火曰火，天火曰災。

秋，郯伯姬⓮來歸，出⓯也。

為毛、召之難⓰故，王室復亂，王孫蘇奔晉，晉人復之。

冬，晉侯使士會平王室⓱，定王享⓲之。原襄公⓳相禮⓴。殽烝㉑。武季私問其故。王聞之，召武子曰：「季氏，而㉒弗聞乎？王享有體薦㉓，宴有折俎。公當享，卿當宴㉔，王室之禮也。」武子歸而講求典禮，以脩晉國之法㉕。

【注釋】❶士會　晉卿，字季，食邑於隨、范，謚武，故又稱士季、隨會、范武子，下文稱武季、武子、季氏。❷甲氏留吁鐸辰　都是赤狄族部落。甲氏，據《水經注》，其地在今山西省武鄉縣侯甲山及沁縣一帶。留吁，在今山西省屯留縣南，晉滅留吁後稱其地為純留。鐸辰，在今山西省長治縣以北和長子縣一帶。❸獻狄俘　向周定王進獻俘虜的狄人。❹戊申　三月二十七日。❺黻冕　卿用的禮服、禮帽。這是晉景公請求周定王賜給士會的。❻太傅　執掌禮刑的高級職官，士會以中軍帥兼任。❼羊舌職　晉大夫，叔向之父。❽稱　舉拔而任用。❾詩曰四句　見《詩經・小雅・小旻》，意謂謹慎戒懼，如同面臨深淵，怕失足墜落；如同踩著薄冰，怕冰破淹沒。傳文以此喻有賢臣在上位執政，人們就小心謹慎，不敢胡亂妄為。❿幸民　心存僥倖的人。指希望獲得不應得的利益而又不被懲處。《管子・明法解》云：「行私惠而賞無功，則是使民偷幸而望于上也。」又〈七法〉篇云：「賞罰明，則民不幸。人不幸，則勇士勸之。」⓫成周　成周城，在東都洛邑王城之東，故城在今河南省洛陽市東約四十里，偃師縣西約三十里。⓬宣榭火　宣榭是高臺上的建築物，用以習射講武。火，失火。用作動詞。⓭人火　人放火燒成的火災。火，用作動詞。⓮郯伯姬　魯女，嫁於郯國國君，姬姓。郯國在今山東省郯城縣西南三十里。⓯出　被遺棄送回娘家。古有所謂「七出」、「休妻」。⓰毛召之難　毛伯衛、召戴公兩個周王卿士被殺。見上年傳。今年毛、召之族討伐王孫蘇，故王室復亂。⓱平王室　使王室卿士之間的矛盾和解。平，和。⓲享　同「饗」。宴請。⓳原襄公　周大夫，亦稱原公。⓴相禮　主持禮儀。其人稱相，其事稱相禮。今稱司儀。㉑殽烝　將牲煮熟切開，折斷骨節後放在俎上（俎是盛肉的禮器）。亦稱折俎。殽，同「肴」。煮熟的肉食。骨有肉曰肴。烝，烘烤。㉒而　同「爾」。你。㉓體薦　將牲切成兩半或將半個牲置於俎而不切開，亦稱房烝。享禮用體薦，就只是虛設，賓主並不能食用。宴禮則用殽烝（折俎），賓主可共食。㉔公當享二句　天子禮待諸侯當用享禮體薦，禮待諸侯之卿，當用宴禮折俎。公，指諸侯。㉕脩晉國之法　杜注：「傳言典禮之廢久。」其實唐叔被封於晉時就未用周禮，見定公四年傳，士會始修晉國禮法。

【語　譯】魯宣公十六年春季，晉國的士會率領軍隊滅亡了赤狄族的甲氏、留吁和鐸辰三個部落。三月，向周定王進獻俘獲的狄人。晉景公向周王請求給士會賜禮服。二十七日，就賜給士會禮服禮帽，命令他率領中軍，並且擔任太傅。由此晉國的盜賊紛紛逃奔到秦國去。大夫羊舌職說：「我聽說，『夏禹提拔、任用好人，不好的人因此遠離。』說的就是這種情況吧！《詩》說：『戰戰兢兢，小心謹慎，如同面臨深淵，如同踩著薄冰。』這是因為有好人在上位執政呀！有好人在上位，國內就沒有心存僥倖的人。俗話說：『百姓多是存僥倖之心，就是國家的不幸。』這是說沒有好人在上位執政呀！」

夏季，成周城的宣榭失火，是人放火燒它的。凡是失火，人為的火叫「火」，天降的火叫「災」。

秋季，郯伯姬回到魯國娘家，她是被遺棄遣送回來的。

因為毛氏、召氏被殺的緣故，周王室又發生動亂，王孫蘇逃亡到晉國。晉國人讓他回到王室復位。

冬季，晉景公派士會去調解王室的糾紛，周定王設宴禮招待他。周大夫原襄公主持禮儀，把煮熟的肉切開連骨一起放在盤子裏。武季私下問原襄公這是什麼緣故。周定王聽到了，就召見士會說：「季氏！你沒聽說過嗎？天子設享禮是把半個牲體放在俎上不切開，只是虛設，並不能吃的；天子設宴禮是把熟肉切開，骨節折斷，連肉帶骨放在俎上，就是可以吃的。招待諸侯應當設享禮，招待卿大夫應當設宴禮。這是王室的禮節。」士會回晉國以後就講求典禮，制定晉國的禮儀法度。

【說　明】晉景公於上年派荀林父領兵滅赤狄潞氏，今年又派士會領兵滅甲氏、留吁、鐸辰等赤狄餘部，從而解除了後顧之憂，增強了晉國勢力。周王室因卿士爭權，互相殘殺，火燒宣榭。晉景公又派士會去排解卿士之間的糾紛，使歸於和好，故受到周定王的宴禮招待，並賜給黻冕禮服。這說明晉國仍以尊王攘夷為號召，表現出積極復興霸業的姿態，因而為王室所倚重。士會本是晉貴族士蔿之孫，晉襄公時已為大夫；文公十二年、十三年傳已寫他足智善謀；宣公十二年傳邲之戰，獨士會統率的上軍不敗。今年蓋因荀林父死，才由士會任中軍帥，兼任太傅，執掌國政。士會老當益壯，講求禮法，嚴明刑賞，因而羣盜奔秦，民無僥倖之心，晉國大治。士會是繼趙盾之後的春秋名臣。

十七年

己巳，西元前五九二年。周定王十五年、齊頃公七年、晉景公八年、秦桓公十三年、楚莊王二十二年、宋文公十九年、衛穆公八年、陳成公七年、蔡文公二十年、曹宣公三年、鄭襄公十三年、燕宣公十年、許昭公三十年。

經 十有七年春王正月，庚子，許男錫我卒。

丁未，蔡侯申卒。

夏，葬許昭公。

葬蔡文公。

六月癸卯，日有食之。

己未，公會晉侯、衛侯、曹伯、邾子同盟于斷道。

秋，公至自會。

冬，十有一月壬午，公弟叔肸卒。

傳 十七年春，晉侯使郤克❶徵會于齊❷。齊頃公帷婦人使觀之❸。郤子登，婦人笑於房❹。獻子怒，出而誓曰：「所不此報，無能涉河❺！」獻子先歸，使欒京廬❻待命于齊，曰：「不得齊事，無復命矣❼。」郤子至，請伐齊。晉侯弗許。請以其私屬❽，又弗許。

齊侯使高固、晏弱❾、蔡朝、南郭偃❿會。及斂盂⓫，高固逃歸。夏，會于斷道⑫，討貳也。盟于卷楚⑬，辭齊人。晉人執晏弱于野王⑭，執蔡朝于原⑮，執南郭偃于溫⑯。苗賁皇⑰使，見晏桓子。歸，言於晉侯曰：「夫晏子何罪？昔者諸侯事吾先君，皆如不逮⑱，舉言羣臣不信⑲，諸侯皆有貳志。齊君恐不得禮⑳，故不出，而使四子來。左右或沮之㉑，曰：『君不出，必執㉒吾使。』故高子及斂盂而逃。夫三子者曰：『若絕君好，寧歸死焉。』為是犯難㉓而來。吾若善逆彼，以懷來者㉔。吾又執之，以信㉕齊沮，吾不既過矣乎？過而不改，而又久之㉖，以成其悔㉗，何利之有焉？使反者得辭㉘，而害來者，以懼諸侯，將焉用之？」晉人緩之㉙，逸㉚。

秋八月，晉師㉛還。

范武子將老㉜，召文子㉝曰：「燮乎！吾聞之，喜怒以類者鮮㉞，易者㉟實多。《詩》曰：『君子如怒，亂庶遄沮。君子如祉，亂庶遄已。』㊱君子之喜怒，以已亂也。弗已者必益之。郤子其或者欲已亂於齊乎？不然，余懼其益之也。余將老，使郤子逞其志㊲，庶有豸㊳乎！爾從二三子唯敬。」乃請老。郤獻子為政。

冬，公弟叔肸㊴卒，公母弟也。凡大子之母弟，公在曰公子，不在曰弟。凡稱弟，皆母弟也。

【注　釋】❶郤克　晉卿，郤缺之子，下文稱郤獻子、郤子。❷徵會于齊　到齊國請齊頃公參加盟會。指夏季的斷道之盟。徵，召；請。❸帷婦人使觀之　用帷幕遮住婦人，讓婦人觀看晉使者郤克。帷，用作動詞。婦人，據成公二年傳「(晉人)必以蕭同叔子為質」，可知婦人指齊頃公之母蕭同叔子。❹笑於房　郤克患有佝僂病，俗稱軟骨病，兩腳彎曲，走路如跛子，故他登上殿階時，婦人在側廂帷幕後看了譏笑他。房，堂中正室兩旁的房舍，俗稱廂房。〈晉世家〉云：「齊頃公母從樓上觀而笑之。所以然者，郤克僂。」❺所不此報二句　若不報復此恥辱，就不能渡過黃河。所，若，誓辭中用作假設連詞。司馬遷以為郤克出齊國後誓於河神，故〈晉世家〉云：「郤克怒，歸至河上，曰：不報齊者，河伯視之。」❻欒京廬　郤克的副使，古謂之上介。❼不得齊事二句　謂如果不能完成來齊國的公事，就不要回晉國覆命。即必定要完成使命，使齊頃公赴會。❽私屬　指家族的士眾。後稱家兵。❾高固晏弱　二人為齊卿，即高宣子、晏桓子。❿蔡朝南郭偃　二人為齊大夫。⓫斂盂　衛地，在今河南省濮陽縣東南之斂盂聚。⓬會于斷道　經文云：己未(六月十五日)，晉、魯、衛、曹、邾五國諸侯在斷道會盟。斷道，晉地，當在今河南省濟源市西南。⓭卷楚　地名，在斷道附近。⓮野王　在今河南省沁陽市舊縣治。⓯原　在今河南省濟源市西北之原鄉。⓰溫　在今河南省溫縣西南。⓱苗賁皇　本是楚國鬬椒之子。宣公四年傳楚滅若敖氏，殺鬬椒。其子賁皇奔晉，仕晉為大夫，晉賜給苗邑(在今河南省濟源市西南)。此時出使路過野王。⓲如不逮　只怕達不到要求(故急切地努力去做)。逮，及。杜注：「言汲汲也。」⓳舉言句　都說晉國羣臣不講信義。苗氏不敢斥君，故言羣臣。⓴不得禮　得不到禮遇。即被辱。㉑沮之　阻止他。㉒執　拘捕。㉓犯難　冒著禍難的危險。㉔吾若二句　我們應當好好地歡迎他們，使來晉國的人順服。若，應該之意，說見俞樾《平議》。逆，迎。懷，懷念思戀，即順服，使動用法。㉕信　證實是對的。㉖久之　久執三使者而不釋放。㉗成其悔　造成他們後悔(來晉國)。㉘反者得辭　逃回去的人(高固)有理由了。反，同「返」。㉙緩之　放鬆對他們的看管。㉚逸　逃跑。按，此時僅晏弱一人逃逸，蔡氏及南郭至明年才得逃歸。㉛晉師　可能是晉景公會盟時隨從的軍隊。定公四年傳云：「君行師從，卿行旅從。」㉜范武子將老　士會食邑於范，謚武，故稱范武子，以後其子孫均稱范氏。老，告老退休。㉝文子　士會之子，名燮，又稱范文子。㉞以類者鮮　合於禮法曰以類，不合禮法曰不類。鮮，少。㉟易者　相反的，即不合禮法的喜怒。㊱詩曰五句　見《詩經・小雅・巧言》，意謂君子如果發怒，禍亂就會很快止息。君子如果喜悅，禍亂就會很快停止。庶，副詞，表示希望與可能。遄，快速。沮、已，都是終止、停止義。祉，喜。怒、沮為韻，祉、已為韻。㊲逞其志　滿足其心願；讓他稱心快意。逞，快。㊳豸　解。指禍亂或可解除。㊴叔肸　魯宣公同母弟。又稱惠伯叔肸。《穀梁傳》謂叔肸對其兄殺文公太子而自立甚為不平，故「織屨而食」，終身不仕。但其子公孫嬰齊已為魯卿。

【語　譯】魯宣公十七年春季，晉景公派郤克到齊國去請齊頃公參加會盟。齊頃公讓宮中婦人在帷幕後面觀看郤克。郤克一瘸一瘸地登上殿階，婦人在側廂房內看了發笑。郤克很生氣，出門就發誓說：「如果不報復這次侮辱，就不能渡過黃河。」郤克先回國，讓副使欒京廬留在齊國待命，叮囑他說：「不能完成到齊國的使命，就不要回國復命。」郤克回到晉國，請求出兵攻打齊國。晉景公不同意。郤克請求帶領他的家族士兵去攻打齊國，晉景公也不答應。

齊頃公派遣高固、晏弱、蔡朝、南郭偃四人到晉國去參加會盟。到達衛地斂盂，高固就逃回齊國。夏季，晉景公、衛穆公、曹宣公、邾國國君和魯宣公在晉地斷道相會，是為了商議討伐有貳心的國家。又在卷楚地方結盟，但拒絕齊國人參加會盟。晉國人在野王拘捕了晏弱，在原地拘捕了蔡朝，在溫地拘捕了南郭偃。晉大夫苗賁皇出使，路過野王，見到被拘捕的晏弱。回國後，便對晉景公說：「那個晏桓子有什麼罪？從前諸侯事奉我們的先君，都急切地怕達不到要求，都說晉國君臣不講信義，所以諸侯都有貳心。齊頃公就是怕得不到禮遇，所以不肯出國，而派這四個人來。齊頃公左右大臣還有人阻止說：『如果國君不出去參加會盟，我國的使者必定被拘留。』所以高固到斂盂就逃回去了。那三個人說：『如果因為我們而斷絕了兩國君主的友好關係，我們寧可回國被處死。』為此他們冒著遭難的危險而來晉國，我們應該好好地迎接他們，使前來的人懷戀誠服。可我們沒有盛情迎接，反而拘捕了他們。這就證實了齊國人的勸阻是對的，我們豈不是已經做錯了嗎？做錯了而不加改正，又長時間拘押他們，不肯釋放，造成他們後悔到晉國來。這有什麼好處呢？只會使逃回去的人有了逃走的理由，而傷害前來的人，並使諸侯懼怕晉國。所以拘捕他們有什麼用處呢？」晉國人放鬆了對三個齊人的看管，晏弱就逃了回去。

秋季八月，跟從晉景公會盟的軍隊回到晉國。

范武子將要告老退職，他把兒子范文子喊來，說：「士燮啊！我聽說，人的喜怒能合於禮法的很少，相反不合禮法的倒是很多。《詩》說：『君子如果發怒，禍亂將會很快止息。君子如果喜悅，禍亂將會很快停止。』君子的喜怒，是為了制止禍亂。如果喜怒不是止息禍亂，就必定加重禍亂。郤克或許將會克制憤怒，止息齊國招惹的禍亂吧？如果不是這樣，我怕他會增加禍亂呢！我將告老退職，讓郤克心滿意足了，或許有可能解除禍亂。你跟從大夫們唯有恭敬從事。」於是士會就請求告老退職，由郤克執掌國政。

冬季，魯宣公的弟弟叔肸死了，他是宣公的同母兄弟。凡是太子的同母兄弟，國君在世就稱為公子，君父不在世就稱為弟。凡稱為弟的，都是同母兄弟。這是《春秋》的通例。

【說　明】晉國為加強與楚抗衡的力量，要會盟諸侯，並特意爭取齊頃公來參加會盟。晉國聯齊，本是一項正確的策略，但齊頃公自恃齊國強大，本來就有貳心，不想赴會。因晉國使臣郤克是個跛腳，走路時身體不平衡，一瘸一拐的。齊頃公讓他的母親蕭同叔子躲在帷幕後觀看，譏笑郤克。郤克本是晉國上軍副帥，遭此恥笑，因而大怒，發誓報怨。六月，晉、魯等五國諸侯在斷道會盟，就不讓齊國大夫參加，還把齊國大夫三人拘捕囚禁起來，這就使晉、齊兩國關係破裂。苗賁皇進諫晉景公說：「吾不既過矣乎？」「何利之有焉？」但晉景公未及時採取妥善措施。執政的上卿士會看到郤克發怒是意氣用事，不合禮法，怕會招來齊國的禍患，就告老退職，讓郤克執政，希望能由此解除禍患。《國語・晉語五》云：「范武子退自朝曰：吾聞之，干人之怒，必獲毒焉。夫郤子之怒甚矣，不逞于齊，必發諸晉國。不得政，何以逞怒？余將致政焉，以成其怒，勿以內易外也。」士會讓郤克逞其志，以緩解怒氣，免致禍患。可結果晉、齊仍兵戎相見。明年晉伐齊，至於陽穀。成公二年傳，晉、齊大戰於鞌地。君子之喜怒可不慎乎哉！

十八年

庚午，西元前五九一年。周定王十六年、齊頃公八年、晉景公九年、秦桓公十四年、楚莊王二十三年、宋文公二十年、衛穆公九年、陳成公八年、蔡景公固元年、曹宣公四年、鄭襄公十四年、燕宣公十一年、許靈公寧元年。

經 十有八年春，晉侯、衛世子臧伐齊。

公伐杞。

夏，四月。

秋，七月，邾子戕鄫子于鄫。

甲戌，楚子旅卒。

公孫歸父如晉。

冬，十月壬戌，公薨于路寢。

歸父還自晉，至笙。遂奔齊。

傳 十八年春，晉侯、衛大子臧❶伐齊，至于陽穀❷。齊侯會晉侯盟于繒❸，以公子彊為質于晉。晉師還。蔡朝、南郭偃❹逃歸。

夏，公使如楚乞師，將欲以伐齊。

秋，邾人戕鄫子于鄫❺。凡自內虐其君曰弒，自外曰戕。

楚莊王卒，楚師不出。既而用晉師❻。楚於是乎有蜀之役❼。

公孫歸父❽以襄仲之立公也，有寵，欲去三桓❾，以張公室。與公謀而聘于晉，欲以晉人去之。冬，公薨。季文子❿言於朝曰：「使我殺適立庶⓫，以失大援⓬者，仲⓭也夫！」臧宣叔⓮怒曰：「當其時，不能治也，後之人何罪？子欲去之，許請去之。」遂逐東門氏⓯。子家還⓰，及笙⓱，壇帷，復命於介⓲。既復命，袒⓳、括髮⓴，即位哭㉑，三踊㉒而出。遂奔齊。書曰「歸父還自晉」，善之㉓也。

【注釋】❶衛大子臧　衛穆公太子，名臧。大，同「太」。❷陽穀　齊邑，在今山東省陽穀縣北三十里。❸繒　今地不詳，或在陽穀附近。❹蔡朝南郭偃　二人都是齊大夫，去年被晉囚禁。❺邾人句　邾國人到鄫國去殺死鄫國國君。邾國都於繹，在今山東省鄒城市嶧山之南，後稱鄒國。戕，凡自外而入其國殺其君曰戕。《說文》據此傳義云：「戕，它國君來弒君曰戕。」鄫，魯附庸小國，姒姓。故城在今山東省棗莊市東南。❻既而用晉師　此承上文「公使如楚乞師，將欲以伐齊」，因楚莊王死，楚軍不出，故不久改求晉軍伐齊。伐齊之役指成公二年鞌之戰，魯國也參加其役。❼蜀之役　見成公二年傳。蜀，魯地，或以為在今山東省泰安市西，或以為在今山東省汶上縣西之蜀山湖。據成公二年傳，其地當與陽橋相近，故前說較確。❽公孫歸父　魯莊公之孫，襄仲之子，名歸，字子家。「父」是古人在男子名字下加的美稱。襄仲殺文公太子而立庶子為宣公，故歸父為宣公之寵臣。❾三桓　魯國孟孫氏、叔孫氏、季孫氏三族都是魯桓公的後代，故稱三桓。此指孟獻子、宣伯僑如、季文子。❿季文子　魯桓公子季友的孫子，名行父，又稱季孫行父。⓫殺適立庶　指殺文公太子（名惡）而立庶子倭為宣公，見文公十八年傳。適，通「嫡」。正妻所生的長子。庶，非正妻所生之子。⓬失大援　失去大國的援助。杜注：「南通于楚，既不能固，又不能堅事齊、晉，故云失大援。」沈欽韓補注謂此為季文子之詭詞。⓭仲　即襄仲，魯莊公子，名遂，字仲，諡襄，故稱襄仲，也單稱仲。掌國執政近三十年，死於宣公八年。季文子恨歸父之欲去三桓，故歸罪於襄仲，實欲除去其子歸父。⓮臧宣叔　即臧孫許，臧文仲之子。下文自稱其名「許」。杜注說他「時官司寇，主行刑」。⓯東門氏　襄仲之族。襄仲為魯國將帥，治軍於東門，故稱東門襄仲，其家族號東門氏。⓰子家還　子家即公孫歸父，到晉國訪問後回國。⓱笙　《公羊傳》、《穀梁傳》作「檉」，今地不詳，或謂在今山東省菏澤市北之句陽店，或謂在今山東省曹縣東北。⓲壇帷二句　築土為祭壇，用布帛作帷幕，設宣公靈位而祭，然後向其副手舉行覆命的禮節。按禮，大夫完成外出聘問的使命後返國，應在死君靈柩前覆命，但此時歸父家族被逐，不能回國覆命，故於途中為壇設帷祭其君，向副手覆命，由副手代為回國覆命於死君。

介，使者出使聘問的副手，古稱上介。⓳袒　此為袒左，脫去左邊上衣，露出內衣，並不露肉體。唯受刑則袒右，裸露肩背，故云「肉袒」。⓴括髮　用麻布約束頭髮。古時卿大夫以錦束髮，加簪，然後加冠。遭喪則去冠去簪，改以麻布束髮。括，束。㉑即位哭　回到自己的席位哭祭。即，就。㉒三踊　三次頓足。古時遭喪男踊女擗（搥胸），表示哀痛之至。㉓善之　以之為善，即讚許他。這是解釋經文記載「歸父還自晉」的用意。

【語　譯】魯宣公十八年春季，晉景公、衛國太子臧共同領兵攻打齊國，打到齊地陽穀。齊頃公與晉景公在繒地會見、訂立盟約。齊國派公子彊到晉國去作人質。晉軍回國。齊大夫蔡朝、南郭偃逃回國內。

夏季，魯宣公派使者到楚國去請求出兵，想用楚軍攻打齊國。

秋季，邾國人進入鄫國戕殺鄫國國君。凡是從國內來人殺死他們國君的就叫「弒」，凡是從國外來人殺死國君的就叫「戕」。

楚莊王去世，楚軍不能出兵。所以不久，魯國就利用晉軍攻打齊國，楚國由此就有侵入魯國的蜀地之役。

魯卿公孫歸父由於他父親襄仲立了魯宣公，因而受到宣公寵信。他想要除去孟孫氏、叔孫氏、季孫氏這「三桓」氏族的勢力，以張大公室的權力。他同宣公謀劃以後就到晉國去聘問，想要用晉國人的力量來除去三桓。但冬季魯宣公去世。季文子就在朝廷上說：「使我國殺死文公嫡子而立庶子為宣公，從而失掉大國援助的，就是襄仲啊！」臧宣叔發怒說：「當時不能治他的罪，他的後人有什麼罪？你要去掉他，就讓我臧孫許來除掉他。」於是就把襄仲的家族東門氏驅逐出國。公孫歸父從晉國聘問回國，到達笙地，知道宣公已死、東門氏被逐，就築土壇，圍上帷幕，向他的副手舉行覆命的禮節。覆命之後，脫去左邊上衣，露出內衣，以麻布束髮，回到自己的席位哭祭，頓腳三次而後退出，就逃亡到齊國去。《春秋》記載說「歸父還自晉」，是對他表示讚許。

【說　明】本傳主要寫魯宣公死之前後卿大夫爭權情況。魯宣公既然是靠襄仲之力而即位為君的，就自然寵信襄仲，排擠三桓勢力；宣公八年襄仲死，又寵信其子公孫歸父，以為上卿。歸父與宣公密謀，要藉晉人之力除去三桓。不料在歸父出訪晉國期間，宣公去世。季文子就重翻舊案，認為襄仲有殺嫡立庶而失大國援助之罪，故將襄仲東門氏一族逐出魯國。公孫歸父無法回國，只能在途中哭祭宣公後，如喪家之犬，逃奔齊國。魯立宣公子黑肱為魯成公。這是自魯文公死後三桓與東門氏、實質上是與魯公室爭權鬥爭的繼續和發展。東門氏被逐，公室卑微，三桓益強，政在季氏，威重於諸侯。至魯襄公十一年（西元前五六二年），魯國組成三軍，三桓三分公室，各有其一軍，公室架空，國君是徒有虛名了。

成公

【題解】魯成公，名黑肱，宣公之子，穆姜所生。即位時尚年幼，即位十四年始娶齊女為夫人。在位十八年，諡「成」。《逸周書・諡法解》：「安民立政曰成。」

成公之世，公室卑弱，由季文子執政。成公末年，叔孫宣伯與穆姜通姦，謀奪政權，蕩覆公室，十六年逼成公逐孟獻子、季文子。成公未從母命。宣伯又賄賂晉卿郤犨，於是晉拘囚季氏。後季氏得釋，宣伯奔齊。成公死後，其子四歲，即位為魯襄公。

《左傳》特別重視和擅於記敘戰爭，成為我國第一部包羅宏富的戰爭史。春秋時期著名的五大戰役中的鞌之戰、鄢陵之戰，都發生在成公之世。宣公末年，晉景公取聯齊抗楚策略，派郤克聘齊，不料遭到齊頃公生母恥笑，就發誓報仇。成公元年齊、楚結好。二年，齊侵魯侵衛。晉郤克領兵八百乘伐齊，戰於鞌，齊軍大敗。這是齊、晉之間發生的第一次大戰，晉國取勝，挽回了霸業中衰的頹勢，削弱了齊國由桓公所樹立的強國地位。戰後齊與晉議和，把所奪田地還給魯、衛。二年冬，楚發兵攻魯、衛以救助齊國，魯、衛等十餘國畏楚，竊與楚盟於蜀地。晉為抗衡強楚，於成公三年將三軍擴為六軍，有將佐十二人為卿，繼續實施軍政合一體制。成公四年後，晉、楚為爭奪對鄭、宋的控制權，中原烽火四起，鄭國依違於晉、楚之間。十二年，華元促成晉、楚盟於宋都西門之外，這是春秋時期第一次弭兵之會，史稱「華元弭兵」。

十三年，秦桓公背棄兩年前的令狐之盟，勾結狄、楚合謀伐晉。晉會同八國諸侯伐秦，四月使呂相絕秦，五月戰於麻隧，大敗秦軍，從而解除了秦的威脅，取得抗衡楚國的有利地位。〈呂相絕秦書〉闡明了問罪、絕交、宣戰的主旨；文辭精美、氣勢凌厲、聲情激越，為歷史所罕見，為後世討罪檄文之祖。

十五年楚王背棄弭兵之盟，入侵鄭、衛。十六年，以汝陰之田收買鄭國，共同出兵侵宋。晉厲公領兵伐鄭救宋，六月晦日與楚軍戰於鄢陵，從早晨激戰到昏夜，楚共王傷目，楚軍宵遁，以失敗告終，子反自殺。鄢陵之戰是繼城濮之戰、邲之戰後晉、楚為爭奪鄭、宋而爆發的又一次大戰，楚戰敗後再也無力北進爭雄，但鄭亦並未服晉。宋有魚石等五大夫叛宋奔楚，十八年楚攻取宋國彭城，使魚石等人戍守。此後晉、楚處於相持階段。

《左傳》記敘上述戰事，從宏觀的戰爭背景到力量對比，從戰略部署、戰術運用到作戰場面、人心向背和戰後變化等，無不詳盡記述而條理井然；將軍事、政治、外交等因素結合起來，反映出古代的軍事思想和指導戰爭的規律。鞌之戰是五大戰役中正面描寫激戰場面和人物形象最為詳盡而生動的篇章。鄢陵之戰中獨范文子知敗楚之憂，縱敵之利，主張「釋楚以為外懼」，留敵以紓內憂。這種思維方式蘊含辯證法的因素，表現范文子的深謀遠慮。楚王登巢車以望晉軍一章，已是古代小說筆法。「餘勇可賈」、「戮力同心」、「甚囂塵上」等成語亦皆出於上述傳文。

傳文對成公之世的重大歷史事件常前後觀照，作連貫記載。如宣公十二年，晉知罃被俘，九年後，至成公三年楚歸知罃。又如趙嬰與莊姬通姦，成公五年被其兄趙同、趙括放逐；八年莊姬誣陷趙同、趙括，晉滅趙氏，趙武隨母養於公宮。又如成公二年傳楚申公巫臣攜夏姬私奔，至晉為大夫；七年傳云：楚共王即位後，盡滅巫臣之族，於是巫臣教晉聯吳抗楚，又請使於吳，教吳射御戰陣，「蠻夷屬於楚者，吳盡取之，是以始大，通吳於上國」。因此巫臣使吳是春秋時的一件大事，此後吳、楚爭勝，成為春秋後期歷史的新特點。

《左傳》文史並勝，為我國歷史文學的奠基之作。成公十一年傳之寫棄婦，十五年傳寫晉侯夢大厲而死，都是史傳文中的傑作。

元年

辛未，西元前五九〇年。周定王十七年、齊頃公九年、晉景公十年、秦桓公十五年、楚共王審元年、宋文公二十一年、衛穆公十年、陳成公九年、蔡景公二年、曹宣公五年、鄭襄公十五年、燕宣公十二年、許靈公二年。

經 元年春王正月，公即位。

二月辛酉，葬我君宣公。

無冰。

三月，作丘甲。

夏，臧孫許及晉侯盟于赤棘。

秋，王師敗績于茅戎。

冬十月。

傳 元年春，晉侯使瑕嘉❶平戎于王❷，單襄公❸如晉拜成❹。劉康公❺徼戎❻，將遂伐之。叔服❼曰：「背盟而欺大國❽，此必敗。背盟不祥，欺大國不義，神人弗助，將何以勝？」不聽，遂伐茅戎❾。三月癸未❿，敗績于徐吾氏⓫。

為齊難⓬故，作丘甲⓭。

聞齊將出楚師⓮，夏，盟于赤棘⓯。

秋，王人來告敗⑯。

冬，臧宣叔⑰令脩賦、繕完⑱、具守備，曰：「齊、楚結好，我新與晉盟，晉、楚爭盟，齊師必至。雖晉人伐齊，楚必救之，是齊、楚同我⑲也。知難而有備，乃可以逞⑳。」

【注釋】❶瑕嘉　晉大夫，即詹嘉，食邑於瑕，故又稱瑕嘉。瑕，在今河南省靈寶市，舊號略鎮。❷平戎于王　調停戎人和周王室的紛爭。平，和；調停。文公十七年傳，周大夫敗戎而引起仇怨。瑕嘉平戎於王與單襄公拜成疑是追敘往事。❸單襄公　周王卿士名朝，其子為單頃公。❹拜成　答謝調停成功。❺劉康公　即王季子，按《穀梁傳》說，為周定王之子。食邑於劉（在今河南省偃師市），諡康公。❻徼戎　意謂在調停講和之後，乘戎人不設備而進攻戎人，以求僥倖敗戎。徼，同「僥」。僥倖。戎，指茅戎。❼叔服　周內史。見文公元年傳。❽大國　指晉國。❾茅戎　戎族的別種。《水經注．河水》謂其地在苗亭，即在今河南省濟源市西，距周都洛邑約九十里。❿癸未　十九日。⓫徐吾氏　茅戎的一個部落名，亦即交戰之處。⓬齊難　齊國入侵的災難。⓭作丘甲　規定按所佔田畝的多少，出人、馬、車及服役，以擴建軍隊。這是據宣公十五年「初稅畝」而制定的軍賦制度。《周禮》云：「九夫為井，四井為邑，四邑為丘。」丘為地方基層單位。甲，指甲士。范文瀾《中國通史簡編》云：「作丘甲，就是一丘出一定數量的軍賦，丘中人各按所耕田數分攤，不同于公田制農夫出同等的軍賦。」⓮齊將出楚師　意謂齊將出動楚軍來伐魯。⓯盟于赤棘　據經文，是魯大夫臧孫許和晉景公會盟於赤棘。赤棘，晉地，《羣經釋地》謂在今山西省翼城縣南。⓰王人來告敗　王師三月戰敗，至秋季王室派人來魯國告知戰敗，故經文記載「秋，王師敗績」。⓱臧宣叔　即臧孫許，臧文仲之子。⓲脩賦繕完　治理軍賦（即實施「作丘甲」之政令），修繕城郭。脩，通「修」。繕完，解為繕甲兵、完城郭兩事亦通。⓳同我　同以我為敵。⓴逞　解。指解除災患。

【語譯】魯成公元年春季，晉景公派遣瑕嘉調停戎人跟王室的紛爭。周王卿士單襄公到晉國答謝調停成功。劉康公卻要去攻打戎人，以為調停後戎人不設備可以僥倖取勝，就將出兵去攻打。內史叔服說：「背棄調停的盟約而欺騙晉國，這必定失敗。背棄盟約，就不吉祥；欺騙大國，就不義；不祥，就是神靈不保佑；不義，人們就不支持，還怎麼能取勝呢？」劉康公不聽，就去攻打茅戎。三月十九日，在徐吾氏一仗，王師崩潰大敗。

魯國為了防備齊國入侵造成災患，所以「作丘甲」，規定佔有多少田畝就出多少甲兵以增強軍事力量。魯國聽到齊國要出動楚軍來入侵，就派魯卿臧宣叔到晉國去，夏季，和晉景公在赤棘結成盟約。

秋季，周王派人來魯國告知王師戰敗。

冬季，臧宣叔下令治理軍賦，修繕甲兵和修築城郭，防守的設備都具備，說道：「現在齊、楚兩國結交友好，我國新近和晉國結盟。晉國同楚國爭當盟主，要求稱霸，齊軍必然乘機來侵略我們。只要晉國人攻打齊國，楚國人就必定去救援他。這樣看來，齊國、楚國都以我為敵了。我們知道有災患而有防備，方始可以解除災患。」

【說　明】齊頃公時，一面和楚國結交，一面不斷對魯、衛兩國用兵。魯國擔心齊、楚會聯合入侵，所以在宣公十七年就和晉、衛、曹、邾四國在斷道結盟，今年又派臧宣叔去晉國，和晉景公會盟於赤棘，形成晉、魯與齊、楚相抗的局面。在國內，魯國開始實行「作丘甲」，向丘民徵收兵賦，以擴建軍隊，又修城郭，繕甲兵，加強戰備。這反映出頻繁的戰爭給人民帶來了沉重的負擔，使人民生活不得安寧，倍加困難。

二年

壬申，西元前五八九年。周定王十八年、齊頃公十年、晉景公十一年、秦桓公十六年、楚共王二年、宋文公二十二年、衛穆公十一年、陳成公十年、蔡景公三年、曹宣公六年、鄭襄公十六年、燕宣公十三年、許靈公三年。

經 二年春，齊侯伐我北鄙。

夏四月丙戌，衛孫良夫帥師及齊師戰于新築，衛師敗績。

六月癸酉，季孫行父、臧孫許、叔孫僑如、公孫嬰齊帥師會晉郤克、衛孫良夫、曹公子首及齊侯戰于鞌，齊師敗績。

秋七月，齊侯使國佐如師。己酉，及國佐盟于袁婁。

八月壬午，宋公鮑卒。

庚寅，衛侯速卒。

取汶陽田。

冬，楚師、鄭師侵衛。

十有一月，公會楚公子嬰齊于蜀。

丙申，公及楚人、秦人、宋人、陳人、衛人、鄭人、齊人、曹人、邾人、薛人、鄫人盟于蜀。

傳 二年春，齊侯伐我北鄙❶，圍龍❷。頃公之嬖人盧蒲就魁❸門焉❹。龍人囚之。齊侯曰：「勿殺，吾與而盟，無入而封❺。」弗聽，殺而膊諸城上❻。齊侯親鼓，士陵❼城。三日，取龍。遂南侵，及巢丘❽。

衛侯使孫良夫、石稷、甯相、向禽將❾侵齊，與齊師遇❿。石子欲還，孫子曰：「不可。以師伐人，遇其師而還，將謂君何？若知不能⓫，則如⓬無出。今既遇矣，不如戰也。」夏，有……⓭石成子曰：「師敗矣！子不少須⓮，眾懼盡。子喪師徒，何以復命？」皆不對。又曰：「子，國卿也。隕子⓯，辱矣！子以眾退，我此乃止⓰。」且告車來甚眾⓱。齊師乃止，次于鞫居⓲。新築人仲叔于奚⓳救孫桓子，桓子是以免。既⓴，衛人賞之以邑，辭，請曲縣、繁纓以朝㉑。許之。仲尼聞之曰：「惜也！不如多與之邑。唯器與名，不可以假人㉒，君之所司㉓也。名以出信㉔，信以守器㉕，器以藏禮㉖，禮以行義，義以生利，利以平民㉗，政之大節也。若以假人，與人政也。政亡㉘，則國家從之，弗可止也已㉙。」

【注釋】❶鄙　邊境的城邑。❷龍　魯邑，在今山東省泰安市東南五十里之龍鄉。《史記》作「隆」。❸盧蒲就魁　《通志》云：「盧蒲氏，姜姓，齊桓公之後。」就魁為其名。齊頃公寵臣。❹門焉　攻打龍邑城門。門，動詞。攻城。焉，於此。指龍邑。❺無入而封　不進入你們的境地。而，同「爾」。封，境界。❻膊諸城上　把他的屍首放在城頭上。膊，動詞，《方言》云「暴也」。義為暴露。❼陵　登；爬上。❽巢丘　魯邑，在龍邑西南，在今泰安市境。❾孫良夫石稷甯相向禽將　四人都是衛國大夫。孫良夫，孫林父之父，謚桓子，下稱孫子、孫桓子。石稷，石碏四世孫，下稱石子、石成子。甯相，衛公族甯武子的兒子，又稱甯俞子。向禽將，向氏名禽將。❿與齊師遇　齊師侵魯，見衛軍侵齊，就回師與衛軍相遇，其地當在齊、衛邊境。齊逼衛後退至新築，然後交戰。⓫不能　不能作戰。⓬如　應當。與僖公二十二年傳「若愛重傷，則如勿傷」之「如」字同。⓭有……　原文有脫漏。經文云：「夏四月丙戌（二十九日），衛孫良夫帥師及齊師戰于新築，衛師敗績。」傳文此處當敘新築戰事。新築，衛地。《彙纂》謂在今河北省魏縣南，靠近大名縣。⑭子不少須　您如不稍待。意謂您要頂住齊軍的進攻，堅守一些時間。如不這樣，怕全軍盡被殲滅。子，您，指孫良夫。須，等待。⑮隕子　意謂如果堅守抵抗，您恐怕有被殺被俘的危險。隕，作損失解，見《說文》。石稷見諸帥「皆不對」，故改口說此語。⑯我此乃止　「我乃止此」的倒裝句。意謂我就留在這裏抵禦齊軍。⑰且告句　又通告軍中，說新築人來救援的兵車很多，以安軍心。⑱鞫居　當是衛地，距新築不遠。一說在今河南省范縣北朝城鎮。又據《後漢書．地理志》，謂在今河南省封丘縣，則距新築太遠，又偏南，與文意不合。⑲仲叔于奚　新築大夫。⑳既　既而；過後不久。㉑請曲縣繁纓以朝　大夫仲叔要求用諸侯曲懸的樂器和馬飾繁纓來朝見衛君。縣，同「懸」。古代天子在正堂將鐘磬等樂器四面懸掛稱「宮縣」，諸侯只懸掛在東西北三面稱「曲縣」、「軒縣」，大夫僅掛左右兩面稱「判縣」，士僅掛一面稱「特縣」。繁纓，諸侯所用的馬飾，飾於鬣毛前。㉒唯器與名二句　唯有禮器（如曲縣、繁纓等器物）和爵位名號不能賜給人。假，借。㉓君之所司　這是國君所掌管的。㉔名以出信　爵位名號是代表人的身分，人民是由此信賴的。㉕信以守器　人民信賴才能保有其禮器。守，保。㉖器以藏禮　禮器是用來體現尊卑的禮制的。藏，蘊涵。㉗利以平民　讓大家有利是為了安定百姓。平，治；安。㉘政亡　政權喪失。㉙弗可止也已　無可挽回了。止，阻止。也已，同「也矣」。

【語　譯】魯成公二年春季，齊頃公入侵我魯國北部邊邑，圍攻龍城。齊頃公的寵臣叫盧蒲就魁的攻打城門，被龍城人逮住囚禁起來。齊頃公對龍城人說：「不要殺他，我同你們結盟，不再進入你們的境地。」龍城人不聽，把他殺了，屍首陳放在城頭上。齊頃公就親自擊鼓攻城，將士爬上城牆。三天就攻破龍城，接著就向南入侵，到達巢丘城。

衛穆公派遣孫良夫、石稷、甯相、向禽將四人領兵攻打齊國，在齊、衛邊境和齊軍相遇。石稷想要回兵。孫良夫說：「不行。帶領軍隊去討伐敵人，遇到敵軍就回去，將怎麼向國君交代呢？你知道自己不能作戰，就應該不出兵。現在既然和敵軍相遇，就不如一戰。」夏季，（四月二十九日，衛國孫良夫領兵和齊軍在衛地新築大戰，衛軍失敗。）石成子說：「軍隊戰敗了，您如不稍待些時，頂住齊軍的進攻，我軍怕要完全被消滅了。您丟失了軍隊眾將士，怎麼向國君覆命呢？」將帥們都不吭聲。石稷就改口說：「您是國家的執政大夫，留下狙擊怕會傷著您，那就有辱國家了。您帶領眾士兵撤退吧，就讓我留在這裏頂住敵人。」一面通告士兵，說來支援的兵車很多。齊軍見衛軍堅守，也就停了下來，駐紮在鞫居地方。新築人仲叔于奚救援孫良夫，孫良夫因此免受災難。過後不久，衛國諸侯把城邑賞給仲叔于奚。他辭謝不受，而請求得到諸侯所用的三面懸掛樂器的「曲縣」和裝飾馬頸的「繁纓」來朝見衛君。衛君允許了。孔子聽到這件事，就說：「可惜啊！還不如多給他城邑。惟有禮器和名號，不能拿來假借給別人，這是國君所掌握的。名號用來取得人民的信賴，人民信賴就能保有他的禮器，禮器用來體現尊卑的禮制，禮制用來推行道義，道義用來產生大眾的利益，大眾有利是用以治理百姓，這是政權的大節。如果把禮器和名號隨便假借給別人，就是把政權給了別人。政權喪失了，國家也就跟著喪失，就無可挽回了。」

【說　明】本年傳文可分五段，主要寫齊、晉鞌之戰。以上為第一段，寫齊頃公領兵侵入魯國，攻取龍邑，南侵至巢丘（今山東省泰安市境內）。衛國卿大夫孫良夫等領兵伐齊助魯，戰於新築（今河北省魏縣東南），衛軍敗退。因石稷頂住齊軍的進攻，又有新築人援救，孫良夫免於遭難。齊侵魯、衛，魯、衛向晉求救，這是鞌之戰的導火線。

傳 孫桓子還於新築，不入❶，遂如晉乞師。臧宣叔❷亦如晉乞師。皆主郤獻子❸。晉侯許之七百乘，郤子曰：「此城濮之賦❹也。有先君之明與先大夫之肅❺，故捷。克於先大夫，無能為役❻。請八百乘。」許之。郤克將中軍，士燮❼佐上軍，欒書❽將下軍，韓厥❾為司馬，以救魯、衛。臧宣叔逆❿晉師，且道之⓫。季文子⓬帥師會之。及衛地，韓獻子將斬人，郤獻子馳，將救之。至，則既斬之矣。

郤子使速以徇[13]，告其僕[14]曰：「吾以分謗[15]也。」師從[16]齊師于莘[17]。六月，王申[18]，師至于靡笄[19]之下。齊侯使請戰，曰：「子以君師辱於敝邑，不腆敝賦，詰朝請見[20]。」對曰：「晉與魯、衛，兄弟[21]也。來告曰：『大國朝夕釋憾於敝邑之地[22]。』寡君不忍，使羣臣請於大國，無令輿師淹於君地[23]。能進不能退，君無所辱命[24]。」齊侯曰：「大夫之許，寡人之願也。若其不許，亦將見也。」齊高固[25]入晉師，桀石以投人[26]，禽[27]之而乘其車，繫桑本焉[28]，以徇齊壘[29]，曰：「欲勇者賈余餘勇[30]。」

癸酉[31]，師陳于鞌[32]。邴夏御齊侯[33]，逢丑父為右[34]。晉解張[35]御郤克，鄭丘緩[36]為右。齊侯曰：「余姑翦滅[37]此而朝食。」不介馬[38]而馳之。郤克傷於矢，流血及屨[39]，未絕鼓音，曰：「余病[40]矣。」張侯曰：「自始合[41]，而矢貫余手及肘[42]，余折以御[43]，左輪朱殷[44]，豈敢言病？吾子[45]忍之！」緩曰：「自始合，苟有險[46]，余必下推車，子豈識之[47]？然子病矣！」張侯曰：「師之耳目，在吾旗鼓，進退從之[48]。此車一人殿[49]之，可以集事[50]。若之何？其以病敗君之大事也[51]？擐甲執兵，固即死也[52]。病未及死，吾子勉之。」左并轡，右援枹而鼓[53]。馬逸[54]不能止，師從之。齊師敗績。逐之[55]，三周華不注[56]。

韓厥夢子輿[57]謂己曰：「旦辟左右[58]。」故中御[59]而從齊侯[60]。邴夏曰：「射其御者，君子[61]也。」公曰：「謂之君子而射之，非禮[62]也。」射其左，越[63]于車下。射其右，斃[64]於車中。綦毋張[65]喪車，從韓厥曰：「請寓乘[66]。」從左右，皆肘之[67]，使立於後。韓厥俛[68]，定其右[69]。逢丑父與公易位[70]。將及華泉[71]，驂絓於木[72]而止。丑父寢於轏[73]中，蛇出於其下，以肱擊之，傷而匿之[74]，故不能推車而及[75]。韓厥執縶馬前，再拜稽首，奉觴加璧以進[76]，曰：「寡君使羣臣為魯、衛請，曰：『無令輿師陷入[77]君地。』下臣不幸，屬當戎行，無所逃隱[78]。且懼奔辟[79]而忝兩君[80]。臣辱戎士，敢告不敏，攝官承乏[81]。」丑父使公下，如華泉取飲。鄭周父[82]御佐車[83]，宛茷為右，載齊侯以免。韓厥獻丑父，郤獻子將戮之[84]。呼曰：「自今[85]無有代其君任患者。有一於此，將為戮[86]乎？」郤子曰：「人不難以死免其君[87]，我戮之不祥。赦之，以勸[88]事君者。」乃免之。

【注釋】❶不入　指不入國都。衛都帝丘，在今河南省濮陽縣西南。❷臧宣叔　魯大夫，即臧孫許，臧孫辰之子。❸皆主郤獻子　都請郤獻子給自己作主。郤獻子，即郤克，晉中軍元帥，執掌政事。宣公十七年出使齊國受辱，發誓報仇，故魯、衛使者皆請其作主。主，用作動詞。❹城濮之賦　賦，兵員的數目。城濮之戰時晉發兵車七百乘。見僖公二十八年傳。乘為古時軍事單位。四馬、一車、三甲士、七十二步卒為一乘。❺先君之明與先大夫之肅　先君指晉文公。先大夫指趙衰、先軫、狐偃等人。明，才智。肅，才具敏捷，非敬肅義，見王引之《述聞》。❻克於先大夫二句　我郤克同先大夫相比，就沒有能力打勝這一仗。役，指戰役。一說指僕役。❼士燮 士會之子，食邑於范，謚文子。下文又稱范叔、范文子，當時任晉上軍佐（副帥）。晉三軍各有將佐，將佐各領軍隊。此戰，中軍佐荀首及上軍將荀庚未出征。❽欒書 欒枝之孫，欒盾之子，謚武子，又稱欒武子，邲戰時為下軍佐，此時升為下軍將。❾韓厥 晉大夫。曲沃桓叔之子韓萬（食邑於韓，以邑為氏），韓萬孫韓簡，韓簡孫韓厥。下稱韓獻子。官司馬，掌軍法刑賞。❿逆 迎。⓫道之 為他們領路。道，同「導」。引導。⓬季文子 魯卿，魯桓公之子季友之孫，名行父，謚文子。⓭徇 示眾。下文「徇齊壘」之徇，義為巡行。⓮僕 駕御兵車的人。⓯分謗 分擔指責。謗，背後批評指責。臨戰不宜殺士卒，郤克本欲勸阻，及至，人已被殺，反下令將死者示眾，以分擔將士對韓厥的指責。⓰從 跟蹤；追趕。⓱莘 齊邑，在今山東省莘縣北八里，是由衛至齊的要道。⓲壬申 六月十六日。⓳靡笄 齊國山名，即歷山，今名千佛山，在今山東省濟南市南十里。⓴子以君師三句 意謂您率領晉君的軍隊，光臨敝國，敝國兵力不強，明天早上相見（決戰）。這是齊軍約戰言辭，均用外交辭令，表面客氣，實是挑戰口氣，辱，敬詞，表示屈辱對方。腆，豐厚。賦，指士兵。㉑兄弟 晉與魯、衛都是姬姓國，故稱兄弟。㉒大國句 謂齊國不分晝夜，常到敝國（魯、衛）的土地上來發洩不滿。即老是來侵凌掠奪。釋憾，猶言洩忿。㉓無令句 不要使晉軍久留在貴國境內。這是傳達晉君的話。無，通「毋」。輿，眾。淹，久留。㉔能進不能退二句 謂我等受命而來，只能前進，不能後退。不勞齊君命令，明天應戰奉陪。這是晉將帥許戰的話。㉕高固 齊國上卿，又稱高宣子。㉖桀石以投人 桀，通「揭」。舉起。投，擲；砸。㉗禽 同「擒」。㉘繫桑本焉 把桑樹連根繫在兵車上，即作為戰利品，以區別於其他兵車。㉙壘 營壘。古時兵營四周深溝高壘。㉚欲勇者句 想要有勇氣的人儘管來買我的富餘的勇氣。賈，買。「餘勇可賈」成語本此。㉛癸酉 六月十七日。㉜師陳于鞌 雙方軍隊在鞌地擺開戰陣。經文云：「六月癸酉，季孫行父、臧孫許、叔孫僑如、公孫嬰齊帥師會晉郤克、衛孫良夫、曹公子首及齊侯戰于鞌。」故知「師」指晉、魯、衛、曹四國聯軍為一方，齊軍為一方。陳，同「陣」。動詞。列陣。鞌，同「鞍」。齊地，《山東通志》云：「鞍在歷城縣西北十里鞍山下。」即在今山東省濟南市北，離齊都臨淄三百餘里。㉝邴夏御齊侯 齊大夫邴夏為齊頃公駕御戰車。這是主帥之車，齊侯居中，御者居左。下同。㉞逢丑父為右 齊大夫逢丑父為齊侯車右，護衛齊侯。㉟解張 晉大夫，食邑於解（今山西省運城市解州鎮），以解為氏，名侯，字張，下稱張侯（古人名字連稱，先字後名）。為主帥郤克駕車，居左；郤克居中掌旗鼓。㊱鄭丘緩 晉大夫，鄭丘氏名緩，為車右。㊲翦滅 同義詞連用。「滅此朝食」成語本此，形容急於消滅敵人。㊳不介馬 不給馬披上甲衣。介，通「甲」。用作動詞。㊴屨 鞋。㊵病 受重傷。古時凡重病、重傷、飢餓、過度勞累等使體力難以支持的都稱「病」。㊶合 兩軍交戰。㊷貫余手及肘 射穿我的手掌和射入我的臂肘。

〈齊世家〉作「我始入再傷」，謂張侯中兩箭，一箭貫手，一箭貫肘。貫，穿入。(43)折以御　折斷箭杆後繼續駕車，無暇拔出箭鏃。(44)左輪朱殷　血流到左邊車輪，車輪染成紅黑色。解張居左，故血染左輪。殷，赤黑色。(45)吾子　您。尊稱對方，表示親暱。(46)險　險阻。指兵車遇阻難行。(47)子豈識之　您哪裏知道這些。同在一車，郤克不知，足見戰鬥緊張激烈，受傷而又各司其職，不及旁顧。(48)師之耳目三句　古時作戰，將士言不相問，視不相見，只聽主帥的鼓聲、看主帥的旌旗或前進或後退。主帥兵車的旗鼓是指揮三軍作戰的號令。《孫子・軍爭》云：「夫金鼓旌旗者，所以一人之耳目也。」(49)殿　鎮守。《史記》、《漢書》常作「填」，讀作「鎮」。詳見《管錐編・左傳正義》。(50)集事　成事。指取勝。(51)若之何二句　該怎麼辦呢？難道能由於重傷而壞了國君的戰事嗎。若之何，奈何，如連下為句，則解為「怎麼能」。其，豈。副詞，加強反問語氣。敗，毀壞。大事，「國之大事，在祀與戎」，此指戰事。(52)擐甲二句　身穿鎧甲，手執兵器，參加戰鬥，本應抱戰死的決心。擐，穿。固，副詞。本來。即，動詞。就；走向。(53)左并轡二句　將右手握的韁繩併到左手，騰出右手，拿過右邊郤克的鼓槌擊鼓，使鼓聲不絕，全軍繼續進擊。并，合併。援，引；拿過來。枹，鼓槌。又作「桴」。(54)馬逸　四馬狂奔。解張原本左右手各執轡以御四馬，如今手已受箭傷，且單手執轡，右手又要擊鼓，故無法控制馬韁。(55)逐之　追擊齊軍。(56)三周華不注　繞著華不注山追逐三圈。周，動詞。環繞。華不注，《山東通志》：「華不注山在山東省歷城縣東北十五里。」即在今濟南市東北。此山孤峰特拔，故可繞行三圈。(57)子輿　韓厥之父，韓簡之子，已死。(58)旦辟左右　旦，明天。辟，同「避」。句意謂明天出戰，要居中御車，居左、右都有生命危險。韓厥非主帥，按軍制當居左主射。(59)中御　站在兵車中間御車。中，方位名詞作狀語。除主帥兵車外，都是御者居中。(60)從齊侯　追逐齊頃公。從，追蹤。(61)君子　指有禮儀的貴族。古時車戰，軍官與甲士的甲冑無別，邴夏是從韓厥御車熟習的儀態上看出他是貴族大夫，不是一般的甲士。(62)非禮　不合古禮。齊頃公認為射殺君子是「非禮」，與僖公二十二年傳之宋襄公同樣愚蠢。戎事以殺敵為禮，雖君子亦殺，殺敵為作戰本旨。一說不害君子是古代風尚。(63)越　墜；翻落。(64)斃　倒下。(65)綦毋張　晉大夫，綦毋氏名張。(66)寓乘　搭車。乘，指韓厥的兵車。(67)皆肘之　都用臂肘推撞他。韓厥因其左右皆被射死，應驗夢中告誡，故不讓他再站在左、右。又因雙手執轡，故只能用肘推他站在身後。肘，名詞用作動詞。(68)俛　同「俯」。彎下身子。(69)定其右　把右邊倒下的甲士放穩當，以免滾落車下。(70)易位　交換位置。丑父恐有意外，故乘韓厥俯定其右的機會，讓齊侯站在車右，自己居中冒充齊侯。古時國君與將佐的戎服相同，故易位可蒙騙韓厥。(71)華泉　在華不注山下，泉水流入濟水。(72)驂絓於木　兵車的驂馬被樹木絆住。驂，兵車左右兩旁的馬。絓，絆。(73)轏　棧車；用竹木搭成棚的臥車。(74)以肱擊之二句　肱，上臂，從肘到肩的部分。丑父隱瞞臂傷，是怕講明了不能作車右參加作戰。丑父傷臂與韓厥作夢都是前天夜晚的事，予以補敘。(75)及　追趕上。此指被追上。(76)執縶馬前三句　韓厥手拿拴馬繩站在齊侯的兵車前，拱手拜兩次，然後下跪叩頭，捧著盛酒的壺觴加上玉璧，進獻給齊侯。這是臣僕見君的儀式，實是要拿繩子捆綁齊侯。縶，絆馬索。此泛指繩索。(77)陷入　深入。(78)屬當戎行二句　正好在軍隊中任職而遇上齊君，無處逃避隱藏。意謂只能逮捕你以盡職責。屬，適巧。戎行，軍隊的行列。(79)奔辟　逃避。辟，同「避」。(80)忝兩君　給晉、齊兩國國君帶來恥辱。忝，辱。(81)臣辱戎士三句　我慚愧地充當戰士，冒昧地向您稟告，臣下不才，代理這個官職是由於缺乏人材暫時充數的。辱，謙詞，表示不稱職。敢，謙詞，冒昧。不敏，不聰明；不會辦事。攝，代理。(82)鄭周父　與下句的宛茷都是齊國大夫。(83)佐車　副車；諸侯的備用兵車。(84)將戮之　要殺死逢丑父。郤克曾出使齊國，故知他是冒充齊頃公而要殺他。(85)自今　於今；現今。自，於；在。(86)為戮　被殺戮。為，助動詞，用在動詞前表示被動。(87)人不難句　這個人不怕犧牲自己而使他的國君免於被俘。不難，不以……為難事，即不怕死。免，使免禍。使動用法。(88)勸　勉勵。

【語　譯】孫桓子從新築戰敗回去，不進入國都，就到晉國去求救兵。魯國的臧宣叔也到晉國求救兵。兩人都投奔郤克，請他作主。晉景公答應郤克出七百輛兵車。郤克說：「這是城濮之戰的兵員數額。當時有先君的明察和先大夫的才智，所以得勝。我郤克和先大夫相比，就無能力打勝這一仗。請求發八百輛兵車。」晉景公答應了他的請求。就由郤克統領中軍，士燮做上軍副帥，欒書率領下軍，韓厥任司馬，去救援魯國和衛國。臧宣叔迎接晉軍，給晉軍作嚮導開路。魯國卿季文子領兵和他們會合，一起到達衛國境內。韓厥按軍法要斬人，郤克驅車疾馳趕去，要想救下他。等趕到時，那人已經被斬了。郤克派人趕快把屍首在軍中示眾，並告訴他的御者說：「我這樣做是為了分擔將士的指責和批評。」晉、魯、衛、曹四國聯軍趕到莘地，就追上齊軍。六月十六日，聯軍又追到靡笄山下。齊頃公派人來約戰，說：「您帶領國君的軍隊光臨敝國，敝國兵力不強，請在明天早晨相見決戰。」郤克回答道：「晉和魯、衛是兄弟國家，他們前來求告說：『大國不分晝夜都到敝國境內發洩氣憤。』我們國君不忍心，就派我們羣臣前來向大國請求，叫我軍不要長久留在貴國境內。我們受命而來，只能前進，不能後退，君命明日兵戎相見，我們照辦奉陪，決不有辱君命。」齊頃公說：「大夫們允許相見，正是我的願望；如果你們不同意，也要兵戎相見的。」齊國上卿高固徒步進入晉軍營，拿起石頭砸人，抓住了一個士兵，然後坐上他的戰車，把桑樹連根繫在車上，回到齊軍營壘巡行一遍，高喊說：「想要勇氣的人可以來買我多餘的勇氣！」

六月十七日，雙方軍隊在鞌地擺開陣勢。邴夏為齊頃公駕車，逢丑父站在右位作護衛。晉國的解張為郤克駕車，站在左位，鄭丘緩站在右邊作護衛。齊頃公說：「我姑且消滅了這些人再吃早飯。」馬還沒披上甲衣，就馳向晉軍，雙方激戰。郤克被箭射傷，血流到鞋子上，但仍然擊鼓進軍，鼓聲不絕。郤克說：「我受重傷了！」解張說：「從開始交戰，箭就射穿了我的手和臂肘，我折斷了箭杆來駕車，左邊的車輪被血染成黑紅色，我哪敢說一聲受重傷？您老帥忍著點吧！」鄭丘緩說：「從開始交戰，如果車子遇到險阻，我必定下去推車，您哪會知道呢？——不過您真的受重傷了！」解張說：「軍士的耳目，都在注意我們的旌旗和鼓聲，前進或後退都聽從它的號令。這輛兵車哪怕只有一個人鎮守住，戰事就能成功。該怎麼辦？難道能因為受傷就敗壞國君的戰事嗎？身穿盔甲，手執兵器，走上戰場，本來就抱有戰死的決心。受傷還沒到死的地步，您還是努力堅持吧！」他怕郤克難以支持，就把右手的轡繩併到左手，單手駕御四馬；騰出右手，拿過右邊郤克手裏的鼓槌用力擊鼓，指揮進擊。因手已受傷，馬轡控制不住，四馬狂奔不能阻止，全軍跟著追擊。終於把齊軍打得大敗崩潰。晉軍追逐齊軍，環繞華不注山追了三圈。

韓厥隔夜夢見父親子輿對他說：「明天作戰，不要站在兵車左位、右位。」因此韓厥站在中間駕御戰車追趕齊頃公的兵車。邴夏說：「射那個駕車的，他是貴族大夫。」齊頃公說：「認為他是君子而射他，不合於禮。」逢丑父就射他左邊的甲士，左邊的甲士中箭翻落到車下。射他右邊的甲士，右邊的甲士也中箭倒在車內。晉大夫綦毋張丟失了戰車，追上韓厥說：「請讓我搭乘你的戰車。」上車後，站到韓厥的左邊、右邊，韓厥都用臂肘推撞他，要他站到身後。韓厥彎下身子，把車右倒下的人放穩當，以免滾落。逢丑父乘機和齊頃公交換位置，自己居中冒充齊頃公。兵車將要逃到華泉時，驂馬被樹木絆住了，只好停下來。由於頭天夜裏逢丑父睡在棧車裏，有條蛇從他車下爬到身邊，他用手臂去打蛇，臂受了傷卻隱瞞了，所以這時不能用臂去推車，結果被韓厥追上了。韓厥拿著拴馬繩走到齊侯的馬車前，拱手拜兩次，再跪下叩頭，捧著酒杯加上玉璧，進獻給齊頃公，說道：「我們國君派羣臣替魯、衛兩國請求，並說：『不要讓軍隊深入齊君的土地。』下臣不幸，正好在軍中隊伍裏遇上您，沒有地方可以逃避躲藏。而且逃奔躲避，又怕使晉、齊兩國國君受辱、臉面無光。下臣慚愧地當一名戰士，冒昧地稟告您，我無能，不會辦事，因缺乏人手，只好暫代官職充個數。」逢丑父讓右邊的齊頃公下車，裝作到華泉去取飲水，暗中叫他逃跑。這時齊大夫鄭周父駕御著備用車，宛茷任車右，讓齊頃公乘上去逃走，免於被俘。韓厥俘獲了逢丑父當作齊頃公獻給郤克。郤克知道他冒充齊侯，要殺戮他。逢丑父喊叫說：「從古至今，沒有人代替他的國君受難的，現在有一個在此，就要被殺死嗎？」郤克說：「這個人不怕犧牲自己來使他的國君免於禍患，我殺了他，不吉利。赦免他，用以勉勵事奉國君的人。」於是赦免了逢丑父。

【說　明】以上為第二段，是寫鞌之戰的正文。

魯、衛被齊打敗後向晉求救。晉國執政郤克力主伐齊。晉景公命郤克、士燮、欒書三帥領兵「八百乘」、約六萬人馬，會同魯、衛、曹三國軍隊大舉伐齊。在衛地，郤克為韓厥「分謗」一節表現出晉將帥齊心協力。晉大軍追至齊國莘邑，兩軍相遇。六月十六日，齊退晉進，至靡笄山下，齊將高固衝入晉軍，砸人奪車，回齊營高呼「賈余餘勇」，表現出齊軍驕傲的囂張氣焰，預示齊軍必敗。六月十七日，雙方在鞌地激戰。齊頃公尚未「朝食」，又「不介馬」，就搶先急於馳車進擊，以為可以毫不費力地把晉軍翦滅。而晉軍上下一心，勇猛頑強，主帥郤克受傷，「流血及屨」，猶未絕鼓音。其左右將領又互相鼓勵，互相支持。特別是御者解張手和臂肘被射穿，血染左輪，仍一聲不吭，折斷箭杆，繼續駕車進擊；當主帥難以支持時，又不顧手受重傷，用左手執轡御車，右手代主帥擊鼓進軍，四馬狂奔，全軍跟上，「三周華不注」，終於擊潰齊軍，取得勝利。

傳文又特寫晉國司馬韓厥在左右被射死的情況下，毫無畏懼，馳車追逐齊侯。齊將逢丑父在危急之中與齊侯易位，讓齊侯伺機逃跑，自己甘願代替齊侯被俘受戮。這又表現出齊軍雖敗，但並非是不堪一擊的弱兵。

左氏特別重視和擅長記敘戰爭，鞌之戰是春秋五大戰役中正面描寫激戰場面和人物思想面貌最為詳盡而生動的。作者善於通過具體情節渲染氣氛、表現人物性格，如郤克、解張浴血奮戰的頑強意志和英勇氣概；韓厥的臨危不懼、善於言辭；高固的盛氣凌人；齊頃公的輕敵冒進和不射君子的愚蠢；逢丑父的機智和代君受禍的忠誠，無不寫得形象生動，富有感染力。「餘勇可賈」、「滅此朝食」等也成為成語而流傳至今。至於韓厥父親託夢應驗的事，則是出於傳說和虛構，反映了作者的迷信思想。

鞌之戰是晉、齊二國為爭奪對魯、衛的控制權而發生的一次大戰。晉國的勝利，挽回了霸業中衰的頹勢，擺脫了被動的局面；而齊國的失敗則損害了齊桓公時代樹立起來的強國形象。

傳 齊侯免，求丑父，三入三出❶。每出，齊師以帥退❷。入于狄卒❸，狄卒皆抽戈楯冒之❹。以入于衛師，衛師免之❺。遂自徐關❻入。齊侯見保者❼，曰：「勉之，齊師敗矣！」辟女子❽，女子曰：「君免乎？」曰：「免矣！」曰：「銳司徒❾免乎！」曰：「免矣。」曰：「苟君與吾父免矣，可若何？」乃奔。齊侯以為有禮❿。既而問之⓫，辟司徒⓬之妻也。與之石窌⓭。

晉師從齊師，入自丘輿⓮，擊馬陘⓯。齊侯使賓媚人⓰賂以紀甗、玉磬與地⓱。「不可，則聽客之所為⓲。」賓媚人致賂，晉人不可，曰：「必以蕭同叔子⓳為質，而使齊之封內盡東其畝⓴。」對曰：「蕭同叔子非他，寡君之母也。若以匹敵㉑，則亦晉君之母也。吾子布大命於諸侯，而曰必質其母以為信，其若王命何㉒？

且是以不孝令也。《詩》曰：『孝子不匱，永錫爾類[23]。』若以不孝令於諸侯，其無乃非德類[24]也乎？先王疆理天下[25]，物土之宜，而布其利[26]。故《詩》曰：『我疆我理，南東其畝[27]。』今吾子疆理諸侯，而曰『盡東其畝』而已，唯吾子戎車是利[28]，無顧土宜，其無乃非先王之命也乎？反先王則不義，何以為盟主？其晉實有闕[29]。四王之王[30]也，樹德而濟同欲[31]焉。五伯[32]之霸也，勤而撫之，以役王命[33]。今吾子求合諸侯，以逞無疆之欲[34]。《詩》曰：『布政優優，百祿是遒[35]。』子實不優，而棄百祿，諸侯何害焉？不然[36]，寡君之命使臣，則有辭矣！曰：『子以君師辱於敝邑，不腆敝賦，以犒從者[37]。畏君之震[38]，師徒橈敗[39]。吾子惠徼齊國之福，不泯其社稷，使繼舊好，唯是先君之敝器、土地不敢愛。子又不許。請收合餘燼[40]，背城借一[41]。敝邑之幸，亦云從也；況其不幸，敢不唯命是聽[42]？』」魯、衛諫曰：「齊疾[43]我矣！其死亡者皆親暱也。子若不許，讎[44]我必甚。唯子則又何求[45]？子得其國寶，我亦得地，而紓[46]於難，其榮多矣。齊、晉亦唯天所授，豈必晉[47]？」晉人許之，對曰：「羣臣帥賦輿[48]，以為魯、衛請。若苟有以藉口而復於寡君[49]，君之惠也。敢不唯命是聽？」

禽鄭自師逆公[50]。秋七月，晉師及齊國佐盟于爰婁[51]，使齊人歸我汶陽之田[52]。

公會晉師于上鄍㉝，賜三帥㉞先路三命之服㉟；司馬、司空、輿帥、侯正、亞旅㊱皆受一命之服。

【注　釋】❶三入三出　三次衝入敵軍，三次突出重圍。這是總述。第一次入、出晉軍，第二次入、出狄卒，第三次入、出衛師。狄卒衛師都是晉國友軍。❷每出二句　齊侯每次從敵軍中出來，齊軍都簇擁著齊侯退出。帥，指齊侯。❸狄卒　狄族的步兵。狄人無車兵。❹抽戈楯冒之　拿起戈戟和盾牌庇護他。抽，拔出。楯，同「盾」。冒，遮蔽。❺衛師免之　衛軍放他走。狄卒、衛師不加害齊侯，反而庇護他，是怕齊報復。❻徐關　齊國關隘名，在今山東省淄博市西南，舊淄川縣西，離齊都臨淄不遠。❼保者　守城將士。保，小城堡。❽辟女子　使擋道的女子讓開。古時國君出入，前衛開道，命行人讓路迴避。辟，同「避」。使動用法。❾銳司徒　主管兵器軍械的軍官。❿以為有禮　女子先問君後問父，故以為有禮。⓫問之　探問那女子的情況。「問」字的賓語「之」常指問的內容，而不是被問的人。⓬辟司徒　主管營建軍營壁壘的軍官。辟，通「壁」。壁壘。⓭與之石窌　把石窌賜給她作封地。這是雙賓語句。石窌，在今山東省長清縣東南三十里之石窩村。⓮丘輿　齊邑，在今山東省章丘市以東，舊淄川縣以西。⓯馬陘　齊邑，在今山東省淄博市之西，淄川鎮之北。⓰賓媚人　即國佐。齊上卿國氏名佐。⓱紀甗玉磬與地　甗，一種兩層的炊飪器，上層可蒸，下層可煮，有陶製的瓦器，也有銅鑄的青銅器，其狀上體圓形，有兩耳，下體三足似鬲。紀甗是紀國的文物，當是銅器，為齊滅紀時所得。玉磬是玉製的樂器，杜注以為亦滅紀所得。據下文，這二件寶物是送給晉國的，土地是歸還魯、衛的。⓲不可二句　這是齊侯的指示，似省「曰」字。句意謂如晉國不允許講和，就聽任晉國怎麼做。即不惜再戰。客，指晉國郤克。⓳蕭同叔子　齊頃公生母，齊惠公夫人，蕭國國君同叔之女。晉人不便直言以頃公母為人質，故稱之為蕭同叔子。郤克使齊時曾遭到她的恥笑(見宣公十七年傳)，故郤克必以之為質。⓴盡東其畝　齊國境內農田的畦(田埂)都做成東西向。東，方位名詞用作使動詞。古人種地，按地勢、水勢，使田畦、田壟或東西向、或南北向；我國在北半球，故多為南北向，使田畦充分日照。《詩經》屢見「南畝」之語。晉在齊之西，如果齊之壟畝、溝渠、道路多南北向，對晉國向東進軍有所不利，故晉強令齊「盡東其畝」，以為媾和條件。㉑匹敵　地位相等。齊、晉同是諸侯國。㉒其若王命何　又怎麼對待周王的命令呢。意謂以母為質是違反王命的。古時多以國君之子作「質子」留居對方國家，表示互相信守盟約，而未有「質母」的。㉓詩曰三句　見《詩經・大雅・既醉》，意謂孝子的孝心是沒有窮盡的，故能永遠感染你的族人，使大家都能孝親。匱，盡。錫，通「賜」。類，族類。㉔德類　道德法則。㉕疆理天下　將天下田地劃定疆界，分成條理。古人言農田水利常用疆理二字，除見下引《詩》外，又《詩經・大雅・綿》：「迺疆迺理，迺宣迺畝。」㉖物土之宜二句　考察作物和土地的適應性，安排播種合宜的作物，以獲取豐收之利。物，動詞。物色；考察。杜注：「物，相也。」布，安排；布置。㉗故詩曰三句　見《詩經・小雅・信南山》，意謂我劃分田疆，整理土地，田中的壟埂有的宜於南北向，有的宜於東西向。南、東，都是使動用法。㉘唯吾子句　「唯利吾子戎車」的倒裝句，賓語「戎車」前置後加代詞「是」複指。唯，表示排它性。句意謂不考慮物土之宜之利，只求有利於您的兵車東進。㉙其晉實有闕　那樣做，晉國實在有缺失。缺失、過失，古多作「闕」。㉚四王之王　四王指虞舜、夏禹、商湯、周武王。下「王」字是動詞，行王道仁政。㉛濟同欲　滿足天下諸侯共同的欲望。濟，盡量滿足其心意。㉜五伯　杜注謂指夏代的昆吾、商代的大彭、豕韋、周代的齊桓公、晉文公。伯，同「霸」。諸侯之長。戰國以後始以齊桓、晉文、宋襄、秦穆、楚莊為五霸。㉝勤而撫之二句　辛勤地安撫諸侯，為王命效勞。以上王、霸對言，與戰國時王霸對言之意義稍有不同，春秋時以統一天下者為王，能為當時天下共主效力者為霸。《管子・霸言》云：「得天下之眾者王，得其半者霸。」㉞以逞無疆之欲　想要滿足沒有止境的欲望。㉟詩曰三句　見《詩經・商頌・長發》，意謂君主施行寬仁之政，一百種幸福就聚集到他身上。布，施。優優，和緩寬厚貌。祿，福。是，此。指君主。遒，聚。㊱不然　不如此。指晉不答應講和。㊲以犒從者　用來慰勞你的將士。這是外交辭令，意謂與你們交戰。㊳震威。㊴師徒橈敗　軍隊遭到挫折失敗。橈，一作「撓」。㊵餘燼　燒殘的灰，喻失敗後剩下的軍隊。㊶背城借一　背靠都城，藉以一戰。㊷敝邑之幸四句　敝國幸而戰勝，也還是依從晉國；如不幸而遭失敗，怎敢不聽命服從呢。此語雖謙和，實甚強硬。云，助詞。㊸疾　怨恨。㊹讎　仇恨。㊺唯子句　如不講和，即使您晉國又能求取到什麼呢。唯，通「雖」。即使。見《詞詮》。㊻紓　緩解；解除。㊼齊晉二句　齊國、晉國也都是由上天授與的強國，難道晉國必定永遠強大。唯，作「因」字用。㊽賦輿　兵車。㊾若苟句　如果有什麼理由向我們國君覆命。若苟，同義詞連用。㊿禽鄭自師逆公　魯大夫禽鄭從軍中往迎魯成公。魯成公從魯國來與晉帥相會，與齊同訂盟約。逆，迎。(51)爰婁　齊地，在今山東省淄博市東，臨淄鎮西五十里。經文作「袁婁」。(52)汶陽之田　魯國汶水之北的田地。在今山東省寧陽縣大汶河之北。僖公元年魯將汶陽之田賜給公子季友，後為齊所奪，今歸還魯國。(53)上鄍　齊、衛兩國交界地，在今山東省陽穀縣境內。(54)三帥　晉三帥郤克、士燮、欒書。(55)先路三命之服　路，同「輅」。天子、諸侯所乘的車。賜給卿大夫的車也叫路。據《禮記》，路有三等：大路、先路、次路。卿大夫若非受此賞賜，其所乘之車不能稱路。卿大夫有一命、再命、三命之別，賜命多則尊貴，車輿服飾即隨之華麗。如僖公三十三年傳先且居為三命之卿，胥臣為再命之卿。56司馬司空輿帥侯正亞旅　都是軍中職官，稱「五正」，司馬掌軍法刑賞；司空掌軍事工程建築，如築營壘、通道路；輿帥主管兵車輜重；侯正主管巡邏哨兵、偵探諜報；亞旅也是軍中大夫，管軍旅之事。見襄公十九年傳。

【語　譯】齊頃公逃脫後，為了尋找逢丑父，三次衝入敵軍，三次突圍而出。每次退出來時，齊軍都簇擁著護衛他。在衝入狄軍時，狄人士兵都拿起戈盾庇護他。在衝入衛國軍中時，衛軍也放他走。於是齊頃公就從徐關進入都城臨淄。齊頃公看到守城將士，就說：「你們努力吧，齊軍戰敗了！」在路上，前衛叫一個擋道的女子讓路，那個女子說：「國君免於禍難了嗎？」回答她說：「免於禍難了。」她又問：「銳司徒免於戰禍嗎？」回答她說：「免於戰禍了。」她就說：「如果國君和我父親免於戰禍了，那還要怎麼樣呢？」說完就跑走了。齊頃公認為她懂得「禮」。過後不久，查詢她的情況，才知她是辟司徒的妻子，就賜給她石窌作為封地。

晉軍繼續追蹤齊軍，從丘輿入闢，進攻馬陘。齊頃公派遣賓媚人把紀甗、玉磬兩件寶物和土地送給戰勝國，說：「如果他們不肯講和，就隨他們怎麼辦吧！」賓媚人送去財禮，晉國人郤克不同意講和，說：「一定要讓蕭同叔子做人質，同時使齊國境內的田壟全部東西向。」賓媚人回答說：「蕭同叔子不是別人，是我們國君的母親。如果按對等的地位來說，也就是晉君的母親。您向諸侯發布重大的命令，卻說一定要把他的母親作為人質以取得信任，那怎樣對待周天子的命令呢？而且這是用不孝來命令諸侯。《詩》說：『孝子的孝心沒有窮盡，永遠感動你的族類，讓大家行孝道。』如果用不孝號令諸侯，那恐怕不是道德的準則吧？先王對天下的田地，定疆界，分條理，考察土地的適應性，而後播種作物以獲取豐收之利。所以《詩》說：『我劃定田界，按其地理，使田畝有的南北向，有的東西向。』現在您要諸侯定疆界、分地理，卻說『田壟全部東西向』，只求有利您的兵車東進，不管地勢作物是否合宜，那恐怕也不是先王的政令吧？違反先王的遺命就是不義，還怎麼能做盟主？那樣做晉國就確實有缺失了。從前四王能統一天下，是由於能樹立德行而滿足諸侯的共同願望；五伯能領導諸侯，是由於自己勤勞地安撫諸侯，使大家為王命效勞。現在您要求會合諸侯作盟主，來滿足自己無止境的欲望。《詩》說：『君主施行寬大和緩的政令，各種福祿就聚集到他身上。』您確實不是寬大為懷，丟棄了各種福祿，這對諸侯有什麼害處呢？如果您不答應講和，我們國君命令我們使臣，就有話可說了：『您帶領晉君的軍隊光臨敝國，敝國的財富不豐厚，也要用來犒勞您的左右將士。害怕貴國國君震怒，我軍戰敗受挫折。您如肯惠賜齊國幸福，不滅亡我們的國家，讓兩國繼續友好，因此我們不敢愛惜先君的寶物和土地。但您又不允許講和，那就讓我們收集殘兵敗將，背靠自己都城藉以一戰。敝國如幸而戰勝，也會依從貴國的；何況不幸而戰敗，哪敢不聽從您的命令？』」魯、衛兩國勸諫郤克說：「齊國怨恨我們了。他們戰死和逃亡的，都是齊侯親近的人。您如果不允許講和，齊國必然更加仇恨我們。即使是您，又能求取到什麼呢？如果您得到他們的國寶，我們也得到歸還的土地，而解除了禍難，那榮耀就夠多了。齊國、晉國都是由上天授與的強國，難道一定只有晉國永遠勝利嗎？」晉人郤克就同意魯、衛的要求，答道：「我們羣臣率領戰車，來為魯、衛兩國請命。如果有理由可以向我們國君復命，這就是國君的恩惠了。豈敢不聽從你們的命令？」

禽鄭從軍中前去迎接魯成公。秋季七月，晉軍和齊國賓媚人在爰婁結盟，使齊國歸還我魯國汶陽的田地。魯成公在上鄍會見晉軍將帥，把先路之車和三命之服賜給晉軍三位將帥，晉軍的司馬、司空、輿帥、侯正、亞旅五位軍官都賜給一命的禮服。

【說　明】以上為第三段，寫齊頃公逃回國都，晉軍追蹤到離齊都五十里的地方，齊頃公派上卿國佐到晉軍議和。郤克提出以齊侯之母為質和「盡東其畝」作為議和的兩個條件。國氏逐一駁斥郤克的無理要求，說那是違背王命，教人不孝和違反「物土之宜」，並表示決不讓步，將收拾餘燼，背城一戰。國氏通過外交鬥爭，加上魯、衛勸諫，最終使郤克與齊言和，訂立爰婁之盟，齊亦將田地歸還魯、衛。這是鞌之戰的結局。

傳文又夾敘齊頃公逃脫後為尋找逢丑父，曾三次衝入晉、狄、衛軍，突圍而出，齊軍簇擁護衛，敵軍士兵也不加害齊侯。又寫攔路女子探問齊侯及其父是否安全歸來。這些都表明齊軍雖敗，而士卒用命，民心猶存君國，仍可再戰。

鞌戰餘事還有二段：一段寫晉軍回國後諸將讓功，記在九月楚巫臣奔晉之後；一段寫晉使獻捷於周王，記在十一月楚伐魯之後。

傳 八月，宋文公❶卒，始厚葬，用蜃炭❷，益車馬❸，始用殉❹，重器備❺，槨有四阿❻，棺有翰、檜❼。君子謂「華元、樂舉❽於是乎不臣❾。臣，治煩去惑❿者也，是以伏死而爭。今二子者，君生則縱其惑⓫，死又益其侈，是棄君於惡也，何臣之為⓬？」

九月，衛穆公卒。晉三子自役弔焉⓭，哭於大門之外。衛人逆之⓮，婦人哭於門內。送亦如之。遂常以葬⓯。

楚之討陳夏氏⓰也，莊王欲納夏姬⓱。申公巫臣⓲曰：「不可。君召諸侯，以討罪也；今納夏姬，貪其色也。貪色為淫，淫為大罰。〈周書〉曰：『明德慎罰⓳。』文王所以造周也。明德，務崇之之謂也；慎罰，務去之之謂也。若興諸侯以取大罰⓴，非慎之也。君其圖之。」王乃止。子反㉑欲取之，巫臣曰：「是不祥人也。是夭子蠻㉒，殺御叔㉓，弒靈侯㉔，戮夏南㉕，出孔、儀㉖，喪陳國㉗，何不祥如是？人生實難，其有不獲死乎㉘！天下多美婦人，何必是？」子反乃止。王以予連尹襄老[29]。襄老死于邲，不獲其尸。其子黑要烝焉[30]。巫臣使道焉[31]，曰：「歸，吾聘女[32]。」又使自鄭召之，曰：「尸可得也，必來逆之[33]。」姬以告王，王問諸屈巫。對曰：「其信[34]。知罃[35]之父，成公之嬖[36]也，而中行伯[37]之季弟也，新佐中軍[38]，而善鄭皇戌[39]，甚愛此子。其必因鄭而歸王子[40]與襄老之尸以求之[41]。鄭人懼於邲之役，而欲求媚於晉，其必許之。」王遣夏姬歸。將行，謂送者曰：「不得尸，吾不反矣。」巫臣聘諸鄭，鄭伯許之。及共王[42]即位，將為陽橋之役[43]，使屈巫聘于齊，且告師期[44]。巫臣盡室以行[45]。申叔跪[46]從其父，將適郢[47]，遇之，曰：「異哉！夫子[48]有三軍之懼[49]，而又有桑中之喜[50]，宜將竊妻以逃者也[51]。」及鄭，使介反幣[52]，而以夏姬行。將奔齊，齊師新敗，曰：「吾不處不勝之國。」遂奔晉，而因郤至[53]，以臣於晉，晉人使為邢大夫[54]。子反請以重幣錮之[55]。王曰：「止，其自為謀也則過[56]矣，其為吾先君謀也則忠。忠，社稷之固也，所蓋多矣[57]！且彼若能利國家，雖重幣，晉將可乎[58]？若無益於晉，晉將棄之，何勞錮焉？」

晉師歸，范文子[59]後入。武子曰：「無為吾望爾也乎[60]？」對曰：「師有功，國人喜以逆之，先入，必屬耳目焉[61]，是代帥受名[62]也，故不敢。」武子曰：「吾知免[63]矣。」郤伯見[64]，公曰：「子之力也夫！」對曰：「君之訓也，二三子之力也，臣何力之有焉？」范叔見，勞(65)之如郤伯。對曰：「庚所命(66)也，克之制(67)也，燮何力之有焉？」欒伯(68)見，公亦如之。對曰：「燮之詔也(69)，士用命(70)也，書何力之有焉？」

【注釋】❶宋文公　宋昭公弟，名鮑，在位二十二年。❷蜃炭　蚌蛤和木炭。古時貴族用以置於墓穴棺木四周以吸納潮濕。❸益車馬　增加陪葬的真車真馬。陪葬真車真馬已為地下發掘考古所確證，如春秋時上嶺村虢國墓，經發掘，虢太子墓中就有車十輛，馬二十匹，車馬並非是泥土塑成，而是真車真馬。❹始用殉　宋國由文公開始用活人殉葬。殷商時人殉盛行，西周以後，由於奴隸有剩餘勞動可供剝削，故人殉之風漸衰，但未能絕。宋為殷人之後，何以至此時「始用殉」，文獻不足，存疑待考。❺重器備　增多陪葬的各種器用物品。重，特別多。❻槨有四阿　棺材外面用木塊累積做成外棺的槨，四角翹起。古代作為套在棺材外面的槨與後代不同，是用長方塊木排聚堆積在棺的四周，與棺齊高後，再往上累積，四角翹起，四面呈坡形，有如房屋四阿，累至頂上成小方口，再加坑木茵席，然後蓋土。阿，屋角翹起的檐。四阿本是天子宮室宗廟的建築形式，宋用之於槨。❼翰檜　棺木兩旁的裝飾叫翰，棺木蓋上的裝飾叫檜。這是天子用的葬禮。按禮，天子七月、諸侯五月而葬。宋文公死後七月始葬，及厚葬的六項都僭用天子葬禮。❽華元樂舉　二人都是宋國執政大夫。❾於是乎不臣　在這件事情上有失為臣之道。❿治煩去惑　解除煩亂和除去誘惑。《韓非子・孤憤》：「惑主敗法，以亂士民。」傳文所言煩惑即指惑亂宋文公厚葬以煩擾百姓的事。⓫縱其惑　放縱宋文公厚葬的惑亂之事。杜注謂指魯文公十八年傳宋文公殺同母弟須。恐不合此傳意。⓬何臣之為　還算什麼臣呢。即還要臣做什麼呢。「何……為」是古漢語反詰句式。⓭晉三子自役弔焉　晉軍三帥郤克、士燮、欒書領兵回國途中，衛穆公死，就從軍中前去弔唁；並未受晉君之命，只在大門外行弔喪禮。役，指軍隊。⓮逆之　接待他們。逆，迎。此「逆」亦在門外。⓯遂常以葬　其他國家官員來弔，也就在大門外行禮接待，成為常規，直至下葬。⓰楚之討陳夏氏　楚莊王討伐陳國，殺夏徵舒。事見宣公十一年傳。⓱夏姬　陳大夫御叔之妻，與陳靈公及二卿淫亂。⓲申公巫臣　楚大夫，屈氏，名巫臣，字子靈，為申縣大夫，又稱屈巫。⓳周書曰二句　見《尚書・康誥》，意謂發揚美德，謹慎罰罪。⓴若興諸侯句　如果出動諸侯軍去伐陳，結果卻自取貪色的罪名。興，起兵。㉑子反　本是宋國公子，仕楚為大夫。郤之戰時為楚右軍將帥。㉒是夭子蠻　這個女人使子蠻短命早死。杜注謂子蠻即鄭靈公。非，鄭靈公字子貉。昭公二十八年傳謂夏姬殺三夫，子蠻當是夏姬最早的丈夫。㉓御叔　陳大夫，據〈楚語〉，御叔是陳國公子夏之子。傳文未言殺御叔事，似亦短命早死。巫臣歸罪夏姬，說她剋殺丈夫。㉔靈侯　陳靈公，被夏徵舒所殺。見宣公九年、十年傳。㉕夏南　即夏徵舒，夏姬之子，被楚莊王所殺。見宣公十一年傳。㉖出孔儀　使孔寧、儀行父兩個卿大夫出奔。見宣公十年傳。㉗喪陳國　楚曾滅陳國，又復立。見宣公十一年傳。以上事皆因夏姬而起。㉘人生實難二句　意謂人生在世，實在難以做人，甚至有不得好死的呀。言外指貪色、娶夏姬，將不得好死。㉙連尹襄老　楚大夫，官連尹，名襄老。夏姬給襄老為妾只一年，襄老就在邲戰中被晉將荀首所殺，獲其屍歸晉。見宣公十二年傳。㉚烝焉　和她私通。下淫上為「烝」。夏姬是黑要繼母。焉，於之。指夏姬。㉛道焉　誘導她。道，同「導」。㉜歸吾聘女　回到鄭國去，我娶妳為妻。女，同「汝」。夏姬為鄭穆公之女，鄭國為其母家。㉝必來逆之　定要親自來接襄老的屍首。逆，迎接。㉞其信　大概是真的。㉟知罃　字子羽，又稱武子罃，邲戰時被楚國俘獲。其父知莊子，即荀首，原為晉下軍大夫。㊱成公之嬖　晉成公的寵臣。成公，晉景公之父。㊲中行伯　即荀林父，晉上卿，邲戰時為元帥。荀首為其弟。㊳新佐中軍　荀首新近任命為中軍佐，即中軍副帥。佐，動詞。㊴皇戌　鄭國卿大夫，邲戰時曾出使晉軍。㊵王子　指楚莊王子，名穀臣，邲戰時被荀首俘獲至晉。見宣公十二年傳。㊶求之　要求換回知罃。㊷共王　楚共王，名審，楚莊王子，去年即位。㊸陽橋之役　見下文。陽橋，魯地，在今山東省泰安市西北。㊹告師期　告知出師伐魯的日期。㊺盡室以行　帶著他的家人和全部財產出行。㊻申叔跪　楚大夫申叔時之子。㊼將適郢　將到郢都去。適，到。郢，楚都，在今湖北省江陵縣北。㊽夫子　古代對男子的敬稱，此指巫臣。㊾有三軍之懼　指負有軍事使命，因而存有軍人的戒懼之心。㊿有桑中之喜　有與女子幽會私奔的喜悅之色。桑中，衛地，在今河南省淇縣境內。《詩經・鄘風・桑中》為民間男女幽會私奔的戀歌，有「期我乎桑中」之句。51宜將竊妻句　大概將要跟別人的妻子一起私奔吧。宜，殆；大概。52使介反幣　介，副使，古稱上介。反，同「返」。幣，財禮。指齊國還贈楚國的禮物。巫臣當是聘齊後，在歸途中至鄭國時，叫副使將禮物送回楚國覆命，自己則隨夏姬私奔。53郤至　郤克的族姪。54邢大夫　邢邑長官。邢，晉邑，又名邢丘，在今河南省溫縣東北平皋故城。55以重幣錮之　用重禮要求晉國永不錄用巫臣。錮，東漢以後稱禁錮，禁止做官或參加政治活動，相當於近代的永不錄用。56過　過錯。57所蓋多矣　所庇護的國家利益已很多了。蓋，覆；庇護。58晉將可乎　晉國會同意禁錮嗎。59范文子　即士燮，士會之子。字叔，諡文子，下稱范叔。為晉軍上軍副帥。60武子曰二句　武子即士會，食邑於范，諡武子，故稱范武子。士燮遲後入都，武子對他說：「你不知道我盼望你回來嗎？」為，作「謂」字用。61屬耳

目焉 使人們的耳目集中在我身上。即惹人注目我。屬，聚；注。❻❷代帥受名 代元帥接受立功的榮譽。帥，指郤克。❻❸知免 謂其子謙讓有禮，可知以後不會招嫉，可免刑戮、滅族之禍。❻❹郤伯見 郤克進見晉景公。郤克字伯。❻❺勞 慰勞。❻❻庚所命 庚，指上軍帥荀庚，是荀林父之子，奪戰時留守。范文子為上軍佐，故說受荀庚之命，以歸功於荀庚。❻❼克之制 意謂有郤克的號令節制才取得勝利。❻❽欒伯 即欒書，下軍帥。❻❾燮之詔也 是士燮的指示正確。詔，指示；教誨。下軍受命於上軍，故如此說。❼⓪士用命 將士效命，聽從號令。

【語 譯】八月，宋文公去世，開始厚葬：用蚌蛤殼和木炭放在墓穴和棺木四周，增加陪葬的真車真馬，開始用活人殉葬，特別增加陪葬的各種器用物品，外棺用木塊纍積成宮殿的建築形式，四角翹起，四面呈坡形，棺木上有翰、檜等裝飾。君子認為「華元、樂舉等執政大臣在這件事情上有失為臣之道。大臣是為國君解除煩亂和迷惑的人，因此對惑亂國君的錯事要冒死去諫諍。現在這兩個大臣，在國君活著時放縱他去作惡，死了以後又增加他的奢侈，這是把國君推到邪惡裏去，還算是什麼大臣？」

九月，衛穆公去世，晉國的三位將帥路過衛國，就從軍中前去弔唁，在大門外行哭弔之禮。衛國人在大門外接待，衛穆公的眷屬婦人們在門內哭弔還禮。送別時也是這樣。以後別國官員來弔唁也這樣做，以為常禮，直到下葬。

楚莊王討伐陳國夏徵舒的時候，莊王想收納夏姬為妾。申公巫臣勸諫說：「不行。君王召集諸侯來是為了討伐夏氏的罪；現在收納夏姬是貪戀她的美色了。貪戀美色就是淫亂，淫亂會受到重大的懲罰。〈周書〉說：『發揚美德，謹慎刑罰。』文王因此創建周朝。發揚美德，就是說要致力崇尚美德；謹慎刑罰，就是說要致力於不用刑罰。如果出動諸侯的軍隊伐陳，結果因貪色而自取淫亂的罪名，這不是謹慎的做法。希望國君好好考慮吧！」楚莊王就打消了娶夏姬的念頭。楚將子反又想要娶她，巫臣又勸道：「這是個不吉利的女人。她使子蠻早死，又剋殺丈夫御叔；因為她而射殺陳靈公，又殺戮了她的兒子夏徵舒，使孔寧、儀行父兩個大夫逃亡出奔，陳國也為她遭到滅亡。她為何不吉利到這個樣子呢？人生在世，實在很難做人，如果娶了她，有人恐怕不得好死吧！天下多的是美婦人，何必定要娶這個人呢？」子反也就不要她了。楚莊王就把夏姬給了連尹襄老。一年後襄老在邲地戰役中被晉人射死，屍首也沒找回。他的兒子黑要又和後母夏姬私通。巫臣派人向夏姬誘導說：「回娘家鄭國去，我娶妳為妻。」又派人從鄭國召喚她說：「襄老屍首可以弄得到，必定要妳親自來接收。」夏姬把這話報告楚莊王，楚莊王向巫臣詢問。巫臣回答說：「應該是真的。知罃被我們楚國俘獲來，他的父親知莊子是晉成公的寵臣，又是中行伯荀林父的小弟，新近提升做了中軍副帥，和鄭國大夫皇戌交情很好。知莊子非常喜愛這個兒子知罃，他一定會通過鄭國，歸還俘去的楚國王子（名穀臣）和襄老的屍首，而來要求換回知罃的。鄭國人對邲地戰役很害怕，想要討好晉國，他們必定會答應晉國的。」楚莊王就遣送夏姬回鄭國去。將要動身上路時，夏姬對送行的人說：「不找回襄老的屍首，我就不返回楚國了。」不久，巫臣到鄭國聘娶她，鄭襄公同意了。等到楚共王即位以後，將要伐魯助齊、發動陽橋之役，就派巫臣到齊國聘問，並且把出兵的日期告知齊國。巫臣把家人和財產全部帶了出行。路上，楚國的申叔跪跟從他的父親申叔時，正要到郢都去，遇見了巫臣。申叔跪說：「奇怪了！巫臣夫子肩負軍事重任，有三軍的戒懼之心，卻又有桑中幽會私奔的喜悅之色，莫非要帶著別人的妻子私奔吧！」巫臣聘問齊國後回到鄭國，就讓副使拿了齊國的禮物回去覆命，自己帶著夏姬走了，準備逃亡到齊國去。齊國剛巧在鞌地戰敗，巫臣說：「我不能住在不打勝仗的國家。」就改道逃亡到晉國，而且由於郤至的關係在晉國做了臣子。晉國人讓他做邢邑大夫。楚將子反請楚共王送重禮給晉國，要求晉國禁錮巫臣，不讓他做官和參加政治活動。楚共王說：「別那樣做！他為自己打算是錯誤的了，他為我的先君打算時倒是忠誠的。忠誠是為了鞏固國家，庇護國家的利益夠多了。而且如果他能有利於晉國，我們即使送去重禮，晉國會同意永不錄用他嗎？如果他對晉國沒有好處，晉國自然將拋棄他，何勞我們求晉禁錮他呢？」

鞌戰勝利後晉軍回到都城，范文子士燮走在後面。他的父親范武子說：「你不知道我盼望你早些回來嗎？」范文子回答說：「軍隊立有大功，國都的百姓高興地迎接將士。跑在前面入都，一定惹人矚目，那是代替元帥接受榮譽，所以我不敢先入都城。」范武子說：「你這樣謙讓，我就知道可以免於刑戮了。」元帥郤克進見晉景公，晉景公說：「這次大敗齊國，是您的功勞啊！」郤克回答說：「這是國君教導的結果，是諸位將帥的功勞，臣下有什麼功勞呢？」范文子進見晉景公，晉景公像對郤克一樣慰勞他。范文子說：「這是荀庚命我這樣做的，是郤克號令節制上軍才取勝的，臣下士燮有什麼功勞呢？」欒書進見，晉景公也這樣慰勞他。欒書回答說：「是上軍將領士燮的指示好，士兵又聽從命令，為臣欒書有什麼功勞呢？」

【說　明】以上為第四段，寫鞌戰之後在八月、九月發生的三件事。一是寫宋文公死後厚葬的奢靡和用人殉的暴行，指責執政大臣華元等人有失為臣之道。《呂氏春秋・安死》云：「宋未亡而東冢掘。」高誘注謂東冢即宋文公墓。如可信，則宋文公墓終因厚葬而被盜發。二是寫楚國申公巫臣攜陳國夏徵舒之母夏姬私奔晉國，為晉國邢邑大夫。傳文為此追敘魯宣公十一年楚莊王伐陳、殺夏徵舒之後夏姬的行蹤故事：巫臣告誡楚王及大臣子反勿貪色納夏姬，說她是不祥的女人，楚王遂將夏姬給襄老作妾。第二年襄老就死於邲之戰，其子黑要又與夏姬私通。巫臣自己卻是個好色之徒，用計讓夏姬回鄭國母家，而後乘出使齊國的機會，在歸途中偕夏姬奔晉。至魯成公七年傳，楚殺巫臣之族，巫臣為晉出謀聯吳攻楚，並至吳教射、御、陣法，訓練吳軍，與楚為敵。此章即敘其事原委。三是寫晉軍班師回朝。途中因衛穆公去世，晉三軍將帥前去弔唁。回朝後進見晉景公，諸將謙遜有禮，不自矜其功。這是鞌之戰的餘事，表明晉國有復興霸業的希望。

傳 宣公使求好于楚❶，莊王卒，宣公薨，不克作好。公即位，受盟于晉❷，會晉伐齊。衛人不行使于楚，而亦受盟于晉❸，從於伐齊。故楚令尹子重❹為陽橋之役以救齊。將起師，子重曰：「君弱❺，羣臣不如先大夫❻，師眾而後可。《詩》曰：『濟濟多士，文王以寧。』❼夫文王猶用眾，況吾儕乎？且先君莊王屬之❽曰：『無德以及遠方，莫如惠恤其民而善用之❾。』」乃大戶❿，已責⓫，逮鰥⑫，救乏⑬，赦罪。悉師，王卒盡行⑭。彭名⑮御戎，蔡景公為左，許靈公為右。二君弱，皆強冠之⑯。

冬，楚師侵衛，遂侵我，師于蜀⑰。使臧孫⑱往，辭曰：「楚遠而久⑲，固將退矣。無功而受名，臣不敢。」楚侵及陽橋，孟孫⑳請往賂之以執斲、執鍼、織紝㉑皆百人。公衡㉒為質，以請盟。楚人許平。十一月，公及楚公子嬰齊、蔡侯、許男㉓、秦右大夫說、宋華元、陳公孫寧㉔、衛孫良夫、鄭公子去疾㉕及齊國之大夫㉖盟于蜀㉗。卿不書，匱盟也㉘。於是乎畏晉而竊與楚盟㉙，故曰匱盟。蔡侯、許男不書，乘楚車也，謂之失位㉚。君子曰：「位其不可不慎也乎！蔡、許之君，一失其位，不得列於諸侯，況其下乎？《詩》曰：『不解于位，民之攸塈。』㉛其是之謂矣！」

楚師及宋，公衡逃歸。臧宣叔曰：「衡父不忍數年之不宴㉜，以棄魯國，國將若之何？誰居㉝？後之人必有任是夫㉞，國棄矣。」是行㉟也，晉辟楚，畏其眾也。君子曰：「眾之不可以已㊱也！大夫㊲為政，猶以眾克，況明君而善用其眾乎？〈大誓〉所謂『商兆民離，周十人同』者，眾也㊳。」

晉侯使鞏朔㊴獻齊捷于周㊵。王弗見，使單襄公㊶辭焉，曰：「蠻夷戎狄，不式㊷王命，淫湎毀常㊸，王命伐之，則有獻捷，王親受而勞之，所以懲不敬、勸有功也。兄弟甥舅㊹，侵敗王略㊺，王命伐之，告事而已，不獻其功，所以敬親暱㊻、禁淫慝㊼也！今叔父克遂㊽，有功于齊，而不使命卿㊾鎮撫王室，所使來撫余一人㊿，而鞏伯實來，未有職司於王室，又奸先王之禮(51)。余雖欲(52)於鞏伯，其敢廢舊典以忝叔父？夫齊，甥舅之國(53)也，而大師(54)之後也，寧不亦淫從其欲，以怒叔父，抑豈不可諫誨(55)？」士莊伯不能對。王使委於三吏(56)，禮之如侯伯克敵，使大夫告慶之禮(57)，降於卿禮一等(58)。王以鞏伯宴(59)，而私賄(60)之。使相(61)告之曰：「非禮也，勿籍(62)。」

【注釋】❶宣公使求好于楚　魯宣公十八年傳：「夏，公使如楚乞師，將欲以伐齊。」「楚莊王卒，楚師不出。」魯遂求助於晉。❷受盟于晉　指成公元年魯國臧孫許與晉景公盟於赤棘，今年即隨晉伐齊，戰於鞌。❸亦受盟于晉　指宣公十七年晉、衛、曹、邾四國會盟於斷道。❹子重　即公子嬰齊，楚莊王弟，邲戰時率領左軍，此時已為令尹。❺君弱　楚共王弱小。襄公十三年傳謂楚莊王死時，楚共王僅十歲。則今年僅十二、三歲。❻先大夫　指楚令尹孫叔敖等人。❼詩曰三句　見《詩經・大雅・文王》，謂有眾多的人材，故周文王得以安寧。濟濟，人材眾多的樣子。俗語「人材濟濟」本此。亦可解作行止有威儀貌。❽屬之　把楚共王囑託給我們。屬，同「囑」。❾無德以及遠方二句　如果沒有德行播及遠方，使遠方的人歸服，就不如加惠體恤百姓，以便很好地使他們聽命。❿大戶　大事清理戶口。⓫已責　免除百姓拖欠的賦稅。已，止。責，同「債」。⓬逮鰥　恩惠施及年老的鰥夫。逮，及。動詞。鰥，老而無妻的人。鰥寡常連言。⓭救乏　救濟生活困難的人。⓮悉師二句　動員所有士兵，楚王的禁衛軍也全部出動。楚共王年幼未行，但王卒盡行，其戰車必同行。⓯彭名　楚大夫，邲戰時為楚莊王御左廣兵車，此時楚共王未成年，故居中御車，蔡、許二國諸侯分居左右。⑯強冠之　蔡、許二君未成年，為他們勉強行冠禮，然後始登車出征。冠，用作動詞。古時男子二十歲行冠禮，束髮戴冠。⑰蜀　魯地，在今山東省泰安市西，近於陽橋。⑱臧孫　魯大夫臧孫許，下文稱臧宣叔。臧孫辰之子。⑲楚遠而久　楚軍遠離本國，且在外日久。⑳孟孫　魯卿，即孟獻子，又稱仲孫蔑，公孫敖之孫。㉑往賂之以執斲執鍼織紝　「以……往賂之」的倒裝句。執斲，指木工。斲，同「斫」。執鍼，指縫紉工。鍼，同「針」。織紝，指織布工。紝，麻布的絲縷。㉒公衡　杜注謂魯成公子。按，成公此時未必有子，或為宣公之子，成公之弟。下文稱衡父。㉓許男　許靈公。許國始封君為男爵，故稱其君為許男。㉔公孫寧　陳國卿大夫，即孔寧。見宣公九年、十年傳。㉕公子去疾　鄭穆公子，鄭襄公弟，字子良。㉖齊國之大夫　未書姓名，因非卿。㉗盟于蜀　參加蜀地會盟的當有十四國。經文謂十一月丙申（十二日）魯與楚、秦等十二國盟於蜀，但不書蔡、許二國。傳則言十國而省略曹、邾、薛、鄫四國。㉘卿不書二句　《春秋》不記載各國卿的名字，只記「楚人、宋人」，是由於這是缺乏誠意的會盟。匱，乏；空。空有此盟。㉙於是乎句　指魯、衛、曹、宋等國這時畏晉，與楚結盟是偷偷地進行的，並非誠意服楚。㉚蔡侯許男不書三句　《春秋》不記載蔡景公、許靈公參加會盟，是由於他倆乘坐楚王的兵車，這叫做失位，失去了國君的身分地位。㉛詩曰三句　見《詩經・大雅・假樂》，意謂在高位的人不懈怠，百姓就能得到休息。解，同「懈」。攸，用在主謂之間，相當於「就」。塈，休息。指休養生息。㉜宴　安。㉝誰居　誰來受禍。居，句末助詞，表疑問語氣，見《詞詮》。㉞任是夫　承擔此禍。是，此。夫，句末助詞。㉟是行　這一次軍事行動。指楚令尹子重領大軍伐衛侵魯。㊱已　止；不用。㊲大夫　廣義的「大夫」包括卿，此指子重。㊳大誓所謂三句　〈泰誓〉所說的「商朝億萬人離心離德，周朝十個人同心同德」，都是說民眾很重要。大誓，即〈泰誓〉，《尚書》篇名。今本〈泰誓〉是偽古文。昭公二十四年傳引〈大誓〉作「紂有億兆夷人，亦有離德；余有亂臣十人，同心同德」，或為原文。㊴鞏朔　邲戰時為晉國上軍大夫，下文又稱鞏伯、士莊伯。㊵獻齊捷于周　向周定王進獻從齊國獲得的俘虜。獻捷是古時進獻戰利品的禮儀。㊶單襄公　周王卿士單朝，諡襄公。其子為單頃公。㊷式　用；聽命。㊸淫湎毀常　淫於女色，沉湎於酒，敗壞規矩法度。㊹兄弟甥舅　兄弟指同姓諸侯，甥舅指異姓諸侯。異姓諸侯間多有婚姻關係，故稱甥舅。㊺王略　周王的法度。略，經略；法度。㊻敬親暱　對親近的人表示尊敬，指受告事之禮。暱，同「昵」。㊼慝　邪惡。㊽叔父克遂　晉君伐齊能夠戰勝。周王稱同姓諸侯為伯父或叔父，此指晉景公。遂，順遂成功。㊾命卿　天子任命的卿。《禮記・王制》：「大國三卿，皆命于天子；次國三卿，二卿命于天子。」鞏朔僅是大夫，非命卿，故下云「未有職司於王室」。㊿余一人　周王自稱。(51)奸先王之禮　違犯先王的禮制。指不應獻捷而獻捷。(52)欲　喜愛。見王引之《述聞》。(53)夫齊甥舅之國　周定王后是齊國之女，故齊侯是周王之舅，周定王子是齊侯之甥。齊國是周王室的甥舅之國。夫，句首助詞。(54)大師　指齊國始祖姜尚。(55)寧不亦三句　難道齊國放縱其私欲而激怒了晉君，還是齊國不可教誨。寧，豈，表示反詰。不亦，用在反詰句中表示委婉的肯定語氣。從，同「縱」。抑，連詞，表示選擇。(56)委於三吏　把接待鞏朔的事委託給三公。三吏即三公、三卿。(57)告慶之禮　不用獻捷禮，而用告慶禮。即稟告勝利。告慶禮內容如何，不詳。(58)降於卿禮一等　比卿禮低一等接待鞏朔。因為他是大夫。(59)王以鞏伯宴　周王給鞏朔宴禮款待。以，與。告慶禮結束，則與之宴。宴禮見宣公十六年傳注。(60)私賄　私下贈送禮品。告慶之禮或本無贈賄，此為例外，故曰私賄。(61)相　贊禮官。(62)勿籍　不要記錄史籍。因按禮法，王不與宴，不賄，故不記錄史冊。籍，用作動詞。

【語　譯】魯宣公時，曾派人去楚國要求交好，因為楚莊王去世，魯宣公又去世，沒有能夠結交友好。魯成公即位後，就同晉國結盟，會同晉國攻伐齊國，戰於鞌地。衛國沒有派使者到楚國聘問交好，而也同晉國結盟，跟從晉國去討伐齊國。所以楚國的令尹子重發動陽橋之役來救援齊國。將要發兵出師時，子重說：「國君年幼，臣下們又比不上先大夫，軍隊士兵眾多然後才可取勝。《詩》說：『人材濟濟，文王得以安寧。』文王尚且使用眾多人材，何況是我們這些人呢？而且先君楚莊王把楚共王囑託給我們說：『如果沒有德行布施到遠方，就不如加恩體恤百姓而好好地任用他們。』」於是就大規模清理戶口，免除拖欠的賦稅，施捨鰥夫寡婦，救濟貧困的人，赦免罪犯。然後動員全國的士兵，楚王的禁衛軍也全部出動。大夫彭名駕御楚王的戰車，蔡景公站在車左，許靈公站在車右。這兩位國君沒有成年，都勉強行了冠禮而後出征。

冬季，楚國大軍入侵衛國，接著入侵魯國，軍隊進攻到蜀地。魯國派臧孫許到楚軍中求和，臧孫許辭謝說：「楚軍遠離本國，在外日久，本來就將退兵了。我如去交涉，必定沒有功勞而受退楚兵的功名，下臣不敢。」等到楚軍進攻到陽橋，孟孫氏請求前去，把木工、縫紉工、織布工各一百人送給楚國，公子公衡作為人質，請求結盟。楚國人答應講和。十一月，魯成公和楚國公子嬰齊、蔡景公、許靈公、秦國右大夫說、宋卿華元、陳卿公孫寧、衛卿孫良夫、鄭卿公子去疾和齊國大夫在蜀地結盟。《春秋》沒有記載卿的名字，是由於這次結盟缺乏誠意。這時，魯、衛、宋等國畏懼晉國，只是偷偷地和楚國結盟，所以說結盟缺乏誠意，是空有此盟。《春秋》沒有記載蔡景公、許靈公，是由於他們乘坐了楚君的戰車，認為他們失去了國君的地位。君子說：「君位是不能不慎重的啊！蔡、許二君一旦失去名位，就不能列在諸侯之中了，何況在他下位的人呢？《詩》說：『在上位的人不懈怠，百姓就可得到休養生息。』說的就是這種情況了。」

楚軍退兵到宋國時，公衡就從軍中逃回魯國。大夫臧宣叔說：「公衡不能忍受幾年不安寧的生活，而拋棄魯國，國家將怎麼辦？誰來受禍？他的後代一定有人要承受這禍患的！因為國家被他拋棄了。」在這次楚軍的軍事行動中，晉軍避開楚軍，沒有出兵與楚開戰，是由於害怕楚軍人眾勢大。君子說：「大眾是不可以不用的。大夫子重執政，尚且用大眾的力量來戰勝敵人，何況是賢明的國君而又善於任用大眾的人呢？〈泰誓〉所說的商朝億萬人離心離德，周朝十個人同心同德，意思就是說民眾很重要。」

晉景公派鞏朔到王城向天子進獻戰勝齊國的戰利品。周定王不接見，派單襄公辭謝說：「蠻夷戎狄，不聽從天子的命令，迷戀女色，沉湎飲酒，敗壞規矩法度，天子命令討伐他，就有進獻俘虜等戰利品的禮儀。天子親自接受而加以慰勞，用這來懲罰不敬、勉勵有功的人。如果是兄弟甥舅的國家，侵犯、敗壞了天子的法度，天子命令討伐他，就只向天子稟告勝利的消息罷了，不用進獻俘虜等戰利品，用這來尊敬親近、禁止邪惡。現在叔父伐齊能夠順利成功，對齊國作戰有功，卻不派天子任命的卿來安撫王室，只是派來大夫鞏伯，他在王室中沒有擔任職務。獻捷又違犯了先王的禮法。我雖然喜愛鞏伯，但怎敢廢棄原有的禮法典則以有辱叔父？再說齊國是周王室的甥舅之國，是姜太公的後代。難道齊國放縱了私欲而激怒了叔父，還是齊國不可諫諍教誨了呢？」鞏朔不能回答。周定王把接待的事委託給三卿，讓他們用侯伯戰勝敵人、派大夫來告慶的禮儀接待鞏朔，比接待卿的禮儀低一等。禮畢，周定王和鞏朔宴飲，私下送給他財禮，讓贊禮官告訴他說：「這樣做是不合禮法的，不要記載在史冊上。」

【說　明】 以上為第五段，寫魯、衛從晉伐齊，在鞌地打敗齊軍後，楚國不甘示弱，調動全部軍隊大舉入侵衛、魯，攻打到魯國蜀邑和陽橋（今山東省泰安市西）。魯賂楚三百名工匠求和。十一月，楚大會諸侯，共有十四個諸侯國的大夫在蜀地結盟，聲勢很盛，除晉國外，中原諸侯國都參加了。這是春秋時期參與會盟的國家最多的一次，標誌著楚國霸業的頂峰。這次楚入侵魯、衛，晉國並沒有出兵相救而取迴避態度，表明晉雖然鞌之戰打敗了齊國，保持著中原霸主的形象，但在同楚國的鬥爭中，一時還難以取得優勢，晉、楚仍處於相持階段。晉向周王進獻齊國的戰俘，周王不受。周不用獻俘禮而只用告慶禮接待晉使者。這是鞌之戰的餘波，說明春秋時代對諸侯封國和對蠻夷戎狄之邦的禮儀是大不相同的。

三年

癸酉，西元前五八八年。周定王十九年、齊頃公十一年、晉景公十二年、秦桓公十七年、楚共王三年、宋共公固元年、衛定公臧元年、陳成公十一年、蔡景公四年、曹宣公七年、鄭襄公十七年、燕宣公十四年、許靈公四年。

經 三年春王正月，公會晉侯、宋公、衛侯、曹伯伐鄭。

辛亥，葬衛穆公。

二月，公至自伐鄭。

甲子，新宮災。三日哭。

乙亥，葬宋文公。

夏，公如晉。

鄭公子去疾帥師伐許。

公至自晉。

秋，叔孫僑如帥師圍棘。

大雩。

晉郤克、衛孫良夫伐廧咎如。

冬，十有一月，晉侯使荀庚來聘。

衛侯使孫良夫來聘。

丙午，及荀庚盟。

丁未，及孫良夫盟。

鄭伐許。

傳三年春，諸侯伐鄭❶，次于伯牛❷，討邲之役❸也。遂東侵鄭❹。鄭公子偃❺帥師禦之，使東鄙❻覆諸鄤❼，敗諸丘輿❽。皇戌❾如楚獻捷❿。

夏，公如晉，拜汶陽之田⓫。

許恃楚而不事鄭，鄭子良⓬伐許。

晉人歸楚公子穀臣與連尹襄老之尸于楚，以求知罃⓭。於是荀首佐中軍⓮矣，故楚人許之。王送知罃，曰：「子其怨我乎？」對曰：「二國治戎⓯，臣不才，不勝其任，以為俘馘⑯。執事不以釁鼓⑰，使歸即戮⑱，君之惠也。臣實不才，又誰敢怨？」王曰：「然則德我乎？」對曰：「二國圖其社稷，而求紓⑲其民，各懲其忿⑳，以相宥也。兩釋纍囚㉑，以成其好。二國有好，臣不與及㉒，其誰敢德㉓？」王曰：「子歸，何以報我？」對曰：「臣不任受怨，君亦不任受德㉔，無怨無德，不知所報。」王曰：「雖然，必告不穀㉕。」對曰：「以君之靈，纍臣得歸骨於晉，寡君之以為戮，死且不朽㉖。若從君之惠而免之，以賜君之外臣首㉗，首其請於寡君，而以戮於宗㉘，亦死且不朽。若不獲命，而使嗣宗職㉙，次及於事㉚，而帥偏師㉛以脩㉜封疆，雖遇執事，其弗敢違㉝，其竭力致死㉞，無有二心，以盡臣禮，所以報也。」王曰：「晉未可與爭。」重為之禮㉟而歸之。

秋，叔孫僑如㊱圍棘㊲，取汶陽之田。棘不服，故圍之。

晉郤克、衛孫良夫伐廧咎如㊳，討赤狄之餘也。廧咎如潰，上失民也。

冬十一月，晉侯使荀庚㊴來聘，且尋盟㊵。衛侯使孫良夫來聘，且尋盟。公問諸臧宣叔㊶曰：「中行伯㊷之於晉也，其位在三㊸；孫子㊹之於衛也，位為上卿，將誰先？」對曰：「次國之上卿，當大國之中㊺，中當其下㊻，下當其上大夫。小國之上卿，當大國之下卿，中當其上大夫，下當其下大夫。上下如是，古之制也。衛在晉，不得為次國㊼。晉為盟主，其將先之。」丙午，盟晉㊽；丁未㊾，盟衛，禮也。

十二月甲戌㊿，晉作六軍(51)。韓厥、趙括、鞏朔、韓穿、荀騅、趙旃皆為卿，賞鞌(52)之功也。

齊侯朝于晉，將授玉(53)。郤克趨進(54)曰：「此行(55)也，君為婦人之笑辱(56)也！寡君未之敢任(57)。」晉侯享(58)齊侯。齊侯視韓厥。韓厥曰：「君知(59)厥也乎？」齊侯曰：「服改矣(60)！」韓厥登，舉爵(61)曰：「臣之不敢愛死，為兩君之在此堂也(62)！」

荀罃之在楚也，鄭賈人有將寘諸褚(63)中以出。既謀之，未行，而楚人歸之。賈人如晉，荀罃善視之(64)，如實出己。賈人曰：「吾無其功，敢有其實乎？吾小人，不可以厚誣(65)君子。」遂適齊。

【注　釋】❶諸侯伐鄭　指晉景公、魯成公、宋共公、衛定公、曹宣公五諸侯領兵伐鄭。見經文。❷伯牛　鄭地，在今河南省開封市東南、陳留鎮之西。❸討邲之役　討伐鄭國在邲之役中對晉國有二心。邲之役見宣公十二年傳。❹東侵鄭　從東面入侵鄭國。東，作狀語。❺公子偃　鄭穆公子，字子游，見成公六年傳。❻東鄙　東部邊邑。此指邊邑的地方部隊。❼覆諸鄤　在鄤地埋伏。覆，埋伏。鄤，鄭國東部地名，在今河南省新鄭市以東、開封市以南。❽丘輿　鄭邑，在今河南省開封市西南的吹臺。❾皇戌　鄭國大夫。❿獻捷　進獻戰俘。⓫拜汶陽之田　去年鞌之戰齊國戰敗，晉國使齊國把汶陽之田還給魯國，故魯成公往晉拜謝。⓬子良　鄭穆公子，名去疾，字子良。⓭晉人歸楚公子穀臣二句　宣公十二年傳載，邲戰時晉國的知罃被楚國俘虜，知罃之父知莊子（荀首）俘獲楚莊王之子穀臣和射殺楚國連尹襄老，載其屍歸晉。今年晉以穀臣及襄老之屍要求換回知罃。知罃，即荀罃。⑭佐中軍　輔佐中軍，即為中軍副帥。去年荀首為晉中軍佐。⑮治戎　治兵，意為交戰。⑯馘　戰爭中割取敵人的左耳以記功。知罃被俘，未被馘，此是連類而言及。⑰執事不以釁鼓　你不殺死我。執事，左右辦事人員，用以尊稱對方。釁鼓，用牲血或人血塗抹在新製的鼓上，意謂殺戮。⑱即戮　就戮。即，就。⑲紓　緩解；解除（禍難）。⑳懲其忿　抑制自己的憤怒。懲，戒。㉑纍囚　囚犯。纍，捆綁。㉒臣不與及　下臣沒有參與謀劃，與臣不相干。㉓其誰敢德　「其敢德誰」的倒裝句，意謂我還敢感謝誰呢。㉔臣不任受怨二句　我不抱怨於君，君亦不要以為有德於我。任，抱。㉕不穀　不善，國君謙稱自己。㉖死且不朽　意謂死而無怨。㉗外臣首　古時卿大夫對外國國君自稱為外臣，故知罃對楚王稱其父荀首為「外臣首」。首，指荀首。㉘宗　宗廟。荀首是荀林父之弟，是荀氏小宗的宗子，對本宗族子弟有按家法誅戮之權，但要先報請國君批准。㉙嗣宗職　繼承宗子的職位。㉚次及於事　依次序承擔軍旅之事。指繼父職為晉軍將佐。㉛偏師　一部分軍隊。㉜脩　同「修」。治理。此指保衛。㉝違　違避；躲避。㉞致死　拚死作戰。連下文言，謂效忠於晉即所以報答於楚。㉟重為之禮　對他厚加禮待。㊱叔孫僑如　魯國公族，叔孫得臣之子，字宣伯。㊲棘　魯邑，地在汶陽，在今山東省泰安市西南、肥城市南之棘亭，在汶水以北八十里。齊將汶陽之田歸還魯國，棘人不服，故圍棘。㊳廧咎如　赤狄的一個部落，在今河南省安陽市西南。赤狄部落潞氏、甲氏等已為晉所滅，唯餘此廧咎如。㊴荀庚　荀林父之子，時為晉國上軍將。㊵尋盟　重溫過去的盟約。盟，指成公元年赤棘之盟。下文衛卿孫良夫來尋盟，是重溫魯宣公七年魯、衛之盟。㊶臧宣叔　魯大夫，臧文仲之子，名許，又稱臧孫許。㊷中行伯　即荀庚。其父荀林父在晉文公時曾任步軍中行將，稱中行桓子，其後以中行為氏。㊸其位在三　當時晉以郤克為中軍將，位第一；荀首為中軍佐，位第二；荀庚為上軍將，位第三，爵級是下卿。㊹孫子　指孫良夫，衛國上卿，掌國政，又稱孫桓子。㊺次國之上卿二句　次國（二等國）的上卿，相當於大國的中卿。次國之卿大夫較大國之卿大夫低一級。㊻中當其下　次國的中卿相當於大國的下卿。㊼衛在晉二句　衛國同晉國相比，不能算是次國。意謂只能算小國（三等國），故衛國上卿孫良夫與晉國下卿荀庚位次相當。㊽丙午盟晉　十一月二十八日，魯國和晉荀庚結盟。㊾丁未　二十九日。㊿甲戌　二十六日。(51)晉作六軍　晉原有三軍，擴編為六軍，即增置新中軍、新上軍、新下軍。原三軍皆有將佐，即郤克、荀首、荀庚、士燮、欒書，下軍佐為誰，不詳。新三軍亦各有將佐，即下文所列六卿：韓厥將新中軍，趙括佐之；鞏朔將新上軍，韓穿佐之；荀騅將新下軍，趙旃佐之。(52)鞌　指齊、晉鞌之戰。鞌，同「鞍」。(53)授玉　古時諸侯相朝見，有授玉、受玉的禮儀。(54)郤克趨進　郤克為晉國上卿，首席接待人員，行禮時站在中庭，兩君在堂上，故郤克要急切進言，必須快步登階趕上堂去。55此行　指齊頃公來朝見晉景公。56婦人之笑辱　指齊頃公之母笑辱晉使臣郤克，見宣公十七年傳。57未之敢任　謂不敢承當授玉之禮。此語猶在發洩受笑辱的怨憤。58享　宴請。59知　認識。鞌戰時韓厥本可俘獲齊頃公，故齊頃公認識韓厥。60服改矣　鞌戰時韓厥著戎服盔甲，今著朝服，故言服裝更換了。61爵　酒杯。62臣之不敢愛死二句　意謂下臣去年之所以不惜一死，奮勇追逐齊侯，就是為了今天晉、齊兩君在此堂上宴禮和好。韓厥此語意在補救郤克之洩忿。63褚　裝衣物用的袋子。64善視之　友好地看待他。65誣　欺騙。

【語譯】魯成公三年春季，晉、魯、宋、衛、曹五國諸侯軍進攻鄭國，諸侯軍駐紮在伯牛，這是討伐邲地戰役中鄭國對晉國有二心，於是就從東邊入侵鄭國。鄭國的公子偃領兵抵禦，命令東部邊境的地方部隊在鄤地設下埋伏，所以在丘輿把諸侯軍打敗了。鄭國大夫皇戌到楚國去進獻戰利品。

夏季，魯成公到晉國去，拜謝晉國讓齊國歸還汶陽的田地。

許國依恃楚國而不事奉鄭國，鄭國的子良帶兵進攻許國。

晉國人把楚國公子穀臣和連尹襄老的屍首歸還給楚國，以此要求換回知罃。在這時知罃的父親荀首已經是晉國的中軍副帥了，所以楚國人答應晉國的要求。楚共王送別知罃時說道：「您恐怕怨恨我吧？」知罃回答說：「兩國交戰，下臣沒有才能，不能勝任所承擔的職務，因此做了俘虜。君王左右的人沒有用我的血去塗鼓，而讓我回國去接受殺戮，這是君王的恩惠。下臣確實沒有才能，又敢怨恨誰？」楚共王說：「那麼感謝我嗎？」知罃回答說：「兩國都為自己的國家打算，要求解除百姓的禍難，各自抑制自己的憤怒，以求互相原諒，雙方都釋放被俘的囚犯，以結成友好。兩國友好，下臣不曾參與其事，又敢感激誰呢？」楚共王說：「您回國去，拿什麼報答我？」知罃回答說：「下臣不抱怨君王，君王也不要以為有德於我，沒有怨恨，沒有恩德，不知道該報答什麼。」楚共王說：「儘管如此，也一定把您的想法告訴我。」知罃回答說：「託君王的福，被囚的下臣能夠帶著這把骨頭回晉國，如果我們國君把我殺戮，我死而無怨。如果由於君王的恩惠而免於殺戮，把下臣賜給您的外臣荀首，荀首向我的國君請求，要把下臣殺戮在祖廟前，我也死而無怨。如果我們國君不同意殺戮，而讓我繼承宗子的職位，依次序承擔晉國軍政大事，率領一部分軍隊去保衛邊疆，雖然和君王的左右相遇，我也不敢違避，要竭盡全力拚死作戰，沒有二心，以盡為臣的職責，這就是用來報答您君王的。」楚共王聽了說：「晉國是不可以和他爭強的。」於是對知罃厚加禮待而後放他回晉國去。

秋季，魯國的叔孫僑如圍攻棘邑，佔取了汶陽的田地。這是由於棘邑人不服從，所以去圍攻的。

晉國上卿郤克、衛國上卿孫良夫共同進攻廧咎如，這是討伐赤狄族的殘餘。廧咎如的百姓四散潰逃，這是由於統治者喪失了民心。

冬季十一月，晉景公派荀庚來魯國聘問，同時重申過去的盟約。衛定公派孫良夫來魯國聘問，並且重申過去的盟約。魯成公向臧宣叔詢問說：「中行伯荀庚在晉國，位次列第三；孫良夫在衛國，位次是上卿，應該先接待誰？」臧宣叔回答說：「次國的上卿，相當於大國的中卿，中卿相當於下卿，下卿相當於上大夫。小國的上卿，相當於大國的下卿，中卿相當於上大夫，下卿相當於下大夫。位次的上、下如此相比，這是古代的禮制。衛國在晉國看來，不能算是次國，只能算是小國。晉國是盟主，應該先接待行禮。」二十八日，魯國先和晉國結盟；二十九日，魯國和衛國結盟，這是合於禮的。

十二月二十六日，晉國編成六個軍，韓厥、趙括、鞏朔、韓穿、荀騅、趙旃六人都做了將佐，成為晉卿，這是獎賞他們在鞌之戰中的功勞。

齊頃公到晉國朝見晉景公，將要舉行授玉的儀式。郤克快步趨進去說：「齊頃公這次來晉國，是為婦人取笑、羞辱晉國使者的事來道歉的，我們國君不敢擔當受玉的。」晉景公設宴款待齊頃公。齊頃公注視著韓厥，韓厥說：「國君還認得韓厥嗎？」齊頃公說：「服裝改換了。」韓厥登上殿階，舉起酒杯說：「鞌戰時下臣之所以不惜一死，拚命追逐，就是為了兩位國君今日在這殿堂上友好相聚呀！」

荀罃被囚在楚國的時候，鄭國有一個商人準備把他藏在袋子裏偷逃出楚國。已經商量謀劃好，只是還沒有實行，而楚國人就把他送回晉國了。這個商人到晉國時，荀罃很友好地接待他，好像真的救出自己一樣。商人說：「我沒有那樣的功勞，怎敢享有這樣的實惠呢？我是個小百姓，不可以欺騙君子。」商人就到齊國去了。

【說明】晉國為與楚抗衡，聯合魯、宋、衛、曹四國諸侯領兵攻打降楚的鄭國，鄭國軍隊和預先埋伏的地方部隊夾擊，打敗了諸侯軍，向楚國報捷。晉國看到自己的實力還有待加強，就歸還邲戰時俘獲的楚國公子穀臣和襄老的屍體，換回被囚在楚國已有九年的知罃；並攻滅赤狄餘部，鞏固邊防；隨後擴編軍隊，由三軍擴充為六軍，強化中行氏（荀氏）、趙氏、韓氏等卿族勢力。齊頃公鞌戰失敗後，前去朝見晉君，改善了齊、晉關係。而鄭國小勝後似乎有了昔日的自信，就耀武揚威地進攻許國，導致明年與許靈公爭訟。

楚歸晉知罃一章，寫楚共王一問「怨我乎」，再問「德我乎」，三問「何以報我」，以公事作私情，籠絡知罃。而知罃一作自責語，撇開怨字；再言與個人無涉，撇開德字，強調這是二國交好的公事，我無怨，君無德，故不知所報。楚王還不知趣，逼問「必告不穀」，知罃以竭力致死，守衛邊疆，忠於晉國即以之報楚。答非所問，可見知罃忠貞、剛毅的本性和善於言辭的才能，與往年晉文公重耳流亡楚國時答楚王所問有異曲同工之妙。

四年

甲戌，西元前五八七年。周定王二十年、齊頃公十二年、晉景公十三年、秦桓公十八年、楚共王四年、宋共公二年、衛定公二年、陳成公十二年、蔡景公五年、曹宣公八年、鄭襄公十八年、燕宣公十五年、許靈公五年。

經 四年春，宋公使華元來聘。

三月壬申，鄭伯堅卒。

杞伯來朝。

夏四月甲寅，臧孫許卒。

公如晉。

葬鄭襄公。

秋，公至自晉。

冬，城鄆。

鄭伯伐許。

傳 四年春，宋華元❶來聘，通嗣君❷也。

杞伯❸來朝，歸叔姬故也。

夏，公如晉。晉侯見公，不敬。季文子❹曰：「晉侯必不免。《詩》曰：『敬之敬之，天惟顯思，命不易哉。』❺夫晉侯之命在諸侯❻矣，可不敬乎？」

秋，公至自晉，欲求成❼于楚而叛晉。季文子曰：「不可。晉雖無道，未可叛也。國大、臣睦，而邇於我，諸侯聽焉，未可以貳。《史佚之志》❽有之，曰：『非我族類❾，其心必異。』楚雖大，非吾族也，其肯字我乎❿？」公乃止。

冬十一月，鄭公孫申⓫帥師疆許田⓬。許人敗諸展陂⓭。鄭伯伐許，取鉏任、泠敦⓮之田。

晉欒書⑮將中軍，荀首佐之，士燮佐上軍，以救許伐鄭，取汜、祭⑯。楚子反⑰救鄭，鄭伯與許男訟焉⑱，皇戌攝鄭伯之辭⑲。子反不能決也，曰：「君若辱在寡君⑳，寡君與其二三臣共聽兩君之所欲，成其可知也㉑。不然，側不足以知二國之成。」

晉趙嬰通于趙莊姬㉒。

【注釋】❶華元　宋國上卿，掌國政已二十餘年。❷通嗣君　為繼位的國君宋共公來通好。通，往來交好。❸杞伯　杞桓公，杞國國君，其夫人為魯女叔姬。杞伯要休棄叔姬，使歸魯國，故先來朝見魯君。❹季文子　魯國上卿，魯莊公弟季友之孫，稱季孫行父，謚文。❺詩曰四句　見《詩經・周頌・敬之》，意謂必須恭敬嚴肅地辦事，上天光明普照監臨著，要獲得天命極不容易。顯，明。思，句末語氣助詞。❻晉侯之命在諸侯　晉景公為霸主，其命運的好壞在於諸侯的向背。❼求成　求和。❽史佚之志　史佚是周朝初年的太史，名佚，又稱尹佚，歷事文、武、成王三代，所著之書稱《史佚之志》。傳文共五次引史佚之言。❾族類　指同姓同種族。❿其肯字我乎　難道肯愛我們嗎。其，豈。字，愛。⓫公孫申　鄭國公族，又稱叔申。⓬疆許田　要把許國的田地劃入鄭國的疆界。疆，劃定疆界。用作動詞。去年鄭國入侵許國，掠奪其土地，今年往定其疆界。⓭展陂　許地，在今河南省許昌市西北。⓮鉏任泠敦　都是許地名，當在今許昌市境內。⓯欒書　晉上卿，欒枝之孫，字伯，謚武，故又稱欒武子。此年接替郤克掌國政，將中軍。⓰汜祭　都是鄭邑。汜，漢以後均訛作「氾」，其地在今河南省滎陽市西北之氾水鎮。祭，在今河南省鄭州市北。⓱子反　本是宋國公子，名側，仕楚為司馬，邲戰時率領右軍。下文自稱其名「側」。⓲鄭伯與許男訟焉　鄭悼公與許靈公在子反面前爭是非曲直。鄭伯，指鄭悼公。因鄭襄公於三月已死，悼公已即位稱爵，故十一月伐許爭訟的是悼公。許男，指許靈公。許國初封為男爵，故國君稱許男。訟，爭訟。焉，於彼。指子反。⓳皇戌攝鄭伯之辭　皇戌代替鄭悼公發言爭訟。攝，代理；作訴訟代理人。⓴君若辱在寡君　二君如果屈辱自己存問我們楚君。這是當時的外交辭令，意欲使鄭、許二君朝見楚君。㉑成其可

知也　那是非曲直大概可以斷定了。成，有斷定是非以息訟之意。㉒趙嬰通于趙莊姬　趙嬰即趙嬰齊，又稱樓嬰，為趙衰之子，趙盾之異母弟，邲戰時為晉中軍大夫（見僖公二十四年、宣公十二年傳）。通，通姦。趙莊姬，趙朔之妻，趙盾兒媳，晉成公之女。趙朔為晉下軍帥，謚莊，稱趙莊子，故其妻稱趙莊姬。此時趙朔已死，趙嬰與姪媳婦通姦亂倫。

【語　譯】魯成公四年春季，宋國的華元來魯國聘問，是為宋共公即位前來通問友好的。

杞桓公來朝見魯成公，是為了要讓夫人叔姬回歸魯國。

夏季，魯成公前去晉國。晉景公接見魯成公時，禮節很不恭敬。魯國的季文子說：「晉景公一定不免禍患。《詩》說：『辦事要恭敬嚴肅，上天光明普照監臨著，要保有天命極不容易呀！』晉景公是霸主，他的命運在於諸侯的向背，能不恭敬待人嗎？」

秋季，魯成公從晉國回到魯國，想要向楚國求和友好而背叛晉國。季文子說：「不可以。晉景公雖然沒有道義，但還不可背叛他。晉是大國，羣臣和睦，又靠近我國，諸侯都聽從他，我們還不可以有貳心。《史佚之志》有這樣的話：『不是我們同姓同種族，他的心思必定不同。』楚國雖然是大國，但跟我們不是同姓同族，他難道肯愛我們嗎？」魯成公聽了就停止背晉的做法。

冬季十一月，鄭國的公孫申帶兵去劃定所奪許國田地的疆界。許國人在展陂把他們打敗了。鄭悼公就進攻許國，佔領了許國的鉏任、泠敦兩地的土田。

晉國的欒書率領中軍，荀首為中軍副帥，士燮為上軍副帥，前去救援許國，攻打鄭國，佔領了鄭國的汜、祭兩地。楚國的子反領兵救援鄭國。鄭悼公和許靈公到子反面前爭論是非，皇戌代表鄭悼公訴訟。子反不能斷定是非，說：「二位國君如果屈駕去存問我們楚君，我們楚君和他的大臣們共同聽取兩位國君的意見和要求，就可以判定是非曲直了。否則，我不足以斷定二國的是非。」

晉國的趙嬰和姪媳趙莊姬通姦。

【說　明】魯成公朝見晉景公，晉景公不禮敬成公，使魯成公想背晉從楚。說明晉景公已不如早年那樣謹慎從事了。鄭國去年攻打許國，掠奪其田地，今年又去劃定其田界。晉國出兵救許伐鄭，楚國子反又領兵救鄭。鄭悼公與許靈公爭訟於子反，明年二君去楚爭訟於楚王。末章敘晉國趙嬰與趙莊姬通姦（應與下年傳趙嬰被放逐齊國的一章連讀），伏下成公八年傳晉滅趙氏的禍根。

五年

乙亥，西元前五八六年。周定王二十一年、齊頃公十三年、晉景公十四年、秦桓公十九年、楚共王五年、宋共公三年、衛定公三年、陳成公十三年、蔡景公六年、曹宣公九年、鄭悼公費元年、燕昭公元年、許靈公六年。

經 五年春王正月，杞叔姬來歸。

仲孫蔑如宋。

夏，叔孫僑如會晉荀首于穀。

梁山崩。

秋，大水。

冬十有一月己酉，天王崩。

十有二月己丑，公會晉侯、齊侯、宋公、衛侯、鄭伯、曹伯、邾子、杞伯同盟于蟲牢。

傳 五年春，原、屏放諸齊❶。嬰曰：「我在，故欒氏不作❷；我亡，吾二昆其憂哉！且人各有能、有不能❸，舍我，何害？」弗聽。嬰夢天使謂己：「祭余，余福女。」使問諸士貞伯❹，貞伯曰：「不識❺也。」既而告其人❻曰：「神福仁而禍淫❼。淫而無罰，福也。祭，其得亡乎❽？」祭之，之明日而亡。

孟獻子❾如宋，報華元❿也。

夏，晉荀首⓫如齊逆女⓬，故宣伯餫諸穀⓭。

梁山⓮崩，晉侯以傳⓯召伯宗⓰。伯宗辟重⓱曰：「辟傳⓲。」重人⓳曰：「待我，不如捷⓴之速也。」問其所㉑，曰：「絳㉒人也。」問絳事焉。曰：「梁山崩，將召伯宗謀之。」問將若之何。曰：「山有朽壤而崩，可若何？國主山川㉓，故山崩川竭，君為之不舉㉔，降服㉕，乘縵㉖、徹樂㉗、出次㉘、祝幣㉙，史辭以禮焉㉚。其如此而已，雖伯宗，若之何？」伯宗請見之㉛，不可。遂以告而從之。

許靈公愬㉜鄭伯于楚。六月，鄭悼公如楚訟，不勝。楚人執皇戌及子國㉝。故鄭伯歸，使公子偃㉞請成于晉。秋八月，鄭伯及晉趙同盟于垂棘㉟。

宋公子圍龜㊱為質于楚而歸，華元享之㊲。請鼓譟㊳以出，鼓譟以復入，曰：「習攻華氏。」宋公殺之。

十一月己酉㊴，定王崩。

冬，同盟于蟲牢㊵，鄭服也。諸侯謀復會，宋公使向為人㊶辭以子靈之難㊷。

【注釋】❶原屏放諸齊　此句緊接上年傳末章。原，指趙同，原為其食邑，故又稱原同。屏，指趙括，屏為其食邑，故又稱屏括。原、屏是趙嬰的兩個胞兄，是趙盾的異母弟。因趙嬰與趙莊姬通姦淫亂，故趙同、趙括把他放逐到齊國去。❷欒氏不作　謂欒書等人不敢興起禍端。欒書此時執國政，將中軍。❸人各有能有不能　意謂我雖不能謹守禮法，犯亂倫之罪，但能保護二兄的祿位。❹士貞伯　士會的庶子，士燮的異母弟，名渥濁，又稱士伯、士貞子。❺不識　不知道。❻其人　指趙嬰派去詢問的人。士貞伯先答以不識，後又告以己意，或古人問對禮節如此。❼神福仁而禍淫　神靈降福給仁義的人而降禍給淫亂的人。❽祭其得亡乎　祭祀天使，豈能逃避禍災。亡，通「無」。❾孟獻子　魯國公族，即仲孫蔑，公孫敖之孫。❿報華元　答謝華元的聘問。華元於去年聘問魯國。⓫荀首　晉卿，即知莊子，荀林父之弟，時為中軍副帥。⓬逆女　迎娶齊女為妻。逆，迎。⓭宣伯餫諸穀　經文作「叔孫僑如會晉荀首于穀」。宣伯，魯國公族，叔孫得臣之子，名僑如，字宣伯。餫，給行路之人饋送食物。穀，齊地，在今山東省東阿縣舊治東阿鎮。⓮梁山　在今陝西省韓城市，本是古梁國名山，後秦滅梁國，文公十年傳載晉伐秦取梁。《公羊傳》云，梁山崩塌致黃河壅塞。⓯傳　傳車，驛站專用車輛。⓰伯宗　晉大夫，《國語》韋注以為孫伯糾之子。見宣公十五年傳。⓱辟重　使當道的載重車讓路。重，裝載貨物的大車。⓲辟傳　為傳車讓路。辟，通「避」。⓳重人　押送載重車的人。⓴捷　走捷徑。動詞。㉑所　處所。指什麼地方人。㉒絳　晉國都城，在今山西省翼城縣南。㉓國主山川　國家以山川為主。〈周語〉：「夫國必依山川。」㉔不舉　舉為殺牲盛饌，奏樂助食。不舉即減膳撤樂。見莊公二十年傳注。㉕降服　不著華麗盛服，改著素服縞冠。㉖乘縵　乘坐沒有彩飾的車。縵，本指沒有花紋的絲織品。㉗徹樂　不奏樂。徹，通「撤」。㉘出次　離開寢宮，住在郊外，表示向山川之神請罪。杜注：「舍於郊。」㉙祝幣　由祝官陳列獻神的禮品。祝，主管祭祀的官吏。幣，指玉帛之類的祭品。㉚史辭以禮焉　太史宣讀祭文，以禮祭祀山川之神，即向神靈請罪。㉛請見之　請允許帶押車人謁見晉景公。見，動詞的使動用法。之，指押車人。㉜愬　同「訴」。訴訟；告狀。許靈公聽從楚子反之言，向楚王告狀。事見去年傳。㉝執皇戌及子國　鄭悼公敗訴，故楚拘囚皇戌及子國。皇戌，鄭大夫，鄭悼公的訴訟代理人。子國，鄭穆公子，名發。㉞公子偃　鄭穆公子，字子游。㉟垂棘　晉邑，在今山西省潞城市北。一說在今翼城縣南。㊱公子圍龜　宋文公子，字子靈。宣公十五年傳載，華元為質於楚，不久華元返宋，或以圍龜代替華元為質於楚，故懷恨華元，此年返宋欲攻滅華氏一族。㊲享之　設宴款待他。享，同「饗」。㊳鼓譟　擂鼓呼叫。㊴己酉　十二日。按「己酉，定王崩」條，傳文多在十二月「盟于蟲牢」之後，月序倒錯。此本順依經序。㊵同盟于蟲牢　據經文，十二月己丑二十三日，晉、齊、魯、宋、衛、鄭、曹、邾、杞九國諸侯會盟於蟲牢。蟲牢，鄭地，在今河南省封丘縣北三里，又稱桐牢。㊶向為人　宋大夫，或是宋桓公後裔。㊷辭以子靈之難　宋共公不再去參加諸侯會見，以子靈即圍龜之禍亂為由辭謝諸侯。

【語　譯】魯成公五年春季，趙同、趙括把弟弟趙嬰放逐到齊國去。趙嬰說：「我留在晉國，所以欒氏不敢興起禍端；如果我流亡出去，我的二位兄長將有憂患了。而且人們各有所能、有所不能，我不能謹守禮法，但我能保護趙氏祿位。赦免我又有什麼害處？」趙同、趙括不聽信。趙嬰夢見天使對自己說：「祭祀我，我就降福給你。」趙嬰派人向士貞伯求教，士貞伯說：「我也不知道。」過後又告訴那人說：「神靈降福給仁義的人而降災禍給淫亂的人。淫亂而沒有受到誅罰，已是福了。祭祀天使，難道就能無禍？」趙嬰祭祀了神靈，到第二天就逃亡了。

魯卿孟獻子到宋國去，答謝去年華元的聘問。

夏季，晉卿荀首到齊國去迎娶齊女，所以魯國的宣伯到穀地給他饋送食物。

晉國的梁山崩塌，晉景公用傳車召見伯宗。伯宗在路上給一輛載重車擋住，伯宗說：「給我的傳車讓路。」押送重車的人說：「與其等我，不如走小路要快速些。」伯宗問他是哪裏人，押車人說：「絳城人。」伯宗問起絳城的事。押車人說：「梁山崩塌，要召伯宗去商議。」伯宗問準備怎麼辦。押車人說：「山有了腐朽風化的土壤而崩塌，又能怎麼辦？國家以山川為主，所以遇到山崩川竭，國君為此要減膳撤樂、改穿素服、乘坐沒有彩飾的車馬、不奏音樂、離開寢宮、住到郊外，陳列獻神的禮物，太史宣讀祭文，以禮祭祀山川之神。就如此而已。即使是伯宗，又能怎麼樣？」伯宗請求帶押車人去謁見晉景公，上面不允許。於是伯宗把押車人的話告知晉景公，晉景公聽從了照辦。

許靈公到楚國控告鄭悼公。六月，鄭悼公到楚國去爭訟，沒有得勝。楚國人拘囚了鄭國的皇戌和子國。

所以鄭悼公回國後，派公子偃到晉國去求和交好。秋季八月，鄭悼公和晉國的趙同在垂棘結盟。

宋國的公子圍龜在楚國當人質，現在回到宋國。執政的華元設宴招待他。他要求擂鼓呼叫著出華元的大門，又擂鼓呼叫著進去，說：「這就是演習進攻華氏。」宋共公殺死了他。

十一月十二日，周定王去世。

冬季，魯成公和晉景公、齊頃公、宋共公、衛定公、鄭悼公、曹宣公、邾國國君和杞桓公在蟲牢結盟，這是因為鄭國順服晉國而舉行的。諸侯商議再次相會，宋共公派向為人以子靈作亂為理由而辭謝諸侯，不參加會見。

【說明】本傳寫晉國中軍大夫趙嬰因與姪媳趙莊姬通姦淫亂，被其胞兄趙同、趙括放逐齊國。趙嬰說：「我亡，吾二昆其憂哉！」為成公八年傳趙莊姬譖害趙同、趙括，晉滅趙氏伏筆，此章先敘其原委。

晉國的梁山崩塌，一個押送載貨重車的下層人物能知道山崩川竭是自然現象，不作鬼神禍福之說，而要求國君實行減膳撤樂、降服等舉措，可謂一時有識者。

鄭國兩次攻打許國，故許靈公與鄭悼公爭訟於楚。鄭國由於敗訴，對楚不滿，轉而與晉國結盟。這必然招致楚國伐鄭，戰禍不止。

六年

丙子，西元前五八五年。周簡王夷元年、齊頃公十四年、晉景公十五年、秦桓公二十年、楚共王六年、宋共公四年、衛定公四年、陳成公十四年、蔡景公七年、曹宣公十年、鄭悼公二年、燕昭公二年、許靈公七年、吳壽夢元年。

經 六年春王正月，公至自會。

二月辛巳，立武宮。

取鄟。

衛孫良夫帥師侵宋。

夏六月，邾子來朝。

公孫嬰齊如晉。

壬申，鄭伯費卒。

秋，仲孫蔑、叔孫僑如帥師侵宋。

楚公子嬰齊帥師伐鄭。

冬，季孫行父如晉。

晉欒書帥師救鄭。

傳 六年春，鄭伯如晉拜成❶，子游相❷，授玉于東楹之東❸。士貞伯❹曰：「鄭伯其死乎！自棄也已❺。視流而行速❻，不安其位，宜不能久❼。」

二月，季文子❽以鞌之功立武宮❾，非禮也。聽於人以救其難❿，不可以立武⓫。立武由己，非由人也。

取鄟，言易也⓬。

三月，晉伯宗、夏陽說⑬、衛孫良夫、甯相⑭、鄭人、伊雒之戎⑮、陸渾⑯、蠻氏⑰侵宋，以其辭會⑱也。師于鍼⑲，衛人不保⑳。說欲襲衛，曰：「雖不可入，多俘而歸，有罪不及死。」伯宗曰：「不可。衛唯信晉，故師在其郊而不設備。若襲之，是棄信也。雖多衛俘，而晉無信，何以求諸侯？」乃止。師還，衛人登陴㉑。

晉人謀去故絳㉒。諸大夫皆曰：「必居郇、瑕氏之地㉓，沃饒而近鹽㉔，國利君樂，不可失也。」韓獻子㉕將新中軍，且為僕大夫㉖。公揖而入㉗，獻子從。公立於寢庭㉘，謂獻子曰：「何如？」對曰：「不可。郇、瑕氏土薄㉙水淺，其惡易覯㉚。易覯則民愁，民愁則墊隘㉛，於是乎有沉溺重膇㉜之疾。不如新田㉝，土厚水深，居之不疾，有汾、澮㉞以流其惡，且民從教，十世之利也。夫山、澤、林、鹽，國之寶也。國饒，則民驕佚㉟。近寶，公室乃貧㊱。不可謂樂。」公說㊲，從之。夏四月丁丑㊳，晉遷于新田。

六月，鄭悼公卒。

子叔聲伯㊴如晉，命伐宋。秋，孟獻子㊵、叔孫宣伯㊶侵宋，晉命也。

楚子重㊷伐鄭，鄭從晉故也。

冬，季文子如晉，賀遷也。

晉欒書㊸救鄭，與楚師遇於繞角㊹。楚師還。晉師遂侵蔡。楚公子申、公子成以申、息之師㊺救蔡，禦諸桑隧㊻。趙同、趙括㊼欲戰，請於武子，武子將許之。知莊子、范文子、韓獻子㊽諫曰：「不可。吾來救鄭，楚師去我，吾遂至於此，是遷戮㊾也。戮而不已㊿，又怒楚師，戰必不克，雖克不令(51)。成師(52)以出，而敗楚之二縣，何榮之有焉？若不能敗，為辱已甚(53)，不如還也！」乃遂還。於是軍帥之欲戰者眾，或謂欒武子曰：「聖人與眾同欲，是以濟事。子盍(54)從眾？子為大政(55)，將酌於民者(56)也。子之佐十一人(57)，其不欲戰者三人而已。欲戰者可謂眾矣！〈商書〉曰：『三人占，從二人。』(58)眾故也。」武子曰：「善鈞從眾(59)。夫善，眾之主(60)也。三卿為主，可謂眾矣。從之，不亦可乎？」

【注釋】❶拜成　拜謝去年晉國兩次同鄭國結盟和好。❷子游相　子游做贊禮官。子游，鄭穆公之子，名偃，亦稱公子偃。相，贊禮官。用作動詞。❸授玉于東楹之東　古代諸侯相見有授玉之禮。堂上有東西兩大柱，稱東楹西楹。兩楹之間謂之中堂。晉景公與鄭悼公皆一國之君，應在兩楹之間行授玉之禮。鄭悼公以晉景公為霸主，不敢在兩楹之間行禮，則應在東楹之西側，如今在東楹之東授玉，實自卑過甚。❹士貞伯　晉大夫，名渥濁，士會庶子。❺自棄也已　太不尊重自己了。不自尊重謂自棄。也已，同「也矣」。❻視流而行速　目光流動，東張西望；步伐過快，不安詳端莊。❼宜不能久　恐怕活不長了。宜，殆；大概。至六月壬申初九日，鄭悼公就去世。❽季文子　魯卿，又稱季孫行父，季友之孫。成公二年曾領兵隨晉軍參加鞌之戰。❾武宮　標榜武功的紀念性建築物，與宣公十二年傳之「武軍」不同，武軍是戰勝後收埋敵軍屍首而築於戰場，武宮則建於國都。❿聽於人句　謂鞌之戰是魯求晉出兵以救助被齊國入侵之難，戰事均聽從晉人。⓫立武　即立武宮。⓬取鄟二句　這是釋經之語，經文記載「取鄟」，意思是說攻取很容易。鄟，小國名，在今山東省郯城縣東北三十多里。⓭伯宗夏陽說　二人都是晉大夫。伯宗見上年傳注。夏陽說以夏陽為氏，名說，下文單稱其名。⓮孫良夫甯相　二人是衛國大夫。孫良夫即孫桓子，甯相即甯俞子。據經文，此次諸侯軍侵宋，孫良夫為統帥。⓯伊雒之戎　居於伊水、洛水之間的土著戎族，在今河南省嵩縣、伊川縣、洛寧縣一帶。⓰陸渾　即陸渾之戎，晉惠公時遷於伊川，在今河南省伊川縣。見僖公二十二年傳。⓱蠻氏　杜注謂即戎蠻，所居當在今河南省汝州市西南、汝陽縣東南。⓲辭會　拒絕與諸侯再次相會。上年傳：「諸侯謀復會，宋公使向為人辭。」⓳鍼　衛邑，離衛都帝丘不遠，在今河南省濮陽縣西南。⓴不保　不加防守。保，守。㉑登陴　登上城頭，即加以守備。陴，城上的矮牆。㉒故絳　晉獻公時都絳（在今山西省新絳縣北），今年晉遷都新田，後亦稱新田為絳，而稱舊都絳為故絳。㉓郇瑕氏之地　郇，晉邑，在今山西省臨猗縣西南。瑕，晉邑，在今山西省芮城縣南。郇、瑕之地甚廣，意謂選取其中一地建為新都。㉔盬　古鹽池名，今稱解池，長五十餘里，在今山西省運城市南。㉕韓獻子　即韓厥，時為晉新中軍帥。見成公三年傳。㉖僕大夫　官名，類如周朝的太僕之官，掌宮中之事，為君主的侍從長官。故羣臣散朝，韓厥須隨晉侯入侍內朝。㉗公揖而入　晉景公視朝畢，向羣臣作揖而退入內朝。諸侯有三朝。諸侯視朝，討論遷都當在外朝，外朝以內為治朝，入路門以內為內朝，亦稱燕朝。㉘寢庭　路寢前的庭院。國君一般在路寢（正寢）理政。㉙土薄　土地貧瘠。下文「土厚」即土地肥沃。㉚其惡易覯　那些污穢骯髒之物容易積聚。惡，指污濁之物。覯，通「構」。合；結聚。與下文「流其惡」相對。㉛墊隘　傳文凡三用墊隘一詞，意為身體瘦弱。㉜沉溺重膇　沉溺指風濕病。重膇指腳患浮腫病。重，通「腫」。膇，腳腫。㉝新田　在今山西省侯馬市，離故絳約五十餘里。㉞汾澮　水名。汾河是山西省主要河流，流經侯馬市，西入黃河。澮河流經侯馬市，入汾河。㉟驕佚　驕縱放蕩，好逸惡勞。佚，通「逸」。㊱近寶公室乃貧　孔疏謂國都近山澤鹽池，民皆棄農就商，貧富懸殊，國家稅收將減少，因而公室貧困。此駁「近盬」。㊲說　同「悅」。㊳丁丑　十三日。㊴子叔聲伯　魯文公之孫，宣公同母弟叔肸之子，又稱公孫嬰齊。㊵孟獻子　魯卿，即仲孫蔑，公孫敖之孫，為孟孫氏。㊶叔孫宣伯　魯卿，即叔孫僑如，公孫茲之孫，為叔孫氏。㊷子重　楚令尹，楚莊王弟，名嬰齊。㊸欒書　晉國中軍帥，掌國政，諡武，又稱欒武子。㊹繞角　杜注為鄭地。江永說是蔡地，當在今河南省魯山縣東南。㊺中息之師　中縣、息縣的軍隊。中，在今河南省南陽市。息，在今河南省息縣。㊻桑隧　在今河南省確山縣東之桑里亭。㊼趙同趙括　都是趙衰之子，又稱原同、屏括，見上年傳注。趙括為新中軍副帥，趙同為下軍副帥。㊽知莊子范文子韓獻子　三人都是晉卿，知莊子即中軍副帥荀首，范文子即上軍副帥士燮，韓獻子即新中軍帥韓厥。㊾遷戮　把殺戮轉移到別人頭上。救鄭轉而侵蔡，即為遷戮。㊿不已　不止。51不令　不是好事。令，善。52成師　整編軍隊。53為辱已甚　受到的羞辱就太重了。已，太。程度副詞。54盍　「何不」的合音詞。55大政　執政大臣。56酌於民者　斟酌百姓的意見和要求而後作出決定的人。57子之佐十一人　子，您。欒書為晉六軍元帥，其他將佐有十一人，即荀首、荀庚、士燮、郤錡、趙同、韓厥、趙括、鞏朔、韓穿、荀騅、趙旃。見成公三年、四年傳。58商書曰三句　今〈周書・洪範〉云：「三人占，則從二人之言。」此節取其意，謂三人占卜，結果未必相同，就依從二人相同的。59善鈞從眾　同樣是好意見，就服從多數。鈞，同「均」。均等；同等。60主　主張。

【語　譯】魯成公六年春季，鄭悼公到晉國去拜謝晉國去年同鄭國結盟和好，子游作贊禮官。鄭悼公在東楹的東側行授玉之禮。晉大夫士貞伯說：「鄭悼公將要死了吧！太不尊重自己了。目光流動，東張西望，步履過快，不安詳，不端莊，不安地坐在自己的位子上，大概活不長了。」

二月，魯國的季文子由於鞌之戰有功就建立紀念性建築物「武宮」，這是不合禮制的。鞌之戰是聽從晉國人的話來解救魯國的災難，不能標榜武功。建立武功應該靠自己，而不是聽命和依靠別人。

魯國佔領鄟地，《春秋》加以記載，是說攻取很容易。

三月，晉國的伯宗、夏陽說，衛國的孫良夫、甯相，鄭國人、伊雒戎人、陸渾戎人、蠻氏人共同入侵宋國，這是由於宋國拒絕參加盟會。軍隊駐紮在衛國鍼地時，衛國人不加防守。夏陽說想要襲擊衛國都城，說道：「我們雖然不能攻入都城，也可多抓些俘虜回去，有罪也不至於死。」伯宗說：「不行。衛國因相信晉國，所以聯軍駐紮在他們郊外而不加防守，如果襲擊他們，這就背棄了信用。雖然多抓了衛國俘虜，而晉國喪失掉信義，用什麼去獲得諸侯的擁護？」夏陽說就停止了行動。聯軍侵宋後回國時，衛國人登上城頭加以守備。

晉國人商議離開舊都絳城，大夫們都說：「一定要遷居到郇邑、瑕邑的地方，那裏肥沃富饒而靠近鹽池，對國家有利，國君安樂。遷都不能有失誤。」這時韓獻子率領新中軍，兼任僕大夫，掌管宮中之事。晉景公視朝畢，向羣臣作揖而後退入內朝，韓獻子跟著。晉景公站在正寢前的庭院裏，對韓獻子說：「你看怎麼樣？」韓獻子回答道：「不行。郇、瑕地區土地貧瘠，水又淺少，污濁的東西容易積聚。污物容易積聚，百姓就發愁；百姓發愁，身體就瘦弱，這樣就會有風濕病、腳腫病。所以不如遷到新田，土地肥沃，水深，住在那裏不會生病，有汾水、澮水沖刷那些污濁之物。而且百姓服從教導，這是子孫十代可享有的利益。深山、沼澤、林木、鹽池，都是國家的寶藏。國家富饒，百姓就驕縱放蕩，好逸惡勞。靠近寶藏，大家爭利，國家收入少就貧困，不能說有安樂。」晉景公很高興，聽從了韓厥的意見。夏季四月十三日，晉國遷都到新田。

六月，鄭悼公去世。

魯國的子叔聲伯到晉國去，晉國命令魯國進攻宋國。秋季，孟獻子、叔孫宣伯就領兵入侵宋國，這是奉了晉國的命令。

楚國令尹子重領兵攻打鄭國，是由於鄭國順從晉國的緣故。

冬季，魯國的季文子到晉國去，祝賀晉國遷都。

晉國中軍帥欒書領兵救鄭，和楚軍在繞角相遇。楚軍後退回國，晉軍就入侵蔡國。楚國的公子申、公子成率領申縣、息縣的軍隊去救援蔡國，在桑隧抵禦晉軍。晉國將帥趙同、趙括想要出戰，向欒武子請求，欒武子將同意出戰。知莊子荀首、范文子士燮、韓獻子韓厥三人勸諫說：「不行。我們來救援鄭國，楚軍離去，我們方始到達蔡國，這已是把殺戮轉移到蔡國頭上。殺戮不停止，又去激怒楚軍，打起來一定不能得勝。即使戰勝了，也不是好事。我們整編軍隊出國，只是打敗楚國兩個縣的軍隊，這有什麼光榮呢？如果不能打敗他們，受到的羞辱就太過分了，不如退兵回去吧！」於是晉軍就回國去。當時軍官中想要出戰的人很多，有人對欒武子說：「聖人和大眾的願望相一致，因此能成功。您何不聽從大家的意見？您是執政大臣，應當斟酌百姓的意見作出決定。您的將佐有十一個人，不想出戰的只有三個人，想跟楚軍交戰的可說是多數。〈商書〉說：『三個人占卜，就聽從其中相同的二個人的占卜。』是因為那是多數的緣故。」欒武子說：「同樣是好事，服從多數。好事是眾人的主張。現在有三位大臣作主，可說是代表眾人了。依從他們的主張，不也是可以的嗎？」

【說　明】去年晉、魯、齊、宋、衛、鄭等國諸侯在蟲牢會盟，今年鄭悼公就到晉國去感謝晉國與鄭結盟友好。他「視流而行速」，竟在晉國殿堂東楹之東行授玉之禮，太不尊重自己。正如士貞伯所預言，鄭悼公到六月就去世了。又因宋國拒絕再次會盟，所以今年晉、魯等國兩次伐宋。可見晉景公為霸主，也是很霸道的。晉國於四月離開故絳而遷都新田（今山西省侯馬市），魯國還派特使前去祝賀，以表示友好。鄭國親附晉國，楚國子重在鄭國喪期間就領兵去討伐，晉國欒書就領兵救鄭，與楚軍遇於繞角。據襄公二十六年傳，晉用析公之謀，夜臨楚軍，迫使楚軍連夜潰退。晉軍遂侵蔡，楚國申、息二縣又發兵救蔡，雖然趙同、趙括等將佐力主出戰，但荀首、士燮、韓厥三卿小心謹慎，主張避開楚軍，主動撤退。傳云「三卿為主，可謂眾矣」，即〈周語〉所云「三人為眾」之意。可見「三人為眾」，當時已有此語。

七年

丁丑，西元前五八四年。周簡王二年、齊頃公十五年、晉景公十六年、秦桓公二十一年、楚共王七年、宋共公五年、衛定公五年、陳成公十五年、蔡景公八年、曹宣公十一年、鄭成公睔元年、燕昭公三年、許靈公八年、吳壽夢二年。

經 七年春王正月，鼷鼠食郊牛角。改卜牛，鼷鼠又食其角，乃免牛。

吳伐郯。

夏五月，曹伯來朝。

不郊，猶三望。

秋，楚公子嬰齊帥師伐鄭。

公會晉侯、齊侯、宋公、衛侯、曹伯、莒子、邾子、杞伯救鄭。八月戊辰，同盟于馬陵。

公至自會。

吳入州來。

冬，大雩。

衛孫林父出奔晉。

傳 七年春，吳伐郯，郯成❶。季文子❷曰：「中國❸不振旅❹，蠻夷入伐，而莫之或恤❺，無弔者也夫❻。《詩》曰：『不弔昊天，亂靡有定。』❼其此之謂乎？有上❽不弔，其誰不受亂？吾亡無日矣。」君子曰：「知懼如是，斯不亡矣。」

鄭子良❾相成公❿以如晉，見，且拜師⓫。

夏，曹宣公來朝。

秋，楚子重⓬伐鄭，師于氾⓭。諸侯救鄭⓮，鄭共仲、侯羽軍楚師⓯，囚鄖公鍾儀⓰，獻諸晉。八月，同盟于馬陵⓱，尋蟲牢之盟⓲，且莒服⓳故也。

晉人以鍾儀歸，囚諸軍府⓴。

楚圍宋之役㉑，師還，子重請取于申、呂㉒以為賞田。王㉓許之。申公巫臣㉔曰：「不可。此申、呂所以邑㉕也，是以為賦㉖，以御北方。若取之，是無申、呂也，晉、鄭必至于漢㉗。」王乃止。子重是以怨巫臣。子反欲取夏姬㉘，巫臣止之，遂取以行㉙，子反亦怨之。及共王即位，子重、子反殺巫臣之族子閻、子蕩及清尹弗忌及襄老之子黑要㉚，而分其室㉛。子重取子閻之室，使沈尹㉜與王子罷分子蕩之室，子反取黑要與清尹之室。巫臣自晉遺二子書㉝，曰：「爾以讒慝㉞貪惏㉟事君，而多殺不辜，余必使爾疲於奔命㊱以死。」巫臣請使於吳，晉侯許之。吳子㊲壽夢說之。乃通吳于晉。以兩之一卒適吳㊳，舍偏兩之一焉㊴。與其射御㊵，教吳乘車，教之戰陳㊶，教之叛楚。寘其子狐庸焉，使為行人於吳㊷。吳始伐楚、伐巢㊸、伐徐㊹，子重奔命㊺。馬陵之會，吳入州來㊻，子重自鄭奔命。子重、子反於是乎一歲七奔命。蠻夷屬於楚者，吳盡取之，是以始大，通吳於上國㊼。

衛定公惡孫林父㊽。冬，孫林父出奔晉。衛侯如晉，晉反戚焉㊾。

【注　釋】❶吳伐郯二句　吳國攻打郯國，郯國講和。即順服吳國。吳，姬姓國，周文王伯父泰伯之後，傳至壽夢始強，自稱吳王。初居梅里，在今江蘇省無錫市東南之梅村鎮。今年吳北伐郯國。郯離魯不遠，離吳甚遠，本順從魯國（見宣公四年傳），吳竟伐至郯，使魯羣臣恐懼。郯，在今山東省郯城縣西南二十里。❷季文子　魯公族，季友之孫，名行父，為季孫氏。

❸中國　中原華夏各國的總稱。❹振旅　治兵演習而歸和作戰勝利而歸都稱振旅。《爾雅・釋天》：「入為振旅。」不振旅即不能取勝，鎮懾敵人。成公十六年傳「惠公不振旅」。❺莫之或恤　「莫或恤之」的倒裝句，沒有人為此擔憂。恤，憂。❻無弔者也夫　是由於沒有好的國君啊。甲骨金文「弔」與「叔」同是一字。叔，同「淑」。善。弔者指善君、霸主。說見王引之《述聞》。❼詩曰三句　見《詩經・小雅・節南山》，意謂上天不仁，禍亂無有平定之時。不弔，不淑；不仁。昊，廣大無邊。靡，通「無」。❽上　杜注：「上謂霸主。」❾子良　鄭穆公子，襄公弟，名去疾。❿相成公　做鄭成公的贊禮官。成公剛即位，故去朝見晉君。相，贊禮官。用作動詞。⓫拜師　拜謝去年晉出師救鄭。⓬子重　楚莊王弟，又稱公子嬰齊，時任楚令尹。⓭師于氾　駐軍在氾地。師，用作動詞。軍隊駐紮。氾，此為南氾，在今河南省襄城縣。⓮諸侯救鄭　據經文，救鄭的有晉、魯、齊、宋、衛、曹、莒、邾、杞九國諸侯。⓯軍楚師　包圍楚軍。《說文》：「軍，圜圍也。」《廣雅・釋言》：「軍，圍也。」⓰鄖公鍾儀　鄖縣大夫鍾儀。鄖本古國，楚滅之為縣，在今湖北省安陸市。楚稱縣之長官為公、尹、縣大夫。⓱馬陵　衛地，在今河北省大名縣東南十五里，有故馬陵城，即戰國時孫臏殺龐涓處。據經文，救鄭的九國諸侯於八月戊辰（十一日）盟於馬陵。⓲尋蟲牢之盟　尋，重溫；重申。蟲牢之盟，成公五年傳，晉、魯、齊、宋、鄭等九國諸侯會盟於蟲牢。蟲牢，鄭地，在今河南省封丘縣北。⓳莒服　莒國本服齊，今隨齊服晉，參加馬陵之盟。莒國在今山東省莒縣一帶。⓴軍府　軍用倉庫，亦用以囚禁戰俘。㉑楚圍宋之役　楚國圍攻宋都九個月之久，事見宣公十四年、十五年傳。此句以下文字是追敘往事，至「吳始伐楚」始是本年史事。㉒申呂　都是姜姓古國，後為楚所滅，置為二縣邑。申邑在今河南省南陽市。呂邑在今南陽市西。㉓王　指楚莊王，名旅，在位二十三年，死於魯宣公十八年，其子楚共王繼位。㉔申公巫臣　楚國申縣大夫，屈氏，名巫臣，字子靈，又稱屈巫。魯成公二年出奔晉國。㉕所以邑　成為縣邑的原因。所以，表原因。邑，用作動詞。㉖是以為賦　從這裏可徵收兵賦。是，此。連上句意謂申、呂之所以成為縣邑，是因為它歸公室所有，可由此取其兵賦，如賞賜給私人，就不能成為縣邑取其兵賦了。㉗漢　漢水。㉘子反欲取夏姬　子反，名側，仕楚為司馬。取，同「娶」。夏姬，本是陳國大夫御叔之妻，因與陳靈公淫亂而致陳國內亂。宣公十一年，夏姬至楚。子反欲娶夏姬，巫臣止之。夏姬後嫁楚連尹襄老。事見宣公十一年、成公二年傳。㉙遂取以行　指巫臣自己娶夏姬而出奔晉國。見成公二年傳。㉚子重子反殺巫臣之族句　子閻、子蕩、弗忌三人都是巫臣的族人，屈氏。清尹是官名。襄老，楚大夫，死於邲之戰（見宣公十二年傳）。殺巫臣之族及黑要當是楚共王二年，即魯成公二年時事。㉛室　家財。㉜沈尹　沈縣縣尹，以沈為氏。邲戰時將中軍。見宣公十二年傳。㉝遺二子書　寫書信給子重、子反二人。遺，送給。㉞讒慝　同義詞連用，《左傳》如此連用凡八次，皆為居心不良、

邪惡之義。㉟貪惏　同義連用。惏，同「婪」。㊱疲於奔命　奉命奔走而累得精疲力盡。疲於奔命成語本此。㊲吳子　吳王。《春秋》經傳稱蠻夷之君為「子」。《國語》稱吳王為「吳伯」、「吳公」。㊳以兩之一卒適吳　帶了兵車三十輛到吳國去。三十乘為一卒之車，分為兩偏（兩排），一偏為十五乘。見宣公十二年傳「廣有一卒，卒偏之兩」注。㊴舍偏兩之一焉　留下兩偏中之一偏給吳國，即留十五輛兵車給吳國。㊵與其射御　送給吳國射手和御車者。與，給。此射手（甲士）與御者當隨十五乘留給吳國作教官。㊶戰陳　作戰的陣法。陳，同「陣」。至漢末始另造區別字「陣」。㊷使為行人於吳　讓他的兒子狐庸在吳國做外交使節。行人，官名，掌外交，出使四方，應對諸侯。有專職，有兼職，此為專官。㊸巢　偃姓國，在今安徽省巢湖市東北有居巢故城。文公十二年經傳載楚人圍巢，巢遂為楚附庸。自本年吳伐巢後，吳、楚屢次用兵爭奪巢地。㊹徐　嬴姓國，亦為楚之附庸，在今安徽省泗縣西北五十里。㊺奔命　奉命奔馳。指救援巢、徐。此事當在今年八月馬陵之盟以前。㊻州來　小國名，在今安徽省淮河北岸之鳳臺縣。以後州來迭屬吳、楚。㊼上國　中原諸國。㊽孫林父　衛國大臣，孫良夫之子，謚文，又稱孫文子。㊾反戚焉　把戚邑還給衛國。反，同「返」。戚，本是孫氏食邑，孫林父奔晉，戚邑隨之入晉，今歸還衛國。其地在今河南省濮陽縣北。

【語　譯】魯成公七年春季，吳國攻打郯國，郯國求和，順服吳國。魯國的季文子說：「中原諸國不能取勝，鎮懾蠻夷。蠻夷卻來進攻，而沒有人為此擔憂，這是由於沒有好國君的緣故啊！《詩》說：『上天不仁，禍亂沒有安定的時候。』說的就是這種情況吧？有霸主卻不善，還有誰會不受到戰亂？我們也很快就會滅亡了。」君子說：「像他這樣知道憂懼，這就不會滅亡了。」

鄭國的子良作鄭成公的相禮官到了晉國，陪侍鄭成公進見晉景公，同時拜謝晉國去年出兵救鄭。

夏季，曹宣公來魯國朝見魯成公。

秋季，楚國令尹子重進攻鄭國，軍隊駐紮在氾地。晉、魯、齊、宋、衛、曹、莒、邾、杞九國諸侯帶兵救援鄭國。鄭國大夫共仲、侯羽包圍楚軍，俘囚了楚國的鄖公鍾儀，把他獻給晉國。八月（戊辰，十一日），九國諸侯在馬陵結盟，重溫前年蟲牢之盟的盟約，同時又因莒國順服晉國的緣故。

晉國人把鍾儀押回國，把他囚禁在軍用倉庫裏。

十一年前楚國包圍宋國的那次戰役，楚軍在回國後，子重請求取得申邑、呂邑的田地作為賞賜。楚莊王答應了。申公巫臣勸諫說：「不行。申、呂兩地之所以成為縣邑，是因為歸國家所有，可從這裏徵發兵賦，以抵禦北方諸侯入侵。如果私人佔有它，這就沒有申邑、呂邑了。晉國、鄭國必定可以一直打到漢水。」楚莊王就不賞給子重了，因此子重怨恨巫臣。楚國的子反想娶夏姬，巫臣勸阻他，後來，巫臣自己卻娶了夏姬逃奔到晉國，子反因此也怨恨巫臣。等到楚共王即位後，子重、子反殺死了巫臣的族人子閻、子蕩和清尹弗忌以及襄老的兒子黑要，並且瓜分他們的家產。子重取得子閻的家產，讓沈尹和王子罷瓜分子蕩的家產，子反取得黑要和清尹弗忌的家產。巫臣就從晉國給子重、子反兩人寫書信說：「你們用邪惡貪婪的心念事奉國君，殺了很多無罪的人，我一定要叫你們疲於奔命直到死去。」巫臣請求出使到吳國去，晉景公同意了。吳王壽夢很喜歡他，於是巫臣就使吳國和晉國往來交好。他帶了三十輛兵車到吳國，留下十五輛，隨車送給善射的甲士和御車的甲士，教吳國人使用車戰，教他們布列戰陣，教他們背叛楚國。又把自己的兒子狐庸留在那裏，讓他做吳國的外交使臣。從此吳國開始進攻楚國，攻打巢國，攻打徐國，子重奉命奔馳救援。今年九國諸侯在馬陵會盟時，吳國又攻入州來國，子重正領兵伐鄭，就從鄭國奉命奔馳救援。子重、子反就這樣在一年之中七次奉命趕來趕去抵禦吳軍。原來歸屬楚國的蠻夷，吳國都奪取過去，由此吳國開始強大，能夠和中原諸國往來交好。

衛定公厭惡孫林父。冬季，孫林父逃亡到晉國。衛定公到晉國交涉，晉國把孫氏的封邑戚城歸還給衛國。

【說　明】 楚國子重領兵伐鄭，晉景公會同八國諸侯救鄭，並於馬陵結盟。而楚國因吳國入侵巢、徐，攻入州來，子重奉命趕去救援，因而鄭國得以圍攻、俘囚了鄖公鍾儀，晉國把他帶回去囚禁在軍用倉庫裏。此為九年傳晉景公見南冠鍾儀事張本。

傳文於此補敘魯成公二年，即楚共王二年楚國申公巫臣攜夏姬奔晉以前及以後的往事，說明巫臣出使吳國的原委。早在魯宣公十五年，楚圍宋之役後，巫臣因諫阻楚莊王賞申、呂二邑而得罪令尹子重，又在魯宣公十一年楚討陳夏氏之後，巫臣因阻止子反娶夏姬而招怨，至成公二年巫臣自娶夏姬奔晉，子重、子反遂殺巫臣之族而分其家室。巫臣懷恨，「余必使爾疲於奔命以死」。遂出謀為晉使吳，以聯吳伐楚。《史記・吳世家》謂巫臣使吳在壽夢二年，即此年，然當年使吳、當年教之車戰射御之術，吳當年伐楚、伐巢、伐徐、入州來，使楚將「疲於奔命」，未必見效如此之快，或巫臣使吳在成公三、四年。「吳始伐楚」以下始是敘本年史事。

巫臣使吳是春秋時期的一件大事。吳國由此學習中原文化，學習射、御、車戰之法，迅速提高了軍事實力。繼而吳國叛楚，今年就伐郯、伐楚、伐巢、伐徐、入州來，勢力深入淮河兩岸，使楚軍疲於奔命，從而極大地消耗了楚國北進中原的力量，改變了晉國爭霸的不利地位。此後吳國日趨強大，與中原諸國相交往，而與楚相抗爭雄，成為春秋時期歷史的新特點。這並非申公巫臣個人有強吳弱楚的能耐，而是由於他順應了當時晉、吳的需要。巫臣挾私怨以報仇的成功，只是時勢之使然。傳文所述雖事緒紛繁曲折，然前因後果，脈絡分明，條理井然，左氏可謂大手筆。

八年

戊寅，西元前五八三年。周簡王三年、齊頃公十六年、晉景公十七年、秦桓公二十二年、楚共王八年、宋共公六年、衛定公六年、陳成公十六年、蔡景公九年、曹宣公十二年、鄭成公二年、燕昭公四年、許靈公九年、吳壽夢三年。

經 八年春，晉侯使韓穿來言汶陽之田，歸之于齊。

晉欒書帥師侵蔡。

公孫嬰齊如莒。

宋公使華元來聘。

夏，宋公使公孫壽來納幣。

晉殺其大夫趙同、趙括。

秋七月，天子使召伯來賜公命。

冬十月癸卯，杞叔姬卒。

晉侯使士燮來聘。

叔孫僑如會晉士燮、齊人、邾人伐郯。

衛人來媵。

傳 八年春，晉侯使韓穿來言汶陽之田，歸之于齊❶。季文子❷餞之❸，私焉❹，曰：「大國制義❺，以為盟主，是以諸侯懷德畏討，無有貳心。謂汶陽之田，敝邑之舊也，而用師於齊❻，使歸諸敝邑。今有二命❼曰：『歸諸齊。』信以行義，義以成命，小國所望而懷也。信不可知，義無所立，四方諸侯，其誰不解體❽？《詩》曰：『女也不爽，士貳其行。士也罔極，二三其德。』❾七年之中，一與一奪，二三孰甚焉？士之二三，猶喪妃耦❿，而況霸主？霸主將德是以⓫，而二三之，其何以長有諸侯乎？《詩》曰：『猶之未遠，是用大簡。』⓬行父懼晉之不遠猶而失諸侯也，是以敢私言之。」

晉欒書⑬侵蔡，遂侵楚，獲申驪⑭。楚師之還⑮也，晉侵沈⑯，獲沈子揖初⑰，從知、范、韓⑱也。君子曰：「從善如流，宜哉⑲。《詩》曰：『愷悌君子，遐不作人？』⑳求善也夫。作人，斯有功績矣。」是行也，鄭伯將會晉師，門于許東門㉑，大獲焉。

聲伯㉒如莒㉓，逆㉔也。

宋華元㉕來聘，聘共姬㉖也。夏，宋公使公孫壽㉗來納幣㉘，禮也。

晉趙莊姬為趙嬰之亡故㉙，譖之㉚于晉侯，曰：「原、屏將為亂，欒、郤為徵㉛。」六月，晉討㉜趙同、趙括。武從姬氏畜于公宮㉝。以其田與祁奚㉞。韓厥言於晉侯曰：「成季㉟之勳，宣孟㊱之忠，而無後，為善者其懼矣。三代之令王㊲，皆數百年保天之祿，夫豈無辟王㊳？賴前哲以免㊴也。〈周書〉曰：『不敢侮鰥寡。』㊵所以明德㊶也。」乃立武，而反其田焉。

秋，召桓公來賜公命㊷。

晉侯使申公巫臣㊸如吳，假道于莒㊹，與渠丘公㊺立於池㊻上，曰：「城已惡㊼。」莒子曰：「辟陋在夷㊽，其孰以為我虞㊾？」對曰：「夫狡焉思啟封疆以利社稷者㊿，何國蔑(51)有？唯然，故多大國矣。唯或思或縱(52)也。勇夫重閉(53)，況國乎？」

冬，杞叔姬(54)卒。來歸自杞，故書(55)。

晉士燮(56)來聘，言伐郯(57)也，以其事吳故。公賂之，請緩師。文子不可，曰：「君命無貳，失信不立(58)。禮無加貨(59)，事無二成(60)。君後諸侯，是寡君不得事君也。燮將復之(61)。」季孫懼，使宣伯(62)帥師會伐郯。

衛人來媵(63)共姬，禮也。凡諸侯嫁女，同姓媵之，異姓則否。

【注釋】❶晉侯使韓穿二句　韓穿，晉卿，為上軍副帥。汶陽之田，大汶河以北的田地，在今山東省泰安市以西，肥城市以南。田本為魯地，為齊所侵奪。鞌戰後，晉使齊還給魯國，見成公二年傳。今年晉侯又使韓穿來魯，要將田地再送給齊國。《公羊傳》云：「鞌之戰，齊師大敗。齊侯歸，弔死視疾，七年不飲酒，不食肉。晉侯聞之，曰：嘻！奈何使人之君不飲酒、不食肉？請反其所取侵地。」❷季文子　魯卿，執國政，季友之孫，又稱季孫行父。下文單稱其名行父，又單稱其氏季孫。❸餞之　為韓穿設酒食送行。❹私焉　私下和他交談。焉，於之。指韓穿。❺制義　處理政事要合理。❻用師於齊　對齊國用兵。指成公二年鞌之戰。❼二命　前後命令不同。❽解體　瓦解；離散。指背離晉國。❾詩曰五句　見《詩經・衛風・氓》；意謂女方毫無過錯，男方的行為有差錯。男人沒有準則，行為前後不一，變化不定。季氏引此詩以女比魯，以士比晉。爽，過失。貳，當作「貣」，即「忒」。爽、忒互文同義。罔，通「無」。極，準則。二三，用作動詞。意為前後不一，背信棄義。❿妃耦　配偶。妃，配。耦，同「偶」。⓫將德是以　應該用德行。以，用。賓語「德」前置後加代詞「是」複指賓語，下同。⓬詩曰三句　見《詩經・大雅・板》，意謂謀略缺乏遠見，因此我極力來規勸。猶，同「猷」。謀。是用，是以；因此。簡，今《詩》作「諫」。⓭欒書　晉執政，中軍帥，又稱欒武子。⓮申驪　楚大夫。⓯楚師之還　指魯成公六年晉師與楚軍遇於繞角，楚軍宵潰而還。以下補敘成公六年侵沈往事。⑯沈　小國名，在今河南省沈丘縣東南之沈丘城。⑰沈子揖初　沈國國君名揖初。杜注本以「初」字屬下讀，文義難通。今從會箋本以「沈子揖初」為讀。⑱知范韓　指知莊子荀首、范文子士燮、韓獻子韓厥三卿。成公六年傳，趙同、趙括二人欲與楚軍交戰，欒書聽從知、范、韓三帥意見，退兵而侵沈，故得俘沈子揖初。⑲從善如流二句　聽從正確的意見如同水向下流那樣歡快自然，這說得多恰當啊。可見當時已有成語「從善如流」。⑳詩曰三句　見《詩經・大雅・旱麓》，意謂恭敬隨和的君子，為何不起用人材。愷悌，聯綿詞。和樂、平易近人的樣子。亦作「豈弟」。遐不，何不。㉑門于許東門　攻打許國東門。前「門」字動詞，攻打城門。杜注：「過許，見其無備，因攻之。」許都在今河南省許昌市。㉒聲伯　魯宣公弟叔肸之子，文公之孫，又稱公孫嬰齊。㉓莒　小國名，在今山東省莒縣一帶。㉔逆　迎；娶婦。杜注：「自為逆婦。」㉕華元　華孫御事之子，魯文公十六年時已為宋國上卿，執宋國政已有三十年。㉖聘共姬　來魯國聘娶共姬作宋共公夫人。共姬是魯宣公之女、成公姊妹，穆姜所生，夫謚「共」，故稱共姬。聘，男方遣媒向女方聘娶通婚。㉗公孫壽　宋桓公之孫，公子蕩之子，是宋國老臣。見文公七年、十六年傳。㉘納幣　即納徵，送聘禮以定婚。古代士大夫婚禮有六項：納采、問名、納吉、納徵、請期、親迎。幣，古時玉璧皮帛等禮物統稱「幣」。㉙趙莊姬句　趙莊姬是趙朔之妻，晉景公的姊妹，趙朔死後，與趙朔的叔父趙嬰通姦亂倫，趙嬰被其兄趙同、趙括（即原、屏二人）放逐到齊國。見成公五年傳。㉚譖之　誣陷趙同、趙括。㉛欒郤為徵　欒氏、郤氏可以作證。欒，指欒書。郤，當指郤克之子郤錡，時為晉下軍帥。徵，證明。㉜討　〈晉世家〉作「誅」，殺戮。㉝武從姬氏畜于公宮　趙武與母親莊姬寄養在晉景公宮中。武，趙朔之子、趙盾之孫趙武，時尚年幼。㉞以其田與祁奚　把趙氏的田地賜給祁奚。祁奚，高梁伯之子，即襄公二十一年傳之祁大夫。祁，晉邑，在今山西省祁縣東南。《呂氏春秋・去私》謂祁奚字黃羊。㉟成季　趙衰，字季，謚成，故稱成季、趙成子。是趙盾、趙同、趙括、趙嬰的父親。趙衰隨晉文公重耳出亡，後輔佐文公成霸主，立有大功。㊱宣孟　趙盾，謚宣，稱趙孟、趙宣子，掌晉國政多年，以忠臣稱於時。㊲三代之令王　泛指夏、商、周三代的賢明君王。令，善。㊳辟王　邪僻之王。辟，同「僻」。邪惡。㊴賴前哲以免　依靠前代賢君以免於亡國。㊵周書曰二句　見《尚書・康誥》，謂君王也不敢欺侮鰥夫寡婦。鰥，老而無妻的人。寡，老而無夫的人。㊶所以明德　這是發揚美德的做法。㊷召桓公來賜公命　魯成公即位已八年，周王始使卿士召桓公來頒賜魯成公繼位的爵命，賜予車服冠冕。㊸申公巫臣　見上年傳注。㊹假道于莒　向莒國借路通行。古時使者過別國之境要行假道之禮。㊺渠丘公　莒國國君莒子朱的號。渠丘，地名，在今山東省莒縣之南。莒是蠻夷之國，國君無謚號，以地名為號。㊻池　護城河。㊼城已惡　城牆太壞了。已，甚；太。㊽辟陋在夷　偏僻簡陋，處在蠻夷之地。㊾虞　望；覬覦；有野心。說從章炳麟。㊿夫狡焉思句　那些狡猾的人都想開拓疆土以利自己的國家。焉，都。範圍副詞。啟，開。51蔑　通「無」。52唯或思或縱　只不過有的小國想到戒備，有的放縱不戒備。意謂有備則存，無備則亡。53勇夫重閉　勇敢的人尚且層層關閉好內外門戶。54杞叔姬　杞國國君杞桓公夫人，魯女，姬氏，成公五年被休棄回魯國。見成公五年經。55來歸二句　由於她是被休回歸魯國的，所以《春秋》記載「冬十月癸卯，杞叔姬卒」。杜注：「若更適丈夫，則不復書卒。」56士燮　晉上軍副帥，士會之子，謚文，下稱文子。57郯　小國名，在今山東省郯城縣。郯去年順服吳國，見去年傳。58失信不立　失去信義就難以自立。不完成使命為失信。59禮無加貨　除規定的禮物外，不應增加財幣。古時財物錢幣統稱為貨。此拒絕受賄。60事無二成　事情不能兩全其美。謂出師與緩師二者只能取其一。此拒絕緩師。61復之　以此向晉君覆命回報。62宣伯　即叔孫僑如。經文云：「叔孫僑如會晉士燮、齊人、邾人伐郯。」63媵　遣女陪嫁。古時諸侯之女嫁與另一國君，同姓諸侯要送女陪嫁，故魯宣公女嫁宋共公，衛、晉來媵。齊為異姓諸侯，成公十年亦來媵共姬。

【語　譯】魯成公八年春季，晉景公派韓穿來魯國說，要魯國把汶陽的田地送給齊國。魯國的季文子為韓穿設酒餞行，私下和他交談說：「大國處理政事要合情理，因此能成為諸侯盟主，諸侯由此懷念德行而害怕討伐，沒有二心。說到汶陽之田，那原是敝國所有的，後來對齊國用兵作戰，齊國打敗，晉國命齊國把田地還給敝國。現在您又有不同的命令，說還給齊國。信用是用來推行道義的，講道義是為了完成使命，這是小國所希望和懷念的。現在信用不可得知，道義無所樹立，四方的諸侯，還有誰會不離散而去？《詩》說：『女子毫無過失，男人的行為卻有過錯。男人的行為沒有準則，他的行為前後不一。』這七年之中，晉國讓齊國把汶陽之田還給魯國，忽而又要奪走，前後不一還有比這更嚴重的嗎？一個男人前後不一，尚且要喪失配偶，何況是諸侯霸主？霸主應有德行，卻前後不一，沒有信義，他怎麼能長久獲得諸侯的擁護呢？《詩》說：『謀略缺乏遠見，因此極力勸諫。』我行父深怕晉國不能深謀遠慮而失去諸侯的擁護，所以敢於和您私下交談。」

晉國的欒書領兵入侵蔡國，接著侵襲楚國，俘獲了楚大夫申驪。前年楚軍從鄭國退回去的時候，晉軍就侵襲沈國，俘獲了沈國國君揖初，這是欒書聽從了知莊子、范文子、韓獻子的意見的收穫。君子說：「從善如流，聽從好意見就像水向下流一般歡快，說得多恰當啊！《詩》說：『恭敬隨和的君子，為什麼不起用人材？』這是說要求取好人啊！起用人材，這就有功績了。」這次晉軍侵襲楚國時，鄭成公準備會合晉軍，經過許國時，乘許國無備就攻打許國的東門，俘獲很多。

魯國的聲伯到莒國去，是為自己去迎娶妻子的。

宋國的華元來魯國聘娶，是為宋共公聘娶共姬作夫人。夏季，宋共公派公孫壽來魯國送聘禮定婚，這是合於禮的。

晉國的趙莊姬為了趙嬰被放逐的緣故，在晉景公面前誣陷趙嬰的兩個哥哥，說：「趙同、趙括將要作亂，欒氏、郤氏可以作證。」六月，晉國殺戮趙同、趙括。趙武跟隨母親趙莊姬寄養在晉景公宮中。晉景公把趙氏的田地賜給祁奚。韓厥向晉景公進諫說：「趙衰有功勳，趙盾很忠誠，卻沒有後代來繼承，做好事的人將要害怕了。從前三代的賢明君王，都能幾百年保有上天給予的祿位。難道三代之後沒有邪惡的君主？只是靠著前代祖先的賢明而免於亡國。〈周書〉說：『不敢欺侮鰥夫寡婦。』這是用來發揚美德的做法。」於是就立趙武為繼承人，歸還了趙氏的田地。

秋季，周王卿士召桓公來向魯成公頒賜襲爵的命令。

晉景公派申公巫臣出使到吳國去，向莒國借路通過。巫臣和莒國國君渠丘公站在護城河邊，巫臣說：「城牆太壞了。」渠丘公說：「敝國偏僻簡陋，處在蠻夷之地，有誰會把我國作為覬覦的目標呢？」巫臣回答說：「狡猾的人都想開拓疆土以利國家的，這種人哪個國家沒有？惟其如此，所以大國就多擴大了。只是受覬覦的小國有的思慮而有備，有的放縱而無備。勇敢的人還要層層關閉好內外門戶，何況是一個國家呢？」

冬季，杞叔姬死在魯國。由於她是被杞國休棄回魯國的，所以《春秋》加以記載。

晉國的士燮來魯國聘問，聲稱要進攻郯國，因為郯國事奉吳國。魯成公送給他財禮，請求從緩出兵。士燮不答應，說：「國君的命令說一不二，失去信義難以自立。除規定的禮物外，不應多送財幣。事情不能兩全其美，只能出師，不能緩師。貴國如後於諸侯出兵，這樣我們國君就不能事奉魯國國君了。士燮將這樣向晉君覆命回報。」季孫行父聽了很恐懼，就派宣伯僑如領兵會合晉軍進攻郯國。

衛國人送女子前來魯國作共姬的陪嫁，這是合於禮的。凡是諸侯的女兒出嫁，同姓的國家送女作為陪嫁，異姓諸侯就不送。

【說　明】本傳補敘成公六年晉軍入侵沈國（楚附庸），俘獲沈子揖初的事。今年晉軍又侵蔡，侵楚，俘獲楚大夫申驪，這是邲戰之後，晉國第一次主動向楚國發起的進攻。晉為拉攏齊國，今年竟出爾反爾，要魯國把汶陽之田送給齊國。季文子婉言拒絕，說晉國背信棄義，必致諸侯離散，難為霸主。去年郯國降吳，今年，晉君便要魯國出兵伐郯，這表明晉雖要利用吳國牽制楚國，但不允許吳國染指自己的勢力範圍。晉又派申公巫臣出使吳國，巫臣路過莒國，勸莒國君渠丘公要修城戒備，因莒國城牆太破壞了。此為明年楚伐莒，莒潰敗作伏筆。

成公五年，晉國趙嬰因與姪媳趙莊姬通姦亂倫，被其兄趙同、趙括放逐齊國。今年趙莊姬在晉景公面前誣陷趙同、趙括謀亂。晉侯聽信莊姬的話而誅殺趙氏，趙武隨母莊姬寄養宮中。韓厥小時為趙盾所養，故為其孫趙武進言，晉侯方始復立趙武，歸還其田地。而《史記．趙世家》記趙氏被滅全為屠岸賈所為，並兼治趙穿弒晉靈公一案，追論趙盾之罪，欲殺趙武以滅其族，公孫杵臼殉難，陳嬰忍辱負重，養育趙氏孤兒成人，終於報仇，復立趙氏云云，乃全採戰國傳說，與《左傳》、《國語》不同，雖有其文學價值，然不足為信史。又〈趙世家〉載滅趙氏在晉景公三年（魯宣公十二年），復立趙氏在晉景公十九年（魯成公十年）。萬斯大《學「春秋」隨筆》謂〈趙世家〉所載屠岸賈滅趙氏事雖不可盡信，但合之《左傳》所載，「武方幼稚，從母匿公宮幸免」，確為有據。

九　年

己卯，西元前五八二年。周簡王四年、齊頃公十七年、晉景公十八年、秦桓公二十三年、楚共王九年、宋共公七年、衛定公七年、陳成公十七年、蔡景公十年、曹宣公十三年、鄭成公三年、燕昭公五年、許靈公十年、吳壽夢四年。

經 九年春王正月，杞伯來逆叔姬之喪以歸。

公會晉侯、齊侯、宋公、衛侯、鄭伯、曹伯、莒子、杞伯同盟于蒲。

公至自會。

二月，伯姬歸于宋。

夏，季孫行父如宋致女。

晉人來媵。

秋七月丙子，齊侯無野卒。

晉人執鄭伯。

晉欒書帥師伐鄭。

冬，十有一月，葬齊頃公。

楚公子嬰齊帥師伐莒。庚申，莒潰。楚人入鄆。

秦人、白狄伐晉。

鄭人圍許。

城中城。

傳 九年春，杞桓公❶來逆叔姬之喪❷，請之也❸。杞叔姬卒，為杞故也❹。逆叔姬，為我也。

為歸汶陽之田故，諸侯貳於晉❺。晉人懼，會於蒲❻，以尋馬陵之盟❼。季文子❽謂范文子❾曰：「德則不競，尋盟何為❿？」范文子曰：「勤以撫之⓫，寬以待之，堅強以禦之，明神以要之，柔服而伐貳⓬，德之次⓭也。」是行也，將始會吳，吳人不至⓮。

二月，伯姬歸于宋⓯。

楚人以重賂求鄭⓰，鄭伯會楚公子成于鄧⓱。

夏，季文子如宋致女⓲，復命。公享之⓳，賦〈韓奕〉之五章⓴。穆姜出于房㉑，再拜曰：「大夫勤辱，不忘先君㉒，以及嗣君㉓，施及未亡人㉔，先君猶有望也㉕。敢拜大夫之重勤㉖。」又賦〈綠衣〉之卒章㉗而入。

晉人來媵㉘，禮也。

秋，鄭伯如晉，晉人討其貳於楚也，執諸銅鞮㉙。

欒書㉚伐鄭，鄭人使伯蠲行成㉛，晉人殺之，非禮也。兵交，使在其間可也㉜。楚子重㉝侵陳以救鄭。

晉侯觀于軍府㉞，見鍾儀㉟，問之曰：「南冠而縶者㊱，誰也？」有司對曰：「鄭人所獻楚囚也。」使稅㊲之。召而弔之㊳。再拜稽首。問其族㊴，對曰：「泠人㊵也。」公曰：「能樂乎？」對曰：「先父之職官也，敢有二事㊶？」使與之琴，操南音㊷。公曰：「君王㊸何如？」對曰：「非小人之所得知也。」固問之，對曰：「其為大子也，師、保奉之㊹，以朝于嬰齊而夕于側也㊺。不知其他。」公語范文子。文子曰：「楚囚，君子也。言稱先職，不背本也；樂操土風㊻，不忘舊也；稱大子，抑無私也㊼；名其二卿，尊君也㊽。不背本，仁也；不忘舊，信也；無私，忠也；尊君，敏㊾也。仁以接事，信以守之，忠以成之，敏以行之㊿，事雖大，必濟(51)。君盍歸之，使合晉、楚之成(52)。」公從之，重為之禮，使歸求成。

冬十一月，楚子重自陳伐莒(53)，圍渠丘(54)。渠丘城惡，眾潰，奔莒。戊申(55)，楚入渠丘。莒人囚楚公子平。楚人曰：「勿殺，吾歸而俘。」莒人殺之。楚師圍莒，莒城亦惡，庚申(56)，莒潰。楚遂入鄆(57)，莒無備故也。君子曰：「恃陋(58)而不備，罪之大者也。備豫不虞59，善之大者也。莒恃其陋，而不修城郭，浹辰60之間，而楚克其三都，無備也夫。《詩》曰：『雖有絲麻，無棄菅蒯；雖有姬姜，無棄蕉萃。凡百君子，莫不代匱。』61言備之不可以已62也。」

秦人、白狄伐晉，諸侯貳63故也。

鄭人圍許，示晉不急君也64。是則公孫申65謀之，曰：「我出師以圍許，偽將改立君者，而紓晉使66，晉必歸君。」

城中城，書，時也67。

十二月，楚子68使公子辰69如晉，報鍾儀之使，請脩好、結成70。

【注釋】❶杞桓公　杞惠公之子，杞成公之弟，名姑容，魯僖公二十四年即位，至此已五十五年。❷逆叔姬之喪　逆，迎。叔姬，杞桓公夫人，魯女，成公五年被休歸魯，八年死。喪，靈柩。❸請之也　是魯國請他來迎喪歸葬的。下文「為我也」同義。❹叔姬卒二句　叔姬之死，是由於杞桓公棄絕造成的。❺歸汶陽之田二句　汶陽之田本是魯地，被齊劫掠。成公二年，晉命齊還給魯國。去年晉又逼魯送給齊國。晉出爾反爾，背棄信義，故諸侯皆有貳心。❻會於蒲　據經文，有晉、魯、齊、宋、衛、鄭、曹、莒、杞九國諸侯在蒲地會盟。蒲，衛邑，在今河南省長垣縣治稍東。❼尋馬陵之盟　重溫馬陵的盟約。馬陵之盟在七年。馬陵，衛地，在今河北省大名縣東南。❽季文子　魯卿，即季孫行父。❾范文子　晉卿，即士燮。❿德則不競二句　德行如果不加強，重溫過去的盟約有什麼用。競，強。⓫勤以撫之　殷勤地安撫諸侯。之，指諸侯，下同。⓬堅強以御之三句　堅強地駕御諸侯，對神靈盟誓以約束諸侯，用柔和的態度對待服從的，討伐有貳心的。要，約。⓭德之次　這是比德行次一等的做法。意謂雖不能強德，如此作為，亦為次等。⓮是行也三句　晉國這次在蒲地召集諸侯會盟，是首次邀請吳國，但吳國人沒有來。⑮伯姬歸于宋　魯宣公女伯姬出嫁到宋國。伯姬即上年傳之共姬，嫁與宋共公為夫人。歸，女子出嫁。⑯以重賂求鄭　鄭國與晉會盟於蒲，故楚以重禮求鄭順從楚國。⑰鄧　鄧有二，一是蔡地，在今河南省郾城縣東南三十五里的鄧城；二是鄧國，魯莊公十六年為楚文王所滅，以為楚邑，在今河南省鄧州市。疑此指楚國之鄧。⑱致女　慰問伯姬。古時諸侯女出嫁，必使卿大夫前去問候。見桓公三年傳「致夫人」注。⑲公享之　魯成公設宴慰勞季文子。享，同「饗」。⑳賦韓奕之五章　誦《詩經・大雅・韓奕》的第五章。第五章大意謂蹶父娶韓姞，韓姞嫁後生活安樂，且有美譽。㉑穆姜出于房　穆姜為宣公夫人、成公及伯姬之母，此時在東房，聞季文子賦詩，即由東房走出至正寢。古時諸侯宮室制度，正寢之北，中間曰室，東西兩旁曰房。宴禮當在正寢。㉒先君　指魯宣公。㉓嗣君　指魯成公。㉔施及未亡人　施，延；給予（恩惠）。未亡人，寡婦自稱，此為穆姜自稱。㉕猶有望也　對您特別有期望。㉖重勤　加倍辛勞。㉗綠衣之卒章　《詩經・邶風・綠衣》之末章，穆姜之意取其中兩句：「我思古人，實獲我心。」㉘媵　遣女陪嫁。諸侯女出嫁，同姓諸侯常遣女陪嫁。去年衛人來媵伯姬，今年晉人來媵。衛、晉皆與魯同姓。㉙執諸銅鞮　把鄭成公拘囚在銅鞮宮。銅鞮，在今山西省沁縣南十里，有晉侯別宮。㉚欒書　晉中軍帥，執國政，又稱欒武子。㉛行成　出使求和。㉜兵交二句　兩國交兵，使者可在兩國之間往來。即所謂兩國交兵，不斬來使。㉝子重　楚國令尹，莊王之弟，名嬰齊。㉞觀于軍府　視察軍用倉庫。㉟鍾儀　楚國大夫，成公七年被俘，因於軍府。㊱南冠而縶者　戴著楚人的帽子而被捆綁的人。春秋至戰國，楚人冠服異於中原，其冠稱南冠。㊲稅　同「脫」。解去繩索。㊳弔之　慰問他。㊴族　氏族。指官族世系。㊵泠人　即伶人，樂官。㊶敢有二事　豈敢從事別的工作。㊷操南音　彈奏的是南方的樂曲。㊸君王　指楚共王，在位已九年。㊹其為大子也二句　他做太子的時候，有師、保事奉教育他。師、保，都是官名，《禮記・文王世子》：「師也者，教之以事而喻諸德者也。保也者，慎其身以輔翼之而歸之道者也。」後世有太師、少師、太保、少保等職官。㊺以朝于嬰齊句　早晨向嬰齊（令尹子重）求教，晚間向側（司馬子反）求教。子反名側，官司馬。㊻土風　本鄉本土的樂調。即指南音。㊼稱大子二句　意謂只稱頌楚共王為太子時事，表示楚君自幼就賢明有教養，不過是顯得自己沒有阿諛的私心。抑，不過。輕微轉折的連詞。㊽名其二卿尊君也　稱呼二卿的名字嬰齊、側，是表示尊崇晉君。名，動詞。稱其名。古禮，在國君面前，即使是父親，也直呼父名。㊾敏　敏捷；機智；能辦事。㊿仁以接事四句　意謂用仁愛之心來辦事，用有信義的態度來待人，忠誠地盡職責，機智地行事。三「之」字承首句「事」字。(51)濟　成功。(52)君盍二句　國君何不放他回去，讓他促使晉、楚和好。盍，「何不」的合音詞。成，和好。(53)莒　小國名，在今山東省莒縣一帶。因莒國與晉盟於馬陵、盟於蒲，故楚伐莒。(54)渠丘　莒邑，《清一統志》謂在今莒縣北。然楚伐莒何以由北而南，故當在莒縣南。見上年傳注。55戊申　初五日。56庚申　十七日。57鄆　此為東鄆，在今山東省沂水縣東五十里，莒縣之北。文公十二年時屬魯，季孫氏帥師城之，此時已屬莒。58恃陋　依恃地方偏僻簡陋。應去年傳莒君「辟陋在夷」之語。59備豫不虞　防備意外事故。備豫，同義詞連用。60浹辰　十二日。浹，周遍。辰，從子到亥十二辰。此指由戊申到庚申，歷地支一遍，即十二日。61詩曰七句　今《詩經》無此文，杜注云「逸詩」。意謂雖然有了絲麻，也不能拋棄菅蒯等草料；雖有美人姬氏、姜氏，也不拋棄面容憔悴的人。就是上百個君子，也沒有不缺這少那的。菅、蒯，都是多年生草本植物，古人用以編席、鞋、繩，比之絲麻是次等材料。姬姜，古兩大姓，多用以代稱美女。蕉萃，同「憔悴」。聯綿詞，與姬姜對文，指不美的、醜陋的。代匱，或缺此，或缺彼。匱，缺乏。62已　停止。63貳　指諸侯對晉有二心。64示晉不急君也　暗示晉國，鄭國並不急於救出鄭成公。鄭成公為晉所執。65公孫申　鄭國大夫，又稱叔申。66紓晉使　暫緩遣使者去晉國。67城中城三句　修築魯都曲阜的內城，《春秋》記載這件事，是因為它合於築城的時令。前「城」字，動詞。築城。中城即內城。楚攻取莒三邑，魯懼，故築內城為備。冬季農閒時節築城為合時。68楚子　楚共王。楚國始封君為子爵，故楚君稱楚子。69公子辰　字子商，官太宰。70脩好結成　發展友好關係，締結和約。脩，同「修」。

【語　譯】魯成公九年春季，杞桓公來魯國迎接叔姬的靈柩，這是魯國請他來接的。杞叔姬的死，是由於杞桓公休棄的緣故。迎接叔姬的靈柩，是因為我們魯國請求的緣故。

由於晉國要魯國把汶陽的土田送給齊國的緣故，諸侯對晉國有了二心。晉國人畏懼。晉景公和魯成公、齊頃公、宋共公、衛定公、鄭成公、曹宣公、莒子朱、杞桓公在蒲地相會，重溫馬陵的盟約。魯卿季文子對晉卿范文子說：「晉國如果不加強德行，重溫盟約有什麼用？」范文子說：「殷勤地安撫諸侯，寬和地對待諸侯，堅強地駕御諸侯，對神靈盟誓來約束諸侯，懷柔順服的諸侯，討伐有二心的諸侯，這是比德行次一等的做法呀！」晉國召集的這次和會，是首次邀請吳國，但吳國人沒有來。

二月，魯宣公之女伯姬嫁到宋國。

楚國人用很貴重的禮物要求鄭國順服，鄭成公和楚國公子成在鄧邑相會。

夏季，季文子到宋國去慰問伯姬後回國復命，魯成公設宴慰勞他。季文子賦〈韓奕〉詩的第五章。伯姬之母穆姜從房中走出來，兩次行拜禮，說：「大夫勞苦，不忘記先君以及嗣君，延及於未亡人，先君對您也是這樣期望的。謹拜謝大夫加倍的辛勞。」穆姜又賦〈綠衣〉詩的末章，然後進房去。

晉國人遣女來魯國陪嫁伯姬，這是合於禮的。

秋季，鄭成公到晉國去。晉國人為了懲罰他親近楚國，把他拘囚在銅鞮之宮。

晉帥欒書領兵進攻鄭國，鄭國人派伯蠲出使求和，晉國人殺了他。這是不合於禮的。兩國交兵，使者在兩國之間是可以往來的。楚國的令尹子重入侵陳國以便救援鄭國。

晉景公視察軍用倉庫，看見了鍾儀，就問道：「戴著南方的帽子而被囚禁的人是誰？」管倉庫的官吏說：「是鄭國人所獻的楚國俘虜。」晉景公讓人把他釋放了，召見並且慰問他。鍾儀兩次行拜禮，並且叩頭。晉景公問他的官族世系。他回答說：「是樂人。」晉景公說：「能奏樂嗎？」鍾儀答道：「這是先父的職官，我豈敢從事其他工作？」晉景公讓人把琴拿給他，他彈奏的是南方的樂曲。晉景公說：「你的君王怎麼樣？」他回答說：「這不是小人所能知道的。」晉景公再三問他，他回答說：「當他做太子的時候，有師、保事奉教育他，每天早晨向嬰齊請教，晚上向子反去請教。別的事就不知道了。」晉景公把這些告知范文子。文子說：「這個楚囚，是君子啊。說話中稱舉先人的職官，這是不背棄根本；奏樂就彈奏家鄉的樂調，這是不忘記故舊；稱頌楚王做太子時的事，就沒有阿諛的私心；稱呼楚國二卿之名嬰齊和側，這是尊崇晉君。不背棄根本，這是仁；不忘記故舊，這是守信；沒有私心，這是忠誠；尊崇國君，這是敏達。用仁來辦事，用信來守本分，用忠來成就事情，用敏來行事。事情即使是大事，也必然能辦成。國君何不放他回去，讓他促成晉、楚兩國和好。」晉景公聽從了，對鍾儀厚加禮待，使他回國去替晉國求取和好。

冬季十一月，楚國的子重從陳國進攻莒國，包圍了渠丘城。渠丘城牆破敗，百姓潰散，逃亡去莒城。初五日，楚軍進入渠丘城。莒國人逮住了楚國的公子平。楚國人說：「不要殺他，我們歸還你們的俘虜。」莒國人殺了公子平。楚軍就包圍了莒城，莒的城牆也太壞，十七日，莒國百姓潰散。楚軍就進入鄆城。這是由於莒國沒有戒備的緣故。君子說：「依恃偏僻簡陋而不設防備，這是罪中的大罪；防備意外事故，這是善中的大善。莒國依恃僻處簡陋的蠻荒之地而不修城郭，十二日之間被楚軍攻克了三個城池，這是由於沒有防備啊！《詩》說：『即使有了絲麻，也不要丟棄菅蒯等草料；即使有了姬氏、姜氏美人兒，也不要拋棄不美的。凡是君子們，也沒有不缺這少那的。』這說的就是防備一刻不能停止呀！」

秦軍、白狄一起進攻晉國，這是諸侯對晉國有了二心的緣故。

鄭國人圍攻許國，是為了向晉國表示他們並不急於救出鄭成公。這是大夫公孫申出的計謀，他說：「我們出兵包圍許國，假裝打算另立新君的樣子，而暫緩派使者去晉國，這樣晉國必然放我們國君回來。」

魯國在內城修築城牆，《春秋》記載這件事，是因為築城正是農閒時令。

十二月，楚共王派公子辰到晉國去，以回報鍾儀的使命，請求與晉重修舊好，締結和約。

【說　明】去年晉國逼魯國退還曾被齊國侵奪的汶陽之田，這種背信棄義的霸道行徑使中原諸侯懷有二心，也說明魯國在中小諸侯國中有相當的影響。今年二月鄭成公被楚國收買，楚不戰而使鄭順服，從而招致晉國的不滿。秋七月，晉國將前來朝見的鄭成公拘囚在銅鞮，逼鄭就範。並發兵攻鄭，殺其使者。鄭國卻並不示弱，用公孫申之謀，出兵攻許，假裝改立新君的樣子（為明年鄭國內亂、鄭成公回國殺公孫申張本）。楚國侵陳以救鄭，又自陳伐莒，連破渠丘、莒、鄆三城。秦國也乘機聯合白狄進攻晉國。中原烽火四起，晉國重又陷入困境。為此晉急忙與八國諸侯會盟於蒲（今河南省長垣縣），重申前年的馬陵之盟，企圖用盟誓來約束諸侯。晉景公又將前年被囚的楚大夫鍾儀放回楚國，要他回去促成晉、楚和解。

鍾儀被囚禁兩年多，但始終不易其志，戴南冠，操南音，不背其本，不忘其舊。傳文具體敘述鍾儀不卑不屈的言談舉止，借范文子之口稱頌他是「仁、信、忠、敏」的君子，表現出他鮮明的性格，成為後世有名的歷史典故。《左傳》雖是二千多年前的古老歷史，卻成為我國傳統文化和倫理道德的基石之一，這決不是偶然的。

十年

庚辰，西元前五八一年。周簡王五年、齊靈公環元年、晉景公十九年、秦桓公二十四年、楚共王十年、宋共公八年、衛定公八年、陳成公十八年、蔡景公十一年、曹宣公十四年、鄭成公四年、燕昭公六年、許靈公十一年、吳壽夢五年。

經 十年春，衛侯之弟黑背帥師侵鄭。

夏四月，五卜郊，不從，乃不郊。

五月，公會晉侯、齊侯、宋公、衛侯、曹伯伐鄭。

齊人來媵。

丙午，晉侯獳卒。

秋七月，公如晉。

冬，十月。

傳 十年春，晉侯使糴茷❶如楚，報大宰子商❷之使也。

衛子叔黑背❸侵鄭，晉命也。

鄭公子班❹聞叔申之謀❺，三月，子如立公子繻❻。夏四月，鄭人殺繻，立髡頑❼，子如奔許。欒武子❽曰：「鄭人立君，我執一人❾焉，何益？不如伐鄭而歸其君，以求成❿焉。」晉侯有疾，五月，晉立大子州蒲⓫以為君，而會諸侯伐鄭⓬。鄭子罕⓭賂以襄鐘⓮，子然⓯盟于脩澤⓰，子駟⓱為質。辛巳⓲，鄭伯歸。

晉侯夢大厲⓳，被髮及地，搏膺而踊⓴曰：「殺余孫，不義。余得請於帝矣㉑。」壞大門及寢門㉒而入。公懼，入于室。又壞戶㉓。公覺，召桑田巫㉔。巫言如夢。公曰：「何如？」曰：「不食新㉕矣。」公疾病㉖，求醫于秦。秦伯㉗使醫緩㉘為之。未至，公夢疾為二豎子㉙，曰：「彼，良醫也，懼傷我，焉逃之㉚？」其一曰：「居肓之上，膏之下㉛，若我何？」醫至，曰：「疾不可為也！在肓之上，膏之下，攻㉜之不可，達之不及㉝，藥不至焉㉞，不可為也！」公曰：「良醫也。」厚為之禮而歸之㉟。六月丙午㊱，晉侯欲麥㊲，使甸人㊳獻麥，饋人㊴為之。召桑田巫，示而殺之㊵。將食，張㊶，如廁，陷而卒㊷。小臣㊸有晨夢負公以登天，及日中㊹，負晉侯出諸廁，遂以為殉㊺。

鄭伯討立君者，戊申㊻，殺叔申、叔禽㊼。君子曰：「忠為令德㊽，非其人猶不可，況不令乎㊾？」

秋，公如晉。晉人止公，使送葬㊿。於是糴茷未反(51)。冬，葬晉景公，公送葬，諸侯莫在。魯人辱之，故不書，諱之也52。

【注釋】❶羅茷　晉大夫。❷子商　即公子辰，楚國太宰，去年十二月出使晉國。❸子叔黑背　衛穆公之子，衛定公之弟，以子叔為氏。❹公子班　鄭公族，字子如。❺叔申之謀　見上年傳：「我出師以圍許，偽將改立君者。」向晉國表示不急於救出被囚在晉的鄭成公。叔申即公孫申。❻公子繻　鄭襄公之子，鄭成公庶兄。❼髡頑　鄭成公太子，後繼為鄭僖公。❽欒武子　即欒書，晉國中軍帥，掌國政。❾執一人　指拘囚鄭成公。見上年傳。❿求成　求和好。⓫大子州蒲　晉景公太子，名州蒲，或作「州滿」、「壽曼」，繼位為晉厲公。大，同「太」。按晉景公患病尚未死，州蒲即立為君，《日知錄》謂此為「內禪之始」。⓬會諸侯伐鄭　據經文，是晉厲公會同魯成公、齊靈公、宋共公、衛定公、曹宣公五國諸侯伐鄭。⓭子罕　鄭穆公之子，名喜，又稱公子喜。⓮襄鐘　鄭襄公神廟中的銅鑄樂器。⓯子然　鄭穆公之子。見襄公元年傳。⓰脩澤　鄭地，在今河南省原陽縣西南，原武鎮東北。⓱子駟　鄭穆公之子，名騑。⓲辛巳　五月十一日。⓳大厲　大鬼。古人以絕後之鬼為厲，此指趙氏先祖之鬼。成公八年傳載，趙莊姬誣陷趙同、趙括將作亂，晉殺趙氏，欲滅其族。事後景公深感不安，故夢見趙氏先祖之鬼作祟，不久病死。⓴搏膺而踊　搥胸而頓足。踊，跳躍。㉑余得請於帝矣　意謂我已訴求上帝，得到允許，讓為子孫報仇。㉒寢門　通往內宮的二門。㉓戶　寢室的門。兩扇的叫門，單扇的叫戶。㉔桑田巫　桑田地方的巫人。桑田，晉地，在今河南省靈寶縣。巫，以能通鬼神替人祈禱為職業的人。㉕新　指新收的麥子，據下文可知。㉖疾病　生病轉而病重。是兩個動詞的連動式。㉗秦伯　指秦桓公。秦國始封為伯爵，故稱秦君為秦伯。㉘緩　春秋時名醫，名緩。㉙疾為二豎子　疾病變成兩個小孩。㉚焉逃之　哪能逃避醫緩的傷害。㉛肓之上膏之下　肓，胸腹之間的橫膈膜，又叫膈。膏，心臟尖端的脂肪。成語「病入膏肓」本此。㉜攻　指用灸法攻治。㉝達之不及　指用針法治療，針到不了膏肓。㉞藥不至焉　內服藥劑，藥力也達不到那兒。不可、不及、不至，互文同義。焉，於此。指肓上膏下的部位。㉟厚為之禮句　給他優厚的禮遇而送他回去。為之禮，雙賓語結構。歸，使之歸。使動用法。㊱丙午　初六日。㊲欲麥　要吃麥食。麥，用作動詞。古代諸侯有嘗新麥之禮。㊳甸人　管理諸侯公田的官吏。㊴饋人　掌管諸侯膳食的官吏。㊵示而殺之　把煮熟的麥食給巫人看，然後把他殺死。即恨他所言「不食新」有誤。㊶張　同「脹」。肚子發脹。㊷陷而卒　跌入糞坑而死。此言晉景公到底沒有吃著新麥。㊸小臣　侍奉諸侯左右的宦官。㊹日中　中午。㊺以為殉　把揹出晉侯的小臣作殉葬。這是活殉，以驗證小臣「負公以登天」

的夢。㊻戊申　六月初八日。㊼叔禽　叔申之弟。㊽令德　美德。㊾非其人二句　所效忠的人不合適尚且不可為之效忠，何況鄭成公並不好呢。意謂鄭成公不值得為之效忠。不令，不善。指鄭成公。杜注：「言叔申為忠，不得其人，還害身。」㊿晉人止公二句　晉國人扣留魯成公，不讓他回國，讓他給晉景公送葬。按，晉懷疑魯從楚，故「止公」。見成公四年傳。魯成公於七月至晉，至明年三月始放歸。(51)未反　指出使楚國尚未返回。反，同「返」。(52)魯人辱之三句　魯國人以為這是恥辱，所以《春秋》不記載魯成公送葬的事，是為了隱諱國恥。按，依例《春秋》應記載「葬晉景公」，由於諱言魯成公送葬，就連「葬晉景公」也不記載。

【語　譯】魯成公十年春季，晉景公派大夫糴茷出使楚國，作為去年楚國太宰子商出使晉國的回報。

衛國的子叔黑背領兵侵襲鄭國，這是奉了晉國的命令。

鄭國的公子班聽到叔申要假裝立新君的計謀，三月，公子班就立公子繻為國君。夏季四月，鄭國人殺死公子繻，改立髡頑為國君，公子班就逃亡到許國。晉國元帥欒武子說：「鄭國人立了新君，我們拘囚的鄭成公就成了普通的一個人，有什麼益處？不如進攻鄭國而把他們的鄭成公送回去，以求和好。」這時晉景公有病，五月，晉國立太子州蒲為國君。晉厲公會合魯成公、齊靈公、宋共公、衛定公、曹宣公五國諸侯進攻鄭國。鄭國的子罕把鄭襄公宗廟中的銅鐘送給晉國，子然和晉厲公等諸侯在脩澤結盟，子駟到晉國作為人質。十一日，鄭成公被釋放回國。

晉景公夢見一個厲鬼，披著的長髮拖到地上，搥胸頓足，說：「你殺了我的子孫，沒有道義，我請求上帝，已得到允許，可為子孫報仇！」厲鬼毀掉宮殿大門和到內宮的二門而走了進來。晉景公害怕，躲進內室。厲鬼又毀壞了內室的門走進來。晉景公做夢醒來，就召見桑田的巫人。巫人所說的和晉景公夢見的情況一樣。晉景公說：「怎麼辦呢？」巫人說：「國君吃不到新收的麥子了。」晉景公疾病轉重，到秦國尋求醫生。秦桓公派名醫緩給晉景公治病。醫緩還沒到達時，晉景公又夢見疾病變成兩個小孩，一個說：「他是個名醫，怕要傷害我們，逃往哪兒好呢？」另一個說：「我們待在肓的上面，膏的下面，能拿我們怎麼辦？」醫緩來診斷後說：「病無法治了，病在肓的上邊，膏的下邊，用灸攻治到不了那兒，用針達不到那兒，用藥劑藥力到不了那兒，不能治好了。」晉景公說：「真是良醫啊！」於是送給他豐厚的禮物讓他回去。六月初六日，晉景公想吃新麥，讓管公田的甸人進獻新麥，讓管膳食的饋人做成麥食。景公把桑田巫人召來，把煮好的麥食給他看，而後殺了他。景公正要進食，突然肚子發脹，就上廁所去，不料跌入糞坑而死。有個侍候景公的宦官早晨做夢背著晉景公登天，到中午，他從廁所中揹出晉景公，於是就把他給晉景公殉葬了。

鄭成公誅伐立新君的人，六月初八日，殺了叔申、叔禽。君子說：「忠誠是美德，但所忠的人不合適就不可以為他效忠，何況他又不好呢？」

秋季，魯成公到晉國去。晉國人強留魯成公，使他給晉景公送葬。這時出使楚國的羅茷還沒有返回晉國。冬季，晉國安葬晉景公。魯成公送葬，沒有別的諸侯在場。魯國人以為這是恥辱，所以《春秋》不加記載，是為了隱諱國恥。

【說　明】去年秋，晉國把鄭成公拘囚在銅鞮。今年鄭大夫聽從叔申出謀，假裝改立新君，逼晉釋放鄭成公。五月，晉厲公會同魯、齊、宋、衛、曹五國諸侯伐鄭，鄭求和，與晉國盟於脩澤。鄭成公被釋放回國，就殺死謀立新君的叔申、叔禽。叔申忠非其人，自己反而成了犧牲品。效忠也真得看看對象如何。

本傳記晉景公有疾，因夢見厲鬼而病重，及至病死的過程。傳文寫了三件夢應的事。一是景公夢見厲鬼來為其子孫復仇，此鬼是趙同、趙括先祖的幻影，因晉景公聽信莊姬讒言而殺趙氏、滅其族，故來作祟復仇。景公召巫人占夢，巫人說的與景公夢見的一個樣，並預言他活不久，吃不上新麥。二是景公夢見疾病變成二豎子，躲入膏肓之間以避名醫針藥。及良醫至，所言又與夢境相符，良醫無法治療。六月初六日景公將食新麥，召巫人，示以所饋新麥而殺之。但他到底仍沒吃上新麥，就腹脹而暴死廁中。三是小臣「夢負公而登天」，所以負晉侯出廁而被活殉，應驗了「登天」的夢。古人相信占夢可知未來禍福，然如此靈驗的三夢，實出於傳說與史家的虛構，並不足信。杜注云：「巫以明術見殺，小臣以言夢自禍。」此言並非闡明傳旨，乃杜氏有感而發，即莊子所謂「不材」則得終其天年之意。又，盛如梓《庶齋老學叢談》云：「晉景公病，將食麥，張，如廁，陷而卒。國君病，何必如廁？假令如廁，豈能遽陷而卒？此皆文勝其實，良可發笑！」意謂國君內寢必有便器，如《周禮·天官》所謂之褻器，無須外出就廁。然景公病死乃是「其實」，而「文勝其實」，方能「良可發笑」。這正是此章傳文文學價值之所在，後世之作史傳者，實可以為借鑑。

十一年

辛巳，西元前五八〇年。周簡王六年、齊靈公二年、晉厲公州蒲元年、秦桓公二十五年、楚共王十一年、宋共公九年、衛定公九年、陳成公十九年、蔡景公十二年、曹宣公十五年、鄭成公五年、燕昭公七年、許靈公十二年、吳壽夢六年。

經 十有一年春王三月，公至自晉。

晉侯使郤犨來聘，己丑，及郤犨盟。

夏，季孫行父如晉。

秋，叔孫僑如如齊。

冬，十月。

傳 十一年春王三月，公至自晉❶。晉人以公為貳於楚，故止公❷。公請受盟，而後使歸。

郤犨❸來聘，且涖盟❹。

聲伯之母不聘❺。穆姜❻曰：「吾不以妾為姒❼。」生聲伯而出之❽，嫁於齊管于奚，生二子❾而寡，以歸聲伯。聲伯以其外弟為大夫，而嫁其外妹於施孝叔❿。郤犨來聘，求婦於聲伯。聲伯奪施氏婦以與之。婦人曰：「鳥獸猶不失儷⓫，子將若何⓬？」曰：「吾不能死亡⓭。」婦人遂行。生二子於郤氏。郤氏亡⓮，晉人歸之施氏，施氏逆諸河⓯，沉其二子⓰。婦人怒曰：「己不能庇其伉儷而亡之⓱，又不能字⓲人之孤而殺之，將何以終？」遂誓施氏⓳。

夏，季文子⓴如晉報聘㉑，且涖盟也。

周公楚㉒惡惠、襄之偪㉓也，且與伯與㉔爭政，不勝，怒而出。及陽樊㉕。王使劉子㉖復之，盟于鄄㉗而入。三日復出，奔晉。

秋，宣伯㉘聘于齊，以脩前好。

晉郤至㉙與周爭鄇田㉚，王命劉康公、單襄公㉛訟諸晉㉜。郤至曰：「溫，吾故也㉝，故不敢失。」劉子、單子曰：「昔周克商，使諸侯撫封㉞，蘇忿生㉟以溫為司寇，與檀伯達封于河㊱。蘇氏即狄，又不能於狄而奔衛㊲。襄王勞文公而賜之溫㊳，狐氏、陽氏先處之，而後及子㊴。若治其故㊵，則王官之邑㊶也，子安得之？」晉侯使郤至勿敢爭。

宋華元42善於令尹子重43，又善於欒武子44。聞楚人既許晉糴茷成45，而使歸復命矣。冬，華元如楚，遂如晉，合晉、楚之成46。

秦、晉為成，將會于令狐47。晉侯先至焉。秦伯不肯涉河，次于王城48，使史顆盟晉侯于河東。晉郤犨盟秦伯于河西。范文子49曰：「是盟也何益？齊盟所以質信50也，會所51，信之始也。始之不從，其可質乎？」秦伯歸而背晉成52。

【注釋】❶公至自晉　魯成公從晉國回到魯國。去年七月成公至晉，被扣留，至此放歸，歷時九個月。❷晉人以公為貳二句　晉國人以為魯成公兩屬於楚國，所以扣留他。貳，兩屬。動詞。魯成公四年欲與楚交好，晉人或因此疑魯一面從屬於晉，一面又從屬於楚。止，使留下。❸郤犨　晉國大夫，郤豹曾孫，郤克從祖兄弟。上文「公請受盟」，故晉使郤犨來魯結盟。❹涖盟　締結盟約。涖，「蒞」的異體字。臨；到。❺聲伯之母不聘　聲伯的母親不是行媒聘娶的。聲伯是叔肸之子，文公之孫，又稱公孫嬰齊，其母為叔肸之妾。《禮記》「聘則為妻」，不聘則為妾。❻穆姜　魯宣公夫人。叔肸是宣公同母弟，故穆姜與聲伯之母為妯娌。❼不以妾為姒　不承認叔肸之妾為弟婦。這是賤視妾的觀念。姒，姒婦，俗稱嫂嫂。妯娌之間，年長者為姒，年幼者為娣，姒娣依本人年齡，不必依其丈夫年齡。故孔疏云，雖是弟妻，年長於兄妻，兄妻稱之為姒。❽出之　謂叔肸把妾休棄。❾二子　據下文是一男一女。古時女兒亦稱「子」。此二子是聲伯的同母異父的弟妹，故下文稱弟為外弟，稱妹為外妹。❿施孝叔　魯大夫。杜注：「孝叔，魯惠公五世孫。」聲伯之母被休出嫁管氏，及外妹嫁施氏皆為往年事，外妹嫁郤犨始是本年事。⓫儷　伉儷；夫妻配偶。⓬子將若何　你將怎麼辦。以上二句是婦人問其夫施孝叔。⓭不能死亡　不能為此被殺或被驅逐逃亡。即不能不答應。⓮郤氏亡　郤犨一族被滅，事見成公十七年傳。此下傳文為探後而先記之。⓯逆諸河　到黃河邊迎接她們母子。逆，迎。⓰沈其二子　把她的兩個孩子沉入黃河中淹死。⓱亡之　讓她出亡；丟棄她。亡，失；出走。⓲字　養育；慈愛。⓳遂誓施氏　就發誓離開施氏，不做施孝叔的妻子。⓴季文子　魯國上卿，即季孫行父，為季孫氏，諡文。㉑報聘　回訪。是對「郤犨來聘」的回聘。㉒周公楚　周王卿士，名楚，周公閱的後代。㉓惡惠襄之偪　厭惡周惠王、周襄王後代族人的逼迫。偪，同「逼」。㉔伯與　周王的卿大夫，《釋文》作「伯輿」。和襄公十年傳之伯輿或是一人。㉕陽樊　晉邑，又單稱樊，在今河南省濟源市東南約二十里之古陽城。㉖劉子　即劉康公，又稱王季子，《公羊傳》謂為周匡王之子，周定王之弟。為王室卿士，食邑於劉（在今河南省偃師市南），謚康。㉗鄄　周邑，在今河南省孟津縣西。㉘宣伯　魯卿，即叔孫僑如。㉙郤至　晉大夫，郤豹玄孫，郤克的族姪，又稱溫季。後被晉厲公所殺。見成公十七年傳。㉚鄇田　鄇邑的田地。鄇是溫的別邑，在今河南省武陟縣西南十五里。㉛單襄公　周王卿士，單戴公之子。下稱單子。㉜訟諸晉　到晉厲公面前訴訟，爭是非曲直。㉝溫吾故也　溫邑本來是我郤氏的食邑。溫，晉地，在今河南省溫縣南。㉞撫封　有封地。撫，猶「有」。㉟蘇忿生　周武王時為王室卿士，官司寇，掌刑法，封於溫，又稱溫子。㊱檀伯達封于河　因封於檀而以為氏。檀，在今河南省濟源市境，與溫邑同在黃河北岸，故云「封于河」。見莊公十九年傳。㊲蘇氏即狄二句　蘇忿生的後代背叛周莊王（西元前六九六年即位），親近狄人，又與狄人不和，逃往衛國。見莊公十九年、僖公十年傳注。狄人滅蘇氏，溫仍為周邑。即，就；靠近。不能，不相得；不和協。㊳襄王勞文公句　周襄王因晉文公勤王有功，慰勞文公，賜給溫邑。見僖公二十五年傳。㊴狐氏陽氏二句　晉國先後將溫邑賜給狐溱（狐毛之子）、陽處父作食邑，見僖公二十五年傳及文公六年傳，晉景公時始將溫邑與郤至為食邑。㊵治其故　查究溫邑原本封給誰。㊶王官之邑　周王屬官的封邑。㊷華元　宋國上卿，掌國政已三十年。㊸子重　楚莊王弟，名嬰齊，官令尹，掌國政。㊹欒武子　即欒書，晉上卿，掌國政。㊺許晉糴茷成　同意晉國大夫糴茷的和議。糴茷在去年春使楚。㊻合晉楚之成　促使晉、楚和好。合，和。成，和議。㊼令狐　晉邑，在今山西省臨猗縣西，在黃河之東，故下稱河東。㊽王城　秦邑，在今陝西省大荔縣東，在黃河西岸。㊾范文子　即士燮，晉上軍副帥，士會之子，食邑於范，謚文。㊿齊盟所以質信　齋戒盟誓，就是為了用來取得信任。齊，通「齋」。古人盟誓必先齋戒。質信，古代交換人質以取信，故質信同義，用作動詞。下文「其可質乎」即「豈可信乎」。(51)會所　約定會盟的處所。(52)背晉成　背棄和晉國達成的盟約。

【語　譯】魯成公十一年春季，周王曆法的三月，魯成公從晉國回來。晉國人以為魯成公兩屬於楚國，所以扣留了他。魯成公請求接受盟約，然後晉方讓他回國。

晉國的郤犨來魯國聘問，而且來締結盟約。

聲伯的母親早先沒有舉行媒聘之禮，只是宣公母弟叔肸的妾。魯宣公夫人穆姜說：「我不能把妾看作弟婦。」聲伯的母親生了聲伯以後就被休棄了，再嫁給齊國的管于奚，生了兩個孩子以後又成為寡婦，就把兩個孩子給聲伯撫養。聲伯讓異父兄弟做了大夫，又把他的異父妹妹嫁給施孝叔。今年郤犨來魯國聘問，向聲伯求取妻子。聲伯把施氏的妻子即異父之妹奪過來給了郤犨。這個婦人問丈夫說：「鳥獸尚且不肯失散配偶，你打算怎麼辦？」施孝叔答道：「我不能為妳而被殺或者逃亡。」這婦人就只好隨郤犨去晉國。在郤犨那裏生了兩個孩子。後來郤氏一族被殺滅，晉國人又把她還給施氏。施孝叔到黃河邊迎接她，把她的兩個孩子沉入黃河淹死了。婦人發怒說：「自己不能保護自己的妻子而讓她出亡，又不能養育、愛護別人的孤兒而殺死他們，你怎麼能有好結果？」就發誓不再做施氏的妻子。

夏季，魯國的季文子到晉國去回訪聘問，同時也參加結盟。

周室卿士周公楚厭惡周惠王、周襄王後代王族的逼迫，還因為和伯輿爭權沒有得勝，一怒之下就離開王城，到達陽樊。周簡王派劉康公去讓周公楚回來，在鄄地結盟而後回到王城。三天後周公楚又出走，逃奔到晉國。

秋季，魯國的宣伯到齊國聘問，以重修過去的友好關係。

晉國的郤至和周王室爭奪鄇邑的田地，周簡王命令劉康公、單襄公到晉國去爭訟。郤至說：「溫邑地方，本來就是我的封邑，所以不敢丟失。」劉康公、單襄公說：「從前周朝攻克商朝，讓諸侯據有封地。蘇忿生有了溫邑，做王室的司寇，和檀伯達一起分封在黃河岸邊。後來蘇忿生的子孫親近狄人，背叛周王，又同狄人不和而逃奔到衛國。周襄王慰勞晉文公，將溫邑賜給了他。晉國狐氏、陽氏先後居住在那裏，然後才輪到你郤氏。如果要查究過去溫邑屬於誰，那它是周天子屬官的封邑，你怎麼能得到它？」晉厲公下令使郤至不要爭奪。

宋國的華元和楚國的令尹子重友好，又和晉國執政的欒武子友好。他聽到楚國人已同意晉國大夫羅茷的和議，讓羅茷回國復命了。冬季，華元到楚國，接著又到晉國，以促成晉、楚和好。

秦、晉兩國為了和好，準備在令狐相會。晉厲公先到達。秦桓公不肯渡過黃河，住在河西的王城，派大夫史顆到河東來和晉厲公會盟。晉國的郤犨到河西和秦桓公會盟。晉國的范文子說：「這樣的會盟有什麼好處？齋戒盟誓就是為了互相信任。約定會盟的處所，這是信任的開始。開始就不信服，盟約難道可以相信嗎？」秦桓公回去就背棄了和晉國締結的盟約。

【說　明】晉厲公即位，繼續執行晉景公時的外交政策，努力改善與諸侯國的關係。成公九年晉釋放楚囚鍾儀，讓他回去促成晉、楚和解，去年楚、晉互派大夫議和結盟，今年宋國老臣華元又作調停，明年晉、楚「盟于宋西門之外」。今年晉又尋求與秦和好，將會盟於令狐，秦桓公雖缺乏誠意，不肯渡河，只派大夫至河東會盟，在政治上使晉佔了上風。晉與楚、與秦結盟，互相制約了圖霸和侵伐。晉人一向以齊、秦、狄、楚為四強，至此均與晉和好。這有利於中原各國的穩定。

晉國郤犨到魯國聘問，向魯文公之孫、魯成公從弟聲伯求婦。聲伯將異父之妹、施孝叔之妻給了郤氏。由此傳文不拘編年體例，補敘往事並連及六年後的史事。聲伯之母是他父親叔肸之妾，生聲伯後就被遺棄，改嫁齊國管氏，生了一子一女。管氏死後，孤兒寡母無所依靠，歸魯從聲伯為生。聲伯將異父之妹嫁給施孝叔，施氏無能。到今年聲伯又將此女強奪給郤犨為妻。此女無奈，只得聽任處置，隨郤氏去晉國，生有二子。六年後郤氏族滅，晉人將此女及其二子送回魯國施氏，施氏竟沉二子於黃河。至此，她憤怒地斥責施氏既不能庇護自己的妻子，又不能慈愛別人的孤兒，連禽獸都不如，遂發誓不復為其婦。這則故事寫了兩個棄婦的悲慘命運和不幸遭遇，她倆如何了此殘生，傳文未言，但已充分反映出宗法制度下婦女地位的低下，至於庶民百姓中的勞動婦女，其命運之悲慘更是不堪設想。古時的許多棄婦詩就是在這生活背景下產生的。

十二年

壬午，西元前五七九年。周簡王七年、齊靈公三年、晉厲公二年、秦桓公二十六年、楚共王十二年、宋共公十年、衛定公十年、陳成公二十年、蔡景公十三年、曹宣公十六年、鄭成公六年、燕昭公八年、許靈公十三年、吳壽夢七年。

經 十有二年春，周公出奔晉。

夏，公會晉侯、衛侯于瑣澤。

秋，晉人敗狄于交剛。

冬，十月。

傳 十二年春，王使以周公之難❶來告。書曰「周公出奔晉」。凡自周無出，周公自出故也❷。

宋華元克合晉、楚之成❸。夏五月，晉士燮❹會楚公子罷、許偃。癸亥❺，盟于宋西門之外，曰：「凡晉、楚無相加戎，好惡同之，同恤菑危❻，備救凶患。若有害楚，則晉伐之；在晉，楚亦如之❼。交贄❽往來，道路無壅，謀其不協，而討不庭❾。有渝此盟，明神殛❿之，俾隊其師，無克胙國⓫。」鄭伯如晉聽成⓬，會于瑣澤⓭，成故也。

狄人間宋之盟⓮以侵晉，而不設備。秋，晉人敗狄于交剛⓯。

晉郤至⓰如楚聘，且涖盟。楚子⓱享之，子反相⓲，為地室而縣焉⓳。郤至將登，金奏⑳作於下，驚而走出。子反曰：「日云莫矣㉑，寡君須㉒矣，吾子其入也。」賓曰：「君不忘先君之好，施及下臣，貺㉓之以大禮，重之以備樂㉔。如天之福，兩君相見，何以代此？下臣不敢。」子反曰：「如天之福，兩君相見，無亦唯是一矢以相加遺㉕，焉用樂？寡君須矣，吾子其入也。」賓曰：「若讓㉖之以一矢，禍之大者，其何福之為？世之治也，諸侯間於天子之事㉗，則相朝也，於是乎有享宴之禮。享以訓共儉㉘，宴以示慈惠。共儉以行禮，而慈惠以布政。政以禮成，民是以息。百官承事，朝而不夕㉙，此公侯之所以扞城其民㉚也。故《詩》曰：『赳赳武夫，公侯干城。』㉛及其亂也，諸侯貪冒㉜，侵欲不忌，爭尋常以盡其民㉝，略㉞其武夫，以為己腹心、股肱、爪牙㉟。故《詩》曰：『赳赳武夫，公侯腹心。』天下有道，則公侯能為民干城，而制其腹心。亂則反之。今吾子之言，亂之道也，不可以為法。然吾子，主也，至敢不從？」遂入，卒事。歸以語范文子，文子曰：「無禮，必食言，吾死無日矣夫㊱！」

冬，楚公子罷如晉聘，且涖盟。十二月，晉侯及楚公子罷盟于赤棘㊲。

【注釋】❶王使句　周公名楚，為周王卿士，因遭惠王、襄王後代族人逼迫，於上年夏出奔晉國。今年周簡王遣使來告知魯國，故《春秋》記載「周公出奔晉」。❷凡自周無出二句　凡是王室之臣外逃的不能說「出」，周公楚是自己出逃，所以用

「出」字。言外謂周公楚自絕於周，故經書「出」字。❸華元克合晉楚之成　宋國老臣華元能夠促成晉、楚和好。見上年傳。❹士燮　晉卿，即范文子。見下文。❺癸亥　五月初四日。❻同恤菑危　共同救濟有災難危亡的諸侯國。菑，同「災」。❼在晉楚亦如之　若有危害晉國的，楚國也這樣攻打他。❽交贄　使者交往送禮。古時使者聘問必送禮物，禮物謂「贄」。❾不庭　不朝。指不朝晉、楚的諸侯。杜注：「討背叛不來王庭者。」❿殛　誅殺。⓫俾隊其師二句　使他的軍隊覆滅，不能保有國家。以上誓詞亦見僖公二十八年傳。隊，同「墜」。胙，祭肉。用作動詞。祭祀。諸侯不能祭祀社稷即失其國。⓬聽成　接受和約。杜注：「聽，受也。晉、楚既成，鄭往受命。」⓭瑣澤　晉地，又稱沙澤，王夫之謂在今河北省涉縣。一說在今河北省大名縣北。據傳當是晉地，王說可信。又據經文，會於瑣澤的是晉厲公、魯成公、衛定公。蓋鄭成公亦會於瑣澤，而經文未書。⓮間宋之盟　乘晉國在宋國結盟的空子。間，縫隙。用作動詞。鑽空子。乘間侵晉之狄當是白狄。⓯交剛　在今山西省隰縣境。⓰郤至　晉大夫，郤克族姪。⓱楚子　楚共王。楚始封君為子爵，故經傳稱其君為楚子，不稱楚王。⓲子反相　子反任贊禮官，主持宴享之禮。子反，楚國司馬，名側。⓳為地室而縣焉　在地下室懸掛鐘鼓等樂器。地室當在堂下，故郤至登堂能聞其樂。縣，同「懸」。⓴金奏　金指鐘鎛。奏九種「夏樂」，先擊鐘鎛，後擊鼓磬，謂之金奏。此金奏，應是奏「九夏」樂曲之一的「肆夏」，春秋時諸侯相見用此樂。㉑日云莫矣　日暮了。云，句中助詞。莫，同「暮」。按聘禮始於晨，終於午前，故此日暮僅表示時間不早，日將正中之意。㉒須　等待。㉓貺　賜。㉔重之以備樂　加賜我預備好的金奏（鐘鼓之樂）。㉕無亦唯是句　無非也只是用一支箭彼此相贈。加遺，同義詞連用。句意謂晉、楚兩君唯戰爭始相見。㉖讓　讀作「饟」，即「餉」，以酒食款待。㉗間於天子之事　完成天子使命後的閒暇之時。間，同「閒」、「閑」。㉘享以訓共儉　享禮雖設酒肉，但並不能吃喝，故謂用以教導恭敬節儉。宴禮則稱折俎，賓主可以飲酒吃肉。見宣公十六年傳注。共，同「恭」。㉙百官承事二句　百官奉命辦事，早上朝見君主，晚上無事就不必朝君。㉚所以扞城其民　這是用來捍衛百姓的措施。所，代詞，指上述做法。扞城，同義詞連用。保衛。㉛故詩曰三句　見《詩經・周南・兔罝》，意謂雄赳赳的武士，是公侯的捍衛之臣。赳赳，威武貌。干城，即扞城。下文引《詩》「赳赳武夫，公侯腹心」亦〈兔罝〉句。郤至將《詩》分為兩截，有正反不同之義，是古人斷章取義，與詩原意不相合。㉜貪冒　同義詞連用，冒亦貪婪之義。㉝爭尋常句　意謂為爭奪尺寸之地而使所有的百姓盡全力作戰。尋常，八尺為尋，二尋為常，指尺寸之地。㉞略　取。㉟爪牙　得力的武將，與「股肱」義近。古時「爪牙」無貶義。㊱吾死無日矣夫　我們離死日不遠了。這是預料晉、楚又將大戰。㊲赤棘　晉地，在今山西省翼城縣境。

【語　譯】魯成公十二年春季，周簡王遣使者來魯國告知周公楚禍難的事，故《春秋》記載說「周公出奔晉」。凡是從周王朝外逃的，不能叫做「出」，周公楚自己要出逃，所以經文用「出」字。

宋國老臣華元能夠促成晉、楚兩國的和好。夏季五月，晉國的士燮會見楚國公子罷、大夫許偃。初四日，在宋國西門之外結盟，盟詞說：「晉、楚兩國，不能相互加兵侵伐，要好惡相同，一起救濟災難危亡，救援饑荒禍患。如有危害楚國的，晉國就攻打他；誰危害晉國，楚國也這樣攻打他。兩國使者交互往來，道路不要阻塞；商議不和的有矛盾的問題，討伐背叛晉、楚而不來朝見的諸侯。誰要違背盟約，神靈就要誅殺，使他的軍隊覆滅，不能祭祀、保有國家。」鄭成公到晉國去接受和約，和諸侯在瑣澤會見，這是由於晉、楚和好的緣故。

狄人乘晉國在宋國會盟的空子，去侵襲晉國，但自己又不設防備。秋季，晉國人在交剛地方打敗了狄人。

晉國的郤至到楚國去聘問，同時參加結盟。楚共王設享禮招待他，子反作贊禮官，在地下室懸掛了鐘鼓樂器。郤至將要登堂時，聽到地下演奏鐘鼓之樂，驚慌得退了出來。子反說：「時間不早了，我們國君在等著呢，您還是進去吧！」客人郤至說：「貴國君主不忘記先君的友好，這友好加到下臣，賜給下臣以隆重的禮儀，又特別加上預備好的鐘鼓之樂。如果上天賜福，兩國國君相見，還能用什麼禮儀來代替這個呢？下臣不敢當。」子反說：「如果上天降福，兩國國君相見，無非只是用一支箭彼此相贈，何用奏樂？我們國君等著呢，您還是進去吧！」客人郤至說：「如果用一支箭來款待國君，這是禍中的大禍，還有什麼福可說？當天下大治的時候，諸侯在完成天子使命的閒暇之時，就互相朝見，在這時就有享、宴的禮儀。享禮不飲酒吃肉，用來教導恭敬節儉；宴禮可以飲酒吃肉，用來表示慈愛恩惠。恭敬節儉是用來推行禮義的，而慈愛恩惠是用來施行政教的。政教靠禮來完成，百姓由此得到養息。百官奉命辦事，早上朝見君主，晚上無事就不再朝見，這就是公侯用來捍衛他的百姓的措施。所以《詩》說：『雄赳赳的武士，是公侯的捍衛之臣。』等到天下動亂的時候，諸侯貪婪，侵佔的欲望已無所顧忌，為爭奪尺寸之地而驅使所有百姓去作戰，選取武士作為自己的心腹、股肱、爪牙。所以《詩》說：『雄赳赳的武士，是公侯的心腹。』如果天下有道，公侯就能做百姓的捍衛，而控制他的心腹。天下動亂時，情況就反過來。現在您說的這種話，是動亂之道，不可用作法則。然而您是主人，我郤至豈敢不聽從？」於是就進入殿堂，完成享禮，辦好公事。郤至回國後把情況告訴范文子。文子說：「無禮的人，必然說話不算數。我們離開死日不遠了。」

冬季，楚國的公子罷到晉國聘問，同時參加結盟。十二月，晉厲公和楚公子罷在赤棘締結盟約。

【說明】宋國老臣華元力促晉、楚和好，今年五月，晉國的士燮（范文子）和楚國公子罷、許偃在宋國西門之外會盟。盟誓說得堂皇：晉、楚兩國不再兵戎相加。這是春秋時期晉、楚之間的第一次弭兵之會，史稱「華元弭兵」，在政治上互相制約了圖霸和侵伐，哪怕只是獲得短期的和平，也有利於中原各國的穩定和使人民免遭戰禍之苦。會盟之後，晉厲公就和魯成公、衛定公、鄭成公於瑣澤相會，讓他們接受盟約。秋季，晉國郤至又至楚聘問結盟。冬季，楚國公子罷又至晉聘問結盟。真是「交贄往來」，友好有加，但實際上這只是矛盾的暫時緩和，楚國並無誠意。「諸侯貪冒，侵欲不忌」，楚國的好戰分子如司馬子反之流正準備用「一矢以相加遺」，醞釀著新的大戰。四年後就爆發了晉、楚鄢陵之戰。

十三年

癸未，西元前五七八年。周簡王八年、齊靈公四年、晉厲公三年、秦桓公二十七年、楚共王十三年、宋共公十一年、衛定公十一年、陳成公二十一年、蔡景公十四年、曹宣公十七年、鄭成公七年、燕昭公九年、許靈公十四年、吳壽夢八年。

經 十有三年春，晉侯使郤錡來乞師。

三月，公如京師。

夏五月，公自京師，遂會晉侯、齊侯、宋公、衛侯、鄭伯、曹伯、邾人、滕人伐秦。

曹伯盧卒于師。

秋七月，公至自伐秦。

冬，葬曹宣公。

傳 十三年春，晉侯使郤錡❶來乞師，將事❷不敬。孟獻子❸曰：「郤氏其亡乎！禮，身之幹也；敬，身之基也❹。郤子無基。且先君之嗣卿❺也，受命以求師，將社稷是衛，而惰，棄君命也，不亡何為？」

三月，公如京師。宣伯❻欲賜❼，請先使。王以行人之禮禮焉❽。孟獻子從，王以為介❾，而重賄之❿。公及諸侯朝王⓫，遂從劉康公、成肅公⓬會晉侯伐秦⓭。成子受脤于社⓮，不敬。劉子曰：「吾聞之，民受天地之中以生，所謂命也⓯。是以有動作禮義威儀之則，以定命也。能者養以之福⓰，不能者敗⓱以取禍。是故君子勤禮，小人盡力。勤禮莫如致敬，盡力莫如敦篤⓲。敬在養神⓳，篤在守業。國之大事，在祀與戎⓴。祀有執膰㉑，戎有受脤，神之大節㉒也。今成子惰，棄其命矣。其不反乎？」

夏四月戊午㉓，晉侯使呂相絕秦㉔，曰：

昔逮我獻公及穆公相好㉕，戮力㉖同心，申之以盟誓㉗，重之以昏姻㉘。天禍晉國，文公如齊，惠公如秦㉙。無祿㉚，獻公即世㉛，穆公不忘舊德，俾我惠公用能奉祀于晉㉜。又不能成大勳㉝，而為韓之師㉞。亦悔于厥心，用集我文公，是穆之成也㉟。文公躬擐甲冑㊱，跋履㊲山川，踰越險阻，征㊳東之諸侯，虞、夏、商、周之胤㊴，而朝諸秦㊵，則亦既報舊德矣。鄭人怒君之疆埸，我文公帥諸侯及秦圍鄭㊶。秦大夫不詢于我寡君，擅及鄭盟㊷。諸侯疾之，將致命于秦㊸。文公恐懼，綏靜諸侯，秦師克還無害㊹，則是我有大造于西㊺也。

無祿，文公即世，穆為不弔，蔑死我君㊻，寡我襄公㊼，迭我殽地㊽，奸絕我好㊾，伐我保城㊿，殄滅我費滑(51)，散離我兄弟(52)，撓亂我同盟，傾覆我國家。我襄公未忘君之舊勳，而懼社稷之隕(53)，是以有殽之師(54)。猶願赦罪于穆公(55)。穆公弗聽，而即楚謀我(56)。天誘其衷，成王隕命，穆公是以不克逞志于我(57)。

穆、襄即世，康、靈即位(58)。康公，我之自出(59)，又欲闕翦我公室(60)，傾覆我社稷，帥我蝥賊，以來蕩搖我邊疆，我是以有令狐之役(61)。康猶不悛，入我河曲(62)，伐我涑川(63)，俘我王官(64)，翦我羈馬(65)，我是以有河曲之戰。東道之不通，則是康公絕我好也(66)。

及君之嗣也(67)，我君景公引領西望，曰：「庶撫我乎(68)！」君亦不惠稱盟(69)，利吾有狄難，入我河縣(70)，焚我箕、郜(71)，芟夷我農功(72)，虔劉(73)我邊陲，我是以有輔氏之聚(74)。君亦悔禍之延，而欲徼福于先君獻、穆(75)，使伯車(76)來命我景公曰：「吾與女同好棄惡(77)，復修舊德，以追念前勳。」言誓未就，景公即世，我寡君是以有令狐之會(78)。君又不祥(79)，背棄盟誓。白狄及君同州，君之仇讎，而我之昏姻也(80)。君來賜命曰：「吾與女伐狄。」寡君不敢顧昏姻，畏君之威，而受命于吏(81)。君有二心于狄(82)，曰：「晉將伐女。」狄應且憎，是用告我(83)。楚人惡君之二三其德(84)也，亦來告我曰：「秦背令狐之盟，而來求盟于我：昭告昊天上帝、秦三公、楚三王(85)曰：『余雖與晉出入(86)，余唯利是視。』不穀(87)惡其無成德，是用宣之(88)，以懲不壹。」諸侯備聞此言，斯是用痛心疾首(89)，暱就(90)寡人。寡人帥以聽命，唯好是求。君若惠顧諸侯，矜哀寡人，而賜之盟，則寡人之願也，其承寧諸侯以退(91)，豈敢徼亂？君若不施大惠，寡人不佞，其不能以諸侯退矣。敢盡布之執事(92)，俾執事實圖利之。

秦桓公既與晉厲公為令狐之盟，而又召狄與楚，欲道以伐晉(93)，諸侯是以睦於晉。晉欒書(94)將中軍，荀庚(95)佐之。士燮(96)將上軍，郤錡佐之。韓厥(97)將下軍，荀罃(98)佐之。趙旃將新軍(99)，郤至(100)佐之。郤毅御戎(101)，欒鍼為右(102)。孟獻子曰：「晉帥乘和(103)，師必有大功。」五月丁亥(104)，晉師以諸侯之師，及秦師戰于麻隧(105)。秦師敗績，獲秦成差及不更女父(106)。曹宣公(107)卒于師。師遂濟涇(108)，及侯麗(109)而還。迓晉侯于新楚(110)。

成肅公卒于瑕(111)。

【注釋】❶郤錡　晉卿，郤克之子，字駒伯。為上軍副帥。❷將事　處理政事；做事。❸孟獻子　即仲孫蔑，魯卿，為孟孫氏。❹禮身之幹也四句　孔疏：「幹以樹木為喻，基以牆屋為喻。」❺先君之嗣卿　先君指晉景公。郤克在晉景公時為正卿，掌國政。郤錡為其嗣子，為晉厲公之卿，故云嗣卿。❻宣伯　即叔孫僑如，魯卿，為叔孫氏。❼欲賜　欲得周簡王的賞賜。❽王以行人之禮禮焉　周王以對待外交官的禮節接待他。就是不予賞賜。此為宣伯欲去孟孫氏伏筆。下「禮」字為動詞，禮待。焉，之。指宣伯。❾介　從諸侯朝王，輔助諸侯行禮，傳達賓主之言的官員。此為上介。❿重賄之　厚賜禮物給他。因其為上介，故王厚賜之。賄，財物。用作動詞。⓫公及諸侯朝王　據經文可知，晉、齊、魯、宋、衛、鄭、曹、邾、滕九國諸侯伐秦。在伐秦之前，魯成公及八國諸侯朝見周簡王。⓬劉康公成肅公　二人都是周王卿士，下稱劉子、成子。劉康公即王季子，見成公十一年傳。傳言諸侯軍從劉康公、成肅公會晉侯伐秦，表示伐秦是奉周王旨意的。⓭伐秦　前年晉秦和好結盟，但秦桓公回去後就背棄盟約，勾結狄楚，合謀伐晉（見成公十一年傳及本傳下文）。故晉厲公會同八國諸侯伐秦，戰於麻隧。⑭受脤于社　在社廟接受祭肉。脤，祭祀用的生肉。《說文》作「祳」。社，土地神廟。昭公二十九年傳「后土為社」。古時出兵作戰，先祭社廟，以社肉分賜諸臣，謂之受脤。見閔公二年傳注。⑮民受天地之中二句　百姓受天地陰陽的中和之氣而降生，這就是所謂生命。⑯能者養以之福　動作（行為）能遵循禮義準則的人就得到幸福。之，致；得到。與下句「取」字相對為文。⑰敗　指毀壞準則，與上句「養」字相對為文。⑱敦篤　敦厚篤實。⑲養神　供奉神靈。⑳戎　兵戎之事。指戰爭。㉑祀有執膰　祭祀宗廟，就有分發祭肉之禮。膰，祭肉。《公羊傳・定公十四年》：「腥曰脤，熟曰膰。」㉒神之大節　謂執膰受脤都是與神靈交往的大禮。㉓戊午　初五日。㉔呂相絕秦　呂相即魏相，廚武子魏錡之子，食邑於呂，故稱呂相，又稱呂宣子。下文即〈呂相絕秦書〉，或為呂相執筆，或由呂相傳達，數秦之罪，宣告與秦絕交。㉕昔逮我句　從前到我晉獻公時和秦穆公相互友好。逮，及；到。㉖戮力　併力；合力。戮，通「勠」。㉗申之以盟誓　用盟誓表明友好。申，明。《春秋》三傳未見有載晉獻與秦穆之盟誓。㉘重之以昏姻　用婚姻來加強友好關係。重，加深；加強。昏，同「婚」。指晉獻公以女伯姬嫁給秦穆公為夫人，稱秦穆姬。㉙天禍晉國三句　上天降禍晉國，指獻公寵妃驪姬之亂，太子申生自殺。魯僖公五年，重耳（晉文公）奔狄，居狄十二年後奔齊，齊桓公以女妻之。魯僖公六年，夷吾（晉惠公）出奔梁，九年入秦，求入晉為君。呂相不書奔狄奔梁，而書如齊如秦，是藉大國以壯聲勢。㉚無祿　即不祿，命盡而不能再享祿位。此處猶言「不幸」。㉛即世　死的別稱。晉獻公之死在魯僖公九年。㉜俾我惠公句　使我晉惠公因此能回到晉國主持祭祀（即位為君）。用，以；因。秦納夷吾於晉為惠公見僖公九年、十年傳。㉝不能成大勳　謂秦國沒有完成擁立晉惠公的大業。㉞為韓之師　造成秦晉韓原之戰，晉惠公被俘。見僖公十五年傳。按，韓戰實由晉惠公背信食言，激怒秦國而致，責任在晉不在秦，呂相歸罪穆公，列為第一罪狀。㉟亦悔于厥心三句　秦穆公對發動韓原之戰，內心也後悔，因而成就我晉文公，護送他回國為君，這是秦穆公的功績。按，惠公死，穆公恨晉懷公私逃回晉即位，故納重耳於晉為君。見僖公二十三年、二十四年傳。厥，其。集，成全；成就。㊱躬擐甲冑　親自穿上甲衣，戴上頭盔。擐，穿。古時盔甲為皮製。杜注：「擐，貫也。在身曰甲，在首曰冑。」㊲跋履　猶言跋涉。杜注：「草行為跋。」㊳征　號令；召集。㊴虞夏商周之胤　指陳、杞、宋、魯等諸侯國。胤，後裔。㊵朝諸秦　使東方諸侯朝見秦國。諸，之於的合音詞。晉率諸侯朝秦，史籍無考，恐是虛誇之辭。㊶鄭人怒君之疆埸二句　鄭國人侵犯秦國的邊境，我晉文公率領諸侯和秦軍一起圍攻鄭國。怒，犯。疆埸，邊界。按，晉文公流亡至鄭，鄭文公不予禮待，且背晉助楚，故與秦圍鄭。見僖公三十年傳。書云鄭犯秦境，是不實之辭。文公圍鄭，亦未有「帥諸侯」之事，僅晉秦圍鄭。㊷秦大夫不詢于我寡君二句　謂秦國不與我國君商議，就擅自和鄭結盟。詢，謀；商量。秦鄭結盟事見僖公三十年傳燭之武退秦師。說秦大夫而不說穆公是委婉的外交辭令。㊸諸侯疾之二句　各國諸侯為此非常痛恨，要和秦國拚命。疾，憎恨。按，秦鄭結盟，對晉不利，但諸侯未必因此惡秦，欲攻秦軍者只是晉卿狐偃。㊹綏靜諸侯二句　謂晉反而說服諸侯，讓秦軍能安全回歸而不受傷害。綏靜，同「綏靖」。安撫，有「說服」之意。㊺有大造于西　有大功德於秦國。㊻文公即世三句　魯僖公三十二年晉文公去世，秦穆公不懷好意，蔑視我先君文公。不弔，不善。見成公七年傳注。㊼寡我襄公　侮慢我晉襄公。寡，意動用法。以為寡弱可欺。襄公，文公子。㊽迭我殽地　侵襲我殽山之地。迭，借作「軼」，突襲，即隱公九年傳之「侵軼」。按，僖公三十三年傳，秦潛師襲鄭，途經晉之殽山，未行假道之禮，然並未襲晉。㊾奸絕我好　指斷絕鄭國與我同盟友好的關係。奸，借作「扞」，排斥；隔絕。我好，即「我同好」，同盟友好之國。指鄭國。㊿保城　同義詞連用。保，同「堡」。小城。按，秦軍過殽，前傳未言伐晉城堡。(51)殄滅我費滑　滅亡我滑國。費，滑國都城，在今河南省偃師縣緱氏鎮。秦滅滑見僖公三十三年傳，其地後人於晉。(52)兄弟　鄭、滑與晉同是姬姓國，又是同盟國，故稱兄弟。(53)隕　傾覆。(54)殽之師　殽山之戰。見僖公三十三年傳。秦襲鄭未成，回軍至殽山時遭晉軍伏擊，秦全軍覆滅。而此言晉國是為防禦秦傾覆其國家，萬不得已而出師於殽。這也是強為飾詞。(55)猶願赦罪句　謂秦穆公雖如此無禮，我晉襄公仍希望穆公釋憾，赦晉於殽山敗秦之罪。(56)即楚謀我　親近楚國，圖謀攻打我國。即，就；靠近。按，楚大夫鬬克（即申公子儀）本囚於秦（見僖公二十五年傳）。秦在殽山戰敗後，便放鬬克歸楚，以求與楚和好，謀攻晉國。見文公十四年傳。(57)天誘其衷三句　上天有眼，楚成王喪命，因此秦穆公謀害晉國的陰謀不能得逞。誘，啟；開。衷，內心。天啟其衷，意謂上天也不願秦楚合謀攻晉。楚成王為其子商臣所殺，見文公元年傳。逞志，快意；滿足心願。以上歷數秦穆公之罪。(58)穆襄即世二句　秦穆公、晉襄公去世（同在魯文公六年），秦康公、晉靈公即位。(59)康公二句　康公自我出。秦康公是晉獻公之女穆姬所生，是晉國外甥。(60)闕翦我公室　損害、削弱我晉國公室。(61)帥我蝥賊三句　意謂秦康公率領我晉國的敗類公子雍，以便來動蕩我國的邊疆，因此我國有令狐之役的保衛戰。蝥賊，《爾雅・釋蟲》謂吃禾苗根的害蟲是蝥，吃禾苗節的害蟲叫賊，後常喻指禍害國家的奸賊，此指公子雍。按，晉襄公死後，因太子夷皋年幼，趙盾欲立晉文公之子、襄公庶弟公子雍。雍一直寄居秦國，故晉遣大夫至秦迎立。秦康公護送公子雍回國。但這時因夷皋之母穆嬴的反對和迫於宗法勢力，趙盾背棄公子雍而立夷皋為晉靈公，並領兵敗秦軍於令狐（今山西省臨猗縣西）。事見文公七年傳。此書反指公子雍為蝥賊，責秦顛覆云云，是誣枉之辭。(62)河曲　晉地名，在今山西省永濟市東南，黃河在此由南流折向東流，故名河曲。秦入侵河曲見文公十二年傳。(63)涑川　指晉邑涑水城，在今山西省永濟市東北二十六里，屬河曲地區。前傳不見秦伐涑川之事。(64)王官　晉邑，在今山西省聞喜縣西。秦劫掠王官，事見文公三年傳。(65)翦我羈馬　羈馬，晉邑，在今山西省永濟市南三十六里。秦攻取羈馬，晉為此出兵戰於河曲，見文公十二年傳。(66)東道之不通二句　意謂秦與函谷關以東諸侯不相往來，道路不通，那是秦康公自己斷絕同我晉國友好所造成的，責任在秦。以上歷數秦康公之罪。(67)及君之嗣也　等到秦桓公即位以後。按，秦康公死，子共公立，在位四年而亡，其子桓公即位。秦共公、晉成公時兩國無事，故未言及。下文數秦桓公之罪，始是絕秦書正旨。(68)庶撫我乎　秦或許會撫恤我晉國了吧。(69)不惠稱盟　不肯施加恩惠，與晉結盟。稱，舉；行。(70)利吾有狄難二句　利用我國有狄人入侵的禍難，入侵我國黃河邊的縣邑。按，晉滅赤狄潞氏，見宣公十五年傳。滅狄而說「有狄難」，是故意歪曲真相以誇大秦人侵河縣之罪。(71)箕郜　都是晉邑。箕邑在今山西省蒲縣東北之箕城。郜邑，當距箕不遠。秦焚箕郜，前傳未見所載。(72)芟夷我農功　收割我國的農作物。芟夷，即芟刈，同義詞連用，指割取莊稼。(73)虔劉　殺戮。指屠殺晉邊境人民。(74)輔氏之聚　在輔氏集結軍隊。輔氏，晉地，在今陝西省大荔縣東，朝邑鎮西北。秦伐晉，晉大夫魏顆大敗秦軍於輔氏。見宣公十五年傳。(75)徼福于先君獻穆　向先君晉獻公、秦穆公求福。即恢復往昔獻、穆相好時的局面。徼，求。(76)伯車　秦桓公之子，名鍼，又稱后子。(77)吾與女同好棄惡　我和你共同友好，拋棄仇恨。女，同「汝」。你。(78)令狐之會　晉厲公本想與秦桓公會盟於令狐，但秦桓公臨時變卦，不肯過黃河，而派大夫過河會盟。見成公十一年傳。(79)不祥　不懷好意。(80)白狄及君同州三句　白狄和秦君同居雍州，他們是秦君的仇敵，卻是我晉國的姻親。州，指雍州，包括今陝、甘二省及青海省的一部分。仇讎，仇敵。昏姻，同「婚姻」。僖公二十三年傳載，白狄獲赤狄廧咎如之女季隗，嫁與重耳（晉文公）。季隗是赤狄。史傳未言晉與白狄通婚。(81)受命于吏　給官吏下達命令。即準備與秦共伐白狄。受，讀作「授」。(82)君有二心于狄　謂秦君又對狄表示友好。即施展兩面派手法，挑撥晉、狄關係。有，同「又」。(83)狄應且憎二句　狄人表面應承，接受秦君之言，實則憎惡秦君，因此把秦君的話告訴我晉國。應，接受。見王引之《述聞》。是用，是以；因此。(84)二三其德　其行為反覆無常，言行不一。即下文所謂「無成德」、「不壹」。二三，用作動詞。德，指行為。按，去年晉楚和解，故楚轉以告晉，揭發秦罪。(85)秦三公楚三王　指秦國穆公、康公、共公，楚國成王、穆王、莊王。(86)出入　往來。(87)不穀　不善，楚共王謙稱自己。(88)宣之　宣告其言。即予以揭露。以上是數秦桓公之罪。(89)痛心疾首　痛恨到極點。(90)暱就　親近。暱，同「昵」。(91)其承寧諸侯以退　將使諸侯安定下來，讓他們退兵。承寧，止息眾怒，使之安靜。(92)執事　對方左右侍從、供使令的辦事人員，用以敬稱對方。不稱秦君而稱執事，是外交辭令。(93)秦桓公既與晉厲公為令狐之盟三句　此三句為傳文坐實秦罪。道，同「導」。引導；帶領。(94)欒書　晉正卿，欒枝之孫，又稱欒武子，掌國政，率領中軍，為三軍元帥。95荀庚　晉卿，荀林父之子，又稱中行伯，為中軍副帥。荀林父稱中行桓子，其後以中行為氏。96士燮　晉卿，士會之子，又稱范文子，為上軍帥。97韓厥　晉卿，韓簡之孫，又稱韓獻子，為下軍帥。98荀罃　晉卿，荀首之子，字子羽，又稱知罃、武子罃，為下軍副帥。99趙旃將新軍　趙旃，趙穿之子，率領新軍。成公三年傳載，晉作六軍，在原有上中下三軍外，擴編新上軍、新中軍、新下軍。而此統稱新軍，似新三軍已合為一軍。100郤至　晉卿，郤克族姪，又稱溫季，為新軍副帥。101郤毅御戎　郤毅，郤至之弟，又稱步毅，為主帥欒書駕御戰車。居車左。102欒鍼為右　欒書之子欒鍼作主帥的車右。103晉帥乘和　晉軍將士和睦。乘，兵車。指甲士。104丁亥　初四日。105麻隧　秦地，在今陝西省涇陽縣北。106成差及不更女父　都是秦大夫。不更為官名，職位較高。劉劭《爵制》云：「不更者為車右。」秦商鞅以後，不更只是四級爵，士之最高級，而此為大夫，名女父。107曹宣公　曹國第十八代君主，名盧，曹文公壽之子。108濟涇　渡過涇水。涇水源於今甘肅省固原縣，東流至平涼，至涇川入陝西省，過涇陽縣南，注入渭水。109侯麗　秦地，在今陝西省禮泉縣境。時秦都雍城（今陝西省鳳翔縣南），晉軍至侯麗，距雍都約二百餘里。110迓晉侯于新楚　軍隊得勝後到新楚迎接晉厲公。迓，迎候。新楚，秦地，在今陝西省大荔縣東之朝邑鎮。諸侯當留於新楚，未至麻隧。111瑕　晉邑，在今河南省陝縣以南四十里。

【語　譯】魯成公十三年春季，晉厲公派郤錡到魯國來求魯國出兵伐秦，但他辦事不恭敬。魯卿孟獻子說：「郤氏恐怕要滅亡了吧！禮義是身體的軀幹，恭敬是身體的基礎。郤子沒有了基礎，而且作為先君的嗣卿，接受命令來請求出兵，要保衛國家，但卻怠惰，這是不顧國君的命令，不滅亡還做什麼？」

三月，魯成公到京師洛邑去。宣伯想得到周王的賞賜，請求先行出使。周簡王用對待普通外交官的禮儀接待他。孟獻子跟從魯成公，周簡王把他作為上介而厚賜禮物。魯成公和諸侯朝見周簡王，接著就跟從王室卿士劉康公、成肅公會合晉厲公一起進攻秦國。成肅公在社神廟接受祭肉時，態度不恭敬嚴肅。劉康公說：「我聽說：百姓得到天地的中和之氣而降生，這就是所謂的生命。因此就有行為、禮義、威儀的準則，用來安定天命。能力強的人遵循這些法則就可得福，沒有能力的人敗壞這些法則就自取災禍。所以君子勤於禮法，小人竭盡勞力。勤於禮法莫過於恭敬，竭盡勞力莫過於敦厚篤實。恭敬就表現在供奉神靈，篤實就表現在安守本分。國家的大事就在於祭祀和戰爭。祭祀有分祭肉的禮，戰事有受祭肉之禮，都是和神靈交往的大節。

現在成肅公表現得怠惰不敬，是自棄天命了。這次伐秦，他恐怕回不來了吧？」

夏季四月初五日，晉厲公派遣呂相去秦國宣告和秦國絕交，說：

從前到我先君晉獻公時和貴國秦穆公互相友好，合力同心，用盟誓來表明友善，再用婚姻來加強兩國的盟好。上天降禍晉國，發生驪姬之亂，晉文公出奔到齊國，晉惠公出奔到秦國。不幸，晉獻公去世。秦穆公不忘過去的恩德，使我國惠公由此能回到晉國主持祭祀。但穆公又不能完成擁立惠公的大業，而發動了韓原之戰。後來穆公內心也有所悔恨，因此成全了我國晉文公，讓他回國為君，這是穆公的功績。晉文公親自穿戴甲衣頭盔，登山涉水，經歷艱難險阻，號令東方的諸侯，使虞、夏、商、周的後代都朝見秦君，那也已經報答過去幫助他入晉為君的功德了。鄭國人侵犯秦國的邊界，我晉文公率領諸侯軍和秦軍一起圍攻鄭國，秦國大夫不和我們晉君商議，就擅自和鄭國訂立盟約。諸侯痛恨這種背信棄義的行為，都要同秦國拚命。晉文公恐怕出大事，就安撫諸侯，使秦軍能平安地回國而沒有受到損害，這就是我國有大功德於秦國的一件事。

不幸，晉文公去世。秦穆公不懷好意，蔑視我們死去的晉文公，以為我們的晉襄公軟弱可欺，突然侵襲我們的殽山地區，斷絕友好國家同我們的關係，攻打我國的城堡，絕滅我們的滑國，離散我們同姓的兄弟鄰邦，擾亂我們的同盟國，顛覆我們的國家。我晉襄公並未忘記秦君過去的功績，然而又怕國家遭到顛覆，因此萬不得已出兵殽山，發生了殽山之戰。但還是希望穆公能釋憾而赦免我們的罪過。可是穆公不聽，不接受和解，反而親近楚國，來謀害我們。上天有眼，楚成王喪命，穆公謀害我國的打算因此不能得逞。

秦穆公、晉襄公同年去世，秦康公、晉靈公即位。秦康公是我國獻公之女穆姬所生的，但他卻想損害、削弱我國的公室，顛覆我們的國家，率領我國的奸賊，來動蕩我國的邊疆，因此我國方始有令狐之役。但秦康公還是不肯改悔，又入侵我國河曲地區，攻打我們的涑川城，掠奪我們王官城的百姓作俘虜，攻佔我們的羈馬城，因此我國有了河曲保衛戰。秦國往東的道路不通，那是由於秦康公自己斷絕同我們友好所造成的。

等到秦君桓公即位以後，我們國君晉景公伸長脖子向西望著說：「也許秦君會安撫我們了吧！」但秦君仍不肯施惠而和我國結盟，反而利用我國有狄人入侵的禍難，而入侵我國的河縣，焚燒我國的箕邑、郜邑，搶割我國的莊稼，屠殺我們邊境的百姓，我國不得已而出兵集結在輔氏，發生了輔氏之役。秦君也後悔戰禍的延長，想求福於先君晉獻公和秦穆公，派遣公子伯車來命令我們晉景公，說：「我跟你重修舊好，丟棄仇怨，恢復過去的友好關係，以追念穆公、獻公的勳勞。」盟誓還沒有完成，我們晉景公去世了，我們國君晉厲公因此和秦國有了在令狐的會盟。但秦君又不懷好意，背棄了盟誓。白狄和秦君同在雍州境內，他們是秦君的世仇，卻是我們的姻親。秦君來人命令我們說：「我跟你一同攻打狄人。」我們晉厲公不敢顧及姻親關係，害怕秦君的威勢，就下達命令給官吏，準備伐狄。可是秦君又變得對狄人親近了，對狄人說：「晉國將要攻打你們。」狄人一面應承你們的話，一面又憎惡你們的做法，因此轉而告訴我們。楚國人也厭惡秦君的反覆無常，沒有信義，來告訴我們說：「秦國背棄了令狐的盟約，而來要求同我國結盟：『向昊天上帝、秦國的三位先君、楚國的三位先王明白宣誓：我雖然和晉國有往來，我只是唯利是圖。』楚共王憎惡秦君沒有信義，因此把這事揭露出來，以懲戒言行不一的人。」

諸侯都聽到了這些話，因此痛心疾首，都來親近我們國君。我們國君率領諸侯前來聽命，只是想求得和好。秦君如果加惠而顧念諸侯，憐憫我晉厲公，而恩賜同我們結盟，這是我晉君的願望。晉君就將安定諸侯而讓諸侯退兵，豈敢自求戰亂？秦君如果不肯施給恩惠，那麼我晉君不才，將不能率領諸侯退兵了。謹把內心話向您左右的執事完全宣布，請執事認真考慮利害吧！

秦桓公既然已經和晉厲公締結了令狐之盟，而又召來狄人和楚人，要引導他們進攻晉國，諸侯們因此跟晉國和好。晉國的欒書率領中軍，荀庚作輔佐；士燮率領上軍，郤錡作輔佐；韓厥率領下軍，荀罃作輔佐；趙旃率領新軍，郤至作輔佐。郤毅駕御主帥的戰車，欒鍼作車右。孟獻子說：「晉國的將帥和甲士上下和睦一致，軍隊必定建有大功。」五月初四日，晉軍帶領諸侯的軍隊和秦軍在麻隧交戰，秦軍大敗，晉軍俘虜了秦國大夫成差和不更女父。曹宣公死在軍中。晉軍接著渡過涇水，到達侯麗方才回去。到新楚迎接晉厲公。

成肅公死在瑕地。

【說　明】本年傳文分兩大段。以上為第一段，寫晉秦兩國麻隧之戰。

去年晉楚弭兵會盟後，晉國解除了來自南方的威脅，就全力對付秦國。今年三月，晉厲公帶領中原八國諸侯朝見周簡王，然後共同伐秦。四月，先派呂相去秦，宣告與秦絕交，在政治輿論上為晉軍取得主動。五月戰於麻隧，秦軍大敗。晉國由此又稱霸中原，佔據了有利的戰略地位。明年，秦桓公就死去。

〈呂相絕秦書〉是歷史上著名的結構完整的一篇外交辭令，其中雖多強詞奪理，歪曲事實，曲為其說，以加罪於秦，但文詞之精美，氣勢之壯盛，實所罕見。文章先從晉獻公、秦穆公時的友好關係說起，接著歷數八十年來秦君的罪狀：一罪秦穆公為德不終，發動韓之戰；秦晉圍鄭，秦背晉與鄭結盟；蔑視文公之喪，侮慢晉襄公，入侵崤山；滅滑國，又親楚以謀害晉國。二罪秦康公奉公子雍入晉，動蕩晉邊疆；入侵河曲，伐涑川，俘王官，取羈馬，自絕於晉。三罪秦桓公利用狄人入侵晉國之難，侵入河縣，割莊稼，殺邊民。然後引入當時正事，指責秦桓公背棄令狐之盟，心懷不良，用兩面手法召狄與楚，想合謀攻晉。狄楚前來揭發，就坐實了秦「二三其德」、背棄信義的罪案，不容抵賴。書文在歷數秦君罪狀時，疊用「我」字為排比句，使文章聲情激憤，富有氣勢；又夾述晉如何忍讓，安撫諸侯，希望改善關係，但秦不聽，不悛，不惠稱盟；晉國萬不得已而有殽之師，有令狐之役，有河曲之戰，有輔氏之聚，說得何等無奈。最後寫諸侯皆痛心疾首，興師前來，是戰是和，要秦抉擇，從而闡明了問罪、絕交、宣戰的要旨。秦晉權詐相傾，本無所曲直，然此書深文曲筆，飾詞加罪，一氣呵成，而又變化縱橫，凌厲無比，開戰國縱橫家遊說之辭的先河，成為後世討罪檄文和論辯類書信之始祖。

傳 六月丁卯❶夜，鄭公子班❷自訾❸求入于大宮❹，不能，殺子印、子羽❺，反軍于市。己巳❻，子駟❼帥國人盟于大宮，遂從而盡焚之，殺子如、子駹❽、孫叔❾、孫知❿。

曹人使公子負芻⓫守，使公子欣時⓬逆曹伯之喪。秋，負芻殺其太子而自立也，諸侯乃請討之。晉人以其役⓭之勞，請俟他年。冬，葬曹宣公。既葬，子臧將亡，國人皆將從之。成公乃懼，告罪，且請焉⓮。乃反，而致其邑⓯。

【注　釋】❶丁卯　十五日。❷公子班　字子如。晉拘囚鄭成公後，公子班從叔申之謀，立鄭襄公之子公子繻為君。鄭人殺公子繻，公子班逃奔許國（見成公十年傳）。今公子班要求回鄭國。❸訾　據杜注，訾為鄭地，當在鄭國（今河南省新鄭市）之南。舊注謂周地，在今河南省鞏義市訾店，未必可信。公子班由許至鄭，不必繞道至訾店。疑鄭國之南別有訾地。❹大宮　鄭祖廟。❺子印子羽　二人都是鄭穆公子。❻己巳　十七日。❼子駟　即公子騑，鄭穆公子。成公十年傳子駟為質於晉，此時已回國。❽子駹　公子班之弟。❾孫叔　公子班之子。❿孫知　子駹之子。⓫負芻　曹宣公庶子，殺太子自立為君，即曹成公。⓬公子欣時　曹宣公庶子，字子臧。⓭其役　指伐秦的麻隧之役。⓮告罪二句　承認罪過，請求子臧不要出走。⓯致其邑　把他的封邑還給曹成公。即不受曹國的祿位。

【語　譯】六月十五日夜，鄭國公子班從訾地請求進入鄭國祖廟，沒有做到，就殺了子印、子羽，回軍駐紮在集市上。十七日，子駟率領國都內的人們在祖廟盟誓，接著就全部燒掉它，殺死了公子班、子駹和他們的兒子孫叔、孫知。

曹國人派公子負芻留守，派公子欣時去迎接曹宣公的靈柩。秋季，負芻殺死了曹宣公的太子而自立為君。諸侯就請求晉厲公討伐他。晉國人因為伐秦之役很疲勞，請等到下一年再說。冬季，安葬曹宣公。安葬以後，子臧準備逃亡，都城裏的人都要跟著他走。曹成公負芻方感到恐懼，承認罪過，而且請求子臧留下來別走。子臧就返回來，卻把封邑還給了曹成公。

【說明】魯成公九年，晉拘囚鄭成公，造成鄭國內亂，公子班出奔許國。十年，鄭成公被釋放回國又殺偽立新君的叔申等人。今年鄭成公從晉君伐秦，公子班求回國未成，子駟又殺公子班兄弟父子四人。曹宣公死在伐秦的軍中，庶子負芻殺太子自立為君（曹成公），導致十五年晉侯拘捕曹成公而囚之於京師，成公十六年傳續有所敘。

十四年

甲申，西元前五七七年。周簡王九年、齊靈公五年、晉厲公四年、秦桓公二十八年、楚共王十四年、宋共公十二年、衛定公十二年、陳成公二十二年、蔡景公十五年、曹成公負芻元年、鄭成公八年、燕昭公十年、許靈公十五年、吳壽夢九年。

經 十有四年春王正月，莒子朱卒。

夏，衛孫林父自晉歸于衛。

秋，叔孫僑如如齊逆女。

鄭公子喜帥師伐許。

九月，僑如以夫人婦姜氏至自齊。

冬十月庚寅，衛侯臧卒。

秦伯卒。

傳 十四年春，衛侯如晉，晉侯強見孫林父焉❶，定公不可。夏，衛侯既歸，晉侯使郤犨❷送孫林父而見之❸，衛侯欲辭。定姜❹曰：「不可。是先君宗卿之嗣❺也，大國又以為請。不許，將亡。雖惡之，不猶愈于亡乎？君其忍之。安民而宥宗卿❻，不亦可乎？」衛侯見而復之❼。衛侯饗❽苦成叔，甯惠子相❾。苦成叔傲。甯子曰：「苦成叔家其亡乎！古之為享食也，以觀威儀、省禍福也，故《詩》曰：『兕觥其觩，旨酒思柔。彼交匪傲，萬福來求。』❿今夫子傲，取禍之道也。」

秋，宣伯如齊逆女⓫。稱族，尊君命也⓬。

八月，鄭子罕⓭伐許，敗焉⓮。戊戌⓯，鄭伯復伐許。庚子⓰，入其郛⓱。許人平以叔申之封⓲。

九月，僑如以夫人婦⓳姜氏至自齊。舍族⓴，尊夫人也。故君子曰：「《春秋》之稱㉑，微而顯㉒，志而晦㉓，婉而成章㉔，盡而不汙㉕，懲惡而勸善。非聖人，誰能脩之？」

衛侯有疾，使孔成子㉖、甯惠子立敬姒㉗之子衎㉘以為大子。冬十月，衛定公卒。夫人姜氏既哭而息，見大子之不哀也，不內酌飲㉙，歎曰：「是夫也，將不唯衛國之敗，其必始於未亡人㉚！烏呼！天禍衛國也夫！吾不獲鱄㉛也使主社稷㉜！」大夫聞之，無不聳懼㉝。孫文子自是不敢舍其重器於衛㉞，盡寘諸戚㉟，而甚善晉大夫。

【注釋】❶晉侯強見孫林父焉　晉厲公硬要衛定公接見孫林父。孫林父，孫良夫之子，衛國執政大臣，謚文，下文稱孫文子。魯成公七年，因衛定公厭惡他，故出奔晉。今晉侯強見，就是要衛定公接納孫林父回國。❷郤犨　晉大夫，郤克從祖兄弟，字叔，謚成，食邑於苦（今山西省運城市東北），故下文稱苦成叔。❸見之　使衛侯接見孫林父。見，使動用法。❹定姜　衛定公夫人姜氏。❺是先君宗卿之嗣　這個人是先君衛穆公的宗卿孫良夫的嗣子。孫良夫是衛武公後裔，與衛侯同宗，是衛穆公的執政大臣，故稱宗卿。❻宥宗卿　寬容孫林父。孫林父承襲父職，掌國政，故亦稱宗卿。❼復之　恢復他的職位和封邑。孫林父的封邑在戚。❽饗　以酒肉宴請。❾甯惠子相　甯惠子（名殖）做衛定公的贊禮官，主持宴享之禮。相，動詞。❿故詩曰五句　見《詩經・小雅・桑扈》，意謂牛角酒杯彎彎，甜酒味道柔和。不驕不傲，萬福來聚。兕觥，犀牛角製成的酒杯。觩，獸角彎曲貌。彼、匪通假。交，假借為「驕」。求，聚。思、來，都是句中語助詞。⓫宣伯如齊逆女　宣伯到齊國去為魯成公迎娶齊女為夫人。宣伯，名僑如，魯卿，叔孫氏。逆，迎。⓬稱族二句　《春秋》稱宣伯為叔孫僑如，稱其族叔孫氏，是表示尊崇魯君的命令。參見宣公元年傳注。⓭子罕　鄭穆公之子，名喜。⓮敗焉　敗於此。指子罕被許國打敗。⓯戊戌　二十三日。⓰庚子　二十五日。⓱郛　外城。⓲平以叔申之封　許國以叔申所劃定的田界，割地給鄭國以求和議。叔申，鄭大夫，即公孫申。公孫申彊許之田見成公四年傳。⓳夫人婦　魯成公夫人姜氏，稱「婦」，是因宣公夫人、成公之母穆姜還在。新婦有姑，稱「婦」。⓴舍族　《春秋》記載「僑如以夫人婦姜氏至自齊」，不稱僑如的族氏「叔孫」，是表示尊崇夫人。㉑春秋之稱　《春秋》用言詞記事。稱，言；記載。㉒微而顯　言辭少而意義顯明。㉓志而晦　記載史事而意義深奧。㉔婉而成章　言辭婉轉而順理成章。㉕盡而不汙　杜注：「謂直言其事，盡其事實，無所汙曲。」釋汙為紆曲。汙，同「污」。當喻歪曲。㉖孔成子　即孔烝鉏，孔達之子。㉗敬姒　當是衛定公妾。㉘衎　衛獻公之名。㉙不內酌飲　一勺水也不飲。內，同「納」。酌，同「勺」。㉚未亡人　姜氏自稱。古時寡婦自稱未亡人。㉛鱄　敬姒次子之名，字子鮮，衛獻公同母弟。㉜主

社稷　主持國政。㉝聳懼　聳，通假為「悚」，與懼同義。㉞舍其重器于衛　把他的寶器藏在衛國都城。舍，置放。㉟戚　孫林父食邑，在今河南省濮陽縣北。

【語　譯】魯成公十四年春季，衛定公到晉國去，晉厲公硬要衛定公接見孫林父，衛定公不肯。夏季，衛定公回國後，晉厲公派郤犨送孫林父回國，而後拜見衛定公。衛定公想要拒絕見孫林父。夫人定姜說：「不行。這個孫林父是先君衛穆公宗卿孫良夫的嗣子，晉國又因此為他請求，如果不答應，怕國家會被滅亡。雖然你厭惡他，不比亡國強些嗎？國君還是忍耐一下吧！安定百姓而寬容宗卿孫林父，不也是可行的嗎？」衛定公就接見了孫林父，恢復了他的職位和封邑。衛定公設宴禮款待郤犨，甯惠子做贊禮官。郤犨傲慢。甯惠子說：「郤犨一族怕要滅亡了吧！古時舉行宴享之禮，是藉以觀察他的威儀，省察他的禍福的。所以《詩經》說：『彎彎的牛角杯，酒味柔和甜美。不驕不傲，萬福降聚。』現在他老人家表現得傲慢，這是取禍之道啊！」

秋季，宣伯僑如到齊國去為魯成公迎娶齊女為夫人。《春秋》稱宣伯為「叔孫僑如」，稱其族叔孫氏，這是為了尊崇魯君的命令。

八月，鄭國的子罕攻打許國，被許國打敗。二十三日，鄭成公再去攻打許國。二十五日，攻入許都外城。許國人把鄭國叔申以前劃定的許國的田界割地給鄭國以求媾和。

九月，叔孫僑如帶著魯成公夫人姜氏從齊國回到魯國。《春秋》不稱「叔孫」族氏，這是為了尊崇夫人。所以君子說：「《春秋》的記載，言詞不多而意義顯明，記載史事而意義深遠，文辭婉轉而順理成章，敘事詳盡而不歪曲，懲戒邪惡而表彰善良。如果不是聖人，誰能編寫出來？」

衛定公有病，使孔成子、甯惠子立敬姒的兒子衎做太子。冬季十月，衛定公去世。夫人姜氏哭喪以後休息時，看到太子並不悲哀，就連一勺水也不喝，歎息著說：「這個人呀，將不只是使衛國敗亡，還必定從我這個未亡人身上開始動手。啊！這是上天降禍給衛國吧！我不能獲得鱄來使他主持國政。」大夫們聽到後，無不感到驚恐。孫林父從此不敢把他的寶器藏在衛國都城，而全都放在他的封地戚邑，同時盡量和晉國的大夫交好。

【說　明】本傳主要寫衛國統治者的內部矛盾。衛定公不滿意宗卿孫林父，孫林父在七年前逃奔晉國。今年晉厲公出面調停，衛定公夫人姜氏深明大義，又進行勸說，終使衛侯接納孫林父回國復位，以穩定政局。不久衛侯有病，立其妾之子為太子，即衛獻公。衛定公死後，姜氏預感到衛國將有內亂。孫林父也懷有二心，與晉大夫交好，以備後路。後事見襄公十四年傳。

在調停衛國內部矛盾時，晉大夫郤犨表現得十分傲慢。衛大夫甯惠子預言郤氏將亡。傲慢是「取禍之道」。這為成公十七年傳晉滅郤氏伏筆。

十五年

乙酉，西元前五七六年。周簡王十年、齊靈公六年、晉厲公五年、秦景公元年、楚共王十五年、宋共公十三年、衛獻公衎元年、陳成公二十三年、蔡景公十六年、曹成公二年、鄭成公九年、燕昭公十一年、許靈公十六年、吳壽夢十年。

經 十有五年春王二月，葬衛定公。

三月乙巳，仲嬰齊卒。

癸丑，公會晉侯、衛侯、鄭伯、曹伯、宋世子成、齊國佐、邾人同盟于戚。

晉侯執曹伯歸于京師。

公至自會。

夏六月，宋公固卒。

楚子伐鄭。

秋八月庚辰，葬宋共公。

宋華元出奔晉。宋華元自晉歸于宋。宋殺其大夫山。宋魚石出奔楚。

冬十有一月，叔孫僑如會晉士燮、齊高無咎、宋華元、衛孫林父、鄭公子鰌、邾人會吳于鍾離。

許遷于葉。

傳 十五年春，會于戚❶，討曹成公❷也。執而歸諸京師。書曰：「晉侯執曹伯」。不及其民也❸。凡君不道于其民❹，諸侯討而執之，則曰：「某人執某侯」❺，不然則否。諸侯將見子臧❻于王而立之，子臧辭曰：「前志有之曰：『聖達節，次守節，下失節。』❼為君非吾節也❽。雖不能聖，敢失守乎？」遂逃，奔宋。

夏六月，宋共公卒。

楚將北師❾，子囊❿曰：「新與晉盟⓫而背之，無乃不可乎？」子反⓬曰：「敵利則進⓭，何盟之有？」申叔時⓮老矣，在申，聞之，曰：「子反必不免。信以守禮，禮以庇身，信禮之亡，欲免，得乎？」楚子侵鄭，及暴隧⓯。遂侵衛，及首止⑯。鄭子罕⑰侵楚，取新石⑱。欒武子⑲欲報楚⑳，韓獻子㉑曰：「無庸，使重其罪，民將叛之。無民，孰戰？」

秋八月，葬宋共公。于是華元為右師㉒，魚石㉓為左師，蕩澤㉔為司馬，華喜㉕為司徒，公孫師㉖為司城，向為人㉗為大司寇，鱗朱㉘為少司寇，向帶㉙為大宰，魚府㉚為少宰。蕩澤弱公室，殺公子肥㉛。華元曰：「我為右師，君臣之訓，師所司也㉜。今公室卑而不能正㉝，吾罪大矣！不能治官，敢賴寵乎㉞？」乃出奔晉。二華，戴族也㉟。司城，莊族也㊱。六官者，皆桓族也㊲。魚石將止華元。魚府曰：「右師反，必討，是無桓氏也㊳。」魚石曰：「右師苟獲反，雖許之討，必不敢。且多大功，國人與之㊴。不反，懼桓氏之無祀于宋也㊵。右師討，猶有戌在㊶。桓氏雖亡，必偏㊷。」魚石自止華元于河上。請討㊸，許之，乃反。使華喜、公孫師帥國人攻蕩氏，殺子山。書曰：「宋殺其大夫山」，言背其族也㊹。

魚石、向為人、鱗朱、向帶、魚府出舍于睢上㊺，華元使止之，不可。冬十月，華元自止之，不可，乃反。魚府曰：「今不從，不得入矣。右師視速而言疾，有異志焉㊻。若不我納，今將馳矣㊼。」登丘而望之，則馳。騁而從之，則決睢澨、閉門登陴矣㊽。左師、二司寇、二宰遂出奔楚。華元使向戌為左師，老佐㊾

為司馬，樂裔為司寇，以靖國人。

晉三郤㊿害伯宗㉛，譖㉜而殺之，及欒弗忌。伯州犁㉝奔楚。韓獻子曰：「郤氏其不免乎！善人，天地之紀也，而驟絕之㉞，不亡何待？」初，伯宗每朝，其妻必戒之曰：「盜憎主人，民惡其上㉟。子好直言，必及于難。」

十一月，會吳于鍾離㊱，始通吳也。

許靈公畏偪于鄭㊲，請遷于楚。辛丑㊳，楚公子申遷許于葉㊴。

【注　釋】❶會于戚　經文謂三月癸丑（十一日），魯成公、晉厲公、衛獻公、鄭成公、曹成公、宋太子成、齊上卿國佐、邾君盟於戚。戚，衛邑，在今河南省濮陽縣北，古時為交通孔道。❷討曹成公　前年曹宣公死，宣公庶子負芻殺太子自立為曹成公，故諸侯相會而討之，晉侯把他拘囚至周京師。❸書曰三句　《春秋》記載說「晉侯執曹伯」，是表示曹成公之罪僅是殺太子而自立，沒有害及百姓。所以執者書「晉侯」，不書「晉人」。❹不道于其民　對他的百姓無道。❺則曰某人執某侯　此為解釋《春秋》義例，凡是「某人執某侯」的，就表明此被執諸侯有殘害百姓的罪行。例見僖公二十八年經「晉人執衛侯歸之于京師」。❻子臧　即公子欣時，曹宣公庶子。見成公十三年傳。❼前志有之曰四句　前志指古書。三句意謂聖人進退上下，都能通達於節義；其次是賢人，能保持節義；再下一等的普通人就喪失節義，唯求名利。❽為君非吾節也　做國君不合於我所要的節義。❾北師　出兵北征。即入侵鄭、衛。❿子囊　即公子貞，楚莊王子，楚共王弟。⓫新與晉盟　指成公十二年傳晉楚盟於宋西門之外，又盟於赤棘。⓬子反　楚國司馬，名側。⓭敵利則進　敵情對我有利就進軍。⓮申叔時　楚大夫，食邑於申，其後以申叔為氏。申，在今河南省南陽市。⓯暴隧　鄭地，即文公九年經之暴，其地在今河南省原陽縣西舊原武縣境。⓰首止　衛邑，在今河南省睢縣東南，近商丘市。⓱子罕　即公子喜，鄭穆公子。⓲新石　楚邑，在今河南省葉縣境。⓳欒武子　即欒書，晉國中軍帥，執國政。⓴報楚　對楚國侵鄭進行報復。㉑韓獻子　即韓厥，晉國下軍帥。㉒華元為右師　華元是華督曾孫，華御事之子，魯文公十六年時已為宋右師，至此已執政三十六年。宋以右師、左師、司馬、司徒、司城、司寇為六卿，以右師為首。㉓魚石　宋桓公之子目夷的曾孫。目夷字子魚，其後以魚為氏。㉔蕩澤　宋桓公之子公子蕩的曾孫，蕩虺之子，名山，又稱子山，官司馬，掌軍事。㉕華喜　華督的後裔，華元的族姪，華鄭之子，官司徒，掌民政賦稅。㉖公孫師　宋莊公之孫，官司城，掌工程建築。㉗向為人　宋桓公之子向父肸的後代，官大司寇，掌司法刑獄。㉘鱗朱　杜注謂鱗矔之孫，官少司寇。鱗矔為宋桓公之孫，公子鱗之子，其後以鱗為氏。㉙向帶　宋桓公後裔，官大宰，即太宰。㉚魚府　宋桓公之子目夷的後代。㉛公子肥　《史記・宋微子世家》作「司馬唐山攻殺太子肥，欲殺華元，華元奔晉」，則肥為宋共公太子。㉜君臣之訓二句　教導君臣的事，是右師負責掌管的。師，指右師。㉝正　糾正。此指使公室由弱變強。㉞不能治官二句　不能盡到職責，豈敢以得君之寵信為利呢。即不敢居位貪利。官，即《孟子・公孫丑下》「官守」之義。賴，利。㉟二華二句　華元、華喜是宋戴公的後人。華督為宋戴公之孫，字華名督，其後以華為氏。㊱司城二句　司城公孫師是宋莊公的後人。㊲六官者二句　六官指魚石、蕩澤、向為人、鱗朱、向帶、魚府六人，他們都是宋桓公的後代。㊳右師反三句　如果右師華元回來，必定討伐蕩澤，連及討伐桓族，這就沒有桓族了。反，同「返」。桓氏，即桓族，指魚石等六官。㊴且多大功二句　華元執政以來，建立了許多大功（如宣公十五年劫子反以解宋圍等），都城的貴族都親附他。與，親附；交好。㊵不反二句　意謂如果不讓華元回來，恐怕國人要羣起攻滅桓族，這樣在宋國就恐怕沒有人祭祀桓族了。㊶右師討二句　魚石估計華元即使討伐蕩澤及其他桓族，也不會連及向戌。戌，向戌，向父肸之孫，宋桓公曾孫，故亦為桓族，但他可能順從華元，故事後使之為左師。㊷必偏　必定只是亡掉桓族的一部分。偏，部分。㊸請討　指華元請求討伐蕩澤。㊹書曰三句　《春秋》記載說「宋殺其大夫山」，是說蕩澤背叛了自己的宗族。杜注謂蕩氏本宋國公族，反欲危害公室，故《春秋》只記其名「山」，不記其氏族「蕩」，以表示他有罪。㊺出舍于睢上　出都城，住在睢水岸上。睢水流經河南省睢縣和商丘市南，今多湮塞。宋都在今商丘市。此五人皆桓族，怕連及，故「出舍」。㊻右師視速而言疾二句　華元的眼珠轉動很快而說話很急，怕是別有想法了。即並非真心挽留。㊼若不我納二句　華元如果不是真心接納我們，現在就會疾馳而去了。「我」是納的賓語，前置。馳，使勁趕馬。㊽騁而從之二句　五人就驅車跟隨華元，華元卻已經讓人掘開睢水堤岸，關閉城門，登上城牆了。即防止五人以武力進攻。騁，馬奔馳。澨，堤防。陴，城上的矮牆，俗稱城垛子。㊾老佐　人名，杜注謂宋戴公五世孫。㊿三郤　晉國三卿郤錡、郤犨、郤至。(51)伯宗　晉大夫，孫伯起之子，有功於晉。見宣公十五年、成公五年傳。(52)譖　誣陷。(53)伯州犁　伯宗之子，奔楚後為楚太宰。伯州犁之孫伯嚭，後入吳為太宰，被吳王夫差所寵信。(54)善人三句　善人是體現天地的綱紀法則的，卻幾次被殺害。善人指伯宗、欒弗忌。驟，屢次。先後殺害兩人，故言驟。(55)盜憎主人二句　這是當時俗語。上，指統治者。句意謂百姓都厭惡統治者。56會吳于鍾離　經文用二「會」字，云：「叔孫僑如會晉士燮、齊高無咎、宋華元、衛孫林父、鄭公子鰌、邾人會吳于鍾離。」蓋吳國以前未曾與中原各國往來，今始相通，故晉卿士燮先與六國卿大夫約會，而後會吳。吳卿為何人，史籍無考。鍾離，杜注為楚邑。當是吳邑，在吳楚分界處，故城在今安徽省鳳陽縣東北五里。57畏偪于鄭　怕被鄭國逼迫、吞併。偪，同「逼」。去年鄭兩次入侵許國。58辛丑　十一月初三日。59葉　楚邑，在今河南省葉縣南三十里之古葉城。從此許都（本在今河南省許昌市）遷於葉。

【語　譯】魯成公十五年春季，晉厲公、魯成公、衛獻公、鄭成公、曹成公、宋太子成、齊卿國佐、邾君在戚邑會盟，是為了討伐曹成公篡位。晉厲公逮捕了曹成公，把他送到京師。《春秋》記載說「晉侯執曹伯」，這表示曹成公之罪還不涉及百姓。凡是國君對百姓無道，殘害百姓，諸侯討伐而逮捕他，《春秋》就記載說「某人執某侯」，否則就不這樣記載。會盟的諸侯要讓子臧進見周簡王而立他為曹國國君。子臧辭謝說：「古書上有這樣的話：『聖人進退都能通達節義，賢人是其次，能保持節義，普通人再下一等就沒有節義。』做國君這不合於我的節義。我雖然不能像聖人那樣，但怎敢貪取君位而失去節義呢？」於是逃出曹國，奔亡到宋國。

夏季六月，宋共公去世。

楚國打算出兵向北進攻，楚共王之弟子囊說：「我們新近和晉國結盟卻要背棄盟約，恐怕不可以吧？」司馬子反說：「敵情對我有利我就進攻，結盟有什麼用？」大夫申叔時已經年老了，住在申邑，聽到這話，說：「子反必然不能免於禍難。守信用是為了保持禮義，保持禮義是用以庇護生存。信用、禮義都沒有了，想要免於禍難，行嗎？」楚共王入侵鄭國，直打到暴隧。接著入侵衛國，打到首止。鄭國的子罕也領兵侵入楚國，攻取了新石。晉國元帥欒武子想對楚國進行報復，韓獻子說：「不用，讓他自己加重罪過，百姓將會背叛他。他失去了民心，誰給他打仗？」

秋季八月，安葬宋共公。在這時，華元做右師，魚石做左師，蕩澤做司馬，華喜做司徒，公孫師做司城，向為人做大司寇，鱗朱做少司寇，向帶做太宰，魚府做少宰。蕩澤要削弱公室，殺死了公子肥。華元說：「我是右師，國君和羣臣的教導是右師負責掌管的。現在公室地位卑弱，我卻不能糾正過來，我的罪過太大了。

我不能盡到職責，怎敢貪取寵信以為私利呢？」就出奔去晉國。華元、華喜是宋戴公的後代，司城公孫師是宋莊公的後代，其他六卿魚石、蕩澤、向為人、鱗朱、向帶、魚府都是宋桓公的後代。魚石打算阻止華元返回。魚府說：「右師華元如果返回，必定討伐蕩澤，連及桓族，這樣就沒有桓公後代這一族了。」魚石說：「右師如果能回來，即使同意他討伐，他也一定不敢。然而他立了很多大功，都城的人都親附他。如果他不回來，恐怕國人羣起攻滅桓族，在宋國就沒有人祭祀桓公這一族了。不過如果右師討伐，還有向戌會留下來。桓公這一族即使滅亡，必然只是亡掉一部分而已。」魚石親自趕到黃河岸邊阻止華元。華元請求討伐蕩澤，魚石答應了他。華元就返回來，派遣華喜、公孫師帶領國都的人攻打蕩澤，殺了蕩澤。《春秋》記載說「宋殺其大夫山」，不說他的氏族「蕩」，意思是說他背叛了自己的宗族。

魚石、向為人、鱗朱、向帶、魚府五人跑出都城，住在睢水岸邊。華元派人挽留他們，他們不答應。冬季十月，華元親自去勸阻，他們仍不同意，華元只好返回了。魚府說：「現在不跟著他回去，就不能再進入國都了。右師的眼珠轉動很快，說話又很急，怕有別的打算了。如果他不是真心接納我們，現在就會疾馳而去了。」五人登上土山一看，華元果真疾馳而去。五人急忙驅車跟上華元，華元卻已經掘開睢水堤岸、關閉城門，登上城牆了。左師魚石和兩個司寇向為人、鱗朱，兩個宰向帶、魚府就逃亡去楚國。華元讓向戌做左師，老佐做司馬，樂裔做司寇，以安定國內的人。

晉國郤氏三卿陷害伯宗，誣陷以後就殺了他，連累及於欒弗忌。伯宗之子伯州犁逃亡到楚國。韓獻子說：「郤氏怕不能免於禍難了！伯宗、弗忌這樣的善人，是體現天地的綱紀、法則的人，卻先後把他們殺死。郤氏不滅亡還等什麼？」當初，伯宗每次上朝，他的妻子必然要勸誡他說：「盜賊憎恨主人，百姓厭惡統治者。您喜歡說實話，必然遭到禍難。」

十一月，晉國士燮會同魯國叔孫僑如、齊國高無咎、宋國華元、衛國孫林父、鄭國公子鰌、邾國人等一起在鍾離和吳國大夫相會，這是中原各國頭一次和吳國友好往來。

許靈公害怕鄭國逼迫，請求遷到楚國。十一月初三日，楚國公子申把許國遷到楚國葉地。

【說　明】晉厲公與七國諸侯、卿大夫在戚邑會盟，拘捕了曹成公，顯示其霸主的權威。魯成公十二年晉楚弭兵之會，今年楚國背棄盟約，侵鄭侵衛。晉從韓厥之謀，取克制態度，以積蓄力量。冬季，晉與六國卿大夫和吳國使者會於鍾離，這是中原各國首次與吳使通好，使楚陷於孤立，為明年鄢陵之戰取得有利的戰略地位。

宋共公死後，宋桓公後代族人蕩澤殺死共公太子。右師華元為維護公室殺死蕩澤。桓公之族魚石等五大夫叛宋奔楚。至成公十八年楚攻取宋國彭城，就使魚石等人戍守彭城，導致襄公元年彭城之役。這反映晉楚為爭奪對宋國的控制權而激烈相爭。

晉國郤氏三卿今年譖害「好直言」的大夫伯宗，伯宗之子伯州犂奔楚為太宰（州犂之孫伯嚭後奔吳為吳王太宰）。韓厥預感到郤氏將亡，為十七年晉滅郤氏伏筆。這都反映出春秋中期卿族勢力日漸強大，以致卿族與公室、卿族與卿族之間的矛盾鬥爭日益尖銳。

許國迫於鄭國南侵，遷都至楚國葉縣，成為楚國附庸。許國原有地方為鄭國所有，鄭人稱之為「舊許」。子臧提出「聖達節，次守節，下失節」。這是古代倫理學的重要命題，是傳統道德文化的基石之一。所謂「達節」就是因人因時因事而異的權變但不離節義，就是堅持原則而靈活應用，做到「權」與「經」的統一。「懷其常（經）而挾其變，達節而不失節，乃得為賢。」故君子有所為而有所不為。徵之史傳，驪姬之亂時重耳以「君父之命不校」，是為經；但踰牆而奔狄，是為權；故能達節。而僖公九年之荀息，扶持奚齊執一而不知權變，僅死節而已。

十六年

丙戌，西元前五七五年。周簡王十一年、齊靈公七年、晉厲公六年、秦景公二年、楚共王十六年、宋平公成元年、衛獻公二年、陳成公二十四年、蔡景公十七年、曹成公三年、鄭成公十年、燕昭公十二年、許靈公十七年、吳壽夢十一年。

經 十有六年春王正月，雨，木冰。

夏四月辛未，滕子卒。

鄭公子喜帥師侵宋。

六月丙寅朔，日有食之。

晉侯使欒黶來乞師。

甲午晦，晉侯及楚子、鄭伯戰于鄢陵。楚子、鄭師敗績。楚殺其大夫公子側。

秋，公會晉侯、齊侯、衛侯、宋華元、邾人于沙隨，不見公。

公至自會。

公會尹子、晉侯、齊國佐、邾人伐鄭。

曹伯歸自京師。

九月，晉人執季孫行父，舍之于苕丘。冬十月乙亥，叔孫僑如出奔齊。

十有二月乙丑，季孫行父及晉郤犨盟于扈。

公至自會。

乙酉，刺公子偃。

傳 十六年春，楚子自武城使公子成以汝陰之田求成于鄭❶。鄭叛晉，子駟❷

從楚子盟于武城。

夏四月，滕文公卒。

鄭子罕③伐宋，宋將鉏、樂懼④敗諸汋陂⑤。退，舍于夫渠，不儆⑥。鄭人覆之⑦，敗諸汋陵⑧，獲將鉏、樂懼。宋恃勝也。

衛侯伐鄭，至于鳴鴈⑨，為晉故也。

晉侯將伐鄭，范文子⑩曰：「若逞吾願，諸侯皆叛，晉可以逞⑪。若唯鄭叛，晉國之憂可立俟也。」欒武子⑫曰：「不可以當吾世而失諸侯，必伐鄭。」乃興師。欒書將中軍，士燮佐之；郤錡⑬將上軍，荀偃⑭佐之；韓厥⑮將下軍，郤至⑯佐新軍。荀罃⑰居守。郤犨⑱如衛，遂如齊，皆乞師焉。欒黶⑲來乞師，孟獻子⑳曰：「晉有勝矣。」戊寅㉑，晉師起。

鄭人聞有晉師，使告于楚，姚句耳㉒與往。楚子救鄭，司馬㉓將中軍，令尹㉔將左，右尹子辛㉕將右。過申㉖，子反入見申叔時，曰：「師其何如？」對曰：「德、刑、詳、義、禮、信，戰之器也㉗。德以施惠，刑以正邪，詳以事神，義以建利，禮以順時，信以守物㉘。民生厚而德正，用利而事節，時順而物成㉙。上下和睦，周旋不逆㉚，求無不具，各知其極㉛。故《詩》曰：『立我烝民，莫匪爾極。』㉜是以神降之福，時無災害，民生敦厖㉝，和同以聽㉞，莫不盡力以從上命，致死以補其闕㉟，此戰之所由克也。今楚內棄其民，而外絕其好；瀆齊盟，而食話言㊱；奸時以動，而疲民以逞㊲。民不知信，進退罪也。人恤所厎，其誰致死㊳？子其勉之！吾不復見子矣。」姚句耳先歸，子駟問焉。對曰：「其行速，過險而不整㊴。速則失志㊵，不整，喪列。志失列喪，將何以戰？楚懼不可用也。」

五月，晉師濟河。聞楚師將至，范文子欲反，曰：「我偽㊶逃楚，可以紓憂。夫合諸侯㊷非吾所能也，以遺能者。我若羣臣輯睦以事君，多矣㊸。」武子曰：「不可。」

六月，晉、楚遇于鄢陵㊹。范文子不欲戰。郤至曰：「韓之戰，惠公不振旅㊺；箕之役，先軫不反命㊻；邲之師，荀伯不復從㊼，皆晉之恥也。子亦見先君之事矣。今我辟楚，又益恥也。」文子曰：「吾先君之亟戰也，有故。秦、狄、齊、楚皆彊，不盡力，子孫將弱。今三彊服矣，敵楚而已。唯聖人能外內無患。自非㊽聖人，外寧必有內憂，盍釋楚以為外懼乎㊾？」

甲午㊿晦，楚晨壓晉軍而陳(51)，軍吏患之。范匄(52)趨進，曰：「塞井夷竈，陳于軍中，而疏行首(53)。晉、楚唯天所授(54)，何患焉？」文子執戈逐之，曰：「國之存亡，天也，童子何知焉？」欒書曰：「楚師輕窕[55]，固壘而待之，三日必退。退而擊之，必獲勝焉。」郤至曰：「楚有六間[56]，不可失也。其二卿相惡[57]，王卒以舊[58]，鄭陳而不整[59]，蠻軍而不陳[60]，陳不違晦[61]，在陳而囂[62]。合而加囂，各顧其後，莫有鬥心[63]；舊不必良，以犯天忌，我必克之。」

楚子登巢車[64]以望晉軍。子重使大宰伯州犁[65]侍于王後。王曰：「騁而左右，何也[66]？」曰：「召軍吏也。」「皆聚于中軍矣。」曰：「合謀也。」「張幕矣[67]。」曰：「虔卜于先君也[68]。」「徹幕矣。」曰：「將發命也。」「甚囂，且塵上矣[69]。」曰：「將塞井夷竈而為行也。」「皆乘矣，左右執兵而下矣[70]。」曰：「聽誓[71]也。」「戰乎？」曰：「未可知也。」「乘而左右皆下矣。」曰：「戰禱[72]也。」伯州犁以公卒[73]告王。苗賁皇[74]在晉侯之側，亦以王卒告。皆曰：「國士在，且厚，不可當也。」[75]苗賁皇言于晉侯曰：「楚之良在其中軍王族而已，請分良以擊其左右，而三軍萃于王卒[76]，必大敗之。」公筮之[77]。史曰：「吉。其卦遇〈復〉䷗[78]，曰：『南國蹙，射其元王，中厥目[79]。』國蹙、王傷，不敗何待？」公從之。有淖于前，乃皆左右相違于淖[80]。步毅[81]御晉厲公，欒鍼[82]為右。彭名[83]御楚共王，潘黨[84]為右。石首御鄭成公，唐苟為右。欒、范以其族夾公行[85]，陷于淖[86]。

欒書將載晉侯。鍼曰：「書退！國有大任，焉得專之(87)？且侵官，冒也(88)。失官，慢也(89)。離局，姦也(90)。有三罪焉，不可犯也。」乃掀公以出于淖。

癸巳(91)，潘尫之黨與養由基蹲甲而射之(92)，徹七札焉(93)。以示王，曰：「君有二臣如此，何憂于戰？」王怒曰：「大辱國！詰朝爾射，死藝(94)。」呂錡(95)夢射月，中之，退入于泥。占之，曰：「姬姓，日也；異姓，月也(96)，必楚王也。射而中之，退入于泥，亦必死矣。」及戰，射共王中目。王召養由基，與之兩矢，使射呂錡，中項，伏弢(97)。以一矢復命。

郤至三遇楚子之卒，見楚子，必下，免冑而趨風(98)。楚子使工尹襄問之以弓(99)，曰：「方事之殷(100)也，有韎韋之跗注(101)，君子也。識(102)見不穀而趨，無乃傷乎？」郤至見客，免冑承命，曰：「君之外臣至(103)，從寡君之戎事，以君之靈，間蒙甲冑，不敢拜命(104)。敢告不寧，君命之辱(105)。為事之故，敢肅(106)使者。」三肅使者而退。

晉韓厥從鄭伯，其御杜溷羅曰：「速從之？其御屢顧，不在馬，可及也。」韓厥曰：「不可以再辱國君(107)。」乃止。郤至從鄭伯，其右茀翰胡曰：「諜輅之(108)，余從之乘(109)，而俘以下。」郤至曰：「傷國君有刑。」亦止。石首曰：「衛懿公唯不去其旗，是以敗于熒[110]。」乃內旌于弢中。唐苟謂石首曰：「子在君側，敗者壹大[111]。我不如子，子以君免，我請止。」乃死。

楚師薄于險，叔山冉[112]謂養由基曰：「雖君有命，為國故，子必射。」乃射。再發，盡殪[113]。叔山冉搏人以投[114]，中車，折軾。晉師乃止。囚楚公子茷。欒鍼見子重之旌，請曰：「楚人謂夫旌，子重之麾也[115]，彼其子重也。日臣之使于楚也，子重問晉國之勇。臣對曰：『好以眾整[116]。』曰：『又何如？』臣對曰：『好以暇[117]。』今兩國治戎，行人不使，不可謂整。臨事而食言，不可謂暇。請攝飲焉[118]。」公許之。使行人執榼承飲，造于子重[119]，曰：「寡君乏使，使鍼御持矛，是以不得犒從者，使某攝飲。」子重曰：「夫子嘗與吾言于楚，必是故也。不亦識[120]乎？」受而飲之，免使者而復鼓。旦而戰，見星未已。

子反命軍吏察夷傷[121]，補卒乘[122]，繕甲兵，展[123]車馬，雞鳴而食，唯命是聽。晉人患之。苗賁皇徇[124]曰：「蒐乘[125]補卒，秣馬利兵，修陳固列，蓐食申禱[126]，明日復戰。」乃逸楚囚[127]。王聞之，召子反謀。穀陽豎[128]獻飲于子反，子反醉而不能見。王曰：「天敗楚也夫！余不可以待。」乃宵遁。

晉入楚軍，三日穀[129]。范文子立于戎馬之前，曰：「君幼，諸臣不佞，何以及此？君其戒之！〈周書〉曰：『惟命不于常。』[130]有德之謂。」楚師還，及瑕[131]，王使謂子反曰：「先大夫之覆師徒者，君不在[132]。子無以為過，不穀之罪也。」子反再拜稽首曰：「君賜臣死，死且不朽。臣之卒實奔，臣之罪也。」子重使謂子反曰：「初隕師徒者，而亦聞之矣。盍圖之[133]！」對曰：「雖微[134]先大夫有之，大夫命側，側敢不義[135]？側亡君師，敢忘其死？」王使止之，弗及而卒[136]。

【注釋】❶楚子自武城句　楚共王從武城派公子成用汝陰之田向鄭國換取和好。楚子，楚共王。楚國始封為子爵，故經傳稱楚君為楚子。武城，楚邑，在今河南省南陽市北。汝陰之田，汝水以南的田地，為楚國北部邊地，在今北汝河以南，郟縣與葉縣之間。鄭得汝陰之田即叛晉從楚。❷子駟　鄭穆公之子，名騑，掌國政，為人強暴，後因強奪民田而被殺。❸子罕　鄭穆公之子，名喜。❹將鉏樂懼　都是宋國大夫。將鉏，不知所出。樂懼，宋戴公六世孫。❺汋陂　宋地，當在今河南省寧陵縣之南。下句之「夫渠」當在汋陂東北，離汋陂不遠。❻儆　警戒。❼覆之　設伏兵襲擊他們。覆，埋伏。❽汋陵　宋地，在今河南省寧陵縣南二十五里，在汋陂東北。❾鳴鴈　在今河南省杞縣西北四十里之鳴雁亭。❿范文子　即士燮，晉國中軍副帥。⓫若逞吾願三句　意謂如果滿足我的願望，那麼諸侯都背叛晉國，晉國的憂患還能遲緩些。范文子此言是不主張伐鄭。詳下文注。上「逞」字為快意之義，下「逞」字為「縕」的假借字，義為緩。說見楊樹達《讀左傳》。⓬欒武子　即欒書，晉國中軍元帥。⓭郤錡　郤克之子，字駒伯，為上軍帥。⓮荀偃　荀庚之子，荀林父之孫，字伯游，又稱中行獻子，以中行為氏，為上軍副帥。⓯韓厥　韓簡之孫，又稱韓獻子，為下軍帥。⓰郤至　郤克族姪，下文又稱溫季，為新軍副帥。按，成公三年傳載，晉作六軍，擴編新三軍，此僅言新軍，可能已將新三軍合為一軍。⓱荀罃　荀首之子，又稱知罃、知武子，為下軍副帥，此戰留守國內。⓲郤犨　郤豹曾孫，郤克從祖兄弟，為新軍帥。⓳欒黶　欒書之子，又稱欒桓子。⓴孟獻子　即仲孫蔑，魯國公族孟孫氏。㉑戊寅　四月十二日。按，晉軍於此日出師，而經文云，欒黶於六月始至魯國求魯出兵，故諸侯之師皆不及會戰。㉒姚句耳　鄭國大夫，但非正式使者，故云「與往」。句，同「勾」。㉓司馬　官名，掌軍政。時司馬為子反，名側。此戰率領中軍。㉔令尹　楚國最高執政官，時令尹為子重，即公子嬰齊，楚穆王之子，莊王之弟，此戰率領左軍。按楚官階，令尹高於司馬，而此戰以子反為統帥。㉕子辛　即公子王父，楚穆王後代，官右尹，率領右軍。㉖申　楚縣邑，在今河南省南陽市。為申叔時食邑，申叔時年老退休於申。㉗德刑詳義禮信二句　意謂德行、刑法、和順、道義、禮法、信用，這是戰爭的必備條件。詳，通「祥」。和順、和善。指事神的態度。故下文云「詳以事神」。器，器用。此六項為戰爭所必備，如器用之不可闕。㉘義以建利三句　道義是用來建立國家之利的標準和措施，以防止人們取不義之財；禮法用來規範人們的行為，使合於時宜；信用用來維護一切事物，使人們專於職守。㉙用利而事節二句　對人們有利的事，國家方可使用而萬事合於法度。人們順應時宜而勞作，萬物就能生成。㉚周旋不逆　人們相互往來沒有矛盾。㉛極　行為準則。㉜故詩曰三句　見《詩經・周頌・思文》，意謂周族的祖先后稷安置眾民，沒有不合其標準的。烝，眾。此二句言治民之道，立準則使民行事有所依循。㉝民生敦厖　人民生活豐厚富足。敦，厚。《方言》：「厖，豐也。」敦厖同義。應上文「民生厚」。㉞和同以聽　和睦一致而聽從政令。應上文「德正」。㉟致死以補其闕　願意犧牲自己以補救國家的損失。㊱瀆齊盟二句　褻瀆神聖的盟約，自食其言，不講信義。齊，通「齋」。古人以為盟誓有神靈監臨，故盟誓必先齋戒。話言，善言。指盟誓。此二句言楚新與晉盟而背約，不以詳事神，不以信守物。㊲奸時以動二句　違犯時宜而用兵，使民疲弊以逞私欲。奸，犯。四月當春耕之時，而楚用兵。此二句言楚不以禮順時，不以德施惠。㊳人恤所底二句　人們為結局而擔憂，還有誰去拼命作戰呢。恤，憂。底，至；底端；盡頭。指結局。㊴過險而不整　行軍經過險阻之地而隊伍行列不整齊。下云「不整」則「喪列」，失去行列。㊵失志　考慮不周密。㊶偽　當作「為」。假如。從俞樾說。㊷合諸侯　與諸侯交戰。㊸我若羣臣輯睦以事君二句　金澤文庫本「若」下有「退」字。句意謂我們如果退兵，羣臣和睦地侍奉國君，就夠好的了。㊹鄢陵　鄭邑，在今河南省鄢陵縣西北。本為鄢國，為鄭武公所滅。㊺韓之戰二句　韓原之戰，晉惠公戰敗被俘。見僖公十五年傳。韓，晉地，在今山西省萬榮縣之北。不振旅，治兵而歸或作戰勝利而歸稱振旅，不振旅即戰敗，不能整軍而歸。㊻箕之役二句　晉襄公在箕地打敗狄人，晉中軍帥先軫戰死。見僖公三十三年傳。不反命，不能回國復命，即戰死。反，同「返」。㊼邲之師二句　在邲地和楚國交戰，晉國中軍帥荀伯一敗即退，不復與楚軍周旋。見宣公十二年傳。邲，鄭地，在今河南省鄭州市西北。荀林父字伯，故稱荀伯。不復從，即失敗，當時習語。㊽自非　若非，多用於否定句。㊾盍釋楚句　何不放下楚國讓它作為外敵，使我國有所戒懼呢。盍，何不的合音詞。按，范文子見晉厲公驕奢而羣臣不和，以為如戰勝楚國，則外無戒懼，必有內憂。故晉國將佐多主戰，獨范文子三次主退，欲釋楚以為外懼而紓內憂。文子非不能戰，非懼戰。㊿甲午　六月二十九日。(51)壓晉軍而陳　逼近晉國軍營擺列戰陣。即逼得晉軍無法列陣。壓，逼近。陳，同「陣」。動詞。列陣；擺開戰陣。52范匄　范文子之子，食邑於范，以范為氏。又稱士匄、范宣子。53塞井夷竈三句　填塞水井，剷平火灶，就在軍營中列陣，使行列間的距離放寬。按，古時軍隊就地掘井取水，壘土起灶炊飯。夷，平。竈，俗「灶」字。行首，行道。《司馬法》：「凡陳行惟疏。」下文「塞井夷竈而為行也」可證。54晉楚唯天所授　晉楚都是上天賜予的大國。55輕窕　即輕佻，輕浮。指軍心浮躁不堅韌。故下云堅守三日，不與戰，楚軍必退。56六間　六個空子，即六方面弱點。間，縫隙。郤至以楚軍有六間，主張速戰出擊，與元帥之謀略相反。57二卿相惡　指子反、子重兩人相仇。這是一間。58王卒以舊　楚王親兵都是王族中的舊人，缺乏新生力量。下文云「舊不必良」，舊卒老兵未必精良。這是二間。59鄭陳而不整　鄭國雖有陣勢，但行列不整齊。這是三間。60蠻軍而不陳　蠻夷雖出兵卻沒有陣法。這是四間。61陳不違晦　布陣作戰不避晦日。晦，陰曆月終之日，指六月甲午日。古時迷信，晦日不布陣出戰，今楚軍不違晦，為兵家所忌，故下文云「以犯天忌」。這是五間。62在陳而囂　士兵在陣營中還在吵鬧。列陣不應喧嘩，而楚軍無紀律。這是六間。63合而加囂三句　此承上述一、三、四、六間而言。意謂楚、鄭、蠻各軍會合後更加喧鬧，互相觀望依賴，各有後顧之憂，因而沒有鬥志。64巢車　兵車之一種，有八輪可以進退，上立高竿，竿頭挽版屋，屋方四尺，有十二孔，有如鳥巢，用以瞭望敵人。宣公十五年傳曰「樓車」。65伯州犂　晉大夫伯宗之子，伯宗被害後奔楚任太宰，因熟悉晉軍，故使侍立於楚王身後。伯宗被害事見去年傳。66騁而左右二句　晉軍兵車向左右兩方馳騁，是在做什麼。以下無「曰」字的七句都是楚王所問，且承上省「何也」二字，有「曰」字的八句是伯州犂的答話。67張幕矣　拉上帳幕了。張，張開；陳設。68虔卜于先君也　是虔誠地在向先君的神位占卜勝負。古代行軍，必將先君神主供奉車上同行。69甚囂二句　晉軍十分囂鬧，連塵土都上揚了。70皆乘矣二句　都登上兵車了，車上左右甲士又手持武器下車了。按，此指一般兵車，御者居中，左右為甲士。71聽誓　聽主帥發布誓師的號令。72戰禱　戰前向神靈祝禱勝利。73公卒　晉君親兵，多為公卿子弟。下文「王卒」即楚王親兵，多為王族子弟。74苗賁皇　楚國若敖氏鬭椒之子。楚滅若敖氏時賁皇奔晉，晉以苗邑與之。見宣公四年、十七年傳，又襄公二十六年傳。75皆曰四句　晉將士都說：「有晉國傑出的人伯州犂站在楚王左右，而且軍陣厚實，不可抵敵。」孔疏引服虔說，謂賁皇、州犂「皆曰」，賁皇言楚強，州犂言晉強。此說與下文似相矛盾，故不取。76三軍萃于王卒　集中三軍兵力攻擊楚中軍王卒。三軍，實指晉上、中、下、新四軍。萃，集。襄公二十六年傳追敘此事，較此為詳。77筮之　用蓍草為此役占卜成敗，根據蓍草的排列預測吉凶。這是一種迷信活動。78復䷗　《周易》卦名，震卦在下，坤卦在上。79南國蹴三句　這是復卦的繇辭，意謂南方的國家（楚國）局促，國土削小，射其國王，箭頭射中他的眼窩。蹴，同「蹙」。迫促；

緊縮。元王指楚王。元，首。厥，其。(80)有淖于前二句　晉軍營前有泥沼，晉軍都從左、從右繞行，避開泥沼。違，避。(81)步毅　即成公十三年傳之郤毅，郤至之弟，為晉君駕御戰車，居左。晉君居中。(82)欒鍼　欒書之子，欒黶之弟，為晉君車右。(83)彭名　彭名為楚王駕御戰車，居左。(84)潘黨　潘尪之子，又稱叔黨。彭名、潘黨已見宣公十二年傳。(85)欒范以其族夾公行　欒書、范文子率領他們的親兵在左右夾護著晉厲公的兵車前行。族，指宗族成員組成的軍隊，作戰時編入軍中為骨幹，平時則為家兵。(86)陷于淖　晉厲公兵車陷入泥沼。下文「掀公出淖」可證。(87)書退三句　欒書退下去！國家有戰事，怎能一人獨攬。古禮，在國君面前，羣臣皆直呼其名，故欒鍼直呼父名「書」。專，獨專；一人包辦。欒鍼為車右，出淖應是車右之責。(88)侵官二句　侵奪別人的職權，就是冒犯別人。(89)失官二句　丟棄自己（元帥）的職責，是怠慢、失職。(90)離局二句　離開自己的部屬，是犯擾亂的錯誤。局，部下。見《禮記・曲禮》「各司其局」注。姦，亂。(91)癸巳　六月二十八日。是甲午的前一天，故以下至占夢之語是補敘前一日事。(92)潘尪之黨句　潘尪之子潘黨和養由基把甲衣置放在物上而後對它射箭。養由基，楚大夫，字叔，以養（邑名）為氏，又稱養叔，以善射著名。蹲甲，把甲衣置於物上。(93)徹七札焉　穿透甲衣七層。古時甲衣為皮製，最好的甲衣內外複疊七層，稱七札。見《呂氏春秋・愛士》、《韓詩外傳》等。(94)大辱國三句　意謂真丟臉，明朝作戰時你如要射箭，將死於此武藝。大辱國，于鬯《校書》謂此為當時罵人俗語。杜注：「賤其不尚智謀。」(95)呂錡　晉大夫，即魏錡，又稱廚武子，魏犨之孫。呂錡之子呂相，見成公十三年傳。(96)姬姓四句　日月有內外之意。晉為姬姓，為內；楚為異姓，為外。呂錡夢射中月，即射中楚王。(97)中項二句　射中頸項，伏在弓袋上死去。弢，盛弓的套子。(98)趨風　疾走如風，以表示恭敬。是當時習語。(99)使工尹襄問之以弓　讓工尹襄去問候郤至，拿一張弓送給他。工尹，官名，掌管百工，戰時亦可領兵。襄為其名。問，問好。古時問好必送禮物。(100)方事之殷　正當戰事緊張的時候。殷，盛。(101)韎韋之跗注　穿著赤黃色熟牛皮製的甲衣。韎，赤黃色牛皮。韋，加工成柔軟的熟皮。跗注，古時緊身軍服，衣褲相連，褲管如今之褲腿，長至腳背。跗，腳背。(102)識　通「適」。剛巧。(103)外臣至　外臣郤至。古時對別國國君自稱外臣。(104)間蒙二句　參加在軍隊中，穿上甲冑，不敢拜受君王問候賜物之命。間，參與。蒙，穿上。(105)敢告不寧二句　謹告君王，我沒有受傷，有辱君命問好，很不敢當。寧，讀作「憖」、「慭」，損傷。《方言》：「憖，傷也。」(106)肅　肅拜之禮。古時甲冑之士不拜，只行肅拜之禮，站立，身略俯折，合雙手，當胸而下。(107)不可以再辱國君　楚王喪目為一辱國君，故不可再辱鄭成公。見阮芝生《杜注拾遺》。(108)諜輅之　另派輕車從小道去攔擊。諜，間；間道；小路。(109)余從之乘　我追上他的戰車。之，其。(110)衛懿公二句　衛懿公與赤狄交戰，敗而不去其旗，狄人追擊，殺衛侯於熒澤。見閔公二年傳。衛懿公，名赤，衛惠公之子。熒，即熒澤，衛地，在黃河之北，今地不詳。(111)敗者壹大　戰敗之軍要一心保護國君。大，指鄭成公。(112)叔山冉　楚國武士，叔山氏名冉。(113)再發二句　射兩箭，敵人都被射死。殪，射死。(114)搏人以投　同晉國士兵搏擊，把他舉起來投擲過去。(115)楚人謂夫旌二句　謂被俘的楚人指認那旌旗是子重的大旗。麾，將帥用以指揮作戰的旗子。欒鍼由此知其車為子重的兵車。戰國以後，旗上始有姓氏。(116)好以眾整　喜歡兵士隊伍整齊，不因戰事緊急而隊伍散亂。(117)暇　閒暇；從容不迫。(118)請攝飲焉　請允許派人代我給子重敬酒。攝，代理。飲，動詞的使動用法。飲焉，使子重飲酒。下「攝飲」同。焉，於之。指子重。(119)使行人執榼承飲二句　派使者拿了酒食送到子重的車馬前。榼，盛酒之器。承，奉；捧著。造，至；到達。(120)識　記。指欒鍼記憶力好，能記起前言。(121)夷傷　同義詞連用。夷，後作「痍」，創傷。(122)補卒乘　補充步兵和車兵。(123)展　陳列；巡視。(124)徇　遍；通告全軍。(125)蒐乘　檢閱戰車。(126)蓐食申禱　飽食早飯，再次祝禱求勝。蓐食，飽食。《方言》：「蓐，厚也。」又見《廣雅疏證》、王引之《述聞》。(127)逸楚囚　故意放鬆對楚囚的看管，讓他們逃逸，將晉人有備傳聞於楚。(128)穀陽豎　人名，子反的侍從小臣。(129)三日穀　吃楚軍軍營中的糧食吃了三天。(130)周書曰二句　見《尚書・康誥》，謂天命不會常在，即命運不會一直好的。下句給以解釋：只有德行好的人能享有天命。(131)瑕　楚地，在今湖北省隨州市境。見桓公六年傳注。(132)先大夫之覆師徒者二句　先大夫成得臣（令尹子玉）在城濮之戰中全軍覆沒，當時楚成王不在軍中，要子玉承擔罪責。事見僖公二十八年傳。子玉因敗自殺。(133)初隕師徒者三句　當初使軍隊敗亡的人（子玉）的結局，你也知道的了，現在何不自己考慮一下。隕，墜落。指敗亡。而，同「爾」；你。盍，何不。子重此言是逼子反自殺，應上文「二卿相惡」及去年傳「子反必不免」。(134)微通「非」。(135)側敢不義　側豈敢偷生而陷於不義。側，子反自稱其名。(136)弗及而卒　謂楚王使人阻止，沒有趕上，子反就自殺了。《呂氏春秋》、《韓非子》等皆謂楚王斬子反，《史記・晉世家》則云：「王怒，讓子反，子反死。」

【語　譯】魯成公十六年春季，楚共王從武城派公子成用汝水以南的田地向鄭國換取和好。鄭國就背叛晉國，派子駟到武城順從楚王，和楚結盟。

夏季四月，滕文公去世。

鄭國的子罕進攻宋國。宋國的將鉏、樂懼在汋陂打敗了他。宋軍退兵，駐紮在夫渠，不加警備。鄭軍伏兵襲擊，在汋陵打敗了宋軍，俘獲了將鉏、樂懼。這是宋國仗恃取勝而不戒備造成的。

衛獻公發兵攻打鄭國，到達鳴雁地方，這是為了奉行晉國的命令。

晉厲公將要討伐鄭國。范文子說：「如果滿足我的願望，諸侯都背叛，晉國的憂患方可得以緩解。如果只是一個鄭國背叛，晉國的憂患可能立即會來了。」欒武子說：「不能在我們這輩執政的時候失去諸侯，定要進攻背叛的鄭國。」就發兵伐鄭，欒書率領中軍，士燮輔佐他；郤錡率領上軍，荀偃輔佐他；韓厥率領下軍；郤至作新軍統帥的輔佐。下軍佐荀罃留守國內。郤犨作新軍統帥，到衛國去，接著到齊國去求他們出兵。欒黶到魯國來請求出兵。魯國的孟獻子說：「晉國又會得勝了。」四月十二日，晉軍出發。

鄭國人聽到晉國出兵，就派使者報告楚國，姚句耳和使者同去。楚共王就出兵救鄭。司馬子反率領中軍，令尹子重率領左軍，右尹子辛率領右軍。軍隊經過申邑，子反去拜見申叔時，說：「這次出兵將會怎樣？」申叔時說：「德行、刑罰、和順、道義、禮法、信用，這是戰爭的必備條件。德行是用以施予恩惠，刑罰是用來糾正邪惡，和順是藉以事奉神靈，道義是用以維護國家利益，禮法是用以使行為順應時宜，信用是藉以保持事物。人民生活優厚，道德就端正；人們需用有利國家，萬事就合於節度；順應時宜進行勞動，萬物就能生成。這樣上下和睦，相互交往沒有矛盾，有所需求也無不具備，人人知道自己行為的準則。所以《詩經》說：『安置我的眾百姓，沒有不合於準則的。』因此神靈降福給他，四時沒有災害，百姓生活豐足，齊心一致，聽從命令，沒有不盡力以服從上司命令的，都願犧牲自己以補救國家的損失，這些就是戰爭取勝的原因。現在楚國對內拋棄他的百姓，不施給恩惠，對外斷絕友好國家的關係，褻瀆神聖的盟約，說話不講信用，違背時令以發動戰爭，使百姓疲乏以逞自己的私欲。人民不知道信用在哪裏，進退都要得罪。人們為這結局在擔憂，還有誰肯去送命？您自己努力吧，我不會再見到您了！」姚句耳先回到鄭國，子駟詢問情況，他回答說：「楚軍進軍迅速，經過險阻的地方隊伍不整齊。行軍太快就會考慮不周，隊伍不整齊就雜亂無行列。考慮不周，行列雜亂，將怎麼打仗？楚國恐怕不能依靠了。」

五月，晉軍渡過黃河。他們聽到楚軍將來，范文子想要退兵返回，說：「我們如果逃避楚軍，不與交戰，就能緩解內部憂患。和諸侯交戰，不是我所能做的，還是留給有能力的人做吧。我們如果羣臣和睦以事奉國君，就夠好的了。」欒武子說：「不行。」

六月，晉、楚兩軍在鄢陵相遇。范文子不想作戰。郤至說：「韓原一戰，晉惠公失敗，不能整軍返回；箕地一仗，先軫戰死，不能回國復命；邲地一戰，荀伯又戰敗，不能同敵人周旋，這都是晉國的恥辱。您也知道先君時代的情況了。現在我們逃避楚國，又會增加恥辱的。」范文子說：「我們先君屢次作戰是有原因的，那時秦國、狄人、齊國、楚國都很強大，如果我們不盡力作戰，子孫將弱小挨打。現在三強敵已經順服，敵人只剩楚國而已。只有聖人才能做到外部內部都無憂患。如果不是聖人，外部安寧了就必定內部有憂患。我們何不放下楚國把他作為外部的戒懼呢？」

六月二十九日是月終晦日，楚軍在清早就逼近晉國軍營擺開戰陣。晉軍將士為此擔心。范匄快步進去說：「填塞水井，剷平火灶，就在軍營中擺開戰陣，把行列間的距離放寬。晉國、楚國都是上天賜予的大國，有什麼可擔憂的？」范文子拿起戈來追逐他，說：「國家的存亡是天意，小孩子知道什麼？」欒書說：「楚國輕佻浮躁，我們加固營壘堅守，等待三天，他們必定退兵。乘他們退兵時加以追擊，就一定可以獲勝。」郤至說：「楚軍有六個弱點，我們不可錯過進攻時機：楚國的兩個將帥不和；楚共王的親兵是家族中的舊人馬，衰老不中用；鄭國雖然有陣勢，但行列不整齊；蠻人雖出兵卻無陣容；楚軍擺開戰陣不避忌晦日；士兵在陣營中喧鬧，沒有紀律。楚軍、鄭軍、蠻軍會合後更加喧鬧，互相觀望依賴，沒有鬥志。親兵是舊人馬就未必精良，晦日列陣就違犯了兵家大忌。所以我們必定能戰勝他們。」

楚共王登上巢車去瞭望晉軍，子重讓太宰伯州犁侍立在楚王身後。楚王問道：「晉軍兵車向左右馳騁，這是做什麼？」伯州犁說：「這是召集軍官們。」楚王說：「這些人都集合在中軍了，是做什麼？」伯州犁說：「是在共同謀議。」楚王說：「拉上帳幕了，是做什麼？」伯州犁說：「是在先君的神位前占卜。」楚王說：「又撤除帳幕了。」伯州犁說：「是將要發布命令了。」楚王說：「十分囂鬧，連塵土都飛揚起來了，是做什麼？」伯州犁說：「將要填塞水井、剷平火灶而作為陣營的行道。」楚王說：「都登上戰車了，左右將士又拿著武器下車了。」伯州犁說：「是要聽元帥發布誓師的號令。」楚王說：「他們要作戰嗎？」伯州犁說：「還不能知道。」楚王說：「晉軍登上戰車，左右將士又下車了。」伯州犁說：「是戰前在祈禱神靈。」

伯州犁把晉厲公親兵的情況報告楚王。苗賁皇在晉厲公身旁，也把楚王親兵的情況報告晉厲公。晉軍將士都說：「我國傑出的人伯州犁在楚王身邊，楚軍陣營厚實，怕不可抵擋。」苗賁皇對晉厲公說：「楚軍的精兵，只是在中軍的王族而已。請把我們的精兵分開去攻擊他們的左右軍，再集中三軍攻打楚王的精兵，就必定把他們打得大敗。」晉厲公讓太史占筮，太史說：「吉利。得到〈復〉卦䷗，卦辭說：『南方的國家促迫，國土削小，射他的首領楚王，箭頭射中他的眼窩。』國家促迫，國王受傷，不失敗，還有什麼？」晉厲公聽從了苗賁皇的計謀和太史的占筮而進軍交戰。晉軍陣前有泥沼，於是晉軍都或左或右地避開泥沼而行進。步毅為晉厲公駕御戰車，欒鍼作車右。彭名給楚共王駕御戰車，潘黨作車右。石首駕御鄭成公的戰車，唐苟作車右。欒書、范文子領著他們家族的部隊從左右護衛著晉厲公前進。晉厲公的戰車陷在泥沼裏，欒書打算讓晉厲公乘到自己的兵車上。他的兒子欒鍼說：「欒書退下去！國家有大事，你哪能一人獨攬？而且侵奪別人的職權，這是冒犯；丟棄你自己的職責，這是怠慢失職；離開你的部下，這是擾亂戰事；這三項罪不能違犯啊！」欒鍼就下車掀起晉厲公的兵車出離泥沼。

六月二十八日，潘尪之子潘黨和養由基把甲衣放在物上而後對甲衣射箭，穿透甲衣七層，拿去給楚共王看，說：「君王有兩個臣下如此善射，對戰爭還擔憂什麼？」楚王發怒說：「真丟臉！明朝交戰，你們如射箭，會死在這武藝上的。」晉國的呂錡夢見自己射月亮，射中了，自己就退入泥沼。為此占卜吉凶，說：「姬姓是太陽，異姓是月亮，月亮必定是指楚王。你射中了他，自己又退入泥塘，就必定也會戰死。」到二十九日作戰時，呂錡射中了楚共王的眼睛。楚王召喚養由基，給他兩枝箭，叫他射呂錡。結果一箭射中呂錡的後頸項，伏倒在弓套上死去。養由基拿剩下的一枝箭向楚共王復命。

郤至三次遇到楚共王的士兵，見到楚王時，必定下車，脫下頭盔，快步如風。楚王派工尹襄送去一張弓向他問好，說：「正當戰事激烈的時候，有一位身穿赤黃色熟牛皮軍服的人是君子呀！剛巧見到我就快步走開，恐怕受傷了吧？」郤至見到工尹襄，脫下頭盔接受賜命，說：「君王的外臣郤至跟從我們國君作戰，託君王的福，參加在披甲戴盔的行列裏，不敢拜受楚王問好的賜命。謹向君王報告我沒有受傷，辱承慰問，實不敢當。由於戰事的緣故，謹向使者敬肅拜之禮。」於是三次向使者肅拜而後退走。

晉國的韓厥追逐鄭成公。他的御手杜溷羅說：「是否趕快追上去？他的御手屢次回頭看，注意力不在馬上，可以追趕上。」韓厥說：「不能再次羞辱國君。」於是就停止追趕。郤至又追趕鄭成公，他的車右茀翰胡說：「派輕車從小路攔擊，我追上他的戰車，把他俘虜下來。」郤至說：「傷害國君要受到刑罰。」也停止了追擊。鄭成公的御手石首說：「從前衛懿公就是不去掉他車上的旗子，所以在熒地戰敗被殺。」於是把車上的旗子放進弓袋裏。車右唐苟對石首說：「您在國君身邊，戰敗時要一心保護國君。我不及您，您帶著國君逃走，我請求留下來抵禦晉軍。」因而唐苟戰死了。

楚軍被逼迫到險阻地帶，叔山冉對養由基說：「雖然君王昨天有命令，不讓您射箭，但為了國家，您一定要射箭。」養由基就射晉軍，兩次發射，射中兩人，都被射死。叔山冉與晉軍搏鬥，把晉國人舉起來投擲過去，擲中戰車，折斷了車前的橫木。晉軍就停止追擊，只俘虜了楚國的公子茷，把他囚禁起來。欒鍼看到子重的旌旗，就請求說：「俘虜的楚人說那面旌旗是子重的旗號，他大概就是子重吧！往日下臣曾出使去楚國，子重問起晉國的勇武表現在哪裏，下臣回答說：『喜好士兵隊伍整齊。』子重又問：『還表現在哪裏？』下臣說：『喜好從容不迫。』現在兩國興兵交戰，不派遣使者，不能說是隊伍整齊，軍容完好；臨到戰事，如不履行往日之言，不可說是從容不迫。請派人代我給子重進酒。」晉厲公答應了。就派使者拿著酒器奉上，到子重車馬前說：「我們國君缺乏使者，讓欒鍼拿著戈矛侍御在旁，因此不能前來犒勞你的隨從，特派我前來代他敬酒。」子重說：「他曾經到楚國跟我說過一番話，必定是這個緣故方始送酒來。他的記憶力豈不是很好嗎？」受酒而飲，不留難使者而重新擊鼓，指揮作戰。從早晨開始交戰，直到黃昏看見星星時還沒有停止。

楚國統帥子反命令軍官視察傷情，補充步兵和車兵，修理盔甲和武器，巡視戰車和馬匹，命令雞鳴時吃早飯，一切聽從主帥的命令。晉國人為此擔心。苗賁皇就通告全軍說：「檢閱戰車，補充士卒，餵飽馬匹，磨利兵器，整頓軍陣，鞏固行列，明晨飽吃早飯，再次祈禱求勝，明天再戰！」還故意放鬆對楚國俘虜的看管，讓他們逃回去傳聞晉軍有備的情況。楚共王聽到後，召喚子反一起商議。不料穀陽豎獻酒給子反，子反喝醉了不能進見。楚王說：「這是上天要讓楚國失敗啊！我不可以等到天亮了。」於是楚軍就連夜逃走了。

晉軍進入楚國軍營，吃了三天楚軍留下的糧食。范文子站在晉厲公的車馬前，說：「國君還年輕，下臣們不才，怎麼能到這樣的地步？希望國君還要警惕啊！〈周書〉說：『天命不會常在的。』是說有德之君可以享有天命。」楚軍回國，到達瑕地，楚共王派人對子反說：「先大夫成得臣在城濮戰役中使軍隊覆沒，那時國君不在軍中。現在您不要把失敗看作自己的過錯，這是我的罪過！」子反兩次拜禮叩頭說：「君王賜下臣去死，死也不忘君恩。下臣的士兵確實敗逃了，這是下臣的罪過。」子重又派人對子反說：「當初讓軍隊敗亡的人，他的結果你也聽到的了。何不自己考慮一下！」子反回答說：「即使先大夫沒有自殺謝罪的事，大夫您命令我去死，我豈敢貪生而陷於不義？我使國君的軍隊敗亡，豈敢忘記一死？」楚共王派人阻止他，沒有趕到，子反就自殺了。

【說　明】本年傳文分為兩大章。以上為第一大章，寫晉楚鄢陵之戰。第一節寫戰爭起因。楚以汝陰之田收買鄭國，使鄭叛晉攻宋。這就背棄了與晉國的弭兵之會和赤棘之盟（見成公十二年傳）。晉厲公以此為契機，於四月十二日興師伐鄭，並求衛、齊、魯三國出兵支援。鄭告急於楚，楚共王出兵救鄭。於是導致鄢陵之戰。楚國老臣申叔時看到楚國喪失德義禮信，「內棄其民，外絕其好」，預言楚軍必敗。第二節為戰事正文。六月甲午（二十九日），晉楚陳兵鄢陵。楚軍晨壓晉軍而列陣。晉軍主帥欒書主張堅守三日，以避楚軍鋒銳，待楚退兵時追擊取勝。新軍佐郤至以為楚有「六間」，主張速戰。從楚叛逃來晉的苗賁皇（若敖氏鬭椒之子）則建議集中三軍優勢兵力攻擊楚中軍主力王族親兵，先以精兵分擊楚左右軍。晉用郤至之謀及賁皇之計，於軍營中列陣，塞井平灶以為行道，作戰處於有利地位，從而大敗楚軍鄭軍。戰爭從早晨打到黃昏，「旦而戰，見星未已」。雙方視察傷情，補充士卒，秣馬厲兵，準備明日再戰。楚王召子反謀，而子反醉酒不能進見，楚軍只得「宵遁」，以失敗告終。第三節寫戰爭餘波。晉軍入楚營，吃三日糧。楚軍退至瑕地，子反自殺，應了上年傳「子反必不免」的話。

傳文具體生動地寫了戰爭中的細節，以表現雙方將士的勇武精神。如晉厲公兵車陷入泥沼，車右欒鍼掀公車以出；晉將魏錡夢射月，戰時射楚王，中其目；楚以善射著名的養由基一箭射中魏錡頸項，「伏弢」而死；鄭國石首御鄭成公戰車，納旌旗於弢中，保護鄭君脫逃，而車右唐苟自請下車抵禦晉軍而戰死；楚軍被迫處在險要地帶，由於養由基善射和叔山冉勇於搏擊，使晉軍停止了追擊。傳文又寫晉郤至三遇楚王必「免冑而趨風」，並接受了楚王使者問好之禮，為明年晉殺郤至伏筆。

鄢陵之戰寫楚王登巢車以望晉軍，伯州犁侍立於後，楚王八問，州犁八對。傳文不直書晉軍行事，而假楚王目中所見、口中說出。這完全是小說筆法，使甲乙雙方情事一併寫出。鋪陳場面，推進故事，生動而不平板。且問答主語省略，文字經濟而條貫不紊，可謂史傳中之妙筆。

鄢陵之戰是晉楚爭霸中的決定性戰役，是春秋五大戰役的最後一役。此後楚再也無力擴張勢力、北進稱強。而晉國儘管取勝，但由此晉侯驕侈，羣臣不和，陷入了內部相殘的局面。只有范文子預見到聖君始能內外無患；戰而勝楚，則齊、狄、秦、楚四強皆服，「外寧必有內憂」。故羣臣主戰，獨文子三次主退，「釋楚以為外懼」，以紓內憂。後事果如他所料。從認識世界的方法論說，羣臣只看到強楚之害、敗楚之利；文子能看到釋楚之利，敗楚之憂。這是一種新思維，蘊含著辯證法的光輝，所以為歷代文史家所重視。《孟子》：「無敵國外患者，國恆亡」，「生於憂患，死於安樂」；柳宗元〈敵戒〉：「皆知敵之害而不知為益之大」；楊萬里〈論對第一劄子〉：「天之於君，絕之者則誤之以強盛，愛之者則懼之以災害」；以及兔死狗烹之喻，皆范文子之理旨：縱敵以為外懼，留敵庶可自全，此固遠識謀國之忠也。

傳 戰之日❶，齊國佐、高無咎❷至于師，衛侯出于衛，公出于壞隤❸。

宣伯通于穆姜❹，欲去季、孟而取其室❺。將行，穆姜送公，而使逐二子。

公以晉難⑥告曰：「請反而聽命。」姜怒，公子偃、公子鉏⑦趨過，指之曰：「女不可，是皆君也⑧。」公待于壞隤，申宮、儆備、設守⑨而後行，是以後。使孟獻子守于公宮。

秋，會于沙隨⑩，謀伐鄭也。宣伯使告郤犨曰：「魯侯待于壞隤，以待勝者。」郤犨將新軍，且為公族大夫⑪，以主東諸侯⑫。取貨于宣伯，而訴公于晉侯⑬。晉侯不見公。

曹人請于晉曰：「自我先君宣公即世⑭，國人曰：『若之何？憂猶未弭⑮。』而又討我寡君⑯，以亡曹國社稷之鎮公子⑰，是大泯曹也，先君無乃有罪乎？若有罪，則君列諸會矣⑱！君唯不遺德刑，以伯諸侯⑲，豈獨遺諸敝邑⑳？敢私布之。」

七月，公會尹武公及諸侯伐鄭㉑。將行，姜又命公如初。公又申守㉒而行。諸侯之師次于鄭西，我師次于督揚㉓，不敢過鄭。子叔聲伯㉔使叔孫豹㉕請逆于晉師㉖，為食于鄭郊㉗。師逆以至。聲伯四日不食以待之，食使者而後食㉘。

諸侯遷于制田㉙，知武子㉚佐下軍，以諸侯之師侵陳，至于鳴鹿㉛。遂侵蔡。未反，諸侯遷于潁上㉜。戊午㉝，鄭子罕宵軍之㉞，宋、齊、衛皆失軍㉟。

曹人復請于晉，晉侯謂子臧：「反，吾歸而君。」子臧反，曹伯歸[36]。子臧盡致其邑與卿而不出[37]。

宣伯使告郤犨曰：「魯之有季、孟，猶晉之有欒、范[38]也，政令于是乎成[39]。今其謀曰：『晉政多門，不可從也。寧事齊、楚，有亡而已，蔑[40]從晉矣！』若欲得志于魯[41]，請止行父而殺之，我斃蔑也[42]。而事晉，蔑有貳矣。魯不貳，小國必睦[43]。不然，歸必叛矣！」九月，晉人執季文子于苕丘[44]。公還，待于鄆[45]。使子叔聲伯請季孫于晉。郤犨曰：「苟去仲孫蔑而止季孫行父，吾與子國，親于公室[46]。」對曰：「僑如之情[47]，子必聞之矣！若去蔑與行父，是大棄魯國，而罪寡君[48]也。若猶不棄，而惠徼周公之福，使寡君得事晉君，則夫二人者，魯國社稷之臣也。若朝亡之，魯必夕亡。以魯之密邇仇讎，亡而為讎，治之何及[49]？」郤犨曰：「吾為子請邑[50]。」對曰：「嬰齊，魯之常隸[51]也，敢介大國以求厚焉[52]？承寡君之命以請，若得所請，吾子之賜多矣，又何求？」范文子謂欒武子曰：「季孫于魯，相二君[53]矣，妾不衣帛，馬不食粟，可不謂忠乎？信讒慝[54]而棄忠良，若諸侯何？子叔嬰齊奉君命無私，謀國家不貳，圖其身不忘其君。若虛其請[55]，是棄善人也。子其圖之。」乃許魯平，赦季孫。冬十月，出叔孫僑如而盟之[56]，僑如奔齊。十二月，季孫及郤犨盟于扈㊼。歸，刺公子偃㊽，召叔孫豹于齊而立之㊾。

齊聲孟子㊿通僑如，使立于高、國之間61。僑如曰：「不可以再罪。」奔衛，亦間于卿。

晉侯使郤至獻楚捷于周62，與單襄公63語，驟稱其伐64。單子語諸大夫曰：「溫季其亡乎？位于七人之下65，而求掩其上。怨之所聚，亂之本也。多怨而階亂66，何以在位？〈夏書〉曰：『怨豈在明？不見是圖。』67將慎其細也68。今而明之69，其可乎？」

【注釋】❶戰之日　指六月甲午晦日（二十九日）。金澤文庫本作「戰之明日」，即七月初一日。❷國佐高無咎　二人都是齊國上卿。❸壞隤　魯地名，當離魯君宮室不遠，在今山東省曲阜市境。❹宣伯句　宣伯，即叔孫僑如，魯桓公之子叔牙的曾孫，下文單稱其名僑如。宣伯和穆姜通姦。穆姜是魯宣公夫人、魯成公生母，下文單稱「姜」。❺欲去季孟而取其室　要除去季文子、孟獻子而後奪取他們的家財和食邑。季文子即季孫行父，魯桓公之子季友之孫，下文單稱其氏「季孫」、其名「行父」。孟獻子即仲孫蔑，魯桓公之子慶父的曾孫，下文單稱其名「蔑」。按，宣伯實亦欲去魯成公，下文賄賂晉卿郤犨、毀謗成公可證。❻晉難　指晉國命魯出兵伐鄭。❼公子偃公子鉏　二人為魯成公庶弟。❽女不可二句　你如果不同意，這二人都可做國君。意謂可廢魯成公君位。女，同「汝」。是，此。❾申宮儆備設守　防守宮室，加強戒備，各地設置守衛。申，司；守。可見魯成公無意去季氏、孟氏，而防宣伯政變。❿會于沙隨　據經文，魯成公與晉厲公、齊靈公、衛獻公、宋華元、邾定公會於沙隨，以謀伐鄭。沙隨，宋地，在今河南省寧陵縣西北沙隨亭。⓫公族大夫　官名，掌公族及卿大夫子弟之教育。

見宣公二年傳。⓬主東諸侯　主管東方諸侯的事務。⓭訴公于晉侯　在晉厲公面前告魯成公的狀。即毀謗成公。⓮即世　去世。曹宣公死於伐秦軍中，見成公十三年傳。⓯憂猶未弭　憂患還沒有止息。指曹宣公死後，公子負芻殺太子自立為曹成公。弭，止；息。⓰寡君　指曹成公。去年晉會諸侯，拘捕曹成公，送至京師洛邑。⓱以亡曹國句　因而使鎮撫曹國的公子臧逃亡。亡，使動用法。使逃亡。鎮公子，指曹宣公庶子欣時，字臧。子臧奔宋見去年傳。⓲則君列諸會矣　君，指晉君。諸，之於。指曹宣公。列諸會，讓曹宣公參加會盟，指宣公十七年傳之斷道之會。⓳君唯不遺德刑二句　晉君只因不失德刑，故能稱霸諸侯。遺，失。不遺德刑即賞所當賞，罰所當罰。伯，霸。用作動詞。⓴豈獨遺諸敝邑　難道偏偏對敝國失德失刑。當賞不賞為失德，不當罰而罰為失刑。㉑公會尹武公句　經文云「公會尹子、晉侯、齊國佐、邾人伐鄭」，尹子即尹武公，周王卿士。據下文，宋、衛諸侯當亦領兵與會。㉒申守　申宮設守；在宮中設防。㉓督揚　鄭都東部地名。鄭都在今河南省新鄭市之東。㉔子叔聲伯　魯宣公弟叔肸之子，名嬰齊，下文稱子叔嬰齊。㉕叔孫豹　叔孫僑如之弟，久仕齊，此時或隨齊卿國佐，在齊軍中。㉖請逆于晉師　請求晉軍前往迎接魯成公。逆，迎。㉗為食于鄭郊　聲伯在鄭都東郊為晉軍準備飯食。㉘食使者而後食　等到晉國使者吃了飯以後自己才吃飯。上「食」字為使動用法，使使者食。此謂聲伯事晉無貳心。㉙制田　鄭地，在今河南省新鄭市東北。㉚知武子　即知罃，荀首之子，又稱荀罃，晉下軍副帥。㉛鳴鹿　陳邑，在今河南省鹿邑縣西十三里。㉜潁上　潁水旁，當在今河南省禹州市境。潁水出河南省登封縣，東南流經禹州市、臨潁縣等地而後流入淮河。㉝戊午　七月二十四日。㉞宵軍之　在夜裏出兵襲擊諸侯軍。軍，動詞。出兵攻擊。㉟失軍　潰不成軍。俞樾解為「失其營壘」。㊱子臧反二句　子臧自宋返曹，曹成公自周京師歸曹復位。反，同「返」。㊲盡致其邑與卿而不出　子臧把他的封邑和卿的爵位全都還給曹成公而不再出仕。㊳欒范　指晉上卿、中軍帥欒書（欒武子）、中軍副帥范文子。㊴政令于是乎成　政令在他們那裏制訂出來。是，此。指季、孟二人。㊵蔑　通「無」。不要。下文「蔑有貳矣」之「蔑」，通「無」。沒有。㊶若欲得志于魯　謂晉如欲得魯國擁護，在魯國行使其意志。㊷我斃蔑也　我在魯國把仲孫蔑殺死。當時孟獻子留守公宮。㊸小國必睦　其他小國必睦於晉，即服從晉國。㊹苕丘　晉地，疑在今山西省垣曲縣東六十里。㊺鄆　魯有二鄆，此指西鄆，在今山東省鄆城縣東十六里。㊻吾與子國二句　我給您執掌魯國政權，對您比對公室還親。按，聲伯前以同母異父之妹嫁與郤犨，故郤犨以利誘之。㊼僑如之情　指宣伯與穆姜通姦、欲去季、孟等情況。㊽罪寡君　使我們國君成為罪人。罪，用作動詞。㊾以魯之密邇仇讎三句　如魯國這樣緊靠著晉國的仇敵（齊、楚二國），一旦滅亡而為仇敵所有，晉國想補救還來得及嗎。邇，近。讎，同「仇」。仇敵。㊿請邑　求取封邑。(51)常隸　普通的隸。隸是地位低下的小臣。聲伯自比常隸，當是謙辭。(52)敢介大

國句　豈敢依恃大國而求取厚祿。介，因；仗恃。厚，厚祿。指封邑。53相二君　做兩個君主的國相。相，輔佐君主掌管國事的最高長官，後稱相國、丞相。此「相」用作動詞。二君指魯宣公、魯成公。54譖慝　邪惡。此指惡人，指宣伯。55虛其請　拒絕聲伯的請求。虛，不實現。56出叔孫僑如而盟之　魯國逐出叔孫僑如而讓大夫們盟誓。古時對於所謂惡臣，要公布其罪狀而與大夫誓盟。57匽　鄭地，在今河南省原陽縣西約六十里。58刺公子偃　對內臣只說「刺」，不說「殺」。僅殺偃而未殺鉏，杜注謂「偃與謀」。59立之　立叔孫豹為叔孫氏之後嗣。即繼宣伯的爵職。60聲孟子　齊頃公夫人，齊靈公之母，宋國人，子氏。61使立于高國之間　使宣伯僑如的爵位與高氏、國氏相同。立，同「位」。高國，指高氏、國氏，齊國世襲上卿。62獻楚捷于周　向周王進獻楚國的俘虜、戰利品。63單襄公　周王卿士，名朝，其子為單頃公。64驟稱其伐　屢次誇耀自己的功勞。驟，屢次。伐，功。積功為伐。65位于七人之下　郤至時為新軍佐，地位在中軍、上軍、下軍將佐及新軍將之下，即在欒書、范文子、郤錡、荀偃、韓厥、荀罃、郤犨七人之下。66多怨而階亂　多招仇怨就是導致禍亂的階梯。階，用作動詞。即隱公三年傳之「階之為禍」。67夏書曰三句　已逸，作偽者編入偽古文〈五子之歌〉。句意謂防止仇怨，難道僅在於明顯的仇怨？不易見的細微的仇怨也應注意防止呢。68將慎其細也　細微之處要謹慎啊。69今而明之　現在郤至把不易見的仇怨也變得明顯了。明，使動用法。

【語　譯】鄢陵之戰的那一天，齊國上卿國佐、高無咎到達晉軍駐地，衛獻公剛從衛國出發，魯成公剛從曲阜的壞隤出發。

由於宣伯僑如和魯成公母穆姜通姦，想要除去季孫行父和孟獻子而奪取他們的家財。當魯成公將要出發時，穆姜去送行，要他驅逐季、孟二人。魯成公把晉國命魯出兵的事告訴她，說：「請等我回來再聽取您的命令。」穆姜很生氣，這時成公弟公子偃、公子鉏快步走過，穆姜指著他倆說：「你要是不答應，這兩人都可以做國君！」所以魯成公留在壞隤，安排防守宮室，加強戒備，各處設置守衛，而後出發，因此魯軍去晚了。並讓孟獻子留守宮室，以防意外。

秋季，魯成公和晉厲公、齊靈公、衛獻公、宋國華元、邾定公在沙隨會見，商議進攻鄭國。宣伯卻派人對晉卿郤犨說：「魯成公留在壞隤，是為了等候晉楚交戰誰能取勝。」以誣陷魯成公。這時郤犨統率新軍，而且做公族大夫，主管東方諸侯的事務。他從宣伯那裏拿了賄賂，而在晉厲公面前毀謗魯成公。所以晉厲公就不接見魯成公。

曹國人向晉國請求說：「自從我國先君曹宣公去世，國內的人說：『怎麼辦呢？憂患怎麼還沒有止息！』而貴國又來討伐我們國君曹成公，因而使鎮撫曹國的公子子臧逃亡，這是大舉滅曹呀！先君莫非有罪吧？可是如果有罪，那晉國早已讓他參加諸侯會盟了。晉君只因不失德行和刑罰，所以能稱霸諸侯，難道偏偏對敝國失德失刑？謹在私下向貴國表達真情。」

七月，魯成公會合尹武公和晉厲公等諸侯進攻鄭國。魯成公將要出行時，穆姜又像上次一樣命令成公驅逐季、孟。魯成公又在宮中布置防衛以後方出發。諸侯的軍隊駐紮在鄭都以西，魯國的軍隊駐紮在鄭都以東的督揚，不敢越過鄭國。魯國的子叔聲伯派叔孫豹去請求晉軍前來迎接魯軍，在鄭都郊外為晉軍準備好飯食。晉軍為迎接魯軍而前來。聲伯四天不吃飯等候他們，直到讓晉國使者吃了飯以後自己方始吃飯。

諸侯軍遷移到制田，知武子以晉國下軍副帥率領部分諸侯軍入侵陳國，到達鳴鹿。接著入侵蔡國。還沒有回來時，諸侯軍又遷移到潁上。七月二十四日，鄭國的子罕發兵夜襲，宋、齊、衛三國都潰不成軍。

曹國人再次向晉國請求。晉厲公對子臧說：「你回去，我送回你們的國君曹成公。」子臧回到曹國，曹成公也放回來了。子臧把他的封邑和卿的職位都交出去而不再做官。

魯國的宣伯又派人告訴郤犨說：「魯國的季氏、孟氏，就像晉國的欒氏、范氏，政令就是在他們那裏制訂出來的。現在季氏、孟氏他們商量說：『晉國的政令出自各大卿族，不能統一，這是不能聽從的。寧可事奉齊國和楚國，最多哪怕亡國，也不能順從晉國了。』晉國如要在魯國行使自己的意志，就請拘留季孫行父而殺了他，我在魯國殺死仲孫蔑，而後事奉晉國，沒有二心。魯國沒有二心，其他小國一定順服晉國。不這樣做，季孫行父回國就必定背叛晉國了。」九月，晉國人逮捕了季孫行父，把他囚禁在苕丘。魯成公回國，在鄆城等待，派子叔聲伯去請求晉國釋放季孫行父。郤犨說：「如果除掉仲孫蔑而拘留季孫行父，我給您在魯國執政，對您比對公室還親。」聲伯回答道：「宣伯僑如的情況，您必定知道了。如果除去仲孫蔑和季孫行父，這是大大地拋棄魯國而使我國君成為罪人。如果還不拋棄魯國，而承蒙您向先祖周公求福，讓我們國君能夠事奉晉君，那麼季氏、孟氏這兩個人，是魯國的重臣，如果早上去掉他們，魯國必然晚上滅亡。像魯國這樣緊挨著晉國的敵國，一旦滅亡就會被敵國所佔有，到那時晉國想補救還來得及嗎？」郤犨說：「我為您請求封邑。」聲伯回答說：「我嬰齊，是魯國普通的小臣，怎敢依仗大國來求取豐厚的祿邑？我奉國君的命令前來請求，如果得到所請求的，那您賜給我的就夠多了，我還求什麼呢？」范文子對欒武子說：「季孫在魯國，已輔佐兩個國君了。他的妻妾不穿絲織品，馬不吃糧食，能不說是忠臣嗎？我們如果相信邪惡的人而拋棄忠良，那怎麼向諸侯交代呢？子叔嬰齊奉行國君的命令沒有私心，為國家謀利沒有二心，不為自己打算卻不忘他的國君。如果拒絕他的請求，這是丟棄善人啊！希望您考慮一下吧！」於是晉國就同意跟魯國和好，放回了季孫行父。冬季十月，魯國逐出叔孫僑如而後和大夫們盟誓。僑如逃亡到齊國。十二月，季孫行父和郤犨在扈地結盟。季孫回到魯國，殺了公子偃，從齊國召回叔孫豹而立他為叔孫氏後嗣。

齊靈公之母聲孟子同叔孫僑如通姦，讓他位於上卿高氏、國氏之間。僑如說：「我不可以再犯罪了。」便逃奔到衛國，也位於各卿之間。

晉厲公派郤至去向周王進獻對楚作戰的戰利品。郤至和單襄公談話時，屢次誇耀自己的功勞。單襄公對大夫們說：「郤至怕要被殺了吧？他的官位在七個人之下，卻想要蓋在他們上面。招聚仇怨，這是禍亂的根源。多招仇怨是自造禍亂的階梯，還怎麼安居官位？〈夏書〉說：『防止仇怨難道只防看得見的？不易看到的仇怨還應該防止啊！』這是說細微之處也要謹慎。現在郤至把不易見的細微的仇怨都挑明了，那怎麼可以呢？」

【說　明】以上為第二大章，寫鄢陵之戰後晉厲公與魯、齊、宋、衛等國進攻鄭國。諸侯軍由鄭西遷到制田，晉將荀罃分兵侵襲陳國、蔡國，諸侯軍遷到潁上，被鄭軍夜襲而潰不成軍。晉伐鄭歸於失敗。在晉楚爆發的三大戰役中（城濮之戰、邲之戰、鄢陵之戰），有兩次是為爭奪鄭國而引起的，足見鄭國所處地位的重要。戰後，郤至獻捷於周，屢誇己功，想以新軍副帥一躍而壓過其他七卿，為明年殺郤至張本。

傳文主要夾敘魯國宣伯作亂之事，他與魯成公生母穆姜通姦淫亂，利用穆姜，要成公驅逐季氏、孟氏。這不只是魯國三桓之間的爭奪，而是宣伯蕩覆公室，妄圖篡權的行為。魯成公無意去季、孟，所以借故推託，未從母命。為防宮廷內亂，又使孟氏守衛宮室，讓季氏隨從伐鄭。但因此耽誤時日，出兵遲晚。宣伯以此誣陷成公，又賄賂晉卿郤犨，因此沙隨之會，晉厲公拒不接見魯成公。宣伯又誣陷季、孟要叛晉而事齊楚，要晉拘捕季氏而殺之，自己準備殺孟氏。故九月晉人拘捕季氏，囚於苕丘。魯成公使子叔聲伯求晉放歸季氏。聲伯曾將其妹嫁郤犨，郤犨以與魯國政、為之求封邑等利誘聲伯，聲伯奉君命無私。晉欒書、范文子終允其所請，放歸季氏。宣伯被逐，逃亡齊國，後以女嫁給齊靈公（見襄公二十五年傳），又與齊靈公母聲孟子通姦，後逃亡衛國。宣伯是貴族統治者中邪惡的代表，傳文正面予以揭露，表現出左氏進步的歷史觀。

十七年

丁亥，西元前五七四年。周簡王十二年、齊靈公八年、晉厲公七年、秦景公三年、楚共王十七年、宋平公二年、衛獻公三年、陳成公二十五年、蔡景公十八年、曹成公四年、鄭成公十一年、燕昭公十三年、許靈公十八年、吳壽夢十二年。

經 十有七年春，衛北宮括帥師侵鄭。

夏，公會尹子、單子、晉侯、齊侯、宋公、衛侯、曹伯、邾人伐鄭。

六月乙酉，同盟于柯陵。

秋，公至自會。

齊高無咎出奔莒。

九月辛丑，用郊。

晉侯使荀罃來乞師。

冬，公會單子、晉侯、宋公、衛侯、曹伯、齊人、邾人伐鄭。

十有一月，公至自伐鄭。

壬申，公孫嬰齊卒于貍脤。

十有二月丁巳朔，日有食之。

邾子貜且卒。

晉殺其大夫郤錡、郤犨、郤至。

楚人滅舒庸。

傳 十七年春王正月，鄭子駟❶侵晉虛、滑❷。衛北宮括❸救晉侵鄭，至于高氏❹。

夏五月，鄭大子髡頑❺、侯獳為質于楚，楚公子成、公子寅戍鄭。

公會尹武公、單襄公及諸侯伐鄭❻，自戲童❼至于曲洧❽。

晉范文子❾反自鄢陵，使其祝宗❿祈死，曰：「君驕侈而克敵，是天益其疾也，難將作矣。愛我者惟祝⓫我，使我速死，無及于難，范氏之福也。」六月戊辰⑫，士燮卒。

乙酉⑬，同盟于柯陵⑭，尋戚之盟⑮也。

楚子重⑯救鄭，師于首止⑰。諸侯還。

齊慶克⑱通于聲孟子⑲，與婦人蒙衣乘輦而入于閎⑳。鮑牽㉑見之，以告國武子㉒。武子召慶克而謂之。慶克久不出，而告夫人曰：「國子讁㉓我！」夫人怒。國子相靈公以會㉔，高、鮑㉕處守。及還，將至，閉門而索客㉖。孟子訴㉗之曰：「高、鮑將不納君，而立公子角㉘，國子知之。」秋七月壬寅㉙，刖㉚鮑牽而逐高無咎。無咎奔莒㉛，高弱㉜以盧㉝叛。齊人來召鮑國而立之㉞。初，鮑國去鮑氏而來為施孝叔㉟臣。施氏卜宰㊱，匡句須㊲吉。施氏之宰，有百室之邑。與匡句須邑，使為宰，以讓鮑國而致邑焉。施孝叔曰：「子實吉。」對曰：「能與忠良，吉孰大焉？」鮑國相施氏忠，故齊人取以為鮑氏後。仲尼曰：「鮑莊子之知不如葵㊳，葵猶能衛其足。」

冬，諸侯伐鄭。十月庚午㊴，圍鄭。楚公子申救鄭，師于汝上㊵。十一月，諸侯還。

初，聲伯㊶夢涉洹㊷，或與己瓊瑰㊸，食之，泣㊹而為瓊瑰，盈其懷，從而歌之曰：「濟洹之水，贈我以瓊瑰。歸乎歸乎，瓊瑰盈吾懷乎！」懼不敢占(45)也。還自鄭，壬申(46)，至于貍脤(47)而占之，曰：「余恐死，故不敢占也。今眾繁，而從余三年矣，無傷(48)也。」言之，之莫(49)而卒。

齊侯使崔杼(50)為大夫，使慶克佐之，帥師圍盧。國佐從諸侯圍鄭，以難(51)請而歸。遂如盧師，殺慶克，以穀(52)叛。齊侯與之盟于徐關(53)而復之。十二月，盧降。使國勝(54)告難于晉，待命于清(55)。

晉厲公侈，多外嬖(56)。反自鄢陵，欲盡去羣大夫而立其左右。胥童(57)以胥克之廢也，怨郤氏，而嬖于厲公。郤錡(58)奪夷陽五(59)田，五亦嬖于厲公。郤犨(60)與長魚矯(61)爭田，執而梏之(62)，與其父母妻子同一轅(63)。既，矯亦嬖于厲公。欒書(64)怨郤至(65)，以其不從己而敗楚師也，欲廢之。使楚公子茷(66)告公曰：「此戰也，郤至實召寡君，以東師(67)之未至也，與軍帥之不具(68)也！曰：『此必敗，吾因奉孫周以事君(69)。』」公告欒書。書曰：「其有焉。不然，豈其死之不恤，而受敵使乎(70)？君盍嘗使諸周而察之(71)？」郤至聘于周，欒書使孫周見之(72)。公使覘(73)之，信。遂怨郤至。

厲公田(74)，與婦人先殺(75)而飲酒，後使大夫殺。郤至奉豕(76)，寺人孟張(77)奪之，郤至射而殺之。公曰：「季子欺余！」厲公將作難(78)，胥童曰：「必先三郤，族大多怨。去大族，不偪(79)；敵多怨，有庸(80)。」公曰：「然。」郤氏聞之，郤錡欲攻公，曰：「雖死，君必危。」郤至曰：「人所以立，信、知、勇也(81)。信不叛君，知不害民，勇不作亂。失茲三者，其誰與(82)我？死而多怨，將安用之？君實有臣而殺之，其謂君何(83)？我之有罪，吾死後矣(84)。若殺不辜，將失其民，欲安，得乎？待命而已。受君之祿，是以聚黨(85)。有黨而爭命(86)，罪孰大焉？」壬午(87)，胥童、夷羊五帥甲八百，將攻郤氏。長魚矯請無用眾，公使清沸魋(88)助之，抽戈結衽，而偽訟者(89)。三郤將謀于榭(90)，矯以戈殺駒伯、苦成叔于其位。溫季曰：「逃威(91)也。」遂趨。矯及諸其車，以戈殺之。皆尸(92)諸朝。

胥童以甲劫欒書、中行偃(93)于朝。矯曰：「不殺二子，憂必及君。」公曰：「一朝而尸三卿，余不忍益也。」對曰：「人將忍君。臣聞亂在外為姦，在內為軌(94)。御姦以德，御軌以刑。不施而殺，不可謂德；臣偪而不討，不可謂刑。德刑不立，姦軌並至，臣請行！」遂出奔狄。公使辭于二子，曰：「寡人有討于郤氏，郤氏既伏其辜矣，大夫無辱(95)，其復職位。」皆再拜稽首曰：「君討有罪，而免臣于死，君之惠也。二臣雖死，敢忘君德？」乃皆歸。公使胥童為卿。

公遊于匠麗氏[96]，欒書、中行偃遂執公焉。召士匄[97]，士匄辭。召韓厥[98]，韓厥辭曰：「昔吾畜于趙氏[99]，孟姬之讒，吾能違兵[100]。古人有言曰：『殺老牛莫之敢尸[101]。』而況君乎？二三子不能事君，焉用厥也？」

舒庸[102]人以楚師之敗也，道吳人圍巢[103]，伐駕，圍釐、虺[104]，遂恃吳而不設備。楚公子櫜師襲舒庸，滅之。

閏月乙卯晦[105]，欒書、中行偃殺胥童。民不與郤氏，胥童道君為亂，故皆書曰「晉殺其大夫」[106]。

【注釋】❶子駟 鄭穆公之子，名騑。❷虛滑 晉二邑，虛邑在今河南省偃師市東南之虛城；滑邑在今河南省偃師市之緱氏鎮。❸北宮括 衛成公曾孫，北宮氏名括。❹高氏 鄭地，在今河南省禹州市西南之高氏亭。❺髡頑 鄭成公太子，後為鄭僖公。❻公會尹武公句 經文作「公會尹子、單子、晉侯、齊侯、宋公、衛侯、曹伯、邾人伐鄭」。尹子、單子即尹武公、單襄公，都是周王卿士。邾人當指邾定公。❼戲童 又單稱戲，在今河南省鞏義市東南、汜水鎮南四十里。❽曲洧 在今河南省新鄭市東南之洧川鎮。❾范文子 即士燮，晉中軍副帥。❿祝宗 卿大夫之家有祝史，祝史之長為祝宗，主管宗廟祭祀。⓫祝 詛咒。⓬戊辰 初九日。此日范文子死，杜注以為先祈死，後自殺。孔疏以為因病而求死，故求死與死相距不久。⓭乙酉 六月廿六日。⓮同盟于柯陵 同盟者即伐鄭的七國諸侯，尹子、單子會而不盟。柯陵，鄭地，即莊公十四年傳之大陵，在今河南省臨潁縣北三十里。⓯尋戚之盟 重溫戚地的盟約。戚之盟見成公十五年傳。戚，衛邑，在今河南省濮陽縣北。⓰子重 楚莊王弟，名嬰齊，官令尹。⓱首止 衛邑，在今河南省睢縣東南。⓲慶克 齊桓公之子無虧的後代，慶封之父。⓳聲孟子 齊靈公之母，齊頃公夫人。見上年傳。⓴與婦人蒙衣句 謂慶克男扮女裝，和婦人一起兜著衣服、乘了輦車，進入宮中的夾道門。蒙衣，當時習俗，婦女外出以衣蒙頭。輦，人力推挽之車。閎，里巷門。㉑鮑牽 齊大夫，鮑叔牙曾孫，下稱鮑莊子。㉒國武子　即國佐，齊國上卿國歸父之子。下文稱國子。㉓謫　譴責。㉔相靈公以會　輔助齊靈公去會同諸侯伐鄭。相，用作動詞。㉕高鮑　指高無咎、鮑牽。高無咎為齊國上卿高固之子。㉖閉門而索客　關閉城門，檢查旅客。這本是警戒措施，並非拒納齊侯。㉗訴　告狀，實是誣告陷害。㉘公子角　齊頃公之子，齊靈公弟。㉙壬寅　十三日。㉚刖　砍掉腳，是古代的一種酷刑。㉛莒　國名，在今山東省莒縣一帶。㉜高弱　高無咎之子。㉝盧　高氏食邑，在今山東省長清縣西南。㉞來召鮑國而立之　來魯國召回鮑國而讓他繼位。鮑國是鮑牽之弟，謚文子，原在魯國作施孝叔的家臣。㉟施孝叔　魯惠公五世孫。見成公十一年傳。㊱宰　家宰，家臣之首，卿大夫家的總管。㊲匡句須　施氏家宰，匡為其食邑，以匡為氏。㊳葵古時常食蔬菜，摘其嫩葉，不傷其根，以便再長嫩葉。古詩云：「採葵不傷根，傷根葵不生。」不傷根即「衛其足」。㊴庚午十二日。㊵汝上　汝水邊。汝水為楚鄭界河。㊶聲伯　魯宣公弟叔肸之子，名嬰齊，又稱子叔聲伯。㊷洹　洹水，又名安陽河，在今河南省安陽市北四里。㊸瓊瑰　即瓊瑤，次於玉的美石製成的玉珠。㊹泣　所泣之淚。名詞。㊺懼不敢占　古人死後，口含玉珠，故聲伯疑為惡夢，不敢占卜。㊻壬申　按，十一月無壬申日，當是十二月壬申十六日。㊼貍脤　在魯都（今山東省曲阜市）西郊。㊽無傷　沒有妨礙。聲伯見從屬繁多，又以為是吉夢，瓊瑰滿懷，可能應驗在此，故言「無傷」而敢於占卜。㊾莫　同「暮」。㊿崔杼　齊惠公寵臣，齊惠公死後被逐奔衛。見宣公十年傳。今齊靈公又使為大夫，當已由衛返齊。齊之大夫即諸侯之卿。(51)難　禍難。指聲孟子誣陷高氏、鮑氏、國氏而造成的禍難。(52)穀　齊邑，在今山東省東阿縣舊縣治東阿鎮。(53)徐關　齊關隘名，在今山東省淄博市西南、淄川鎮之西。(54)國勝　國佐之子。齊侯欲誅伐國佐，故使其子告難於晉，待命於清邑，不讓他回都城。(55)清　齊邑，在今山東省聊城市西、堂邑鎮東南三十里。(56)外嬖　杜注「愛幸大夫」。即左右心腹，如下文所言胥童、夷陽五等人。(57)胥童　胥克之子，字之昧。胥克本是晉成公之卿，為下軍副帥，因病被郤缺所廢。見宣公八年傳。(58)郤錡　郤克之子，郤缺之孫，時為晉上軍帥。下文稱其字「駒伯」。(59)夷陽五　即夷羊五。夷羊氏名五。(60)郤犨　郤豹曾孫，郤克的從祖兄弟，為晉新軍帥，食邑於苦，故下文又稱苦成叔。(61)長魚矯　長魚氏名矯。(62)執而梏之　拘捕後給他戴上手銬。梏，木製手銬。(63)同一轅　繫在同一個車轅上。(64)欒書　即欒武子，欒枝之孫，欒盾之子，魯成公四年已掌晉國政，為中軍帥。(65)郤至　郤克族姪，食邑於溫，故下文又稱溫季，時為晉新軍副帥。鄢陵之戰時主張速戰，與欒書的謀略相左，戰後又居功自傲（見上年傳），故遭欒書忌恨。(66)楚公子茷　鄢陵之戰時被晉俘虜，故此時在晉國。(67)東師　指齊魯衛三國之軍。(68)軍帥之不具　晉軍統帥沒有全部出動。晉有四軍，將佐有八人，但下軍佐荀罃留守，新軍將郤犨去齊、衛，故云「不具」。具，全部出發。動詞。(69)吾因奉孫周　我就乘機擁立孫周來事奉楚君。因，乘。孫周，晉襄公曾孫，名周，又稱周子，居於京師，為單襄公家臣，明年迎立為晉悼公。70豈其死之不恤二句　難道他不顧慮到被殺，而接受楚王使者的問候嗎。恤，顧慮。受敵使，指鄢陵之戰時郤至接受楚王使者工尹襄的問候，事見去年傳。71君盍嘗句　國君何不嘗試一下，派他出使周朝，暗中考察他。按，此為追敘去年事，故去年晉厲公使郤至獻楚捷於周。72孫周見之　孫周為單襄公家臣，郤至聘周，與單襄公語，故孫周亦得見郤至。73覘　暗中窺視。74田　同「畋」。打獵。75殺　指獵射禽獸。76豕　野豬。77寺人孟張　宦官名孟張。寺人，宦官。78作難　發難。指要動手除去羣大夫。79去大族二句　除去三郤大族，公室就不受逼迫。偪，同「逼」。80敵多怨二句　誅伐招怨多的人，容易見效。敵，懲辦；討伐。庸，功效。81人所以立二句　人靠什麼立在世上，就靠誠信、明智、勇敢。知，同「智」。82與　交好；親附。下文「民不與郤氏」之「與」，同。83其謂君何　其奈君何；能把國君怎麼樣。見王引之《經傳釋詞》。84我之有罪二句　我如果有罪，那已經死得晚了。之，用在主謂間的助詞，使主謂句成假設分句。見《文言語法》。85是以聚黨　因此能聚集族人。黨，古代以五百家為黨，此指宗族。86爭命　抗命。87壬午　十二月二十六日。88清沸魋　晉厲公寵幸小臣。89抽戈結衽二句　長魚和清沸二人各拔出戈矛，結著衣襟，裝作打架爭訟的樣子。90三郤將謀于榭　郤氏三人將在臺榭裏為他們爭辯曲直。榭，築在高臺上的房子。91逃威　無罪被殺，不如逃走。威，讀作「畏」，無罪被殺。說詳沈欽韓《補注》。92尸　陳屍。動詞。古代殺人，或陳屍於朝，或陳屍於市。93中行偃　即荀偃，荀庚之子，荀林父之孫，為晉上軍副帥。荀林父曾任步軍中行將，其後以中行為氏。94亂在外為姦二句　百姓在朝廷外作亂是姦邪，朝廷之臣在內作亂是犯法。軌，通「宄」。犯法作亂。95大夫無辱　大夫不要把劫持的事作為恥辱。廣義的大夫包括卿，此指欒、荀二卿。96匠麗氏　晉厲公寵信的大夫，居於翼，即舊都故絳，在今山西省翼城縣東南。97士匄　士燮（范文子）之子，又稱范匄、范宣子。98韓厥　即韓獻子，韓簡之孫，為晉下軍帥。99畜于趙氏　在趙氏家養大。趙氏指趙盾。100孟姬之讒二句　孟姬讒害趙氏時，我不肯用兵攻趙氏。孟姬即趙莊姬，趙朔之妻，趙盾之媳。孟姬讒害趙同、趙括事見成公八年傳。違兵，不用兵。101尸　主；作主。古時以牛耕田，故牛老欲殺，亦無人敢作主。102舒庸　羣舒的一個部落，在今安徽省舒城縣境。文公十二年傳楚攻羣舒，舒庸遂從屬於楚。103道吳人圍巢　引導吳國軍隊圍攻巢地。道，同「導」。巢，偃姓國，在今安徽省巢湖市東北居巢故城。文公十二年傳楚軍圍巢，巢遂從屬楚。104駕釐虺　本屬於楚的三個部落。駕、釐在今安徽省無為縣境。虺在今安徽省廬江縣境。105閏月乙卯晦　閏十二月二十九日。晉用夏正，此即夏正閏十二月。魯用周正，當是明年閏二月乙卯日，故經文書於明年春。106故皆書曰晉殺其大夫　這是解經之語，指本年經文「晉殺其大夫郤錡、郤犨、郤至」，明年經文「晉殺其大夫胥童」。

【語　譯】魯成公十七年春周王曆法的正月，鄭國子駟領兵入侵晉國的虛邑、滑邑。衛國的北宮括救援晉國，侵襲鄭國，到達高氏地方。夏季五月，鄭國太子髡頑、大夫侯獳到楚國去作人質，楚國公子成、公子寅到鄭國守衛。

魯成公會合尹武公、單襄公和晉厲公、齊靈公、宋平公、衛獻公、曹成公、邾定公等諸侯進攻鄭國，從戲童打到曲洧。

晉國的范文子去年從鄢陵之戰後回國，使他的祝宗祈求早點死，說：「國君驕橫奢侈，而又戰勝了楚國，這是上天要增加他的毛病呀！禍難將要發作了。愛我的人只有詛咒我，讓我早點死，不要遭到禍難，這是范氏的福氣了。」六月初九日，范文子去世。

六月二十六日，伐鄭的七國諸侯在柯陵結盟，並重溫前年戚地的盟約。

楚國令尹子重領兵救援鄭國，軍隊駐紮在首止。諸侯就退兵回國。

齊國的慶克和聲孟子通姦，穿著女人衣服和婦人一起用衣服兜著乘坐輦車進入宮中的夾道門。鮑牽看見了，就報告國武子。上卿國武子把慶克呼喚來加以批評。慶克躲在家很久不出門，卻報告齊頃公夫人聲孟子說：「國武子譴責我。」聲孟子很生氣。不久國武子作齊靈公的相禮官陪齊君去會見諸侯，高無咎、鮑牽留守。到齊靈公將要回國到達時，高、鮑關閉城門，檢查旅客。聲孟子就向齊靈公誣告說：「高、鮑兩人打算不接納國君而立公子角為君，國武子知道這件事。」秋季七月十三日，用刖刑砍去鮑牽的雙腳而驅逐高無咎。高無咎逃亡到莒國。他的兒子高弱佔據盧邑發動叛變。齊國人來魯國召回鮑國，讓他繼承兄長鮑牽的爵職。

當初，鮑國離開鮑家來魯國做施孝叔的家臣。施氏占卜選任總管，匡句須吉利中選。施氏的總管可有一百戶的采邑。施氏給了匡句須采邑，讓他做家宰總管，他卻讓給鮑國而且把采邑也給了他。施孝叔說：「您是占卜認為吉利的人選。」匡句須答道：「能讓給忠良之人，還有比這更大的吉利嗎？」鮑國輔助施氏忠心耿耿，所以齊國人把他召回去作為鮑氏的後嗣。孔子說：「鮑牽的聰明還不如葵菜，葵菜還能保護好自己的腳。」

冬季，晉、魯、宋、衛、曹五國諸侯和齊國、邾國人進攻鄭國。十月十二日，圍攻鄭國都城。楚國公子中救援鄭國，軍隊駐紮在汝水邊。十一月，諸侯退兵回國。

當初，魯國的聲伯夢見自己步行渡過洹水，有人給他瓊瑰玉珠，他把它吃了，哭出來的眼淚都成了瓊瑰，裝滿了胸懷，接著唱歌說：「渡過洹水，贈給我瓊瑰。回去吧回去吧！瓊瑰裝滿我的胸懷！」醒來後，由於害怕不吉利而不敢占夢。這次從鄭國回來，十一月壬申日，到達魯都郊外貍脤地方，就占卜這夢，說：「我怕死，所以以前不敢占卜。現在從屬我的人很多，而且跟隨我有三年了，沒有妨礙了。」講了這作夢的事，到晚上就死去了。

齊靈公讓崔杼做大夫，使慶克輔佐他，率領軍隊圍攻高弱的盧邑。國佐跟從晉、魯等國諸侯圍攻鄭國，由於國內發生禍難就請求回國。於是國佐到了圍攻盧邑的齊軍中，殺死了慶克，佔據穀邑而叛變。齊靈公在徐關和國佐結盟以後，就恢復了他的官位。十二月，盧邑投降。齊靈公派國佐之子國勝到晉國去通報這次禍難，回來時讓他在清地待命。

晉厲公生活奢侈，有很多寵信的大夫。他從鄢陵作戰回來後，就想全部除去其他的卿大夫，而立他左右寵信的人。胥童因為父親胥克被郤缺廢了卿位，所以怨恨郤氏，而受到晉厲公的寵信。郤缺之孫郤錡奪去了夷陽五的田地，夷陽五也被晉厲公寵信。郤犨和長魚矯爭奪田地，把長魚矯逮捕了銬起來，同他的父、母、妻、子繫在一個車轅上。不久以後，長魚矯亦被晉厲公寵信。欒書怨恨郤至，是由於他不聽從自己的主意而打敗了楚軍，想要廢了他的卿位，就讓楚國的公子茷對晉厲公誣告郤至說：「這次鄢陵之戰，實是郤至召來我們楚王的。由於東方的諸侯軍還沒到達，晉軍將帥又沒全部出動，他就說：『此戰晉國必敗，我可乘機擁立孫周為君來事奉楚王。』」晉厲公把這事告訴了欒書。欒書說：「大概有這回事。不是這樣的話，他怎會不顧慮到被殺而接受敵人的使者問候呢？國君何不嘗試一下，派他到周朝出使而暗中考察一下呢？」郤至就被派去聘問周王，欒書又使孫周接見他。晉厲公派人窺探，證實了公子茷的話。於是晉厲公怨恨郤至。

晉厲公打獵，和婦人一起先射殺禽獸，而後喝酒，然後讓大夫射獵。郤至奉獻野豬，宦官孟張奪走了野豬，郤至射死了孟張。晉厲公說：「郤至太欺我！」晉厲公準備起事，動手誅伐郤至，胥童說：「一定要先從三郤開刀。他們族大，招怨多。除去大族，公室就不受逼迫；討伐招怨多的，就容易見功效。」厲公說：「對！」郤氏聽到了消息，郤錡想要攻打晉厲公，說：「雖然我們死了，晉君也必定危險的。」郤至說：「人之所以能立在人世，是靠誠信、明智、勇敢。誠信就不能背叛國君，明智就不能殘害百姓，勇敢但不能作亂。失去這信、智、勇三條，還有誰會親近我們？我們死了卻增多仇怨，又有什麼好處呢？國君有臣下而殺死他們，能把國君怎麼樣？我如果有罪，死就已經晚了。如果國君殺害無罪的人，將會失去民心，想要安定，能夠嗎？還是聽候命令吧！受了國君的祿位，所以能聚集宗族。有了宗族而對國君抗命，還有什麼罪比這更大呢？」十二月二十六日，胥童、夷羊五率領甲士八百人準備進攻郤氏，長魚矯請求不要興師動眾，晉厲公就派清沸魋幫助他。長魚和清沸抽出戈矛，衣襟相結，假裝打架爭訟的樣子。三郤要在臺榭裏給他們爭辯曲直。長魚矯就用戈矛乘機把郤錡駒伯、郤犨苦成叔刺殺在座位上。溫季郤至說：「無罪被殺，不如逃跑。」就快步逃走。長魚矯追上他的馬車，用戈矛刺死了他。三郤的屍首都陳放在朝堂上示眾。

胥童帶領甲士在朝廷上劫持了欒書、荀偃。長魚矯說：「不殺這兩個人，憂患必然落到國君頭上。」晉厲公說：「一天之中把三個卿的屍首放在朝廷上，我不忍心增加了。」長魚矯回答說：「別人將會忍心對國君下手的。下臣聽說百姓在朝廷外作亂就是姦邪，朝臣在朝廷內作亂就是犯法。對待姦邪要用德行，對待犯法要用刑罰。不施教育就加以殺戮，不能叫做仁德；臣下逼迫國君而不加討伐，不能叫做刑威。仁德和刑威不樹立，姦邪和犯亂就一起來了。下臣請求離去。」就逃亡到狄族。晉厲公派人向欒書、荀偃兩人道歉說：「寡人討伐郤氏，郤氏已經伏罪，大夫不要把劫持的事作為恥辱，希望各復職位吧！」兩人都再拜叩頭說：「國君討伐有罪的人，而赦免下臣一死，這是國君的恩德。我們二臣即使死去，哪敢忘記國君的恩德？」於是都回去了。晉厲公讓胥童做卿。

晉厲公到大夫匠麗氏家遊玩，欒書、荀偃就乘機拘捕了晉厲公。召喚士匄，士匄推辭不來。召喚韓厥，韓厥辭謝說：「從前我在趙氏家裏養大，孟姬誣陷趙氏，我能抗命不出兵。古人有話說，『殺死老牛沒有人敢作主』，何況是國君呢？您們幾位不能事奉國君，又哪裏用得著韓厥呢？」

舒庸人由於楚國軍隊在鄢陵戰敗，就引導吳國人圍攻巢地，攻打駕地，包圍釐、虺。就依恃吳國而不設防備。楚國公子橐領兵侵襲舒庸，把舒庸滅亡了。

閏十二月二十九日晦日，欒書、荀偃殺了胥童。百姓不親附郤氏，胥童引導國君作亂，所以《春秋》都記載說「晉殺其大夫」。

【說　明】鄭國依恃楚國，公然出兵侵襲晉國在黃河南岸的虛、滑二邑。這是鄭國首次敢於主動向晉國挑戰。晉厲公被迫會同齊、魯、宋、衛、曹、邾六國諸侯，兩次出兵伐鄭，並爭取周王派卿士同行，以象徵伐鄭是出於王命，代天子征討。但等到楚令尹子重、公子申領兵救鄭，晉與諸侯軍就退兵回國。說明晉在鄢陵之戰獲勝後，雖限制了楚軍北進的勢頭，但晉國自身實力也有所下降，對楚鄭二國也無可奈何。舒庸引導吳國圍巢伐楚，楚滅舒庸，從此吳楚在江淮地區相爭不止。

本章重點記敘齊晉二國公室與卿族之間的爭鬥。齊靈公之母聲孟子前與魯亡臣宣伯通姦，後與慶克通姦淫亂。齊靈公聽信聲孟子的讒言，刖鮑牽，逐高無咎，引起高弱叛亂，國佐殺慶克又叛。齊侯起用崔杼為執政大夫，又恩威並用，召鮑國，盟國佐，降高弱。至明年又殺國佐、國勝父子，而用慶克之子慶封、慶佐，但政局並未安定。晉厲公驕奢而寵信小人，鄢陵勝楚後就要除去群大夫。而群臣不和，矛盾錯綜。胥童因其父胥克被廢而怨郤缺之孫郤錡；郤錡、郤犨因侵奪別人田地而多招仇怨；郤至因不從欒書之命而居功自傲，故欒書利用楚囚公子茷誣告郤至要擁立晉襄公曾孫（孫周）而事楚。郤至蒙在鼓裏，聘周時去拜見孫周，使晉厲公相信了誣告。三郤族大多怨，以致被殺，陳屍於朝。胥童又伏甲兵於朝，劫持欒書、荀偃。晉厲公一時不忍再殺二卿，使欒、荀復位，但又重用胥童為卿，埋下禍根。欒、荀二卿伺機執厲公、殺胥童。傳文言「民不與郤氏，胥童道君為亂」，被殺都是咎由自取。《國語・晉語八》敘叔向之言可為此傳注解。晉四軍八卿，郤氏有其三，幾乎佔有一半；郤氏還有五人為大夫（如郤毅等人）。故叔向云，郤氏「其富半公室，其家半三軍」；持其富寵，驕奢過甚，「一朝而滅，莫之哀也，唯無德也」。而欒書身為上卿，執國政十餘年。上卿本應有「一旅之田」五百頃，但欒書「無一卒之田」百頃，家中連祭器也不完備，可謂忠而無私。所以「宣其德行，諸侯親之」，明年殺厲公、立悼公（孫周），國人不以為惡，故能免於難。人事之禍福興衰，取決於自身之德行如何以及民心的向背。

十八年

戊子，西元前五七三年。周簡王十三年、齊靈公九年、晉悼公周元年❶、秦景公四年、楚共王十八年、宋平公三年、衛獻公四年、陳成公二十六年、蔡景公十九年、曹成公五年、鄭成公十二年、燕武公元年、許靈公十九年、吳壽夢十三年。（❶經傳敘晉厲公被殺於今年，故《史記・十二諸侯年表》今年作晉厲八年。然晉用夏正，以夏正推之，晉厲公實於去年被殺，則今年為晉悼公周元年。）

經 十有八年春王正月，晉殺其大夫胥童。

庚申，晉弒其君州蒲。

齊殺其大夫國佐。

公如晉。

夏，楚子、鄭伯伐宋。宋魚石復入于彭城。

公至自晉。

晉侯使士匄來聘。

秋，杞伯來朝。

八月，邾子來朝。

築鹿囿。

己丑，公薨于路寢。

冬，楚人、鄭人侵宋。

晉侯使士魴來乞師。

十有二月，仲孫蔑會晉侯、宋公、衛侯、邾子、齊崔杼同盟于虛朾。

丁未，葬我君成公。

傳 十八年春王正月庚申❶，晉欒書❷、中行偃❸使程滑弒厲公❹，葬之于翼❺東門之外，以車一乘❻。使荀罃❼、士魴❽逆周子❾于京師而立之，生十四年矣。大夫逆于清原❿。周子曰：「孤始願不及此，雖及此，豈非天乎？抑人之求君，使出命也⓫。立而不從，將安用君？二三子用我今日，否亦今日。共而從君，神之所福也。」對曰：「羣臣之願也，敢不唯命是聽！」庚午⓬，盟而入，館于伯子同氏⓭。辛巳⓮，朝于武宮⓯。逐不臣者⓰七人。周子有兄而無慧，不能辨菽麥，故不可立。

齊為慶氏之難[17]故，甲申晦[18]，齊侯使士華免[19]以戈殺國佐[20]于內宮之朝[21]，師[22]逃于夫人之宮。書曰「齊殺其大夫國佐」，棄命、專殺、以穀叛[23]故也。使清人殺國勝[24]。國弱[25]來奔，王湫奔萊[26]。慶封為大夫，慶佐為司寇[27]。既，齊侯反國弱，使嗣國氏，禮也。

二月乙酉朔，晉悼公即位于朝。始命百官，施舍、已責[28]，逮鰥寡[29]，振廢滯[30]，匡乏困[31]，救災患，禁淫慝[32]，薄賦斂，宥罪戾，節器用，時用民，欲無犯時[33]。使魏相[34]、士魴、魏頡[35]、趙武[36]為卿；荀家、荀會[37]、欒黶[38]、韓無忌[39]為公族大夫[40]，使訓卿之子弟共儉孝弟；使士渥濁為大傅[41]，使修范武子之法[42]；右行辛為司空[43]，使修士蒍之法[44]。弁糾御戎[45]，校正屬焉[46]，使訓諸御知義[47]。荀賓為右[48]，司士屬焉[49]，使訓勇力之士時使[50]。卿無共御，立軍尉以攝之[51]。祁奚[52]為中軍尉，羊舌職[53]佐之。魏絳為司馬[54]，張老為候奄[55]。鐸遏寇[56]為上軍尉，籍偃[57]為之司馬，使訓卒乘，親以聽命[58]。程鄭[59]為乘馬御[60]，六騶[61]屬焉，使訓羣騶知禮。凡六官之長，皆民譽也[62]。舉不失職，官不易方，爵不踰德[63]，師不陵正，旅不偪師[64]，民無謗言，所以復霸也。

公如晉，朝嗣君也。

夏六月，鄭伯侵宋，及曹門[65]外。遂會楚子伐宋，取朝郟[66]。楚子辛[67]、鄭皇辰[68]侵城郜，取幽丘[69]。同伐彭城[70]，納宋魚石、向為人、鱗朱、向帶、魚府焉[71]，以三百乘戍之而還。書曰「復入」[72]。凡去其國，國逆而立之曰「入」，復其位曰「復歸」，諸侯納之曰「歸」，以惡曰「復入」[73]。宋人患之，西鉏吾曰：「何也？若楚人與吾同惡[74]，以德於我，吾固事之也，不敢貳矣。大國無厭，鄙我猶憾[75]。不然，而收吾憎，使贊其政[76]，以間吾釁[77]，亦吾患也。今將崇諸侯之姦而披其地[78]，以塞夷庚[79]，逞姦而攜服[80]，毒[81]諸侯而懼吳、晉，吾庸[82]多矣，非吾憂也。且事晉何為？晉必恤之[83]。」

公至自晉。晉范宣子[84]來聘，且拜朝[85]也。君子謂晉於是乎有禮。

秋，杞桓公[86]來朝，勞公，且問晉故。公以晉君語之。杞伯於是驟[87]朝于晉，而請為昏[88]。

七月，宋老佐、華喜[89]圍彭城，老佐卒焉。

八月，邾宣公來朝，即位而來見也。

築鹿囿[90]，書，不時也[91]。

己丑[92]，公薨于路寢[93]，言道也[94]。

冬十一月，楚子重[95]救彭城，伐宋。宋華元[96]如晉告急。韓獻子[97]為政，曰：「欲求得人，必先勤之[98]。成霸、安疆[99]，自宋始矣。」晉侯師于臺谷[100]以救宋，遇楚師于靡角之谷[101]，楚師還。

晉士魴來乞師，季文子問師數于臧武仲[102]，對曰：「伐鄭之役，知伯[103]實來，下軍之佐也。今彘季亦佐下軍，如伐鄭可也。事大國，無失班爵而加敬[104]焉，禮也。」從之。

十二月，孟獻子會于虛朾[105]，謀救宋也。宋人辭諸侯，而請師以圍彭城。孟獻子請于諸侯而先歸會葬。

丁未[106]，葬我君成公，書，順也[107]。

【注釋】❶庚申　正月初五日。❷欒書　即欒武子，晉正卿，將中軍，執國政。❸中行偃　即荀偃，又稱中行桓子，荀庚之子。晉上軍副帥。❹厲公　晉景公之子，名州蒲，去年十二月被執，經閏十二月，至今年正月被殺，此為周正。晉用夏正，當在去年十二月初五日被殺，故晉悼公於今年即位改元。說詳錢綺《札記》。❺翼　晉舊都，在今山西省翼城縣東南。晉厲公被執、被殺於翼，即葬於翼。被殺之君，不葬於族墓。❻以車一乘　用一輛車陪葬。杜注「諸侯葬車七乘」，今葬僅一乘，葬不以君禮。❼荀罃　即知罃、知武子，荀首之子，晉下軍副帥。❽士魴　士會之子，士燮（范文子）之弟，食邑於彘，故下文稱彘季。❾周子　即上年傳之孫周，是晉襄公曾孫，名周，仕於京師，今迎立為晉悼公。❿清原　晉邑，在今山西省稷山縣東南二十餘里。⑪抑人之求君二句　不過人們要求有國君，只是使他發布命令。抑，表示輕微轉折的連詞。⑫庚午　正月十五日。⑬館于伯子同氏　晉悼公初入國都，住宿在大夫伯子同家中。⑭辛巳　正月二十六日。⑮武宮　晉武公的神廟，在故絳。新君即位，必先朝武宮。見僖公二十四年傳及宣公二年傳。⑯不臣者　不盡為臣之責的人，即作惡的人，如厲公寵臣夷羊五等人。臣，用作動詞。⑰慶氏之難　指慶克與聲孟子通姦、譖害高氏、鮑氏、國氏，造成國佐殺慶克、叛齊。見上年傳。⑱甲申晦　二十九日。小月二十九日為月終之日。⑲士華免　據杜注，「士」為掌刑之官，華免為其姓名。⑳國佐　即國武子，齊國上卿。㉑內宮之朝　即內朝，內宮的前堂。內宮為齊侯居室，齊侯令國佐至內宮之朝而使華免殺之。㉒師　眾人。即當時在場的其他人。㉓棄命專殺以穀叛　拋棄會師伐鄭之命而先歸，擅自殺死慶克，以穀邑叛齊。三事均見上年傳。穀，齊邑，在今山東省東阿縣東阿鎮。㉔使清人殺國勝　清，齊邑，在今山東省聊城市西，堂邑鎮東南。國勝，國佐之子，去年齊侯使待命於清，今年殺之。㉕國弱　國勝之弟，逃奔魯國。㉖王湫奔萊　王湫是國佐一黨。萊，齊附庸小國，在今山東省昌邑市東南。至襄公六年傳齊滅萊國。㉗慶封為大夫二句　慶封、慶佐都是慶克之子。齊國大夫相當於諸侯之卿。司寇，官名，掌司法刑獄，尚非大夫。㉘已責　免除百姓對國家拖欠的債款。已，止。責，同「債」。㉙逮鰥寡　施惠及於鰥夫寡婦。逮，及。㉚振廢滯　起用被廢黜和埋沒在下位的人。㉛匡乏困　救濟生活困難的人。㉜淫慝　淫亂和邪惡的行為。㉝時用民二句　役民以時，不能因私欲而侵佔農時。即農忙時不能使民服勞役。㉞魏相　即成公十三年傳之呂相，魏錡之子，魏犨之孫。魏錡死於鄢陵之戰。㉟魏頡　魏顆之子，魏犨之孫，食邑於令狐，故又稱令狐文子。㊱趙武　趙盾之孫，趙朔之子，母為趙莊姬。少時隨母養於晉景公宮中。見成公八年傳。㊲荀家荀會　與下文之荀賓皆荀氏之後。㊳欒黶　欒書之子，又稱欒桓子。㊴韓無忌　韓厥之長子，又稱公族穆子。㊵公族大夫　官名，負責教導卿族子弟。晉自獻公以後不畜羣公子，故晉國內無公族子弟。㊶士渥濁為大傅　士渥濁即士貞伯，士會庶子，范文子庶兄。大傅，官名，主管禮刑。大，同「太」。㊷范武子之法　范武子即士會，以中軍帥兼太傅；曾修訂晉國禮刑之法，「於是晉國之盜逃奔於秦」。見宣公十六年傳。㊸右行辛為司空　右行辛又稱賈辛，為賈華後裔。僖公十年傳載，賈華為步軍右行大夫，其後以右行為氏。司空，官名，主管城建等土木建築。㊹士蔿之法　士蔿為士會祖父，晉獻公時官司空。見莊公二十六年傳、僖公五年傳。㊺弁糾御戎　弁糾駕御國君的戰車。弁糾即欒糾，為欒氏子弟。㊻校正屬焉　校正歸屬他（弁糾）管理。校正，官名，掌管車馬，訓導御手。《周禮》稱校人。焉，於之。㊼使訓諸御知義　使校正訓導兵車御手懂得義理。諸御是駕御一般兵車的甲士。御戎統率諸御，校正助御戎訓導諸御。㊽荀賓為右　荀賓為晉君兵車的右衛。右，即車右，亦稱驂乘。㊾司士屬焉　司士歸屬荀賓管理。司士，官名，負責訓導各兵車的車右（甲士）。㊿時使　到需要時選用為車右。此為一般車右，車右必用勇力之士。(51)卿無共御二句　各軍將佐不再供奉專職御手，設立軍尉到時負責兼管這事。蓋以前將佐之御者都定員定人，此時加以改革，諸軍之御與尉官合併。

共，同「供」。供奉。攝，代理，此有兼任、負責之義。(52)祁奚　晉大夫，字黃羊，為中軍尉，即元尉。(53)羊舌職　晉大夫，羊舌氏名職，已見宣公十五年傳。其子為叔向。(54)魏絳為司馬　魏絳，晉大夫，魏犨之子，謚莊子，官中軍司馬，即元司馬。(55)張老為候奄　張老字孟，又稱張孟。候奄，官名，主管偵探諜報工作，又稱元候，成公二年傳稱候正。(56)鐸遏寇　複姓鐸遏，名寇。(57)籍偃　晉大夫，字子游，籍談之父。官上軍司馬。(58)使訓卒乘二句　讓他訓練步兵和車兵，使他們和睦，聽從命令。親，指步兵車兵和睦，步調一致。(59)程鄭　為荀氏別族。《國語・晉語七》韋注云：「程鄭，荀騅之曾孫，程季之子。」荀騅見成公三年傳。上文程滑當亦荀氏別族。(60)乘馬御　官名，又稱贊僕，主管馬匹，統領六騶。(61)六騶　杜注「六閑之騶」。騶，官名，負責訓導養馬者，兼管駕車與卸車。諸侯有六廄，每廄有騶十八人，馬二百一十六匹。六騶共一百零八人。下句之「羣騶」即養馬人，屬六騶管理。(62)六官之長二句　各個部門的長官都是百姓讚譽的人。六官猶言各部門，說詳錢綺《札記》。(63)舉不失職三句　所提拔的人都能稱職，做官的人不改變法規，爵位不超越他的德行（即爵德相稱）。方，法則；常規。(64)師不陵正二句　師級將官不欺凌他的上級「正」，旅級將官不凌逼他的上級「師」。即下不凌上之意。正、師、旅是官吏的名位。「正」是各軍、各部門之長，正大於師，師大於旅。陵，同「淩」。偪，同「逼」。陵偪互文。又說，一旅為五百人，一師為五旅，一軍為五師。(65)曹門　宋都城之北門。宋都在今河南省商丘市。由宋國去曹國，必出此門，故謂曹門。(66)朝郟　宋邑，在今河南省夏邑縣。(67)子辛　即公子壬夫，為楚國右尹，後為令尹，襄公八年被殺。(68)皇辰　鄭大夫，皇氏名辰。(69)城郜幽丘　都是宋邑，都在今安徽省蕭縣境。(70)同伐彭城　楚鄭之軍本分兩支，鄭成公、楚共王一支，子辛、皇辰一支，今兩支會合同攻彭城。彭城，宋邑，在今江蘇省徐州市。(71)納宋魚石句　魚石、向為人等五人本為宋國卿、大夫，後叛宋奔楚，見成公十五年傳。今楚攻取彭城，將五人送入彭城據守。(72)書曰復入　《春秋》記載說「宋魚石復入于彭城」。下文解釋「復入」之義。(73)凡去其國五句　這是插入語，以解釋《春秋》書法條例，共四條。日本人安井衡認為傳文「入」、「歸」兩字應互換，作「國逆而立之曰歸，諸侯納之曰入」。逆，迎。故五句意謂凡是逃離自己的國家，本國迎接他回去繼立嗣位的，經文就記為「歸」（傳作「入」）；恢復他原有官位的，就記為「復歸」；其他諸侯把他送回去的，就記為「入」（傳作「歸」）；用罪惡手段如用武力送回去的，就記為「復入」。按，此四條考之經文，亦不全合。(74)同惡　共同仇視作惡的人。惡，指魚石等五人，下文又稱其為「諸侯之姦」。(75)鄙我猶憾　以我國為其邊邑，還恨不足。鄙，邊邑。用作動詞。(76)不然三句　不如此（指不與吾同惡），卻收用我們所憎惡的人，使之輔助其政事。贊，助。(77)以間吾釁　等機會鑽我們的空子。間，縫隙。用作動詞。乘間；鑽空子。釁，裂縫。(78)崇諸侯之姦而披其地　把諸侯的姦惡之人當作尊貴的人而分割別人的土地封給他們。崇，尊重；尊貴。用作動詞。披，分。指取宋地彭城以封魚石等人。79夷庚　平坦大道。夷，平。庚，通「迒」。通道。彭城為各國往來之要道，今楚派兵戍守，使通道阻塞，故云「塞夷庚」。80逞姦而攜服　使姦惡之人快意，使本來服楚之國離心。逞，快意。使動用法。攜，離。使動用法。81毒　害；妨害。82庸　用；有利。83且事晉何為二句　杜注：「言宋常事晉何為，顧有此患難？」84范宣子　即士匄，又稱范匄，范文子士燮之子，士會之孫。85拜朝　拜謝魯成公去朝見晉悼公。86杞桓公　杞國之君，在位已六十四年。87驟　疾速。88昏　同「婚」。通婚。89老佐華喜　都是宋卿。老佐，宋戴公五世孫，官司馬。華喜，華督的玄孫，官司徒。見成公十五年傳。90鹿囿　疑鹿為地名。囿，苑囿；養禽獸種花果的園池。91書不時也　《春秋》加以記載，是因為築的不合時令。周正八月是夏正六月，農事正忙，非建築之時。92己丑　八月初七日。93路寢　正寢；寢宮的正室。諸侯平日居燕寢，齋戒及疾病則居路寢。94言道也　是說合於正常禮節。壽終正寢為順。95子重　楚國令尹，又稱公子嬰齊，楚莊王之弟。96華元　宋國右師，六卿之首，執政已近四十年。見文公十六年傳。97韓獻子　即韓厥，本是晉下軍帥，此時代欒書為中軍帥，執國政。98欲求得人二句　要求得諸侯擁護，必定先要為他效勞。勤，勞。99安彊　抑止強人。安，通「按」。抑止。彊，同「強」。指楚國。100臺谷　或謂曹地，在今山東省曹縣南，近商丘市。或謂晉地，在今山西省晉城市境。前說較可信。101靡角之谷　宋地，據襄公二十六年傳當在彭城之西碭山附近。102季文子問師數句　季文子向臧武仲問詢該出多少兵。季文子即季孫行父。臧武仲即臧孫紇，臧孫辰之孫。103知伯　即知罃、荀罃，晉下軍副帥，去年九月至魯乞師。見去年經。104無失班爵而加敬　按照使者爵位等級來決定出師多少，不能失禮，只能更加恭敬。班爵，爵級。105孟獻子會于虛朾　經文云「仲孫蔑會晉侯、宋公、衛侯、邾子、齊崔杼同盟于虛朾」。仲孫蔑即孟獻子，因魯成公剛死，故由孟氏往會諸侯。邾子即邾宣公。虛朾，疑即桓公十二年經之「虛」，宋地，在今河南省延津縣之東。106丁未　十二月二十六日。107書順也　《春秋》這樣記載，是表示一切安排順當。據杜注，成公死於路寢，五月而葬，國家安寧，太子繼位，未有亂事，故云「順」。莊、僖、文、宣諸君死時皆不如成公死時順當。

【語　譯】魯成公十八年春季，周王曆法的正月初五日，晉國欒書、荀偃派程滑殺死晉厲公，把他葬在翼城東門外邊，僅用一輛車陪葬。派荀罃、士魴到京師迎接孫周而立他為晉君，這時孫周出生已十四年了。晉國的大夫們到清原迎接。孫周說：「我當初的願望沒有想到會如此，現在雖然到此地步，這難道不是上天的意志嗎？不過人們要求有國君，只是為了讓他發布命令。立了國君以後又不聽他的，哪裏還用得著國君呢？您幾位用得著我，在今日；用不著我，也在今日。如果恭敬而聽從國君，這是神靈所賜之福。」大夫們回答說：「這是羣臣的願望，怎敢不唯命是聽！」十五日，孫周和大夫們誓盟後進入國都新田，住在大夫伯子同家。二十六日，孫周到晉武公神廟朝拜，驅逐了不行臣道的七個人。孫周有個哥哥是白癡，不能分辨豆子和麥子，所以不能立為國君。

齊國由於慶克被殺的禍難，正月二十九日晦日，齊靈公派掌刑之官華免用戈矛把國佐殺死在內宮的前堂，在場的人都逃到夫人的宮裏。《春秋》記載說「齊殺其大夫國佐」。這是由於國佐背棄會晉伐鄭的君命而先歸、擅自殺死慶克、據有穀邑背叛的緣故。齊侯又使清邑人殺死了國勝。國弱逃亡到魯國。王湫逃亡到萊國。讓慶封做大夫，慶佐做司寇。不久以後，齊靈公讓國弱回國，使他做國氏後嗣，這是合於禮的。

二月初一日，晉悼公在朝廷上即位。開始任命百官，施捨財物，免除百姓對國家所欠的債款，施捨恩惠及於鰥夫寡婦，起用被廢黜和埋沒在下位的人，救濟生活困難的人，救濟受災的人，禁止淫亂邪惡，降低賦稅，寬恕罪人，節約費用，農閒時使民服役，不允許因私欲而侵佔農時。命魏相、士魴、魏頡、趙武四人為卿；荀家、荀會、欒黶、韓無忌四人為公族大夫，使他們訓導卿族子弟做到恭敬、節儉、孝順、友愛。命士渥濁做太傅，讓他研習、實施范武子制訂的禮刑之法。命右行辛做司空，讓他研習實施士蔿制訂的土木工程之法。讓弁糾駕御國君的兵車，掌馬的校正官歸屬他管轄，使校正去教育兵車的御手們明白道理。讓荀賓做國君兵車的右衛，司士官歸屬他管理，使司士去訓練勇力之士，需要時選用為各兵車右衛。各軍將帥不再有固定的御車將士，設立軍尉兼管這事。命祁奚做中軍尉，羊舌職輔佐他。命魏絳做中軍司馬，張老做候奄（偵察長）。命鐸遏寇做上軍尉，籍偃做上軍司馬，讓他訓練步兵車兵，做到步卒甲士和睦一致，聽從命令。命程鄭做乘馬御，統領六騶，使六騶去訓練眾多養馬人懂得禮義。凡是各部門的長官，都是百姓所讚譽的人。提拔的人都不失職，官員不改變常規，爵級不超越他的德行，師級將官不欺凌上級「正」官，旅級將官不逼迫上級「師」官，百姓沒有指責的話，這就是晉悼公再次稱霸的原因。

魯成公到晉國去，朝見新即位的晉悼公。

夏季六月，鄭成公侵襲宋國，到達宋都曹門外。接著會合楚共王進攻宋國，攻取了朝郟城。楚國右尹子辛、鄭國大夫皇辰入侵宋國的城郜，攻取了幽丘。然後兩支軍隊一起進攻彭城，把背叛宋國的魚石、向為人、鱗朱、向帶、魚府五人送入彭城，用三百輛兵車的人馬留守，然後回國。《春秋》記載說「宋魚石復入于彭城」。凡是逃離自己國家的人，本國迎接他回去而且繼立嗣位的，經文就記為「歸」；恢復原有官位的，就記為「復歸」；諸侯把他送回去的，就記為「入」；用武力送回去的，就記為「復入」。宋國人為這事擔憂，西鉏吾說：「擔憂什麼？如果楚國人和我們一樣仇視作惡的人，施恩德給我們，我們當然是會事奉他們的，不敢有二心了。現在楚國的欲望沒有滿足的時候，即使把我國作他們的邊邑還恨不夠。不跟我們一樣仇視惡人，反而收留我們憎惡的人，使他們輔助政事，乘機鑽我們的空子，這固然也是我們的禍患。現在他們尊崇諸侯的姦惡之臣而分給他們土地，阻塞各國往來的通道，使姦邪的人快意而使順服他們的人離心，妨害諸侯而使吳國、晉國恐懼，這對我們的利益可多了，並非是我們的憂患。而且事奉晉國幹什麼？晉國必然會救助我們的。」

魯成公從晉國回到魯國。晉國的范宣子來魯國聘問，同時答謝對晉君的朝見。君子認為晉國這樣做有禮。

秋季，杞桓公來魯國朝見，慰勞魯成公，同時詢問晉國情況。魯成公把晉君的德政告訴他。於是杞桓公很快就去朝見晉國並請求通婚。

七月，宋國的老佐、華喜領兵圍攻彭城，老佐為此戰死。

八月，邾宣公來魯國朝見，是由於他新即位而來朝見的。

魯國建築鹿囿，《春秋》加以記載，是由於建造不合時令。

八月初七日，魯成公死在正寢，這是說合於正常禮節。

冬季十一月，楚國令尹子重救援彭城，進攻宋國。宋國華元到晉國告急。這時韓獻子執政，說：「想要得到諸侯的擁護，必定先要為他效勞。成就霸業，抑止強暴，就從援助宋國做起。」晉悼公駐軍在臺谷以救宋國，在靡角之谷和楚軍相遇，楚軍退兵回國。

晉國的士魴來請魯國出兵。季文子向臧武仲問詢要出多少兵，武仲回答說：「攻打鄭國時，是知伯來求出兵，知伯是下軍副帥。現在士魴也是下軍副帥，出兵數目像攻打鄭國時一樣就可以了。事奉大國，按使者的爵級接待，不要失禮，只能更加恭敬，這是禮節。」季文子聽從了他的話。

十二月，孟獻子領兵和晉悼公、宋平公、衛獻公、邾宣公、齊國大夫崔杼在虛朾會見，商議救援宋國的事。宋國人辭謝諸侯，請求諸侯軍圍攻彭城。孟獻子向諸侯請求先回國參加葬禮。

十二月二十六日，「葬我君成公」，《春秋》這樣記載，是表示一切事情安排順當。

【說　明】 欒書殺晉厲公後，迎接晉襄公的後代孫周為晉君。他出生只十四年，就對大夫們說：「立而不從，將安用君？」這意味著他要加強公室，收回政權，不允許再「政出多門」。杜注云：「傳言其少有才，所以能自固。」他即位後，首先整頓內政，特別是整治軍隊，提拔合適人選為卿大夫，作各軍各部門長官，各盡職責；又採取措施，免欠債，薄賦斂，施惠於民；由韓厥執政，重修禮刑之法，從而使局勢迅速穩定下來。同時禮待諸侯，改善邦交，以重振霸業。然本傳所記是綜合前後而言，未必都是本年整治情事，如趙武為卿當是魏相死後之事。

楚國感覺到一種新的壓力，今年兩次會同鄭國出兵攻宋，攻佔了諸侯國往來的要道彭城，把叛宋奔楚的魚石等五人送去戍守。「大國無厭，鄙我猶憾。」宋人對楚國的侵略野心是十分清楚的。華元向晉國告急，晉悼公就出兵救宋，「成霸、安彊，自宋始矣。」說明晉國已把握時機，對恢復霸業充滿自信。

八月初七日，魯成公死於正寢，五月而葬，襄公即位，國家安寧，未有亂事，一切安排都很順當。以前魯莊公雖死於正寢，卻有慶父之亂；魯宣公雖死於正寢，而公孫歸父因謀亂而被逐出奔，都不如魯成公死時安寧。

襄公

【題解】魯襄公，名午，成公之子，母定姒。四歲即位，在位三十一年。謚「襄」。《逸周書・謚法解》：「辟地有德曰襄」、「甲冑有勞曰襄」。襄公之世，公室益弱，政在家門。十一年魯作三軍，季孫氏、孟孫氏、叔孫氏「三分公室」，各領一軍，魯軍遂為三家所私有。十二年，齊背棄晉盟，連年入侵魯國，齊魯之間三十年來的和平遭到破壞。魯求救於晉。十五年晉悼公死。十八年晉平公會同諸侯伐齊救魯，戰於平陰，齊靈公敗逃，諸侯軍大破齊都。齊國求和，與十三諸侯國盟於澶淵，把所奪田地還給魯國。此後魯邊境始安。但魯卿家族內部又為爭奪繼承權而發生激烈爭鬥，二十二年季武子廢長庶子而立悼子；孟莊子死後，廢孺子秩而立仲孫羯；臧孫紇被逐奔齊。二十九年襄公朝楚，季武子乘機奪取卞邑以弱公室。這都反映出魯國禮制的崩壞。襄公死後，無嫡子，立庶子裯為昭公，裯年十九猶如頑童，居喪而不哀。預示春秋季世，魯公室更趨衰敗，政將歸季氏。

襄公之世，戰爭猶頻繁，主要是晉、楚二強爭奪對宋、鄭的控制權，以及吳國崛起，與楚在江淮爭戰。襄公元年，晉與諸侯敗楚，宋收復彭城。二年，諸侯軍築城虎牢以脅逼鄭國。四年，晉悼公和戎，國勢復振。經過反復爭戰，至九年「（晉）三駕而楚不能與爭」，從此鄭國求和，與晉長期結盟，強化了晉強於楚的格局。吳王壽夢與中原十二諸侯相會修好（僖公十年傳），楚國陷於孤立。楚令尹子重、子囊先後伐吳敗歸而死，楚只能「城郢」而取守勢了。

十四年晉與諸侯伐秦，無功而返，謂之「遷延之役」。這是春秋時秦、晉之間的最後一次戰役，二十四年秦、晉議和。齊平陰之役失敗後，二十三年齊大舉入侵晉國。二十五年齊莊公被殺，齊求和，與十二諸侯盟於重丘。晉卿趙武據齊、秦形勢，首倡弭兵之議。二十七年，十四國大夫會於宋都，史稱「向戌弭兵」。晉、楚達成和解，原順從晉、楚的小國交相朝見晉、楚，承認晉、楚都是霸主，朝貢納幣造成雙重負擔，但此後數十年內畢竟沒有再發生大規模的戰爭了。

隨著卿大夫勢力的日漸強大，各諸侯國內部君臣之間、卿大夫之間的矛盾鬥爭日益尖銳，這是襄公之世的顯著特點。對這些矛盾的發生、發展和結局，對眾多人物的相互關係及情態表現，傳文都逐年連貫記敘，故襄公三十一年傳文的字數比僖公三十三年的字數要多一倍；且故事生動，形象鮮明；前後照應，結構完整，是傳文中的精采篇章。如衛獻公被孫林父所逐，出亡齊國及回國復位，從襄公十四年寫到二十七年，各種人物，情態畢現。又如晉滅欒氏，事涉欒氏三代，從襄公十四年寫到二十三年，欒盈一族盡滅；而「祁奚請免叔向」一章是極有思想性與文學性的優秀篇章。又如襄公十九年至二十八年傳連續記載齊國崔杼之殺莊公及崔氏、慶氏之滅亡，也是故事生動，耐人尋味。而「晏子不死君難」一章，謂人之死生均應為社稷。又如傳文連續記載鄭國內亂直至子產為政，對子產的見事之明、應變之略、善於辭令，都作了詳細記載。二十四年子產說范宣子輕幣，顯示子產事大國以禮而不苟徇其欲的外交才能。三十年、三十一年傳文又突破編年體例，集中記敘子產初執政時遇到的困難及其施政措施所取得的成果，其中子產壞晉館垣、不毀鄉校、止尹何為邑等章，都是古代史傳說理散文的傑作。

左氏記敘史事，常引述古史傳說。如四年傳魏絳引述夏初后羿、寒浞的古史傳說和周初的〈虞人之箴〉；十四年傳敘姜戎東遷於晉的歷史，透露姜戎與華夏族逐漸融合的信息。這些都是珍貴的史料。至於「居安思危」，「立德立功立言為三不朽」等名言，都自然地閃耀出進步的思想光輝。

元年

己丑，西元前五七二年。周簡王十四年、齊靈公十年、晉悼公二年、秦景公五年、楚共王十九年、宋平公四年、衛獻公五年、陳成公二十七年、蔡景公二十年、曹成公六年、鄭成公十三年、燕武公二年、許靈公二十年、吳壽夢十四年。

經 元年春王正月，公即位。

仲孫蔑會晉欒黶、宋華元、衛甯殖、曹人、莒人、邾人、滕人、薛人圍宋彭城。

夏，晉韓厥帥師伐鄭。仲孫蔑會齊崔杼、曹人、邾人、杞人次于鄫。

秋，楚公子壬夫帥師侵宋。

九月辛酉，天王崩。

邾子來朝。

冬，衛侯使公孫剽來聘。晉侯使荀罃來聘。

傳 元年春己亥❶，圍宋彭城❷。非宋地，追書也❸。于是為宋討魚石，故稱宋，且不登叛人❹也，謂之宋志❺。彭城降晉，晉人以宋五大夫在彭城者歸，寘諸瓠丘❻。齊人不會彭城，晉人以為討。二月，齊太子光❼為質于晉。

夏五月，晉韓厥❽、荀偃❾帥諸侯之師伐鄭，入其郛❿，敗其徒兵于洧上⓫。于是東諸侯之師次于鄫⓬，以待晉師。晉師自鄭以鄫之師侵楚焦、夷⓭及陳。晉侯、衛侯次于戚⑭，以為之援。

秋，楚子辛⑮救鄭，侵宋呂、留⑯。鄭子然⑰侵宋，取犬丘⑱。

九月，邾子⑲來朝，禮也。

冬，衛子叔⑳、晉知武子㉑來聘，禮也。凡諸侯即位，小國朝之，大國聘焉，以繼好、結信、謀事、補闕㉒，禮之大者也。

【注釋】❶己亥　杜注：「正月無己亥，日誤。」疑是乙亥，正月二十五日。❷圍宋彭城　經文云：「仲孫蔑會晉欒黶、宋華元、衛甯殖、曹人、莒人、邾人、滕人、薛人圍宋彭城。」可知圍攻宋國彭城的有九國諸侯軍，以晉國為首。齊國沒有參加。仲孫蔑，即魯卿孟獻子。欒黶，晉公族大夫，欒書之子。甯殖，即衛卿甯惠子。華元，宋國正卿，執國政。彭城，本是宋邑，在今江蘇省徐州市。❸非宋地二句　彭城本是宋地。魯成公十八年傳載楚國攻取彭城，將背宋奔楚的魚石等五大夫送入彭城據守，故云「非宋地」。經文仍記「圍宋彭城」，是追記以前的情況。魚石等五人叛宋事見成公十五年傳。❹不登叛人　意謂經文仍記「宋彭城」是表示反對叛亂的人。登，成。不登即不贊成、反對。叛人，指魚石等人。❺謂之宋志　這是說宋國人的意志要收復彭城。❻瓠丘　即壺丘，在今山西省垣曲縣東南五十里，南臨黃河。❼齊太子光　齊靈公之子，名光，九年後始立為太子，此言「太子」是追稱。❽韓厥　即韓獻子，晉國正卿，執國政，為中軍帥。❾荀偃　晉卿，荀庚之子，荀林父之孫，又稱中行偃，為上軍副帥。❿郛　即郭，外城。⓫洧上　洧水旁。洧水源出河南省登封縣，東流經新鄭市、洧川、鄢陵諸縣入賈魯河。鄭國都城在今新鄭市西北，洧水流經其西南。⓬東諸侯之師次于鄫　經文云：「仲孫蔑會齊崔杼、曹人、邾人、杞人次于鄫。」東諸侯之師即魯、齊、曹、邾、杞五國軍隊。次，駐紮。鄫，鄭地，在今河南省柘城縣北、睢縣東南四十里。⓭焦夷　本是陳邑。焦邑在今安徽省亳縣，夷邑在今亳縣東南七十里。見僖公二十三年傳注。⓮戚　衛邑，在今河南省濮陽縣北。⓯子辛　即公子壬夫，楚穆王的後代，時為楚國右尹，後為令尹。⓰呂留　都是宋邑。呂邑在今江蘇省徐州市東約五十里。留邑在今徐州市北、沛縣東南五十里，即漢封張良為留侯的留邑。⓱子然　鄭穆公之子。見襄公十九年傳。⑱犬丘　宋邑，在今河南省永城縣西北三十里之犬丘集。⑲邾子　邾宣公。經傳例稱蠻夷之君為「子」。魯襄公新即位，故邾子來朝。⑳子叔　即公孫剽，衛定公弟子叔黑背之子，衛穆公之孫。㉑知武子　即知罃，又稱荀罃，荀首之子，時任晉下軍副帥。㉒補闕　補正過失。闕，缺失；過失。

【語　譯】魯襄公元年春季，正月己亥日，晉、魯、宋、衛、曹、莒、邾、滕、薛等九國諸侯軍圍攻宋國彭城。彭城已經不是宋國的地方了，《春秋》仍記「宋彭城」，是追記以前的情況。這時是為了宋國去討伐魚石等人，所以仍稱「宋彭城」，反對叛亂的魚石等人，這是表示宋國人的意志要收復彭城。彭城投降晉國，晉國人把在彭城的五個宋國大夫魚石等人押回去，安置在瓠丘城。齊國人沒有來會攻彭城，晉國人因此討伐齊國。二月，齊國太子光到晉國去作人質，以取信於晉。

夏季五月，晉國的韓厥、荀偃率領諸侯軍進攻鄭國，攻入外城，在洧水邊上打敗了鄭國的步兵。在這時東方的齊、魯、曹、邾、杞等國諸侯軍駐紮在鄫地，等候晉軍。晉軍從鄭國帶領駐在鄫地的諸侯軍入侵楚國的焦邑、夷邑和陳國。晉悼公、衛獻公住在戚地，作為後援。

秋季，楚國的子辛領兵救援鄭國，侵襲宋國的呂邑和留邑。鄭國的子然領兵入侵宋國，攻取了犬丘。

九月，邾宣公來朝見魯襄公，這是合於禮的。

冬季，衛穆公之孫子叔、晉國的知武子來魯國聘問，這是合於禮的。凡是諸侯即位，小國前去朝見，大國前去聘問，以繼續友好、互相取得信任，商討國事、補正過失。這是禮儀中的大事。

【說　明】楚國在鄢陵戰敗後，與鄭國結盟，互相依賴，共同攻取宋國的彭城。彭城地處中原諸侯交通的要道，特別是與吳國往來的通道，具有十分重要的戰略地位。故晉國會同諸侯軍收復彭城，將彭城歸還宋國。晉帥韓厥率領諸侯軍進而伐鄭，直逼鄭都，又入侵陳、楚，氣勢很盛。而楚、鄭也不示弱，入侵宋國東南地區。在以後一段時間裏，晉、楚兩國常為爭奪對鄭、宋的控制權而展開激烈的鬥爭。

二年

庚寅，西元前五七一年。周靈王泄心元年、齊靈公十一年、晉悼公三年、秦景公六年、楚共王二十年、宋平公五年、衛獻公六年、陳成公二十八年、蔡景公二十一年、曹成公七年、鄭成公十四年、燕武公三年、許靈公二十一年、吳壽夢十五年。

經二年春王正月，葬簡王。

鄭師伐宋。

夏五月庚寅，夫人姜氏薨。

六月庚辰，鄭伯睔卒。

晉師、宋師、衛甯殖侵鄭。

秋七月，仲孫蔑會晉荀罃、宋華元、衛孫林父、曹人、邾人于戚。

己丑，葬我小君齊姜。

叔孫豹如宋。

冬，仲孫蔑會晉荀罃、齊崔杼、宋華元、衛孫林父、曹人、邾人、滕人、薛人、小邾人于戚，遂城虎牢。

楚殺其大夫公子申。

傳 二年春，鄭師侵宋，楚令也。

齊侯伐萊❶，萊人使正輿子❷賂夙沙衛❸以索馬牛❹，皆百匹，齊師乃還。君子是以知齊靈公之為靈也❺。

夏，齊姜❻薨。初，穆姜❼使擇美檟❽，以自為櫬❾與頌琴❿，季文子⓫取以葬。君子曰：「非禮也。禮無所逆，婦，養姑者也。虧姑以成婦，逆莫大焉。《詩》曰：『其惟哲人，告之話言，順德之行⓬。』季孫于是為不哲矣。且姜氏，君之妣也⓭。《詩》曰：『為酒為醴，烝畀祖妣，以洽百禮，降福孔偕⓮。』」

齊侯使諸姜、宗婦⓯來送葬，召萊子⓰。萊子不會，故晏弱⓱城東陽⓲以偪之。

鄭成公疾，子駟⓳請息肩于晉⓴。公曰：「楚君以鄭故，親集矢于其目㉑，非異人任㉒，寡人也。若背之，是棄力與言㉓，其誰暱我？免寡人，唯二三子㉔。」

秋七月庚辰㉕，鄭伯睔㉖卒。于是子罕當國㉗，子駟為政，子國㉘為司馬。晉師侵鄭㉙，諸大夫欲從晉。子駟曰：「官命未改㉚。」

會于戚㉛，謀鄭故也。孟獻子㉜曰：「請城虎牢以偪鄭㉝。」知武子㉞曰：「善。鄫之會㉟，吾子聞崔子㊱之言，今不來矣。滕、薛、小邾之不至，皆齊故也。寡君之憂不唯鄭。罃將復于寡君而請于齊㊲，得請而告㊳，吾子之功也。若不得請，事將在齊㊴。吾子之請，諸侯之福也，豈唯寡君賴之？」

穆叔㊵聘于宋，通嗣君㊶也。

冬，復會于戚㊷，齊崔武子及滕、薛、小邾之大夫皆會，知武子之言故也。

遂城虎牢，鄭人乃成。

楚公子申為右司馬，多受小國之賂，以偪子重、子辛㊸。楚人殺之。故書曰「楚殺其大夫公子申」。

【注釋】❶萊　小國名，在今山東省昌邑市東南。❷正輿子　萊國大夫，字子馬。❸夙沙衛　齊靈公幸臣，後官少傅而亂齊國。見襄公十九年傳。❹索馬牛　精選的馬牛。索，選擇。❺齊靈公之為靈也　齊靈公死後諡號為「靈」的緣故。諡法「亂而不損曰靈」。這是隱諱的說法，「靈」是無道昏君的惡諡。❻齊姜　魯成公夫人，齊女姜氏。成公十四年迎娶，今年五月庚寅十八日去世，見經文。❼穆姜　魯宣公夫人，成公之母，襄公祖母，與齊姜為姑婦（婆媳）關係。穆姜因與宣伯通姦亂政而被軟禁東宮。見成公十一年、十六年傳，襄公九年傳。❽檟　楸樹的別名，木質細密，可製器具、棺木。❾櫬　內棺；近身之棺。❿頌琴　古代的一種弦樂器，長七尺二寸，廣一尺八寸，二十五弦。穆姜製此琴用以殉葬。⓫季文子　即季孫行父，魯正卿，執國政。⓬詩曰四句　見《詩經・大雅・抑》，意謂只有明智的人，可以把好話告訴他，讓他依照道德行事。話言，善言。⓭姜氏二句　穆姜是魯襄公的祖母。春秋時以祖父之匹配為妣，常「祖妣」連文，祖指祖父，妣指祖母。後來「考妣」連言，生曰母，死曰妣，乃後起之義。⓮詩曰五句　見《詩經・周頌・豐年》，意謂把甜酒獻給祖父母，以合於所有的禮儀，上天降福就很普遍。醴，一夜釀成的甜酒。烝，進獻。畀，給與。洽，合。孔，甚。偕，遍。⓯諸姜宗婦　諸姜，指與齊姜同姓之女嫁與齊國大夫者。宗婦，指同姓大夫之婦。按禮，婦人出國境送葬不合當時禮儀。⓰萊子　萊國國君。萊本齊之附庸國，齊召萊子，欲使其隨諸姜、宗婦去魯送葬，是輕蔑的做法。⑰晏弱　齊卿，即宣公十四年傳之晏桓子，晏嬰之父。食邑於晏（今山東省齊河縣西北之晏城），以邑為氏。⑱東陽　齊邑，在今山東省臨朐縣東。⑲子駟　即公子騑，鄭穆公之子，為鄭六卿之一。⑳請息肩于晉　為減輕負擔，請求改從晉國。鄭本從楚，楚需求過甚，鄭負擔太重。肩，負擔。㉑親集矢于其目　楚王親自參戰，他的眼睛被箭射中。事見成公十六年傳鄢陵之戰。集，中；射中。㉒非異人任　不是為了保護別人。任，保。㉓棄力與言　拋棄了楚國的功勞和自己的盟誓。力，功。㉔免寡人二句　使我免於叛棄楚國與誓言的罪責，就靠諸位大夫了。㉕庚辰　杜注「七月九日」。㉖鄭伯睔　鄭成公名睔。鄭始封君為伯爵，故稱其君為伯。㉗子罕當國　子罕，即公子喜，鄭穆公之子。當國，掌握政權，主持國政。當時子駟負責處理政事，故云「子駟為政」，位在子罕之下。㉘子國　即公子發，鄭穆公之子，官司馬，掌軍政，為鄭六卿之一。其子即著名政治家子產。㉙晉師侵鄭　經文云：「晉師、宋師、衛甯殖侵鄭。」㉚官命未改　官命指鄭成公之命。春秋之制，舊君死，新君於下年始改元。此時鄭成公死，尚未下葬，新君不能發布新命，故曰官命未改。㉛會于戚　經文云：「秋七月，仲孫蔑會晉荀罃、宋華元、衛孫林父、曹人、邾人于戚。」齊國無人與會。戚，衛邑，在今河南省濮陽縣北。㉜孟獻子　即魯卿仲孫蔑。時季文子已年老，故盟會征伐由仲孫蔑專任。㉝城虎牢以偪鄭　在虎牢築城以逼鄭降服。虎牢本鄭地，此時已被晉攻取，地在今河南省滎陽市西北汜水鎮，為鄭國西北的險要之地。偪，同「逼」。㉞知武子　即晉卿荀罃，為下軍副帥。下文自稱其名罃。㉟鄫之會　事見襄公元年經傳。晉韓厥、荀偃帥諸侯之師伐鄭，與魯仲孫蔑、齊崔杼等人會於鄫地。㊱崔子　即齊大夫崔杼，下文稱崔武子。他代表齊國參加鄫之會，可能有對晉不滿之言。㊲請于齊　意謂請齊國會同共築虎牢城。㊳得請而告　如齊國應允請求，就通告諸侯共築虎牢城。㊴事將在齊　杜注：「將伐齊。」事，指戰事。㊵穆叔　即魯卿叔孫豹，叔孫宣伯之弟，謚穆。見成公十六年傳。㊶通嗣君　為新君魯襄公通好。㊷冬二句　經文云：「冬，仲孫蔑會晉荀罃、齊崔杼、宋華元、衛孫林父、曹人、邾人、滕人、薛人、小邾人于戚，遂城虎牢。」小邾，即郳國，在今山東省滕州市東。㊸子重子辛　子重，即公子嬰齊，楚莊王之子，楚共王弟，為令尹。子辛，即公子壬夫，為楚右尹，明年為令尹。

【語　譯】魯襄公二年春季，鄭國軍隊侵襲宋國，這是奉楚國之命。

齊靈公進攻萊國，萊國人派大夫正輿子拿精選的馬、牛各一百匹贈送給齊國大臣夙沙衛，齊軍就退兵回去。君子因此知道齊靈公死後所以謚號為「靈」的緣故。

夏季，魯成公夫人齊姜去世。當初，魯宣公夫人穆姜派人選擇上好的櫝木，為自己製作了內棺和頌琴。季文子就把它拿來安葬齊姜。君子說：「這是不合於禮的。禮沒有倒過來的做法。媳婦是奉養婆婆的人。現在損害婆婆以成全媳婦，不順禮的事沒有比這再大的了。《詩經》說：『只有明智的人，方始可把好話告訴他，要他順著道德而行事。』季孫氏在這件事情上就很不明智了。而且穆姜是國君襄公的祖母。《詩經》說：『釀造甜酒，敬獻給祖父祖母，合於所有的禮儀，上天就遍降福氣。』」

齊靈公派遣與齊姜同姓的齊大夫的妻子和同姓大夫的妻子來魯國送葬，還召喚萊國國君。萊國國君不來會見，所以齊卿晏弱就在東陽築城以逼迫萊國。

鄭成公生病，子駟請求順從晉國，來解除對楚國納貢的負擔。鄭成公說：「楚共王為了鄭國的緣故，親自作戰，眼睛被箭射中。他不是為了保衛別人，是為了我啊！如果背棄他，這是背棄了楚國的功勞和自己的誓言，還有誰會來親近我？使我免於叛楚的過失，就靠您們幾位了。」

秋季七月初九日，鄭成公睔去世。這時由子罕掌權，由子駟處理政事，子國任司馬。當時晉軍侵襲鄭國，鄭國大夫都主張順從晉國。子駟說：「國君的命令還沒有改變。」

晉卿荀罃和魯卿仲孫蔑、宋卿華元、衛卿孫林父、曹國人、邾國人在戚邑相會，商討征服鄭國的事。仲孫蔑說：「請在虎牢築城以逼迫鄭國。」知武子荀罃說：「好。去年鄫地的盟會，您聽到了齊國大夫崔杼的話，現在他不來相會了。滕國、薛國、小邾國都不來，就是齊國不來的緣故。我們國君擔憂的不只是鄭國。我荀罃準備向國君報告，並請求齊國會同築虎牢城，如齊國能應允請求就通告諸侯共築虎牢城，這就是您的功勞。如得不到齊國應允，戰事就會在齊國發生。您請求城虎牢，服鄭國，可免戰爭，是諸侯的福氣，豈只是我們國君要依靠這做法呢？」

魯卿穆叔到宋國去聘問，為新君魯襄公去溝通友好關係。

冬季，晉卿荀罃和魯卿仲孫蔑、齊大夫崔杼、宋卿華元、衛卿孫林父、曹國人、邾國人、滕國人、薛國人、小邾國人在戚邑再次相會。齊國崔杼和滕國、薛國、小邾國的大夫都來會見，是由於知武子荀罃那一番話的緣故。於是就共同在虎牢築城。鄭國人就要求講和。

楚國的公子申任右司馬，接受了很多小國的財禮，以逼迫令尹子重和右尹子辛。楚國人就殺了他。所以《春秋》記載說「楚殺其大夫公子申」。

【說　明】晉國為爭奪對鄭國的控制權，在鄭成公去世、鄭有國喪的情況下，仍與宋、衛聯合出兵伐鄭。鄭國子駟想順從晉國以減輕向楚納貢的負擔。雖鄭成公死前不同意，新君尚未即位，還沒有新的決策，但鄭國從楚的立場已有所改變。晉國又聽從孟獻子之計，用築虎牢城以戍守的辦法，對鄭國進行經常性的騷擾，終於迫使鄭國求和。晉不只擔憂鄭國，更擔憂齊國，所以在「城虎牢」的事情上，要請齊參與，以考驗齊國。齊國與會，聽命於齊的滕、薛、小邾等國也都參加。晉國盟齊降鄭，楚不能爭，中原可免戰爭。

三　年

辛卯，西元前五七〇年。周靈王二年、齊靈公十二年、晉悼公四年、秦景公七年、楚共王二十一年、宋平公六年、衛獻公七年、陳成公二十九年、蔡景公二十二年、曹成公八年、鄭僖公髡頑元年、燕武公四年、許靈公二十二年、吳壽夢十六年。

經 三年春，楚公子嬰齊帥師伐吳。

公如晉。

夏四月壬戌，公及晉侯盟于長樗。

公至自晉。

六月，公會單子、晉侯、宋公、衛侯、鄭伯、莒子、邾子、齊世子光。己未，同盟于雞澤。

陳侯使袁僑如會。

戊寅，叔孫豹及諸侯之大夫及陳袁僑盟。

秋，公至自會。

冬，晉荀罃帥師伐許。

傳 三年春，楚子重❶伐吳，為簡之師❷。克鳩茲❸，至于衡山❹。使鄧廖帥組甲❺三百、被練❻三千，以侵吳。吳人要而擊之❼，獲鄧廖，其能免者，組甲八十，被練三百而已。子重歸，既飲至❽三日，吳人伐楚，取駕❾。駕，良邑也；鄧廖，亦楚之良也。君子謂子重於是役也，所獲不如所亡。楚人以是咎子重。子重病之，遂遇心疾❿而卒。

公如晉，始朝也。

夏，盟于長樗⓫，孟獻子相⓬。公稽首。知武子⓭曰：「天子在而君辱稽首，寡君懼矣⓮。」孟獻子曰：「以敝邑介在東表，密邇仇讎⓯，寡君將君是望，敢不稽首？」

晉為鄭服故，且欲修吳好，將合諸侯。使士匄⑯告于齊曰：「寡君使匄，以歲之不易⑰，不虞之不戒⑱，寡君願與一二兄弟相見，以謀不協。請君臨之，使匄乞盟。」齊侯欲勿許，而難為不協，乃盟于耏⑲外。

祁奚⑳請老，晉侯問嗣焉。稱解狐，其讎也㉑，將立之而卒。又問焉，對曰：「午也可㉒。」于是羊舌職㉓死矣，晉侯曰：「孰可以代之？」對曰：「赤㉔也可。」于是使祁午為中軍尉，羊舌赤佐之。君子謂：「祁奚于是能舉善矣，稱其讎不為諂，立其子不為比㉕，舉其偏㉖不為黨。〈商書〉曰：『無偏無黨，王道蕩蕩㉗。』其祁奚之謂矣。解狐得舉，祁午得位，伯華得官，建一官而三物成㉘，能舉善也夫。唯善，故能舉其類㉙。《詩》云：『惟其有之，是以似之㉚。』祁奚有焉。」

六月，公會單頃公及諸侯㉛。己未㉜，同盟于雞澤㉝。晉侯使荀會㉞逆吳子㉟于淮上㊱，吳子不至。

楚子辛㊲為令尹，侵欲㊳于小國，陳成公使袁僑㊴如會求成。晉侯使和祖父㊵告于諸侯。秋，叔孫豹㊶及諸侯之大夫及陳袁僑盟，陳請服也。

晉侯之弟揚干亂行于曲梁㊷。魏絳㊸戮其僕㊹。晉侯怒，謂羊舌赤曰：「合諸侯以為榮也。揚干為戮，何辱如之㊺？必殺魏絳，無失也！」對曰：「絳無貳志，事君不辟難，有罪不逃刑，其將來辭，何辱命焉㊻？」言終，魏絳至，授僕人㊼書，將伏劍㊽。士魴㊾、張老㊿止之。公讀其書曰：「日君乏使，使臣斯司馬(51)。臣聞『師眾以順為武，軍事有死無犯為敬』(52)。君合諸侯，臣敢不敬？君師不武，執事不敬，罪莫大焉。臣懼其死，以及揚干(53)，無所逃罪。不能致訓(54)，至于用鉞(55)。臣之罪重，敢有不從(56)以怒君心？請歸死于司寇(57)。」公跣而出(58)曰：「寡人之言，親愛也(59)；吾子之討，軍禮也。寡人有弟，弗能教訓，使干大命(60)，寡人之過也。子無重寡人之過(61)，敢以為請。」

晉侯以魏絳為能以刑佐民(62)矣，反役(63)，與之禮食(64)，使佐新軍(65)。張老為中軍司馬，士富為候奄(66)。

楚司馬公子何忌侵陳，陳叛故也。

許靈公事楚，不會于雞澤。冬，晉知武子帥師伐許。

【注釋】❶子重 即公子嬰齊，楚莊王子，楚共王弟，為楚國令尹。❷為簡之師 是經過挑選而演習訓練的軍隊。杜注：「簡，選練。」❸鳩茲 吳地，在今安徽省蕪湖市東南二十五里之鳩茲港，又稱勾茲港。❹衡山 吳地，在今安徽省當塗縣東北六十里之橫山。❺組甲 用絲綿編織成絲帶，用以綴穿甲片而成的甲衣，當是甲士所服。《初學記》引〈周書〉云：「年不豐，甲不纓組。」《戰國策・燕策》云：「身自削甲札，妻自組甲絣。」組甲自是牢固，然太費工力，故年歲不豐，穿甲札不用組絣。❻被練 以練帛（生絲）穿綴甲片而成的甲衣。所費工力不如組甲，當是步卒所服。毛奇齡《經問》云：「組甲者，漆皮而紩之；被練者，絮練而組之。」與此說相近。❼要而擊之　對楚軍中部攔腰襲擊。❽飲至　古時軍隊出征時必告祭宗廟，還歸時亦必告祭宗廟，敬獻俘獲於祖，並對將士有所慰勞，這種禮儀稱為飲至。見隱公五年傳。❾駕　楚地，在今安徽省無為縣境。❿心疾　古人所謂之心疾並非心臟病，而是今日之精神病，或因思慮過度而患的神經衰弱症。⓫盟于長樗　經文云：「夏四月壬戌（二十五日），公及晉侯盟于長樗。」長樗，疑是晉都近郊地名。⓬孟獻子相　魯卿孟獻子做贊禮官。此年魯襄公僅六、七歲，由孟氏輔佐與晉侯會盟。⓭知武子　即荀罃，又稱知罃，荀首之子，時為晉下軍副帥。⓮天子在而君辱稽首二句　意謂魯君對周天子始稽首（叩頭），晉悼公不敢受此稽首大禮。⓯介在東表二句　意謂魯國靠近東海，緊挨仇敵。表，外。與「裏」相對。仇讎，指齊、楚二國，為晉之仇敵。魯離齊、楚近而離晉遠。⓰士匄　即范匄，又稱范宣子，士燮范文子之子。⓱歲之不易　近年諸侯不協和，多糾紛。易，協；治。不易，實指齊國。⓲不虞之不戒　對意料不到的事故沒有戒備。⓳耏　水名，即時水，流經齊都臨淄西北郊。⓴祁奚　晉中軍尉，字黃羊，此年告老退職。《國語・晉語八》韋注謂祁奚於晉平公元年（魯襄公十六年）復為公族大夫。㉑稱解狐二句　舉薦解狐，解狐是他的仇人。稱，舉。讎，同「仇」。《呂氏春秋・去私》亦載此事，說解狐與祁奚有私仇，但說是晉平公時事。當以傳為正。㉒午也可　杜注：「午，祁奚子。」也，句中語氣詞，表停頓。祁奚推薦祁午任中軍尉，亦見《國語・晉語七》。㉓羊舌職　晉大夫羊舌氏名職，叔向之父，時任中軍尉之佐（副中軍尉）。見宣公十五年傳、成公十六年傳。㉔赤　羊舌赤，字伯華，羊舌職之子，叔向之兄。㉕比　為私利而無原則地結合。此謂偏愛、偏私，與下句「黨」字義近。《論語・為政》：「君子周而不比。」㉖偏　副職。舉其偏，指推舉羊舌赤為軍尉之佐。軍尉之佐職級高於司馬。㉗商書曰三句　見《尚書・洪範》，相傳〈洪範〉為商代箕子所作，故稱〈商書〉。句意謂不偏私結黨，君王之道浩蕩無邊。㉘建一官而三物成　立了一個中軍尉而三件好事作成了。三物，三事。指得舉、得位、得官。㉙唯善二句　正因為自己是賢人，所以能舉薦同自己一樣的人。㉚詩云三句　見《詩經・小雅・裳裳者華》，意謂只因善人有德，故其子能嗣續其職。似，通「嗣」。有、似押韻。杜注則謂「唯有德之人能舉似己者」，則句意與前「唯善」句重複。㉛公會單頃公及諸侯　經文云：「六月，公會單子、晉侯、宋公、衛侯、鄭伯、莒子、邾子、齊世子光。」經文詳列，傳文多簡言之。單子即單頃公，周王卿士，單襄公之子。世子，即太子。㉜己未　二十三日。㉝雞澤　在今河北省邯鄲市北、永年縣西南，舊有澤。㉞荀會　晉公族大夫。㉟吳子　吳王壽夢。經傳視吳為蠻夷之國，故稱其君為「子」。㊱淮上　疑在今安徽省鳳臺縣，在淮河北岸。㊲子辛　即公子壬夫，本為楚右尹，今為令尹。㊳侵欲　勒索財物以滿足私欲而侵害別人。㊴袁僑　陳國大夫，袁濤塗四世孫。雞澤之會，袁僑後至。㊵和祖父　晉人，僅此一見，官爵不詳。晉侯使告於諸侯，即告知陳已服晉。㊶叔孫豹　魯卿叔孫氏名豹，宣伯僑如之弟，叔孫得臣之子。㊷亂行于曲梁　晉悼公舉行雞澤之會，有軍隊隨從，宣公四年傳「君行師從」可證。而揚干擾亂軍隊行列。曲梁，在雞澤東北，離雞澤不遠。㊸魏絳　晉中軍司馬，掌軍法。犯軍法者，司馬必執法殺之。㊹僕　駕車者，俗稱馬夫。㊺揚干為戮二句　揚干受侮辱，還有什麼侮辱比這大呢。戮，辱。何辱句謂晉悼公亦自以為受辱。㊻其將來辭二句　他將會自己來陳述的，何必屈辱國君下令殺他呢。㊼僕人　僕大夫的屬官，隨侍諸侯，接受官吏緊急奏事。僕大夫見成公六年傳注。㊽伏劍　即負劍。抽劍自殺。㊾士魴　士會之子，士燮范文子之弟，晉悼公命為卿。㊿張老　名老，字孟，又稱張孟，官候奄，掌諜報偵察。51斯司馬　主管司馬之職。斯，主管。52師眾以順為武二句　軍隊士眾以順從軍紀軍法為勇武，在軍旅做事寧死也不犯軍紀是恭敬。下文反言之，不武即犯軍紀，不敬即不執行軍法。53臣懼其死二句　下臣怕不執行軍法而有不敬之罪當死，以至於連累揚干。54致訓　事先訓戒眾人。55用鉞　指用大斧殺揚干之僕。鉞，大斧。56不從　不服從刑戮；不接受懲罰。57歸死于司寇　到司寇處受死罪。司寇，國家的司法長官。58公跣而出　晉悼公赤足而出。怕魏絳自殺，不及穿屨。古人入室脫屨。跣，赤足。59寡人之言二句　我對羊舌職所說的話，是出於對兄弟的親愛。60使干大命　使犯軍令。干，犯。61子無重寡人之過　您不要加重我的過錯。意調您不要自殺。62以刑佐民　用刑法來治理百姓。佐，治。63反役　盟會之事結束後回國。反，同「返」。64禮食　諸侯在太廟設宴款待大夫之禮。65使佐新軍　使為新軍之佐，即為副帥。司馬為大夫，新軍佐則升為卿。66士富為候奄　士富為范文子士燮的族人，《國語・晉語》稱范獻子。候奄即偵察長。張老由候奄升任中軍司馬，由士富接任候奄。

【語　譯】魯襄公三年春季，楚國令尹子重率兵進攻吳國，士兵都是經過挑選和演練的。楚軍攻佔了鳩茲，直打到衡山。又派鄧廖率領穿組甲的車兵三百人、穿被練的步兵三千人去侵襲吳國。吳國軍隊攔腰襲擊他們，俘擄了鄧廖，能免於死和被俘的只有車兵八十人、步兵三百人而已。子重回國，在太廟獻俘祝禱，慰勞將士。三天以後，吳國人攻打楚國，攻佔了駕邑。駕邑是很好的城邑；鄧廖，也是楚國的良將。君子認為「子重在這次戰役中，所得到的不如所失去的多」。楚國人因此怪罪子重。子重為此患病，因精神不愉快、思慮過度，碰上腦病發作而死去。

魯襄公到晉國去，是初次朝見晉悼公。

夏季，魯襄公和晉悼公在長樗會盟。孟獻子作贊禮官，魯襄公跪下叩頭行禮。晉國的知武子說：「周天子在，國君方始行叩頭的大禮，我們國君怕不敢受此大禮。」孟獻子說：「由於敝國地近東海，緊靠仇敵之國，我們國君仰望晉君幫助，怎敢不行叩首之禮呢？」

晉國由於鄭國順服的緣故，又想和吳國修好，打算會合諸侯。就派士匄到齊國報告說：「我們國君派匄前來，是由於近年來諸侯之間不協和，多糾紛，對意外的事故又沒有戒備，所以我們國君希望和幾位兄弟相見，來商討彼此不協和的事。請齊君光臨，先派匄來請求結盟。」齊靈公本想不答應，卻又難於表示不協和，就在耏水之外結盟。

晉國中軍尉祁奚請求告老退職，晉悼公問誰能接替他。祁奚舉薦解狐。解狐和祁奚有私仇。晉悼公將要任命解狐時，他卻死去了。晉君又問祁奚，祁奚回答說：「祁午，可以勝任。」這時中軍尉之佐羊舌職死了，晉君問道：「誰可以替代他？」祁奚回答說：「羊舌赤，可以勝任。」於是晉悼公讓祁午做中軍尉，羊舌赤為副職。君子認為：「祁奚在這件事情上能夠舉薦賢德的人。舉薦他的仇人而不是諂媚，推薦他的兒子而不是偏私，舉薦他的副職而不是結黨。〈商書〉說：『不偏私、不結黨，君王之道浩浩蕩蕩。』這說的就是祁奚了。解狐得到舉薦，祁午得到祿位，羊舌赤得到官職，建立一個官位而成全三件好事，這是由於能推舉賢人啊！正因為自己有賢德，所以能推舉類似自己的賢人。《詩經》說：『只因他有美德，因此他的兒子能嗣續他的官職。』祁奚就是這樣的人。」

六月，魯襄公會見單頃公和晉悼公、宋平公、衛獻公、鄭僖公、莒國國君、邾國國君，齊國太子光。二十三日，在雞澤共同結盟。晉悼公派荀會到淮河岸邊迎候吳王，吳王沒有來。

楚國的子辛做令尹，侵害小國以滿足私欲。陳成公就派大夫袁僑到會要求與晉和好。晉悼公派和祖父把陳國求和的事通告諸侯。秋季，魯國的叔孫豹和各諸侯國的大夫同陳國的袁僑結盟，這是陳國請求順服的緣故。

晉悼公的弟弟揚干在雞澤附近的曲梁擾亂軍隊的行列，中軍司馬魏絳殺死了他的駕車人。晉悼公發怒，對羊舌赤說：「會合諸侯，是光榮的事。揚干受到侮辱，還有什麼侮辱比這更大的？一定要殺掉魏絳，不能耽誤了。」羊舌赤回答說：「魏絳一心為公，沒有貳心，事奉國君不避危難，有了罪過不避懲罰，他大概會自己來說明的，何必屈辱國君下令殺他呢？」話剛說完，魏絳來了，把奏書交給僕人，而後將要拔劍自殺。士魴、張老二人勸阻他。晉悼公讀他的奏書，說：「往日國君缺乏使喚的人，讓下臣擔任司馬之職。下臣聽說：『軍隊的士眾以順從軍紀為勇武，軍旅中管事的人寧死也不觸犯軍紀叫做恭敬。』國君今日會合諸侯，下臣怎敢不恭敬？國君的軍隊不勇武，管事的人不恭敬，沒有比這罪過再大的了。下臣懼怕犯不敬的死罪，以致連累揚干，罪責無可逃避。下臣不能事先訓誡全軍，以至於動用了大斧。下臣的罪很重，怎敢不服從懲罰而惹怒國君呢？請求到司寇那裏受死罪。」晉悼公赤著腳趕忙走出來，說：「寡人的話，是出於對兄弟的親愛；大夫您懲罰揚干，是為了執行軍法。寡人有弟弟，沒有能教訓他，而讓他觸犯了軍令，這是寡人的過錯。您不要再加重寡人的過錯了，謹以此作為請求。」

晉悼公由此認為魏絳能夠用刑法來治理百姓了，盟會之事結束後回國，就在太廟宴請魏絳，使他做新軍副帥。張老任中軍司馬，士富做候奄。

楚國的司馬公子何忌入侵陳國，是由於陳國叛楚服晉的緣故。

許靈公事奉楚國，不來雞澤參加會盟。冬季，晉國的知武子領兵討伐許國。

【說明】楚令尹子重率領選練之軍進攻吳國，又派鄧廖率領精兵東侵。楚軍先勝後敗，鄧廖被俘，損失慘重，子重為此發病而死。楚國由子辛為令尹。子辛又求索無厭，侵害小國，以致陳國叛楚親晉。於是楚開始兩面受敵：東與吳國爭戰不休，北與中原諸侯為敵。陳國成為新的戰場，鄭國倒可以暫免戰火。

晉在降服鄭國後，又主動要與強吳修好結盟。六月，晉與齊、魯等八國諸侯會盟於雞澤，吳王壽夢雖未到會，卻加強了晉吳的聯繫，鞏固了晉國的霸主地位。

在諸侯雞澤之會時，晉悼公之弟揚干擾亂軍隊，違犯軍紀。中軍司馬魏絳按軍法殺了他的駕車僕夫。悼公初時也以為受辱而要殺魏絳，但在讀了魏絳的奏書後，能認識到魏絳按軍法從事並無過錯，所以提升他為新軍之佐，表現出霸主的器度。

晉國中軍尉祁奚告老退職，他的副職羊舌氏又去世。祁奚薦賢，先後推舉解狐、祁午為中軍尉，推舉羊舌赤為中軍尉佐。傳文對此詳加記敘和評贊，提出了舉薦新人的原則，即《呂氏春秋》所謂的舉賢不避仇，舉能不避親。但不能結黨營私，朋比為姦。這表明春秋時已重視舉薦賢人，為統治機構補充新人。

四年

壬辰，西元前五六九年。周靈王三年、齊靈公十三年、晉悼公五年、秦景公八年、楚共王二十二年、宋平公七年、衛獻公八年、陳成公三十年、蔡景公二十三年、曹成公九年、鄭僖公二年、燕武公五年、許靈公二十三年、吳壽夢十七年。

經 四年春王三月己酉，陳侯午卒。

夏，叔孫豹如晉。

秋七月戊子，夫人姒氏薨。

葬陳成公。

八月辛亥，葬我小君定姒。

冬，公如晉。

陳人圍頓。

傳　四年春，楚師為陳叛故，猶在繁陽❶。韓獻子❷患之，言于朝曰：「文王帥殷之叛國以事紂，唯知時也❸。今我易之，難哉❹！」三月，陳成公卒。楚人將伐陳，聞喪乃止。陳人不聽命。臧武仲❺聞之曰：「陳不服于楚，必亡。大國行禮焉，而不服，在大猶有咎❻，而況小乎？」夏，楚彭名❼侵陳，陳無禮故也。

穆叔❽如晉，報知武子之聘❾也。晉侯享之❿，金奏〈肆夏〉之三⓫，不拜。工歌〈文王〉之三⓬，又不拜。歌〈鹿鳴〉之三，三拜⓭。韓獻子使行人⓮子員問之曰：「子以君命辱于敝邑，先君之禮，藉之以樂，以辱吾子⓯。吾子舍其大而重拜其細⓰，敢問何禮也？」對曰：「〈三夏〉，天子所以享元侯⓱也，使臣弗敢與聞。〈文王〉，兩君相見之樂也，臣不敢及。〈鹿鳴〉，君所以嘉寡君也⓲，敢不拜嘉？〈四牡〉，君所以勞使臣也⓳，敢不重拜？〈皇皇者華〉，君教使臣曰：『必諮于周⓴。』臣聞之，訪問于善為咨㉑，咨親為詢，咨禮為度，咨事為諏，咨難為謀㉒，臣獲五善㉓，敢不重拜？」

秋，定姒㉔薨。不殯于廟㉕，無櫬㉖，不虞㉗。匠慶㉘謂季文子㉙曰：「子為正卿，而小君㉚之喪不成，不終君㉛也。君長，誰受其咎？」初，季孫為己樹六檟㉜于蒲圃㉝東門之外，匠慶請木，季孫曰：「略㉞。」匠慶用蒲圃之檟，季孫不御㉟。

君子曰：「志所謂『多行無禮，必自及也』，其是之謂乎！」

冬，公如晉聽政[36]。晉侯享公，公請屬鄫[37]，晉侯不許。孟獻子[38]曰：「以寡君之密邇于仇讎，而願固事君，無失官命[39]。鄫無賦于司馬[40]，為執事朝夕之命敝邑，敝邑褊小[41]，闕而為罪，寡君是以願借助焉。」晉侯許之。

楚人使頓間陳而侵伐之[42]，故陳人圍頓。

無終子嘉父[43]使孟樂如晉，因魏莊子[44]納虎豹之皮，以請和諸戎。晉侯曰：「戎狄無親而貪，不如伐之。」魏絳曰：「諸侯新服，陳新來和，將觀于我。我德則睦，否，則攜貳[45]。勞師于戎，而楚伐陳，必弗能救，是棄陳也。諸華[46]必叛。戎，禽獸也[47]。獲戎失華，無乃不可乎！〈夏訓〉[48]有之曰：『有窮后羿[49]……』」公曰：「后羿何如？」對曰：「昔有夏[50]之方衰也，后羿自鉏遷于窮石[51]，因夏民以代夏政[52]。恃其射也，不修民事，而淫于原獸[53]，棄武羅、伯因、熊髡、尨圉[54]，而用寒浞[55]。寒浞，伯明氏之讒子弟也，伯明后寒[56]棄之，夷羿收之，信而使之，以為己相。浞行媚于內[57]，而施賂于外，愚弄其民，而虞羿于田[58]。樹之詐慝[59]，以取其國家，外內咸服。羿猶不悛，將歸自田，家眾殺而亨之[60]，以食其子[61]，其子不忍食諸，死于窮門[62]。靡奔有鬲氏[63]。浞因羿室，生澆及豷，恃其讒慝詐偽，而不德于民，使澆用師滅斟灌及斟鄩氏[64]。處澆于過[65]，處豷于戈[66]。靡自有鬲氏，收二國之燼[67]，以滅浞，而立少康[68]。少康滅澆于過，后杼[69]滅豷于戈，有窮由是遂亡，失人故也。昔周辛甲[70]之為大史也，命百官，官箴王闕。于〈虞人之箴〉[71]曰：『芒芒禹迹，畫為九州，經啟九道[72]，民有寢廟，獸有茂草，各有攸處[73]，德用不擾[74]。在帝夷羿，冒[75]于原獸，忘其國恤[76]，而思其麀牡[77]。武不可重[78]，用不恢于夏家[79]。獸臣司原[80]，敢告僕夫[81]。』〈虞箴〉如是，可不懲乎？」

于是晉侯好田，故魏絳及之。公曰：「然則莫如和戎乎？」對曰：「和戎有五利焉：戎狄荐居[82]，貴貨易土[83]，土可賈焉，一也。邊鄙不聳[84]，民狎其野[85]，穡人成功[86]，二也。戎狄事晉，四鄰振動，諸侯威懷，三也。以德綏戎，師徒不勤，甲兵不頓[87]，四也。鑑于后羿，而用德度[88]，遠至邇安，五也。君其圖之。」公說[89]，使魏絳盟諸戎。修民事，田以時。

冬十月，邾人、莒人伐鄫，臧紇救鄫侵邾，敗于狐駘[90]。國人逆喪者皆髽[91]，魯于是乎始髽。國人誦之[92]曰：「臧之狐裘[93]，敗我于狐駘。我君小子[94]，朱儒是使[95]。朱儒朱儒，使我敗于邾。」

【注 釋】❶猶在繁陽　去年秋，楚司馬公子何忌領兵入侵陳國，至今年春，仍駐軍在繁陽未退。繁陽，在今河南省新蔡縣北繁陽亭，離陳都淮陽約二百里。❷韓獻子　即韓厥，晉中軍帥，執國政。❸文王帥殷之叛國以事紂二句　周文王率領背叛殷商的諸侯國去事奉商紂王，是因為知道時機未到。❹今我易之二句　現在我們反過來，接受叛楚的陳國為同盟，要稱霸而降服楚，怕是很難啊。杜注：「晉力未能服楚，受之為非時。」❺臧武仲　即臧孫紇，下文稱臧紇，魯卿，臧宣叔臧孫許之子，臧孫辰之孫。❻在大猶有咎　這樣做，對大國尚且會有災禍。咎，禍殃。❼彭名　楚大夫，邲戰及鄢陵之戰時皆為楚王駕御戰車。見宣公十二年傳及成公十六年傳。❽穆叔　即魯卿叔孫豹，叔孫得臣之子。❾知武子之聘　知武子即知罃，又稱荀罃，荀首之子，晉下軍副帥。襄公元年聘問魯國，故今年穆叔回聘答謝。❿享之　設宴享之禮款待他。享，同「饗」。⓫金奏肆夏之三　用鐘鼓演奏〈肆夏〉以下的三個樂曲。我國自古就有稱為〈九夏〉的樂曲，其第二曲為〈肆夏〉，第三曲為〈韶夏〉，第四曲為〈納夏〉，合稱〈肆夏〉之三，下文稱〈三夏〉。其詞曲今亡。⓬工歌文王之三　樂工歌唱〈文王〉的三個樂章。杜注據《國語・魯語》云：「〈文王〉之三，〈文王〉、〈大明〉、〈綿〉。」均見《詩經・大雅》。歌非徒歌，亦有音樂。⓭歌鹿鳴之三二句　杜注據《國語・魯語》云：「〈小雅〉之首〈鹿鳴〉、〈四牡〉、〈皇皇者華〉。」三拜，每歌一曲，穆叔一拜謝。⓮行人　外交官；使者。名子員。⓯先君之禮三句　按先君之禮，用音樂來招待您。藉，薦；進獻。辱，表敬副詞。吾子，您。⓰舍其大而重拜其細　大，指〈肆夏〉之三及〈文王〉之三。重拜，再三拜謝。細，指〈鹿鳴〉之三。⓱元侯　諸侯的首領，即霸主。⓲鹿鳴二句　〈鹿鳴〉是晉君用來嘉獎我們國君的。意取〈鹿鳴〉「我有嘉賓」、「示我周行」之句。⓳四牡二句　〈四牡序〉云：「〈四牡〉，勞使臣之來也。」詩有「豈不懷歸，王事靡盬」等句。勞，慰勞。⓴必諮于周　必諮詢於忠信之臣。《國語・魯語下》：「忠信為周。」毛傳亦如此解，蓋古義如此。〈皇皇者華〉詩有「周爰咨詢」、「周爰咨謀」、「周爰咨諏」、「周爰咨度」等句。咨、諮二字通用。㉑訪問于善為咨　向賢人詢問求教就是「咨」。訪問，同義。詢問；討教。上古「訪」字非拜訪義。善，即指忠信之人。㉒咨親為詢四句　為咨詢的內容，謂咨詢有關親戚的問題是「詢」，咨詢有關禮儀的事為「度」，咨詢政事為「諏」，咨詢如何解決禍難為「謀」。㉓五善　指上述咨、詢、度、諏、謀。其實此五字為一義，今強調而分為五事。㉔定姒　魯襄公生母，姒氏諡「定」。杜注：「成公妾，襄公母。」經傳未言成公夫人姜氏有子。㉕不殯于廟　沒有把靈柩停放在祖廟裏待葬。據經文，定姒死於七月戊子二十八日，葬於八月辛亥二十二日，自死至葬僅二十三日。㉖櫬　內棺。古時棺材為套棺，貼身的內棺叫櫬，套在外面的大棺叫槨。㉗不虞　不行虞祭之禮。死者葬後，生者返殯宮哭祭以安死者之靈，並對弔喪的賓客用哭禮答拜，謂之虞祭。按，此時魯襄公僅七、八歲，由季文子執政，季氏不以夫人之禮葬定姒，或因齊姜已以夫人之禮成喪（見襄公二年經傳），故定姒死不以夫人禮葬之。㉘匠慶　杜注「魯大匠」。匠指木工，慶為其名。當是木工首領，故有名字，稱大匠。㉙季文子　即季孫行父，魯正卿，執國政。㉚小君　國君夫人稱小君。定姒為襄公生母，母以子貴，故謂之小君。㉛不終君　不使魯襄公終其生母之喪。終，送終。用作使動。㉜檟　楸樹的別名，木質細密，可製器具或棺木。㉝蒲圃　魯國場圃名，地寬大，四方有門。㉞略　簡略。即不必選用上等木材。㉟御　止；阻止。㊱聽政　聽取晉君政令，要魯國貢賦多少。㊲公請屬鄫　魯襄公請求把鄫國作附屬國。杜注：「鄫，小國也，欲得使屬魯，如須句、顓臾之比，使助魯出貢賦。」鄫，其地在今山東省棗莊市東。㊳孟獻子　即仲孫蔑，公孫敖之孫。魯國孟孫氏，世代為卿。㊴無失官命　不要缺少晉君貢賦之命。㊵無賦于司馬　沒有向晉國司馬交納貢賦。晉司馬兼管諸侯之賦。㊶褊小　地方狹小。㊷使頓間陳而侵伐之　使頓國伺陳國的空隙而侵伐陳國。頓，小國名，姬姓，在今河南省項城縣西之南頓故城。見僖公二十五年傳。間，縫隙。作動詞。㊸無終子嘉父　無終國國君名嘉父，為山戎諸國之魁首。經傳對文化較落後的戎狄之君例稱為「子」。無終，本在今山西省太原市東，至昭公六年為晉所敗，奔亡遷移至今河北省淶源縣一帶，後又被迫逃亡到今張家口市長城外。此時猶在山西。㊹魏莊子　即魏絳，去年任晉新軍副帥。㊺攜貳　背離；有貳心。攜，離。㊻諸華　中原華夏諸國。㊼戎二句　山戎諸國或尚在原始社會，故視之為如禽獸。㊽夏訓　〈夏書〉。㊾有窮后羿　夏代有窮氏部落，君主為后羿，善射。有窮國其地在今河南省洛陽市西南。后，帝君。按，魏絳此語未完，晉侯即插問。㊿有夏　夏朝。「有」是詞頭。(51)自鉏遷于窮石　鉏，在今河南省滑縣東十五里。窮石，即窮谷，在今洛陽市西南。(52)因夏民以代夏政　依憑夏朝的百姓取代夏朝的政權。杜注：「禹孫太康淫放失國，夏人立其弟仲康。仲康卒，子相立，羿遂代相，號曰有窮。」《史記・夏本紀》正義謂后羿「因夏民以伐夏，篡帝相」。(53)淫于原獸　沉溺於打獵。淫，不節制。原，田。動詞。獵取。(54)武羅伯因熊髡尨圉　杜注：「四子皆羿之賢臣。」羿棄而不用。伯因，阮刻本作「伯困」，據《校勘記》改正。(55)寒浞　寒為部落名，在今山東省濰縣治即舊寒亭。寒酋長名伯明，浞為其不肖子弟，以寒為氏，後篡后羿之位而襲有窮國號。下句稱之為「讒子弟」，即壞子弟。(56)伯明后寒　即寒后伯明。后，君主。(57)浞行媚于內　杜注：「內，宮人。」寒浞對內宮的女人獻媚，與后羿妻妾相通。(58)虞羿于田　使后羿樂於田獵而不返。虞，同「娛」。(59)樹之詐慝　扶植奸詐邪惡的勢力。(60)亨之　把后羿的屍體烹煮。亨，同「烹」。煮。(61)食其子　使其子食。(62)死于窮門　杜注「殺之于國門」。則窮門為有窮國之門。(63)靡奔有鬲氏　靡是夏后氏的舊臣。有鬲氏亦部落名，在今山東省德州市東南二十五里。(64)斟灌及斟鄩氏　皆部落名。斟灌在今山東省范縣北之觀城鎮（舊觀城縣）。斟鄩在今河南省偃師縣東北十三里。(65)過　部落名，在今山東省掖縣西北近海處。或疑在今河南省太康縣東南。66戈　部落名。杜注「戈在宋鄭之間」。即在今河南省杞縣、尉氏縣附近。67收二國之燼　收集斟灌、斟鄩二國遺民。燼，災餘。指遺民。68少康　夏后相之子。相傳夏后相被殺時，其妃有仍氏之女方娠，逃歸有仍氏而生少康。69后杼　杜注「少康子」。70辛甲　本為殷臣，諫紂王不聽，至周為太史。《漢書・藝文志》有《辛甲》二十九篇。71虞人之箴　又稱〈虞箴〉。虞人為掌田獵之官。箴，規諫告誡。此箴規諫君主勿田獵過度以誤國事。此箴之後，箴便成為用於規諫的一種文體，漢揚雄等多有仿作。72芒芒禹迹三句　夏禹的遺跡到達遙遠的地方，他把天下劃分為九州，開通了許多大道。芒芒，猶茫茫。遼遠貌。畫，分。經，制定經界。73攸處　所居之處。攸，所。74德用不擾　德指人與獸的本質不同。用，以；因此。擾，亂。當時亦獵禽獸以為生活資料，此僅言田獵不能過度。75冒　貪。76恤　憂患。77麀牡　母鹿和公獸。泛指獸類。78武不可重　田獵不可過分。重，累次。79用不恢于夏家　因此不能擴大夏朝的國家。80獸臣司原　獸臣，即虞人，主管田獵。原，即上文「原獸」之原，田獵。81僕夫　僕大夫之屬官，侍從君主左右，接受卿大夫緊急奏書。82荐居　逐水草而居。荐，同「薦」。草。當時戎狄以游牧為生。83貴貨易土　看重財貨，輕視土地。貴、易都作動詞。84聳　通「悚」。驚懼。85民狎其野　民習慣於田野耕作。杜注：「狎，習也。」86穡人成功　管理農田的人可以完成任務。87甲兵不頓　武器不損壞。88德度　道德和法度。89說　同「悅」。90狐駘　在今山東省滕州市東南二十里之狐駘山。91髽　一種喪服，以麻布束髮而繞於額上。92誦之　諷刺他。《正字通》：「誦，怨辭也。」93狐裘　狐皮衣。此役在魯之十月，即夏正八月，不用穿狐裘，此句只是用以起興。94我君小子　我們國君有小君定姒之喪。小子，即小君。95朱儒是使　「使是朱儒」的倒裝句。朱儒，即侏儒，矮小之人，指臧孫紇。以上裘、駘押韻，子、使押韻。下兩句儒、邾押韻。

【語　譯】魯襄公四年春季，楚軍因為陳國背叛的緣故，仍舊駐軍在繁陽。晉國的韓獻子為此擔憂，在朝廷上說：「周文王率領背叛殷商的諸侯國去事奉紂王，是由於知道時機未到。現在我們反而不合時宜地接受陳國為盟國，要楚順服，難哪！」三月，陳成公死。楚國人正要進攻陳國，聽到陳國有喪事就停止進攻。陳國人仍然不聽從楚國的命令。魯國的臧武仲聽到這事，說：「陳國不服從楚國，必定滅亡。大國已經有禮了，還不去順服，對大國來說尚且會有災禍，何況是小國呢？」夏季，楚將彭名攻打陳國，是由於陳國沒有禮節。

魯國的穆叔到晉國去，是對知武子聘問魯國的回聘。晉悼公設宴款待他，鐘鼓演奏〈肆夏〉等三個樂章，穆叔沒有答拜。樂工歌唱〈文王〉等三個樂曲，穆叔又不答拜。歌唱〈鹿鳴〉等三個樂曲，穆叔三次答拜。

韓獻子派外交官子員去問他說：「您奉國君之命光臨敝國，敝國按先君之禮，用音樂來招待您。您卻捨棄貴重的大樂而再三拜謝小雅之樂，謹問這是什麼禮儀？」穆叔答道：「〈三夏〉是天子用來招待諸侯領袖的，使臣不敢聽聞；〈文王〉三首是兩國國君相見時奏的音樂，使臣不敢接受；〈鹿鳴〉是晉君用來嘉獎我們國君的，我豈敢不拜謝嘉獎？〈四牡〉是晉君用來慰勞使者的，我豈敢不再拜？〈皇皇者華〉是國君教導使臣說：『必定要向忠信之人討教。』下臣聽說：向賢人請教就是咨，咨詢親戚的事就是詢，咨詢禮儀的事就是度，咨詢政事就是諏，咨詢治理禍難就是謀。下臣獲得這種好的教言，豈敢不再三拜謝？」

秋季，襄公生母定姒去世，沒有在祖廟內停放棺柩，沒有用內棺，沒有舉行返哭之禮的虞祭。大匠名慶的對季文子說：「您是正卿，但小君的喪禮沒有完成，這是使國君不能終其生母之喪。國君長大後，誰將受到責備？」當初，季文子為自己在蒲圃東門外種了六棵檟木，匠慶請求用它給定姒做棺槨，季文子說：「簡單點吧！」匠慶還是用了蒲圃的檟木，季文子也沒有阻止。君子說：「古志所說的『多做不合禮義的事，禍患必定落到他的頭上』，說的就是這種情況吧！」

冬季，魯襄公到晉國去聽取向晉國貢賦的政令。晉悼公設宴款待魯襄公。襄公請求把鄫國作魯國的附屬國，晉悼公不答應。孟獻子說：「由於我國緊靠著晉的敵國，卻願意堅決地事奉晉君，晉國要求貢賦的命令不能耽誤。而鄫國並沒有向晉國的司馬交納貢賦，晉君的左右執事經常命令敝國供應財貨。敝國地方狹小，無法滿足供應就成罪過，因此我們國君希望借助鄫國。」晉悼公就允許了。

楚國人使頓國乘陳國無備而進攻陳國，所以陳國人圍攻頓國。

山戎無終國君嘉父派孟樂到晉國去，通過魏莊子進獻虎皮、豹皮，請求晉國同各戎國和好。晉悼公說：「戎狄沒有親愛之心而又貪婪，不如討伐他們。」魏莊子魏絳說：「諸侯新近順服，陳國剛來和好，都在觀察我們的行動，我們有德行，就親近我們；我們不用德政，就背離我們。對山戎用兵就勞苦軍隊。如果楚國攻打陳國，我們必定不能去救援，這就丟棄陳國了，中原各國也必定會背叛我們。戎人如同禽獸。如果得到戎人而失去中原華夏各國，恐怕不可以吧！〈夏訓〉有這樣的話：『有窮國君后羿……』」晉悼公插問說：「后羿怎麼樣？」魏絳說：「從前夏朝剛衰落時，后羿從鉏地遷到窮石，依靠夏朝的百姓取代了夏朝的政權。后羿依仗他善於射箭，不致力於百姓的事而沉溺於打獵，拋棄了賢臣武羅、伯因、熊髡、尨圉而任用寒浞。寒浞是伯明氏的壞子弟。寒部落君主伯明丟棄了他，后羿收留了他，信任並重用他，作為自己的國相。寒浞向后羿內宮的妻妾獻媚討好，向外臣廣施財物，愚弄百姓，使后羿專以打獵為娛樂。又扶植奸詐邪惡的勢力，用來篡奪后羿的君位和家族，使外臣和內宮都順服。后羿還不覺察和悔改，將要從打獵的地方回來時，他的家兵就殺死了他，把屍體烹煮了拿來讓他的兒子吃，他的兒子不忍心吃，又被殺死在有窮國的城門旁。夏朝的舊臣叫靡的逃奔到有鬲氏部落去。寒浞奪取了后羿的妻妾，生了澆和豷。仗恃他的邪惡和奸詐，對百姓不施恩德，派澆帶兵，去滅掉斟灌和斟鄩氏兩個部落。讓澆住在過地，讓豷住在戈地。靡從有鬲氏收集斟灌、斟鄩兩個部落的遺民，用來消滅了寒浞，而後立了少康為夏朝的君主。少康滅掉在過地的澆，少康之子后杼滅掉在戈地的豷，有窮國從此就滅亡了，這是他們喪失人心的緣故。從前周朝的辛甲做太史的時候，命令百官規諫天子的過錯。在〈虞人之箴〉裏說：『夏禹的遺跡到達遼遠的地方，他把天下分為九州，制定經界，開通了許多大道。百姓生有居處，死有祭廟。野獸有豐茂的草澤。人獸各有所處，各有德性，因此互不干擾。后羿身居帝位，卻貪戀射獵，忘記了國家的憂患，想到的只是飛禽走獸。武事不可過多，太多就不能擴大夏后氏的國家，甚至國家敗亡。主管禽獸田獵的虞人，謹以此報告君王左右的人。』〈虞箴〉這樣規諫，難道可以不警戒嗎？」

當時晉悼公喜歡打獵，所以魏絳說到后羿被滅以及〈虞箴〉的事。晉悼公聽了說：「這樣說來，就沒有比跟戎人和好再好的辦法了？」魏絳回答說：「跟戎人和好有五種利益：戎狄逐水草而居，看重財貨而看輕土地，他們的土地可以收買來，這是一利。邊境不再驚懼，百姓可習居田野而安心耕作，管理農事的穡人可以完成任務，這是二利。戎狄事奉晉國，四邊的鄰國震動，諸侯因我有威而懾服，這是三利。用德政安撫戎人，將士不必辛勞，武器不必損壞，這是四利。有鑑於后羿的教訓，而用道德法度治國，遠的前來朝見，鄰近的也可安心，這是五利。希望國君慎重考慮吧！」晉悼公聽了很高興，派魏絳和戎人各部落結盟和好。又致力於百姓的事，打獵也按照時令。

冬季十月，邾國人、莒國人進攻鄫國，是由於鄫國附屬魯國的緣故。魯國的臧孫紇去救援鄫國，入侵邾國，在狐駘被打敗。魯國人去迎接戰死的子弟的，都用麻布繫髮，魯國從此開始有用麻布束髮治喪的習俗。國都的人們諷刺臧孫說：「臧孫身穿狐皮襖，使我們在狐駘戰敗了。我們國君有小君之喪，所以派了這個侏儒。侏儒啊侏儒！使我們被小國打敗了，小國就是邾。」

【說　明】楚國由於陳國降晉而討伐陳國，但楚國實力也大不如前，甚至只能唆使近陳的小國頓去對陳國進行騷擾。陳國雖有國喪，仍然不肯聽命。晉國積極改善與魯國等諸侯國的關係，魯國使臣穆叔回聘晉國，晉君以隆重的禮樂厚待穆叔。晉悼公又採納了魏絳的建議，與山戎各部落議和結盟，解除了諸戎對晉國北部邊境的威脅。「戎狄事晉，四鄰振動。」和戎提高了晉國的威懾力，擴大了晉國的勢力範圍。晉君又聽從魏絳關於有窮氏后羿篡夏而亡於寒浞、寒浞又因「不德于民」而被滅的歷史教訓以及〈虞人之箴〉，改正了好田獵的過錯，「修民事，田以時」，加強國力，從而鞏固了晉悼公的霸主地位。

春秋時，諸侯國不僅要向周天子納貢，還要聽命於盟主，向盟主進貢。晉國也是「朝夕命魯」，需索無度。魯無力滿足供應，故請求把鄫國作為附庸，以「借助」鄫國，轉嫁負擔。可見大國剝削小國，小國又剝削更小的附庸國。邾、莒二國對鄫國屬魯大為不滿，就出兵伐鄫。魯因有小君之喪，派臧孫紇救鄫。鄫國在今山東省棗莊市東，邾國在今山東省鄒城市東南，救鄫必入侵邾。結果，臧孫紇在狐駘大敗而歸，死亡的將士很多，迎喪者不論男女都以麻布束髮繞額。魯人以為恥，在悲痛之餘，大家怪罪臧孫，作民歌諷刺他為侏儒。

魏絳論和戎一節，魏絳說「有窮后羿」，話未說完，晉悼公突然插問「后羿何如」，打斷對方話頭。我國古籍記言，一語中斷而後文脈遙承之例莫早於此。自左氏開此章法，其後史傳屢用，甚至《水滸》等小說亦廣為採用，以寫人物相互言語的神情和內心活動，成為常見的一種藝術手法。

五年

癸巳，西元前五六八年。周靈王四年、齊靈公十四年、晉悼公六年、秦景公九年、楚共王二十三年、宋平公八年、衛獻公九年、陳哀公溺元年、蔡景公二十四年、曹成公十年、鄭僖公三年、燕武公六年、許靈公二十四年、吳壽夢十八年。

經 五年春，公至自晉。

夏，鄭伯使公子發來聘。

叔孫豹、鄫世子巫如晉。

仲孫蔑、衛孫林父會吳于善道。

秋，大雩。

楚殺其大夫公子壬夫。

公會晉侯、宋公、陳侯、衛侯、鄭伯、曹伯、莒子、邾子、滕子、薛伯、齊世子光、吳人、鄫人于戚。

公至自會。

冬，戍陳。

楚公子貞帥師伐陳。公會晉侯、宋公、衛侯、鄭伯、曹伯、莒子、邾子、滕子、薛伯、齊世子光救陳。

十有二月，公至自救陳。

辛未，季孫行父卒。

傳 五年春，公至自晉❶。

王使王叔陳生愬戎于晉❷，晉人執之。士魴❸如京師，言王叔之貳于戎❹也。

夏，鄭子國❺來聘，通嗣君也。

穆叔覿鄫大子于晉，以成屬鄫❻。書曰「叔孫豹、鄫大子巫如晉」，言比諸魯大夫也❼。

吳子❽使壽越如晉，辭不會于雞澤之故❾，且請聽諸侯之好。晉人將為之合諸侯，使魯、衛先會吳，且告會期。故孟獻子❿、孫文子⓫會吳于善道⓬。

秋，大雩，旱也⓭。

楚人討陳叛故⓮，曰：「由令尹子辛實侵欲⓯焉。」乃殺之。書曰：「楚殺其大夫公子壬夫⓰。」貪也。君子謂：「楚共王于是不刑⓱。《詩》曰：『周道挺挺，我心扃扃。講事不令，集人來定。』⓲己則無信，而殺人以逞⓳，不亦難乎？

〈夏書〉曰：『成允成功。』⑳」

九月丙午㉑，盟于戚，會吳，且命戍陳也㉒。穆叔以屬鄫為不利㉓，使鄫大夫聽命于會㉔。

楚子囊㉕為令尹。范宣子㉖曰：「我喪陳矣。楚人討貳而立子囊，必改行㉗，而疾討陳。陳近于楚，民朝夕急，能無往乎？有陳非吾事也，無之而後可㉘。」

冬，諸侯戍陳。子囊伐陳。十一月甲午㉙，會于城棣以救之㉚。

季文子㉛卒，大夫入斂，公在位。宰庀家器為葬備㉜，無衣帛之妾，無食粟之馬，無藏金玉，無重器備㉝。君子是以知季文子之忠于公室也：「相三君㉞矣，而無私積，可不謂忠乎？」

【注釋】❶公至自晉　上年冬，魯襄公「如晉聽政」，今年春自晉國回到魯國。❷王使王叔陳生愬戎于晉　王叔名陳生，為周王卿士，到晉國控告戎人，因晉是盟主。戎人可能劫掠周室。愬，同「訴」。控訴。❸士魴　士會之子，士燮之弟，時為晉卿。❹貳于戎　有貳心於戎，即反而偏心戎人。按，晉已於上年與諸戎結盟，故不肯討伐戎人，反言王叔有貳心，失奉使之義，因而拘捕了他。❺子國　即公子發，其後以國為氏。杜注：「發，子產父。」子國聘魯，是為嗣君鄭僖公通好。❻穆叔二句　穆叔和鄫國太子到晉國與晉君臣作私人會晤，以完成使鄫國歸屬魯國的手續。穆叔，即魯卿叔孫豹。覿，私下會見。❼言比諸魯大夫也　是說鄫國太子可比作魯國的大夫。因鄫已附屬於魯。諸，之於的合音合義詞。大，同「太」。鄫太子名巫。❽吳子　吳王壽夢，名乘。吳國使者壽越當是吳王族人。❾辭不會于雞澤之故　辭，解說，兼有道歉之意。雞澤之會，吳子不至，事見襄公三年傳。❿孟獻子　即魯卿仲孫蔑，公孫敖之孫。⓫孫文子　即衛卿孫林父，孫良夫之子。⓬善道　在今安徽省盱眙縣北。⑬秋三句　魯用周正，其秋正是夏曆之夏，需雨而旱，故大舉祭祀求雨，雩而無雨，旱成災，故云「旱也」。⑭討陳叛故　責問陳國叛離楚國的原因。陳叛楚投晉見襄公三年傳。陳都在今河南省淮陽縣。⑮侵欲　侵害小國，滿足其私欲。此句為陳答楚之辭。⑯公子壬夫　即令尹子辛，楚穆王之後代。⑰于是不刑　在這件事情上用刑不當。⑱詩曰五句　此為逸詩，不見於《詩經》，意謂大道筆直，我心明白；謀事不善，應召集賢人來決定。周道，大路。局局，炯炯；明察。令，善。⑲己則無信二句　楚王自己就沒有信用（指成公十二年與晉結盟，十五年就背棄盟約），反而殺人以求快意（指成公十六年殺子反，襄公二年殺公子申，今年殺子辛）。楚王連殺三卿，故謂失刑。⑳夏書曰二句　《偽古文尚書》編入〈大禹謨〉篇。句意謂守信用而後能成功。允，信。㉑丙午　二十三日。㉒盟于戚三句　經文云：「公會晉侯、宋公、陳侯、衛侯、鄭伯、曹伯、莒子、邾子、滕子、薛伯、齊世子光、吳人、鄫人于戚。」共有十四國會盟於戚，晉為盟主；會盟的目的一是為與吳國結好，二是使諸侯共同戍陳拒楚。戚，衛邑，在今河南省濮陽縣北。㉓以屬鄫為不利　認為鄫國附屬於魯對魯國不利。見襄公四年傳。㉔使鄫大夫句　使鄫國大夫以獨立國代表的身分參加戚地會盟，聽取盟主的命令。㉕子囊　即公子貞，楚莊王子，楚共王弟，當亦是子重之弟。已見成公十五年傳。㉖范宣子　即士匄，又稱范匄，范文子士燮之子。㉗改行　指改變子辛的做法。㉘有陳二句　保有陳國，不是我們力所能及的事；放棄陳國，以後事情反而好辦。㉙甲午　十二日。㉚會于城棣以救之　經文云：「公會晉侯、宋公、衛侯、鄭伯、曹伯、莒子、邾子、滕子、薛伯、齊世子光救陳。」共十一國相會。城棣，鄭地，在今河南省原陽縣北十里。㉛季文子　即季孫行父，魯桓公子季友之孫，為魯卿已數十年（魯文公六年已見於經傳），歷文、宣、成、襄四朝。㉜宰庀家器為葬備　家宰收集家中的器物作為陪葬品。宰，家臣之首，即總管。庀，具備。葬備，葬具。㉝無重器備　沒有雙份用具，僅有一具。㉞相三君　魯宣公八年襄仲死，季孫行父為相，執國政，至此凡三十三年，歷宣公、成公、襄公三君。

【語譯】 魯襄公五年春季，襄公從晉國回到魯國。

周靈王派王叔陳生到晉國控告戎人，晉國人把王叔拘捕起來。晉卿士魴到京師去，向周王報告說王叔有貳心於戎人。

夏季，鄭國的子國來魯國聘問，是為新立的鄭僖公來通好的。

魯國的叔孫豹帶領鄫國太子巫到晉國和君臣作私人會晤，以完成鄫國附屬於魯國的手續。《春秋》記載說

「叔孫豹、鄫太子巫如晉」，是把鄫國太子巫比作魯國的大夫。

吳王壽夢派大夫壽越到晉國去，解釋沒有參加雞澤之會的緣故，同時請求聽從和諸侯友好的命令。晉國人將為吳國會合諸侯，讓魯國、衛國先會見吳國，同時告訴吳國諸侯相會的日期。所以魯卿孟獻子、衛卿孫文子在善道會見了吳人。

秋季，魯國舉行盛大的雩祭以求雨，還是無雨，造成旱災。

楚國人質問陳國背叛的原因，陳國人說：「實是由於令尹子辛侵害我們以滿足他的私欲。」楚國就殺死了令尹子辛。《春秋》記載說「楚殺其大夫公子壬夫」，是由於他貪婪的緣故。君子認為：「楚共王在這件事情上用刑不當。《詩經》說：『大道筆直，我的心裏明白。謀事不善，當聚集賢人來決定。』楚王自己就不守信用，反而殺人以求快意，要治理國家豈不是很困難嗎？〈夏書〉說：『守信才能成功。』」

九月二十三日，晉悼公、魯襄公、宋平公、陳哀公、衛獻公、鄭僖公、曹成公、莒子、邾子、滕成公、薛伯、齊國太子光、吳國人、鄫國人在戚地會盟，這是為了和吳國相會結好，同時命令諸侯出兵戍守陳國，抵禦楚國。魯國的穆叔認為鄫國附屬對魯國反而不利，所以讓鄫國大夫以獨立國代表的身分參加戚地會盟，直接聽取盟主的命令。

楚國的子囊任令尹。晉國的范宣子說：「我們要失去陳國了。楚國人討伐有貳心的陳國而立子囊掌國政，他必定改變子辛的行為、做法，加速討伐陳國。陳國接近楚國，百姓早晚苦於兵災，能不歸服楚國嗎？保有陳國，不是我們力所能及的事；放棄陳國，以後事情反而好辦。」冬季，各諸侯國派兵駐守陳國。子囊領兵進攻陳國。十一月十二日，魯襄公和晉悼公、宋平公、衛獻公、鄭僖公、曹成公、莒子、邾子、滕成公、薛伯、齊國太子光在城棣相會以救援陳國。

魯國正卿季文子去世。按照大夫入殮的禮儀，魯襄公親自觀禮，坐在東牆頭的君位上。家臣總管收集家中的物品作葬具。季氏家裏妻妾沒有穿絲帛的，馬沒有吃糧食的，沒有收藏金屬器具和玉器，一切用具沒有重複雙份的。君子由此知道季文子對公室的忠心：「做了三朝國相卻沒有私人積聚財物，可不說是忠心嗎？」

【說明】今年晉悼公兩次大會諸侯。九月，十四國會盟於戚邑，實現了晉吳結盟以孤立楚國的策略。為此盟會，晉國作了周密準備，吳王先使大夫至晉商議，表示願與中原諸侯相好；晉使魯、衛二國與吳人先相會於善道，為戚盟作準備。戚盟之後，各國派兵駐守陳國，以防楚軍入侵。楚國因失陳而殺令尹子辛，改任子囊為令尹。子囊領兵加速伐陳。故十一月晉悼公又與十一國諸侯會於城棣，以謀救陳。陳國已成為晉、楚相爭的新戰場，陳國百姓日夜為兵災所苦，焦慮不安，這是必然的事。

六年

甲午，西元前五六七年。周靈王五年、齊靈公十五年、晉悼公七年、秦景公十年、楚共王二十四年、宋平公九年、衛獻公十年、陳哀公二年、蔡景公二十五年、曹成公十一年、鄭僖公四年、燕武公七年、許靈公二十五年、吳壽夢十九年。

經 六年春王三月壬午，杞伯姑容卒。

夏，宋華弱來奔。

秋，葬杞桓公。

滕子來朝。

莒人滅鄫。

冬，叔孫豹如邾。

季孫宿如晉。

十有二月，齊侯滅萊。

傳 六年春，杞桓公卒。始赴以名，同盟故也❶。

宋華弱與樂轡❷少相狎❸，長相優❹，又相謗❺也。子蕩怒，以弓梏華弱❻于朝。平公見之，曰：「司武而梏于朝，難以勝矣❼。」遂逐之。夏，宋華弱來奔。司城子罕❽曰：「同罪異罰，非刑也。專戮❾于朝，罪孰大焉？」亦逐子蕩。子蕩射子罕之門，曰：「幾日而不我從❿！」子罕善之如初。

秋，滕成公⓫來朝，始朝公也。

莒人滅鄫，鄫恃賂也⓬。

冬，穆叔如邾聘，且修平⓭。

晉人以鄫故來討，曰：「何故亡鄫⓮？」季武子⓯如晉見，且聽命。

十一月，齊侯滅萊，萊恃謀也⓰。于鄭子國之來聘也⓱。四月，晏弱城東陽⓲，而遂圍萊。甲寅⓳，堙之環城，傅于堞⓴。及杞桓公卒之月㉑，乙未㉒，王湫帥師及正輿子、棠人軍齊師㉓，齊師大敗之。丁未㉔，入萊。萊共公浮柔㉕奔棠。正輿子、王湫奔莒，莒人殺之。四月，陳無宇㉖獻萊宗器㉗于襄宮㉘。晏弱圍棠，十一月丙辰而滅之㉙。遷萊于郳㉚。高厚、崔杼定其田㉛。

【注　釋】❶始赴以名二句　杞國的訃告首次記有杞桓公的名字，這是由於兩國同盟的緣故。赴，同「訃」。杞桓公名姑容，杞成公之弟，在位已七十年，曾與魯三次結盟。成公十八年時朝魯。訃告以名，故經文記為「三月壬午（初二日），杞伯姑容卒」。僖公二十三年傳云：「凡諸侯同盟，死則赴以名，禮也。赴以名，則亦書之；不然，則否。」❷華弱與樂轡　華氏、樂氏都是宋戴公的後裔，世代為宋國卿大夫。華弱，為華椒之子，官司馬。樂轡，字子蕩。❸狎　過分親昵而不莊重。❹優戲謔；開玩笑。❺謗　毀謗；誹謗；背後說人壞話。❻以弓梏華弱　用弓套住華弱的脖子，如戴枷一般，而已執弓弦。梏，木枷。用作動詞。❼司武而梏于朝二句　做了司馬而被人在朝堂上桎梏，要取勝別國就更難了。司武，即司馬，職掌武事。武、馬二字古同音。❽子罕　宋戴公六世孫，樂氏名喜，官司城，因賢而有才，故主持國政（見襄公九年傳）。❾專戮　專橫而侮辱別人。戮，辱。❿幾日而不我從　還有幾日能不跟我一樣。即不久亦將使你被逐。⓫滕成公　滕文公之子，魯成公十七年即位。滕國在今山東省滕州市。⓬莒人滅鄫二句　莒國在今山東省莒縣一帶，鄫國在今山東省棗莊市東。鄫國仗恃賄賂了大國而疏於戒備，故被滅亡。賄賂誰，傳未言，當指晉國。⓭穆叔如邾聘二句　穆叔，即魯卿叔孫豹，宣伯之弟，叔孫得臣之子。邾，在今山東省鄒城市東南。魯襄公四年為救鄫而與邾國交戰，魯敗，今鄫已亡，故穆叔聘問邾國，重修友好。⓮何故亡鄫　為何讓鄫國滅亡。意謂莒滅鄫，魯何故不救。其實魯已無力救護。⓯季武子　即季孫宿，季文子之子，繼父職為卿。⓰萊恃謀也　萊國依仗賄賂齊國寵臣夙沙衛之謀（見襄公二年傳），因而被滅亡。萊，本為齊國附庸，在今山東省昌邑市東南。⓱于鄭子國之來聘也　在鄭國卿大夫子國來魯聘問的時候。按，此句為表示時間的副句，子國聘魯在去年四月，故下有「四月」云云。⓲四月二句　指去年四月，晏弱在東陽築城。這是補敘往事。晏弱，齊大夫，又稱晏桓子，晏嬰之父。東陽，在今山東省臨朐縣東。襄公二年已城東陽，去年又城，為滅萊作準備。⓳甲寅　按去年四月丙辰朔，四月不得有甲寅。疑為去年五月甲寅，二十九日。⓴堙之環城二句　環繞萊城四周築土山，土山高到靠近萊城的垛堞。堙，堆土為山。動詞。傅，附著；靠近。堞，城上如齒狀的矮牆。按，此為古時攻城之一法。㉑及杞桓公卒之月　此句亦為時間副句，意謂到今年三月。去年四月圍萊至此歷時一年之久。㉒乙未　今年三月十五日。㉓王湫帥師及正輿子句　王湫率領萊軍和正輿子、棠邑人一起抵禦齊軍。王湫，本是齊上卿國佐的部屬，國佐被殺時逃亡萊國，見成公十八年傳。正輿子，萊國大夫，見襄公二年傳。棠，小城邦，在今山東省即墨縣西南八十里。或謂萊國之邑，在今山東省平度縣東南。軍，用作動詞。抵禦；迎戰。㉔丁未　三月二十七日。㉕萊共公浮柔　萊國君名浮柔，死後其遺民諡之「共」，故稱萊共公。㉖陳無宇　陳完（敬仲）的玄孫。見《史記·田敬仲世家》。㉗宗器　宗廟的寶器，如鼎、尊、鐘鼓之類。㉘襄宮　杜注「齊襄公廟」。襄公至靈公已八代，疑襄當作惠。齊惠公曾於魯宣公七年、九年伐萊，故獻萊宗器於其廟。㉙十一月丙辰而滅之　十一月無丙辰，當依經文作十二月。丙辰，十日。萊君在棠而死，故言滅之。《公羊傳》云：「國滅君死之。」㉚遷萊于郳　遷萊國遺民於郳地。郳，《說文》云「齊地」，則此非郳國（小邾國），其地在今山東省黃縣南十里之歸城，見《山東黃縣志》。㉛高厚崔杼定其田　萊亡後，齊必分其地與羣臣，故使高、崔二人定出方案與疆界。高厚，高國之子，世代為齊上卿。崔杼，齊大夫，食邑於崔（今山東省章丘市西北），以邑為氏。

【語　譯】魯襄公六年春季三月初二日，杞桓公去世。杞國訃告首次報告他的名字，這是由於兩國同盟的緣故。

宋國的華弱和樂轡兩人小時候彼此很親昵，長大了彼此戲謔開玩笑，又互相誹謗。樂轡發怒，在朝堂上用弓套住華弱的脖子如同戴枷一般。宋平公見到了，說：「華弱是司馬而在朝廷上被人桎梏，打仗要取勝就更難了。」於是就把他驅逐了。夏季，華弱逃亡到魯國來。宋國司城子罕說：「罪過相同而處罰不同，是不合於刑法的。在朝廷上擅自侮辱別人，還有什麼罪過比這大的呢？」於是也驅逐子蕩。子蕩把箭射到子罕的大門上，說：「看你有幾天能不跟我一樣被趕走！」子罕卻待他很好，像過去一樣。

秋季，滕成公來朝見魯襄公，這是首次朝見襄公。

莒國人滅掉鄫國，是由於鄫國仗著賄賂大國而疏於防備的緣故。

冬季，魯國的穆叔到邾國去聘問，同時重修友好關係。

晉國人由於鄫國滅亡的緣故前來質問魯國，說：「為什麼讓鄫國滅亡而不救？」季武子就到晉國去朝見晉悼公，聽候晉國處置。

十一月，齊靈公滅掉萊國，是由於萊國只依仗賄賂的謀略而不務守備的緣故。當鄭國卿大夫子國來魯國聘問的時候，即去年四月，齊卿晏弱到東陽築城，而後就圍攻萊國。去年五月甲寅日，環繞萊城堆起土山，土山堆到萊城的城牆高。到今年杞桓公死去時，三月十五日，王湫率領萊兵和正輿子、棠邑人一起抵禦齊軍，齊軍把他們打敗了。三月二十七日，攻破萊城。萊共公浮柔逃亡到棠邑去。正輿子、王湫逃亡到莒國，莒國人殺了他們。四月，陳無宇把萊國宗廟裏的寶器獻到齊國襄公的神廟裏。晏弱帶兵圍攻棠邑，十二月初十日，萊共公死去，萊國滅亡。把萊國的百姓遷到郳地。齊卿高厚、大夫崔杼去考察、劃定原來萊國的田界。

【說明】鄅國曾是魯國附庸。前年魯為救鄅而被邾國打敗；今年莒國滅掉鄅國，魯又無力救護。魯名為公國，實已降至三等、四等國，其國力連邾、莒都不如了。三十多年前，齊惠公屢次伐萊，想滅萊而未成。今年齊靈公滅萊，也很不容易。從去年四月城東陽，然後環萊國都築土山圍攻，至今年三月二十七日，攻破萊城，歷時一年之久。傳世器有「叔夷鐘」，為滅萊後所鑄，據其銘文所云，齊滅萊後之俘虜賜給叔夷作為奴隸的就有三百五十家。郭沫若《兩周金文辭大系考釋》謂「蓋于是役，叔夷最有功」，經傳未言及叔夷。

莒滅鄅，齊滅萊，刀光血影，多少人死於非命。小城邦被兼併，這是充滿著血與淚的年代，《春秋》經傳實是亂世的真實記錄。

七年

乙未，西元前五六六年。周靈王六年、齊靈公十六年、晉悼公八年、秦景公十一年、楚共王二十五年、宋平公十年、衛獻公十一年、陳哀公三年、蔡景公二十六年、曹成公十二年、鄭僖公五年、燕武公八年、許靈公二十六年、吳壽夢二十年。

經 七年春，郯子來朝。

夏四月，三卜郊不從，乃免牲。

小邾子來朝。

城費。

秋，季孫宿如衛。

八月，螽。

冬十月，衛侯使孫林父來聘。壬戌，及孫林父盟。

楚公子貞帥師圍陳。

十有二月，公會晉侯、宋公、陳侯、衛侯、曹伯、莒子、邾子于鄬。鄭伯髡頑如會，未見諸侯，丙戌，卒于鄵。陳侯逃歸。

傳 七年春，郯子❶來朝，始朝公也。

夏四月，三卜郊，不從，乃免牲❷。孟獻子❸曰：「吾乃今而後知有卜筮❹。夫郊祀后稷，以祈農事也。是故啟蟄❺而郊，郊而後耕。今既耕而卜郊，宜其不從也❻。」

南遺為費宰❼。叔仲昭伯❽為隧正❾，欲善季氏，而求媚于南遺。謂遺：「請城費❿，吾多與而役。」故季氏城費。

小邾穆公⓫來朝，亦始朝公也。

秋，季武子如衛，報子叔之聘，且辭緩報，非貳也⓬。

冬十月，晉韓獻子⓭告老，公族穆子⓮有廢疾⓯，將立之⓰。辭曰：「《詩》

曰：『豈不夙夜？謂行多露⑰。』又曰：『弗躬弗親，庶民弗信⑱。』無忌不才，讓，其可乎？請立起⑲也。與田蘇游，而曰『好仁』⑳。《詩》曰：『靖共爾位，好是正直。神之聽之，介爾景福㉑。』恤民為德，正直為正，正曲為直㉒，參和為仁㉓。如是則神聽之，介福㉔降之。立之，不亦可乎？」庚戌㉕，使宣子朝，遂老。晉侯謂韓無忌仁，使掌公族大夫㉖。

衛孫文子㉗來聘，且拜武子之言㉘，而尋孫桓子之盟㉙。公登亦登㉚。叔孫穆子相㉛，趨進曰：「諸侯之會，寡君未嘗後衛君。今吾子不後寡君，寡君未知所過㉜。吾子其少安㉝。」孫子無辭，亦無悛容。穆叔曰：「孫子必亡。為臣而君，過而不悛，亡之本也。《詩》曰：『退食自公，委蛇委蛇㉞。』謂從者也。衡而委蛇，必折㉟。」

楚子囊㊱圍陳。會于鄬以救之㊲。

鄭僖公之為大子也，于成之十六年與子罕適晉，不禮焉㊳。又與子豐㊴適楚，亦不禮焉。及其元年㊵，朝于晉，子豐欲愬㊶諸晉而廢之，子罕止之。及將會于鄬，子駟相㊷，又不禮焉。侍者諫，不聽；又諫，殺之。及鄵，子駟使賊夜弒僖公㊸，而以瘧疾赴于諸侯㊹。簡公㊺生五年，奉而立之。

陳人患楚。慶虎、慶寅㊻謂楚人曰：「吾使公子黃㊼往，而執之㊽。」楚人從之。二慶使告陳侯于會，曰：「楚人執公子黃矣。君若不來，羣臣不忍社稷宗廟，懼有二圖㊾。」陳侯逃歸㊿。

【注釋】❶郯子　郯國君主，己姓。郯國在今山東省郯城縣。❷三卜郊三句　三次占卜，選郊祭之日，龜甲顯示的兆象都不吉利，就免了祭牲。郊，本是祭天大禮，又配祭周始祖后稷，祈求豐年。周天子始可行郊禮，諸侯僅祭山川，因周公功大，特許魯行郊禮。牲，指祭牲牛。免牲即不郊祭。❸孟獻子　即仲孫蔑，公孫敖之孫。前年季文子死，孟獻子為魯正卿，執國政。❹卜筮　古時用龜甲被燒烤後的裂紋（兆象）來預測吉凶的迷信活動叫卜，用蓍草顯現的排列形象和數字來預測吉凶的迷信活動叫筮。卜法殷商時已常見，筮法用《周易》始於西周，但《春秋》經文有卜無筮。❺啟蟄　古節氣名。春秋時尚未具備今二十四節氣。杜注：「啟蟄，夏正建寅之月。」即農曆正月。❻今既耕而卜郊二句　現在周正「夏四月」（農曆二月）已經春耕了，卻去占卜郊祭（卜郊過時），龜殼自然三次不從人意了。按，僖公三十一年傳「禮不卜常祀」，郊祭為常祀，不必卜，卜郊已違禮。❼費宰　費城的長官。費是季孫氏的封邑，在今山東省費縣西北二十里。僖公元年傳「公賜季友汶陽之田及費」。宰，卿大夫家臣之首。南遺為季氏之宰，主管費邑，時季氏嗣位者為季武子，即季孫宿。❽叔仲昭伯　魯桓公子叔牙的玄孫，叔仲惠伯（見文公十八年傳）之孫，名帶。❾隧正　官名，又稱遂人，職掌徒役。❿請城費　請向季孫宿要求築費城。城，用作動詞。築城。⓫小邾穆公　小邾國君主，經文稱小邾子。小邾，即郳國，在今山東省滕州市東。⓬報子叔之聘三句　答謝衛國子叔對魯國的聘問，同時為延遲回聘表示歉意，說明不是對衛國有貳心。子叔，即公孫剽，衛定公弟子叔黑背之子，襄公元年聘魯，今六年後魯始回聘，故云「緩報」。辭，解釋；道歉。⓭韓獻子　即韓厥，魯宣公十二年時為晉軍司馬，魯成公十八年時為晉正卿，執國政，今告老退職。⓮公族穆子　韓厥長子韓無忌，為公族大夫，諡穆，故稱公族穆子。⓯廢疾　痼疾；久治不癒之病。⓰將立之　將使韓無忌繼承父職，嗣卿位，但非正卿。立，同「位」。作動詞。⓱詩曰三句　見《詩經・召南・行露》，本意是男女相愛，但女子守禮而不敢，故出此語以答：豈不想早夜到你處相伴，無奈道路露水太多。謂，奈何。行，道路。引詩則斷章取義，謂己有病，不能早夜侍奉國君。⓲又曰三句　見《詩經・小雅・節南山》，意謂自身有病，不能躬親政事，不能取信眾民。⑲起　韓起，韓無忌之弟，韓厥次子，又稱韓宣子。⑳與田蘇游二句　杜注：「田蘇，晉賢人。蘇言起好仁。」游，學。韓起蓋從田蘇學習。㉑詩曰五句　見《詩經・小雅・小明》，意謂忠實地對待你的職責，愛好正直的品德，神靈將會聽到，賜給你大福。靖，忠。共，同「供」。供職。介，助；給予。景，大。㉒正直為正二句　按照自己正直的思想品德而行事叫正，糾正別人之曲（不正的行為）叫直。杜注本毛傳，謂「正己心」為正直，「正人曲」為正曲。㉓參和為仁　把恤民之德同正、直三者和為一體就是仁。參，三。㉔介福　大福。介，大。以「介」釋詩之「景」字，與詩之「介」異義。㉕庚戌　十月初九日。㉖掌公族大夫　為首席公族大夫。公族大夫有多人，負責教育訓導卿大夫之子弟。㉗孫文子　即衛卿孫林父，孫良夫之子。㉘拜武子之言　答謝季武子「緩報非貳」之言。㉙尋孫桓子之盟　重溫孫桓子和魯結盟的友好關係。尋，溫。孫桓子，即孫良夫，孫文子之父，魯成公三年聘魯且盟。㉚公登亦登　按聘禮，受聘國國君立於中庭，請來聘問的貴賓（大夫）登堂，賓三揖至階前；諸侯殿階共七級，國君登上二級後，賓登一級，即後於君主一級。今魯襄公登一級，孫林父亦同時登一級，為非禮。《韓非子・難四》亦載此事。㉛叔孫穆子相　叔孫穆子即叔孫豹，叔牙之孫莊叔得臣的次子。下文又稱穆叔。相，贊禮官。作動詞。主持聘禮。㉜寡君未知所過　我們國君不知有什麼過失。此為外交辭令，實指對方失禮。㉝吾子其少安　希望您稍停一步。其，表祈使語氣的副詞。《爾雅・釋詁》：「安，止也。」㉞詩曰三句　見《詩經・召南・羔羊》，意謂從公室朝廷回家吃飯，態度從容不迫。委蛇，即逶迤，聯綿詞。從容自得的樣子。㉟衡而委蛇二句　專橫傲慢還從容自得，必將毀折。㊱子囊　即公子貞，楚莊王子，楚共王弟，時為令尹，執國政。㊲會于鄬以救之　此簡敘經文，經文云：「十有二月，公會晉侯、宋公、陳侯、衛侯、曹伯、莒子、邾子于鄬。」鄬，杜注「鄭地」，〈釋地〉謂在今河南省偃師縣，另說在今河南省魯山縣境。前說較可信。㊳于成之十六年二句　在魯成公十六年，鄭成公被執於晉，鄭僖公作為太子與子罕至晉交涉，太子對子罕沒有禮貌。子罕，即公子喜，鄭穆公之子，比鄭僖公高三輩。㊴子豐　鄭穆公之子。㊵及其元年　指鄭僖公元年，即魯襄公三年。㊶愬　同「訴」。控告；告狀。㊷子駟相　子駟作贊禮官。子駟，即公子騑，鄭穆公之子，執國政。㊸及鄵二句　到達鄵地，子駟派刺客在夜裏殺死鄭僖公。《史記・衛世家》謂使廚人藥殺，則此賊為廚人。後人高士奇謂鄭僖公赴會是棄楚從晉，故被殺。杜注：「鄵，鄭地。」當在今河南省密縣南，距鄬地（偃師縣）尚有百餘里。㊹以瘧疾赴于諸侯　以急病暴死訃告諸侯。瘧疾，古本只作虐疾，暴病。赴，同「訃」。故《春秋》未言弒君，而云：「鄭伯髡頑（僖公）如會，未見諸侯，丙戌（十二月十六日），卒于鄵。」㊺簡公　鄭簡公，名嘉，僖公之子。㊻慶虎慶寅　皆陳國執政大夫。㊼公子黃　陳成公子，陳哀公弟。㊽而執之　你們拘捕他。而，同「爾」。㊾羣臣不忍二句　謂羣臣不忍心國家滅亡，怕有其他圖謀，要改立順從楚國的人為君。㊿陳侯逃歸　陳哀公由鄬地逃歸。鄬之會本謀救陳，而陳侯逃歸，則諸侯難救。

【語　譯】魯襄公七年春季，郯國君主來朝見，是首次朝見魯襄公。

夏季四月，三次占卜郊祭的日子，都不吉利，就免除祭牲。孟獻子說：「我現在方知道有占卜和占筮。郊祭是祭祀后稷，以祈求農事豐收。因此啟蟄時就舉行郊祭，郊祭以後開始春耕。現在周曆四月已經開始春耕卻來為郊祭占卜，占卜不吉利是應該的。」

南遺做費邑長官。叔仲昭伯做管理徒役的隧正，他想討好季氏，因而向南遺獻媚，對南遺說：「你去請求季氏在費邑築城，我可多給你徒役。」所以季孫氏就在他的費邑築城。

小邾穆公來魯國朝見，也是首次朝見襄公。

秋季，季武子到衛國去，是答謝子叔對魯國的聘問，同時解釋延遲回聘的原因，並非對衛國有二心。

冬季十月，晉國韓獻子告老退職，他的長子公族穆子韓無忌有痼疾，準備讓他繼承卿位。無忌辭謝說：「《詩經》說：『豈不是早晚都想前來？無奈路上的露水太多。』又說：『不能親自處理政事，百姓就不會信任。』無忌沒有才能，讓給別人，也許更好吧？請讓韓起繼位吧。韓起跟田蘇游學，田蘇稱讚他『好仁』。《詩經》說：『忠誠地對待你的職責，喜愛這正直的品德，神靈將會聽到，賜給你大福。』體恤百姓是德，按自己正直的思想品德行事是正，糾正別人不正的行為是直，把這三者合為一體是仁。照這樣做，神靈就聽從你，降給你大福。讓韓起為卿，不也是可以的嗎？」十月初九日，讓韓起去朝見晉君，韓獻子就告老退職。晉悼公認為韓無忌仁德，讓他做首席公族大夫。

衛國的孫文子來魯國聘問，同時答謝季武子聘問衛國的話，重溫以前孫桓子和魯國結盟的友好關係。行聘禮時，魯襄公登上殿階一級，孫文子同時登上一級。當時魯卿叔孫穆子主持禮儀，就快步走上去說：「諸侯會見時，我們國君從來沒有走在衛君的後面。現在您不走在我們國君後面，我們國君不知有什麼過錯，希望您稍停一步！」孫文子沒有話說，也沒有悔改的面色。穆叔說：「孫文子必定會滅亡。做下臣而如做國君一般，與魯君相並行，有了過錯又不悔改，這是滅亡的根源。《詩經》說：『退朝回家吃飯，從容自得。』說的是小心順從國君的人。專橫而又自得，不思後患，就必然毀折。」

楚國令尹子囊帶兵圍攻陳國。晉悼公、魯襄公、宋平公、陳哀公、衛獻公、曹成公、莒子、邾子在鄬地相會，商量救援陳國。

鄭僖公在做太子的時候，在魯成公十六年和大夫子罕同去晉國，對子罕沒有禮貌。又和大夫子豐同去楚國，對子豐也沒有禮貌。到他即位的元年去晉國朝見，子豐想要向晉國控告而廢了他的君位，子罕加以勸阻。等到這次要去鄬地會見諸侯，子駟做贊禮官，他又對子駟沒有禮貌。侍者勸諫，他不聽；侍者再勸諫，他就把侍者殺了。到達鄵地，子駟派人在夜裏殺死僖公，而以急病暴死訃告諸侯。鄭簡公當時五歲，奉立為國君。

陳國人為楚軍圍攻而擔憂。執政大夫慶虎、慶寅私通楚國人，說：「我們派公子黃前來，你們逮住他。」楚國人聽從了。二慶又派人到諸侯相會處報告陳哀公，說：「楚國人逮住公子黃了。國君如果不回來，羣臣不忍心國家宗廟被楚滅亡，恐怕會有其他圖謀。」於是陳哀公就逃會回國。

【說　明】襄公五年傳楚子囊伐陳，今年楚又圍陳，陳人擔憂。十二月晉悼公召集七國諸侯於鄬地相會，以謀救陳。但陳國二慶私通楚人，用計使楚拘捕陳哀公弟公子黃，以誘騙陳哀公逃會回國，使諸侯相會以救陳的計畫遭到失敗。陳國必然降楚。陳從晉，鄭可以陳為屏障；陳降楚，鄭國就成為晉楚相爭的戰場。而鄭僖公是個昏庸之君，對國勢之安危漠然不知，又傲慢無禮，在去鄬地與諸侯相會的途中，濫殺進諫的侍從而招致眾怒，執政大夫子駟就把他殺了，而立五歲的鄭簡公為君。但羣大夫又為從晉從楚爭吵不和，鄭國面臨新的危機。

衛卿孫文子聘魯，好像國君一般，不知禮儀。衛定公時，他就仗恃晉國而與衛侯抗衡，以致君臣相惡（見成公七年、十四年傳），此時衛獻公在位，其專橫之狀更可想見。專橫而洋洋自得，必致敗亡。「過而不悛，亡之本也。」為後傳衛國內亂張本。

晉國韓厥告老，其次子韓起韓宣子繼卿位，政局較穩定。韓厥及韓宣子都是晉國名臣。

八年

丙申，西元前五六五年。周靈王七年、齊靈公十七年、晉悼公九年、秦景公十二年、楚共王二十六年、宋平公十一年、衛獻公十二年、陳哀公四年、蔡景公二十七年、曹成公十三年、鄭簡公嘉元年、燕武公九年、許靈公二十七年、吳壽夢二十一年。

經 八年春王正月，公如晉。

夏，葬鄭僖公。

鄭人侵蔡，獲蔡公子燮。

季孫宿會晉侯、鄭伯、齊人、宋人、衛人、邾人于邢丘。

公至自晉。

莒人伐我東鄙。

秋九月，大雩。

冬，楚公子貞帥師伐鄭。

晉侯使士匄來聘。

傳 八年春，公如晉朝，且聽朝聘之數❶。

鄭羣公子以僖公之死也，謀子駟❷。子駟先之。夏四月庚辰❸，辟殺❹子狐、子熙、子侯、子丁。孫擊、孫惡❺出奔衛。

庚寅❻，鄭子國❼、子耳❽侵蔡，獲蔡司馬公子燮❾。鄭人皆喜，唯子產不順❿，曰：「小國無文德而有武功，禍莫大焉。楚人來討，能勿從乎？從之，晉師必至。晉楚伐鄭，自今鄭國不四、五年，弗得寧矣。」子國怒之曰：「爾何知？國有大命⓫，而有正卿⓬，童子言焉，將為戮矣！」

五月甲辰⓭，會于邢丘⓮，以命朝聘之數，使諸侯之大夫聽命。季孫宿、齊高厚、宋向戌、衛甯殖、邾大夫會之。鄭伯獻捷于會⓯，故親聽命。大夫不書⓰，尊晉侯也。

莒人伐我東鄙，以疆鄫田⓱。

秋九月，大雩⓲，旱也。

冬，楚子囊⓳伐鄭，討其侵蔡也。子駟、子國、子耳欲從楚，子孔⓴、子蟜㉑、子展㉒欲待晉。子駟曰：「〈周詩〉有之曰：『俟河之清，人壽幾何？兆云詢多，職競作羅。』㉓謀之多族，民之多違，事滋無成㉔。民急矣，姑從楚以紓㉕吾民。晉師至，吾又從之。敬共㉖幣帛，以待來者，小國之道也。犧牲玉帛，待于二竟㉗，以待彊者，而庇民焉。寇不為害，民不罷病㉘，不亦可乎？」子展曰：「小所以事大，信也。小國無信，兵亂日至，亡無日矣。五會之信㉙，今將背之，雖楚救我，將安用之？親我無成，鄙我是欲㉚，不可從也。不如待晉。晉君方明，四軍無闕，八卿和睦㉛，必不棄鄭。楚師遼遠，糧食將盡，必將速歸，何患焉？舍之聞之：杖莫如信㉜，完守以老楚㉝，杖信以待晉，不亦可乎？」子駟曰：「《詩》云：『謀夫孔多，是用不集。發言盈庭，誰敢執其咎？如匪行邁謀，是用不得于道㉞。』請從楚，騑也受其咎㉟。」

乃及楚平。使王子伯駢㊱告于晉曰：「君命敝邑，修而車賦㊲，儆而師徒㊳，以討亂略㊴。蔡人不從，敝邑之人，不敢寧處，悉索敝賦㊵，以討于蔡，獲司馬燮，獻于邢丘。今楚來討曰：『女何故稱兵于蔡？』焚我郊保㊶，馮陵㊷我城郭，敝邑之眾，夫婦男女，不遑啟處㊸，以相救也。翦焉傾覆㊹，無所控告。民死亡者，非其父兄，即其子弟。夫人㊺愁痛，不知所庇。民知窮困，而受盟于楚，孤也與其二三臣不能禁止，不敢不告。」知武子㊻使行人㊼子員對之曰：「君有楚命(48)，亦不使一介行李(49)告于寡君，而即安于楚。君之所欲也，誰敢違君？寡君將帥諸侯以見于城下。唯君圖之。」

晉范宣子(50)來聘，且拜公之辱(51)，告將用師于鄭。公享之(52)，宣子賦〈摽有梅〉(53)。季武子(54)曰：「誰敢哉(55)？今譬于草木，寡君在君，君之臭味也(56)。歡以承命，何時之有(57)？」武子賦〈角弓〉(58)。賓將出，武子賦〈彤弓〉(59)。宣子曰：「城濮之役(60)，我先君文公獻功于衡雍，受彤弓于襄王，以為子孫藏。匄也，先君守官之嗣(61)也，敢不承命？」君子以為知禮。

【注釋】❶聽朝聘之數　謂聽取晉國命令，諸侯去朝聘時要貢獻財幣的數目。❷謀子駟　謀害子駟。子駟，即公子騑，鄭穆公子，時為正卿，執國政。去年殺鄭僖公。下文自稱其名「騑」。❸庚辰　十二日。❹辟殺　藉口有罪而殺之。辟，罪。❺孫擊孫惡　杜注謂二孫為子狐之子。❻庚寅　四月二十二日。❼子國　即公子發，官司馬，鄭六卿之一。為鄭穆公子。❽子耳　即公孫輒，鄭穆公之孫，子良之子。❾公子燮　蔡莊公之子。❿唯子產不順　只有子產不附和說好。子產，子國之子，鄭穆公之孫，又稱公孫僑，為春秋名臣，死於魯昭公二十年，距此四十四年，此時或僅十餘歲，故其父稱其為「童子」。不順，不附和。⓫大命　出兵之命。杜注：「大命，起師行軍之命。」《荀子·臣道》：「國有大命，不可以告人。」⓬正卿　卿大夫之首，掌國政。指子駟。⓭甲辰　初七日。⓮會于邢丘　經文云：「季孫宿會晉侯、鄭伯、齊人、宋人、衛人、邾人于邢丘。」季孫宿，即魯卿季武子。鄭伯，即鄭簡公。齊人，指齊上卿高厚。宋人，宋卿向戌。衛人，指衛卿甯殖。邾人，指邾大夫。邢丘，在今河南省溫縣東二十里之平皋故城。⓯獻捷于會　到會進獻侵蔡所獲的戰俘。鄭簡公時僅六歲，當是子駟主其事。⓰大夫不書　指《春秋》經文只稱齊人、宋人、衛人，不記高厚、向戌、甯殖等大夫的名字。此大夫是廣義的大夫，指卿。⓱以疆鄫田　以劃定鄫國土地的疆界。疆，用作動詞。襄公六年，莒滅鄫，今年劃定其疆界。⓲雩　祭祀求雨。雩而無雨，成災，故下云「旱也」。⑲子囊　楚令尹，即公子貞，楚莊王子，楚共王弟。⑳子孔　即公子嘉，鄭穆公之子。㉑子蟜　即公孫蠆，鄭穆公之孫，子游之子。㉒子展　即公孫舍之，鄭穆公之孫，子罕之子。下文自稱其名「舍之」。㉓周詩有之曰五句　此為逸詩，不見今《詩經》，句意謂等到黃河澄清，人的壽命能有多少年？卜問太多，謀議太多，就等於自結網羅，反沒了主張。兆，卜。云，句中語助詞。詢，謀。職，當；等於。競，語助詞。㉔謀之多族三句　同更多的人商量，主意一多，人們就多不順從，事情就更難成功。滋，益；更加。此語表明子駟要自行專斷。㉕紓　緩解。㉖共　同「供」。㉗犧牲玉帛二句　牛羊玉帛等財貨放在晉、楚二國人鄭的邊境上等著。犧牲，泛指牛羊豬等可作祭牲的物品。竟，同「境」。㉘罷病　疲憊，困苦。罷，通「疲」。㉙五會之信　鄭國五次與晉國會盟的信誓。指襄公三年會盟於雞澤，五年會盟於戚，又會於城棣，七年會於鄬，今年會於邢丘。㉚親我無成二句　楚國親近我國不會有好結果，他們只想把我國作他的邊邑。成，終；成果。鄙我，以我為其邊邑，即滅亡我。「鄙我」為「欲」的賓語前置，加代詞「是」複指。鄙，邊邑。用作意動。㉛四軍無闕二句　晉國有中、上、下、新四軍，卒乘軍備完好無缺；四軍各有將、佐，共八卿，互相和睦團結。闕，同「缺」。據下年傳，八卿指荀罃、士匄、荀偃、韓起、欒黶、士魴、趙武、魏絳。㉜杖莫如信　能仗恃的東西沒有比守信用更好的了。守信最可仗恃。㉝完守以老楚　完善防守，使楚軍疲憊，士氣衰落。完，堅固。老，士氣衰落，無鬥志。用作使動詞。㉞詩云七句　見《詩經·小雅·小旻》，意謂出主意的人很多，因此辦不成事；說話的人擠滿朝廷，誰敢承擔罪過？如同一個人一邊走路一邊與路人商量，因此一無所得，連路也找不到了。孔，甚。是用，是以；因此。集，成。咎，罪。匪，通「彼」。㉟請從楚二句　子駟本主張從晉，見襄公二年傳。今改而主張從楚，是因今年從鄭簡公獻捷於邢丘，晉人不禮待而受辱，故忿而改從楚。見襄公二十二年傳。㊱王子伯駢　鄭大夫，疑是宣公六年傳王子伯廖之子。㊲修而車賦　整修好你們的戰車。而，同「爾」。車賦，兵車。㊳儆而師徒　讓你們的士兵提高警戒。儆，同「警」。㊴亂略　不以道掠取為略。亂略義近，此指背晉的蔡國。㊵悉索敝賦　出動全部軍事力量。悉索，同義詞連用。盡。賦，軍備。㊶郊保　郊外的城堡。保，同「堡」。猶後代之土寨。㊷馮陵　聯綿詞。侵犯。馮，同「憑」。㊸不遑啟處　顧不得休息一會兒。遑，閒暇。啟處，古人席地而坐，處就是坐（跪），臀部靠在腳後跟上。啟，小跪；直腰而跪。㊹翦焉傾覆　指國家將被滅亡。翦焉，沉陷貌，作狀語。㊺夫人　杜注：「夫人，猶人人也。」《經傳釋詞》：「夫，猶凡也，眾也。」㊻知武子　即荀罃，又稱知罃，荀首之子，晉中軍帥。㊼行人　外交官。㊽君有楚命　國君被楚國討伐。楚命，楚伐鄭之命。㊾一介行李　一個外交使者。介，石經本作「个」。行李，即行人，使者。㊿范宣子　即士匄，又稱范匄，范文子士燮之子，晉中軍副帥。(51)且拜公之辱　同時拜謝魯襄公今春朝晉。(52)享之　設宴款待他。

享，同「饗」。古有享禮，有宴禮。享禮僅表恭敬，賓主不飲食。宴禮可飲食。據下文賦詩之事，可知享終即宴。見宣公十六年傳注。53摽有梅　《詩經・召南》篇名，本意是男女婚姻要及時，宣子賦詩是望魯及時出兵。摽，落。54季武子　即魯卿季孫宿，為贊禮官。此時魯襄公不過十二歲，不知禮，故由季氏應對。55誰敢哉　誰敢不及時出兵呢。56今譬于草木三句　宣子賦梅，故季武子亦以草木為喻，謂魯君之於晉君，晉君如花木，魯君不過是花木所發出的氣味而已。在，於。臭味，氣味。比喻尊崇晉君，晉與魯，猶花木之與氣味，情同一體。57何時之有　哪有誤時的。58角弓　《詩經・小雅》篇名，取意於「爾之教矣，民胥傚矣」；「兄弟婚姻，無胥遠矣」等句。胥，相。59彤弓　《詩經・小雅》篇名，〈詩序〉云：「天子錫有功諸侯。」季武子賦此詩，意在頌晉悼公繼晉文公的霸業。60城濮之役　晉楚戰於城濮，楚敗，晉文公於衡雍向周王獻戰俘，周襄王賜彤弓（漆有紅色的弓）、彤矢，命晉文公為侯伯。見僖公二十八年傳。61先君守官之嗣　先君指晉文公，守官指士匄的曾祖，為晉文公屬下官員。士匄繼承祖父范武子士會、父范文子士燮為卿，匡輔晉悼公，故云「先君守官之嗣」。

【語　譯】魯襄公八年春季，魯襄公到晉國去朝見晉悼公，同時聽取命令：朝聘時要向晉貢獻財幣的數目。

鄭國的公子們由於鄭僖公的死，謀劃要殺害子駟。子駟先下手。夏季四月十二日，藉口有罪名，殺死子狐、子熙、子侯、子丁。孫擊、孫惡二人逃亡到衛國。

四月二十二日，鄭國卿大夫子國、子耳領兵入侵蔡國，俘虜了蔡國司馬公子燮。鄭國人都高興，唯獨子產不隨聲附和，說：「小國沒有文治德政，卻有了武功，沒有比這禍患再大的了。楚國人來討伐，能夠不順從他們嗎？順從楚國，晉軍又必然來討伐。晉、楚兩國交相伐鄭，從現在起，鄭國至少四、五年內不得安寧了。」他的父親子國對他發怒說：「你知道什麼？國家有出兵的命令，而且有執政的正卿在掌權。小孩子胡說八道，要殺頭的！」

五月初七日，晉悼公和魯國季孫宿、鄭簡公、齊國大夫、宋國大夫、衛國大夫、邾國大夫在邢丘會見，晉國提出朝聘時應送的財幣數目，讓諸侯國的大夫聽從這命令。魯國季孫宿、齊國高厚、宋國向戌、衛國甯殖、邾國大夫參加會見。鄭簡公在會上奉獻攻打蔡國獲得的戰利品，所以親自聽取晉國的命令。《春秋》不記載高厚等大夫的名字，是為了表示尊崇晉悼公。

莒國人攻打魯國東部邊境，以劃定被他滅亡的鄫國田地的疆界。

秋季九月，魯國大舉祭祀求雨，仍沒下雨，造成旱災。

冬季，楚國令尹子囊領兵進攻鄭國，是討伐鄭國人侵蔡國。鄭國的子駟、子國、子耳要順從楚國，子孔、子蟜、子展要等待晉國來救援。子駟說：「〈周詩〉有這樣的話：『要等黃河變清，人的壽命能有多少？占卜太多，主意太多，等於自結羅網，反而沒了主張。』跟多人商量，人們反而多不順從，事情更難成功。現在百姓危急了，姑且順從楚國，以緩解百姓的苦難。晉軍如再打來，我們又再順從他。恭敬地供給財幣貨物，侍奉來入侵的大國，這是小國所能做的。把犧牲玉帛放在晉楚二國入鄭的邊境上，以等待強大的國家而保護百姓。這樣來犯的敵人不致成為禍害，百姓不疲勞困苦，不也是可行的辦法嗎？」子展反對說：「小國事奉大國的辦法，就是守信用。小國如沒有信用，戰爭和禍亂會天天到來，滅亡就沒有多少時日了。鄭國同晉國五次會盟的誓約，如今將要背棄，即使楚國救援我們，那還有什麼用？楚國親近我國不會有好結果，他們只想把我國變成他的邊邑，所以不能順從楚國。不如等晉國來救援。晉國君主正當賢明，四個軍的軍備完好無缺，八個將帥和睦團結，必然不會丟棄鄭國。楚軍離本國遙遠，糧食將要吃完了，必定會很快退兵回去，怕什麼呢？我聽說：可以仗恃的東西就是守信用。我們堅固防守來使楚軍疲憊，仗恃信用以待晉軍，不也是可以的嗎？」子駟說：「《詩經》說：『出主意的人太多，因此事情辦不成。發表意見的人擠滿廳院，可誰敢承擔罪責？好像一個人一邊走路一邊和路人商量，因此一無所得。』請大家順從楚國，我來承擔罪責。」

於是鄭國和楚國講和，同時派王子伯駢到晉國去報告說：「國君命令敝國：整修好你們的兵車，使你們的車兵步卒提高戒備，以討伐動亂的蔡國。蔡國人不順從，敝國的百姓不敢貪圖安逸，出動我國全部軍隊，去討伐蔡國，俘虜了蔡國司馬公子燮，獻給邢丘的盟會。現在楚國來討伐我們，說：『你們為什麼對蔡國用兵？』焚燒我郊外的城堡，侵犯我都城。敝國的眾百姓，夫婦男女，顧不得休息一會兒，急忙互相救援。國家將要傾覆，沒有地方可以控訴。百姓死去的逃亡的，不是父兄，就是子弟。人人愁苦悲痛，不知到哪裏可以得到庇護。百姓知道已經走投無路，只好接受楚國的盟約。我和臣子們不能禁止，不敢不報告。」知武子荀罃派外交使者子員對他說：「你們國君受到楚國討伐，也不派一個使者來報告我們國君，卻立即向楚國屈服。你們國君想要這樣做，誰敢違抗？我們國君將率領諸侯和你們在城下相見，請國君謀劃吧！」

晉國的范宣子士匄來魯國聘問，同時答謝魯襄公今春朝見晉君，告知將對鄭國用兵。襄公設宴禮招待他。范宣子賦誦〈摽有梅〉這首詩，季武子就回答說：「誰敢不及時出兵呢？現在用草木作譬喻，我們國君之於晉君，晉君如花木，我們國君不過是草木發出的氣味而已！高興地接受命令，哪有誤時的？」接著季武子誦〈角弓〉這首詩，表示要緊跟晉國，為之效勞。客人范宣子將退出殿堂時，季武子又朗誦〈彤弓〉這首詩，祝頌晉悼公繼續晉文公的霸業。范宣子說：「城濮戰役後，我先君晉文公在衡雍向周王進獻戰俘，周襄王賞賜彤弓，晉文公把它作為子孫的寶藏。我士匄是先君官員的後嗣，豈敢不接受命令，匡輔晉君？」君子認為范宣子懂得禮儀。

【說　明】去年鄭僖公被大臣子駟所殺，今年羣公子相殘而不致力於治理內政。公族子國、子耳還領兵入侵蔡國，又獻俘於邢丘之會，招致楚國伐鄭。面對強楚的進攻，鄭內部又出現了「從楚」、「待晉」兩派意見的紛爭，而正卿子駟為人強橫專斷，又與宣公十一年傳之公子去疾一樣，採取無原則的外交立場，決意從楚求和。又怕晉國問罪，便主動派使者到晉國解釋，推諉於百姓走投無路，只得「受盟于楚」。但晉國並不原諒鄭國背叛「五會之信」，將會同諸侯，用兵征討。范宣子聘魯，就是要魯國出兵伐鄭的。鄭國將再次成為晉楚爭霸的戰場。

在此事件中，公孫僑子產雖還是童子，尚未成年，卻表現得超羣不凡，具有遠見卓識。他看到侵蔡獲勝並非好事，只會導致晉楚交兵伐鄭，鄭國百姓從此將不得安居。日後子產為政，寬猛兼濟，事大國以禮而不苟徇其欲，使鄭國內外安定，諸侯敬畏。這決不是偶然的，而是紛繁複雜的鬥爭時勢所使然。

九　年

丁酉，西元前五六四年。周靈王八年、齊靈公十八年、晉悼公十年、秦景公十三年、楚共王二十七年、宋平公十二年、衛獻公十三年、陳哀公五年、蔡景公二十八年、曹成公十四年、鄭簡公二年、燕武公十年、許靈公二十八年、吳壽夢二十二年。

經 九年春，宋災。

夏，季孫宿如晉。

五月辛酉，夫人姜氏薨。

秋八月癸未，葬我小君穆姜。

冬，公會晉侯、宋公、衛伯、曹伯、莒子、邾子、滕子、薛伯、杞伯、小邾子、齊世子光伐鄭。十有二月己亥，同盟于戲。

楚子伐鄭。

傳 九年春，宋災❶，樂喜❷為司城以為政，使伯氏司里❸。火所未至，徹小屋，塗大屋❹，陳畚挶，具綆缶，備水器❺，量輕重❻，蓄水潦❼，積土塗❽，巡丈城❾，繕守備，表火道❿。使華臣具正徒⓫，令隧正納郊保⓬，奔火所。使華閱討右官，官庀其司⓭。向戌討左，亦如之⓮。使樂遄庀刑器⓯，亦如之。使皇鄖命校正出馬⓰，工正⓱出車，備甲兵，庀武守⓲。使西鉏吾庀府守⓳，令司宮、巷伯儆宮⓴。二師今四卿正敬享㉑，祝宗用馬于四墉㉒，祀盤庚㉓于西門之外。

晉侯問于士弱㉔曰：「吾聞之，宋災，于是乎知有天道㉕，何故？」對曰：「古之火正㉖，或食于心，或食于咮，以出內火㉗。是故咮為鶉火，心為大火㉘。陶唐氏㉙之火正閼伯㉚，居商丘，祀大火，而火紀時焉㉛。相土因之㉜，故商主大火㉝。商人閱其禍敗之釁，必始于火㉞，是以日知其有天道㉟也。」公曰：「可必乎？」對曰：「在道㊱，國亂無象，不可知也。」

夏，季武子㊲如晉，報宣子㊳之聘也。

穆姜㊴薨于東宮。始往而筮之，遇〈艮〉䷳之八㊵，史曰：「是謂〈艮〉之〈隨〉䷐，〈隨〉，其出也㊶，君必速出。」姜曰：「亡㊷。是于《周易》曰：『〈隨〉，元亨利貞，无咎㊸。』元，體之長㊹也。亨，嘉之會㊺也。利，義之和㊻也。貞，事之幹㊼也。體仁足以長人㊽，嘉德足以合禮㊾，利物足以和義㊿，貞固足以幹事(51)。然，故不可誣也(52)，是以雖〈隨〉，无咎。今我婦人而與于亂，固在下位，而有不仁(53)，不可謂元(54)。不靖國家，不可謂亨。作而害身，不可謂利。弃位而姣(55)，不可謂貞。有四德者，〈隨〉而无咎。我皆無之，豈〈隨〉也哉(56)？我則取惡，能无咎乎？必死于此，弗得出矣。」

【注釋】❶宋災　宋國都城發生火災。宣公十六年傳云：「人火曰火，天火曰災。」不知火起原因，就歸之為天火。❷樂喜　宋戴公後裔，樂氏名喜，字子罕，官司城，即司空，主管土木建築（見襄公六年傳）。宋以右師為六卿之首，司城居第五位，因樂喜賢而有才，故讓他主持國政。❸使伯氏司里　下文凡言「使」皆樂喜使之。伯氏，宋大夫，管理城內街巷。❹火所未至三句　火沒有燒到的地方，拆除小屋，留出空地以隔火，大屋塗上泥土，使火不易燒著。❺陳畚挶三句　畚，盛土的器具，用草繩編成。挶，運土的器具，以二木穿畚之兩耳，二人抬之運土。綆，汲水用的井繩。缶，打水用的瓦罐。水器，指各種盛水之器。❻量輕重　估計各人力量大小，分配或輕或重的任務。❼潦　積水。❽塗　泥土。❾巡丈城　巡視城郭四周。丈城是一個詞。❿表火道　標明火燒的趨向及火至之處，使人趨救或避火。以上十二句之事皆使伯氏主持。⓫使華臣具正徒　華臣，宋戴公後裔，華元之子，官司徒，主管民政徒役。具正徒，調集常備兵。供常役之徒稱正徒，每家不超過一人。⓬令隧正納郊保　華臣命隧正把遠郊城堡的士兵送入國都救火。下文凡言「令」皆其長官命之。隧正，一遂之長，又稱遂人。都城之外的行政區曰郊，郊之外的行政區曰遂，即今遠郊區。納，入。使動用法。保，同「堡」。小城堡，類似土寨。⓭使華閱討右官二句　華閱，華元之子，嗣華元為右師。討，督促。右官，右師的屬官。官庀其司，右官各盡其職責。庀，治理；具備。司，職。⓮向戌討左二句　使向戌督促左師的官屬，各盡職責，如同華閱一樣。向戌，宋桓公的後裔，時為左師，位次右師，居六卿第二位。⓯使樂遄庀刑器　使樂遄準備好刑具。這是準備對大火中犯法的人給以懲罰。樂遄，宋戴公後裔，官司寇，掌司法刑獄。⓰使皇鄖命校正出馬　皇鄖，宋戴公之子皇父充石的後代（皇父見文公十一年傳），官司馬，掌軍政。校正，司馬屬官，主管馬匹。⓱工正　司馬屬官，主管兵車。⓲庀武守　保護好武器庫。庀，同「庇」。保護。⓳使西鉏吾庀府守　西鉏吾，官太宰。府守，府庫守藏，即國庫，財物典策的藏所。⓴令司宮巷伯儆宮　司宮，太宰屬官，宮內奄人之長，如清代之總管太監。巷伯，主管宮中里巷門戶的奄人（太監）。《詩經・巷伯》可證。儆，同「警」。戒備，防內宮有亂。㉑二師令四鄉正敬享　二師指右師、左師。鄉正，即鄉大夫，一鄉之長。宋都有四鄉，每鄉一鄉正。享，祀。國有天災，四鄉遍祀社稷神靈。㉒祝宗用馬于四墉　祝宗殺馬祭祀四城。祝宗，祝史之長，主管祭祀。古代祈禱禳災皆以馬為祭牲。墉，城。用馬祭四墉是城隍神之濫觴。㉓盤庚　殷商十世第十九君，宋以之為遠祖。盤庚遷都於殷（今河南省安陽市安陽河北之殷墟），在宋都（今商丘市）之西北，故祀之於宋都西門之外。㉔士弱　晉大夫，士貞伯（士渥濁）之子，士會之孫。㉕天道　自然界運行的規律。㉖火正　官名，職掌祭火星（此火星指行星），行火政，負責處理火災等事務。古代五行各有「正」。㉗或食于心三句　意謂祭火星時，或配祭心宿，或配祭柳宿，因為火星運行在這二宿之間。食，配食；陪祭。心，心宿，二十八宿之一，有三星，屬天蝎座，其二為主星，色紅似火。咮，柳宿，二十八宿之一，有八星，屬長蛇座。《爾雅・釋天》：「咮，謂之柳。」出內，出納；出入。出內火，指火星出入於此二宿。此火指行星之火星。㉘是故咮為鶉火二句　因此緣故，咮宿又名鶉火，心宿又名大火。心宿三星中最亮的主星亦稱大火，是恆星，是夏夜星空中主要的亮星之一。㉙陶唐氏　即唐堯，上古五帝之一。㉚閼伯　相傳為高辛氏帝嚳的後代，居於今河南省商丘市西南之閼臺。㉛而火紀時焉　用大火星的運行軌跡來確定時節。這是上古紀時之法，稱火星紀時。如夏曆正月黃昏時大火星見於東方，夏曆六月大火星在正南方，位置最高，到七月就偏西向下，故古人視其移動之跡而定時節。㉜相土因之　商湯的先祖名相土，繼任火正。因，繼。㉝商主大火　殷商主祭大火星。主，用作動詞。㉞商人閱其禍敗之釁二句　殷商人考察禍敗的預兆，是從「火」開始的。閱，察。釁，預兆；徵象。火，上承「大火」，此火當指大火星；從上文「宋災」看，火又指火災，即火災是禍敗的預兆。㉟是以日知其有天道　因此過去宋人自認為已掌握了天道。宋國為殷商之後。日，往日。㊱在道　在於人道。國家治亂在於人，上天不示預兆。即火災是預兆的說法不可信，故下言「國亂無象，不可知也」。㊲季武子　即魯卿季孫宿，季文子之子。㊳宣子　范宣子，即晉卿士匄，又稱范匄，范文子之子，時為晉中軍副帥。宣子聘魯見襄公八年傳。㊴穆姜　魯宣公夫人，成公母，襄公祖母，因與宣伯通姦淫亂，欲廢成公（見成公十六年傳），亂國政，被迫囚居東宮。此東宮為別宮名，非太子之宮。㊵遇艮䷳之八　得到〈艮〉卦變八。〈艮〉卦五爻皆變，唯從下數第二爻不變，即變成〈隨〉卦䷐。故下云「是謂〈艮〉之〈隨〉」。〈艮〉卦是艮下艮上，〈隨〉卦是震下兌上。卦是古代占卜用的符號，以八卦為基本，相組合為六十四卦。占筮變為他卦，則曰「遇某之某」，用以說明事物的矛盾和轉化。㊶隨其出也　意謂〈隨〉卦，是隨人而出走的卦象。㊷亡　通「無」。意謂不用出東宮。㊸是于周易曰四句　此隨卦在《周易》中的卦辭說：「〈隨〉，元、亨、利、貞，无咎。」咎，災禍。㊹元體之長　元，是身體之首。元，首。引申指國家元首。㊺亨嘉之會　宴享之禮是與嘉賓相會。亨，即「享」。㊻利義之和　公利是道義的總和。古人以行公利為義。㊼貞事之幹　貞信是辦事成功的根本條件。幹，同「榦」。主榦；根本。㊽體仁足以長人　體現仁義，就足以做人們的首長。長，用作動詞。㊾合禮　協和禮儀。合，洽；協和。㊿利物足以和義　有利於人就是義的總體表現。物，指人。(51)貞固足以幹事　貞信堅定，足以辦成事情。以上八句後採入《易經・乾・文言》。(52)然故不可誣也　如此四德，本來是不可欺騙人的。故，同「固」。誣，欺。(53)固在下位二句　古代男尊女卑，故穆姜自言本在下位。有，同「又」。而又不仁，指亂魯政、威逼成公。(54)不可謂元　不能為一國元首，即不能算是太后。(55)弃位而姣　背棄太后本位而修飾打扮得姣美。(56)豈隨也哉　難道能如〈隨〉卦「無咎」嗎。

【語　譯】魯襄公九年春季，宋國都城發生火災。樂喜任司城而主持國政，就派伯氏管理城內街巷。火沒有燒到的地方就拆除小屋，大屋塗上泥土；擺好盛土和運土的器具，準備好汲水的繩子和瓦罐，以及盛水的器具；估量人力的大小，分配或輕或重的任務。儲備積水，堆積泥土，巡查城郭，修繕防守用具，標明火的趨向。又命令司徒華臣調集常備的徒役，華臣又命隧正把遠郊小城堡的士兵送入國都，奔赴火場救火。命令右師華閱督責官屬，各盡職責。命令向戌督責左師的官屬，也同華閱一樣，各守職責。命令司寇樂遄準備好刑具，也同華閱一樣。讓司馬皇鄖命令校正送出馬匹，工正推出戰車，準備好武器，守護好武器庫。命太宰西鉏吾守護好國庫的物資，太宰又命令司宮、巷伯在內宮警戒。左師、右師命令四個鄉正祭祀四鄉的神靈，祝宗殺馬祭祀四城的神靈，在宋都西門外祭祀先祖盤庚。

晉悼公向大夫士弱詢問說：「我聽說，宋國遭了火災，於是知道有天道，為什麼？」士弱回答說：「古代的火正，祭祀火星時或者配祭心宿，或者配祭柳宿，是因為火星在這兩個星宿間運行出入。所以柳宿又稱鶉火，心宿又稱大火。陶唐氏的火正閼伯住在商丘，祭祀大火星，用大火星移動的軌跡來確定時節。相土繼承閼伯的職務，所以商代以大火星為祭祀的主星。商代人觀察他們禍敗的預兆，必定是從火星開始的，因此在過去自認為已掌握了天道。」晉悼公說：「靠得住嗎？」士弱回答說：「治亂禍敗在於人道。國家動亂上天沒有跡象顯示的，是不可預知的。」

夏季，魯卿季武子到晉國去，答謝范宣子去年對魯國的聘問。

魯襄公祖母穆姜在東宮死去。剛住進去時，她占筮，得到〈艮〉卦䷳變為八。太史說：「這就叫〈艮〉卦變為〈隨〉卦䷐。〈隨〉，是隨人出走的徵象，您定要趕緊出東宮。」穆姜說：「不用出去。這卦象在《周易》裏說：『〈隨〉，元、亨、利、貞，沒有災禍。』元，是軀體的頭；亨，是與嘉賓相會；利，是道義的總和；貞，是事情的本體。體現了仁就足以做人們的領袖，嘉賓相會就足以協和禮儀，有利於人就足以總和道義，貞信堅定就足以辦好事情。如此四德，本是不能欺騙人的，因此雖然得到〈隨〉卦也沒有災禍。現在我作為婦人卻參與禍亂。本來處在下位，而又不仁義，不能說是元首。我使國家不安定，不能再有享宴。如此作為反而害了自身，不能說是利人。背棄太后的本位而修飾得姣美，不能說是貞信。有四種德行的人，得到〈隨〉卦可以沒有災禍。我沒有元亨利貞四德，怎能得〈隨〉卦而沒有災禍呢？我是自取邪惡，能沒有災禍嗎？一定死在這裏，不能再出東宮了！」

【說　明】本年傳分為兩大章，以上為第一大章。

宋國都城發生火災，司城樂喜主持國政，指揮六卿及所屬官吏各盡職守，奮力救火，戒備宮室，保護庫藏，然後四鄉四城祭祀神靈。這反映了古代救火的各種措施和組織工作，也表現了古代的禮俗。宋為殷商之後，從上古唐堯時起至於商代，都有火正之官掌火政，祭火星，故商代主祭大火星，而且商代人總結其禍敗多緣於火，認為大火星是國家禍敗的預兆，因而自以為知有天道。晉國大夫士弱卻認為「國亂無象」，國家禍敗，上天不會顯示徵象；治亂「在道」，在人事。這與荀子「治亂非天」的說法是一致的。

卜筮本是有唯心的先驗性質，不過是藉以傳達某種政治信息而已。魯宣公夫人穆姜被幽囚東宮，卜得〈艮〉卦變為〈隨〉卦。傳文借穆姜之口，不相信〈隨〉卦卦辭「無咎」之說，說她自己「元亨利貞」四德皆無，豈能沒有咎殃？故必死於東宮。「天道何親？唯德之親。」禍福實由己。穆姜囚死東宮，罪有應得。傳文讓惡人自言其惡的寫法，很有點犯罪心理學中罪人自我解剖的味道，比旁人來揭露更有說服力。

傳 秦景公使士雃乞師于楚，將以伐晉，楚子許之。子囊❶曰：「不可，當今吾不能與晉爭。晉君類能而使之❷，舉不失選❸，官不易方❹，其卿讓于善，其大夫不失守❺，其士競于教❻，其庶人力于農穡，商工皁隸不知遷業❼。韓厥老矣，知罃稟焉以為政❽。范匄少于中行偃，而上之❾，使佐中軍。韓起❿少于欒黶⓫，而欒黶、士魴⑫上之，使佐上軍。魏絳⑬多功，以趙武⑭為賢，而為之佐。君明臣忠，上讓下競。當是時也，晉不可敵，事之而後可。君其圖之。」王曰：「吾既許之矣！雖不及晉，必將出師。」秋，楚子師于武城⑮，以為秦援。秦人侵晉。晉饑，弗能報也⑯。

冬十月，諸侯伐鄭⑰。庚午⑱，季武子⑲、齊崔杼⑳、宋皇鄖㉑從荀罃、士匄，門于鄟門㉒。衛北宮括、曹人、邾人，從荀偃、韓起，門于師之梁㉓。滕人、薛人，從欒黶、士魴，門于北門。杞人、郳㉔人，從趙武、魏絳，斬行栗㉕。甲戌㉖，師于氾㉗，令于諸侯曰：「修器備，盛餱糧㉘，歸老幼，居疾于虎牢㉙，肆眚㉚，圍鄭。」鄭人恐，乃行成㉛。中行獻子曰：「遂圍之㉜，以待楚人之救也，而與之戰。不然無成。」知武子曰：「許之盟而還師，以敝㉝楚人。吾三分四軍㉞，與諸侯之銳，以逆來者，于我未病，楚不能矣，猶愈于戰㉟。暴骨以逞㊱，不可以爭，大勞未艾㊲。君子勞心，小人勞力，先王之制也。」諸侯皆不欲戰，乃許鄭成。十一月，己亥㊳，同盟于戲㊴，鄭服也。

將盟，鄭六卿㊵公子騑、公子發、公子嘉、公孫輒、公孫蠆、公孫舍之，及其大夫、門子㊶，皆從鄭伯。晉士莊子㊷為載書㊸曰：「自今日既盟之後，鄭國而㊹

不唯晉命是聽，而或有異志者，有如此盟。」公子騑趨進曰：「天禍鄭國，使介居[45]二大國之間，大國不加德音，而亂以要之[46]，使其鬼神不獲歆其禋祀[47]，其民人不獲享其土利，夫婦辛苦墊隘[48]，無所厎告[49]。自今日既盟之後，鄭國而不唯有禮與彊可以庇民者是從[50]，而敢有異志者，亦如之。」荀偃曰：「改載書。」公孫舍之曰：「昭大神要言焉[51]，若可改也，大國亦可叛也。」知武子謂獻子曰：「我實不德，而要人以盟，豈禮也哉？非禮何以主盟？姑盟而退，修德息師而來，終必獲鄭，何必今日？我之不德，民將棄我，豈唯鄭？若能休和，遠人將至，何恃于鄭？」乃盟而還。

晉人不得志于鄭，以諸侯復伐之。十二月癸亥[52]，門其三門[53]。閏月戊寅[54]，濟于陰阪[55]，侵鄭。次于陰口而還。子孔曰：「晉師可擊也，師老而勞，且有歸志，必大克之。」子展曰：「不可。」

公送晉侯，晉侯以公宴于河上，問公年。季武子對曰：「會于沙隨之歲[56]，寡君以生。」晉侯曰：「十二年矣，是謂一終，一星終也[57]。國君十五而生子，冠而生子，禮也[58]。君可以冠矣。大夫盍為冠具？」武子對曰：「君冠，必以祼享之禮[59]行之，以金石之樂節之[60]，以先君之祧處之[61]。今寡君在行，未可具也，請及兄弟之國，而假備[62]焉。」晉侯曰：「諾。」公還及衛，冠于成公之廟[63]，假鐘磬焉，禮也。

楚子伐鄭。子駟將及楚平，子孔、子蟜曰：「與大國盟，口血未乾[64]而背之，可乎？」子駟、子展曰：「吾盟固云『唯彊是從』，今楚師至，晉不我救，則楚彊矣。盟誓之言，豈敢背之？且要盟無質[65]，神弗臨也。所臨唯信，信者，言之瑞也[66]，善之主也，是故臨之。明神不蠲要盟[67]，背之，可也。」乃及楚平。公子罷戎入盟[68]，同盟于中分[69]。楚莊夫人[70]卒，王未能定鄭而歸。

晉侯歸，謀所以息民。魏絳請施舍，輸積聚以貸[71]。自公以下，苟有積者盡出之。國無滯積，亦無困人；公無禁利[72]，亦無貪民。祈以幣更，賓以特牲[73]，器用不作，車服從給[74]。行之期年，國乃有節[75]，三駕[76]而楚不能與爭。

【注釋】❶子囊　楚國令尹，又稱公子貞，楚莊王子，楚共王弟。❷類能而使之　按人的能力、專長分別使用。類，分類。❸舉不失選　舉拔人才沒有選用不當的。❹官不易方　官員不擅自改變政策法令。❺失守　失職。❻競于教　努力教育百姓。競，強；努力。❼商工皁隸句　商賈、技工、役夫、奴僕不想改變職業，即各安其業。皁，皂；古代奴隸中的一個等級。❽韓厥老矣二句　韓厥年老退職，知罃恭敬地接替他來執政。知罃，即荀罃，下文稱知武子，荀首之子，將中軍，執國政。知（智）氏與韓、趙、魏為晉國四大氏族。稟，敬。❾范匄二句　范匄比中行偃年輕，而中行偃讓他的職位在自己之上。范匄，即范宣子、士匄。中行偃，即荀偃，下文又稱中行獻子，荀庚子，荀林父之孫。魯成公十六年時，荀偃已任上軍佐（副帥），而范匄尚未為卿，今荀偃任上軍帥，讓范匄為中軍副帥，位於己上。王引之《述聞》謂「而」字下脫「中行偃」三字。⑩韓起　即韓宣子，韓厥次子，使任上軍佐。⑪欒黶　欒書之子，本宜任上軍佐，因謙讓韓起，自任下軍將。⑫士魴　士會之子，又稱彘季，魯成公十八年時為卿，本宜為上軍佐，讓韓起而自任下軍佐。⑬魏絳　魏犨之子，又稱魏莊子，魯襄公三年為晉卿，本宜為新軍帥而讓趙武，自任新軍佐。⑭趙武　趙朔之子，趙盾之孫，時為新軍帥。⑮師于武城　師，動詞。駐軍。武城，楚邑，在今河南省南陽市北。⑯晉饑二句　晉國發生饑荒，不能報復秦國。明年晉始伐秦。⑰冬十月二句　經文云：「冬，公會晉侯、宋公、衛侯、曹伯、莒子、邾子、滕子、薛伯、杞伯、小邾子、齊世子光伐鄭。」十二諸侯國伐鄭，以晉為主。⑱庚午　十月十一日。⑲季武子　魯卿季孫宿。⑳崔杼　齊國大夫。㉑皇鄖　宋國司馬。㉒門于鄟門　攻打鄭都的鄟門。上「門」字，動詞。攻打城門。鄟門，鄭都東門名。此魯、齊、宋軍隨晉中軍攻鄭東門。㉓師之梁　鄭都西門名。此衛、曹、邾軍隨晉上軍攻鄭西門。㉔郳　即經文之「小邾」，國名，其地在今山東省滕州市東。㉕行栗　道路兩旁的栗樹。斬去栗樹，或以開路，或以為器材。㉖甲戌　十月十五日。㉗氾　其地在今河南省中牟縣西南，有東氾水流經其地。㉘盛餱糧　裝好乾糧。㉙居疾于虎牢　讓患病的人居於虎牢。虎牢，在今河南省滎陽市汜水鎮。晉與諸侯築城虎牢，事見襄公二年傳。㉚肆眚　赦免有過錯的人。肆，緩；免。眚，小過錯。㉛行成　求和。㉜遂圍之　對鄭城實施圍攻。上文只命令圍攻。遂，辦成；做到。㉝敝　疲憊；困乏。用作使動。㉞三分四軍　把晉國四個軍分為三部分，一部分作戰，兩部分休息，輪番攻打，以免困乏。㉟猶愈于戰　這比合圍鄭都，待楚軍來決戰的辦法好。㊱暴骨以逞　曝露白骨以圖一時快意，這不是和敵人爭勝的辦法。意謂爭勝不在於力戰，而在智取，以少犧牲為好。㊲大勞未艾　大戰還沒到來，此刻要止息蓄力。艾，止息。㊳己亥　十一月十日。經文作十二月己亥，誤。十二月無己亥。㊴同盟于戲　據經文，是十二諸侯國與鄭國結盟。戲，即成公十七年傳之戲童，在今河南省登封縣嵩山北。㊵鄭六卿　傳文書六人之名，其字即子駟、子國、子孔、子耳、子蟜、子展。見襄公八年傳注。㊶門子　卿的嫡子。㊷士莊子　即士弱，士渥濁之子，士會之孫，謚莊。㊸載書　盟書。古時為盟，先讀盟書，歃血誓盟，後掘地為坎，加牲，加載書於牲上而埋之。㊹而　如；如果。㊺介居　間居；夾在。㊻而亂以要之　反而用戰亂來要挾我們。要，要挾；威脅。下文「要人以盟」、「要盟無質」同。㊼歆其禋祀　享用其潔淨的祭品。歆，鬼神享用祭品的香氣。禋，潔祀。㊽墊隘　困頓，羸弱之極。㊾厎告　訴說。厎，致。㊿鄭國而不唯句　即鄭國如不唯強國是從，強國是有禮義與強大力量足以庇護我們百姓的。彊，同「強」。鄭並不專服於晉，故荀偃要改其辭。(51)昭大神要言焉　已把盟書誓言昭告神靈了。昭，明。要言，約言。指盟誓。(52)癸亥　十二月初五日。(53)門其三門　同上次一樣，攻打鄭都東、西、北三門，留南門不攻，以待楚軍來援再戰。54 閏月戊寅　杜注：「此年不得有閏月戊寅。戊寅當是十二月二十日。疑閏月當為門五日。」即攻城五日，至戊寅（二十日）。55 濟于陰阪　從陰阪渡河。陰阪，是洧水渡口，在今河南省新鄭市西，近密縣超化鎮。陰阪對岸即陰口。56 會于沙隨之歲　沙隨之會的那一年即魯成公十六年，魯襄公出生。可知襄公即位時出生僅三年，今年十二歲。57 一星終也　此句解釋「一終」。星，指木星，古謂歲星，繞行一周天為十二年，故十二年稱一星終。古人劃一周天為十二次，一年歲星行一次，用以紀年，稱歲星紀年法。至漢劉歆發現木星繞周天僅十一年又百分之八十六，不足十二年，至祖沖之計算更密，謂木星行七周天不足八十四年，尚少百分之二年。58 冠而生子二句　冠，行冠禮。動詞。行冠禮後即為成人，始能結婚生子。晉悼公言諸侯十二歲可行冠禮，十五歲可生子。《淮南子・氾論》高誘注：「國君十二歲而冠，冠而娶，十五生子，重國嗣也。」或即據此傳。唯《荀子・大略》謂「天子、諸侯子，十九而冠」，楊倞注：「先于臣下一年。」59 祼享之禮　具有祼的儀式的宴享之禮。祼，亦作「灌」。祭祀時斟酒澆地以降神的一種儀式，酒是特製的香酒，使賓客都能嗅到香氣。60 以金石之樂節之　用敲擊鐘磬演奏的音樂來表示節度。61 以先君之祧處之　要在先君的宗廟裏舉行。祧，《禮記・祭法》：「遠廟為祧。」遠祖之廟即高祖以上的廟。62 假備　借用行冠禮的用具。63 冠于成公之廟　在衛成公的神廟裏行冠禮。古人「歲初增年」，此時已是十二月二十日之後，而諸侯年十二而冠，魯襄公來不及年終前回魯，故借兄弟之國行冠禮。衛始祖為康叔，與魯始祖周公同是文王之子，武王之弟，故魯衛為兄弟之國。衛成公是當時衛獻公的曾祖，不於康叔廟而於成公廟行冠禮，可見祧不一定為始祖廟。一說衛成公與魯襄公同昭穆（同輩分），故冠於成公之廟，疑非是。64 口血未乾　結盟不久。古時會盟必歃血（殺牲飲血），以表誠意。65 要盟無質　要挾之盟無誠信可言。孔疏引服虔云：「質，誠也。」故下文專言信。66 信者二句　誠信，是用言語作憑證，是善意的主體。瑞，用作憑證的玉器。67 不蠲要盟　認為要挾之盟不潔淨，即不降臨。蠲，潔淨。意動用法。68 公子罷戎入盟　楚國公子罷戎入鄭都會盟。69 中分　杜注：鄭都「城中里巷名」。70 楚莊夫人　楚莊王夫人，楚共王之母。71 輸積聚以貸　把積聚的糧食運出來借貸給飢餓的百姓。輸，轉運。72 公無禁利　國家不用禁止百姓牟利。73 祈以幣更二句　祈禱用玉帛財貨代替祭牲，款待貴客只用一種肉食。幣，泛指財貨。更，替。特，一牲曰特。74 器用不作二句　器用不製作新的，只用舊物；車馬服飾夠用就可，不求多餘。從給，從嚴供給。75 行之期年二句　期年，一週年。期，同「朞」。節，法度。76 三駕　三次駕車出兵。指襄公十年師於牛首，十一年師於向，其秋觀兵於鄭東門，此後鄭服晉。

【語譯】秦景公派士雅去要求楚國出兵，準備進攻晉國，楚共王答應了。令尹子囊說：「不可答應。目前我們不能和晉國爭雄。晉君按人的能力、專長來使用他們，舉拔人才沒有失誤，都能勝任，官員不擅自改變政策法令。他的卿把職位讓給賢能的人，他們的大夫不失職守，他們的士努力教育百姓，他們的百姓致力於農業生產，商賈、工匠、夫役、奴僕各安其業。韓厥告老退休，知罃恭敬地接替他，執掌國政。范匄比中行偃年輕，而中行偃讓他位在自己之上，使他任中軍副帥。韓起比欒黶年輕，而欒黶、士魴讓他在自己的上位，使他任上軍副帥。魏絳有很多功勞，而認為趙武賢能，甘願做他的輔佐。國君賢明，臣下忠誠，上位謙讓給賢能的人，下位的各盡其力。在這時候，晉國不可抵敵，事奉他們才行。希望國君考慮一下吧！」楚共王說：「我已經答應他們了，雖然我們比不上晉國，但必定要出兵。」秋季，楚共王駐軍在武城，作為對秦國的支援。秦國人侵襲晉國。晉國正發生饑荒，不能反擊報復。

冬季十月，晉、魯、宋、衛、曹、齊等十二個諸侯國進攻鄭國。十一日，魯國季武子、齊國崔杼、宋國皇鄖各領兵跟從晉國的荀罃、士匄攻打鄭國東門鄟門。衛國的北宮括、曹國人、邾國人跟從晉國的荀偃、韓起攻打鄭都西門師之梁門。滕國人、薛國人跟隨晉國的欒黶、士魴攻打鄭都北門。杞國人、郳國人跟從晉國趙武、魏絳砍伐路旁的栗樹。十五日，軍隊駐紮在氾水岸邊。傳令諸侯軍說：「修理好作戰武器，備好乾糧，送回年老的年小的，讓有病的人住到虎牢城，赦免犯錯誤的人，準備圍攻鄭國。」鄭國人害怕，就派人求和。荀偃說：「對鄭都實施圍攻，以等待楚軍來救援，和他們決戰。不如此打敗楚國，不會有講和。」知武子荀罃說：「答應鄭國結盟而後退兵，用這辦法使楚軍攻鄭，困乏奔命。我們四個軍分為三部分，加上諸侯軍的精銳部隊，輪番作戰以迎擊楚軍。對我們來說並不困乏，楚軍卻不能休整了。這辦法還是比合圍後與楚決戰為好。暴露白骨以圖一時痛快，不可用這辦法和敵人爭勝。大疲勞還在後面，還沒有止息。君子用智力，小人用勞力，這是先王的訓示。」諸侯都不想再打，就同意鄭國求和。十一月十日，十二個諸侯國和鄭國在戲地結盟，表明鄭國順服了。

將結盟時，鄭國的六個卿公子騑、公子發、公子嘉、公孫輒、公孫蠆、公孫舍之，以及他們的大夫、卿的嫡子，都跟隨鄭簡公赴會。晉國的士莊子制作盟書，說：「從今日盟誓之後，鄭國如果對晉國不唯命是聽，或者有異志貳心，就如這盟書記載的。」公子騑快步走上前說：「上天降禍給鄭國，使鄭國夾在兩個大國中間。大國不賜給友好的話語，反而發動戰亂來要挾我們，使我們的鬼神不能得到潔淨的祭祀，百姓不能獲得土地上的物產，男女都辛苦瘦弱，沒有地方可以訴說。從今天誓盟之後，鄭國如果不順從有禮義與強大力量足以保護我們百姓的強國，反而敢有異志的，也如這盟書說的。」荀偃說：「要修改這盟書！」公孫舍之說：「這盟約已經明告神靈了，如果可以修改，大國也可以背叛的了。」知武子對獻子荀偃說：「我實在不合道德，反而以盟約來要挾別人，這難道合禮儀嗎？不合禮儀，怎麼主持盟會？姑且結盟而後退兵，從事文德，休整軍隊，然後再來，最終必定獲得鄭國，何必一定要在今天？我們如果不合道德，百姓將會拋棄我們，豈只是鄭國拋棄我們？如果能休養民力，和睦民心，遠方的人也會來順服，有什麼要依恃鄭國的呢？」就結盟而後退兵回國。

晉國人不能使鄭國一心順服，所以帶領諸侯再次進攻鄭國。十二月初五日，攻打鄭都東、西、北三面城門。十二月二十日，在陰阪渡過洧水，侵襲鄭國。駐軍在陰口，然後退兵回去。子孔說：「可以襲擊晉軍，晉軍長久在外而疲勞，只想回去。必然可以大勝他們。」子展說：「不行。」

魯襄公送晉悼公，晉悼公為魯襄公在黃河岸邊設宴，問起襄公的年齡。季武子回答說：「在沙隨相會的那年，我們國君出生。」晉悼公說：「十二年了，這叫做一終，是歲星運行一圈的終止。國君十五歲生孩子。舉行冠禮以後生孩子，是合於禮的。魯君可以行冠禮了。大夫何不準備行冠禮的用具？」季武子回答說：「國君舉行冠禮，一定要舉行祼祭儀式，作為宴禮的序幕，用鐘磬演奏音樂來表示節度，在先君的宗廟裏方可舉行。現在我們國君正在路上，不能具備各種冠禮用品，只能到達兄弟國家以後請求借用設備了。」晉悼公說：「好的。」魯襄公回國去，途中到達衛國，就在衛成公廟裏舉行冠禮，借用了鐘磬，這是合於禮的。

楚共王領兵攻打鄭國。子駟打算和楚國講和。子孔、子蟜阻止說：「剛和晉國結盟，嘴上飲的血還沒有乾就背棄盟約，行嗎？」子駟、子展說：「我們的盟誓本來就說『唯強是從』，現在楚軍打來，晉國不來救援，那麼楚國就是強大的國家了。盟誓豈敢背棄？而且要挾之下訂的盟約，沒有誠信可言，神靈也不會降臨。神靈只降臨有誠信的盟會。誠信是言語作憑證的，是善意的主體，所以神靈降臨。明察的神靈認為要挾制訂的盟約不潔淨，因而不降臨，我們違背盟約也是可以的。」於是就和楚國講和。楚國公子罷戎進入鄭都結盟，在中分里共同盟誓。正巧楚莊王夫人去世，楚共王沒有能完全平定鄭國就回去了。

晉悼公從鄭回國，計議讓百姓休養生息的辦法。魏絳請求施給恩惠，把積聚的糧食財物拿出來借給百姓。自晉君以下，如有積聚財物的，全都拿了出來。國內沒有滯積不流通的財貨，也沒有困貧的百姓；國家不用禁止人們謀取財利，也沒有貪財違法的百姓。祈禱用財物代替祭牲，招待賓客只用一種肉食。器用物品不添置新的，車馬服飾夠用就行了。這些措施推行一年，國家就有了法度。所以晉國三次駕車出兵，楚國都不能與晉國抗爭。

【說　明】以上為本年傳文第二大章。

自鄢陵之戰後，鄭一直服從楚國。至魯襄公二年諸侯城虎牢，鄭不堪晉的壓力而倒向晉國。但去年冬，鄭國又順從楚國，與楚結盟。今年，秦國在楚國支持下，乘晉國有饑荒而進攻晉國，晉國暫緩對秦的報復，先出兵伐鄭。十月初，晉召集十一個諸侯國，攻打鄭都三門，並準備採取「三分四軍」的戰略，輪番作戰，以消耗來援的楚軍的戰鬥力。鄭國怕成為戰場，就主動求和，十一月十日，於戲地結盟。但在作盟書時，鄭國子駟玩弄文字伎倆，認為這是要挾之盟，改「唯晉命是聽」為「唯強國是從」。晉國荀偃要鄭國改過來而遭到拒絕。鄭對此盟無誠信，晉國也只得退兵。十二月初五日，晉再次與諸侯軍圍攻鄭國，至二十日無功而返。楚共王帶兵伐鄭，晉不及救，鄭又按「唯強是從」的方針，與楚國結盟。這種朝晉暮楚的做法與魯宣公十一年時鄭國子良的做法如出一轍，不利於中原的穩定。晉悼公回國後，採取施捨、借貸等措施，讓飢民得到休養生息，又鼓勵百姓自行謀利，限制貴族浪費，減少國家供給，一年後就見效，「三駕而楚不能與爭」，鄭國由此服晉。不過晉的霸業至此也接近尾聲了。

魯襄公在參加伐鄭後，傳文夾敘他與晉君宴於河上，以及回國途中，在衛成公廟行冠禮的事。魯襄公這時僅十二歲，諸侯十二而冠，冠禮後可成婚，十五歲可生子。由此可知，諸侯多過早婚育，故多短命，少有長壽的。魯襄公在位三十一年，死時三十四歲，已算中壽了。

十年

戊戌，西元前五六三年。周靈王九年、齊靈公十九年、晉悼公十一年、秦景公十四年、楚共王二十八年、宋平公十三年、衛獻公十四年、陳哀公六年、蔡景公二十九年、曹成公十五年、鄭簡公三年、燕武公十一年、許靈公二十九年、吳壽夢二十三年。

經 十年春，公會晉侯、宋公、衛侯、曹伯、莒子、邾子、滕子、薛伯、杞伯、小邾子、齊世子光，會吳于柤。

夏五月甲午，遂滅偪陽。

公至自會。

楚公子貞、鄭公孫輒帥師伐宋。

晉師伐秦。

秋，莒人伐我東鄙。公會晉侯、宋公、衛侯、曹伯、莒子、邾子、齊世子光、滕子、薛伯、杞伯、小邾子伐鄭。

冬，盜殺鄭公子騑、公子發、公孫輒。

戍鄭虎牢。

楚公子貞帥師救鄭。

公至自伐鄭。

傳　十年春，會于柤❶，會吳子壽夢❷也。三月癸丑❸，齊高厚相大子光❹，以先會諸侯于鍾離❺，不敬。士莊子❻曰：「高子相大子以會諸侯，將社稷是衛，而皆不敬，棄社稷也，其將不免乎？」夏四月戊午❼，會于柤。

晉荀偃、士匄❽請伐偪陽❾，而封宋向戌焉❿。荀罃⓫曰：「城小而固，勝之不武，弗勝為笑。」固請。丙寅⓬，圍之弗克。孟氏之臣⓭秦堇父輦重如役⓮。偪陽人啟門，諸侯之士門焉⓯。縣門發⓰，郰人紇抉之，以出門者⓱。狄虒彌⓲建大車之輪，而蒙之以甲，以為櫓⓳，左執之，右拔戟，以成一隊⓴。孟獻子㉑曰：「《詩》所謂『有力如虎』㉒者也。」主人㉓縣布，堇父登之，及堞而絕之，隊㉔。則又縣之。蘇而復上者三㉕，主人辭焉㉖，乃退。帶其斷以徇于軍三日㉗。

諸侯之師久于偪陽，荀偃、士匄請于荀罃曰：「水潦㉘將降，懼不能歸，請班師。」知伯怒，投之以机㉙，出于其間㉚，曰：「女成二事㉛，而後告余。余恐亂命㉜，以不女違。女既勤君而興諸侯㉝，牽帥老夫㉞以至于此，既無武守㉟，而又欲易余罪㊱曰：『是實班師，不然克矣。』余羸老也，可重任㊲乎？七日不克，必爾乎取之㊳。」五月庚寅㊴，荀偃、士匄帥卒攻偪陽，親受矢石，甲午㊵，滅之。書曰「遂滅偪陽」，言自會也㊶。

以與向戌，向戌辭，曰：「君若猶辱鎮撫宋國，而以偪陽光啟寡君㊷，羣臣安矣，其何貺如之㊸？若專賜臣，是臣興諸侯以自封也，其何罪大焉？敢以死請。」乃予宋公。

宋公享晉侯于楚丘㊹，請以〈桑林〉㊺，荀罃辭。荀偃、士匄曰：「諸侯宋魯，于是觀禮㊻。魯有禘樂，賓祭用之㊼。宋以〈桑林〉享君，不亦可乎？」舞，師題以旌夏㊽。晉侯懼，而退入于房。去旌，卒享而還。及著雍㊾，疾。卜，桑林見㊿。荀偃、士匄欲奔請禱焉，荀罃不可，曰：「我辭禮矣，彼則以之(51)。猶有鬼神，于彼加之(52)。」晉侯有間(53)，以偪陽子(54)歸，獻于武宮(55)，謂之夷俘。偪陽，妘姓也。使周內史選其族嗣，納諸霍人(56)，禮也。

師歸，孟獻子以秦堇父為右(57)。生秦丕茲(58)，事仲尼。

【注釋】❶會于柤　此簡敘經文。經文云：「公會晉侯、宋公、衛侯、曹伯、莒子、邾子、滕子、薛伯、杞伯、小邾子、齊世子光，會吳于柤。」十二國諸侯先相會，再與吳王相會，故用兩「會」字。柤，本是楚地，在今江蘇省邳縣西北之加口鎮。下文言四月又會於柤，謀伐偪陽。❷吳子壽夢　吳王名乘，字壽夢。吳國自稱句吳，是周太伯、仲雍之後，至壽夢稱王，經傳則稱吳子。初國於梅里（在今江蘇省無錫市東南之梅村鎮），至其子諸樊，始遷於吳（今江蘇省蘇州市）。❸癸丑　二十六日。❹高厚相大子光　高厚，齊上卿，高固之子。相，做相禮官，主持禮儀。大，同「太」。齊靈公太子名光。❺鍾離　當是吳地，在今安徽省鳳陽縣東稍北二十五里。❻士莊子　即晉大夫士弱，士渥濁之子，士會之孫。❼戊午　初一日。❽荀偃士匄　都是晉卿，荀偃為上軍帥，士匄為中軍副帥。❾偪陽　妘姓小國，《穀梁傳》作「傅陽」。其地在今江蘇省邳縣西北，山東省嶧城（舊嶧縣）西南，東南距加口鎮約五十里。❿封宋向戌焉　把偪陽作宋國向戌的封邑。向戌，宋桓公後代，魯成公十五年時為左師，為宋國賢臣。焉，於之。⓫荀罃　即知罃，下文稱知伯、知武子，晉中軍帥，執國政。⓬丙寅　初九日。⓭孟氏之臣　魯國孟獻子的家奴，名秦堇父。⓮輦重如役　挽著載重車來到服役之地（偪陽城）。輦，以人力挽車。⓯諸侯之士門焉　諸侯軍的士兵乘機攻門。門，動詞。攻城門。⓰縣門發　懸掛的內城門放下。古時內城上有機關，可使城門上升或下降，猶如今之閘門，稱縣門。縣，同「懸」。下「縣」字同。⓱陬人紇抉之二句　陬邑大夫叔梁紇用手托起懸門，不讓落下，使進攻入城的士卒能退出來。陬，當作「郰」。魯邑，在今山東省曲阜市東南約四十里。紇，叔梁紇，孔丘之父，時為陬邑大夫，當時在魯軍中。抉，同「撅」。揭；舉起。⓲狄虒彌　魯人，是魯軍中勇力之士，能豎起大車之輪以掩護自己進攻。古時載重大車，其輪高達九尺，約當今六尺。⓳櫓　大盾。⓴以成一隊　這樣形成一隊衝鋒的士兵。杜注謂百人為隊，《李衛公兵法》謂五十人為隊。㉑孟獻子　即仲孫蔑，魯卿，時執國政。㉒有力如虎　此句見《詩經・邶風・簡兮》。㉓主人　指守城的將領。㉔及堞而絕之二句　將攀登到城垛時，又絕斷布帶，使他墜地。堞，城上如齒狀的矮牆。隊，同「墜」。落。㉕蘇而復上者三　甦醒後又緣布而登，守城者又斷布而墜，這樣三次。㉖辭焉　向他辭謝致歉。即欽佩他的勇敢。㉗帶其斷以徇句　把那斷布作衣帶在軍中巡示三天。帶，用作動詞。斷，斷布。名詞。徇，巡行；遍示於人。㉘水潦　雨水。㉙机　借為「機」。弩弓發箭之器，又名弩牙。詳章炳麟《左傳讀》。㉚出于其間　弩機從他們二人中間飛出去。㉛女成二事　女，同「汝」。你們。杜注：「二事，伐偪陽，封向戌。」㉜亂命　擾亂軍令。指將帥意見不一。知罃初不許伐偪陽，但怕將帥意見不一，故依從。㉝勤君而興諸侯　使晉君勞苦而又出動諸侯軍。勤，勞。㉞牽帥老夫　牽著我老頭兒。牽、帥同義。魯宣公十二年邲之戰時，知罃已參戰，當已成年，至此又歷三十四年，故此時當五十歲以上，可自稱老夫。㉟武守　堅持武攻。㊱易余罪歸罪於我。易，施。㊲重任　再承擔罪責。任，任罪。㊳必爾乎取之　即「必于爾取之」。必取爾首級以謝罪。㊴庚寅　初四日。㊵甲午　初八日。㊶言自會也　是說從諸侯相會以後就攻偪陽的。經文「遂滅偪陽」，用「遂」字表明與「會」有關，故「言自會也」加以解釋。㊷光啟寡君　擴大我們國君的疆土。光，通「廣」。㊸其何貺如之　還有什麼賜與能比得上它呢。貺，賜。㊹楚丘　宋邑，在今河南省商丘市北，山東省曹縣東南。㊺請以桑林　請允許用〈桑林〉之樂舞。桑林，本是桑山之林，商湯曾於此祈雨，其後奉為聖地，立神以祀，因而有樂舞名〈桑林〉，即《莊子・養生主》所謂之「桑林之舞」，本天子之樂而宋沿用之。㊻諸侯宋魯二句　諸侯中只有宋魯二國的禮樂，可供別人觀摩。㊼魯有禘樂二句　魯國有禘樂用來款待貴賓和祭祀宗廟。㊽舞師題以旌夏　舞〈桑林〉時，樂師舉著大旗走在前頭。師，宮廷樂隊之首領。題，額；領頭。旌夏，以雉羽綴於竿首的大旗。㊾著雍　杜注謂晉地。《釋地》謂在今河南省沁陽縣東。㊿卜桑林見　占卜疾病，從兆象中見到桑林之神。(51)我辭禮矣二句　我已推辭不用〈桑林〉樂舞，他們卻要用它。以，用。(52)猶有鬼神二句　如有鬼神，就加禍於他們。猶，假如。(53)有間　過會兒病好了。(54)偪陽子　偪陽國君。經傳例稱蠻夷之君為「子」。(55)武宮　晉武公神廟。晉以武公廟為太祖廟，有大事必舉行於此。(56)選其族嗣二句　選妘姓宗族的人，把他送到霍人地方居住，以奉祀先祖。杜注：「善不滅姓，故曰禮也。」滅其國不滅其姓氏與宗祀，但不用偪陽子近親而用其族嗣，又使遠離舊國，是防其反叛。霍人，晉邑，在今山西省繁峙縣東郊，五台山西麓。(57)右　車右；兵車的右衛。(58)秦丕茲　孔子弟子。《史記・仲尼弟子列傳》有秦商，《孔子家語》云：「秦商，魯人，字丕茲。」

【語　譯】魯襄公十年春季，晉悼公、魯襄公、宋平公、衛獻公、曹成公、莒子、邾子、滕子、薛伯、杞伯、小邾子、齊國太子光在柤地相會，是為了會見吳王壽夢。三月二十六日，齊卿高厚作太子光的相禮官，和諸侯在鍾離先行會見，態度不恭敬。晉大夫士莊子說：「高厚作太子的相禮官來會見諸侯，應當護衛他們的國家，卻表現不恭敬嚴肅，這是背棄自己的國家，恐怕將要不免於災禍吧？」夏季四月初一日，諸侯在柤地相會。

晉卿荀偃、士匄請求攻打偪陽，把它封給宋國的向戌。荀罃說：「偪陽城小而堅固，攻下來不算勇武，攻不下來被人譏笑。」荀偃等人堅決請求。四月初九日，就包圍偪陽，不能攻克。孟獻子的家奴秦堇父用人力挽拉載重車到達戰地。偪陽人打開城門，諸侯軍的將士乘機攻入城門。內城的人把閘門放下，陬邑大夫叔梁紇雙手托住閘門，讓攻入城門的士兵退出來。魯人狄虒彌把大車的輪子豎立起來，蒙上皮甲作為大盾牌，左手推著輪子，右手用矛戟攻敵，這樣領著一隊人衝鋒。孟獻子說：「這真是《詩經》所說的『有力如虎』的人啊！」偪陽守城將領把布掛下來，秦堇父拉著布登城，剛要到城頭牆垛時，守城人就割斷布，秦堇父摔落到地上昏過去。城上又掛下布來，秦堇父甦醒過來又拉住布攀登。這樣跌落三次，守城人表示欽佩他的勇敢，不再掛布下來，秦堇父方才退下來，把割斷的布做成衣帶，在各軍遊行示眾三天。

諸侯的軍隊圍在偪陽很久，荀偃、士匄向荀罃請求說：「快下雨了，怕到時不能回去，請您退兵吧。」荀罃發怒，把弩機向他們扔過去，弩機從他們二人中間飛出去，說：「你們把攻偪陽和封向戌的兩件事完成了再來告訴我。原來我怕意見不一而擾亂了軍令，所以不違背你們的要求。你們已經使國君勞苦而又發動了諸侯的軍隊，牽著我老頭兒到這裏來，既沒有堅決武攻，卻又想歸罪於我，回去會說：『就是他下令退兵，不然的話，偪陽就攻下來了。』我已經衰老了，還能再次承擔罪責嗎？限你們七天，如攻不下來，一定要取你們的腦袋！」五月初四日，荀偃、士匄率領士兵攻打偪陽城，親自冒著箭和石塊的攻擊，初八日，攻滅了偪陽。《春秋》記載說：「遂滅偪陽」，是說從諸侯相會以後就攻打偪陽的。

就把偪陽封給向戌。向戌推辭說：「如果還蒙晉君鎮撫宋國，就用偪陽來擴大我們國君的疆土，羣臣就安心了，還有什麼比得上這樣的賞賜呢？如果專門賜給下臣，這就成為下臣發動諸侯軍而為自己求取封地了，還有什麼罪過比這更大呢？謹以一死來請求。」於是就把偪陽給了宋平公。

宋平公在楚丘城設宴款待晉悼公，請他允許用〈桑林〉樂舞。荀罃辭謝。荀偃、士匄說：「諸侯中的魯國、宋國，在那裏可以觀摩到禮樂。魯國有禘樂，用來招待貴賓和大祭宗廟。宋國用〈桑林〉之舞招待國君，不也是可以的嗎？」開始樂舞，樂師手舉旌夏大旗領著樂隊進來，晉悼公驚怕而退入旁邊的廂房。宋國人去了大旗，使宴會順利結束。晉悼公回國去，到著雍地方就生病。占卜，從兆象裏見到桑林之神。荀偃、士匄要跑回去請求祈禱。荀罃不同意，說：「我已經辭謝不用〈桑林〉樂舞的禮儀了，他們還是要用它。如果有鬼神，就會把災禍加在他們身上。」過了些時，晉悼公病好了，帶了偪陽首領回國，奉獻給晉武公的神廟，稱他為夷人俘虜。偪陽是妘姓小國。晉悼公派周朝的內史挑選妘姓宗族的後嗣，把他們送到霍人地方居住，以奉祀妘姓之祖，這是合於禮的。

魯軍回國，孟獻子讓秦堇父做車右。秦堇父生了秦丕茲，拜孔子為師。

【說　明】本傳可分兩章，以上為第一章。

晉悼公召集十一國諸侯與吳王相會，這是中原諸侯繼成公十五年之後第三次與吳國往來。這次吳王壽夢親自到會，促進了中原文化和長江下游地區的溝通和融合。晉國的荀偃、士匄聯合諸侯軍經過一個月的苦戰，攻滅了偪陽小國，要把它送給宋國的向戌作封邑，向戌不受，而給了宋平公。魯國郰邑大夫（縣宰）叔梁紇，孔丘之父，也參加了這一戰役，表現得很勇敢。

傳 六月，楚子囊❶、鄭子耳❷伐宋，師于訾毋❸。庚午❹，圍宋，門于桐門❺。

晉荀罃伐秦，報其侵也❻。

衛侯救宋，師于襄牛❼。鄭子展❽曰：「必伐衛。不然，是不與楚也❾。得罪于晉，又得罪于楚，國將若之何？」子駟❿曰：「國病⓫矣。」子展曰：「得罪于二大國，必亡。病不猶愈于亡乎？」諸大夫皆以為然。故鄭皇耳⓬帥師侵衛，楚令也。孫文子⓭卜追之，獻兆于定姜⓮。姜氏問繇⓯。曰：「兆如山陵，有夫出征，而喪其雄。」姜氏曰：「征者喪雄，禦寇之利也。大夫圖之。」衛人追之，孫蒯⓰獲鄭皇耳于犬丘⓱。

秋七月，楚子囊、鄭子耳侵我西鄙。還，圍蕭⑱。八月丙寅⑲，克之。九月，子耳侵宋北鄙。孟獻子曰：「鄭其有災乎！師競已甚⑳。周猶不堪競㉑，況鄭乎？有災，其執政之三士㉒乎！」

莒人間諸侯之有事㉓也，故伐我東鄙。

諸侯伐鄭㉔，齊崔杼使大子光先至于師，故長于滕㉕。己酉㉖，師于牛首㉗。

初，子駟與尉止㉘有爭，將禦諸侯之師，而黜其車㉙。尉止獲，又與之爭㉚。子駟抑尉止曰：「爾車非禮也。」遂弗使獻。初，子駟為田洫㉛，司氏、堵氏、侯氏、子師氏皆喪田焉。故五族聚羣不逞之人㉜，因公子之徒以作亂㉝。于是子駟當國，子國㉞為司馬，子耳為司空，子孔㉟為司徒。冬，十月戊辰㊱，尉止、司臣、侯晉、堵女父、子師僕帥賊㊲以入，晨攻執政于西宮之朝㊳，殺子駟、子國、子耳，劫鄭伯㊴以如北宮。子孔知之，故不死。書曰「盜」，言無大夫焉㊵。

子西㊶聞盜，不儆㊷而出，尸㊸而追盜。盜入于北宮。乃歸，授甲㊹，臣妾㊺多逃，器用多喪。子產㊻聞盜，為門者㊼，庀羣司㊽，閉府庫，慎閉藏㊾，完守備，成列而後出㊿，兵車十七乘，尸而攻盜于北宮。子蟜(51)帥國人助之，殺尉止、子師僕，盜眾盡死。侯晉奔晉，堵女父、司臣、尉翩(52)、司齊(53)奔宋。子孔當國，為載書，以位序、聽政辟[54]。大夫、諸司、門子[55]弗順，將誅之。子產止之，請為之焚書。子孔不可，曰：「為書以定國，眾怒而焚之，是眾為政也，國不亦難乎？」子產曰：「眾怒難犯，專欲難成[56]，合二難以安國，危之道也。不如焚書以安眾，子得所欲，眾亦得安，不亦可乎？專欲無成，犯眾興禍，子必從之。」乃焚書于倉門[57]之外，眾而後定。

諸侯之師城虎牢[58]而戍之，晉師城梧及制[59]，士魴、魏絳[60]戍之。書曰「戍鄭虎牢」，非鄭地也，言將歸焉[61]。鄭及晉平。

楚子囊救鄭。十一月，諸侯之師還鄭而南[62]，至于陽陵[63]。楚師不退。知武子欲退，曰：「今我逃楚，楚必驕，驕則可與戰矣。」欒黶[64]曰：「逃楚，晉之恥也。合諸侯以益恥，不如死。我將獨進。」師遂進。己亥[65]，與楚師夾潁而軍[66]。子蟜曰：「諸侯既有成行[67]，必不戰矣。從之將退，不從亦退。退，楚必圍我。猶將退也，不如從楚，亦以退之[68]。」宵涉潁，與楚人盟。欒黶欲伐鄭師，荀罃不可，曰：「我實不能禦楚，又不能庇鄭，鄭何罪？不如致怨焉而還[69]。今伐其師，楚必救之。戰而不克，為諸侯笑。克不可命[70]，不如還也。」丁未[71]，諸侯之師還，侵鄭北鄙而歸。楚人亦還。

王叔陳生與伯輿爭政(72)，王右(73)伯輿。王叔陳生怒而出奔，及河，王復之，殺史狡以說焉(74)。不入，遂處之(75)。晉侯使士匄(76)平王室，王叔與伯輿訟焉(77)。王叔之宰與伯輿之大夫瑕禽坐獄于王庭(78)，士匄聽之。王叔之宰曰：「篳門閨竇之人(79)，而皆陵其上，其難為上矣。」瑕禽曰：「昔平王東遷，吾七姓從王，牲用備具，王賴之(80)，而賜之騂旄之盟(81)，曰：『世世無失職。』若篳門閨竇，其能來東底(82)乎？且王何賴焉？今自王叔之相(83)也，政以賄成，而刑放于寵(84)。官之師旅(85)，不勝其富。吾能無篳門閨竇乎？唯大國圖之！下而無直(86)，則何謂正矣？」范宣子曰：「天子所右，寡君亦右之；所左(87)，亦左之。」使王叔氏與伯輿合要(88)，王叔氏不能舉其契。王叔奔晉。不書，不告也(89)。單靖公(90)為卿士，以相王室。

【注釋】❶子囊　即公子貞，楚莊王之子，楚共王弟，官令尹，執國政。❷子耳　即公孫輒，鄭穆公之孫，子良之子，官司空，鄭六卿之一。❸訾毋　宋地，在今河南省鹿邑縣南。❹庚午　十四日。❺門于桐門　上「門」字動詞，攻打城門。桐門，宋都北門。❻報其侵也　對秦國人侵給以報復。秦侵晉事見襄公九年傳。❼襄牛　衛國東部邊邑，在今山東省范縣東南。❽子展　即公孫舍之，鄭穆公之孫，子罕之子，鄭六卿之一。❾不然二句　不如此，就不能結交楚國了。與，結交；親附。不與就是得罪。❿子駟　即公子騑，鄭穆公之子，鄭六卿之首，執國政。⓫病　疲憊困窘。⓬皇耳　鄭卿皇戌之子。皇戌見成公三、四、五年傳。⓭孫文子　即孫林父，孫良夫之子，衛國執政。⓮獻兆于定姜　兆，指兆象，是占卜時灼龜甲顯示的裂紋。其兆各有卜辭。定姜，衛定公夫人，衛獻公之母。⓯繇　卜辭。下三句即繇辭。⓰孫蒯　孫林父之子。⓱犬丘　皇耳侵衛被俘，此犬丘當是衛地，在今山東省荷澤市北三十里。襄公元年傳之犬丘是宋地，在今河南省永城縣。⓲蕭　宋邑，在今安徽省蕭縣北十五里。⑲丙寅　十一日。⑳師競已甚　軍隊爭戰太過分了。競，爭。已，太。㉑周猶不堪競　周天子還經受不起屢次用兵。㉒其執政之三士　鄭國執政之三人要承受災禍。三士，指子駟、子國、子耳。㉓間諸侯之有事　乘諸侯有戰事的空子。間，縫隙。用作動詞。鑽空子。時晉、楚相爭，齊、魯、宋皆有戰事。㉔諸侯伐鄭　此簡言經文，經文云：「公會晉侯、宋公、衛侯、曹伯、莒子、邾子、齊世子光、滕子、薛伯、杞伯、小邾子伐鄭。」有十二諸侯國伐鄭，以晉為主。㉕齊崔杼使大子光二句　齊國大夫崔杼使太子光領兵搶先到達，所以經文將他位列滕子之前。按禮，齊太子光尚未受天子之命，應位列諸侯之後，故以前多次會盟，都序列小邾子之下，獨有這次伐鄭序在滕子之前。㉖己酉　九月二十五日。㉗牛首　鄭地，在今河南省通許縣稍北，陳留（舊縣）西南十一里。㉘尉止　鄭國大夫。尉氏本是鄭國司法官，食邑於尉。尉邑在今河南省尉氏縣。㉙黜其車　減少尉止的兵車。黜，除去；減少。下文又怪罪他的兵車太多，不合禮法。㉚尉止獲二句　尉止俘獲敵人，子駟與之爭功。㉛田洫　田間溝渠水道。按，子駟以興修水利為名，強佔他人田地。㉜五族聚羣不逞之人　五族，五個氏族，指尉氏及喪田的四個氏族。不逞之人，不得意的人；失意的人。逞，快意。㉝因公子之徒以作亂　因，憑藉；利用。公子之徒，指襄公八年被子駟所殺的子狐、子熙、子侯、子丁等羣公子的黨徒。㉞子國　即公子發，鄭穆公之子，官司馬，鄭國六卿之一。㉟子孔　即公子嘉，鄭穆公之子，官司徒，鄭六卿之一。㊱戊辰　十四日。㊲賊　指動亂者。下文又稱為「盜」。㊳西宮之朝　諸侯有東宮、西宮、北宮。此西宮之朝為鄭國君臣議事之所。㊴鄭伯　鄭簡公，時尚年幼。㊵書曰盜二句　《春秋》記載說「冬，盜殺鄭公子騑、公子發、公孫輒」。說「盜」，是說沒有大夫參與這次叛亂。按，此「大夫」謂卿。鄭國以「盜殺」告諸侯，故《春秋》據以書之。㊶子西　即公孫夏，子駟之子。㊷儆　同「警」。戒備。㊸尸　動詞。收斂屍首。此指收其父子駟之屍。㊹授甲　召集甲兵，布置任務。此甲兵當是子駟家兵。㊺臣妾　指家族中的男女奴隸。㊻子產　即公孫僑，鄭穆公之孫，子國之子。此時尚年少，後為春秋名臣。㊼為門者　安排守門的警衛。㊽庀羣司　配備各部門的官員。庀，具備。羣司，即下文諸司，眾官，各部門主管。㊾慎閉藏　謹慎看護封藏的財物。㊿成列而後出　家族的甲兵列隊而後出門。(51)子蟜　即公孫蠆，鄭穆公之孫，公子偃之子。(52)尉翩　尉止之子。(53)司齊　司臣之子。(54)為載書二句　制定與大夫結盟的盟約，按官員的職位規定上下的次序，聽從執政的政令。載書，盟書。辟，法令。杜注：「自羣卿諸司各守其職位，以受執政之法，不得與朝政。」蓋子孔欲專權。(55)大夫諸司門子　大夫，謂諸卿。諸司，謂各部門主管。門子，謂卿之嫡子。(56)專欲難成　想要專權也難成功，即難以執掌國政。(57)倉門　鄭國都城之東南門。杜注：「不于朝內燒，欲使遠近見所燒。」(58)虎牢　本鄭地，在今河南省滎陽市西北之汜水鎮（舊汜水縣），稱虎牢關，為險隘之地。(59)城梧及制　梧、制兩地都在虎牢附近，諸侯軍在虎牢築城後，晉軍又在梧、制築城以屯兵。梧，今河南省滎陽市南有梧通澗，蓋即梧地。制，在今汜水鎮東十里，現稱上街鎮。60士魴魏絳　都是晉卿，士魴為下軍副帥，魏絳為新軍副帥。61書曰戍鄭虎牢三句　《春秋》記載說「戍鄭虎牢」，此時虎牢已不是鄭國的地方，只是說等鄭屈服後將歸還給鄭國。62還鄭而南　圍繞鄭都而南行。還，同「環」。繞。63陽陵　鄭地，在今河南省許昌市西北。64欒黶　欒書之子，又稱欒桓子，時為晉下軍帥。65己亥　十一月十六日。66夾潁而軍　潁水源出河南省登封縣西境潁谷，東南流經禹州市、臨潁縣、西華縣，南與沙河合而東流。晉楚兩軍夾潁水而紮營，其地當在今禹州市東南泉店鎮附近。楚在潁水南，晉在潁水北。67既有成行　已有了退兵的準備。68猶將退也三句　同樣是將要退兵，不如順從楚國，也用這辦法使楚軍退兵。猶，同樣。說見《詞詮》。69不如致怨焉而還　不如使鄭國怨晉而退兵。即下文所云「侵鄭北鄙而歸」，時鄭軍多在南境。一說不如使鄭怨楚，蓋鄭與楚盟，楚必誅求無厭。70克不可命　勝利不一定有把握。命，信；有信心。71丁未　十一月二十四日。72王叔陳生與伯輿爭政　二人都是周王卿士。襄公五年傳言王叔貳於戎，曾被晉拘留。爭政，爭權。73右　佑助。74王復之二句　周靈王恢復他的官位，殺了史狡來讓他高興。說，同「悅」。75不入二句　王叔陳生不入京師就職，就住在黃河岸上。76士匄　即范宣子，范文子士燮之子，晉中軍副帥。晉為霸主，故使士匄調停王室內部糾紛。77訟焉　在士匄面前訴訟，爭曲直。焉，於之。78王叔之宰　宰，家臣之首，即總管。卿士受王命，不躬坐獄訟，故分別使宰和屬大夫作訴訟代理人。坐獄，在法官面前爭是非曲直。79篳門閨竇之人　柴門小戶人家、出身微賤之人。此指伯輿。閨，穿壁為戶，上銳下方，其狀如圭。竇，洞；門洞。80吾七姓從王三句　杜注：「平王東徙時，大臣從者有七姓，伯輿之祖皆在其中，主為王備犧牲，供祭祀，王恃其用，故與之盟。」牲用，祭祀用的犧牲。賴，依恃。81騂旄之盟　用赤色牛祭神而訂的盟約。騂旄，赤色牛。誓盟用牛，不用犬雞，表示隆重。82來東底　東來而安居。底，止；安。83王叔之相　王叔相周，即把持王室政權。84政以賄成二句　政事要靠賄賂來辦成，而刑法大事專門託付寵臣，放任他們去管。放，寄。杜注：「寵臣專刑，不任法。」85官之師旅　各部門的主管官員。詳見王引之《述聞》。86下而無直　在下位者有理而不能為直。即下位者總是無理，在上位者總是有理。87所左　不贊助的人。杜注：「宣子知伯輿直，不欲自專，故推之于王。」88合要　各取出證明而合驗。要，要辭；證明訟辭的文書。即下句所謂之契券。89不書二句　《春秋》沒有記載這件事，是由於沒有通告魯國。90單靖公　單頃公之子，單襄公之孫。

【語　譯】六月，楚國的子囊、鄭國的子耳領兵進攻宋國，軍隊駐紮在訾毋。十四日，軍隊包圍宋國都城，攻打桐門。

晉國的荀罃領兵攻打秦國，是為了報復秦國去年的入侵。

衛獻公救援宋國，軍隊駐紮在襄牛。鄭國的子展說：「一定要進攻衛國。不這樣，就是不親附楚國了。得罪了晉國，再得罪楚國，國家怎麼辦？」子駟說：「國家已經很困乏了。」子展說：「得罪了兩個大國，一定會滅亡。困乏，不是還比滅亡好一些嗎？」大夫們都以為這話說得對，所以就派皇耳領兵入侵衛國，這是出於楚國的命令。衛卿孫文子為追逐鄭軍占卜吉凶，把占卜的兆象獻給衛獻公母親定姜。定姜問繇辭怎麼說。孫文子說：「卜辭說：『兆象如同山陵，有人出國征伐，喪失他們的英雄。』」定姜說：「征伐的人喪失英雄，是有利於抵禦敵人一方的。大夫可以謀劃一下！」衛國人就追擊鄭國軍隊，孫蒯在犬丘地方俘虜了鄭國的皇耳。

秋季七月，楚國的子囊、鄭國的子耳率領聯軍入侵我魯國西部邊境。回軍時，又圍攻宋國蕭邑。八月十一日，攻克蕭邑。九月，子耳領兵入侵宋國北部邊境。魯卿孟獻子說：「鄭國將要有災禍吧！軍隊戰事太頻繁了。周天子還經不起屢次用兵，何況鄭國呢？有災禍，恐怕會落在執政的三位大夫身上吧！」

莒國人鑽了諸侯有戰事的空子，所以進攻我魯國東部邊境。

晉悼公、魯襄公、宋平公、衛獻公、曹成公、莒子、邾子、齊國太子光、滕子、薛伯、杞伯、小邾子等十二國會同討伐鄭國。齊國大夫崔杼使太子光領兵搶先到達，所以這次排序在滕國國君前面。九月二十五日，諸侯軍駐紮在牛首。

當初，鄭國的子駟和尉止有爭執，到這次將要抵禦諸侯軍的時候，子駟減少了尉止應有的兵車。尉止俘獲了敵人，子駟又和他爭奪戰功。子駟壓制尉止說：「你的戰車太多，不合禮法。」就不讓他獻俘虜和戰利品。當初，子駟修建田地的水溝渠道，司氏、堵氏、侯氏、子師氏四家都喪失了田地。所以這五個家族聚集了一羣不得意的人，憑藉了被子駟所殺的羣公子的族黨，一起發動叛亂。這時子駟掌政權，子國做司馬，子耳做司空，子孔做司徒。冬季十月十四日，尉止、司臣、侯晉、堵女父、子師僕五人率領叛亂的人進入宮門，早晨在西宮的朝堂上圍攻執政大夫，殺死了子駟、子國、子耳，劫持鄭簡公到了北宮。子孔事先知道了信息，所以沒有死。《春秋》記載說：「盜殺鄭公子騑、公子發、公孫輒。」是說沒有大夫參與這次叛亂。

子駟的兒子子西聽到有叛亂的消息，不設戒備就奔出來，收了他父親的屍骨就去追趕叛亂的人。叛亂的人進入北宮，他就回去，召集甲兵，但是家中的男女奴隸大多已逃走了，器用物品也多丟失。子產聽說有叛亂，就布置守門的警衛，配齊各部門的官員，關閉檔案、財物庫，謹慎看護庫藏物品，安排好防守戒備，士兵列隊以後出門，有戰車十七輛，先收斂他父親子國的屍首，而後攻打北宮的叛亂者。子蟜率領都城裏的人幫助他，殺死了尉止、子師僕，叛亂的人都戰死。侯晉逃亡到晉國，堵女父、司臣、尉翩、司齊等人逃亡到宋國。於是子孔掌國政，制定盟書，規定官員各守職位，聽取執政的法令。大夫、各部門官員、卿的嫡子不肯順從，子孔就要加以誅殺。子產阻止他，請求燒掉盟書。子孔不同意，說：「制作盟書是用來安定國家，因大夥發怒就燒掉它，這就是大夥當政了，國家豈不是難以治理了嗎？」子產說：「眾怒難犯，想專權也難以成功，這兩難合在一起而想安定國家，這是很危險的做法。不如燒掉盟書來安定眾人，您得到了所要的政權，大夥也能夠安定，不也是可行的嗎？否則，專權的欲望不能得逞，觸犯眾怒會發生禍亂。您一定要聽從我的話。」於是就在鄭都倉門外燒掉盟書，眾人就安定下來。

諸侯軍在虎牢築城並且戍守，晉軍又在梧地、制地築城，士魴、魏絳領兵戍守。《春秋》記載說「戍鄭虎牢」，不是鄭國的地方而這樣記載，是說以後再歸還給鄭國。鄭國就同晉國講和。

楚國的子囊領兵救援鄭國。十一月，諸侯軍環繞鄭都而後南行，到達陽陵。楚軍仍不退兵。知武子荀罃想要退兵，說：「現在我們避開楚軍，楚軍必然驕傲，驕傲了就可以和他們作戰了。」欒黶說：「避開楚軍，是晉國的恥辱。會合諸侯結果增加恥辱，不如戰死。我將要單獨進軍。」大軍就往前推進。十六日，和楚軍夾著潁水駐紮下來。鄭國的子蟜說：「諸侯軍已經有退兵的準備了，一定不會作戰了。順從他們要退兵，不順從他們也要退兵。他們退兵，楚軍必然包圍我們。同樣將要退兵，不如順從楚國，用這辦法也讓楚國退兵。」於是在夜裏渡過潁水，和楚國人結盟。欒黶想進攻鄭軍，荀罃不同意，說：「我們實在不能抵禦楚軍，又不能庇護鄭國，鄭國有什麼罪過？不如把怨恨結在楚國頭上然後回去。現在攻打鄭軍，楚國必定救援他們。作戰如不取勝，反被諸侯笑話。勝利沒有把握，不如回去吧！」十一月二十四日，諸侯軍退兵回去，經鄭國北部就侵襲它的邊邑而後回國。楚軍也退兵回國。

周王室卿士王叔陳生和伯輿爭權，周靈王贊助伯輿。王叔陳生發怒，出奔逃亡，到達黃河邊時，周靈王讓他官復原位，殺掉史狡來讓他高興。王叔仍不肯回京師，住在黃河岸上。晉悼公派士匄去調停王室的糾紛。王叔陳生和伯輿在他面前訴訟爭曲直。王叔的家臣總管和伯輿的大夫瑕禽在天子的朝廷上爭訟對質是非，士匄聽決他們的訴訟。王叔的家臣總管說：「柴門小戶人家卻要陵駕上面的人，上面的人就很難領導了。」瑕禽說：「從前周平王東遷，我們七個姓氏的人跟隨周天子，祭牲全具備好，天子信賴他們，因而賜給他們用赤色牛祭神的盟書，說『世世代代不要失職』。如果是柴門小戶人家，他們能來到東部住下來嗎？而且天子為什麼信賴他們呢？現在自從王叔把持周政權，政事要用賄賂方可辦成，又把刑法大事託付給寵臣去管，不依法治政。各部門的主管官員，富得不勝其富，我們能不成為柴門小戶嗎？請大國考慮一下：在下位的人就不能有理，那什麼叫公正呢？」士匄說：「天子所贊助的，我們國君也贊助；天子所不贊助的，我們國君也不贊助。」就讓王叔和伯輿對證訟辭，王叔拿不出證明文件來。王叔逃亡到晉國。《春秋》沒有記載這事，是由於沒有通告魯國。單靖公做卿士，以輔助王室。

【說　明】以上為本年傳文第二章。

鄭國連年遭受兵災，已經困頓不堪；去年冬先與晉結盟，又與楚結盟，「唯強是從」。今年又在楚國支持下，屢次用兵，對宋、衛、魯三國大舉侵掠，因而又遭到以晉為首的十二諸侯國聯合討伐。鄭國內部也因秉政的子駟專橫，強奪四家田地，又壓制尉氏，與之爭功，因而造成五族起來作亂，子駟、子國、子耳三卿被殺。子產雖還年少，在其父被殺後，能挺身而出平定禍亂，安定政局，表現出他善於應變的政治才幹。諸侯軍在虎牢築城戍衛，構成了對鄭國的長期威懾，因而迫使鄭國求和。楚軍來救，也無可奈何，只得無功而返。

十一年

己亥，西元前五六二年。周靈王十年、齊靈公二十年、晉悼公十二年、秦景公十五年、楚共王二十九年、宋平公十四年、衛獻公十五年、陳哀公七年、蔡景公三十年、曹成公十六年、鄭簡公四年、燕武公十二年、許靈公三十年、吳壽夢二十四年。

經 十有一年春王正月，作三軍。

夏四月，四卜郊，不從，乃不郊。

鄭公孫舍之帥師侵宋。

公會晉侯、宋公、衛侯、曹伯、齊世子光、莒子、邾子、滕子、薛伯、杞伯、小邾子伐鄭。

秋七月己未，同盟于亳城北。

公至自伐鄭。

楚子、鄭伯伐宋。

公會晉侯、宋公、衛侯、曹伯、齊世子光、莒子、邾子、滕子、薛伯、杞伯、小邾子伐鄭。會于蕭魚。

公至自會。

楚人執鄭行人良霄。

冬，秦人伐晉。

傳 十一年春，季武子將作三軍❶，告叔孫穆子❷曰：「請為三軍，各征其軍❸。」穆子曰：「政將及子，子必不能❹。」武子固請之。穆子曰：「然則盟諸？」乃盟諸僖閎❺，詛諸五父之衢❻。正月，作三軍，三分公室而各有其一❼。三子各毀其乘❽。季氏使其乘之人，以其役邑入者無征，不入者倍征❾。孟氏使半為臣，若子若弟❿。叔孫氏使盡為臣，不然不舍⓫。

鄭人患晉、楚之故⓬，諸大夫曰：「不從晉，國幾亡。楚弱于晉，晉不吾疾也⓭。晉疾，楚將辟⓮之。何為而使晉師致死于我，楚弗敢敵，而後可固與也⓯？」子展⓰曰：「與宋為惡，諸侯必至，吾從之盟。楚師至，吾又從之，則晉怒甚矣。晉能驟來，楚將不能⓱，吾乃固與晉。」大夫說⓲之，使疆埸之司惡于宋⓳。宋向戌⓴侵鄭，大獲。子展曰：「師而伐宋可矣。若我伐宋，諸侯之伐我必疾，吾乃聽命焉，且告于楚。楚師至，吾乃與之盟，而重賂晉師，乃免矣。」夏，鄭子展侵宋。

四月，諸侯伐鄭[21]。己亥[22]，齊太子光、宋向戌先至于鄭，門于東門[23]。其莫[24]，晉荀罃[25]至于西郊，東侵舊許[26]。衛孫林父[27]侵其北鄙。六月，諸侯會于北林[28]，師于向[29]。右還，次于瑣[30]。圍鄭，觀兵[31]于南門，西濟于濟隧[32]。鄭人懼，乃行成[33]。秋七月，同盟于亳[34]。范宣子[35]曰：「不慎，必失諸侯[36]。諸侯道敝[37]而無成，能無貳乎？」乃盟。載書[38]曰：「凡我同盟，毋蘊年[39]，毋壅利[40]，毋保姦[41]，毋留慝[42]，救災患，恤禍亂[43]，同好惡[44]，獎[45]王室，或間茲命[46]，司慎司盟[47]，名山名川，羣神羣祀[48]，先王先公[49]，七姓十二國[50]之祖，明神殛[51]之，俾失其民，隊命亡氏[52]，踣[53]其國家。」

楚子囊[54]乞旅[55]于秦。秦右大夫詹帥師從楚子，將以伐鄭。鄭伯逆之，丙子，伐宋[56]。

九月，諸侯悉師以復伐鄭[57]，鄭人使良霄[58]、大宰[59]石㚟如楚，告將服于晉，曰：「孤以社稷之故，不能懷君。君若能以玉帛綏晉[60]，不然，則武震以攝威之[61]，孤之願也。」楚人執之。書曰「行人」，言使人也[62]。

諸侯之師，觀兵于鄭東門，鄭人使王子伯駢行成。甲戌[63]，晉趙武[64]入盟鄭伯。冬十月丁亥[65]，鄭子展出盟晉侯。十二月戊寅[66]，會于蕭魚[67]。庚辰[68]，赦鄭囚，皆禮而歸之；納斥候(69)，禁侵掠。晉侯使叔肸(70)告于諸侯。公使臧孫紇(71)對曰：

「凡我同盟，小國有罪，大國致討，苟有以藉手(72)，鮮不赦宥，寡君聞命矣。」

鄭人賂晉侯以師悝、師觸、師蠲(73)；廣車、軘車淳十五乘(74)，甲兵備，凡兵車百乘，歌鍾二肆(75)，及其鎛磬(76)，女樂二八(77)。晉侯以樂之半賜魏絳(78)，曰：「子教寡人和諸戎狄以正諸華(79)，八年之中，九合諸侯(80)，如樂之和，無所不諧，請與子樂之。」辭曰：「夫和戎狄，國之福也。八年之中，九合諸侯，諸侯無慝(81)，君之靈也，二三子之勞也，臣何力之有焉？抑(82)臣願君安其樂而思其終(83)也。《詩》曰：『樂只君子，殿天子之邦。樂只君子，福祿攸同。便蕃左右，亦是帥從(84)。』夫樂以安德，義以處之，禮以行之，信以守之，仁以厲之(85)，而後可以殿邦國、同福祿、來遠人，所謂樂也。《書》曰：『居安思危(86)。』思則有備，有備無患。敢以此規。」公曰：「子之教，敢不承命。抑微子(87)，寡人無以待戎，不能濟河。夫賞，國之典也，藏在盟府(88)，不可廢也，子其受之。」魏絳于是乎始有金石之樂(89)，禮也。

秦庶長(90)鮑、庶長武，帥師伐晉以救鄭。鮑先入晉地，士魴(91)御之，少秦師(92)而弗設備。壬午(93)，武濟自輔氏(94)，與鮑交伐晉師。己丑(95)，秦晉戰于櫟(96)，晉師敗績，易秦[97]故也。

【注釋】❶季武子將作三軍　季武子，即魯卿季孫宿，季文子之子。魯國原有二軍，今將擴編為三軍。據《周禮》，一軍有一萬二千五百人。❷叔孫穆子　即叔孫豹，又稱穆叔，為叔孫得臣之子。叔孫氏世為司馬，掌軍政，故季氏先告之。❸各征其軍　意謂魯國孟孫氏、叔孫氏、季孫氏三家各率領其中一軍。❹政將及子二句　政權將要輪到您執掌，您一定不能這樣做。此時季武子尚年少，由穆子執政，穆子已年老，將讓位季氏，因季氏世為上卿，但恐季氏專權，不能團結三家，故作此言。❺乃盟諸僖閎　就在僖公廟的大門口盟誓。諸，之於的合音詞。❻詛諸五父之衢　詛，祭神，使神靈加禍於不守盟誓者。見隱公十一年傳注。既盟又詛，足見三家互有猜忌。五父之衢，大道名，在魯都曲阜東南五里。見定公六年傳。❼三分公室而各有其一　把公室的軍隊一分為三，三家各得其中一軍。由此魯軍成為三族所私有。❽三子各毀其乘　三家各自撤銷原有的私家軍隊。即把他們充實到分得的軍中。但「毀」的方法各不相同，下文分別言之。乘，兵車。此指士兵。❾以其役邑入者無征二句　季氏讓原來的私家士兵在其提供兵役的鄉邑加入軍中服役的，就免除徵稅，不加入軍中的就加倍徵稅。按，魯國三軍兵員來自全國各縣邑，而原來私家軍的士兵來自各家食邑。今季氏將其私邑奴隸盡釋為自由民，入季氏軍服役的就免稅，不入新軍服役的倍徵，以獎勵從軍者。役邑，提供兵役之鄉邑。❿孟氏使半為臣二句　孟孫氏亦使其私邑奴隸為自由民，但原來的私家士兵補入所分軍中服役仍以奴隸待之，他們或是自由民之子，或是自由民之弟，所以說是使半為奴隸。臣，奴隸。若，或。⓫叔孫氏使盡為臣二句　叔孫氏對其私邑仍實行奴隸制，原來的私家士兵本來就是奴隸，今補入軍中也仍是奴隸身分，不願這樣做的就不補入。舍，置；補入新軍。⓬鄭人患晉楚之故　鄭國卿大夫為擔憂晉、楚爭奪鄭國而謀議。鄭都在今河南省新鄭市，為晉楚所爭，國境屢為戰場，多年來幾乎年年遭兵災，故鄭人患之。⓭晉不吾疾也　晉國就不急於爭奪我國。杜注：「疾，急也。」⓮辟　同「避」。指逃避與晉交戰。⓯何為而使晉師致死于我三句　怎樣做就能使晉軍拚命攻打我們，而楚國也不敢抵敵，以後就能牢固地結交晉國。與，結好；親附。按，此為鄭人之謀，欲與晉固結以免遭兵患。⓰子展　即公孫舍之，鄭穆公之孫，公子喜之子，字子展，為鄭六卿之一。⓱晉能驟來二句　晉能屢次來攻，楚國卻不能抵敵。按，襄公九年傳言知武子之計，三分晉軍，輪番攻鄭，軍不疲勞，楚則不能敵。此計已見效。⓲說　同「悅」。⓳使疆埸之司惡于宋　使邊境的官員向宋國挑釁。疆埸，同義詞。邊境。⓴向戌　宋桓公的後代，官左師。㉑四月諸侯伐鄭　據經文，是晉、魯、宋、衛、曹、齊等十二諸侯國聯軍伐鄭。㉒己亥　十九日。㉓門于東門　駐軍在鄭都東門外。上「門」字是動詞，攻打城門，此有駐守義。㉔莫　同「暮」。㉕荀罃　即知武子、知罃，晉軍元帥。㉖舊許　許國舊地。許國於魯成公十五年遷至楚國葉縣，原地入於鄭國，稱舊許，其地在今河南省許昌市。㉗孫林父　衛卿，孫良夫之子，又稱孫文子。㉘北林　鄭地，在今河南省新鄭市北四十里。㉙師于向　駐軍在向地。向，鄭地，在今河南省尉氏縣西南四十里。㉚右還次于瑣　諸侯軍右轉，即從向地又往西北行，駐紮在瑣地，逼近鄭都。瑣，鄭地，在今新鄭市北十多里之鎮侯亭。㉛觀兵　檢閱軍隊。㉜西濟于濟隧　從西面渡過濟隧河。此指後續部隊。濟隧，水名，今已湮沒，原在今河南省滎陽市東南。㉝行成　求和。㉞同盟于亳　晉為首的諸侯國與鄭國在亳地結盟。經文云：「秋七月己未（初十日），同盟于亳城北。」杜注：「亳城，鄭地。」《公羊》、《穀梁》皆作「京」。亳亦稱京，本為商代古城，在今河南省滎陽市東南二十里之薄亭。㉟范宣子　即士匄，范文子士燮之子，為晉中軍副帥。㊱不慎必失諸侯　指盟書措詞如不謹慎，必遭諸侯反對。此有鑑於襄公九年傳盟於戲，因盟書不慎，為鄭國所侮，故作此言。㊲道敝　路上往來疲乏。㊳載書　盟書。㊴毋蘊年　不能囤積糧食。年，穀熟。此指糧食。㊵毋壅利　不能壟斷山川之利。㊶毋保姦　不能庇護別國的罪人。㊷毋留慝　不能收留別國邪惡的人。㊸恤禍亂　救助別國的禍患。上句災患指自然災害，此禍亂指因爭權奪利而造成的動亂。㊹同好惡　統一善惡標準，善者同好之，惡者同惡之。㊺獎　助。㊻或間茲命　有人違犯這誓命。間，犯。㊼司慎司盟　《儀禮》云：「二司，天神。司慎，察不敬者；司盟，察盟者。」以下「山川」等皆指神。㊽羣神羣祀　羣神指各種天神，羣祀指天神之外受祭祀的各種神靈。㊾先王先公　先王指諸侯之祖，如宋祖為商王帝乙（紂王之父），鄭祖為周厲王等。先公指諸侯國始封君。㊿七姓十二國　十二國指伐鄭之諸侯國，共有七姓：晉、魯、衛、曹、滕，姬姓；宋，子姓；齊，姜姓；莒，己姓；杞，姒姓；薛，任姓；郳、小郳，曹姓。(51)殛　誅戮。(52)隊命亡氏　君主喪命，氏族滅亡。隊，同「墜」。(53)踣　倒斃；滅亡。(54)子囊　楚國令尹，楚莊王子，又稱公子貞。(55)乞旅　乞師；求出兵支援。(56)鄭伯逆之三句　鄭簡公迎候楚王。丙子，七月二十七日，楚共王、鄭簡公聯合伐宋。少量秦軍由楚王率領，故經文不言秦。(57)九月二句　四月伐鄭之十二諸侯國，到九月又全部出兵再次伐鄭。(58)良霄　鄭卿，公孫輒子耳之子，字伯有。(59)大宰　太宰；宮廷總管。鄭之六卿皆鄭穆公之子孫，石氏雖為太宰，僅是散卿，故只當副使。(60)綏晉　與晉國和好。綏，安。此句意未完，其下文當是「孤之願也」，但恐楚王震怒，故改以「不然」二句。(61)武震以攝威之　用武力去威懾晉國。震，威。攝，通「懾」。(62)書曰行人二句　經文說「楚人執鄭行人良霄」，是說他是行人（使者），不應加以拘捕。(63)甲戌　九月二十六日。(64)趙武　晉新軍帥，趙朔之子，趙盾之孫。(65)丁亥　初九日。(66)戊寅　初一日。(67)蕭魚　鄭地，當在今河南省許昌市西。68庚辰　初三日。69納斥候　收回偵察兵、巡邏兵。即不相戒備。70叔肸　即羊舌肸，字叔向，羊舌職之子，羊舌赤伯華之弟，為晉國名臣。此時叔向以赦鄭囚、納斥候、禁侵掠三事告諸侯。71臧孫紇　即臧武仲，臧孫許之子。72苟有以藉手　如有所得，可藉以回報國君。成公二年傳作「若苟有以藉口」。少有所得皆可謂藉手。73師悝師觸師蠲　三人都是樂師。古樂師各專一藝，服虔據下文推之，謂此三人為鐘師、鎛師、磬師。74廣車軘車淳十五乘　廣車，指攻戰用的兵車。軘車，指屯守用的兵車。淳，通「純」。偶；配對。廣車、軘車相配為一淳。淳十五乘即各十五乘，共三十乘。下句「凡兵車百乘」，謂廣、軘同其他兵車合共百乘。75歌鍾二肆　歌鐘兩架，即懸掛的編鐘兩排。《周禮・小胥》：「凡縣鐘磬，半為堵，合為肆。」鄭玄注謂十六枚一架謂之堵，則肆為三十二枚。據一九七八年湖北省隨縣出土的曾侯乙編鐘及其研究，凡音調音階完備，可演奏樂曲者，始得為一肆。76鎛磬　用以配歌鐘的兩種樂器，據《國語・周語下》鎛為小鐘。磬是石製的敲擊樂器。77女樂二八　能歌舞的美女十六人。古樂舞八人為一列，二八即二列。78魏絳　晉新軍副帥，魏犨之子，又稱魏莊子。襄公四年傳記其和戎之功。79以正諸華　以整頓中原諸國。正，同「整」。使端正。諸華，華夏諸國。80九合諸侯　九次會合諸侯：襄公五年會於戚，又會於城棣，七年會於鄬，八年會於邢丘，九年盟於戲，十年春會於柤，秋又會戍虎牢，今年盟於亳，又會於蕭魚。81無慝　沒有惡人，即沒有不順從的。82抑　轉折連詞。不過；但是。83思其終　想到如何善終。此時鄭國歸服，晉悼公復霸中原，魏氏恐其驕怠，故作此言。84詩曰七句　見《詩經・小雅・采菽》，意謂快樂啊君子，鎮撫天子的邦國。快樂啊君子，福祿和別人同享。治理好左右鄰近的小國，率領他們也跟從天子。只，句中語助詞。殿，鎮守。攸，所。便蕃，毛詩作「平平」，韓詩作「便便」，意謂治理好。亦是帥從，亦帥而從之。85夫樂以安德五句　音樂是用來穩固思想品德的，道義是用來安處官位的，禮儀是用來推行政教的，信用是用來保證事情辦成的，仁愛是用來勉勵自己努力的。厲，通「勵」。86書曰二句　此為逸書，《偽古文尚書・周官》作「居寵思危」，《逸周書・程典》作「於安思危」。87抑微子　但是，如果沒有您。微，通「非」、「無」。常用於假設句。88盟府　相當於後代的檔案庫。89魏絳于是乎始有金石之樂　按句意推知，卿大夫有功始賜金石之樂，亦足證大夫家有樂。90庶長　秦爵級名。二庶長一名鮑，一名武。秦用商鞅以前已有庶長之名，商鞅制定秦爵二十級，其中庶長分為四級，第十爵左庶長，十一爵右庶長，十七爵駟車庶長，十八爵大庶長，皆為卿大夫、軍將。91士魴　晉卿，士會之子，為下軍副帥。時晉悼公尚未返國，士魴為留守。92少秦師　以為秦軍很少。少，意動用法。以為少。93壬午　十二月初五日。94輔氏　在今陝西省大荔縣東二十里，朝邑鎮西北十三里，武庶長於此渡過黃河。95己丑　十二日。96櫟　當是晉地。《史記・晉世家》索隱謂在河北。今地不詳。《方輿紀要》謂在臨潼縣北三十里，似不可信。97易秦　輕視秦軍。

【語　譯】魯襄公十一年春季，季武子準備擴編為三個軍，先告訴叔孫穆子說：「請允許擴編成三個軍，由三家各管一個軍。」叔孫穆子說：「政權將要輪到您執掌，您一定不能這樣做。」季武子堅決請求，叔孫穆子說：「那就締結盟誓吧？」就在僖公神廟的大門口訂立盟約，又在五父之衢祭神發誓。正月，魯國編定三個軍，把本是公室的軍隊一分為三，孟孫氏、叔孫氏、季孫氏三家各管其中一軍。三家各自撤銷原有的私家軍隊，充實到新分得的軍中。季孫氏讓他的私家軍士在其提供兵役的鄉邑參加新軍的，就免除徵稅，如果不參加新軍的就加倍徵稅。孟孫氏讓他的私家軍士仍有一半是奴隸身分，他們或是父之子，或是兄之弟。叔孫氏仍把他的私家軍士全部編為奴隸兵，不這樣就不補入新分的軍隊裏。

鄭國卿大夫為晉、楚爭奪鄭國而擔憂，大夫們說：「不順從晉國，鄭國幾乎要滅亡。楚國比晉國弱，晉國就不急於爭奪我國。如晉國急於爭奪我國，楚國將會避開同它作戰。怎樣做才可使晉國拼死攻打我們，而楚國又不敢抵敵，而後我們就可牢固地依附晉國呢？」子展說：「向宋國挑釁，攻打宋國，諸侯軍必然就來打我們，我們就順從他們結盟。楚軍打來，我們又順從楚國，這樣晉國就更生氣了。晉國能頻繁地來侵擾，而楚國卻不能抵敵，我們就可堅決依附晉國。」大夫們表示贊同，就使邊境的官員向宋國尋事挑釁。宋國的向戌領兵入侵鄭國，俘獲很多。子展說：「可以出兵攻打宋國了。如果我們攻打宋國，諸侯軍必然奮力攻打我們，我們就聽命於諸侯，同時向楚國報告。楚軍打來，我們就和楚國結盟，又用重禮賄賂晉軍，這樣就可免遭兵災了。」夏季，鄭國的子展領兵入侵宋國。

四月，晉悼公、魯襄公、宋平公、衛獻公、曹成公、齊國太子光、莒子、邾子、滕子、薛伯、杞伯、小邾子聯合進攻鄭國。十九日，齊國太子光、宋國向戌先到達鄭國，駐軍在鄭都東門外。當天晚上，晉國荀罃領兵到達鄭都西郊，向東入侵原屬許國的地方。衛國的孫林父進攻鄭國北部邊境。六月，十二國諸侯在北林相會，諸侯軍駐紮在向地，又轉向西北，駐紮在瑣地，包圍鄭都，在南門外閱兵，炫耀軍力。又有軍隊從西面渡過濟隧河。鄭國人恐懼，就向諸侯求和。秋季七月，十二諸侯國同鄭國在亳城結盟。范宣子說：「如果盟書措辭不謹慎，必然會失去諸侯。諸侯路上來去疲乏而沒有好結果，能沒有二心嗎？」於是就盟誓。盟書說：「凡是我們同盟的國家，不能囤積糧食，不能壟斷山川之利，不能庇護別國的罪人，不能收留別國壞人。要救濟災荒，安定禍亂，統一好惡，輔助王室。如有人違犯這些誓命，司慎、司盟的神靈，名山、名川的神靈，各種天神，先王、先公，七姓十二國的祖先，這些明察的神靈就要誅戮他，使他失去百姓，喪失性命，滅亡氏族，滅亡他的國和家。」

楚國的子囊向秦國求兵支援。秦國右大夫名詹的率領軍隊跟隨楚共王，由楚王統率進攻鄭國。鄭簡公前去迎接表示順服。七月二十七日，楚共王和鄭簡公共同領兵進攻宋國。

九月，十二諸侯又全部出兵再次進攻鄭國。鄭國人派良霄、太宰石㚟到楚國去，告訴楚國將要順服晉國，說：「鄭君為了國家的緣故，不能懷念楚王了。楚王如能用玉帛等財物安撫晉國，不然，就用武力去威懾晉國，這是我們的願望！」楚國人就囚禁了他倆。《春秋》記載說：「楚人執鄭行人良霄」，是說他們是使者，不應該拘捕囚禁的。

諸侯聯軍在鄭都東門外閱兵示威。鄭國人派王子伯駢去求和。九月二十六日，晉國的趙武入鄭都和鄭簡公結盟。冬季十月初九日，鄭國的子展出城和晉悼公結盟。十二月初一日，十二國諸侯和鄭簡公在蕭魚會見。初三日，諸侯國赦免鄭國的俘虜，都給予禮遇而後放回去；又收回巡邏哨兵，禁止掠奪百姓財物。晉悼公派大夫叔肸通告諸侯，魯襄公派臧孫紇對叔肸回答說：「凡是我們同盟國家，小國有了罪過，大國派兵討伐，如果稍有所得，可以回報國君，就很少不赦免寬恕的。我們國君聽到命令了。」

鄭國人贈送給晉悼公三名樂師：師悝、師觸、師蠲；配對的戰車、輴車各十五輛，盔甲武器齊備，和其他兵車總共一百輛；歌鐘兩排，以及和它相配的鎛、磬等樂器；會歌舞的美女兩隊十六人。晉悼公把樂器的一半賜給魏絳，說：「您教我同戎狄各部和好以整頓中原諸國，八年中九次會合諸侯，諸侯們像音樂一樣和諧，沒有什麼不協調，讓我和您一起享用快樂吧！」魏絳辭謝說：「同戎狄講好，這是國家的福氣；八年之中能九次會合諸侯，諸侯沒有不順從的，這是由於國君的威靈，也是其他將帥們的功勞，下臣有什麼功勞呢？下臣不過希望國君安於快樂而又常想到如何善終。《詩經》說：『快樂啊君子，鎮撫天子的邦國。快樂啊君子，福祿和別人同享。治理好附近的小國，率領他們服從天子。』這音樂是用來穩固思想品德的，道義是用來克盡職責的，禮儀是用以推行政教的，信用是用以保證行事的，仁愛是用以勉勵自己努力的。這樣之後方可鎮撫天子的邦國，同享福祿，使遠方的人歸服，這就是所說的快樂。《書》說：『居安思危。』想到危難就有戒備，有戒備就沒有禍患。謹以此規勸國君。」晉悼公說：「您的教導，我豈敢不接受！要是沒有您，寡人無法對待戎人，也不能渡過黃河九合諸侯。這賞賜是國家的典章規定的，典章就藏在盟府，不能廢棄的。您還是接受吧！」從此魏絳方始有金石之樂，這是合於禮的。

秦國庶長鮑、庶長武兩人領兵進攻晉國以救援鄭國。鮑先進入晉國境內，留守的士魴抵禦他，認為秦軍人少而不加防備。十二月初五日，庶長武從輔氏渡過黃河，和鮑夾攻晉軍。十二日，秦軍和晉軍在櫟地交戰，晉軍大敗，這是輕視秦軍的緣故。

【說明】春秋時期是我國歷史上分裂與兼并接踵相仍的動蕩時代，戰爭的頻繁程度為歷史所僅見。鄭國多年來採取了「唯強是從」的投機策略，仍然幾乎年年飽受兵災戰禍之苦。因此鄭國卿大夫商議，決定用侵宋的辦法使諸侯國聯合伐鄭，以達到長期與晉國牢固結盟的目的。在鄭國的挑動下，晉楚爭奪鄭國的矛盾更加突出。但楚弱於晉，經過這次較量，鄭國實現了與晉為首的十二諸侯國結盟、會於蕭魚的願望，也強化了楚弱晉強的格局，而有利於中原局勢的穩定。而一直受到晉國扼制的秦國又乘機渡河偷襲，使兩國關係又趨於緊張，導致十四年晉會同諸侯伐秦報復。

《左傳》不僅敘事準確流暢，文字簡潔明快，而且往往通過複雜的歷史事件，自然地表現其歷史意識，展示進步的思想傾向，成為研究我國古代思想史的重要依據。如本傳寫晉悼公重振霸業、九合諸侯已成定局後，魏絳深怕悼公貪圖安樂而驕怠，因此以解釋何謂「樂」為契機，規諫國君要「居安思危」，「思則有備，有備無患」，要常思如何得以善終。這種思想具有積極的歷史價值，表現這種思想的文學語言也成為後世的格言。唐代劉知幾《史通》評《左傳》說：「其言簡而要，其事詳而博。」《左傳》不愧是一部包羅宏富的不朽巨著。

十二年

庚子，西元前五六一年。周靈王十一年、齊靈公二十一年、晉悼公十三年、秦景公十六年、楚共王三十年、宋平公十五年、衛獻公十六年、陳哀公八年、蔡景公三十一年、曹成公十七年、鄭簡公五年、燕武公十三年、許靈公三十一年、吳壽夢二十五年。

經 十有二年春王三月，莒人伐我東鄙，圍臺。季孫宿帥師救臺，遂入鄆。

夏，晉侯使士魴來聘。

秋九月，吳子乘卒。

冬，楚公子貞帥師侵宋。

公如晉。

傳 十二年春，莒人伐我東鄙，圍臺❶。季武子救臺，遂入鄆❷。取其鐘以為公盤❸。

夏，晉士魴來聘，且拜師❹。

秋，吳子壽夢❺卒，臨于周廟❻，禮也。凡諸侯之喪，異姓臨于外❼，同姓于宗廟，同宗于祖廟❽，同族于禰廟❾。是故魯為諸姬，臨于周廟；為邢、凡、蔣、茅、胙、祭❿，臨于周公之廟。

冬，楚子囊、秦庶長無地⓫伐宋，師于楊梁⓬，以報晉之取鄭⓭也。

靈王⓮求后于齊，齊侯問對于晏桓子⓯。桓子對曰：「先王之禮辭有之，天子求后于諸侯，諸侯對曰：『夫婦所生若而人⓰，妾婦之子若而人。』無女而有姊妹及姑姊妹⓱，則曰：『先守某公⓲之遺女若而人。』」齊侯許昏⓳。王使陰里結之⓴。

公如晉，朝，且拜士魴之辱㉑，禮也。

秦嬴㉒歸于楚。楚司馬子庚㉓聘于秦，為夫人寧㉔，禮也。

【注釋】❶臺　魯邑，在今山東省費縣東南十二里之臺亭。❷鄆　魯有二鄆，此為東鄆，文公十二年時魯於此築城，後為莒國所奪，此時已屬莒，至昭公元年魯復取鄆，其地在今山東省沂水縣東北五十里。❸盤　銅盤，盛食器，亦作浴器，魯襄公所用。❹拜師　拜謝魯國出兵隨晉軍伐鄭。見襄公十一年傳。❺吳子壽夢　吳王名乘，字壽夢，在位二十五年，死後由其長子諸樊即位。❻臨于周廟　在周文王廟哭祭。《禮記・檀弓》鄭注：「喪哭曰臨。」周廟，杜注謂周文王廟。吳魯同為姬姓，吳始祖泰伯，魯始祖周公。魯國無泰伯廟，故以文王廟為宗廟。❼異姓臨于外　異姓諸侯死，在城外向其國行祭禮。❽祖廟始封君之廟。魯國祖廟即周公之廟。❾同族于禰廟　杜注：「父廟也。同族謂高祖以下。」禰廟，父廟，亦謂之考廟。❿邢凡蔣茅胙祭　杜注：「六國皆周公之支子，別封為國，共祖周公。」⓫庶長無地　庶長為秦國爵級名，無地為人名。見襄公十一年傳。⓬楊梁　宋地，在今河南省商丘市東南三十里之楊亭。⓭晉之取鄭　晉國攻鄭，鄭求和。事見襄公十一年傳。⓮靈王　周靈王姬泄心，周簡王之子，魯襄公二年即位。⓯晏桓子　即晏弱，齊國大夫，晏子之父。⓰夫婦所生若而人　諸侯嫡妻所生若干人。若而人即若干人，見《杜注拾遺》。⓱姑姊妹　父之姊為姑姊，父之妹為姑妹。⓲先守某公　先君某公。如是姊妹，則「某公」用其父之謚號，如是姑姊妹，則用其祖父之謚號。⓳昏　同「婚」。⓴王使陰里結之　周王使大夫陰里口頭約定。結，結言。《淮南子・泰族》：「待媒而結言。」㉑且拜士魴之辱　而且拜謝晉卿士魴來魯國聘問。㉒秦嬴　秦景公之妹，嫁楚共王為夫人，出嫁已久，此時返秦省其母而後歸楚。㉓子庚　楚莊王子，楚共王弟，名午。㉔寧　婦女回母家省親。

【語　譯】魯襄公十二年春季，莒國人攻打我魯國東部邊境，包圍了臺邑。魯卿季武子領兵救臺邑，就乘機進入鄆邑，掠取了他們的鐘回來改鑄成魯襄公用的銅盤。

夏季，晉卿士魴來魯國聘問，同時拜謝魯國出兵伐鄭。

秋季，吳王壽夢死了，魯國在周文王神廟哭祭，這是合於禮的。凡是諸侯的喪事，異姓的就在城外哭祭，同姓的就在宗廟哭祭，同宗的就在祖廟哭祭，同族的就在父廟哭祭。因此魯國為姬姓諸國喪事，就在宗廟周文王廟哭祭，為了邢、凡、蔣、茅、胙、祭六國喪事，就在祖廟周公之廟哭祭。

冬季，楚國令尹子囊、秦國庶長無地領兵攻打宋國，軍隊駐紮在楊梁，以報復晉國攻取鄭國。

周靈王派人到齊國求娶王后，齊靈公向晏桓子詢問如何回答。晏桓子答道：「先王的禮儀辭令有這樣的話：天子到諸侯國求娶王后，諸侯回答說：『夫人所生的女兒若干人，妾婦所生的女兒若干人。』沒有女兒而有姊妹和姑母，就回答說：『先君某公的遺女若干人。』」齊靈公答應了婚事。周王派大夫陰里作口頭約定。

魯襄公到晉國去朝見晉悼公，同時拜謝士魴的聘問，這是合於禮儀的。

秦嬴嫁給楚共王，回秦國省親後回到楚國。楚國的司馬子庚到秦國聘問，是為了楚共王夫人回娘家省親而去聘問的，這是合於禮的。

【說明】東鄆本屬魯國，其地在今山東省沂水縣東北，靠近莒國（今山東省莒縣），卻遠離魯都曲阜。昭公元年傳云：「莒、魯爭鄆，為日久矣。」文公十二年時，季文子領兵築鄆城，就是防莒國來爭。成公九年楚軍伐莒入鄆，鄆邑已屬莒國。其後於襄公六年，莒國又滅鄫國（今山東省棗莊市東），魯國無力抗爭。可見莒國力量已擴展到今山東省東南部。今又圍攻臺邑，靠近季孫氏的私邑費城（今山東省費縣）。季武子領兵救臺，乘機侵入鄆邑掠奪，傳文僅舉其獲得銅鐘禮器，改鑄為銅盤供魯襄公使用，但季氏並未攻取鄆邑。

十三年

辛丑，西元前五六〇年。周靈王十二年、齊靈公二十二年、晉悼公十四年、秦景公十七年、楚共王三十一年、宋平公十六年、衛獻公十七年、陳哀公九年、蔡景公三十二年、曹成公十八年、鄭簡公六年、燕武公十四年、許靈公三十二年、吳諸樊遏元年。

經 十有三年春，公至自晉。

夏，取邿。

秋九月庚辰，楚子審卒。

冬，城防。

傳 十三年春，公至自晉，孟獻子書勞于廟❶，禮也。

夏，邿❷亂，分為三。師救邿，遂取之。凡書取，言易也；用大師焉曰滅，弗地曰入❸。

荀罃、士魴❹卒，晉侯蒐于緜上❺以治兵。使士匄❻將中軍，辭曰：「伯游❼長。昔臣習于知伯❽，是以佐之，非能賢❾也。請從伯游。」荀偃將中軍，士匄佐之。使韓起❿將上軍，辭以趙武⓫。又使欒黶⓬，辭曰：「臣不如韓起，韓起願上趙武。君其聽之。」使趙武將上軍，韓起佐之。欒黶將下軍，魏絳⓭佐之。新軍無帥，晉侯難其人⓮，使其什吏⓯率其卒乘⓰官屬以從于下軍，禮也。晉國之民是以大和，諸侯遂睦。君子曰：「讓，禮之主也。范宣子讓，其下皆讓。欒黶為汰⓱，弗敢違也。晉國以平，數世賴之⓲，刑善⓳也夫。一人刑善，百姓休和⓴，可不務㉑乎？《書》曰：『一人有慶，兆民賴之，其寧惟永㉒。』其是之謂乎！周之興也，其《詩》曰：『儀刑文王，萬邦作孚㉓。』言刑善也。及其衰也，其《詩》曰：『大夫不均，我從事獨賢㉔。』言不讓也。世之治也，君子尚能而讓其下，小人農力㉕以事其上，是以上下有禮，而讒慝黜遠㉖。由不爭也，謂之懿德㉗。及其亂也，君子稱其功以加小人㉘，小人伐其技以馮君子㉙，是以上下無禮，亂虐並生。由爭善㉚也，謂之昏德。國家之敝，恆必由之。」

楚子疾，告大夫曰：「不穀㉛不德，少主社稷㉜，生十年而喪先君，未及習師保㉝之教訓，而應受多福㉞，是以不德，而亡師于鄢㉟，以辱社稷，為大夫憂，其弘多㊱矣。若以大夫之靈，獲保首領以沒于地。唯是春秋窀穸之事、所以從先君于禰廟者㊲，請為『靈』若『厲』㊳，大夫擇焉。」莫對。及五命乃許。秋，楚共王卒。子囊㊴謀諡，大夫曰：「君有命矣。」子囊曰：「君命以共㊵，若之何毀之？赫赫楚國，而君臨之，撫有蠻夷，奄征南海㊶，以屬諸夏，而知其過，可不謂共乎？請諡之共。」大夫從之。

吳侵楚，養由基奔命㊷，子庚㊸以師繼之。養叔曰：「吳乘我喪，謂我不能師也，必易我㊹而不戒。子為三覆㊺以待我，我請誘之。」子庚從之。戰于庸浦㊻，大敗吳師，獲公子黨。君子以吳為不弔㊼，《詩》曰：「不弔昊天，亂靡有定㊽。」

冬，城防㊾。書事，時也㊿。于是將早城，臧武仲(51)請俟畢農事，禮也。

鄭良霄、大宰石㚟(52)猶在楚。石㚟言于子囊曰：「先王卜征五年，而歲習其祥，祥習則行(53)。不習，則增修德而改卜。今楚實不競(54)，行人(55)何罪？止鄭一卿(56)，以除其偪(57)，使睦而疾楚，以固于晉，焉用之？使歸而廢其使(58)，怨其君以疾其大夫(59)，而相牽引(60)也，不猶愈乎？」楚人歸之。

【注釋】❶孟獻子書勞于廟　孟獻子，即仲孫蔑。書勞，即策動，把襄公的功勳記載在竹簡上。諸侯凡出行，應先祭告祖廟；返國，又應祭告祖廟，並記載功勞。《周禮・夏官・司勳》：「王功曰勳，事功曰勞。」詳桓公二年傳注。❷邿　魯附庸小國，妊姓，在今山東省濟寧市東南五十里。❸凡書取四句　凡是《春秋》記載「取」某邑某國，是說攻取很容易；凡是用大軍費力攻取的，就記載說「滅」；雖攻取其國，但並不佔有其地，就記載說「入」。❹荀罃士魴　二人都是晉國卿。荀罃即知罃、知武子，下文又稱知伯，為晉中軍帥，執國政。士魴為士會子，晉下軍副帥。❺蒐于緜上　蒐，檢閱、訓練軍隊。緜上，晉地，在今山西省翼城縣西。❻士匄　即范宣子，士燮范文子之子，為晉中軍副帥。❼伯游　荀偃的字，又稱中行偃。荀庚之子、荀林父之孫。本為晉上軍帥，今升任中軍帥。❽習于知伯　和荀罃知武子熟悉。習，熟悉；相互瞭解。❾能賢　即賢能。❿韓起　即韓宣子，韓厥之子，為晉上軍副帥。⓫趙武　趙朔之子，趙盾之孫，本為晉新軍帥，今升任上軍帥，於八卿中位第三。⓬欒黶　欒書之子，晉下軍帥。⓭魏絳　魏犨之子，本為新軍副帥，今升為下軍副帥。⓮難其人　難得其人。指新軍將佐的人選難以確定。⓯什吏　即十吏，指軍尉、司馬、司空、輿尉、候奄五吏及其佐共十吏。各軍皆有十吏。⓰卒乘　步兵和車兵。⓱汏　當作「汰」(見阮元《校勘記》)，驕縱；專橫。欒氏專橫見襄公十年傳之「獨進」及下年傳之欲殺士鞅。⓲賴之　利之；得其利。⓳刑善　取法於善。刑，法。用作動詞。效法。⓴百姓休和　百官和睦團結。百姓，百官族姓，與今義不同。《尚書・堯典》：「九族既睦，平章百姓。」㉑務　盡力；致力。㉒書曰四句　見《尚書・呂刑》，意謂國君一個人賢德，萬民皆受其利，國家就可長久安定。一人，原指天子，此泛指在上位者。慶，善。㉓其詩曰三句　見《詩經・大雅・文王》，意謂效法文王，萬國因此信任他。儀刑，同義詞連用。效法。孚，信。㉔其詩曰三句　見《詩經・小雅・北山》，本意是刺周幽王役使勞逸不均，我作事獨多。賢，多。引詩則謂獨有自己賢能，自誇而不相謙讓。㉕農力　努力。見王引之《述聞》。㉖讒慝黜遠　邪惡之人被廢黜而遠貶。㉗懿德　美德。㉘稱其功以加小人　自誇其功而陵駕於小人之上。小人，指其屬下。㉙伐其技以馮君子　自誇其能而陵駕於其上位的人。伐與稱互文，誇。馮，同「憑」。與「加」同義。㉚爭善　杜注「爭自善也」。㉛不穀　不善，國君自稱。㉜少主社稷　年少就做國家君主。主，作動詞。楚莊王死時，楚共王僅十歲就即位為君。㉝師保　古時太子有太師、太保、少師、少保諸官教導，統稱師保。㉞應受多福　受君位。應，通「膺」。與「受」同義。多福，指君位。㉟亡師于鄢　指鄢陵之戰中楚國遭到失敗。見成公十六年傳。㊱弘多　指國家受大辱，諸大夫多為憂。常弘多連用。㊲唯是句　意謂只是死後議謚、安葬、入廟的事。春秋，指四時祭祀。窀穸，墓穴。指安葬。禰廟，父親之神廟。諸侯有五廟：父廟，祖父廟，曾祖廟，高祖廟，始封祖之廟。共王死，子康王即位，共王神主入為父廟，莊王之廟便為祖父廟，以次上升，原高祖神主即入始祖廟中。約自西周中葉起，天子、諸侯、卿大夫死後即議謚，謚定而卜葬，既葬而入廟。㊳請為靈若厲　請謚為「靈」或「厲」。靈、厲皆惡謚，謚法：「亂而不損曰靈」，「戮殺不辜曰厲」。若，或。㊴子囊　即公子貞，楚莊王子，楚共王弟，為楚國令尹，執國政。㊵君命以共　謂楚王死前命謚「共」。共，同「恭」。是美謚。子囊要謚之「共」，而以君命答大夫。㊶奄征南海　指擴大疆域到南海。《說文》：「奄，大也。」㊷養由基奔命　養由基即養叔，楚大夫，以善射著名，邲之戰時已為莊王車右。見宣公十二年傳。奔命，奉命出征奔走。此指為先鋒。㊸子庚　即公子午，楚莊王子，共王弟，時為司馬。㊹易我　輕視我軍。㊺三覆　士兵分三處埋伏。㊻庸浦　楚地，在今安徽省無為縣南，長江北岸。㊼不弔　不淑；不善。㊽詩曰三句　見《詩經・小雅・節南山》，意謂蒼天不以汝為善，因此國家禍亂，沒有安定之時。靡，無。㊾城防　在防邑築城。城，動詞。築城。下同。防，魯地，在今山東省費縣東北四十多里，世為臧氏食邑。㊿書事二句　《春秋》之所以記載這事，是由於合於築城時令。51臧武仲　即臧孫紇，臧文仲之孫。52鄭良霄大宰石臭　良霄，鄭卿，鄭穆公之孫子耳（公孫輒）之子，字伯有。與太宰石臭出使楚國，被楚囚禁。見襄公十一年傳。53先王卜征五年三句　意謂楚共王因伐鄭不利，以為是由於不修德行，故立下規矩，五年之中，年年為出兵占卜吉凶，如年年都重複吉祥，就出兵。習，通「襲」。重複。下文「不習」，即有一年卜征不吉。54不競　不能自強。競，強。55行人　使者。指良霄和自己二人。56止鄭一卿　止，留下。不言「執」而言「止」，是外交辭令。一卿，指良霄。57以除其偪　良霄為人剛愎，楚囚禁不放，是給鄭國除去威逼君臣的人。偪，同「逼」。58使歸而廢其使　讓他回鄭國廢除他的使命。使，出使的任務；使命。59怨其君以疾其大夫　埋怨其國君和懷恨大夫。以，與。60牽引　牽掣。

【語　譯】魯襄公十三年春季，魯襄公從晉國回到魯國，孟獻子在祖廟記載襄公的功勳，這是合於禮的。

夏季，邿國發生動亂，分裂為三部分。魯國出兵救援邿國，乘機攻取下來。凡是《春秋》記載為「取」，是說攻取很容易；如用大軍費力攻取就記為「滅」，如攻取而不佔有他的土地就記為「入」。

晉國的荀罃、士魴死去。晉悼公在緜上檢閱、訓練軍隊。讓士匄率領中軍，士匄推辭說：「荀偃比我年長。以前下臣熟悉荀罃，所以他為中軍元帥，我輔佐他，並不是我有賢能啊！請讓荀偃伯游為帥。」於是荀偃率領中軍，士匄輔佐他。晉君讓韓起率領上軍，韓起辭讓給趙武。晉君又使欒黶做上軍帥，欒黶也辭讓說：「下臣不及韓起，韓起願讓趙武居上位，國君還是聽從韓起的意見。」就使趙武率領上軍，韓起輔佐他。使欒黶率領下軍，魏絳輔佐他。新軍沒有統帥，晉悼公很難得到人選，就讓新軍的十個官吏率領步兵、車兵和所屬官員，附屬在下軍裏，這是合於禮的。晉國的百姓因此和順，諸侯也互相和睦。君子說：「謙讓，是禮的主體。范宣子士匄謙讓中軍帥，他的下屬將佐也就謙讓。欒黶即使驕縱專橫，也不敢違背。晉國由此平和團結，幾代都得益，是由於效法善行的緣故啊！國君取法善行，百官都和睦協調，豈可不致力於效法善行啊？《尚書》說：『一個君主有善行，萬民受到益處，國家的安寧也可久長。』說的就是這意思吧！周朝興起的時候，它的《詩》反映說：『效法周文王，萬邦因此信任。』這是說要效法於善。到周朝衰敗的時候，它的《詩》反映說：『大夫勞逸不均，我所做的事獨多。』這是說互不謙讓。當時世太平的時候，君子崇尚賢能而對其下屬謙讓，在下位的人努力事奉上位的人，因此上下有禮，而邪惡的人被廢黜遠貶，這是由於不爭奪的緣故，這叫做美德。到天下動亂的時候，君子誇耀他的功勞以陵駕於下位的人，下位的人誇耀他的才能以陵駕於君子之上，因此上下無禮，動亂和殘暴一起發生，這是由於大家自以為了不起，這叫做昏德，道德敗壞。國家的衰敗，常是由此造成的。」

楚共王生了病，告知大夫說：「寡人沒有德行，年少時就做了國家的君主。生下來只十歲而父王去世，沒有來得及學習太師、太保的教導而承受了君位的福祿，因此缺乏德行，而在鄢陵戰役中失敗，喪失了軍隊，讓國家蒙受恥辱，讓大夫擔憂，那是夠嚴重的了。如果託大夫們的福，能夠保全首領而善終，只是在春秋祭祀和安葬墓穴之前，在父廟中追隨先君要先議謚的時候，請求謚為『靈』或者『厲』。由大夫們選擇吧。」沒有人答應。到楚共王五次命令後方始同意。秋季，楚共王死。子囊和大家商議謚號。大夫說：「國君已有命令了。」子囊說：「國君命令謚『共』（恭），怎麼能毀棄它呢？聲威赫赫的楚國，國君在上監臨，安撫蠻夷，大征南海，讓他們從屬於中原楚國，而國君又知道自己的過錯，能不說是共嗎？請謚他為『共』。」大夫們都聽從他的意見。

吳國侵襲楚國，養由基奉命迅速進軍，子庚領兵跟著前去。養由基說：「吳國乘我國有喪事，認為我國是不能出兵的，必定輕視我軍而不存戒備之心。您設置三處伏兵來等我，讓我去引誘他們來。」子庚聽了他的意見。在庸浦設伏作戰，大敗吳軍，俘虜了吳國的公子黨。君子認為吳國不好，《詩經》說：「上天認為你不善，國家禍亂就沒有安定之時。」

冬季，魯國在防邑築城。《春秋》所以記載這事，是由於它合於時令。當時本要早些時候築城，臧武仲請求等農事完了再動工，所以是合於禮的。

鄭國的良霄、太宰石㚟還扣留在楚國。石㚟對子囊進言說：「先王為了征伐，要連續占卜五年，每年重複卜得吉兆，就出兵。如果有一年卜兆不吉利，就更加努力修養道德而重新占卜。現在楚國實在不能自強，我們兩個使臣有什麼罪過？留下鄭國一個卿良霄，就除去了威逼鄭國君臣的人，讓他們君臣和睦而怨恨楚國，因而堅決順從晉國，這對楚國有什麼好處？如果讓良霄回國，使他沒有完成出使的任務，他就會埋怨國君和懷恨大夫，因而互相牽掣，這不是比留在楚國好一些嗎？」於是楚國人就把良霄放了回去。

【說　明】晉悼公為鞏固霸主地位，在中軍元帥荀罃、下軍副帥士魴死後，立即訓練、整治軍隊，任命三軍將佐。新軍將佐一時難定人選，就將新軍附於下軍。在任命中軍和上軍將帥時，士匄、韓起等都表現出謙讓的美德。左氏藉君子之口，強調謙讓賢能的美德是使國家興盛、人民受益的好事。楚共王因病囑咐後事，仍難忘十六年前鄢陵之戰的慘敗，認為這是國家的奇恥大辱，是自己的過錯。他在位三十一年，死時四十一歲，死後諡「共」。吳國乘楚王去世，出兵伐楚。吳軍輕敵冒進，遭到伏擊，大敗而歸。但這只是暫時失利，它對楚國的威脅正日益加強。

前年鄭國降晉，楚國拘囚了鄭國的使者良霄、石㚟。良霄為人剛愎，足以威逼鄭國君臣，而石㚟本是主張反晉從楚的人（見襄公二十二年傳）。所以石㚟向楚獻策，勸楚放歸良霄，使鄭君臣不睦。其後良霄果為鄭國之患。

十四年

壬寅，西元前五五九年。周靈王十三年、齊靈公二十三年、晉悼公十五年、秦景公十八年、楚康王昭元年、宋平公十七年、衛獻公十八年、陳哀公十年、蔡景公三十三年、曹成公十九年、鄭簡公七年、燕武公十五年、許靈公三十三年、吳諸樊二年。

經 十有四年春王正月，季孫宿、叔老會晉士匄、齊人、宋人、衛人、鄭公孫蠆、曹人、莒人、邾人、滕人、薛人、杞人、小邾人會吳于向。

二月乙未朔，日有食之。

夏四月，叔孫豹會晉荀偃、齊人、宋人、衛北宮括、鄭公孫蠆、曹人、莒人、邾人、滕人、薛人、杞人、小邾人伐秦。

己未，衛侯出奔齊。

莒人侵我東鄙。

秋，楚公子貞帥師伐吳。

冬，季孫宿會晉士匄、宋華閱、衛孫林父、鄭公孫蠆、莒人、邾人于戚。

傳 十四年春，吳告敗于晉❶。會于向❷，為吳謀楚故也。范宣子數吳之不德也❸，以退吳人。執莒公子務婁，以其通楚使也❹。

將執戎子駒支❺，范宣子親數諸朝❻，曰：「來！姜戎氏！昔秦人迫逐乃祖吾離于瓜州❼，乃祖吾離被苫蓋、蒙荊棘❽以來歸我先君，我先君惠公有不腆❾之田，與女剖分而食之。今諸侯之事我寡君不如昔者，蓋言語漏洩，則職女之由❿。詰朝之事，爾無與焉。與，將執女。」對曰：「昔秦人負恃其眾，貪于土地，逐我諸戎。惠公蠲⓫其大德，謂我諸戎是四嶽之裔冑⓬也，毋是翦棄⓭。賜我南鄙之田，狐狸所居，豺狼所嗥⓮。我諸戎除翦其荊棘，驅其狐狸豺狼，以為先君不侵不叛之臣，至于今不貳。昔文公與秦伐鄭，秦人竊與鄭盟而舍戍焉⓯，于是乎有殽之師⓰。晉禦其上，戎亢其下⓱，秦師不復⓲，我諸戎實然。譬如捕鹿，晉人角之⓳，諸戎掎之⓴，與晉踣之㉑。戎何以不免？自是以來，晉之百役，與我諸戎相繼于時㉒。以從執政，猶殽志也㉓，豈敢離遏㉔？今官之師旅㉕，無乃實有所闕，以攜諸侯㉖，而罪我諸戎！我諸戎飲食衣服不與華㉗同，贄幣不通㉘，言語不達，何惡之能為？不與于會，亦無瞢㉙焉。」賦〈青蠅〉㉚而退。宣子辭焉，使即事于會，成愷悌也㉛。于是子叔齊子㉜為季武子介㉝以會，自是晉人輕魯幣㉞而益敬其使。

吳子諸樊㉟既除喪，將立季札㊱。季札辭曰：「曹宣公之卒㊲也，諸侯與曹人不義曹君，將立子臧㊳。子臧去之，遂弗為也，以成曹君。君子曰：『能守節。』

君，義嗣也[39]，誰敢奸[40]君？有國，非吾節也[41]。札雖不才，願附于子臧，以無失節。」固立之，棄其室而耕，乃舍之。

夏，諸侯之大夫從晉侯伐秦[42]，以報櫟之役[43]也。晉侯待于竟[44]，使六卿[45]帥諸侯之師以進。及涇不濟[46]。叔向[47]見叔孫穆子[48]，穆子賦〈匏有苦葉〉[49]，叔向退而具舟。魯人、莒人先濟。鄭子蟜[50]見衛北宮懿子[51]曰：「與人而不固，取惡莫甚焉，若社稷何[52]？」懿子說[53]。二子見諸侯之師而勸之濟。濟涇而次[54]。秦人毒[55]涇上流，師人多死。鄭司馬子蟜帥鄭師以進，師皆從之，至于棫林[56]，不獲成焉[57]。荀偃[58]令曰：「雞鳴而駕，塞井夷竈[59]，唯余馬首是瞻[60]。」欒黶[61]曰：「晉國之命，未是有也，余馬首欲東。」乃歸，下軍從之。左史[62]謂魏莊子[63]曰：「不待中行伯乎[64]？」莊子曰：「夫子[65]命從帥，欒伯，吾帥也，吾將從之。從帥，所以待夫子也[66]。」伯游曰：「吾今實過，悔之何及，多遺秦禽[67]。」乃命大還[68]。晉人謂之「遷延之役」[69]。

欒鍼[70]曰：「此役也，報櫟之敗也。役又無功，晉之恥也。吾有二位于戎路[71]，敢不恥乎？」與士鞅[72]馳秦師，死焉。士鞅反。欒黶謂士匄曰：「余弟不欲往，而子召之。余弟死而子來，是而子殺余之弟也。弗逐，余亦將殺之。」士鞅奔秦。

于是齊崔杼、宋華閱、仲江會伐秦(73)。不書，惰也(74)。向之會亦如之(75)。衛北宮括不書于向，書于伐秦，攝也(76)。

秦伯(77)問于士鞅曰：「晉大夫其誰先亡？」對曰：「其欒氏乎！」秦伯曰：「以其汰(78)乎？」對曰：「然。欒黶汰虐已甚(79)，猶可以免，其在盈乎(80)！」秦伯曰：「何故？」對曰：「武子之德在民，如周人之思召公(81)焉，愛其甘棠(82)，況其子乎？欒黶死，盈之善未能及人，武子所施沒矣(83)，而黶之怨實章，將于是乎在(84)。」秦伯以為知言(85)，為之請于晉而復之(86)。

【注釋】❶吳告敗于晉　去年吳國伐楚遭到失敗，故求告於晉國，因晉為盟主。❷會于向　此簡言經文。經文云：「正月，季孫宿、叔老會晉士匄、齊人、宋人、衛人、鄭公孫蠆、曹人、莒人、邾人、滕人、薛人、杞人、小邾人會吳于向。」十三國卿大夫與吳國大夫相會。向，杜注謂鄭地，則在今河南省尉氏縣西南四十里；江永謂吳地，在今安徽省懷遠縣西四十里。❸范宣子句　范宣子，即經文之士匄，晉中軍副帥。數吳之不德，責備吳國乘楚共王死而侵楚是不道德行為，以拒絕吳人要求。數，列舉罪狀，加以斥責。❹執莒公子務婁二句　執，拘捕。務婁，莒國公子之名。因莒國使者往來楚國，故拘囚莒國與會的公子。杜注：「莒貳于楚，故比年伐魯。」❺戎子駒支　西戎部落酋長名駒支。此戎為姜氏，又稱姜戎，當時還是部落社會。❻數諸朝　在朝堂上列數姜戎的罪狀。諸，之於的合音合義詞。朝，各國卿大夫相盟會之地所布置的朝堂。❼瓜州　舊注皆以為即今甘肅省安西縣西南五里之瓜州城，在敦煌市東北。顧頡剛以為在今秦嶺高峰之南北兩坡。❽被苫蓋蒙荊棘　披著用白茅編成的遮身物，戴著用荊棘編成的帽子。被，同「披」。蒙，冒。❾不腆　不多。❿職女之由　實是由於你。職，當。女，同「汝」。⓫蠲　明；顯示。⓬四嶽之裔胄　意謂是姜氏的後代。杜注：「四嶽，堯時方伯，姜姓也。」⓭毋是翦棄　「毋翦棄是」的倒裝句。翦棄，除去。是，此。指諸戎。⓮嗥　吼叫。狼聲短稱嗥，虎聲長稱嘯。⓯舍戍焉　在鄭國設置守衛。焉，於彼。僖公三十年傳秦穆公使杞子、逢孫、楊孫戍鄭。⓰殽之師 殽山之戰，見僖公三十三年傳。⓱亢其下 在他們後面攻擊。⓲不復 不返，即全軍覆沒。⓳角之 執其角。即上文禦其上。⓴掎之 拖其後足。即上文亢其下。凡當面迎擊為角，從後施力牽制曰掎。分兵合擊曰掎角。㉑踣之 使之仆倒；使之失敗。㉒與我諸戎相繼于時 謂我諸戎無不按時出兵，與晉一起作戰，從未間斷。㉓猶殽志也 還是同殽戰時一樣沒有貳心。㉔離逷 違背遠離。逷，同「逖」。遠。㉕官之師旅 指晉國執政。不斥言執政，而言其師旅，是外交辭令。㉖以攜諸侯 因而使諸侯離心。攜，離。使動用法。㉗華 華夏，中原諸國。古時文化發達的中原地區自稱華夏，稱較落後的地區為蠻夷戎狄。㉘贄幣不通 謂與中原各國不相往來。贄幣，禮讓往來相贈的財物。㉙無瞢 沒有什麼煩悶。即無愧無憾。㉚青蠅 《詩經・小雅》篇名，有句云：「愷悌君子，無信讒言。」㉛使即事于會二句 使戎子赴會議事，表現出君子平易而不信讒言的美德。杜注：「成愷悌，不信讒也。」愷悌，聯綿詞。形容平易和樂的風度。戎子與會而經文未書，因戎從屬於晉，不列為獨立國家。㉜子叔齊子 即經文之叔老，魯大夫，子叔氏，字齊子，其父為子叔聲伯，其祖為魯文公之子叔肸。㉝為季武子介 季武子即經文之季孫宿，季文子之子。介，主賓的副手。所謂主有儐相，賓有隨從。《禮記》：「聘禮，上公七介，侯伯五介，子男三介。」㉞輕魯幣 減輕魯國的貢禮。幣，幣帛。指財貨。㉟諸樊 吳王壽夢的長子。前年壽夢去世，去年諸樊繼位，今年諸樊服喪三年期滿。㊱季札 壽夢有四子：諸樊、餘祭、夷昧、季札。壽夢認為季札最賢能，要立他為太子，他推辭不受，後封於延陵，世稱延陵季子。㊲曹宣公之卒 曹宣公死於魯成公十三年，其庶子負芻殺太子而自立，即曹成公，遭到國人和諸侯的反對，稱「不義曹君」。十五年諸侯伐曹，執曹成公至京師。㊳子臧 曹宣公之子，名欣時。曹人與晉侯要廢曹成公而立子臧為君，子臧辭而出奔宋國，後返曹，但拒不出仕。見成公十三、十五、十六年傳。㊴君義嗣也 君，指諸樊。諸樊為壽夢嫡長子，當繼君位，故云義嗣。㊵奸 犯。㊶有國二句 做國君不是我要的節義。㊷諸侯之大夫從晉侯伐秦 經文云：「夏四月，叔孫豹會晉荀偃、齊人、宋人、衛北宮括、鄭公孫蠆、曹人、莒人、邾人、滕人、薛人、杞人、小邾人伐秦。」伐秦者為十三國卿大夫。㊸櫟之役 秦敗晉於櫟，見襄公十一年傳。㊹竟 同「境」。邊境。㊺六卿 晉三軍將佐荀偃、士匄、趙武、韓起、欒黶、魏絳六人。㊻及涇不濟 涇，水名，源出甘肅省，入陝西省後流經彬縣、涇陽縣入渭河。不濟，諸侯軍不肯渡河。此涇水渡處當在涇陽縣南，西距秦都雍州（今鳳翔縣）約二百六十里。㊼叔向 晉大夫，即叔肸、羊舌肸，字叔向，羊舌職次子。㊽叔孫穆子 即魯卿叔孫豹。㊾匏有苦葉 《詩經・邶風》篇名。匏，亦作瓠、壺。俗稱葫蘆，老時不可食，但可作浮囊，用以渡水。《鶡冠子》云：「中流失船，一壺千金。」穆子賦此詩，意謂將渡涇水。故叔向退而具舟。《國語・魯語下》亦載此事：叔向云：「夫苦匏不材于人，共濟而已。魯叔孫賦匏有苦葉，必將涉矣。」(50)子蟜　即經文之公孫蠆，鄭穆公之孫，公子偃之子。(51)北宮懿子　衛卿，即經文之北宮括，北宮氏，名括。(52)與人而不固三句　謂親附晉國卻不堅定，而有貳心，將招致別人最大的厭惡，國家將怎麼辦。(53)說　同「悅」。表示同意渡河。(54)次　軍隊駐紮。(55)毒　放毒。動詞。(56)棫林　秦地，在今陝西省涇陽縣西南。《方輿紀要》謂在陝西省華縣，不可信。(57)不獲成焉　意謂「秦國不服」。敵國求和為「獲成」。(58)荀偃　晉中軍帥，此次伐秦之統帥，荀林父之孫，字伯游，又稱中行伯、中行獻子。(59)塞井夷竈　填塞水井，剷平火灶，表示決心死戰，不再後退。與「破釜沉舟」同義。古時行軍，就地掘井取水，挖坎為火灶炊飯。竈，俗灶字。(60)唯余馬首是瞻　唯瞻余馬首的倒裝句。意謂只要聽從我的命令。(61)欒黶　晉下軍帥，又稱欒伯、欒桓子。其父為欒武子欒書，曾為晉中軍帥，執國政，有德於民。(62)左史　軍中記事之官，負責文書之事。此當是下軍之左史。(63)魏莊子　即魏絳，晉下軍副帥。(64)不待中行伯乎　不等元帥中行伯下令就退軍嗎。(65)夫子　指中行伯荀偃。古時尊稱長者為夫子。(66)從帥二句　跟從下軍主帥欒伯，就是對待元帥的正確做法。此「待」謂對待。(67)多遺秦禽　留下人馬只是被秦國俘虜。王引之《述聞》：「多，衹也。」禽，同「擒」。俘獲。(68)大還　全軍撤回。(69)遷延之役　拖拉不進而無成就的戰役。(70)欒鍼　欒黶之弟，鄢陵之戰時已為統帥車右。見成公十六年傳。(71)吾有二位于戎路　我在統帥兵車上居於二位。車右位次御者，故云二位。戎路，將帥之兵車。路即輅。杜注謂二位指欒氏兄弟二人。(72)士鞅　士匄之子。(73)于是齊崔杼句　在這次戰役中，齊國大夫崔杼、宋卿華閱、大夫仲江會同伐秦。華閱，官右師，六卿之首，華元之子。仲江，公孫師之子。(74)不書惰也　齊、宋皆大國，但經文不記載崔杼、華閱、仲江的名字，只說「齊人、宋人」，是因為他們臨事怠惰。惰，指及涇不濟。(75)向之會亦如之　今春向地之會也這樣只記「齊人、宋人」，不書名。意謂也是臨事怠慢。(76)衛北宮括不書于向三句　向之會經文不書北宮括之名，只書「衛人」，而四月伐秦，經文記其名，是因為他振作起來，佐助晉軍的緣故。攝，整頓；佐，助。以上六句皆釋經之語。(77)秦伯　秦景公。秦始封為伯爵，故稱其君為秦伯。(78)汰　驕縱專橫。(79)已甚　太嚴重；太過分。已，太。(80)猶可以免二句　欒黶還可免於災禍，禍殃將落在欒盈頭上吧。欒黶驕橫泰侈，賴其父欒武子有德於民而免禍，得以善終。盈，欒黶之子。(81)召公　召公奭，西周宗室，為周王卿士。(82)愛其甘棠　語出《詩經・召南》。杜注：「召公奭聽訟，舍于甘棠之下，國人思之，不害其樹，而作勿伐之詩，詩在〈召南〉。」(83)武子所施沒矣　欒武子所施恩澤因歲時已久而不存在了。(84)將于是乎在　將在於是乎的倒裝句。謂人民對欒黶的仇怨將發洩在欒盈頭上。是，此。指欒盈。晉滅欒氏，欒盈棄楚、奔齊，見襄公二十一年傳。(85)知言　有識見的話。知，同「智」。(86)為之請于晉而復之　為士鞅向晉國請求讓他回國恢復職位。襄公十六年傳，士鞅為晉公族大夫。

【語　譯】魯襄公十四年春季，吳國到晉國報告被楚打敗的情況。魯國的季孫宿、叔老和晉國的士匄，以及齊、宋、衛的卿大夫、鄭國的公孫蠆、曹國、莒國、邾國、滕國、薛國、杞國、小邾國的大夫同吳國人在向地會見，是為吳國謀劃進攻楚國。范宣子士匄責備吳國不道德，因而拒絕了吳國人的要求。晉國拘捕了莒國公子務婁，是因為莒國派使者和楚國往來。

晉國要拘捕姜戎首領駒支，范宣子親自在朝堂上斥責他，說：「過來！姜戎氏！從前秦國人追逐你的祖父吾離到瓜州，你的祖父吾離身披白茅織的遮身物，頭戴荊棘編的帽子來歸附我們先君。我們先君晉惠公雖然田地不多，但給你祖父平分著養活戎人。現在諸侯們事奉我們國君不如以前，是因為說話洩漏機密，那就是由於你的緣故。明天早晨開會，你不要參與了。如果參與，將把你抓起來。」駒支回答說：「從前秦國仗著他們人多，貪求土地，追逐我們各部落戎人。晉惠公表現出他的大德，說我們各部戎人，都是四嶽姜姓的後代，不能丟棄他們。賜給我們晉國南部邊境的土地，那是狐狸居住的地方，豺狼嚎叫的地方。我們戎人各部砍伐那裏的荊棘，驅逐狐狸豺狼，作為晉君的臣下，不侵犯、不背叛，直到如今沒有貳心。從前晉文公和秦國一起進攻鄭國時，秦國人偷偷地同鄭國結盟，還派兵在鄭國戍守。因此就發生了崤山之戰，晉軍在前面抵擋，戎人在後面配合進攻，秦軍回不去，全軍覆沒，實在是我們戎人使秦軍如此慘敗的。譬如捕鹿，晉國人抓住牠的角，各部戎人拖住牠的後腿，和晉國一起使牠仆倒。戎人為什麼不能免於罪責呢？從崤戰以來，晉國的上百次戰役，我各部戎人皆按時出兵與晉軍共同作戰，從不間斷。今追隨晉國執政，如同支援崤戰一樣沒有貳心，豈敢違背？現在各級官員恐怕實在有過失，因而使諸侯離心，反倒責怪我們各部戎人！我們戎人的飲食衣服和中原各國不同，財禮不相往來，言語又不通，還能做什麼壞事呢？不參加明天的會見，我也沒有什麼不舒暢的。」就朗誦了〈青蠅〉這首詩而後退下堂去。范宣子就表示歉意，讓他參加會見，共同議事，顯示了平易和樂的君子風度和不信讒言的美德。當時子叔齊子作為魯卿季武子的副手而參加會見，從此晉國人減輕了魯國的貢禮而更加敬重魯國的使臣。

吳王諸樊服喪期滿，已免除喪服，打算立其弟季札為國君。季札辭謝說：「曹宣公死時，諸侯和曹國人都不贊成曹成公做國君，打算立子臧為國君。子臧離開了曹國，曹國人就無法那樣做，結果成全了曹成公。君子稱讚子臧說：『能夠保持節操。』君王是合法的繼承人，誰敢冒犯君位？據有君位，不是我的節操。季札雖然沒有才能，願意追隨子臧，以求不失節操。」諸樊一再要立他為君，季札就丟掉他的家而去種田，於是就不再勉強他。

夏季，各諸侯國的大夫跟隨著晉悼公去進攻秦國，以報復櫟地的戰役。晉悼公在國境上等待，派三軍將佐共六卿率領諸侯軍前進。到達涇水邊，諸侯軍不肯渡河。晉國的叔向就去拜見魯卿叔孫穆子，穆子朗誦〈匏有苦葉〉這首詩，叔向就退回去準備渡船。魯國人、莒國人先渡河。鄭國的子蟜去拜見衛國的北宮懿子說：「親附晉國人而又不堅定，那是最招人討厭的，國家可怎麼辦？」懿子很高興。兩人就同去拜見齊、宋等諸侯軍，勸說他們渡河。諸侯軍渡過涇水就駐紮下來。秦國人在涇水上游放置毒藥，諸侯軍很多人中毒而死。鄭國的司馬子蟜率領鄭軍前進，其他國家的軍隊也都跟上，到達棫林，但仍不能讓秦國屈服求和。元帥荀偃就下令說：「雞啼時就套好車，填塞水井，剷平火灶，只要看著我的馬頭跟著行動。」下軍帥欒黶說：「晉國的命令，從來沒有這樣的。我的馬頭可要往東呢！」他就帶兵退回去，下軍跟著他。軍中的左史對副帥魏莊子說：「不等元帥中行伯下令就退兵嗎？」魏莊子說：「他老人家命令我們跟從主將，欒黶就是我們的主將，我就跟從他。跟從主將，也就是正確對待他老人家呀！」荀偃說：「我的命令確實有錯誤，後悔已來不及了，多留下人馬只能被秦國俘虜。」就命令全軍撤退。晉國人稱這次戰役是「遷延之役」。

欒鍼說：「這一次戰役，是為了報復秦國入侵櫟地我軍戰敗的。這次作戰又沒有成功，這是晉國的恥辱。我們兄弟倆在兵車上，哪能不感到恥辱呢？」就和士鞅一同追逐秦軍，結果戰死在秦軍中。士鞅卻活著回來。欒黶對中軍副帥士匄說：「我的弟弟不想前去，是你的兒子叫他去。我的弟弟戰死，你的兒子回來，這是你的兒子殺了我的兄弟。如果你不驅逐他，我也要殺死他。」士鞅就逃亡到秦國。當時齊國的崔杼、宋國的華閱、仲江會同攻打秦國。《春秋》沒有記載他們的名字，是由於他們臨事怠惰。向地會見的記載也和這一樣，不記他們的名字。衛國的北宮括，向地會見不記載他的名字，而這次伐秦就記載他的名字，是由於他振作起來幫助晉軍的緣故。

秦景公問士鞅說：「秦國的大夫大概誰先滅亡？」士鞅回答說：「恐怕是欒氏吧！」秦景公說：「是因為他驕橫嗎？」士鞅說：「對。欒黶太驕橫了，但還可以免於禍難，禍難怕要落在他兒子欒盈的頭上吧！」秦景公說：「為什麼？」士鞅回答說：「欒武子的恩德還留在百姓中間，好像周朝人思念召公奭，就愛護他的甘棠樹，何況他的兒子呢？到欒黶死了以後，欒盈的善行還不能到百姓中間，他祖父欒武子所施的恩澤卻逐漸淡忘而不存在了，而對欒黶的仇恨又實在昭彰，所以禍難將會落在欒盈頭上。」秦景公認為這是有識見的話，就為士鞅向晉國請求讓他回去恢復職位。

【說　明】本傳可分為兩大章，以上為第一大章。

去年吳國伐楚失敗，今年求告於晉，晉未允其所求。晉與諸侯國大夫會於向地，因莒國叛晉，與楚國通使往來，故拘捕莒國公子。晉國又斥責姜戎酋長洩漏言語以害晉國，姜戎逐句反駁，說明姜戎往年被秦所逐，由瓜州東遷至晉，披荊斬棘，開墾荒野；後與晉為犄角，敗秦於崤山。他們的「飲食衣服不與華同，贄幣不通，言語不達」。所以姜戎有助於晉而不會危害晉國。姜戎的反駁辭婉而理直，是辭令的佳作，而且具有珍貴的史料價值，說明姜戎的生活方式、言語禮俗和華夏不同，但從種族上說，與華夏周人並無差異，到春秋後期，他們接受了先進的華夏文化，就逐漸融合於華夏族了，酋長的辭令和賦詩就透露了這個信息。

吳王諸樊要讓位於其弟季札，季札堅辭不受，願學曹國子臧「以無失節」。結合二十九年傳季札觀周樂一章，可見季札的神智器識，確是春秋一流人物。

晉悼公會同十三國諸侯軍伐秦，以報復三年前秦入侵之役。但由於荀偃新任中軍元帥，威望與才能不足，聯軍缺乏統一指揮；齊、宋等國將領又怠惰不進，軍無鬥志；秦軍又避而不戰，卻在涇水上流放毒，諸侯軍不少士兵中毒而死。於是全軍撤退，無功而返，被譏為「遷延之役」。這是春秋時期秦晉之間的最後一次戰役，表明兩國都無力制服對方，只能維持均衡的局面。在這一戰役中，晉下軍主將欒黶驕橫不從命，擅自退兵；

因其弟欒鍼擅入秦軍戰死，就威逼中軍副帥士匄逐其子士鞅。士鞅奔秦，對秦景公說：欒黶驕橫，本應遭難，因其父欒書之德而得善終，至其子欒盈則不免於難。士鞅所言與《國語・晉語八》叔向對韓宣子所言之意相同，《國語》、《左傳》相參讀，可知有德可庇蔭子孫，為惡將禍及子孫，民心的向背是統治者禍福的決定因素。

傳 衛獻公戒孫文子、甯惠子食❶，皆服而朝❷，日旰❸不召，而射鴻于囿。二子從之，不釋皮冠而與之言❹。二子怒。孫文子如戚❺，孫蒯入使❻。公飲之酒，使大師歌〈巧言〉之卒章❼。大師辭。師曹❽請為之。初，公有嬖妾，使師曹誨之琴，師曹鞭之。公怒，鞭師曹三百。故師曹欲歌之，以怒孫子，以報公❾。公使歌之，遂誦之❿。蒯懼，告文子。文子曰：「君忌我矣！弗先，必死。」並帑于戚而入⓫，見蘧伯玉⓬，曰：「君之暴虐，子所知也。大懼社稷之傾覆，將若之何？」對曰：「君制其國，臣敢奸之？雖奸之，庸知愈乎⓭？」遂行，從近關出⓮。公使子蟜、子伯、子皮與孫子盟于丘宮⓯，孫子皆殺之。四月己未⓰，子展⓱奔齊，公如鄄⓲。使子行⓳請于孫子，孫子又殺之。公出奔齊，孫氏追之，敗公徒于阿澤⓴，鄄人執之。

初，尹公佗學射于庾公差，庾公差學射于公孫丁。二子追公㉑，公孫丁御公。子魚曰：「射為背師，不射為戮，射為禮乎㉒？」射兩軥㉓而還。尹公佗曰：「子為師，我則遠矣㉔。」乃反之㉕。公孫丁授公轡而射之，貫臂。子鮮㉖從公。及竟㉗，公使祝宗告亡㉘，且告無罪。定姜㉙曰：「無神，何告？若有，不可誣也。有罪，若何告無？舍大臣而與小臣㉚謀，一罪也。先君有冢卿㉛以為師保而蔑之，二罪也。余以巾櫛㉜事先君，而暴妾使余㉝，三罪也。告亡而已，無告無罪。」

公使厚成叔㉞弔于衛，曰：「寡君使瘠，聞君不撫社稷㉟，而越在他竟㊱，若之何不弔㊲？以同盟之故，使瘠敢私于執事，曰：『有君不弔，有臣不敏㊳；君不赦宥，臣亦不帥職㊴；增淫㊵發洩，其若之何？』」

衛人使大叔儀㊶對曰：「羣臣不佞，得罪于寡君。寡君不以即刑㊷而悼棄之㊸，以為君憂。君不忘先君之好，辱弔羣臣，又重恤之，敢拜君命之辱，重拜大貺㊹。」厚孫歸，復命，語臧武仲㊺曰：「衛君其必歸乎！有大叔儀以守，有母弟鱄以出。或撫其內，或營其外，能無歸乎？」

齊人以郲㊻寄衛侯。及其復也，以郲糧歸㊼。右宰穀㊽從而逃歸，衛人將殺之。辭曰：「余不說初矣㊾，余狐裘而羔袖㊿。」乃赦之。衛人立公孫剽(51)，孫林父、甯殖相之，以聽命于諸侯。衛侯在郲，臧紇如齊，唁衛侯。衛侯與之言，虐。退而告其人(52)曰：「衛侯其不得入矣，其言糞土也。亡而不變，何以復國？」子展、子鮮聞之，見臧紇，與之言，道[53]。臧孫說，謂其人曰：「衛君必入。夫二子者，或輓之，或推之[54]，欲無入，得乎？」

師歸自伐秦。晉侯舍新軍，禮也。成國[55]不過半天子之軍。周為六軍，諸侯之大者三軍可也。于是知朔生盈而死[56]，盈生六年而武子卒[57]。彘裘[58]亦幼，皆未可立也。新軍無帥[59]，故舍之。

師曠[60]侍于晉侯，晉侯曰：「衛人出其君，不亦甚乎？」對曰：「或者其君實甚！良君將賞善而刑淫，養民如子，蓋之如天，容之如地。民奉其君，愛之如父母，仰之如日月，敬之如神明，畏之如雷霆，其可出乎？夫君，神之主而民之望也[61]。若困民之主[62]，匱神乏祀[63]，百姓絕望，社稷無主，將安用之？弗去何為？天生民而立之君，使司牧之，勿使失性[64]。有君而為之貳，使師保之，勿使過度[65]。是故天子有公，諸侯有卿，卿置側室，大夫有貳宗[66]，士有朋友[67]，庶人、工、商、皂、隸、牧、圉[68]皆有親暱，以相輔佐也。善則賞之[69]，過則匡之，患則救之，失則革之[70]。自王以下，各有父兄子弟以補察其政。史為書，瞽為詩[71]，工誦箴諫[72]，大夫規誨，士傳言[73]，庶人謗[74]，商旅于市[75]，百工獻藝。故〈夏書〉[76]曰：『遒人以木鐸徇于路[77]，官師[78]相規，工執藝事以諫。』正月孟春，于是乎有之，諫失常也[79]。天之愛民甚矣，豈其使一人肆[80]于民上，以從其淫而棄天地之性？必不然矣。」

秋，楚子為庸浦之役[81]故，子囊師于棠[82]以伐吳。吳人不出而還。子囊殿，以吳為不能而弗儆。吳人自皋舟之隘要而擊之[83]，楚人不能相救，吳人敗之，獲楚公子宜穀。

王使劉定公[84]賜齊侯命，曰：「昔伯舅大公[85]右我先王，股肱周室，師保萬民[86]。世胙[87]大師，以表東海[88]。王室之不壞，繄[89]伯舅是賴。今余命女環，茲率舅氏之典[90]，纂[91]乃祖考，無忝乃舊[92]。敬之哉，無廢朕命！」

晉侯問衛故于中行獻子[93]，對曰：「不如因而定之。衛有君矣，伐之，未可以得志，而勤諸侯。史佚[94]有言曰：『因重而撫之[95]。』仲虺[96]有言曰：『亡者侮之，亂者取之，推亡、固存，國之道也。』君其定衛以待時乎！」冬，會于戚[97]，謀定衛也。

范宣子假羽毛于齊而弗歸[98]，齊人始貳。

楚子囊還自伐吳，卒。將死，遺言謂子庚必城郢[99]。君子謂：「子囊忠。君薨不忘增其名[100]，將死不忘衛社稷，可不謂忠乎？忠，民之望也。《詩》曰：『行歸于周，萬民所望(101)。』忠也。」

【注　釋】❶戒孫文子甯惠子食　戒食，約期與之共食。孫文子，即孫林父。甯惠子，即甯殖。兩人為衛國二卿。❷皆服而朝　都穿上朝服到朝廷待命。春秋時卿大夫朝服為玄冠（赤黑色禮帽）、緇布衣、生絹所製的裳（裙）。衣冠同為玄色，裳白色。❸日旰　時間很晚。旰，晚。❹不釋皮冠而與之言　衛獻公不脫下皮冠就跟他們說話。皮冠，白鹿皮所製的帽子，打獵時戴。君見臣，臣若朝服，君應脫去皮冠，不脫皮冠是怠慢侮辱臣下。❺戚　孫氏食邑，在今河南省濮陽縣東北十餘里。❻孫蒯入使　孫文子之子孫蒯入朝請命。❼使大師歌巧言之卒章　大師，樂官；樂師之長。巧言，《詩經・小雅》篇名，其末章云：「彼何人斯？居河之麋。無拳無勇，職為亂階。」杜注：「公欲以喻文子，居河上而為亂。」大師知道歌此詩是斥責孫文子，必促使孫文子叛亂，故婉言拒絕。❽師曹　樂師名曹。當是大師屬下。❾以怒孫子二句　以便激怒孫文子，使之作亂，以報復衛君鞭他三百之仇。❿公使歌之二句　歌必依樂譜，誦僅按節拍朗誦。師曹唯恐歌唱孫蒯聽不懂，特意先把詩詞朗誦一遍。⓫並帑于戚而入　並，合併。帑，指子弟臣僕與家兵。孫文子家眾一部分在衛都帝丘，即今濮陽縣西南西二十餘里之顓頊城，一部分在戚邑，今合聚於戚，將攻衛侯。⓬蘧伯玉　名瑗，諡成子，蘧莊子無咎之子，後為衛獻公之孫衛靈公之臣，與孔子為友。此時尚年少，孫文子領兵入都時偶見，並非特意去拜見，故「而入」二字從上句讀。⓭雖奸之二句　意謂即使廢舊君、立新君，怎知新君能勝於舊君呢。奸，犯。庸，豈。⓮從近關出　衛四面皆臨他國，有關隘，蘧伯玉欲速出國，以免遭亂，故擇最近之關出國。⓯公使子蟜句　子蟜、子伯、子皮皆衛國公子。丘宮，當在衛都。孫文子兵已迫臨公宮，故衛侯使三子請盟求和。⓰己未　二十六日。⓱子展　衛獻公弟。獻公欲奔齊，子展先行安排。⓲鄄　衛邊邑，在今河南省濮城鎮（舊濮縣）東二十里、山東省鄄城縣西北。⓳子行　衛國公子，使往請和。⓴阿澤　衛地，又作河澤、柯澤，在今山東省陽穀縣東北。㉑二子追公　二子指尹公佗、庾公差。庾公差字子魚，下文稱其字。㉒射為背師三句　如果射他，就背棄了老師；不射，將被誅戮。射與不射，還是射合於禮吧。㉓兩軥　指左右車轅上拴馬的地方。古時車駕四馬，兩轅端有橫木曰衡，衡下兩曲木曰軥，用以叉住兩服馬之頸。射兩軥是故意不射中老師公孫丁。㉔子為師二句　你因為他是老師而不射中他，我同他的關係就疏遠了。㉕乃反之　就回車再追衛侯。反，同「返」。㉖子鮮　衛獻公同母之弟，下文稱其名「鱄」。已見成公十四年傳。㉗竟　同「境」。邊境。㉘使祝宗告亡　祝宗，祝史之長，負責祭祀。祝宗亦從衛侯逃亡，至邊境時，使他回去在宗廟為逃亡祭告祖宗保佑。杜注：「告宗廟。」不是在邊境設壇祭告。㉙定姜　衛定公夫人，姜氏。㉚小臣　指左右侍從。㉛冢卿　正卿，指孫林父、甯殖。正卿執國政，同時又是太子和新君的師、保，負責教導太子和新君。㉜巾櫛　洗臉用的手巾和梳頭用的梳篦。古代妻執巾櫛，故巾櫛代稱嫡夫人。㉝暴妾使余　粗暴地對待我，如對待婢妾一樣。衛獻公是衛定公妾敬姒所生，但定姜為其嫡母，理當敬養，而獻公無禮。㉞厚成叔　魯大夫，名瘠，魯孝公之後代，以厚為氏。厚，亦作后、郈。下文又稱厚孫。㉟不撫社稷　不有社稷，失去君位。撫，有。㊱越在他竟　流亡在別國境內。越，播越；流亡。竟，同「境」。㊲弔　慰問；憐恤。下文「辱弔羣臣」同。㊳有君不弔二句　國君不善良，臣下不明達事理。弔，同「淑」。善。敏，達。㊴帥職　克盡職守。㊵增淫　積怨很久。從章炳麟說。㊶大叔儀　衛大夫，又稱世叔儀、太叔文子，時留守在衛國。大，同「太」。㊷不以即刑　不使臣下就刑。即不懲罰臣下。即，就。㊸悼棄之　章炳麟謂悼，逃也。上逃其下曰逃。俞樾謂悼借為卓，遠也。㊹重拜大貺　再拜謝憐恤臣下。貺，賞賜，此謂憐惜。㊺臧武仲　魯大夫，臧孫氏，名紇。下文稱臧紇、臧孫。㊻郲　即襄公六年傳「齊侯滅萊」之萊國，其地在今山東省昌邑市東南。依杜注則在今山東省龍口市（舊黃縣）東南二十五里之故黃城。㊼及其復也二句　到衛侯返國復位時，還帶著郲地的糧食回去。杜注「言其貪」。按衛侯寄寓郲邑十二年，至襄公二十六年復位。㊽右宰穀　衛大夫，名穀，官右宰。㊾余不說初矣　我當初跟從出亡就不樂意了。說，同「悅」。㊿余狐裘而羔袖　狐裘貴重，喻善。羔喻惡。句意謂身雖從君，但一身盡善，唯有小過。51公孫剽　衛穆公之孫，即衛殤公。52其人　臧孫的下屬。53道　順；通情達理。54或輓之二句　有人在前面拉他，有人在後面推他。輓，同「挽」。拉。55成國　大國。《呂氏春秋》高注：「成國，成千乘之國也。」《周禮・夏官序》：「凡制軍，萬有二千五百人為軍。大國三軍，次國二軍，小國一軍。」56于是知朔生盈而死　在那時知朔生了知盈就死去。知朔，知武子荀罃之子，早死。57盈生六年而武子卒　武子，即荀罃，知盈的祖父，襄公九年為晉中軍帥，十三年死。因其子知朔早死，其孫知盈僅六歲，不能襲卿位。58彘裘　士魴之子。士魴，又稱彘季，襄公九年為晉下軍佐，死於去年。59新軍無帥　魯成公三年晉作六軍，成公十三年將新三軍合為新軍。晉軍將帥是由強宗子嗣繼位，今因知氏、士氏子嗣幼小，難以繼位，故謂無帥而撤銷新軍建制，併入下軍。60師曠　樂師名曠，字子野，盲人。春秋時著名樂師。61夫君二句　國君是神靈的主祭者，是人民的希望。而，本作「也」，據石經、宋本改正。62若困民之主　《新序》、《說苑》敘此事作「若困民之生」。「主」字當是生字形近而誤。句意謂使人民的生計困難。63匱神乏祀　匱乏祀神的倒裝句。神靈沒有人祭祀。64勿使失性　勿使失大德。下文「棄天地之性」即棄大德。《易・繫辭》：「天地之大德曰生。」《管錐編》謂生性相通。65有君而為之貳二句　有了國君又為他設立輔佐大臣，使太師、太保去教導國君，勿讓他超越法度。貳，卿佐。師保，太師、少師、太保、少保統稱師保。(66)卿置側室二句　側室、貳宗都是官名，由卿大夫的宗室子弟擔任，以為輔佐。如文公十二年傳「趙（盾）有側室趙穿」。趙穿是趙盾的從父兄弟。詳桓公二年傳注。(67)士有朋友　桓公二年傳作「士有隸子弟」，士以其子弟為輔佐。故朋友指同宗子弟或同出師門者。(68)皁隸牧圉　古代奴隸的四個等級。皁，同「皂」。昭公七年傳：「士臣皁，皁臣輿，輿臣隸」，「馬有圉，牛有牧」。牧，養牛人。圉，養馬人。(69)善則賞之　杜注：「賞謂宣揚。」非賞賜義，輔佐之人不能行賞其主。(70)失則革之　有錯失就加以改正。革，更改。(71)史為書二句　太史記載國君的言行，樂師著作詩歌。瞽，瞎子，古代以瞽者為樂師，故瞽代稱樂師。《國語・周語上》：「瞽獻曲。」詩與曲皆由樂師制作。按，「史為書」以下八句與《國語・周語上》邵公諫厲王所言相近。(72)工誦箴諫　樂工誦讀規諫之辭。樂人通稱為工。(73)士傳言　杜注：「士卑，不得逕達，聞君過失，傳告大夫。」(74)謗　背後議論、公開指責在上者的過錯。(75)商旅于市　商人在集市上議論、批評。此句承上省「議」字。《漢書・賈山傳》：「庶人謗于道，商旅議于市。」(76)夏書　此為逸書，所引三句《偽古文尚書》採入〈胤正〉篇。(77)遒人以木鐸句　遒人，宣令之官。《漢書・食貨志》作「行人」。木鐸，大鈴。銅鑄，木為鈴舌，宣布政令時搖動木鐸以號召羣眾。徇，巡行宣告。(78)官師　官吏。見王引之《述聞》。(79)正月孟春三句　唯有正月遒人始徇於路，百工庶人始得進言，這是規諫已失常規。(80)肆　恣肆；任意妄為。與下句「從」、放縱之義相近。(81)庸浦之役　見襄公十三年傳。(82)子囊師于棠　子囊出兵到棠地。子囊，楚莊王子，共王弟，又稱公子貞。棠，在今江蘇省六合縣西北二十五里之古棠邑。(83)自皐舟之隘要而擊之　皐舟，吳國險隘之道，在今江西省湖口縣。要，腰之本字，用作動詞。攔腰截斷。(84)劉定公　周王卿士，名夏。王使之賜齊侯命，是對齊靈公的尊寵。杜注：「將昏（婚）于齊故也。」齊侯名環。(85)伯舅大公　呂尚，姜姓，稱姜太公。大，同「太」。天子稱異姓諸侯為伯舅、舅氏。周文王立呂尚為太師，故下文又稱之為大師。(86)師保萬民　作萬民的師保，即教育萬民。(87)胙　酬謝。(88)以表東海　以之為東海各國的表率。表，用作動詞。(89)繄　句首助詞，無義。(90)茲率舅氏之典　努力遵循諸侯輔佐周室的常法。茲，通「孳」。孳孳；孜孜；勤勉努力。率，遵循。(91)纂　繼承。(92)無忝乃舊　不要玷辱你的先祖。忝，辱。舊，即指祖考。(93)中行獻子　即中軍帥荀偃，荀庚子，荀林父孫。荀林父曾為中行將，其後為中行氏。(94)史佚　西周初年的太史，名佚。(95)因重而撫之　重，謂衛殤公已定君位，不可改易。撫之，即加以安撫，予以認可。(96)仲虺　商湯王左相。(97)會于戚　據經文，是晉國士匄與魯國季孫宿、宋國華閱、衛國孫林父、鄭國公孫蠆，以及莒人、邾人會於戚。戚，衛邑，見前注。(98)范宣子假羽毛句　范宣子，即士匄，范文子士燮之子，晉中軍副帥。假，借。羽毛，羽旄；鳥羽和犛牛尾，用於歌舞和裝飾儀仗。(99)謂子庚必城郢　子庚，即公子午，楚莊王子，共王弟，繼子囊為令尹。

郢，楚都，在今湖北省江陵縣北十里之紀南城。其東南之郢城當子庚所築。100增其名　指為楚王取美諡「共」以增其美名。見襄公十三年傳。101詩曰三句　見《詩經・小雅・都人士》，意謂行為依歸於忠信，這是萬民所仰望的。鄭箋：「周，忠信也。」

【語譯】衛獻公約請孫文子、甯惠子一同吃飯，這兩人穿上朝服到朝廷上等待。時間很晚了，獻公還不召見，反而到林苑中去射鴻雁。兩個人就跟到林子裏，衛獻公也不脫下皮帽就跟他倆說話。兩人都很生氣。孫文子去了戚邑，叫兒子孫蒯入朝請命。衛獻公讓孫蒯喝酒，使樂官歌唱〈巧言〉詩的最後一章。樂官婉言辭謝。樂工師曹卻請求讓他來歌唱。從前，衛獻公有個寵妾，讓師曹教她彈琴，師曹曾鞭打過她。衛獻公大怒，把師曹鞭打了三百下。所以這時師曹想歌唱這章詩，來激怒孫蒯，使孫氏父子作亂，以報復衛獻公鞭打他的仇恨。衛獻公就讓他歌唱，他就把歌詞先朗誦一篇。孫蒯畏懼了，就回去告訴孫文子。孫文子說：「國君忌恨我了，如不先下手，就必定死在他手中。」孫文子把家族子弟臣僕集中到戚邑，然後率領家兵進入國都，遇見了蘧伯玉，就說：「國君的暴虐，是您所知道的。我最怕國家傾覆，您看將怎麼辦？」蘧伯玉答道：「國君控制他的國家，下臣怎敢冒犯他？即使冒犯廢了他，立了新君，難道能確知比舊君好嗎？」於是就逃亡，從最近的關口出國。衛獻公派子蟜、子伯、子皮三人和孫文子在丘宮結盟，孫文子把他們都殺了。四月二十六日，衛獻公弟子展先逃亡到齊國，衛獻公到了鄄邑，派子行去向孫文子請求和解，孫文子又把他殺了。衛獻公只得逃亡到齊國。孫家的人追逐他，在河澤把獻公的親兵擊敗，鄄邑人拘捕了敗兵。

當初，尹公佗跟庾公差學射箭，庾公差跟公孫丁學射箭。這次，尹公佗和庾公差奉命追逐衛獻公。公孫丁給衛獻公駕御車馬。庾公差說：「如果射，就是背叛老師；不射，將被誅戮。射和不射相比，射還是合於禮的吧？」就射箭，射中了車轅兩邊套馬的曲木然後回去。尹公佗說：「你為了他是老師，不射死他，我同他的關係就疏遠了。」於是回過車去追逐。公孫丁把馬韁遞給衛獻公，然後向尹公佗射去，箭射穿了他的臂膀。子鮮跟隨衛獻公出亡。到邊境時，衛獻公讓祝宗去宗廟祭告逃亡，同時祭告說自己沒有罪過。定姜說：「如果沒有神靈，報告什麼？如果有神靈，就不可欺騙。有罪，怎麼報告說沒有罪？不同大臣商議卻同左右侍從的小臣商議，就是第一條罪。先君設有正卿作為師、保，而國君卻蔑視他們，這是第二條罪。我用手巾梳子侍奉先君為夫人，而國君殘暴地對待我像對婢妾一樣，這是第三條罪。只報告逃亡罷了，不能報告沒有罪。」

魯襄公派厚成叔到衛國慰問，說：「我們國君派遣我厚瘠，聽說你們國君失去君位而流亡在別國境內，怎麼能不來慰問？由於同盟的緣故，謹派瘠私下對大夫們說：『國君不善良，臣下不明事理；國君不寬恕，臣下也不盡職責，積怨已經很久，而發洩出來便成大禍。將怎麼辦呢？』」

衛國人派太叔儀回答說：「羣臣不才，得罪了我們國君。國君不對臣下用刑懲罰，反而遠遠地拋棄了臣下，因此為國君憂慮。你們國君不忘記先君的友好關係，承蒙你來慰問下臣們，又再加憐恤。謹拜謝你們國君命令你來慰問，再拜謝對下臣們的憐恤。」厚成叔回國復命，告訴臧武仲說：「衛君怕是一定會回去的吧！有太叔儀留守在國內，有同胞兄弟鱄跟隨出亡。一個人在國內安撫，一個人在國外幫助經營，能夠不回去嗎？」

齊國人讓衛獻公寄寓在郲地。後來他回國復位時，還把郲地的糧食帶回去。右宰穀先是跟著衛君逃亡，而後又逃回衛國。衛國人要殺死他，他辯解說：「我當初跟著逃亡就不樂意的，我如同穿了狐皮衣卻是羊皮袖子，一身為善只有小過失。」衛國人就赦免了他。衛國人立公孫剽為國君，孫林父和甯殖輔助他，以聽取諸侯的命令。衛獻公在齊國郲地，魯國的臧武仲到齊國去慰問衛獻公，衛獻公和他說話，態度粗暴。臧紇退出來告訴他的手下人說：「衛獻公怕是不能回國了，他說的話如同糞土。逃亡在外仍不改悔，怎麼能恢復君位呢？」衛國的子展、子鮮知道了，就進見臧紇，和他們說話，他倆通情達理。臧孫紇很高興，對手下人說：「衛君一定能回國。這兩個人，一個在前拉他，一個在後推他，想不讓他回國，行嗎？」

各國軍隊進攻秦國後各自回國去。晉悼公回國後撤銷新軍，這是合於禮的。大國軍隊不超過天子軍隊的一半。周天子是編定六個軍，諸侯中強大的，有三個軍就可以了。在這時，知朔生下知盈後就死去，知盈出生六年後他祖父知武子荀罃死去；士魴的兒子彘裘也年幼，都不能繼立為將佐。新軍沒有將佐，所以就取消了新軍的建制。

樂師師曠侍立在晉悼公身邊。晉悼公說：「衛國人趕走他們的國君，不也太過分了嗎？」師曠回答說：「也許他們的國君實在是太過分了。好的國君會獎賞善良而懲罰邪惡，撫養百姓如同撫養子女，覆蓋百姓如同上天一樣廣大，容納百姓如同大地一樣寬厚；百姓尊奉國君，熱愛他如熱愛父母，仰望他如仰望日月，敬崇他如敬崇神靈，畏懼他如畏懼雷霆，怎麼可能趕走他呢？國君是神靈的主祭人，是百姓的希望。如果國君使百姓生計困難，沒有辦法祭祀神靈；百官絕望，國家沒有人作主；哪裏還用得著他？不趕走他做什麼？上天生了百姓又為他們設立國君，讓他管理百姓，不讓失去天生的大德。有了國君又為他設立卿佐，讓卿佐作師保去教育他，勿讓他超越法度。因此天子有公，諸侯有卿，卿設置側室，大夫有貳宗，士有朋友，庶人、工、商、皂、隸、牧、圉也各有他們親近的人，以便互相幫助。做了好事就給他宣揚，有了過失就給他匡正，有了患難就救援，有了錯誤就加以改正。從天子以下各有父兄子弟來觀察他的政事，補救他的過失。太史加以記載，樂師著作詩歌，樂工誦讀規諫的文辭，大夫規正開導，士有話可傳告大夫，百姓公開批評指責，商人在集市上議論，各種工匠進獻技藝。所以〈夏書〉說：『宣令官搖著木鐸在大路上巡行宣令，官長小吏互相規勸，工匠從事技藝作為勸諫。』只有在正月初春時有人在路上搖木鐸聽取百姓的意見，這是規諫已經失去了常規。上天愛護百姓周到之極，難道會讓一個人在百姓頭上胡作非為，以放縱他的邪惡而拋棄天地之間的大德嗎？上天一定不會這樣的。」

秋季，楚康王因為庸浦戰役的緣故，讓子囊出兵到棠地，以便攻打吳國。吳國不出戰，子囊就退兵回來。子囊殿後，認為吳軍無能因而不加警戒。吳國人從皐舟的險隘口攔腰襲擊楚軍，楚軍前後不能相救。吳國人打敗了楚軍，俘獲了楚國的公子宜穀。

周靈王派劉定公將策命賜給齊靈公，說：「從前伯舅姜太公輔助我先王，作為周王室的得力大臣，教育萬民。世代要酬謝太師的功勞，以之作為東海各國的表率。王室之所以沒有敗壞，就是依賴伯舅。現在我命令你姜環，努力遵循諸侯輔佐天子的常法，繼承你的先祖，不要玷辱了你的先祖。要恭敬啊！不要廢棄我的命令。」

晉悼公向中行獻子詢問衛國的事情。中行獻子回答說：「不如依據現狀就安定它。衛國有新君了，如去討伐，不一定能如願，反而煩勞諸侯。史佚有話說：『由於已定君位，就去安撫他。』仲虺有話說：『滅亡的可欺侮他，動亂的可攻取他。推翻已滅亡的，鞏固已存在的，這是國家的常道。』國君還是安定衛國以等待時機吧！」冬季，晉國的士匄和魯國季孫宿、宋國華閱、衛國孫林父、鄭國公孫蠆、莒人、邾人在戚邑相會，是為了商議安定衛國的事。

范宣子士匄向齊國借了裝飾儀仗的羽毛和犛牛尾而不歸還，齊國人開始有了貳心。

楚國的子囊攻打吳國後回來就死了。臨死時，對子庚遺言說「一定要在郢地築城」。君子認為：「子囊忠誠。楚王死時，不忘記諡他為『共』，以增益他的美名；自己臨死時，不忘記保衛國家。這能不說他忠誠嗎？忠誠是百姓希望的美德。《詩》說：『行動依歸於忠信，是萬民所希望的。』這說的就是忠啊！」

【說　明】以上為第二章，寫衛國內亂，衛獻公被迫亡命齊國。衛國宗卿孫林父驕縱專橫，與衛定公相惡（見成公七年、十四年傳）。衛獻公即位後，孫林父自視如國君（見襄公七年傳），因此十八年來君臣積怨已深。今年衛獻公約孫、寧二卿共食，卻自行射獵而戲弄臣下；又不脫皮冠禮待臣下，於是孫氏起兵，衛獻公奔齊。孫、寧二卿改立衛穆公之孫、子叔黑背之子公孫剽為君（衛殤公）。時尚年少的蘧伯玉已洞察政局，知新君未必比舊君好，因而明哲保身，逃離衛國。衛獻公對嫡母、定公夫人尚且不能敬養，故定姜說衛獻公有三罪。臧紇說衛獻公暴虐，「其言如糞土」。師曠更從君民關係斥責衛獻公「一人肆于民上，以從其淫」，而棄大德。從此衛國有二君，一出一居，衛獻公出亡而本性難改。十二年後衛獻公謀求回國復位，再次血染衛都。傳文對此事件的發生、發展和眾多人物的表現，作連續記載，寫得詳明而條理清晰。其後事見襄公二十年、二十五年、二十六年傳。

去年吳國入侵楚國庸浦，今年楚國出兵伐吳報復，但由於輕敵，楚軍大敗而歸。楚國經此失敗，國勢轉衰，對付吳國的威脅已是力不從心，只能「城郢」以守勢為主了。周靈王派劉定公到齊國賜命，要齊國「股肱周室」，恢復齊桓公時代的「尊王」霸業，以牽制晉國。齊本輕晉，由此對晉存有貳心。范宣子借羽旄不還，只是給齊國一個藉口而已。至襄公十八年導致齊、晉再次爆發大戰。

十五年

癸卯，西元前五五八年。周靈王十四年、齊靈公二十四年、晉悼公十六年、秦景公十九年、楚康王二年、宋平公十八年、衛獻公十九年、衛殤公剽元年、陳哀公十一年、蔡景公三十四年、曹成公二十年、鄭簡公八年、燕武公十六年、許靈公三十四年、吳諸樊三年。

經 十有五年春，宋公使向戌來聘。二月己亥，及向戌盟于劉。

劉夏逆王后于齊。

夏，齊侯伐我北鄙，圍成。公救成，至遇。

季孫宿、叔孫豹帥師城成郛。

秋八月丁巳，日有食之。

邾人伐我南鄙。

冬十有一月癸亥，晉侯周卒。

傳 十有五年春，宋向戌❶來聘，且尋盟❷。見孟獻子❸，尤其室❹曰：「子有今聞⑤，而美其室，非所望也。」對曰：「我在晉，吾兄為之⑥。毀之重勞⑦，且不敢間⑧。」

官師從單靖公逆王后于齊⑨。卿不行，非禮也。

楚公子午⑩為令尹，公子罷戎為右尹，蒍子馮⑪為大司馬，公子橐師為右司馬，公子成為左司馬，屈到為莫敖⑫，公子追舒為箴尹⑬，屈蕩為連尹，養由基為宮廄尹，以靖國人。君子謂：「楚于是乎能官人⑭，官人，國之急也。能官人，則民無覦心⑮。《詩》云：『嗟我懷人，寘彼周行⑯。』能官人也。王及公、侯、伯、子、男，甸、采、衛大夫⑰，各居其列，所謂周行也。」

鄭尉氏、司氏之亂⑱，其餘盜在宋。鄭人以子西、伯有、子產⑲之故，納賂于宋，以馬四十乘⑳，與師茷、師慧㉑。三月，公孫黑㉒為質焉。司城子罕㉓以堵女父、尉翩、司齊與之，良司臣而逸之，託諸季武子㉔，武子寘諸卞㉕。鄭人醢之三人㉖也。師慧過宋朝，將私焉㉗。其相㉘曰：「朝也。」慧曰：「無人焉。」相曰：「朝也！何故無人？」慧曰：「必無人焉！若猶有人，豈其以千乘之相易淫樂之矇㉙？必無人焉故也。」子罕聞之，固請而歸之㉚。

夏齊侯圍成㉛，貳于晉故也。于是乎城成郛㉜。

秋，邾㉝人伐我南鄙，使告于晉。晉將為會，以討邾、莒㉞，晉侯有疾，乃止。冬，晉悼公卒㉟，遂不克會。

鄭公孫夏㊱如晉奔喪，子蟜㊲送葬。

宋人或得玉，獻諸子罕。子罕弗受。獻玉者曰：「以示玉人㊳，玉人以為寶也，故敢獻之。」子罕曰：「我以不貪為寶，爾以玉為寶。若以與我，皆喪寶也，不若人有其寶㊴。」稽首㊵而告曰：「小人懷璧㊶，不可以越鄉㊷，納此以請死也㊸。」子罕寘諸其里㊹，使玉人為之攻㊺之，富而後使復其所㊻。

十二月，鄭人奪堵狗之妻，而歸諸范氏㊼。

【注釋】❶向戌　宋桓公的後代，官左師。❷尋盟　重溫過去的盟約。襄公十一年宋與魯、晉等國同盟於亳城。❸孟獻子　即魯卿仲孫蔑，公孫敖之孫，文伯穀之子。❹尤其室　責備他的居室過分奢華。尤，指責。❺令聞　好名聲。令，善。❻我在晉二句　按孟氏至晉見於經傳者有：襄公三年為魯君相禮，至晉盟於長樗；四年隨魯君至晉聽政。孟獻子之父文伯穀早死，經傳未言孟獻子有兄。❼毀之重勞　毀壞這居室又怕再費勞力。重，加重；更加。❽間　《方言》：「間，非也。」意動用法。以之為非；認為兄做的不對。❾官師從單靖公逆王后于齊　官師，官吏。指劉夏。經文云：「劉夏逆王后于齊。」《公羊》以劉夏為「天子之大夫」，《穀梁》謂「劉夏，士也」。周靈王求后於齊，齊侯許婚，事見襄公十二年傳。今年前往迎娶。逆，迎。單靖公，單襄公之子，周王卿士。❿公子午　楚莊王子，共王弟，字子庚，繼公子貞為令尹。⓫蔿子馮　孫叔敖兄蔿艾獵之子。⓬屈到為莫敖　《國語・楚語上》韋注：「屈到，楚卿屈蕩子（字）子夕也。」莫敖，官名。⓭公子追舒為箴尹　《呂氏春秋》高注：「楚有箴尹之官，諫臣也。」杜注：「追舒，莊王子，字子南。」⓮官人　選賢能的人任官職。官，用作動詞。其實以上九人，五人為公子，屈氏亦楚王同宗，餘皆世族。⑮覦心　覬覦之心，即非分之想。⑯詩云三句　見《詩經・周南・卷耳》，原意謂婦女思念丈夫遠行，無心再採卷耳之菜，將筐置於大道。寘，同「置」。周行，大道。傳文則謂懷念賢人，將安置他們官位。後人因之，如《毛詩傳疏》云：「思君子，官賢人，置周之列位，皆本左氏說。」⑰甸采衛大夫　泛指大夫。甸、采、衛，相傳為古代所說的行政區，周天子所居千里，其外稱侯服、甸服、男服、采服、衛服，五百里為一服。又謂上古時國都城外百里以內稱郊，郊外稱甸，甸外稱采，采外稱衛。⑱鄭尉氏司氏之亂　五年前鄭國尉止、司臣等五族因受迫害而作亂，殺鄭國三卿子駟、子國、子耳。子產平亂。堵女父、司臣、尉翩、司齊奔宋，即所謂「其餘盜在宋」。事見襄公十年傳。⑲子西伯有子產　都是鄭國貴族。子西，即公孫夏，子駟之子。伯有，即良霄，子耳公孫輒之子，曾被楚所囚，襄公十三年放歸。子產即公孫僑，子國之子。⑳馬四十乘　即馬一百六十匹。乘，兵車。一乘駕四馬。㉑師茷師慧　都是樂師，盲人，茷、慧為二人之名。㉒公孫黑　字子晳，子駟之子，鄭穆公之孫。㉓司城子罕　宋桓公的後代，樂呂之孫，樂氏名喜，官司城，為宋六卿之第五位，因賢而有才，故主持國政。見襄公九年傳。㉔良司臣而逸之二句　認為司臣賢良而把他放跑，把他託付給魯卿季武子。良，以為良。意動用法。諸，之於。㉕卞　魯邑，在今山東省泗水縣東五十里。㉖醢之三人　把這三人殺死後剁成肉醬。醢，古代的一種酷刑。之，此。三人，指堵女父、尉翩、司齊。㉗私焉　私，小便。焉，於之。指朝廷。㉘相　扶持盲人的人。㉙豈其以千乘之相易淫樂之矇　難道會利用千乘之國的相國去求取兩個演唱淫樂的瞎子。意謂宋國子罕不主動送回三盜，而必待子產賂以矇人馬匹始送回三個作亂的人。以，因；憑藉；利用。千乘之相，杜注謂子產等鄭卿。相，輔佐國君的最高長官，後稱相國、丞相、宰相。淫樂，鄭國之樂。孔子謂「鄭聲淫」，鄭國之樂或固如此。㉚固請而歸之　堅決請求宋平公讓師慧回去。㉛成　魯邑，在今山東省寧陽縣東北九十里。㉜城成郛　在成邑修築外城。城，動詞。修築城牆。郛，郭；外城。按，此合經二文為一傳。經文云：「公救成，至遇。」「季孫宿、叔孫豹帥師城成郛。」遇，魯地，在今山東省曲阜市北，寧陽縣東南。魯出兵救，齊軍解圍而去。㉝邾　曹姓小國，其地在今山東省鄒城市南嶧山一帶，後稱鄒國。時其君為邾宣公。㉞以討邾莒　杜注：「十二年、十四年莒人伐魯，未之討也。」十四年經云莒人侵魯。莒，己姓國，在今山東省莒縣一帶。㉟晉悼公卒　晉悼公名周，在位十六年，經文謂死於十一月癸亥初九日。死時僅三十一歲。㊱公孫夏　即子西。㊲子蟜　即公孫蠆，公子偃之子，鄭穆公之孫。晉悼公死，鄭國派卿奔喪，又派卿送葬，特為優禮。悼公於下年春安葬。㊳玉人　雕刻玉器的工匠。㊴不若人有其寶　不如各人保有自己的珍寶。㊵稽首　古代的一種跪拜禮，叩頭至地。㊶小人懷璧　獻玉者地位低下，自稱小人。懷，動詞。藏在懷裏。璧，平圓形中有孔的玉器，此泛指玉石。㊷不可以越

鄉　不可帶著它走出鄉里。杜注：「言必為盜所害。」以字下省「之」字。鄉，古制一萬二千五百家為鄉。㊸納此以請死也　納，獻上。請死，杜注：「請免死。」以免回家途中遭害。㊹子罕寘諸其里　子罕把他安置在自己居住的鄉里。諸，之於。㊺攻　加工。指雕琢玉石。杜注：「攻，治也。」㊻富而後使復其所　讓他賣玉而富，然後讓他返回自己的鄉里。富，使動用法。使之富。服虔謂「賣玉得富」。㊼鄭人奪堵狗之妻二句　杜注：「堵狗，堵女父之族，娶于晉范氏。鄭人既誅女父，畏狗因范氏而作亂，故奪其妻歸范氏，先絕之。」歸諸范氏，讓她回到娘家范氏。

【語　譯】魯襄公十五年春季，宋國的向戌來魯國聘問，同時重溫四年前的友好盟約。向戌進見魯卿孟獻子，責備他的居室太奢華，說：「您有美好的聲譽，卻使居室裝修得華麗，這不是人們所希望的。」孟獻子回答說：「是我出使晉國時，我的哥哥裝修的。想毀壞它，又怕再費勞力，而且我不敢說哥哥做的不對。」

官吏劉夏跟從單靖公到齊國去為周王迎娶王后。不派卿去迎娶，是不合於禮的。

楚國的公子午做令尹，公子罷戎做右尹，蔿子馮做大司馬，公子橐師做右司馬，公子成做左司馬，屈到做莫敖，公子追舒做箴尹，屈蕩做連尹，養由基做宮廄尹，來安定國內的人心。君子認為：「楚國在這時能夠選用賢人做官。選用賢人做官，這是國家的當務之急。能夠用賢人為官，百姓就沒有非分之想。《詩經》說：『啊！我所懷念的賢人，要把他們安置在周朝的官位上。』這就是說能夠選用賢人為官。天子和公、侯、伯、子、男五等諸侯，以及甸服、采服、衛服的各級大夫，各居職位，這就是所說的『周行』了。」

鄭國尉氏、司氏作亂時，他們的餘黨逃到宋國。鄭國人由於子西、伯有、子產做了鄭卿的緣故，就用馬一百六十匹和師茷、師慧兩個樂師作為禮物送給宋國。三月，鄭國的公孫黑到宋國去作人質。宋國的司城子罕就把三個作亂的人堵女父、尉翩、司齊送還鄭國，認為司臣賢良而把他放走，託付給了魯卿季武子，季武子把他安置在魯地卞邑。鄭國人把那三人殺了剁成肉醬。師慧走過宋國朝廷時，想要小便。攙扶他的人說：「這裏是朝廷！」瞎子師慧說：「沒有人啊！」扶他的人說：「是朝廷，怎麼會沒有人？」師慧說：「一定是沒有人在朝廷啊！如果還有賢人，難道會利用千乘之國的相國去求取兩個演唱淫樂的瞎子嗎？一定是沒有賢人的緣故。」子罕聽到這件事，就堅決請求宋平公把師慧送回去。

夏季，齊靈公領兵圍攻魯國的成邑，是因為齊國對晉國有了貳心的緣故。於是魯國就在成邑修築外城。秋季，邾國人攻打我魯國南部邊邑，魯國派使者向晉國報告求救。晉國打算為此召集諸侯會盟來討伐邾國、莒國，由於晉悼公有病，就停止下來。冬季，晉悼公去世，就沒有能舉行會盟。

鄭國的公孫夏到晉國奔喪吊唁，又派鄭卿子蟜前去送葬。

宋國有人得到美玉，要獻給子罕。子罕不接受。獻玉的人說：「我拿給玉工看過，玉工認為是珍寶，所以才敢進獻。」子罕說：「我把不貪看作珍寶，你把美玉看作珍寶。如果你把寶玉給了我，我們兩人就都喪失了寶物，不如各人保有自己的珍寶。」獻玉的人叩頭求告說：「小人懷藏玉璧，不可帶著它走過鄉里，把它獻給您以免於遭死。」子罕就把他安置在自己的鄉里，讓玉工給他雕琢，賣出去，讓他富有以後才讓他回到家裏。

十二月，鄭國人奪取了堵狗的妻子，讓她回到晉國的娘家范氏去。

【說　明】本章先敘宋國接受鄭國賄賂「馬四十乘」與樂師兩人，就把作亂的三名「盜」押送回鄭國，即十一年傳所說的「毋保姦」。鄭國把三人剁成肉醬，讀來令人悚然。春秋時代作亂總是無理的。下文又敘子罕不貪的故事，「小人獻玉」，子罕弗受，並說「我以不貪為寶」，如果受了寶玉，就喪失了不貪的美德。在他看來，寶玉不足為寶，不貪才是萬不可失的珍寶。前後映照，說明前者是宋平公受賄，並非子罕貪財。子罕不貪與師慧的諷喻大概不無關係。子罕不貪的故事為歷代所傳誦。

齊國因對晉懷有貳心，所以從今年起，接連入侵魯國北部邊邑，妄圖稱強。邾國也隨之侵襲魯國南部。魯國南北受敵，求告晉國。從此齊魯之間三十年來的和平遭到破壞，成公二年鞌之戰以後建立的晉、齊、魯等中原諸國的聯盟遭致瓦解，晉、齊之間的大戰將不可避免。

十六年

甲辰，西元前五五七年。周靈王十五年、齊靈公二十五年、晉平公彪元年、秦景公二十年、楚康王三年、宋平公十九年、衛獻公二十年、衛殤公二年、陳哀公十二年、蔡景公三十五年、曹成公二十一年、鄭簡公九年、燕武公十七年、許靈公三十五年、吳諸樊四年。

經 十有六年春王正月，葬晉悼公。

三月，公會晉侯、宋公、衛侯、鄭伯、曹伯、莒子、邾子、薛伯、杞伯、小邾子于溴梁。戊寅，大夫盟。晉人執莒子、邾子以歸。

齊侯伐我北鄙。

夏，公至自會。

五月甲子，地震。

叔老會鄭伯、晉荀偃、衛甯殖、宋人伐許。

秋，齊侯伐我北鄙，圍郕。

大雩。

冬，叔孫豹如晉。

傳 十六年春，葬晉悼公。平公即位，羊舌肸❶為傅，張君臣❷為中軍司馬，祁奚❸、韓襄❹、欒盈❺、士鞅❻為公族大夫❼，虞丘書為乘馬御❽。改服、修官❾，烝于曲沃⑩。警守而下⑪，會于溴梁⑫，命歸侵田。以我故，執邾宣公、莒犂比公⑬，且曰：「通齊楚之使。」晉侯與諸侯宴于溫⑭，使諸大夫舞，曰：「歌詩必類⑮。」齊高厚⑯之詩不類。荀偃⑰怒，且曰：「諸侯有異志矣。」使諸大夫盟高厚，高厚逃歸。于是叔孫豹、晉荀偃、宋向戌、衛甯殖、鄭公孫蠆、小邾之大夫盟，曰：「同討不庭⑱。」

許男⑲請遷于晉。諸侯遂遷許，許大夫不可，晉人歸諸侯⑳。鄭子蟜㉑聞將伐許，遂相鄭伯，以從諸侯之師。穆叔㉒從公。齊子㉓帥師會晉荀偃。書曰「會鄭伯」，為夷故也㉔。夏，六月，次于棫林㉕。庚寅㉖，伐許，次于函氏㉗。

晉荀偃、欒黶帥師伐楚，以報宋楊梁之役㉘。楚公子格帥師及晉師戰于湛阪㉙。楚師敗績，晉師遂侵方城㉚之外，復伐許而還。

秋，齊侯圍郕㉛，孟孺子速徼之㉜。齊侯曰：「是好勇㉝，去之以為之名㉞。」速遂塞海陘㉟而還。

冬，穆叔如晉聘，且言齊故㊱。晉人曰：「以寡君之未禘祀㊲，與民之未息，不然不敢忘。」穆叔曰：「以齊人之朝夕釋憾㊳于敝邑之地，是以大請。敝邑之急，朝不及夕，引領西望曰：『庶幾乎㊴！』比執事之間㊵，恐無及也。」見中行獻子，賦〈圻父〉41。獻子曰：「偃知罪矣，敢不從執事，以同恤社稷，而使魯及此！」見范宣子42，賦〈鴻雁〉43之卒章。宣子曰：「匄在此，敢使魯無鳩44乎？」

【注釋】❶羊舌肸 即叔向，羊舌職之子，名肸，晉國上大夫。晉悼公使之傅太子彪，今彪即位為晉平公，叔向為太傅。❷張君臣 晉中軍司馬張老之子，繼父職為中軍司馬。❸祁奚 字黃羊，魯成公十八年為晉中軍尉，襄公三年告老退職，由其子祁午繼任。今年祁奚何以又為公族大夫？馬宗璉《補注》云：「祁奚疑是祁午。」❹韓襄 韓無忌之子，韓厥之孫。❺欒盈 晉下軍帥欒黶之子。見襄公十四年傳。❻士鞅 晉中軍副帥士匄之子。❼公族大夫 官名，掌管對卿大夫子弟的教導、訓練事務。❽虞丘書為乘馬御 虞丘氏名書。乘馬御，官名，又稱贊僕，是主管六廄養馬的長官。見成公十八年傳注。❾改服修官 脫去喪服，改穿吉服，修理館舍。俞樾《平議》謂「官與館古字通」。❿烝于曲沃 烝，祭祀宗廟。常於夏曆十月舉行。今於春日烝祭，非時，故加以記載。桓公五年傳「過則書」。曲沃，晉國故都，宗廟在此，其地在今山西省聞喜縣東北。⓫警守而下 在國都新田（今侯馬市）布置警戒守備以後就沿黃河而下。⓬會于溴梁 此簡言經文。經文云：晉侯與魯、宋、衛、鄭、曹、莒、邾、薛、杞、小邾共十一國諸侯會於溴梁，以討伐邾、莒二國。齊侯未至，派高厚來會，又逃盟，故經文未書齊。溴梁，在今河南省濟源市西北，溴水由此東南流經孟縣入黃河。⓭執邾宣公莒犂比公 執，拘捕。犂比，地名，莒國君以地名為號。邾、莒二國入侵魯國，並與齊、楚有使者往來，故晉執二國國君。⓮溫 在今河南省溫縣西南，溴水所經。⓯歌詩必類 唱詩歌必須和樂舞相配合，步調一致。古時舞蹈必歌詩奏樂。⓰高厚 齊國上卿，高固之子。⓱荀偃 晉中軍元帥，執國政，荀林父之孫，下文稱中行獻子。⓲不庭 不朝；不來王庭朝拜天子的諸侯（見隱公十年傳注）。此指不忠於盟主的諸侯，實指齊國。⓳許男 指許靈公。許國始封為男爵，故經傳稱其君為許男。許國本都在今河南省許昌市東三十六里，魯成公十五年為逃避鄭國威脅，遷至楚國葉縣，即今河南省葉縣西南三十里之故葉城。今求遷於晉，意欲離楚改從晉國。⓴晉人歸諸侯 十一國諸侯助許國遷都未成，晉人就讓諸侯各自返國。㉑子蟜 即公孫蠆，鄭穆公之孫，輔佐鄭簡公會同晉、魯等諸侯軍伐許。㉒穆叔 即魯卿叔孫豹，又稱叔孫穆子，跟從魯襄公參加會盟後回國。㉓齊子 即經文之叔老，魯宣公弟叔肸之孫，子叔嬰齊之子，又稱子叔齊子。見襄公十四年傳。㉔書曰會鄭伯二句　這是釋經之語。齊子（叔老）會晉荀偃，而經云「叔老會鄭伯、晉荀偃、衛甯殖、宋人伐許」，經文這樣記載是為了序列平允。因《春秋》為魯史，以魯為主，故先書叔老（齊子）；因鄭伯為君，荀偃雖是聯軍主帥，但屬晉臣，故列於鄭伯之後，使序列平允。夷，平。㉕棫林　許地，在今河南省葉縣東北。與十四年傳之秦地棫林為同名異地。㉖庚寅　初九日。㉗函氏　許地，在今葉縣北。㉘以報宋楊梁之役　楚軍入侵宋國楊梁之役見襄公十二年傳。楊梁，宋邑，在今河南省商丘市東南三十里。㉙湛阪　在今河南省平頂山市北。湛水源出河南省寶豐縣，東流經平頂山市，至襄城縣入北汝河。湛水之北，山有長阪，即此湛阪。㉚方城　山名，今河南、湖北二省交界之桐柏山、大別山，古統稱方城山，本是楚國北境，後擴張至方城山以北地區。一說今葉縣之南、方城縣之北，有方城山橫貫東西，「方城之外」即指此山之北。㉛郕　又作「成」。魯邑，在今山東省寧陽縣東北九十里。齊國去年曾圍成，今又圍郕。㉜孟孺子速徼之　孟孺子，名速，魯卿孟獻子之子，又稱仲孫速、孟莊子。徼，遮攔而截擊。㉝是好勇　此人好勇敢。是，此。好，善；很。表示讚許語氣。㉞去之以為之名　去之以成其名；撤去包圍以成其勇猛之名。襄公十八年傳晏嬰謂齊靈公「固無勇」，此實膽怯而逃去。㉟塞海陘　封鎖魯國邊境的險隘要道。杜注：「海陘，魯隘道。」《說文》：「陘，山絕坎也。」兩山中斷之處謂之陘。海陘當在成邑之北，大汶河所經之要道。㊱且言齊故　同時訴說齊國又入侵的事。故，事。㊲禘祀　指把晉悼公神主送入大廟的祭祀。見閔公二年、僖公三十三年傳注。㊳釋憾　發洩仇恨。意即侵略。㊴庶幾乎　但願晉國來救援吧。杜注：「庶幾晉來救。」庶幾，表示期望的副詞。㊵比執事之間　等到您手下辦事的人有了空閒（想到救魯）。比，及；等到。㊶圻父　即祈父，《詩經・小雅》篇名。杜注：「詩人責圻父為王爪牙，不修其職，使百姓受困苦之憂，而無所止居。」㊷范宣子　即士匄，晉中軍副帥。㊸鴻雁　《詩經・小雅》篇名，其卒章云：「鴻雁于飛，哀鳴嗷嗷。惟此哲人，謂我劬勞。」此謂魯國憂困之極，若鴻雁之失所。杜注：「大曰鴻，小曰雁。」㊹無鳩　不得安寧。《國語・晉語九》韋注：「鳩，安也。」

【語譯】魯襄公十六年春季，安葬晉悼公。晉平公即位，羊舌肸做太傅，張君臣做中軍司馬，祁奚、韓襄、欒盈、士鞅做公族大夫，虞丘書做乘馬御。脫喪服，改穿吉服，修理館舍，在曲沃舉行烝祭。晉平公布置好國都的警戒守備以後就沿黃河而下，和魯襄公、宋平公、衛殤公、鄭簡公、曹成公、莒犂比公、邾宣公、薛伯、杞孝公、小邾子在溴梁會見，命令諸侯退回侵佔的田地。為了我魯國的緣故，晉國拘捕了邾宣公、莒犂比公兩個國君，而且責備他們兩國「使者往來齊國、楚國」。晉平公和其他諸侯在溫地舉行宴會，讓大夫們蹈助興，說：「唱詩歌一定要同樂舞配合。」齊國上卿高厚唱的詩和樂舞步調不一致。晉國正卿荀偃大怒，並且說：「這表示諸侯有背離的想法了！」就讓各國卿大夫同高厚締結盟約，高厚逃跑回國。於是魯國叔孫豹、晉國荀偃、宋國向戌、衛國甯殖、鄭國公孫蠆、小邾國的大夫共同盟誓說：「共同討伐不忠於盟主的人。」

許靈公向晉國請求遷都到晉國。諸侯們就幫助許國遷移，但是許國的大夫不同意，晉國人就讓諸侯們各自回去。鄭國的子蟜聽到將要討伐許國，就輔佐鄭簡公跟從諸侯的聯軍。穆叔跟從魯襄公回國，由叔老率領魯軍會同晉軍統帥荀偃討伐許國。《春秋》記載說：「叔老會鄭伯、晉荀偃」，把荀偃列在鄭簡公後面，是為了序列平允。夏季六月，晉、魯、鄭、衛、宋五國聯軍駐紮在許地棫林。初九日，進攻許國，進駐到許地函氏。

晉國的荀偃、欒黶率領晉軍攻打楚國，以報復楚軍入侵宋國楊梁。楚國公子格率領軍隊同晉軍在湛阪作戰，楚軍大敗。晉軍就侵襲方城山以北地區，並再次攻打許國，而後才回國。

秋季，齊靈公領兵圍攻魯國郕邑，魯國孟孺子名叫速的攔擊齊軍。齊靈公說：「這個人很勇敢！我們撤去包圍以成全他勇猛的美名。」孟速就封鎖了海陘的險隘通道然後回去。

冬季，穆叔到晉國去聘問，同時訴說齊國再次入侵成邑的事。晉國人說：「由於我們國君還沒有舉行禘祀，把先君的神主送入祖廟，以及百姓伐許伐楚後還沒有休息，所以沒來救援，不然的話，是不敢忘記這件事的。」穆叔說：「由於齊國人從早到晚在敝國的土地上發洩仇恨，因此才來鄭重請求。敝國的危急，朝不保夕，百姓伸長脖子望著西邊說：『但願晉國來救援吧！』等到您的手下辦事官員得到空閒再來救援，恐怕就來不及了。」穆叔又拜見中行獻子荀偃，朗誦〈圻父〉這首詩。獻子說：「荀偃自知罪過了，怎敢不跟從您的手下人來共同拯救國家，而使魯國危急到如此地步！」穆叔又拜見范宣子士匄，朗誦〈鴻雁〉這首詩的最後一章。范宣子說：「有士匄在此，怎敢讓魯國沒有安寧呢？」

【說　明】晉平公即位後，安葬了晉悼公，就選能授官，忙與十一國諸侯在溴梁相會，先拘捕莒、邾二國國君，懲罰他們背棄亳城之盟，入侵魯國，和楚、齊通使往來的罪過，命將侵佔的田地歸還魯國。齊靈公因存有二心，未曾到會，只派上卿高厚前來。高厚又歌詩不類，逃盟而去。這就加深了晉、齊的矛盾。於是晉、魯、宋、鄭、衛五國大夫盟誓，要共討背叛的齊國。晉軍又單獨伐楚，為宋國楊梁之役報仇，在湛阪大敗楚軍。齊侯變本加厲，今年又圍攻魯國邊邑，只因孟孺子勇猛攔擊，才未得逞。魯國危急，求晉援救。穆叔兩次賦詩，表明引領西望的急切心情。晉中軍主帥、副帥都表示決不會坐視齊國對魯的侵凌。一場大戰迫在眉睫。

十七年

乙巳，西元前五五六年。周靈王十六年、齊靈公二十六年、晉平公二年、秦景公二十一年、楚康王四年、宋平公二十年、衛獻公二十一年、衛殤公三年、陳哀公十三年、蔡景公三十六年、曹成公二十二年、鄭簡公十年、燕武公十八年、許靈公三十六年、吳諸樊五年。

經 十有七年春王二月庚午，邾子牼卒。

宋人伐陳。

夏，衛石買帥師伐曹。

秋，齊侯伐我北鄙，圍桃。

高厚帥師伐我北鄙，圍防。

九月，大雩。

宋華臣出奔陳。

冬，邾人伐我南鄙。

傳 十七年春，宋莊朝伐陳，獲司徒卬，卑宋❶也。

衛孫蒯田于曹隧❷，飲馬于重丘❸，毀其瓶❹。重丘人閉門而詢❺之，曰：「親逐而君❻，爾父為厲❼。是之不憂，而何以田為❽？」夏，衛石買❾、孫蒯伐曹，取重丘。曹人愬❿于晉。

齊人以其未得志于我⓫故，秋，齊侯伐我北鄙，圍桃⓬。高厚圍臧紇⓭于防⓮。師自陽關逆臧孫，至于旅松⓯。郰叔紇⓰、臧疇、臧賈⓱帥甲三百，宵犯齊師，送之而復。齊師去之。齊人獲臧堅⓲，齊侯使夙沙衛唁之⓳，且曰「無死」。堅稽首曰：「拜命之辱⓴。抑君賜不終㉑，姑又使其刑臣禮于士㉒。」以杙抉其傷而死㉓。

冬，邾人伐我南鄙，為齊故也㉔。

宋華閱㉕卒，華臣弱皋比之室㉖，使賊殺其宰華吳㉗，賊六人，以鈹殺諸盧門合左師之後㉘。左師懼，曰：「老夫無罪。」賊曰：「皋比私有討于吳㉙。」遂幽㉚其妻，曰：「畀余而大璧㉛。」宋公聞之，曰：「臣也不唯其宗室是暴㉜，大亂宋國之政，必逐之。」左師曰：「臣也，亦卿也。大臣不順，國之恥也。不如蓋㉝之。」乃舍之㉞。左師為己短策㉟，苟過華臣之門，必騁㊱。十一月甲午㊲，國人逐瘈狗㊳。瘈狗入于華臣氏，國人從之。華臣懼，遂奔陳。

宋皇國父㊴為大宰，為平公築臺㊵，妨于農功㊶。子罕㊷請俟農功之畢，公弗許。築者謳㊸曰：「澤門之皙，實興我役㊹。邑中之黔，實慰我心㊺。」子罕聞之，親執扑㊻，以行㊼築者，而抶㊽其不勉者，曰：「吾儕小人，皆有闔廬㊾，以辟燥溼寒暑。今君為一臺而不速成，何以為役㊿？」謳者乃止。或問其故(51)，子罕曰：「宋國區區，而有詛有祝(52)，禍之本也。」

齊晏桓子(53)卒，晏嬰麤縗斬(54)，苴絰、帶、杖(55)，菅屨(56)，食鬻(57)，居倚廬(58)，寢苫，枕草(59)。其老(60)曰：「非大夫之禮也(61)。」曰：「唯卿為大夫(62)。」

【注釋】❶卑宋　輕視宋國。意謂陳國大夫司徒卬因輕視宋國，故被莊朝俘虜。❷孫蒯田于曹隧　孫蒯，衛卿孫林父之子，孫良夫之孫。田，同「畋」。打獵。曹隧，曹國地名，當近於「重丘」。孫氏越境而獵。❸重丘　古國名，後為曹邑，在今山東省荷澤市東北三十里，仕集鎮西南二十里。❹毀其瓶　砸碎了重丘百姓的水瓶。瓶，汲水器。❺詢　同「詬」。辱罵。❻親逐而君　自己趕走你的國君。而，同「爾」。你的。孫林父作亂，衛獻公亡命於齊，起因於孫蒯入朝聽命，故云「親逐」。事見襄公十四年傳。❼為厲　為惡；做壞事。❽而何以田為　你還到我國來打什麼獵。而，你。「何以……為」是反詰句的固定格式。❾石買　衛卿，石稷之子。❿愬　同「訴」。訴說；告狀。⓫未得志于我　指去年齊國圍攻魯國成邑沒有得逞。⓬桃魯邑，在今山東省汶上縣東北約三十五里。⑬臧紇　魯大夫臧孫紇，又稱臧武仲，下文稱臧孫。⑭防　魯邑，為臧孫氏食邑，當在今山東省泗水縣東北。按，齊分二軍，一軍由齊侯率領圍桃，一軍由高厚率領圍防。⑮師自陽關逆臧孫二句　魯軍從陽關出去迎救臧孫紇，到達旅松等候。陽關，在今山東省泰安市東南約六十里。旅松，魯地，距防城不遠。⑯郰叔紇　即孔丘之父叔梁紇，為郰邑大夫。郰，同「鄹」。魯邑，在今曲阜市東南約四十餘里。⑰臧疇臧賈　臧紇的兄弟，同被圍在防城，故在夜裏與叔梁紇突圍，護送臧紇到旅松軍中，然後再回防城守衛。⑱臧堅　臧紇的族人。⑲使夙沙衛唁之　夙沙衛，齊靈公寵信的宦官，曾官少傅。唁，對遭遇禍難者臧堅進行慰問。⑳拜命之辱　拜謝君命。辱，謙詞。㉑抑君賜不終　不過國君賜我不死。抑，轉折連詞。但是；不過。賜不終即「曰無死」。㉒姑又使其刑臣禮于士　卻又故意派他的宦官來對士表示敬意。士，臧堅自稱。姑，借為故，故意。刑臣，宦官。指夙沙衛。使宦官命士，士以為恥。㉓以杙抉其傷而死　杙，一端尖銳的小木樁，本用來拴牲口。抉，戳；剔。傷，傷口。㉔邾人伐我南鄙二句　邾國人攻打魯國南部邊境，是為了幫助齊國。杜注：「齊未得志于魯，故邾助之。」㉕華閱　宋卿，官右師，宋戴公的後代，華督的四世孫，華元之子。㉖華臣弱皋比之室　華臣認為皋比的家族力量弱小。故侵害皋比。華臣，華閱之弟，宋卿，官司徒。弱，意動用法。以為弱小。皋比，華閱之子。㉗使賊殺其宰華吳　賊，刺客；殺手。宰，家臣之長，皋比家的總管。華吳，華督的四世孫，華閱的堂兄弟。㉘以鈹殺諸盧門合左師之後　用鈹刀把華吳殺死在盧門合左師家的屋後。鈹，兩邊有刃的刀。諸，之於的合音詞。盧門，宋都城門名。合左師，即向戌，官左師，采邑在合鄉，故稱合左師。合鄉在今江蘇省沛縣東。㉙皋比私有討于吳　皋比私自討伐吳國。這是栽在皋比頭上的罪名，為殺華吳辯解。㉚幽　囚禁；囚禁華吳之妻。㉛畀余而大璧　把你的大玉璧給我。畀，給與。而，同「爾」。你的。璧，平圓而中有孔的玉。古時貴族男女皆佩帶玉璧。㉜臣也句　華臣不只是殘害自己的宗室。也，句中語氣詞，表示停頓。其宗室是暴，即暴其宗室，動賓倒置。暴，殘害。㉝蓋　掩蓋。㉞乃舍之　舍，同「捨」。釋而不加罪。㉟左師為己短策　左師向戌給自己做了一根短的馬鞭子。短，用作動詞。孔疏：「助御者擊馬而馳，惡之甚也。必為短策者，不欲人知也。」㊱騁　策馬快跑。㊲甲午　二十二日。㊳瘈狗　狂犬；瘋狗。㊴皇國父　宋戴公庶子皇氏之後，名國，官太宰，掌管公室之事，相當於諸侯的總管。古代男子名字常加「父」或「甫」的美稱。㊵臺　土築的高臺。臺上常築房舍、樓閣，故有臺榭、樓臺、臺閣之名。㊶農功　農事。指秋收。杜注：「周十一月，今九月，收斂時。」石經、宋本、《釋文》等皆作「農收」。㊷子罕　樂喜的字，宋戴公六世孫，官司城，因賢才而主持國政。㊸謳　歌唱。此為隨口唱的民謠，不配樂。㊹澤門之晳二句　住在澤門的白臉皮，是他發起要我們服勞役。晳、役押韻。澤門，宋都東城的南門。皇國父居於澤門，面孔白晳。興，起；發動。㊺邑中之黔二句　城中的黑面皮，真能體恤我們的心意。黔、心押韻。子罕居城中，皮色黑，故呼為「邑中之黔」。黔，黑色。㊻扑　竹鞭。又作「撲」，見文公十八年傳。㊼行　巡行督察。㊽抶　鞭打。㊾闔廬　泛指房舍。㊿何以為役　還怎麼做事。(51)或問其故　有人問他為什麼打唱歌謠的人。(52)有詛有祝　詛，指咒罵皇國父的歌辭。祝，指歌頌子罕的歌辭。(53)晏桓子　即晏弱，晏嬰的父親。(54)麤縗斬　穿著不緝邊的粗麻布做的喪服。麤，通作「粗」。縗斬，麻布喪服不緝邊。古代喪制，子為父服斬縗三年，其布用大麻或黃麻織成，極粗疏。斬，即不縫衣邊。(55)苴絰帶杖　頭上裹著苴絰、腰裹束著苴帶、手執苴杖。苴，麻的雌株曰苴，結子，雄株曰枲。苴麻質粗劣，只用於喪服。絰，裹在頭上的麻帶。(56)菅屨　服喪時穿的草鞋。菅，多年叢生的草。(57)鬻　今省為「粥」。未葬前孝子食粥。(58)倚廬　居喪時住的草棚。在中門外東牆下，倚木為廬，以草夾障，不塗泥，向北開戶，安葬後於內塗泥，向西開戶。(59)寢苫枕草　睡草墊子，頭枕草把。苫，用柴草禾稈編成的席。(60)老　家老；家臣之長；老總管。(61)非大夫之禮也　這不是大夫行的喪禮。《禮記・中庸》載孔丘之言曰：「三年之喪達乎天子。父母之喪，無貴賤，一也。」《孟子・滕文公上》亦謂自天子至於庶人，皆服三年之喪。似周代如此，而春秋時大夫已不行，今晏子行之，故其家宰加以阻止。(62)唯卿為大夫　只有卿才是大夫，不行此喪禮。按，晏嬰崇尚節儉，重禮儀，後為齊景公相，此時尚非卿；如此服喪，有匡當時卿大夫喪禮失儀的意思。鄭玄注《禮記》引此傳云：「此平仲之謙也。」杜注：「晏子惡直己以斥時失禮，故遜辭略答家老。」沈欽韓《補注》云：「諸侯之卿當天子之大夫。晏子在齊非卿，故給以是說。」

【語　譯】魯襄公十七年春季，宋國大夫莊朝進兵攻打陳國，俘虜了陳國大夫司徒卬，這是由於司徒卬輕視宋軍，所以失敗。

衛國的大夫孫蒯到曹國的曹隧打獵，在重丘讓馬飲水，打碎了重丘人的水瓶。重丘人關起門來咒罵他，說：「自己趕走了國君，你的父親做了罪惡的壞事。你不為此擔憂，為什麼還要越境來打獵？」夏季，衛國的石買、孫蒯帶兵進攻曹國，攻取了重丘。曹國人向晉國告狀訴訟。

齊國人因為去年圍攻魯國成邑沒有得逞，秋季，齊靈公領兵進攻我魯國北部邊境，圍攻桃邑。高厚又領兵把臧孫紇包圍在防邑。魯軍從陽關出兵迎救臧孫紇，到達旅松等候。郰邑大夫叔梁紇和臧疇、臧賈率領甲兵三百人，夜襲齊軍，把臧孫紇突圍送到旅松以後，再回防邑守衛。齊軍就撤圍離開防邑。齊國人俘獲了臧堅，齊靈公派宦官夙沙衛去慰問他，並且說：「不要死。」臧堅叩頭說：「謹拜謝國君的命令。不過國君賜我不死，卻又故意派一個宦官來對我這個士表示慰問。」臧堅用小木樁戳進傷口而死去。

冬季，邾國人進攻我魯國南部邊境，是為了幫助齊國。

宋國右師華閱去世，華臣認為他的兒子皋比一家力量微弱，派刺客去殺害他家的總管華吳。六個刺客用鈹刀把華吳殺死在盧門、合左師家的屋後。左師害怕，說：「我沒有罪！」殺人兇手說：「皋比私自討伐吳國。」接著囚禁了華吳的妻子，對她說：「把你的大玉璧給我。」宋平公聽到這件事，說：「華臣，不只是殘害他的宗室，而且使宋國的政令大亂，一定要驅逐他。」左師向戌說：「華臣，也是卿。大臣不和順，是國家的恥辱。不如掩蓋起來算了。」宋平公就放了他，不再加罪。左師向戌厭惡華臣，給自己做了根短的馬鞭子，如果馬車經過華臣的家門口，必定加鞭策馬快跑。十一月二十二日，宋國都城的人追逐一隻瘋狗。瘋狗逃進華臣家，人們就跟著追進去。華臣很害怕，就驚慌地逃亡到陳國去。

宋國的皇國父做了太宰，要給宋平公建造一座高臺，妨礙農事秋收。大臣子罕請求等待農事完畢後再建造，宋平公不答應。築臺的人唱著歌謠說：「住在澤門的白臉皮，是他要我們服勞役；住在城裏的黑臉皮，真能體恤我們的心意。」子罕聽到了，親自拿著竹鞭，去巡視督察築臺的人，鞭打那些不勤勉築臺的，說道：「我們這輩小人都有房子可避乾濕寒暑。現在國君要造一座高臺，卻不快些完成，還怎麼做事情呢？」唱歌謠的人就停止不唱了。有人問他為什麼要打歌唱的，子罕說：「小小的宋國，卻有詛咒，又有讚頌，這是爆發禍亂的根子。」

齊國的晏桓子去世，他的兒子晏嬰穿著粗麻布做的不緝邊的喪服，頭上裹著、腰裏束著麻帶，手裏拿著喪杖，腳穿草鞋，只喝稀粥，晚上住在草棚裏，睡草墊子，頭枕草把。他家的老總管說：「這不是大夫的喪禮，大夫用不著如此。」晏子說：「有卿身分的人才是大夫，我不是卿，所以行此喪禮。」

【說　明】 本傳主要寫衛、齊、宋三國之事。衛一國二君，禍根就是孫氏父子，而孫蒯不以為憂，猶越境而獵，打破了百姓的水瓶還不自檢束，百姓「閉門」咒罵。孫蒯變本加厲，夥同衛卿石買領兵攻取曹國重丘，引起二國之間的糾紛，為明年晉人拘囚石買張本。齊靈公連年入侵魯國，今年又兵分兩路，圍攻桃邑和防邑。孔丘之父叔梁紇亦在圍中，他與臧氏兄弟率領甲士，護送臧孫紇突圍至旅松，又回防城守衛。這是傳文第二次寫到叔梁紇。齊軍見防城內有守軍，外有援師，只得離去。宋國華臣乘其兄華閱去世之難，使賊人侵陵子姪，殺其家宰，囚禁其妻，奪其大璧。他做了這些罪惡勾當，心不自安，見逐狂犬而驚恐，害怕羣眾，逃亡陳國，真可鄙而又可笑。太宰皇國父不顧農忙秋收，為宋平公築高臺，子罕請俟農事完畢再築，而宋公不許。農奴們沒有人身自由，只得耽誤農事，為貴族服勞役，心懷不滿，隨口唱起歌謠。子罕並不因歌謠有讚頌自己而喜悅，清醒地看到這「有詛有祝」的歌謠會引起皇國父的忌恨和奴隸的動亂，因而及時制止。綜合前傳，可以看出子罕不愧是宋國貴族中的賢臣。傳文敘齊國晏嬰為父服喪之禮俗，這是晏子的第一次登場。在禮崩樂壞的春秋末世，他並無一言斥責當時士大夫的失禮，而自行人子之喪禮，說明他特重禮儀而為人謙遜，後為春秋名臣。春秋亂世，正是有了子罕、晏嬰、子產、叔向、師曠等名臣，風雲際會，歷史才有亮色。

左氏既寫大事，以見歷史脈絡；又描寫細節，以見人物情態。如臧堅被俘受辱，以木樁「抉其傷而死」，寫出他鄙視宦奄夙沙衛，寧死不辱的性格；如向戌「為己短策」，過華臣之門必助御者加鞭疾馳，寫他對華臣的厭惡之情；如築臺之農夫隨口而唱歌謠，寥寥幾筆，寫出他們心中的愛憎，樸質而清新。這些都似信手拈來，卻無不生動而傳神，蘊涵著一股正義的精神力量，不是深有生活體驗的人是寫不出來的。

十八年

丙午，西元前五五五年。周靈王十七年、齊靈公二十七年、晉平公三年、秦景公二十二年、楚康王五年、宋平公二十一年、衛獻公二十二年、衛殤公四年、陳哀公十四年、蔡景公三十七年、曹成公二十三年、鄭簡公十一年、燕武公十九年、許靈公三十七年、吳諸樊六年。

經 十有八年春，白狄來。

夏，晉人執衛行人石買。

秋，齊師伐我北鄙。

冬十月，公會晉侯、宋公、衛侯、鄭伯、曹伯、莒子、邾子、滕子、薛伯、杞伯、小邾子同圍齊。

曹伯負芻卒于師。

楚公子午帥師伐鄭。

傳 十八年春，白狄始來❶。

夏，晉人執衛行人石買于長子，執孫蒯于純留❷，為曹故也。

秋，齊侯伐我北鄙。中行獻子❸將伐齊，夢與厲公訟，弗勝。公以戈擊之，首隊❹于前，跪而戴之，奉之❺以走，見梗陽之巫皋❻。他日見諸道❼，與之言，同❽。巫曰：「今茲主必死❾。若有事于東方，則可以逞❿。」獻子許諾。晉侯伐齊，將濟河，獻子以朱絲繫玉二瑴⓫，而禱曰：「齊環怙恃其險⓬，負其眾庶，棄好背盟，陵虐神主⓭。曾臣彪⓮將率諸侯以討焉，其官臣偃實先後之⓯。苟捷有功，無作神羞⓰，官臣偃無敢復濟⓱。唯爾有神裁之。」沉玉而濟。

冬十月，會于魯濟⑱，尋湨梁之言⑲，同伐齊。齊侯禦諸平陰⑳，塹防門而守之，廣里㉑。夙沙衛㉒曰：「不能戰，莫如守險㉓。」弗聽。諸侯之士門焉㉔，齊人多死。范宣子告析文子㉕曰：「吾知子，敢匿情乎？魯人、莒人皆請以車千乘，自其鄉入㉖，既許之矣。若入，君必失國。子盍㉗圖之。」子家以告公，公恐。晏嬰㉘聞之曰：「君固無勇，而又聞是，弗能久矣㉙。」齊侯登巫山㉚以望晉師。晉人使司馬斥㉛山澤之險，雖所不至，必旆而疏陳之㉜。使乘車者左實右偽㉝，以旆先，輿曳柴而從之㉞。齊侯見之，畏其眾也，乃脫歸。丙寅晦㉟，齊師夜遁。師曠告晉侯曰：「鳥烏之聲樂㊱，齊師其遁。」邢伯告中行伯曰：「有班馬㊲之聲，齊師其遁。」叔向告晉侯曰：「城上有烏，齊師其遁。」

十一月丁卯朔，入平陰，遂從齊師。夙沙衛連大車以塞隧而殿㊳。殖綽、郭最曰：「子殿國師，齊之辱也。子姑先乎。」乃代之殿。衛殺馬于隘以塞道㊴。晉州綽㊵及之，射殖綽中肩，兩矢夾脰㊶，曰：「止，將為三軍獲；不止，將取其衷㊷。」顧曰：「為私誓㊸。」州綽曰：「有如日㊹。」乃弛弓而自後縛之㊺。其右具丙㊻，亦舍兵而縛郭最，皆衿甲面縛㊼，坐于中軍之鼓下。

晉人欲逐歸者，魯衛請攻險。己卯㊽，荀偃、士匄以中軍克京茲㊾。乙酉㊿，魏絳、欒盈以下軍克邿(51)，趙武、韓起以上軍圍盧(52)，弗克。十二月戊戌(53)，及秦周(54)，伐雍門之萩(55)。范鞅(56)門于雍門，其御追喜，以戈殺犬于門中。孟莊子斬其楢(57)，以為公琴。己亥(58)，焚雍門及西郭、南郭。劉難、士弱(59)率諸侯之師焚申池(60)之竹木。壬寅(61)，焚東郭、北郭。范鞅門于揚門。州綽門于東閭(62)，左驂迫，還于門中(63)，以枚數闔(64)。

齊侯駕，將走郵棠(65)。大子(66)與郭榮扣馬(67)曰：「師速而疾，略也(68)。將退矣，君何懼焉？且社稷之主不可以輕(69)，輕則失眾。君必待之。」將犯之(70)。大子抽劍斷鞅(71)，乃止。甲辰(72)，東侵及濰(73)，南及沂(74)。

鄭子孔欲去諸大夫(75)，將叛晉而起楚師以去之。使告子庚(76)，子庚弗許。楚子聞之，使揚豚尹宜(77)告子庚曰：「國人謂不穀主社稷而不出師，死不從禮(78)。不穀即位，于今五年，師徒不出，人其以不穀為自逸，而忘先君之業矣。大夫圖之，其若之何？」子庚歎曰：「君王其謂午懷安乎？吾以利社稷也。」見使者，稽首而對曰：「諸侯方睦于晉，臣請嘗之(79)。若可，君而(80)繼之。不可，收師而退，可以無害，君亦無辱。」

子庚帥師治兵于汾(81)。于是子蟜、伯有、子張(82)從鄭伯伐齊，子孔、子展、子西[83]守。二子知子孔之謀，完守入保[84]，子孔不敢會楚師。楚師伐鄭，次于魚陵[85]。右師城上棘[86]，遂涉潁，次于旃然[87]。蒍子馮、公子格率銳師侵費滑、胥靡、獻于、雍梁[88]，右回梅山[89]，侵鄭東北，至于蟲牢[90]而反。子庚門于純門[91]，信[92]于城下而還，涉于魚齒之下[93]，甚雨及之。楚師多凍，役徒幾盡[94]。晉人聞有楚師，師曠曰：「不害。吾驟歌北風[95]，又歌南風，南風不競，多死聲[96]。楚必無功。」董叔曰：「天道多在西北。南師不時[97]，必無功。」叔向曰：「在其君之德[98]也。」

【注　釋】❶白狄始來　白狄族初次派人來魯國。夷狄不能行朝拜禮，故不言「來朝」。白狄散居在今陝西省北部，其別種雜居今河北省西部，此來魯之白狄為何部落，不詳。❷晉人執衛行人石買二句　去年衛卿石買、孫蒯帶兵入侵曹國，曹國向晉國控告，故今年晉人拘捕石、孫二人。執，拘捕。行人，外交使者。蓋石買是出使晉國。杜注：「石買即是伐曹者，宜即懲治本罪。而晉國因其為行人之使執之，故書行人以罪晉。」長子，晉邑，在今山西省長子縣西郊。純留，即屯留，在今山西省屯留縣南十五里。❸中行獻子　即荀偃，又稱中行偃，下文稱中行伯，為晉國中軍元帥，前曾助欒書殺晉厲公。見成公十七、十八年傳。❹隊　同「墜」。掉落。戈為鉤兵，鉤人之頸，能斷人頭，故荀偃夢其頭墜於前。❺奉之　捧住頭，防其再墜落。❻見梗陽之巫皋　見，夢見。梗陽，晉邑，在今山西省清徐縣治。皋，巫人之名。❼見諸道　在路上遇見巫皋。諸，之於的合音詞。❽與之言二句　跟巫皋講了做夢的事，巫皋也有同樣的夢。❾今茲主必死　今年你必定會死去。主，主公，對大夫的尊稱。《左傳》在成公以前稱大夫為「君」，於襄公以後多稱「主」。❿逞　快意；得意。此指獲勝。⓫玉二瑴　兩對玉。瑴，同「珏」。合在一起的兩塊玉。⓬齊環怙恃其險　齊靈公名環。怙恃，依仗；憑藉。與下句「負」同義。⓭神主　杜注：「神主，民也。」僖公十九年傳「民，神之主也」。⓮曾臣彪　曾臣，陪臣。天子對神靈自稱臣，諸侯則自稱曾臣，相同於諸侯之臣對天子自稱陪臣。彪，晉平公之名。⑮其官臣偃句　官臣，受天子之命能自置官吏以治家邑者，這是荀偃自稱。先後，動詞。前後佐助。《詩經・綿》毛傳：「相導前後曰先後。」⑯無作神羞　不要做羞辱神靈的事。杜注：「羞，恥也。」

⑰無敢復濟　不敢再渡過黃河。荀偃相信巫皋之言，以為伐齊之役自己必死，不能再回晉國，故如此說。⑱會于魯濟　在魯國的濟水旁相會。濟水流過魯國的一段稱魯濟。據經文，晉、魯、宋、衛、鄭、曹、莒、邾、滕、薛、杞、小邾十二國諸侯會同伐齊，先相會於魯濟。⑲尋湨梁之言　重溫湨梁之盟的誓言。即襄公十六年傳「共討不庭」之辭。⑳平陰　齊邑，舊平陰在今山東省平陰縣東北三十五里，肥城市西北六十餘里，今稱孝里舖。㉑塹防門而守之二句　在防門外挖壕溝據守，壕溝長一里。塹，壕溝。用作動詞。防門，在今平陰縣東北三十二里，北距舊平陰三里。一說「廣里」為地名，句讀為「塹防門，而守之廣里」。然上文已言禦之於平陰，下文又言「入平陰」，未言廣里，可見廣里非地名。㉒夙沙衛　齊靈公寵臣，宦官。

㉓莫如守險　意謂不如固守泰山長城之險。杜注：「言防門不足為險。」《水經注・濟水》云：「平陰城南有長城，東至海，西至濟，河道所由名防門。」《管子》云：「長城之陽，魯也；長城之陰，齊也。」㉔門焉　攻打防門。門，動詞。攻城。焉，於此。㉕范宣子告析文子　范宣子即士匄，晉中軍副帥。析文子，齊大夫，字子家。㉖魯人莒人二句　魯國人、莒國人都請求帶一千輛兵車從自己國家向齊國打進來。鄉，同「嚮」，今作「向」。魯在齊都西南，則向東北進攻；莒在齊都東南，則向西北進攻。此蓋恐嚇之詞。㉗盍　何不的合音詞。㉘晏嬰　晏弱之子，字平仲。㉙弗能久矣　杜注謂「不能久敵晉」。疑晏子意謂齊侯命不久長。明年齊靈公死。㉚巫山　在今山東省肥城市西北六十里，一名孝堂山。㉛斥　排除。㉜必旆而疏陳之　必定插上大旗，稀疏地布置軍陣。旆，軍中大旗。用作動詞。陳，同「陣」。列陣。動詞。㉝使乘車者左實右偽　使兵車上的三名甲士，左邊的實有其人，右邊放上偽裝的草人。㉞輿曳柴而從之　戰車後面拖著樹枝而跟著大旗前進。這樣塵土飛揚，如大軍奔馳，以迷惑齊侯。僖公二十八年城濮之戰晉亦用此計。㉟丙寅晦　十月小月，二十九日晦，夜無月光。下文丁卯即十一月初一日。㊱烏烏之聲樂　烏鴉的叫聲很歡快。師曠是晉平公的盲樂師，對鴉聲特別敏感。齊軍駐地無人，羣鴉聚食其所留軍糧馬草，叫聲始覺歡快，故推斷齊軍已逃跑。此與下文「城上有烏」皆古人以烏測敵營之法。㊲班馬　馬盤旋不進。

㊳連大車以塞隧而殿　連，借為「輦」。拉車。隧，山中小路。殿，殿後；壓陣。㊴衛殺馬于隘以塞道　夙沙衛殺馬以塞隘道。《水經注・濟水》謂此隘道在今山東省長清縣東南三十五里處，因名隔馬山。㊵州綽　晉大夫，勇力之士。後見襄公二十一年傳。㊶兩矢夾脰　兩箭一中左肩，一中右肩，夾住頭頸。脰，頸項。㊷將取其衷　將向你心口再射箭。衷，中心。㊸為私誓　意謂你發誓不殺我。個人與個人之間的約言謂私誓。㊹有如日　有太陽為證。「有如」為誓言用語。㊺乃弛弓而自後縛之

就解下弓弦而從後面反綁他的雙手。㊻具丙　人名，州綽的兵車右衛。車右多用戈盾為武器。㊼衿甲面縛　杜注：「衿甲，不解甲。」面縛，在背後反綁。面，通「偭」。背向。㊽己卯　十三日。㊾京茲　在今山東省肥城市西，平陰縣東南。㊿乙酉　十九日。51魏絳欒盈句　魏絳本是晉下軍佐，今為下軍帥。欒盈，欒黶之子，晉公族大夫，今為下軍佐。郕，山名，在今平陰縣西十二里，今名亭山。與十三年傳之郕同名異地。52趙武韓起句　趙武為晉上軍帥，趙盾之孫。韓起即韓宣子，韓厥之子，晉上軍佐。盧，高氏食邑，見成公十七年傳。在今山東省長清縣西南二十五里。53戊戌　初二日。54秦周　齊地名，在齊都臨淄城西門外。55伐雍門之萩　雍門為齊都城西門。萩，通「楸」。落葉喬木。56范鞅　即士鞅，范宣子士匄之子。57孟莊子句　孟莊子，即孟孺子，名速，魯卿孟獻子之子。櫄，杶樹，木質細密，可為琴，亦可為車轅。58己亥　初三日。59劉難士弱　都是晉大夫，士弱是士貞伯之子，又稱士莊子。60申池　在齊都城西南的申門之外。《讀史方輿紀要》謂齊都城周五十里，有十三門，其可考者西曰雍門，南曰稷門，西南曰申門，門外有申池，西北曰揚門，東南曰鹿門。61壬寅　初六日。62東閭　都城的東門。63左驂迫二句　由於兵車擁擠，左邊的驂馬迫促，不能前行，在城門下盤旋。還，通「旋」。64以枚數闔　數闔之枚。闔，門扇。指城門。枚，城門上的鐵釘，有如鐘乳。後來城門、宮門多以銅為鐘乳。襄公二十一年傳州綽云：「識其枚數」，即指此事。65郵棠　即襄公六年傳之棠邑，在今山東省平度市東南，一說即今山東省即墨市南八十里之甘棠社。66大子　齊靈公太子，名光，後為齊莊公。大，同「太」。67扣馬　牽住馬。《說文》：「扣，牽馬也。」68師速而疾二句　諸侯軍行進快速，奮勇進擊，是為了掠奪財物。疾，急；奮勇攻擊。見襄公十一年傳注。略，掠奪。69輕　輕率。持重之反。指逃跑。70將犯之　想要向前直衝，踐踏二人而不顧。《小爾雅・廣言》：「犯，突也。」《禮記・檀弓下》：「犯人之禾。」注：「犯，躐也。」71鞅　套在馬頸上的皮帶。鞅斷，則居中兩馬脫衡軛，車不能行。72甲辰　初八日。73濰　水名，源出山東省莒縣西北濰山，東流至諸城市，折而北流，由昌邑市入海。諸侯軍所至當是在今濰坊市東、濰河西岸。74沂　水名，源出山東省沂源縣北之沂山，南流經沂水、沂南、臨沂等縣市至江蘇省邳州市、新沂市入駱馬湖。諸侯軍所至當是齊境內之沂水地區，即今沂源縣東北地區。75鄭子孔欲去諸大夫　鄭國於襄公十一年蕭魚之會後順服晉國，今年鄭簡公從晉伐齊，子孔和子展、子西三卿留守。子孔，即公子嘉，鄭穆公之子（見襄公八年、十年傳），時秉政專權，想借助楚軍除掉眾大夫而叛晉從楚。76子庚　即公子午，楚令尹，楚莊王子，楚共王弟。77揚豚尹宜　揚氏名宜，官豚尹。揚，又作「楊」。豚尹，楚外交官，使者。78死不從禮　死後將不能按先君的葬禮殯葬祭祀。79嘗之　試探一下。嘗，試。80而　乃。81汾　即汾陘，在今河南省許昌市西南，襄城縣東北，潁水南岸。82子蟜伯有子張　鄭國三卿，從鄭簡公伐齊。子蟜，即公孫蠆，公子偃之子。伯有，即良霄，公孫輒子耳之子。子張，即公孫黑肱。㊸子展子西　鄭二卿。子展，即公孫舍之，公子喜之子。子西，即公孫夏，子駟之子。㊹完守入保　加強守備，進入城堡。完，固。《孟子・離婁上》：「城郭不完。」保，同「堡」。㊺魚陵　當在汾陘之西北。楚軍「治兵于汾」而後入駐魚陵。㊻右師城上棘　右軍在上棘築城堡。上棘，在今河南省禹州市西北。《水經注・潁水》謂潁水流經上棘城西，又折而經其城南。按，楚軍分三路，子庚率左師次於魚陵，右師當由右尹公子罷戎率領，次於旃然，大司馬蔿子馮與公子格率精銳之師入侵至蟲牢。㊼旃然　即索水，水出在滎陽市東南三十五里，流入汴河。㊽費滑胥靡獻于雍梁　鄭國四邑。費滑，在今偃師市南之緱氏鎮。胥靡，在偃師市東南四十里。獻于，亦在今偃師市境。雍梁，在今禹州市東北。㊾右回梅山　向右繞過梅山。梅山，在今鄭州市西南，與新密市、新鄭市接界。㊿蟲牢　在今河南省封丘縣。其地本在黃河之南，黃河改道後變在黃河之北。91純門　鄭國都城外城之郭門。92信　住宿兩夜。93涉于魚齒之下　在魚齒山下徒步走過湛水。魚齒，山名，在今河南省平頂山市西北，寶豐縣東南，山下有湛水。94役徒幾盡　軍中服雜役的人幾乎都凍死。95驟歌北風　屢次唱北方的歌曲。風，樂曲。《詩經》有十五國風，即是此風字之義。96南風不競二句　南方的樂曲不剛強，象徵死亡的哀樂聲很多。競，強。古人迷信，常用樂律卜出兵之吉凶。南風不競後為成語，喻衰弱無力，不能取勝。97天道多在西北二句　天道指木星（歲星）運行一周天的軌道。此年木星運行在十二次中的亥位，從曆數判斷是在西北，故南師楚軍出征不合天時。98在其君之德　謂勝負決定於其國君之德行如何。杜注：「言天時地利不如人和。」

【語　譯】魯襄公十八年春季，白狄族初次來魯國。

夏季，晉國人在長子拘捕了衛國的使者石買，在純留拘捕了孫蒯，是因為他們侵入曹國的緣故。

秋季，齊靈公進攻我魯國北部邊境。晉國的元帥中行獻子準備討伐齊國時，夢見和晉厲公爭訟，沒有勝訴。晉厲公用戈鉤他的頭頸，他的頭就掉在前面，他跪下去把頭安裝在脖子上，兩手捧住了頭逃跑，夢見梗陽地方的巫皋。過了幾天，真的在路上遇見了巫皋，獻子和他談起做夢的情況，居然和巫皋夢見的相同。巫皋說：「今年您一定會死去。如果在東方有戰事，那是可以順您心意的。」獻子允諾記住了。晉平公發兵進攻齊國，將要渡過黃河，獻子用紅絲帶繫著兩對玉向河神禱告說：「齊國國君姜環仗恃地勢險要，依仗人多勢眾，背棄友好鄰國，違背盟誓，欺凌百姓。現在陪臣姬彪將率領諸侯前去討伐，他的官臣荀偃在前後輔助。

如果戰勝，得到成功，不會做出羞辱神靈的事，官臣荀偃不敢再渡河回去，望你神靈裁奪決定。」說完就把玉沉入黃河然後渡過河去。

冬季十月，晉平公、魯襄公、宋平公、衛殤公、鄭簡公、曹成公、莒犂比公、邾悼公、滕國君、薛國君、杞孝公、小邾國君共十二個諸侯在魯國濟水岸邊相會，重溫湨梁的盟誓，共同討伐齊國。齊靈公在平陰抵禦，在防門外挖壕溝據守，壕溝長一里。宦官夙沙衛說：「如果不能作戰，就不如固守泰山之險為好。」齊靈公不聽。諸侯的將士攻打防門，齊軍戰死很多人。晉軍副帥范宣子告訴齊國大夫析文子說：「我同您熟悉，怎敢隱瞞實情呢？魯國人、莒國人都請求帶一千輛兵車從他們那裏一往東北、一往西北打進來，我們已經答應了。他們如果打進來，你們國君必然喪失國家。您何不考慮一下！」析文子把這話告知齊靈公，齊靈公很害怕。晏嬰聽到這事，說：「國君本來就沒有勇氣，現在又聽到這些話，不會活多久了！」齊靈公登上巫山察看晉軍。晉國人派司馬排除山林水澤的險阻，即使是軍隊所不去的地方，也必定樹起大旗，稀疏地布置軍陣。又讓兵車左邊立著真的甲士，右邊放上偽裝的甲士，用大旗作前導，兵車後面拖著樹枝跟著大旗前進。齊靈公看到塵土飛揚，害怕晉軍人多，就離開軍隊，脫身逃回去。十月二十九日，齊軍在夜裏逃跑。盲樂官師曠告訴晉平公說：「烏鴉的叫聲很歡快，齊軍大概逃跑了。」邢伯告訴中行獻子說：「有戰馬盤旋的嘶叫聲，齊軍怕是逃跑了。」太傅叔向報告晉平公說：「平陰城上有烏鴉，齊軍怕是逃跑了！」

十一月初一日，晉軍進入平陰城，接著就追擊齊軍。夙沙衛拉著大車堵塞山裏的小路，壓陣殿後。齊將殖綽、郭最說：「您來為國家軍隊殿後壓陣，是齊國的恥辱。您姑且先走吧！」就代替他殿後。夙沙衛殺死馬匹來堵塞險隘要道。晉軍州綽追上齊軍，用箭射殖綽，一箭射中左肩，一箭射中右肩，兩枝箭夾住頸項。州綽大叫說：「停下別跑，還能被我三軍俘虜；如不停步，將向你心口射箭。」殖綽回頭說：「你發誓不殺我。」州綽說：「有太陽作證。」就把弓弦解下來而從後背反綁殖綽。州綽的車右具丙也放下手裏的兵器而去捆綁齊將郭最。兩人都不解除盔甲，在背後反綁，讓他們坐在中軍的戰鼓下面。

晉國人要追趕逃兵，魯國、衛國請求攻打險要的地方。十一月十三日，荀偃、士匄率領中軍攻下京茲。

十九日，魏絳、欒盈率領下軍攻下邿地。趙武、韓起帶領上軍圍攻盧城，沒有攻下。十二月初二日，軍隊追到秦周地方，砍伐齊都西城雍門外的萩樹。范鞅進攻雍門，他的御手叫追喜，用戈在雍門裏殺死一條狗。孟莊子砍下楢木，給魯襄公做頌琴。初三日，放火燒毀了雍門和西邊、南邊的外城。劉難、士弱率領諸侯軍放火焚燒申池園中的竹木。初六日，放火燒了東邊、北邊的外城。范鞅攻打西北的揚門。州綽攻打東門，左邊的馬由於戰車擁擠，不能前進，只在東城門裏盤旋，停留很多時，把城門上釘乳的枚數都數清楚了。

齊靈公駕了車，要逃到郵棠去。太子光和郭榮牽住馬頭，說：「諸侯軍進兵快速而且勇敢，是為了掠取財物。他們快要退兵了，國君怕什麼呢？再說一國之君不能輕率逃走，逃走就要失去大眾。國君一定要待在這兒！」齊靈公想讓兵車向前衝出去，太子抽出劍來砍斷了馬頸下的皮帶，車子才停了下來。初八日，諸侯軍向東進攻直到濰水邊，南面一直打到沂水流域。

鄭國留守的子孔想要除掉別的卿大夫，準備背叛晉國而發動楚國軍隊來除去他們。就派人去楚國求告令尹子庚，子庚不答應。楚康王知道了這事，就派豚尹揚宜告訴子庚說：「國內的人認為我做國君不敢出兵，我死後就不能按先君的喪禮殯葬祭祀。我即位後，到現在已五年，軍隊還沒出動，人們將以為我貪圖自己安逸而忘記了先君的霸業。請大夫考慮一下，將怎麼辦？」子庚歎氣說：「君王恐怕認為我公子午是貪圖安逸吧？我這樣做是為了有利於國家啊！」就接見使者揚宜，叩頭回答說：「各國諸侯正同晉國和好，請讓下臣先去試探一下。如果可行，君王就跟著來；如果不行，就收兵退回來。這樣可以沒有損害，君王也沒有羞辱。」

子庚領兵在汾地整頓裝備軍隊。這時鄭國的子蟜、伯有、子張三人跟從鄭簡公去攻打齊國，子孔、子展、子西三人留守。子展、子西知道子孔的陰謀，就加強守備，入城堡堅守。子孔不敢和楚軍裏應外合。楚軍左軍進攻鄭國，駐紮在魚陵。右軍在上棘築城堡，接著徒步走過潁水，駐紮在旃然河邊。蔿子馮、公子格率領精銳部隊攻打費滑、胥靡、獻于、雍梁四地，向右繞過梅山，入侵鄭國東北部，到達蟲牢以後就返回來。子庚攻打外城的純門，在城下住了兩夜後回去，徒步走過魚齒山下的澗水，遇到大雨，楚軍很多人被凍壞，服雜役的人幾乎都死光。晉國人聽到有楚軍北進，師曠說：「沒有妨害。我屢次歌唱北方的歌曲，又歌唱南方的歌曲。南方的曲調不剛強，象徵死亡的哀樂聲很多。楚國一定無功而返。」董叔說：「歲星運行的軌道今年多在亥位，曆數在西北。南方的軍隊出動不合天時，一定不能建功。」叔向說：「決定成敗的還在於他們國君的德行如何。」

【說　明】齊國自恃人眾地險，背棄盟約，連年侵襲魯國，所以晉平公會同十一國諸侯討伐齊國，這是晉齊鞌之戰以後爆發的第二次大規模戰爭。齊靈公「固無勇」、又無謀，一開始就採取消極防禦策略，據守平陰；又不聽固守險隘的勸諫，因而陷入被動挨打的境地。而晉軍臨戰經驗豐富，戰術靈活多變。在突破齊軍在防門的塹壕以後，先揚言魯莒二國已各自攻入齊國，使齊侯聞之恐懼。又虛張聲勢，在山澤險地，偽裝戰陣；大路上塵土飛揚，如有大軍奔馳，使齊侯見之喪膽，先自逃歸。據守平陰的齊軍無心抵抗，十月晦日，夜無月光，就連夜逃遁。十一月朔日起，諸侯聯軍全面入侵，追逐敗軍，險隘要地逐一攻克。至十二月初二日，已破齊都外城，城郭全被焚毀；然後又破西城雍門、西北的揚門及東門。大軍湧入城，晉將州綽的兵車只能在城門下盤旋而數城門上的釘乳枚數，可見齊軍不戰自敗之狀，諸侯軍如入無人之境，東至濰水，南至沂水，橫掃整個齊國大地。人民大遭劫難，犬被殺，樹被砍，苑池被焚，財物被擄掠。其善後事宜見明年傳。

在鄭簡公與諸侯會同伐齊時，留守國內的大臣子孔圖謀專權，背晉從楚，故求告楚國令尹子庚率軍前來，妄圖裏應外合，盡除大夫。由於子展、子西察知其謀，入城堅守，使子孔未能得逞。楚軍只能在鄭國西北，轉到東北，無功而返。時值隆冬，在回國途中，遇到大雨，士兵多被凍壞。楚康王雖想重振霸業，也無計可施。明年，鄭國子孔問罪被殺。

十九年

丁未，西元前五五四年。周靈王十八年、齊靈公二十八年、晉平公四年、秦景公二十三年、楚康王六年、宋平公二十二年、衛獻公二十三年、衛殤公五年、陳哀公十五年、蔡景公三十八年、曹武公滕元年、鄭簡公十二年、燕文公元年、許靈公三十八年、吳諸樊七年。

經 十有九年春王正月，諸侯盟于祝柯。晉人執邾子。

公至自伐齊。

取邾田，自漷水。

季孫宿如晉。

葬曹成公。

夏，衛孫林父帥師伐齊。

秋七月辛卯，齊侯環卒。

晉士匄帥師侵齊，至穀，聞齊侯卒乃還。

八月丙辰，仲孫蔑卒。

齊殺其大夫高厚。

鄭殺其大夫公子嘉。

冬，葬齊靈公。

城西郛。

叔孫豹會晉士匄于柯。

城武城。

傳 十九年春，諸侯還自沂上，盟于督揚❶，曰：「大毋侵小。」執邾悼公❷，以其伐我故。遂次于泗上❸，疆我田❹。取邾田，自漷水歸之于我❺。晉侯先歸。公享晉六卿于蒲圃❻，賜之三命之服❼，軍尉、司馬、司空、輿尉、候奄❽皆受一命之服，賄荀偃❾束錦加璧、乘馬❿，先吳壽夢之鼎⓫。荀偃癉疽，生瘍于頭⓬。濟河，及著雍⓭，病，目出。大夫先歸者皆反。士匄⓮請見，弗內。請後⓯，曰：「鄭甥⓰可。」二月甲寅⓱，卒，而視不可含⓲。宣子盥而撫之曰：「事吳敢不如事主⓳。」猶視。欒懷子⓴曰：「其為未卒事于齊故也乎㉑？」乃復撫之曰：「主苟終，所不嗣事㉒于齊者，有如河！」乃瞑，受含。宣子出，曰：「吾淺之為丈夫也㉓！」

季武子如晉拜師㉔，晉侯享之。范宣子為政，賦〈黍苗〉㉕。季武子興㉖，再拜稽首曰：「小國之仰大國也，如百穀之仰膏雨㉗焉。若常膏之，其天下輯睦，豈唯敝邑。」賦〈六月〉㉘。

季武子以所得于齊之兵，作林鐘而銘魯功焉㉙。臧武仲㉚謂季孫曰：「非禮也。夫銘，天子令德㉛，諸侯言時計功㉜，大夫稱伐㉝。今稱伐，則下等㉞也。計功，則借人㉟也。言時，則妨民㊱多矣，何以為銘？且夫大伐小，取其所得，以作彝器㊲，銘其功烈㊳，以示子孫，昭明德而懲無禮也。今將借人之力以救其死，若之何銘之？小國幸于大國㊴，而昭所獲焉以怒之㊵，亡之道也。」

晉欒魴帥師從衛孫文子伐齊㊶。

齊侯娶于魯，曰顏懿姬，無子。其姪鬷聲姬㊷生光，以為大子。諸子仲子、戎子㊸，戎子嬖。仲子生牙，屬諸戎子㊹。戎子請以為大子，許之。仲子曰：「不可。廢常㊺不祥，間諸侯，難㊻。光之立也，列于諸侯矣㊼。今無故㊽而廢之，是專黜諸侯㊾，而以難犯不祥㊿也。君必悔之。」公曰：「在我而已(51)。」遂東(52)大子光，使高厚傅牙(53)，以為大子，夙沙衛為少傅。齊侯疾，崔杼微逆光(54)，疾病(55)而立之。光殺戎子，尸諸朝，非禮也。婦人無刑(56)，雖有刑，不在朝市。夏五月壬辰晦(57)，齊靈公卒，莊公即位。執公子牙于句瀆之丘(58)。以夙沙衛易己(59)，衛奔高唐(60)以叛。

晉士匄侵齊，及穀(61)，聞喪而還，禮也。

于四月丁未(62)，鄭公孫蠆(63)卒，赴(64)于晉大夫。范宣子言于晉侯，以其善于伐秦(65)也。六月，晉侯請于王，王追賜之大路，使以行(66)，禮也。

秋八月，齊崔杼殺高厚于灑藍(67)，而兼其室(68)。書曰「齊殺其大夫」，從君于昏也(69)。

鄭子孔之為政也專(70)，國人患之，乃討西宮之難與純門之師(71)。子孔當罪(72)，以其甲及子革、子良(73)氏之甲守。甲辰(74)，子展、子西(75)率國人伐之，殺子孔而分其室。書曰「鄭殺其大夫」，專也(76)。

子然、子孔，宋子(77)之子也，士子孔，圭嬀(78)之子也。圭嬀之班，亞宋子(79)，而相親也，二子孔亦相親也。僖之四年(80)，子然卒。簡之元年(81)，士子孔卒。司徒孔實相子革、子良之室(82)，三室如一，故及于難。子革、子良出奔楚，子革為右尹(83)。鄭人使子展當國(84)，子西聽政(85)，立子產(86)為卿。

齊慶封(87)圍高唐，弗克。冬十一月，齊侯圍之，見衛在城上，號之(88)，乃下。問守備焉，以無備告，揖之乃登(89)。聞師將傅(90)，食高唐人(91)。殖綽、工僂會夜縋納師(92)，醢(93)衛于軍。

城西郛(94)，懼齊也。

齊及晉平，盟于大隧95。故穆叔會范宣子于柯96。穆叔見叔向97，賦〈載馳〉98之四章。叔向曰：「肸敢不承命。」穆叔歸曰：「齊猶未也，不可以不懼。」乃城武城99。

衛石共子100卒，悼子101不哀。孔成子102曰：「是謂蹶其本103，必不有其宗。」

【注釋】❶諸侯還自沂上二句　此緊承上年傳文。去年冬，晉、魯等十二國諸侯會同伐齊，今從齊國沂水岸邊回來，在督揚結盟。督揚，即經文之祝柯，在今山東省長清縣東北三十餘里。❷邾悼公　邾宣公之子，去年即位。襄公十七年冬，邾國入侵魯國以助齊國，故督揚之會，晉拘捕邾悼公。❸遂次于泗上　諸侯軍駐紮在泗水邊上。泗，源出山東省泗水縣，西流經曲阜市北，折向南流入南陽湖。此「泗上」當在今曲阜市北。❹疆我田　劃定我國田地的疆界。疆，動詞。杜注：「正邾魯之界也。」❺自漷水歸之于我　漷水，源出今山東省滕州市東北之逑山，在滕州市東南向西流入微山湖，今名南沙河。杜注謂在今鄒城市西北，向西南流入獨山湖。似不合文意。邾國在漷水東，漷水以西田本屬魯，被邾所奪，今歸還魯。❻公享晉六卿于蒲圃　享，同「饗」。設宴款待。六卿，晉國三軍將、佐：荀偃、士匄、趙武、韓起、魏絳、欒盈。蒲圃，魯國場圃名。見襄公四年傳。❼三命之服　古時諸侯對卿大夫的賞賜有三命、再命、一命之別，三命最尊貴，所賜車服亦華麗。❽軍尉司馬司空輿尉候奄　晉軍中的五種職官，軍尉掌行伍旗鼓，時為祁午；司馬掌軍吏任免和賞罰，時為張君臣；司空掌軍事工程；輿尉掌兵車輜重，亦稱輿帥；候奄掌偵察、哨兵，亦稱候正。見成公二年傳。❾賄荀偃　賜贈禮物稱賄，與今義賄賂有別。荀偃為晉軍元帥，執國政，為荀林父之孫，又稱中行獻子。❿束錦加璧乘馬　古時一束為五匹。錦是有彩色花紋的絲織品。錦上加玉璧謂之加璧。乘馬，四匹馬。古時四馬駕一乘，故乘代稱四。⓫先吳壽夢之鼎　古時贈禮，輕物在前，貴重之物在後，這次主要贈品為鼎，故以束錦等為先，鼎在後。此句法與僖公三十三年傳「以乘韋先牛十二犒師」略有不同。壽夢之鼎當是吳王壽夢所鑄，贈與魯襄公，今轉贈荀偃。⓬荀偃癉疽二句　荀偃生有毒瘡，瘡疽生在頭上。疑即今之腦後疽，又稱對口疽，疽發於枕骨下，與口相對，腫痛異常，難治。癉，病。動詞。疽，毒瘡；癰疽。瘍，指疽。⓭著雍　晉地，是齊、宋等國入晉之要道。《釋地》謂在今河南省沁陽市東。⓮士匄　即范宣子，晉中軍副帥，在六卿中位居第二。荀偃死後升任中軍帥，執國政。下文稱宣子。⑮請後　請問立誰為後繼人。⑯鄭甥　指荀偃之子荀吳，鄭氏所生。鄭氏為鄭國外甥，故稱鄭甥。下稱其名「吳」。⑰甲寅　十九日。⑱而視不可含　死後眼不閉而口閉。古時以珠玉貝米之類置於死者口中謂之含，口閉故不可含。⑲主　您。對卿大夫尊稱為主或君。⑳欒懷子　即欒盈，晉公族大夫，下軍副帥。㉑其為未卒事于齊故也乎　大概是因為對齊國的戰事沒有完成的緣故吧。㉒嗣事　繼續從事。㉓吾淺之為丈夫也　我小看荀偃了，荀偃是大丈夫。淺，意動用法。以為淺薄。杜注：「自恨以私待人。」有釋為士匄自責淺薄，枉為丈夫。則句不當有「之」字，故不從。㉔季武子句　季武子即季孫宿，季文子之子，魯卿，下稱季孫。拜師，拜謝晉國出師伐齊。㉕黍苗　《詩經・小雅》篇名，首二句云：「芃芃黍苗，陰雨膏之。」㉖興　起；從座位上站起來。㉗膏雨　潤澤的雨水。下句「膏之」，膏用作動詞。㉘六月　《詩經・小雅》篇名，是尹吉甫佐周宣王征伐之詩，季孫以晉侯比尹吉甫。㉙作林鐘而銘魯功焉　鑄成林鐘，在上面刻銘文以記載魯國的武功。鐘有銘文稱林鐘，銘文亦常省稱為「林」。㉚臧武仲　臧文仲之孫，又稱臧孫紇。㉛天子令德　天子用以銘記德行。令德，即銘德。令，動詞。銘，銘刻。㉜諸侯言時計功　諸侯舉動合於時令，就用以銘記功績。杜注：「舉得時，動有功，則可銘也。」㉝大夫稱伐　大夫用來記載征伐的功勞。伐，積功曰伐。㉞下等　謂功之下等。等，等級。㉟借人　借助別人的力量。杜注：「借晉力也。」㊱妨民　妨害百姓。伐齊在十月至十二月（夏曆八至十月），農事正忙，征伐不合時令，故謂妨民。㊲彝器　宗廟祭祀用的禮器，如鐘鼎之類青銅器。㊳功烈　同義詞連用。功勳。㊴小國幸于大國　小國僥倖戰勝大國。小國，指魯。大國，指齊。㊵怒之　激怒齊國。㊶晉欒魴句　傳文此句列「季武子如晉」之前，今依經文次序改列於後。欒魴是欒盈族人，欒盈上言「嗣事於齊」，故使之伐齊。孫文子，即孫林父，衛卿，是伐齊主帥，故經文云：「夏，衛孫林父帥師伐齊。」而不言欒魴。㊷鬷聲姬　顏懿姬姪女，隨懿姬陪嫁齊靈公。古時貴族娶婦，婦家以其妹或姪陪嫁。二女皆魯國女，姬姓。懿姬母姓顏，聲姬母姓鬷，因以為號。死後諡懿、聲。㊸諸子仲子戎子　諸子是諸侯妃妾的別稱。仲子、戎子為齊靈公姬妾，子姓。㊹屬諸戎子　把公子牙囑託給戎子撫養。屬，同「囑」。諸，之於。㊺廢常　廢棄常規。指廢太子光。古時立後嗣的常規是立嫡長子，如嫡妻無子，則立妾出之長子。今懿姬無子，公子光為庶出長子，當立為太子。㊻間諸侯難　觸犯諸侯，難以成功。間，隔閡；觸犯。㊼列于諸侯矣　位列於諸侯。指參與諸侯盟會。襄公三年、五年、九年、十年、十一年太子光皆參與諸侯盟會，諸侯已公認他是齊國太子。㊽無故　無罪惡。故，同「辜」。㊾是專黜諸侯　這是專橫而輕蔑諸侯。《玉篇》：「黜，下也。」㊿以難犯不祥　以難成之事觸犯廢常之不祥。(51)在我而已　廢立在我。謂與諸侯無涉。(52)東　使動用法。使之東遷邊邑。(53)使高厚傅牙　讓高厚做公子牙的太傅。高厚，高固之子。高氏世代為齊國上卿。傅，動詞。做太傅，負責教導太子。按，以上廢太子光，立公子牙，當是魯襄公十一年以後、十九年以前事。以下始敘本年事。(54)崔杼微逆光　齊大夫崔杼暗暗地迎接公子光回都城。《說文》：「微，隱行也。」逆，迎。光，即位為齊莊公。(55)疾病　疾病連用指病重、病危。疾甚曰病。(56)婦人無刑　沒有專為婦人訂立的刑法，如婦女有罪，僅比照男子罪刑處置，但無陳屍朝廷、集市的。(57)夏五月壬辰晦　經書「七月辛卯，齊侯環卒」，傳書「五月壬辰」，因魯用周正，齊用夏正。周正七月辛卯二十八日即夏正五月壬辰二十九日。(58)句瀆之丘　齊地，又見襄公二十一年傳，今地不詳。(59)以夙沙衛易己　認為是夙沙衛變換了自己的太子之位。易，改換。上古無「換」字。(60)高唐　齊邑，在今山東省高唐縣東三十五里，禹城市西南。(61)穀　齊邑，在今山東省東阿縣南之東阿鎮。(62)丁未　十三日。(63)公孫蠆　鄭卿，字子蟜，公子偃之子，鄭穆公孫。(64)赴　同「訃」。發出訃告。(65)善于伐秦　在伐秦之役中表現好。見襄公十四年傳。(66)王追賜之大路二句　周靈王追賜他大路之車，讓大路之車跟著喪車送行。天子所賜車總稱大路，本應在伐秦後賜，故云「追賜」。沈欽韓《補注》：「謂從柩車行也。」(67)灑藍　在齊都臨淄城郊。(68)兼其室　兼併他家的財貨采邑及家人。(69)書曰齊殺其大夫二句　《春秋》記載說「齊殺其大夫高厚」，是說他聽從齊靈公昏亂的命令。古訓「亂命不從」。(70)鄭子孔之為政也專　鄭國子孔執政是獨斷專權。子孔，即公子嘉，鄭穆公之子，魯襄公十年前為司徒，故下稱司徒孔；十年後主宰國政。(71)討西宮之難與純門之師　討，追究罪責。西宮之難，指尉止等五族作亂，殺子駟等三卿於西宮，子孔事先知而未制止，自己未去西宮，故不死。事見襄公十年傳。純門之師，指子孔求楚令尹子庚領兵攻打鄭都城純門，想藉以除去羣大夫。事見襄公十八年傳。(72)當罪　古代刑法術語。抵罪；判定罪名。(73)子革子良　子革，子然之子。子良，士子孔之子。二人都是鄭穆公之孫，子孔之姪。(74)甲辰　十一日。當是八月十一日。(75)子展子西　子展，即公孫舍之，子罕之子。子西，即公孫夏，子駟之子。二人都是鄭穆公之孫。(76)書曰鄭殺其大夫二句　《春秋》記載說「鄭殺其大夫公子嘉」，是由於他獨斷專橫。(77)宋子　鄭穆公妾，宋國女，子姓。生子然、子孔。子然見成公十年、襄公元年傳。(78)圭嬀　鄭穆公妾，嬀姓。生士子孔，即公子志。子孔、士子孔為異母兄弟，下稱二子孔。(79)圭嬀之班二句　圭嬀班列位次於宋子，在宋子之下。班，排列等級。亞，次。(80)僖之四年　鄭僖公四年，即魯襄公六年。鄭僖公為穆公曾孫。(81)簡之元年　鄭簡公元年，即魯襄公八年。簡公為僖公之子。(82)司徒孔實相子革子良之室　司徒子孔實是主宰子革、子良兩家事務。相，輔佐；主宰。(83)子革為右尹　右尹，楚官名，輔佐令尹。子革奔楚後稱鄭丹、然丹，即以其本國及父之字為氏。見昭公十二、十三年傳。(84)當國　主宰國政；掌權。襄公二年傳「子罕當國」，杜注：「當國，秉政。」(85)聽政　與聞政事，負責執行辦理，而不能專行，位次當國。(86)子產　子國之子，鄭穆公之孫，又稱公孫僑。今年為卿，參與政事。為春秋名臣。

87慶封　齊大夫，慶克之子。已見成公十八年傳。88號之　大聲呼喊夙沙衛。因隔護城河，故夙沙衛聞聲敢下城見齊莊公。89揖之乃登　夙沙衛還揖行禮後，就登上城去。古人進見及告別皆作揖行禮。90傅　通「附」。攀城攻城。91食高唐人　讓高唐人吃豐盛的飯食。食，使動用法。92夜縋納師　夜裏用繩索垂下城去，接納齊軍入城。93醢　剁成肉醬。94城西郛　魯國修築都城西邊的外城。郛，外城。95大隧　齊地，在今山東省高唐縣境。96穆叔句　穆叔即叔孫豹，叔牙的曾孫，魯卿。柯，在今河南省內黃縣東北。97叔向　羊舌氏名肸，羊舌職之子，為晉平公太傅。98載馳　《詩經・鄘風》篇名，第四章云：「控于大邦，誰因誰極？」意謂要求援大國，但靠誰去辦得到呢？即謂靠叔向。杜注：「控，引也。取其欲引大國以自救助。」因，依靠。極，至。99武城　魯有兩武城，此為南武城，在今山東省嘉祥縣。100石共子　即石買，石稷石成子之子，衛卿。去年被晉國拘捕。101悼子　石買之子石惡，襄公二十八年出奔晉。102孔成子　衛卿孔烝鉏，又稱孔成叔。103蹷其本　拔其根。蹷，即「蹶」。折拔；仆倒。

【語　譯】魯襄公十九年春季，十二國諸侯從齊國沂水邊回去，在督揚地方結盟，盟誓說：「大國不能侵犯小國。」會上拘捕了邾悼公，是因為邾國攻打我魯國的緣故。諸侯軍駐紮在泗水邊上，劃定我國田地的疆界，取回邾國奪去的田地，把漷水以西的地方都劃歸我國。晉平公先回國去。魯襄公在蒲圃設宴款待晉國的六卿，賜給他們華麗的三命車服；軍尉、司馬、司空、輿尉、候奄各賜給一命車服。送給荀偃五匹錦帛、加上玉璧、四匹馬，再送給他吳王壽夢鑄的銅鼎。荀偃生了毒瘡，毒疽生在頭上。渡過黃河，到達著雍，病加重，眼珠子都鼓了出來。先回國去的大夫們都趕回來。士匄請求進見，荀偃不接見。請問立誰為繼承人，荀偃說：「鄭女生的荀吳可繼立。」二月十九日，荀偃死了，眼睛不閉，口閉緊不能放珠玉。士匄洗手以後去撫他的眼睛，說：「事奉鄭甥荀吳怎敢不如事奉您呢！」荀偃還是沒有閉眼。欒懷子說：「大概是為了對齊國的戰事還沒有完全成功的緣故吧？」就再安撫他的眼皮說：「您死後，如不繼續從事於齊國戰事的，有黃河神為證！」荀偃才閉了眼，接受了放進嘴裏的珠玉。士匄退出去說：「我小看荀偃了，沒有把他看作大丈夫！」

魯國季武子到晉國去拜謝晉國出兵伐齊，晉平公宴請他。范宣子士匄執政，賦〈黍苗〉這首詩。季武子趕忙站起來，兩次拱手拜禮後叩頭說：「小國的仰望大國，就像百穀仰望潤澤的雨露。如果經常潤澤小國，天下將會和睦，豈獨是我國受此恩澤！」就賦了〈六月〉這首詩，以讚頌晉平公。

季武子把攻打齊國所得到的兵器鑄成林鐘，在鐘上鑄刻銘文以記載魯國的武功。臧武仲就對季武子說：「這是不合於禮的。銘文，是天子用來銘記德行的，諸侯用來記載舉動合於時令和所建立的功績的，大夫用來記載征伐的功勳的。現在記載這武功，那是下等的功績；論這功績，那是借助別人力量得來的；論時令，那是妨害百姓很多農事，是不合時令的；還有什麼可刻銘文的？再說大國攻伐小國，拿他們所獲得的東西來鑄作宗廟用的鐘鼎等禮器，記載他們的功勳，以此讓子孫銘記，來發揚美德、懲罰無禮的行為。現在是借助別人的力量來拯救我們自己的危亡，怎麼能銘記這樣的事呢？我們小國僥倖戰勝大國，卻要顯耀所得的戰利品去激怒敵人，這是亡國之道啊！」

晉國的欒魴領兵跟從衛國的孫文子進攻齊國。

齊靈公以前從魯國娶妻子，名叫顏懿姬，沒有生兒子。她的姪女鬷聲姬陪嫁，生了公子光，齊靈公把光立為太子。姬妾有仲子、戎子。戎子受到寵愛。仲子生了公子牙，把他囑託給戎子。戎子請求把公子牙立為太子，齊靈公答應了。仲子說：「不行。廢棄立太子的常規，不吉祥；觸犯諸侯，難以成功。光立為太子後，已經參與諸侯會盟的行列了。現在他無罪而廢掉他，這是專橫而卑視諸侯，是用難以成功的事去觸犯不吉祥的事。國君一定要後悔的！」齊靈公說：「一切由我。」就把太子光遷徙到東部邊邑，派高厚做公子牙的太傅，立公子牙為太子，讓夙沙衛做少傅。今年齊靈公生病了，大夫崔杼暗暗地把公子光接來都城，趁齊靈公病危時立他為太子。太子光殺死了戎子，把屍體陳列在朝廷上，這是不合於禮的。沒有為婦女專立刑法，即使要用刑，也不能陳屍在朝廷和集市的。夏季五月二十九日，齊靈公病死。齊莊公光即位。在句瀆之丘拘捕了公子牙。齊莊公認為是夙沙衛出主意廢了自己太子之位，夙沙衛就逃亡到高唐城叛變齊國。

晉國士匄領兵入侵齊國，到達穀邑，聽到齊國有喪事就退兵回去，這是合於禮的。

四月十三日，鄭國的公孫蠆去世，訃告送給晉國大夫。范宣子就報告晉平公，因為他在攻打秦國的戰役中表現很好。六月，晉平公向周靈王請求，周靈王追賜給他大路之車，讓大路車跟著靈柩送喪，這是合於禮的。

秋季八月，齊國崔杼在灑藍殺死了高厚，然後兼併了他家的財貨采邑。《春秋》記載說：「齊殺其大夫高厚」，是由於他聽從國君昏亂的命令。

鄭國的子孔執政獨斷專行，鄭國人認為是禍患，就追究九年前西宮的禍難和去年楚軍攻純門兩件事的罪責，子孔應抵罪。子孔就帶領他的甲士和子革、子良家的甲士守衛。八月十一日，子展、子西率領國都的人討伐他，殺死子孔，瓜分了他家的財物采邑。《春秋》記載說「鄭殺其大夫公子嘉」，是由於他獨斷專行。

子然、子孔是鄭穆公妾宋子的兒子；士子孔是鄭穆公妾圭媯的兒子。圭媯的地位等級低於宋子，但互相親近，兩個子孔也互相親近。鄭僖公四年，子然死去；鄭簡公元年，士子孔死去。子孔做司徒官，實是總管兩個姪子子革、子良的家事，三家像一家，所以這次都遭到禍難。子孔被殺，子革、子良逃亡到楚國，子革做了右尹。鄭國人讓子展主宰國政，子西處理政事；立子產為卿，參與政事。

齊國的大夫慶封領兵包圍高唐城，沒有攻下來。冬季十一月，齊莊公親自領兵包圍高唐，看見夙沙衛在城頭上，就大聲呼喊他。夙沙衛就下城來，齊莊公問他防守的情況，他告訴說沒有什麼防備，他還禮作揖後，就登上城牆。他聽到齊軍將要攀登城牆進攻，就讓高唐人吃好飯。在高唐城裏的將領殖綽、工僂會二人，在夜裏用繩索垂下城來，接納齊軍入城，在軍中把夙沙衛剁成肉醬。

魯國修築外城西邊的城牆，是怕齊國入侵。

齊國和晉國講和，在大隧結盟。所以魯國的穆叔和晉國的范宣子在柯地會見。穆叔拜見晉國的叔向，賦〈載馳〉詩的第四章，希望大國救助。叔向說：「我怎敢不聽命呢！」穆叔回到魯國，說：「齊國還沒有停止侵襲，不可以不戒懼。」就在武城修築城牆。

衛國的石共子石買死了，他的兒子石悼子並不悲哀。孔成子說：「這叫做拔掉自己的根，必然不能保有他的宗族。」

【說明】晉、魯等十二國諸侯會盟於督揚，盟約說「大毋侵小」，這實是對盟主的一種諷刺。會盟之後，劃定邾、魯二國的疆界，邾國將奪取的田地歸還給了魯國。齊靈公去年戰敗，今年就病死。傳文補敘往年齊靈公廢太子光而立公子牙的事，今年齊靈公死，崔杼又迎立太子光為齊莊公，拘囚公子牙，殺太傅高厚及內侍夙沙衛，從此崔杼專權。齊無力與晉爭勝，就同晉國講和，結束了齊、晉之間的戰爭狀態。但至襄公二十三年，齊莊公又逞強，大舉進攻晉國而被崔杼所殺。

鄭國自魯宣公三年鄭穆公死後，歷四世六君至鄭簡公，五十餘年來都是鄭穆公之子孫執掌國政。穆公之子見於經傳者有十五人之多，但鄭國外有戰亂，內相殘殺，始終不得安寧。今年子孔專權被殺，穆公之孫子革、子良亡命楚國。此後由子展公孫舍之、子西公孫夏、良霄伯有、子產公孫僑執政，但不久又有駟良之爭，到魯襄公末年由子產執政，鄭國始安。

晉卿荀偃去年作惡夢，今年患毒疽而死，死後目不閉而口閉。范宣子撫之仍不瞑目，欒盈撫之乃瞑目受含。《釋文》引桓譚云：「荀偃病而目出。初死，其目未合，尸冷乃合，非其有所知也。」《論衡・死偽》云：「荀偃之病，卒苦目出。目出則口噤，口噤則不可哈。宣子撫之早，故目不瞑，口不開。少久氣衰，懷子撫之，故目瞑受哈。此自荀偃之病，非死精神見恨于口目也。」所論皆近事理，然傳意固好言神鬼怪異之事。

二十年

戊申，西元前五五三年。周靈王十九年、齊莊公光元年、晉平公五年、秦景公二十四年、楚康王七年、宋平公二十三年、衛獻公二十四年、衛殤公六年、陳哀公十六年、蔡景公三十九年、曹武公二年、鄭簡公十三年、燕文公二年、許靈公三十九年、吳諸樊八年。

經 二十年春王正月辛亥，仲孫速會莒人盟于向。

夏六月庚申，公會晉侯、齊侯、宋公、衛侯、鄭伯、曹伯、莒子、邾子、滕子、薛伯、杞伯、小邾子盟于澶淵。

秋，公至自會。

仲孫速帥師伐邾。

蔡殺其大夫公子燮，蔡公子履出奔楚。

陳侯之弟黃出奔楚。

叔老如齊。

冬十月丙辰朔，日有食之。

季孫宿如宋。

傳 二十年春，及莒平。孟莊子會莒人盟于向，督揚之盟故也❶。

夏，盟于澶淵，齊成故也❷。

邾人驟至，以諸侯之事弗能報也❸。秋，孟莊子伐邾以報之。

蔡公子燮欲以蔡之晉❹，蔡人殺之。公子履，其母弟也，故出奔楚❺。

陳慶虎、慶寅畏公子黃之偪❻，愬❼諸楚曰：「與蔡司馬同謀。」楚人以為討，公子黃出奔楚。

初，蔡文侯❽欲事晉，曰：「先君與于踐土之盟❾，晉不可棄，且兄弟❿也。」畏楚，不能行而卒。楚人使蔡無常⓫，公子燮求從先君以利蔡，不能而死。書曰「蔡殺其大夫公子燮」，言不與民同欲也⓬；「陳侯之弟黃出奔楚」，言非其罪也⓭。公子黃將出奔，呼于國曰：「慶氏無道，求專陳國，暴蔑⓮其君，而去其親⓯，五年不滅，是無天也。」

齊子初聘于齊⓰，禮也。

冬，季武子⓱如宋，報向戌之聘⓲也。褚師段逆之以受享⓳，賦〈常棣〉之七章以卒⓴。宋人重賄之。歸，復命，公享之，賦〈魚麗〉之卒章㉑。公賦〈南山有臺〉㉒。武子去所㉓曰：「臣不堪也。」

衛甯惠子㉔疾，召悼子㉕曰：「吾得罪于君，悔而無及也。名藏在諸侯之策，曰：『孫林父、甯殖出其君。』㉖君入，則掩之㉗。若能掩之，則吾子也。若不能，猶㉘有鬼神，吾有餒而已，不來食矣㉙。」悼子許諾，惠子遂卒。

【注釋】❶孟莊子會莒人二句　莒國曾數次侵襲魯國，因去年晉國召集十二國諸侯會盟於督揚，故今年魯莒二國又在向地自行結盟，以修友好。孟莊子，即仲孫速，孟獻子之子。莒，己姓國，在今山東省莒縣一帶。向，本姜姓國，魯隱公二年被莒國所滅，其地在今山東省莒縣南七十里，與襄公十四年傳之「向」是同名異地。督揚之盟見去年傳注。❷盟于澶淵二句　經文云，夏六月庚申（初三日），晉、齊、魯、宋、衛、鄭、曹、莒、邾、滕、薛、杞、小邾共十三國諸侯盟於澶淵，這是因為去年齊國戰敗，同晉國講和的緣故。澶淵，本衛地，此時屬晉，在今河南省濮陽縣西北。成，講和。❸邾人驟至二句　邾國人之所以屢次入侵，是以為魯國忙於參加諸侯盟會、征伐的事不能報復。驟，屢次。襄公十五年、十七年，邾國出兵侵魯。❹蔡公子燮欲以蔡之晉　公子燮要使蔡國投靠晉國。公子燮，蔡莊公之子，蔡文公之弟，官司馬，故下文稱蔡司馬。見襄公八年傳。之，動詞。到；前去投靠。蔡國在今河南省上蔡縣一帶，近於楚而遠於晉，已從楚數十年。❺公子履三句　公子履是公子燮的同母弟，公子燮被殺，恐被嫌疑與兄同謀，故逃亡楚國以避嫌避禍。❻陳慶虎慶寅句　慶虎、慶寅是陳國執政大夫，為陳桓公五世孫，嬀姓，慶氏。曾反對陳哀公參加晉國的鄬之盟，而用計使楚國拘囚陳哀公之弟公子黃，逼使哀公逃會回國。見襄公七年傳。今二慶又怕公子黃威逼其權力，而誣陷公子黃。偪，同「逼」。❼愬　同「訴」。控告。實是誣告。故下云公子黃奔楚自辯。❽蔡文侯　名申，蔡莊公之子，蔡景公之父。魯文公十六年即位，在位二十年。蔡國為侯爵，經傳例稱其君為侯，不稱公。❾先君與于踐土之盟　先君指蔡莊公，在位三十四年。城濮之戰以後，蔡莊公參加晉國的踐土之盟。見僖公二十八年傳。❿兄弟　蔡與晉、魯、衛、鄭同是姬姓國，是周王宗親，故云兄弟。⓫楚人使蔡無常　楚國人役使蔡國，徵發徒役，沒有一定的限額和時間。常，常規。⓬書曰蔡殺其大夫公子燮二句　《春秋》記載說「蔡殺其大夫公子燮」，是說他的願望和士大夫不同。民，當指士大夫。士大夫苟安事楚，反對從晉。⓭陳侯之弟黃出奔楚二句　《春秋》記載說「陳侯之弟黃出奔楚」，是說這不是公子黃的罪。孔疏引《釋例》云：「兄而害弟者，稱弟以彰兄罪。」經稱「陳侯之弟」是罪在陳哀公任用二慶。襄公二十三年傳陳殺二慶。⓮暴蔑　猶言輕慢、輕蔑。說詳章炳麟《左傳讀》。⓯親　指陳哀公之親弟公子黃。⓰齊子初聘于齊　齊子即經文之叔老，魯宣公弟叔肸之孫，子叔聲伯之子，又稱子叔齊子。今年齊莊公新即位，齊子是初次去聘問。⓱季武子　即季孫宿，季孫行父之子，魯國正卿。⓲報向戌之聘　向戌是宋國正卿，官左師，魯襄公十五年聘問魯國，今季武子回聘答謝。⓳褚師段逆之以受享　宋國大夫褚師段迎接季武子前去接受宋平公的宴享之禮。褚師段，宋平公之子，名段，字子石，以褚師官名為氏。逆，迎。享，設宴款待。⓴賦常棣之七章以卒　常棣，《詩經・小雅》篇名。以，與。見《述聞》。卒，卒章。「章」字承上省。七章云：「妻子好合，如鼓琴瑟。兄弟既翕，和樂且湛。」卒章云：「宜爾家室，樂爾妻帑。是究是圖，亶其然乎？」季武子賦此之意謂魯宋婚姻之國宜和睦相處，各樂家室。宋共公夫人為魯宣公之女。見成公八年傳。㉑魚麗之卒章　魚麗，《詩經・小雅》篇名，卒章云：「物其有矣，維其時矣。」季武子以此比喻襄公命己聘宋很及時。㉒南山有臺 《詩經・小雅》篇名。魯襄公取其「樂只君子，邦家之基」，「邦家之光」等句，以喻季武子奉使能為國增光。㉓去所 避席。離開坐席表示不敢當。㉔甯惠子 即甯殖，衛卿。六年前因衛獻公輕慢大臣，故與孫林父一起逼使衛獻公亡命齊國，改立衛獻公叔父子叔黑背之子、衛穆公之孫公孫剽為君（殤公）。事見襄公十四年傳。㉕召悼子 召，借為詔，告。悼子，即甯喜，甯殖之子。㉖名藏在諸侯之策三句 我的罪名寫在諸侯的史策上，收藏在府庫裏，說是「孫林父、甯殖出其君」。蓋史書本如此記載。策，簡策；記史事的竹片。出，逐出。㉗君入則掩之 國君衛獻公回國復位，你要設法掩蓋這事。意謂設法修改史策。按，今所見襄公十四年經云「衛侯出奔齊」，未罪孫林父、甯殖出其君，蓋甯喜從父命而助獻公復位，並改其史文。㉘猶 假設連詞。若。㉙不來食矣 不來受祭，即不認其為子。

【語　譯】魯襄公二十年春季，魯國和莒國講和。魯卿孟莊子和莒國人在向地會見後結盟，這是由於諸侯去年在督揚會盟的緣故。

夏季，晉平公、魯襄公、齊莊公、宋平公、衛殤公、鄭簡公、曹武公、莒子、邾子、滕子、薛伯、杞伯、小邾子共十三國諸侯在澶淵結盟，這是為了和齊國講和。

邾國人屢次入侵魯國，是由於以為魯國忙於參加諸侯會盟和征伐的事而無能報復。秋季，孟莊子領兵攻打邾國作為報復。

蔡國公子燮想讓蔡國投靠晉國，蔡國人把他殺了。公子履是公子燮的同母兄弟，所以逃亡到楚國。陳國的慶虎、慶寅害怕公子黃威逼其權位，就向楚國控告說：「公子黃和蔡國司馬公子燮同謀叛楚。」楚國人因此追究討伐，公子黃逃亡到楚國去辯解。

當初蔡文公想要歸服晉國，說道：「先君蔡莊公參與了晉國召集的踐土盟會，晉國是不可以背棄的，而且是兄弟之國啊。」可是蔡文公害怕楚國，沒有做到就死去了。楚國人役使蔡國沒有一定的常規，公子燮要求繼承先君的遺志以有利於蔡國，但也沒有辦到而被殺。《春秋》記載說「蔡殺其大夫公子燮」，這是說他的願望和士大夫的不同。《春秋》記載說「陳侯之弟黃出奔楚」，這是說不是公子黃有罪過，罪在陳哀公。公子黃將要出奔時，在都城裏大喊說：「慶氏無道，謀求在陳國專權，輕慢和蔑視國君，因而要除去國君的親屬，五年之內如果不滅亡，這就沒有天理了。」

魯國的子叔齊子初次到齊國去聘問，這是合於禮的。

冬季，魯國季武子到宋國去，這是答謝向戌對魯國的聘問。宋大夫褚師段迎接他，陪他去接受宋平公的宴禮。季武子賦〈常棣〉詩的第七章和最後一章。宋國人用很重的財禮送給他。他回到魯國復命，魯襄公設宴款待他，他賦〈魚麗〉詩的最後一章。魯襄公賦〈南山有臺〉這首詩，季武子離開座席說：「下臣不敢當。」

衛國的甯惠子生了病，告訴兒子甯悼子說：「我得罪了國君衛獻公，後悔也來不及了。我的罪名記載在諸侯的史策上，藏在府庫裏，說是『孫林父、甯殖（逐）出其君』。國君衛獻公回國復位，你要掩蓋這罪名。如果能掩蓋就是我的兒子。如果不能掩蓋，假如有鬼神的話，我寧可挨餓，也不來享受你的祭祀了。」悼子答應父親的要求，甯惠子就死了。

【說　明】齊晉和解，伐齊之十二國諸侯與齊莊公同盟於澶淵，這是晉平公復興霸業達到頂峰的一個標誌。由此莒國也同魯國和好結盟，以後十五年內莒魯二國不再交兵。魯國又派子叔齊子聘問齊國，派季武子回聘宋國，以修友好，安定國家。

蔡國在蔡莊公時曾與晉國同盟，後因近於楚而被迫順從楚國。楚國強暴，役使無常，勒索無度，蔡國不勝負擔。蔡莊公之死距此已六十年。蔡文公想要改從晉國，但至死未能實行。蔡文公死於魯宣公十七年，距此也已四十年。蔡國士大夫苟安事楚。今年蔡文公之弟公子燮想要繼承蔡莊公遺志變革外交局面而遭到失敗，為士大夫所殺。鄰近的陳國執政大夫二慶借機向楚國誣告公子黃與蔡國公子燮同謀叛楚，妄圖借刀殺人，以專國政。這是為襄公二十三年傳陳國殺二慶張本。

衛國甯殖在六年前逐其君衛獻公，今年病死前又後悔不已，要其子甯喜助衛獻公回國復位，並修改史策文字，否則死後也不認他為兒子。這就導致襄公二十六年衛國再次大亂，血染宮牆。

二十一年

己酉，西元前五五二年。周靈王二十年、齊莊公二年、晉平公六年、秦景公二十五年、楚康王八年、宋平公二十四年、衛獻公二十五年、衛殤公七年、陳哀公十七年、蔡景公四十年、曹武公三年、鄭簡公十四年、燕文公三年、許靈公四十年、吳諸樊九年。

經 二十有一年春王正月，公如晉。

邾庶其以漆、閭丘來奔。

夏，公至自晉。

秋，晉欒盈出奔楚。

九月庚戌朔，日有食之。

冬十月庚辰朔，日有食之。

曹伯來朝。

公會晉侯、齊侯、宋公、衛侯、鄭伯、曹伯、莒子、邾子于商任。

傳 二十一年春，公如晉，拜師及取邾田也❶。

邾庶其以漆、閭丘來奔❷，季武子以公姑姊妻之❸，皆有賜于其從者。于是魯多盜。季孫謂臧武仲曰：「子盍詰盜❹？」武仲曰：「不可詰也，紇又不能❺。」季孫曰：「我有四封❻，而詰其盜，何故不可？子為司寇，將盜是務去❼，若之何不能？」武仲曰：「子召外盜而大禮焉，何以止吾盜❽？子為正卿，而來外盜，使紇去之，將何以能？庶其竊邑于邾以來，子以姬氏妻之，而與之邑，其從者皆有賜焉。若大盜禮焉以君之姑姊與其大邑❾，其次皁牧輿馬❿，其小者衣裳劍帶，是賞盜也。賞而去之，其或難焉。紇也聞之，在上位者洒濯其心⓫，壹以待人⓬，軌度其信⓭，可明徵也⓮，而後可以治人。夫上之所為，民之歸⓯也。上所不為，而民或為之，是以加刑罰焉，而莫敢不懲。若上之所為，而民亦為之，乃其所也⓰，又可禁乎？〈夏書〉曰：『念茲在茲，釋茲在茲，名言茲在茲，允出茲在茲，惟帝念功⓱。』將謂由己壹也⓲。信由己壹，而後功可念也。」庶其非卿也，以地來，雖賤必書，重地也。

齊侯使慶佐⓳為大夫，復討公子牙⓴之黨，執公子買于句瀆之丘㉑。公子鉏來奔，叔孫還奔燕。

夏，楚子庚㉒卒。楚子使薳子馮㉓為令尹，訪于申叔豫㉔。叔豫曰：「國多寵而王弱，國不可為也㉕。」遂以疾辭。方暑，闕地，下冰而牀焉㉖，重繭㉗衣裘，鮮食㉘而寢。楚子使醫視之，復曰：「瘠則甚矣，而血氣未動㉙。」乃使子南㉚為令尹。

欒桓子娶于范宣子㉛，生懷子。范鞅以其亡也怨欒氏㉜，故與欒盈為公族大夫而不相能㉝。桓子卒，欒祁與其老州賓通㉞，幾亡室矣㉟。懷子患之。祁懼其討也，愬㊱諸宣子曰：「盈將為亂，以范氏為死桓主而專政矣㊲，曰：『吾父逐鞅也，不怒，而以寵報之㊳，又與吾同官而專之。吾父死而益富，死吾父而專于國。有死而已，吾蔑從之矣㊴。』其謀如是，懼害于主㊵，吾不敢不言。」范鞅為之徵㊶。懷子好施，士多歸之。宣子畏其多士也信之。懷子為下卿㊷，宣子使城著㊸而遂逐之。秋，欒盈出奔楚。宣子殺箕遺、黃淵、嘉父、司空靖、邴豫、董叔、邴師、申書、羊舌虎、叔羆㊹。囚伯華、叔向、籍偃㊺。

人謂叔向曰：「子離㊻于罪，其為不知乎㊼？」叔向曰：「與其死亡若何㊽？《詩》曰：『優哉游哉，聊以卒歲㊾。』知也。」樂王鮒㊿見叔向曰：「吾為子請。」叔向弗應。出，不拜。其人皆咎叔向。叔向曰：「必祁大夫(51)。」室老(52)聞之曰：「樂王鮒言于君無不行，求赦吾子，吾子不許。祁大夫所不能也，而曰必由之，何也？」叔向曰：「樂王鮒，從君者也，何能行？祁大夫外舉不棄讎，內舉不失親[53]，其獨遺我乎？《詩》曰：『有覺德行，四國順之[54]。』夫子覺者也。」

晉侯問叔向之罪于樂王鮒，對曰：「不棄其親，其有焉[55]。」于是祁奚老矣，聞之，乘馹[56]而見宣子曰：「《詩》曰：『惠我無疆，子孫保之[57]。』《書》曰：『聖有謩勳，明徵定保[58]。』夫謀而鮮過，惠訓不倦者，叔向有焉，社稷之固也，猶將十世宥之[59]，以勸能者。今壹不免其身，以棄社稷，不亦惑乎？鯀殛而禹興[60]；伊尹放大甲而相之[61]，卒無怨色；管蔡為戮，周公佑王[62]。若之何其以虎也棄社稷？子為善，誰敢不勉？多殺何為？」宣子說，與之乘[63]，以言諸公而免之。不見叔向而歸[64]，叔向亦不告免焉而朝。

初，叔向之母妬叔虎之母美而不使[65]，其子皆諫其母。其母曰：「深山大澤，實生龍蛇。彼美，余懼其生龍蛇以禍女[66]。女敝族也。國多大寵[67]，不仁人間之[68]，不亦難乎？余何愛焉？」使往視寢，生叔虎，美而有勇力。欒懷子嬖之，故羊舌氏之族及于難。

欒盈過于周，周西鄙掠之。辭于行人[69]曰：「天子陪臣盈，得罪于王之守臣[70]，將逃罪。罪重于郊甸[71]，無所伏竄，敢布其死[72]。昔陪臣書[73]能輸力于王室，王施惠焉。其子黶不能保任(74)其父之勞。大君若不棄書之力，亡臣猶有所逃。若棄書之力而思黶之罪，臣戮餘(75)也，將歸死于尉氏(76)，不敢還矣。敢布四體(77)，唯大君命焉。」王曰：「尤而效之，其又甚焉(78)！」使司徒禁掠欒氏者，歸所取焉；使候出諸轘轅(79)。

冬，曹武公來朝，始見也。

會于商任(80)，錮欒氏也。齊侯、衛侯不敬。叔向曰：「二君者必不免。會朝，禮之經也(81)；禮，政之輿也(82)；政，身之守也(83)。怠禮，失政；失政，不立(84)，是以亂也。」

知起、中行喜、州綽、邢蒯(85)出奔齊，皆欒氏之黨也。樂王鮒謂范宣子曰：「盍反州綽、邢蒯？勇士也。」宣子曰：「彼欒氏之勇也，余何獲焉？」王鮒曰：「子為彼欒氏，乃亦子之勇也(86)。」

齊莊公朝，指殖綽、郭最曰：「是寡人之雄也(87)。」州綽曰：「君以為雄，誰敢不雄？然臣不敏，平陰之役，先二子鳴(88)。」莊公為勇爵(89)，殖綽、郭最欲與焉。州綽曰：「東閭之役，臣左驂迫，還于門中，識其枚數(90)，其可以與于此乎？」公曰：「子為晉君也。」對曰：「臣為隸新(91)，然二子者，譬于禽獸，臣食其肉而寢處其皮[92]矣。」

【注　釋】❶拜師及取邾田也　拜謝晉國出師伐齊和取回被邾國奪去的田地。事見襄公十八、十九年傳。❷邾庶其以漆閭丘來奔　邾國大夫庶其帶著漆邑、閭丘邑逃亡來魯國。漆，在今山東省鄒城市東北之漆鄉。閭丘，又在漆鄉東北十里。❸季武子以公姑姊妻之　季武子，即季孫宿，季文子之子，執國政，下稱季孫。公姑姊，魯襄公的姑母。《爾雅・釋親》：「父之姊妹曰姑。」長於父者為姑姊，少於父者為姑妹，今稱大姑小姑。襄公之姑，即宣公之女，成公之姊妹。宣公之死距此已三十九年，故此姑姊當有四十多歲。杜注謂為寡婦。妻之，嫁給庶其作妻子。❹子盍詰盜　您為何不懲治盜賊。盍，何不的合音詞。詰，治；查辦。偷東西、搶東西的人，古時稱盜，不稱賊。❺紇又不能　紇，臧武仲之名，又稱臧孫紇。不能，無能力禁止盜賊。❻四封　四面疆界。❼將盜是務去　將務去是盜；定要除去這些盜賊。❽何以止吾盜　還怎麼禁止我們國內的盜賊。❾若大盜禮焉句　如果拿國君的姑母和她的大城邑去禮待大盜。焉，用法同「之」。大邑，姑姊之大邑作陪嫁。❿其次皁牧輿馬　次於大盜的（指庶其的隨從）就送給奴僕車馬來禮待他。「其次」之下承上省「禮焉以」三字。皁牧，泛指奴隸。皁，同「皂」。⓫洒濯其心　意謂使他的思想合於禮法。洒濯，洗滌。⓬壹以待人　待人專一；言行一致。⓭軌度其信　使他言行誠信而合於軌範法度。⓮可明徵也　指言行可以驗證而使人信服。僖公二十七年傳「明徵其辭」。⓯歸　依歸；跟著效法。⓰乃其所也　那是在上者誘導的結果。意謂勢所必然。《禮記・哀公問》鄭注：「所，猶道也。」⓱夏書曰六句　此為逸書，偽古文纂入〈大禹謨〉篇。句意謂想要做的附合這規範，想捨棄不做的附合這規範，所要號令的附合這規範，誠信所表現出來的附合這規範，上帝就能識記這功勞。茲，此，都是指當時的行為規範。名，號令。允，誠。念，識錄，下文「後功可念」同。⓲將謂由己壹也　大概是說要由自身言行體現出與軌範一致。⓳慶佐　慶克之子，慶封之弟。成公十八年傳云慶佐為司寇，今為大夫。齊之大夫相當於諸侯之卿。杜注：「慶佐，崔杼黨。」⓴公子牙　齊靈公妾所生，已被齊莊公拘囚。見襄公十九年傳。㉑執公子買于句瀆之丘　執，拘捕。公子買，與公子鉏、叔孫還都是齊國公族，公子牙之黨。句瀆之丘，齊地，已見襄公十九年傳。㉒子庚　即公子午，楚莊王之子，楚共王弟。魯襄公十五年為楚國令尹。㉓薳子馮　即蔿子馮，蔿艾獵之子，孫叔敖之姪。魯襄公十五年為楚國大司馬。㉔訪于申叔豫　向申叔豫討教。訪，詢問；徵詢意見。上古「訪」字不是拜訪、看望義。杜注：「叔豫，叔時之孫。」申叔時已見前傳。㉕國多寵而王弱二句　國家寵信的大臣很多而國王又年輕，令尹是不好做的。叔豫本意謂「令尹不可為」，而言「國不可為」，因令尹主持國事。㉖闕地二句　挖掘一個地下室，放下冰，再安置床。闕，挖掘。下，用作動詞。焉，於之。㉗重繭　穿兩件新棉袍。繭，新棉袍。㉘鮮食　少吃東西。鮮，少。㉙復曰三句　回來復命說：「瘦到極點了，但血氣還正常。」㉚子南　楚莊王子，名追舒，襄公十五年時為箴尹。㉛欒桓子娶于范宣子　欒桓子即欒黶，欒書之子，晉下軍帥，娶范宣子之女為妻，生欒懷子，即欒盈。此時桓子已死，懷子任下軍副帥。范宣子，即士匄，范文子之子，時為晉中軍帥，執國政。㉜范鞅以其亡也怨欒氏　范鞅即士鞅，士匄之子。七年前晉伐秦時，桓子之弟欒鍼戰死，桓子怪罪范鞅，逼他出亡秦國，故范鞅怨恨欒氏。事見襄公十四年傳。㉝不相能　不相得；不能和睦共處。范鞅返晉後與欒盈同為公族大夫，見襄公十六年傳。㉞欒祁與其老州賓通　欒祁，欒桓子之妻，士匄之女，欒盈之母。范氏相傳為唐堯之後，本祁姓，故稱欒祁。老，室老；卿大夫家臣之長。即總管，州賓是他的名字。通，通姦。㉟幾亡室矣　幾乎沒有房室內外的界限了。亡，通「無」。室所以別內外，無室即無所避忌，不祕其事，公開通姦，人所共知。故杜注「言亂甚」。一說欒氏家財幾乎被州賓所佔有，恐非。㊱愬　同「訴」。哭訴；控告。實是誣告。㊲以范氏為死桓主而專政矣　認為范宣子是害死欒桓子而後專權執政的。桓主，指桓子。妻子稱夫為主。㊳不怒二句　謂范鞅被逐，宣子不表示憤怒，反而寵愛他，讓他返晉做公族大夫。㊴有死而已二句　寧可死，我也不肯順從他了。蔑，通「無」、「毋」。按，以上是捏造欒盈罪名的話。㊵主　您；主公。指士匄。女兒稱父亦可稱主。㊶徵　作證。㊷下卿　欒盈為下軍副帥，位次第六。㊸著　即襄公十年、十九年傳之著雍，晉地，據〈釋地〉，在今河南省沁陽市東。㊹宣子殺箕遺句　杜注：箕遺等「十子皆晉大夫，欒盈之黨也。羊舌虎，叔向弟。」箕遺疑為文公七年傳之箕鄭的後代，食邑於箕。邴豫、邴師皆食邑於邴。董叔為范氏之婿。㊺因伯華叔向籍偃　伯華即羊舌赤，中軍尉之佐，見襄公三年傳。叔向即羊舌肸，時官太傅。伯華、叔向、羊舌虎（叔虎）都是羊舌職之子，是同父異母兄弟。籍偃，字子游，為上軍司馬，見成公十八年傳。㊻離　通「罹」。遭遇災禍。㊼其為不知乎　怕是不明智吧。知，同「智」。㊽與其死亡若何　同死亡相比怎麼樣。謂被囚勝於死亡。㊾詩曰三句　此為逸詩。優游，悠閒自得。叔向在囚中算定不會被殺，以優游卒歲為智，不介入各家族之爭。今《詩經・小雅・采菽》卒章云：「優哉游哉，亦是戾矣。」末句不同，詩義亦異。㊿欒王鮒　晉大夫，欒氏名王鮒，又稱欒桓子。見襄公二十三年傳。(51)必祁大夫　必定是祁大夫來救我。祁大夫，即祁奚，字黃羊，食邑於祁，以邑為氏，本為晉中軍尉，魯襄公三年告老居家。祁邑在今山西省祁縣東南。(52)室老　家臣之長，也單稱「老」。相當於家的總管。見前注。(53)外舉不棄讎二句　對外族的賢人不因有私仇而棄之不舉，也不因為是親屬就避嫌疑而不推舉。事見襄公三年傳。(54)詩曰三句　見《詩經・大雅・抑》篇，意謂德行正直無私，四方各國都順從他。有覺，正直之貌。毛傳：「覺，直也。」55 不棄其親二句　謂叔向不棄兄弟羊舌虎之親情，大概是有同謀的。欒氏因叔向不求謝而落井下石，阿意順從晉君而讒害叔向。56 馹　傳車；古時驛站專用的馬車。祁奚或居於祁邑，距晉都較遠，故乘傳車，取其快速。57 詩曰三句　見《詩經・周頌・烈文》，意謂賜給百姓無限的恩惠，故子孫永遠保有它。58 書曰三句　此為逸書，偽古文採入〈夏書・胤征〉篇，意謂聖智的人有謀略，有教訓，應當相信他，保護他。謩，同「謨」。謀。勳，借為「訓」。徵，信。59 猶將十世宥之　即使十代子孫有罪過也還要寬恕赦免。意謂豈可因弟而不免見殺。60 鯀殛而禹興　鯀是夏禹之父，因治水無功，被舜誅戮於羽山，起用禹治水成功，由此夏朝興起。殛，誅戮。此言不以父罪而廢其子。61 伊尹放大甲而相之　伊尹為商湯國相。商湯之孫太甲即位後荒淫，伊尹把他放逐到桐宮，三年改過後使之繼位，又為其相而輔佐他，太甲終無怨恨之色。大，同「太」。此言君臣不相怨，不以私怨而棄大德。62 管蔡為戮二句　管叔、蔡叔、周公都是文王之子、武王之弟，後管、蔡叛周助殷遺民謀亂，周公平亂而佑助成王。佑，佑助。此言兄弟罪不相及。63 宣子說二句　范宣子很高興，讓祁奚同乘一輛馬車。說，同「悅」。祁奚乘傳車而來，不可入朝，故宣子與之乘，同去進見晉侯請免叔向。64 不見叔向而歸　祁奚既救叔向，但不往見叔向而逕自回家，說明他是為國家而非為私情，與王鮒之未救叔向而先市惠者正相反。65 不使　不使她侍奉丈夫就寢。下文「使往視寢」可補申其意。66 禍女　禍害你們。女，同「汝」。67 國多大寵　國家寵信的大臣很多。指六卿專權。68 間之　在大臣中挑撥離間。69 辭于行人　向周朝的外交官申訴。行人，外交官，受理賓客的申訴。70 天子陪臣盈二句　諸侯之臣對天子自稱陪臣，諸侯對天子稱守臣，為天子守土之臣。故欒盈自稱陪臣，稱晉平公為守臣。71 罪重于郊甸　又在天子的郊外得罪天子。指在郊外被劫掠。城外為郊，郊外為甸。72 敢布其死　謹冒死陳言。杜注：「布，陳也。」73 書　欒書，欒盈之祖父，晉厲公時為中軍元帥，掌國政。見成公十六年傳。74 保任　同義詞連用。保全；保持。《說文》：「任，保也。」75 戮餘　即刑餘，倖免於被殺的人。76 尉氏　掌刑獄之官。《漢書・地理志》應劭注：「古獄官曰尉氏。」晉有軍尉，亦掌刑戮。故後世刑官稱廷尉。77 敢布四體　謹直言無所隱諱。杜注：「布四體言無所隱。」78 尤而效之二句　別人有罪過而去效學，那過錯就更大了。尤，罪過。79 使候出諸轘轅　派候人把欒盈送出轘轅山。候，候人，官名。《詩經・曹風・候人》毛傳：「候人，道路迎送賓客者。」諸，之於。轘轅，山名，在今河南省登封縣西北三十里，偃師市東南，山阪有十二曲道，故名轘轅。80 會于商任　經文云，晉平公與魯、齊、宋、衛、鄭、曹、莒、邾八國諸侯會於商任，是為了禁錮欒盈，使諸侯不得接納他。商任，顧祖禹《方輿紀要》謂在今河北省任縣東南，地近商墟。顧棟高《大事表》謂在今河南省安陽市境內。81 會朝禮之經也　諸侯相會和朝見盟主，是禮儀的常規。82 禮政之輿也　禮儀好比是政令的車輿。

有禮儀，政令始可施行。83政身之守也　政事施行，君臣才身安。杜注：「政存則身安。」84失政不立　政事有失誤，就不能立身處世。85知起中行喜州綽邢蒯　四人都是晉大夫。知起，知氏名起，當是知罃（荀罃）一族。中行喜，中行氏名喜，當是中行偃（荀偃）一族。州綽已見襄公十八年傳，是晉伐齊之戰的勇士。86子為彼欒氏二句　為，動詞。對待。杜注：「言子待之如欒氏，則亦為子用也。」宣子未從此計。87是寡人之雄也　是，此；這。指殖綽、郭最二位齊國將領。雄，雄雞。《說文》：「雄，鳥父也。」春秋時喜以鬥雞博勝負，故齊莊公以雄雞喻二將為齊之勇士。88平陰之役二句　平陰之役見襄公十八年傳。州綽在平陰之役中俘獲殖綽、郭最，故自比於雞鬥勝而先鳴。《太平御覽》卷九一八引《尸子》云：「戰如鬥雞，勝者先鳴。」89莊公為勇爵　齊莊公用勇爵斟酒勸飲。爵，古代飲酒器，銅鑄。勇爵用以觴勇士。90東閭之役四句　晉敗齊於平陰，接著攻破齊都，士兵蜂擁而入，州綽兵車左驂迫促，不能前行，在東門下盤旋多時，竟能數城門上的鐘乳有幾枚。事見襄公十八年傳。東閭，齊都東門。還，通「旋」。盤旋。枚，城門上釘的鐵釘，有如鐘乳，後多以銅為之。91臣為隸新　我初來為君之臣僕。92寢處其皮　古時殺牲，食其肉，坐其皮。州綽於侵齊時曾射中殖綽而俘獲此二人，故作此言。

【語　譯】魯襄公二十一年春季，魯襄公前往晉國，拜謝晉國出兵伐齊救魯和取回邾國侵奪的田地。

邾國大夫庶其帶著漆邑、閭丘邑逃奔來魯國，季武子把魯襄公的姑母嫁給他作妻子，他的隨從人員也都有賞賜。從此魯國的盜賊就很多。季武子對臧武仲說：「你為何不懲辦盜賊？」武仲說：「盜賊禁止不了，我臧紇又沒有能力。」季武子說：「我國四面有疆界，如查辦那些盜賊，為什麼不可禁絕呢？您是司寇，務必要除去這些盜賊，怎麼說不能禁止？」臧武仲說：「您把外面的盜賊叫進來而禮遇他們，還怎麼禁止我們國內的盜賊？您做正卿，反而召來外邊的盜賊，卻讓我臧紇除去國內的盜賊，那怎麼能辦到呢？庶其偷盜了邾國的城邑前來我國，您把姬氏給他作妻子，又給他城邑，他的隨從都有賞賜。如果大盜來了用國君的姑母和她的大城邑禮待他，其次的贈送僕隸車馬禮待他，再小的用衣裳佩劍禮待他，這是賞賜盜賊。賞賜盜賊卻又要除掉他們，恐怕困難吧！我臧紇聽說過，在上位的人要洗滌他的心，使思想符合禮法，言行一致，以誠待人，使自己的言行誠信，合於法度軌範，可以檢驗而使人信服，這樣方才可以治理百姓。上層人物的所作所為，是百姓依歸、學習的榜樣。上層人物所不允許做的，百姓有人做了，因此加以懲罰，就沒有誰敢不警戒。如果上層人物的所作所為，而百姓有人也照樣做了，那是他們誘導的結果，是勢所必然的，還能禁止得了嗎？〈夏書〉說：『想要做的，在這軌範；想捨棄不做的，在這軌範。要號令的，在這軌範；誠信所行的，在這軌範。一切言行體現這軌範，上帝就記下這功勞。』這就是說要由自身體現言行與軌範一致。誠信是由於自身言行附合軌範，然後方可記錄他的功勞。」庶其不是卿，他帶著土地來魯國，雖然身分低賤，《春秋》加以記載，是看重那土地呀！

齊莊公讓慶佐做大夫，再次討伐公子牙的同黨，在句瀆之丘拘捕了公子買。公子鉏逃亡來魯國，叔孫還逃亡去燕國。

夏季，楚國的子庚死了。楚康王使薳子馮接任令尹，薳子馮向申叔豫討教。叔豫說：「國家寵信的大臣很多而國王又年輕，國事難辦啊！」薳子馮就用生病來推辭官職。當時正是大熱天，他挖了個地下室，放下冰塊，再安放床鋪，穿了兩件新棉袍，又穿上皮袍，少吃食物，睡在床上。楚康王派醫生去診視。醫生回來報告說：「瘦弱到極點了，但是血氣還正常。」於是就讓子南做令尹。

晉國的欒桓子娶了范宣子的女兒做妻子，生了欒懷子欒盈。范宣子的兒子范鞅由於被桓子所迫而逃亡，因此怨恨欒氏，後來和欒盈一起做公族大夫而不能和睦相處。欒桓子死後，妻子欒祁和家族的總管州賓通姦，淫亂到幾乎沒有內外的避忌。懷子為此擔憂。欒祁怕兒子責罰，就向父親范宣子誣告說：「欒盈將要發動叛亂，認為我們范氏害死了桓子而後專權執政，還說：『我的父親桓子趕跑范鞅，范鞅回來時，范宣子不表示憤怒，反而寵愛他，讓他做公族大夫；和我擔任同樣的官職，而讓他獨斷專權。我的父親死了，范氏卻更加富有。害死我父親而專權執國政，我寧可死也不肯順從他了。』他的謀劃就是這樣，我怕會傷害您，不敢不說。」范鞅為她作證。欒懷子樂善好施，很多士大夫都歸附擁護他。范宣子害怕他擁有很多士大夫，就相信了欒祁的話。懷子是下卿，范宣子派他到著邑去築城而後就驅逐他。秋季，欒盈逃亡去楚國。范宣子殺死了箕遺、黃淵、嘉父、司空靖、邴豫、董叔、邴師、申書、羊舌虎、叔羆十個晉國大夫，同時囚禁了伯華、叔向、籍偃三個大臣。

有人對叔向說：「您遭到了禍難，大概是您不明智吧？」叔向說：「比起殺死和逃亡來說怎麼樣呢？《詩經》說：『悠閒自在，優哉游哉，聊且這樣來度過歲月。』這就是智啊！」樂王鮒去看望叔向說：「我可以為您去請求免罪。」叔向沒有回答他。王鮒退出去，叔向也不拜禮相送。手下人都怪叔向。叔向說：「必定是祁大夫才能救我。」他家的老總管知道了這事，就說：「樂王鮒向國君說的話，沒有不照准的，他去請求赦免您，您怎麼不答應。祁大夫是做不到的，而您說一定要由他去辦，這是為什麼呢？」叔向說：「樂王鮒是阿意順從國君的人，怎麼能救我？祁大夫舉薦賢人不因為外族的人有私仇而不舉薦，也不因為親屬而避嫌疑不舉薦，只是為國家著想，難道偏偏遺棄我不管嗎？《詩經》說：『德行正直無私，四方的人歸順他。』他老人家是正直無私的人啊！」

晉平公向樂王鮒詢問叔向有無罪過，樂王鮒回答說：「叔向不會背棄他兄弟羊舌虎的，大概是有同謀的。」當時祁奚已告老回家，聽到這事，就乘上驛站的傳車趕忙去拜見范宣子，說：「《詩經》說：『賜給我無窮的恩惠，子子孫孫永遠記住它。』《尚書》說：『聖智的人有謀略，有教導，應當相信他，保護他。』有謀略而少過錯，能教育別人而不知疲倦，叔向就是這樣的人，他是國家穩固的柱石，即使他的十代子孫有過錯也還要寬恕，以勉勵賢能的人。現在竟至自身不免於難。要拋棄國家的柱石，這不也使人困惑嗎？相傳鯀被誅戮而起用夏禹，父罪不及子；伊尹放逐太甲而後又做他的國相，太甲終無怨恨的臉色，君不怨臣；管叔、蔡叔被殺戮，周公仍輔佐周成王，兄弟不相連及。為什麼叔向要因為兄弟羊舌虎而被囚禁，拋棄國家的賢臣？您做好事，誰敢不努力？多殺人做什麼？」范宣子高興地聽取他的意見，讓他同乘一輛馬車，去向晉平公進言而赦免了叔向。祁奚沒有去見叔向就自己回去了。叔向也沒有去向祁奚告謝赦免而就去朝見晉平公。

當初，叔向的母親妒嫉叔虎的母親長得美麗，因而不讓她陪侍丈夫就寢。她的兒子都勸諫母親。叔向的母親說：「深山大澤之中，確實會生長龍蛇。她那樣美麗，我怕她生下龍蛇來禍害你們。你們是已經衰敗的家族，國家寵信的大臣很多，壞人又從中挑撥離間，你們豈不是也難處世了嗎？我自己有什麼可愛惜的？」就讓叔虎的母親去陪侍丈夫就寢，就生了叔虎，長得漂亮而有勇力，欒懷子寵愛他，結果羊舌氏這家族遭到了禍難。

欒盈逃亡去楚國時經過周天子的京師洛邑，在成周城西部邊境被人劫掠財物。欒盈向周室外交官申訴說：「天子的陪臣欒盈，得罪了天子的守土之臣晉平公，要逃避誅戮。又在天子的郊外加重得罪，沒有地方逃竄躲藏，謹冒死直言：從前天子的陪臣欒書能為王室效力，天子施給他恩惠。他的兒子欒黶不能保持他父親的勞績。君王如果不丟棄欒書的辛勞，逃亡在外的陪臣就還有地方可逃。如果拋棄欒書的辛勞，而只想欒黶的罪過，那麼下臣本是刑戮餘生的人，就將回國到刑官尉氏那裏受死，不敢再回來了。謹此直言不諱，只聽君王的命令了。」周靈王說：「別人做錯了再去仿效它，過錯就更大了。」周王派司徒禁止掠奪欒氏，所掠取的財物都歸還給他，又讓迎送賓客的候人把欒盈送出轘轅山。

冬季，曹武公來魯國朝見，這是初次朝見魯襄公。

晉平公和魯襄公、齊莊公、宋平公、衛殤公、鄭簡公、曹武公、莒子、邾子在商任相會，是為了禁止各國接納欒盈。會上，齊莊公、衛殤公表現得不恭敬。叔向說：「這兩位國君必然不免有禍難。諸侯相會、朝見盟主是禮儀的常規；禮儀好比是政令的車輿；政令施行是使自身得以平安。輕慢禮儀，政事就有失誤；政事有失誤，就難以立身處世。因此就會發生動亂。」

晉大夫知起、中行喜、州綽、邢蒯逃亡到齊國，他們都是欒氏的同黨。樂王鮒對范宣子說：「何不讓州綽、邢蒯回來？他們是勇士啊！」范宣子說：「他們是欒氏的勇士，我能得到什麼？」王鮒說：「您待他們也像欒氏一樣，那他們也是您的勇士了。」

齊莊公上朝，指著殖綽、郭最兩人說：「這是我的雄雞。」州綽說：「國君以為他們是雄雞，誰敢不認為是雄雞？然而下臣不才，在平陰戰役中戰勝他們，比他們二位先鳴。」齊莊公用勇爵斟酒給勇士，殖綽、郭最想要取飲。州綽說：「東閭戰役中，下臣的左驂馬迫促，只能在城門中盤旋，擁擠得無法前進，我記下了城門上鐵釘的數目。大概可以飲到這杯酒吧？」齊莊公說：「您是為晉君奮勇作戰呀！」州綽回答說：「下臣是初來做國君的臣僕，然而這兩位，譬如禽獸的話，我已經吃了他們的肉而坐臥他們的皮了。」

【說明】魯國成了盜賊的淵藪而無法禁止。庶其盜取邾國二邑前來魯國，季武子把襄公姑母嫁給他，還送給城邑。文公十八年傳其父季文子說「竊賄為盜」，「掩賊為贓」，把盜竊寶玉投奔魯國的莒國太子驅逐出境。而今以此禮待大盜，勢必盜賊蜂起。在上者為大盜，貪污受賄，無所不為，在下者自然效尤。臧武仲說：「若上之所為，而民亦為之，乃其所也，又可禁乎？」真是入木三分。這已逗起《莊子》〈胠篋〉、〈盜跖〉兩篇議論，《困學紀聞》所謂「有民賊，則賊民興」，正是本傳歷史鑑戒意義之所在。

隨著卿大夫勢力的逐漸強大，各諸侯國的內部矛盾也日趨尖銳。前二年傳寫鄭、陳、蔡、齊四國內部互相殘害，今年齊莊公繼續誅滅公子牙餘黨，晉國又發生了滅欒氏一族的慘劇，這是襄公十四年傳晉六卿矛盾的發展。蕩婦欒祁的誣告成為這一慘劇的序幕，以致欒盈和四位大夫出奔，十位大夫被殺，三位大夫被囚。楚國也因令尹子庚之死而面臨政治危機，明年子南被殺。齊、晉、楚等大國內部矛盾的激化，使大國爭霸之戰暫時得以緩和。

晉大夫羊舌虎被殺，連累其兄叔向被囚。祁奚請免叔向一章無疑是極具文學藝術性的優秀篇章。常人只是常見，認為叔向不智。叔向卻算定自己可以不死，「優哉游哉，聊以卒歲」；又算定樂王鮒是阿意奉承之輩，不會相救，能救免於難的必是祁奚。不智，豈能有如此定見？告老居家的祁奚，果然自己往見范宣子，說叔向是國家安固的柱石，不能因叔虎而罪及叔向，兩次提出不能「棄社稷」。在進見晉平公、赦免叔向後，又「不見叔向而歸」，叔向亦不告謝而朝。這表明祁奚之救叔向是為社稷而非為一己之私情，兩不相見，襟懷俱高。祁奚又與樂王鮒之未有救人之舉而先見叔向以市惠者正相反照，君子小人相去霄壤。叔向「不應」、「不拜」王鮒，所以絕小人；不告謝祁奚而朝，所以待君子。

叔向、叔虎是同父異母兄弟。傳文追敘當初叔向之母嫉妒叔虎之母貌美而不使侍奉丈夫就寢，「彼美，余懼其生龍蛇以禍女。」後生叔虎，今叔虎被殺而一族遭難。叔向之母似全為氏族禍福著想，則當是賢母而不必謂之妒婦。昭公二十八年傳又言其為叔向擇新婦云「甚美必有甚惡」，這是女人貌美必心惡、艷婦必為尤物的所謂「女禍」之說，是男尊女卑社會產生的世俗偏見。

二十二年

庚戌，西元前五五一年。周靈王二十一年、齊莊公三年、晉平公七年、秦景公二十六年、楚康王九年、宋平公二十五年、衛獻公二十六年、衛殤公八年、陳哀公十八年、蔡景公四十一年、曹武公四年、鄭簡公十五年、燕文公四年、許靈公四十一年、吳諸樊十年。

經 二十有二年春王正月，公至自會。

夏四月。

秋七月辛酉，叔老卒。

冬，公會晉侯、齊侯、宋公、衛侯、鄭伯、曹伯、莒子、邾子、薛伯、杞伯、小邾子于沙隨。

公至自會。

楚殺其大夫公子追舒。

傳 二十二年春，臧武仲❶如晉，雨，過御叔❷。御叔在其邑，將飲酒，曰：「焉用聖人？我將飲酒而已❸。雨行，何以聖為❹？」穆叔❺聞之曰：「不可使也，而傲使人❻，國之蠹也。」令倍其賦❼。

夏，晉人徵朝于鄭⑧。鄭人使少正公孫僑⑨對曰：「在晉先君悼公九年⑩，我寡君于是即位。即位八月，而我先大夫子駟從寡君以朝于執事，執事不禮于寡君⑪，寡君懼。因是行也，我二年六月朝于楚⑫，晉是以有戲之役⑬。楚人猶競，而申禮于敝邑⑭。敝邑欲從執事，而懼為大尤⑮，曰：『晉其謂我不共有禮⑯』，是以不敢攜貳于楚⑰。我四年三月，先大夫子蟜又從寡君以觀釁于楚⑱，晉于是乎有蕭魚之役⑲。謂我敝邑邇在晉國，譬諸草木，吾臭味也⑳，而何敢差池㉑？楚亦不競，寡君盡其土實，重之以宗器，以受齊盟㉒。遂帥羣臣，隨于執事，以會歲終㉓。貳于楚者㉔，子侯、石盂，歸而討之。溴梁之明年㉕，子蟜老矣，公孫夏㉖從寡君以朝于君，見于嘗酎㉗，與執燔㉘焉。間二年，聞君將靖東夏㉙，四月，又朝，以聽事期㉚。不朝之間，無歲不聘，無役不從。以大國政令之無常，國家罷病㉛，不虞荐至㉜，無日不惕，豈敢忘職？大國若安定之，其朝夕在庭，何辱命焉㉝？若不恤其患，而以為口實㉞，其無乃不堪任命，而翦為仇讎㉟。敝邑是懼，其敢忘君命？委諸執事，執事實重圖之㊱。」

秋，欒盈自楚適齊。晏平仲㊲言于齊侯曰：「商任之會㊳，受命于晉。今納欒氏將安用之？小所以事大，信也。失信不立，君其圖之。」弗聽，退告陳文子㊴

曰：「君人執信，臣人執共[40]。忠信篤敬，上下同之，天之道也。君自棄也，弗能久矣！」

九月，鄭公孫黑肱[41]有疾，歸邑于公，召室老、宗人立段[42]，而使黜官[43]、薄祭。祭以特羊[44]，殷以少牢[45]，足以共祀[46]，盡歸其餘邑，曰：「吾聞之，生于亂世，貴而能貧，民無求焉[47]，可以後亡。敬共事君與二三子[48]。生在敬戒[49]，不在富也。」己巳[50]，伯張卒。君子曰：「善戒。《詩》曰：『慎爾侯度，用戒不虞[51]。』鄭子張其有焉。」

冬，會于沙隨[52]，復錮欒氏也。欒盈猶在齊。晏子曰：「禍將作矣！齊將伐晉，不可以不懼。」

楚觀起有寵于令尹子南[53]，未益祿，而有馬數十乘[54]。楚人患之，王將討焉。子南之子棄疾，為王御士[55]，王每見之，必泣[56]。棄疾曰：「君三泣臣矣，敢問誰之罪也？」王曰：「令尹之不能[57]，爾所知也。國將討焉，爾其居乎[58]？」對曰：「父戮子居，君焉用之？洩命重刑[59]，臣亦不為。」王遂殺子南于朝[60]，轘觀起于四竟[61]。子南之臣謂棄疾：「請徙子尸于朝。」曰：「君臣有禮，唯二三子[62]。」三日，棄疾請尸，王許之。既葬，其徒曰：「行乎？」曰：「吾與殺吾父[63]，行將焉入？」曰：「然則臣王乎？」曰：「棄父事讎，吾弗忍也。」遂縊而死。

復使薳子馮[64]為令尹，公子齮為司馬，屈建為莫敖[65]。有寵于薳子者八人，皆無祿而多馬。他日朝，與申叔豫[66]言，弗應而退。從之，入于人中。又從之，遂歸。退朝見之，曰：「子三困我于朝[67]，吾懼，不敢不見。吾過，子姑告我，何疾[68]我也？」對曰：「吾不免是懼[69]，何敢告子？」曰：「何故？」對曰：「昔觀起有寵于子南，子南得罪，觀起車裂，何故不懼？」自御而歸，不能當道[70]。至，謂八人者曰：「吾見申叔，夫子所謂生死而肉骨[71]也。知我者如夫子則可，不然請止[72]。」辭八人者，而後王安之。

十二月，鄭游眅[73]將歸晉，未出竟，遭逆妻者[74]，奪之，以館于邑[75]。丁巳[76]，其夫攻子明，殺之，以其妻行。子展廢良，而立大叔[77]，曰：「國卿，君之貳[78]也，民之主也，不可以苟[79]。請舍子明之類。」求亡妻者[80]，使復其所。使游氏勿怨，曰：「無昭惡也[81]。」

【注釋】❶臧武仲　即臧孫紇，魯國大夫，為人多智，料事常中，時人謂之聖人。《論語・憲問》孔子云：「若臧武仲之知。」《孔子家語》顏回曰：「武仲，世稱聖人。」❷過御叔　看望御叔。過，探望；訪問。御叔，御邑大夫。御邑在今山東省鄆城縣東十二里，今名御屯。❸我將飲酒而已　石經「已」作「己」，讀為「我將飲酒，而己雨行」。❹何以聖為　還算什麼聖人。「何以……為」是反詰句固定句式。❺穆叔　即叔孫豹，魯卿，叔孫得臣之子。❻不可使也二句　意謂不稱自己心意，反而傲視使者。《詩經・小雅・雨無正》孔疏：「不稱己意為不可使。」臧武仲是奉命出使，故稱使人。❼令倍其賦　命令御叔加倍繳納賦稅。據《周禮》鄭注，封邑之收入，以三分之一上繳。今倍其賦，則以三分之二上繳。❽徵朝于鄭　召鄭伯去朝見晉君。徵，召。❾少正公孫僑　國君以下握大權的正卿稱大正，其次稱少正，即亞卿。公孫僑，字子產，鄭穆公孫，子國之子，三年前為卿，位次子展、子西之下，故稱少正。❿在晉先君悼公九年　晉悼公九年即魯襄公八年，鄭簡公即位，時僅六歲。⓫先大夫子駟二句　子駟，鄭穆公之子，名騑，死於襄公十年，故稱先大夫。執事，指對方左右辦事人員，實指對方晉君。不直言晉君是表示恭敬。襄公八年傳云：五月鄭簡公獻捷於邢丘。即此傳所言子駟從鄭伯朝晉。晉君不禮待鄭伯事，前傳未書。⓬我二年六月朝于楚　鄭簡公二年即魯襄公九年，經傳未書鄭朝於楚。⓭戲之役　晉與十一諸侯伐鄭，鄭人求和，同盟於戲。事見襄公九年傳。戲，在今河南省登封縣北之戲童山。⓮楚人猶競二句　楚國人還爭強，對敝國重申禮儀。即多次發兵救鄭，不肯放棄對鄭國的控制。競，強。⓯懼為大尤　怕犯下大罪。尤，罪過。⓰不共有禮　不會恭敬地對待有禮的國家。即怕晉謂鄭不敬。共，同「恭」。有禮，指晉國。⓱攜貳于楚　叛離楚國；對楚懷有二心。攜，離。⓲我四年三月二句　鄭簡公四年即魯襄公十一年。子蟜，即公孫蠆，公子偃之子，鄭穆公之孫，死於襄公十九年。觀釁，考察有無縫隙可乘。不曰朝楚而曰觀釁，是文飾之詞。子蟜從鄭伯朝楚，十一年經傳未載。⓳蕭魚之役　晉與十一諸侯國伐鄭，鄭求和，與晉結盟，會於蕭魚。事見襄公十一年傳。蕭魚之會以後，鄭從晉不貳。⓴譬諸草木二句　晉、鄭同是姬姓國，故喻晉為草木，鄭為草木發出的氣味，二者為一體。臭味，氣味。㉑差池　聯綿詞。不齊一；差錯。時而從晉，時而從楚，就是差池。㉒重之以宗器二句　再送上宗廟用的禮樂之器，來接受晉國的盟約。襄公十一年傳云，鄭人賂晉侯以歌鐘二肆及其鎛磬，即此所謂宗器。齊，同「齋」。誓盟必先齋戒，故稱齋盟。㉓以會歲終　歲終，諸侯拜會盟主。襄公十一年蕭魚之會後，鄭簡公率羣臣至晉，參加年終的拜會禮。經傳未載。㉔貳于楚者　順服楚國的人。指子侯、石盂二大夫。貳，兩屬。杜注謂石盂即石㚟。按，石㚟與良霄於襄公十一年被楚所執，十三年始用計返鄭。㉕溴梁之明年　晉鄭會盟於溴梁見襄公十六年傳，明年即十七年。㉖公孫夏　字子西，鄭穆公孫，子駟之子。公孫夏從鄭簡公朝晉事，十七年經傳未載。上文子駟、子蟜稱其字，公孫夏稱其名。㉗嘗酎　祭名，以新釀醇酒祭祖廟。嘗祭在夏正七月，見桓公五年傳注。酎，連釀三次的醇酒。㉘執燔　祭祀後分給祭肉。燔，同「膰」。祭祀宗廟的烤肉，祭畢分與有關人員，謂之執膰，是與神交際的大禮。㉙間二年二句　隔了兩年，聽說晉君要安定東方。閒二年，指襄公二十年。十八年晉與諸侯圍攻齊國，齊敗。十九年齊靈公死，齊莊公與晉講和。二十年六月，晉會諸侯與齊盟於澶淵，即此所謂「靖東夏」。靖，安定；征服。東夏指齊國。㉚事期　指與齊會盟的日期。盟在六月，鄭伯四月朝晉，聽取會盟日期。㉛罷病　罷，通「疲」。疲病，同義詞連用。困乏。㉜不虞荐至　意外的憂患不斷發生。《漢書·終軍傳》注：「荐，屢也。」不虞，當指子孔叛晉從楚及被殺等事，見襄公十八、十九年傳。㉝其朝夕在庭二句　意謂鄭君將早晚隨時前來朝見，不用辱命召喚的。㉞以為口實　以不來朝見作為藉口。口實，藉口；話柄。㉟而翦為仇讎　被拋棄作為仇敵。翦，棄。十四年傳「毋是翦棄」可證。㊱委諸執事二句　一切拜託左右執事，望執事慎重考慮。委，託付。㊲晏平仲　晏嬰，字平仲，晏弱之子。㊳商任之會　晉滅欒氏，欒盈奔楚，晉與諸侯會於商任，命諸侯不得接納，以禁錮欒盈。見去年傳。㊴陳文子　名須無，陳完曾孫。㊵君人執信二句　做人君的要堅守信用，做人臣的要保持恭敬。共，同「恭」。㊶公孫黑肱　字子張，又稱伯張，鄭穆公之孫，子豐之子。參襄公二十六年傳注。㊷召室老宗人立段　室老即家宰，家臣之首，總管一家事務。宗人，亦稱宗老，掌宗室祭祀諸事。段，黑肱之子，字子石，以公孫為氏，稱公孫段。㊸黜官　沈欽韓《補注》云：「黜官者，減省其家臣，非謂黜段之受職也。」㊹祭以特羊　四時常祭用羊一隻。特，一頭牲。大夫常祭當用少牢，即羊豬各一。今簡省用特羊，即「薄祭」。㊺殷以少牢　殷祭用羊豬。殷，服喪期滿後的盛祭。殷祭本應用太牢（牛羊豬三牲齊備），此省為少牢。㊻足以共祀　留下足以供奉祭品的田地。共，同「供」。㊼民無求焉　不要向百姓求索財物。㊽敬共事君與二三子　敬共，恭敬。共，同「恭」。二三子，指諸大臣。㊾敬戒　恭敬和警戒。敬指事君；戒指無求於民，貴而能貧。一說「敬」作「儆」，與戒同義。㊿己巳　二十五日。(51)詩曰三句　見《詩經·大雅·抑》，謂謹慎地對待你公侯的法度，用以警戒意外的憂患。(52)會于沙隨　據經文，晉與魯、齊、宋、衛、鄭、曹、莒、邾、薛、杞、小邾共十二國諸侯於沙隨會見。因欒盈由楚至齊，故又會諸侯以禁錮之。沙隨，宋地，在今河南省寧陵縣西北。(53)子南　即公子追舒，楚莊王之子，去年為令尹。(54)未益祿二句　庶人之在官府當差的稱無祿，未益祿即謂觀起是庶人，尚未建功。《荀子·強國》云：「大功已立，士大夫益爵，官人益秩，庶人益祿。」古制庶人木車單馬，今觀起無功而有馬數十乘，可見依仗子南權勢，氣焰囂張。(55)御士　侍御國君的人。(56)泣　流淚。有淚無聲為泣。子南為楚康王之叔父，權重偪主，故康王泣。(57)不能　不善。《荀子·勸學》楊注：「能，善也。」(58)爾其居乎　希望你還是留在這裏吧。謂殺其父而留其子。(59)洩命重刑　洩露楚君之命，而加重刑罰。洩命則其父或將抗命作亂，父子刑罰更重。(60)殺子南于朝　古時死刑，大夫以上殺於朝廷，士以下殺於集市，皆陳屍三日。(61)轘觀起于四竟　車裂觀起，將其肢體在四境示眾。轘，用馬車分裂人體的酷刑。竟，同「境」。(62)君臣有禮二句　君臣之間有規定的禮儀，只有諸大臣可辦此事。意謂他人不能犯命盜屍。(63)吾與殺吾父　我參與了殺我父親的預謀。(64)薳子馮　蔿艾獵之子，孫叔敖之姪。已見襄公十五年及二十一年傳。(65)屈建為莫敖　屈建為屈到之子，屈蕩之孫，字子木。屈氏為楚王同族。莫敖，官名，位次司馬。(66)申叔豫　楚大夫，申叔時之子。(67)子三困我于朝　您在上朝時使我三次困窘。指叔豫「弗應而退」、「人於人中」、「遂歸」。(68)疾　厭惡；嫌棄。(69)吾不免是懼　我怕不免此禍難。(70)不能當道　馬車不能行在正道上。薳子惶懼，意不在御車。(71)生死而肉骨　使死者復生，使白骨長肉。意謂使我新生。生、肉，都是使動用法。(72)知我者如夫子則可二句　能如他老人家一樣瞭解我的就留下，不然，就此罷休。知，瞭解；知心。止，休，絕交之辭。(73)游眅　據《世族譜》，是子蟜之子，子游之孫，以游為氏，字子明。(74)遭逆妻者　遇到迎娶妻子的。逆，迎。(75)以館于邑　就在城邑住下。館，客棧。用作動詞。住宿。(76)丁巳　十四日。十二月無丁巳，上文十二月疑是十一月之誤。(77)子展廢良二句　子展即公孫舍之，子罕之子，鄭國正卿，主宰國政。良，游眅之子，與父同為惡，故廢，不得繼承爵位。大叔，即游吉，游眅之弟，子蟜次子。(78)君之貳　國君的助手。(79)苟　苟且；不嚴肅。(80)求亡妻者　亡妻者殺子明後逃亡，故尋求而使歸其鄉里。亡，失。(81)無昭惡也　不要張揚游氏的罪惡了。意謂不要報復亡妻者以彰其惡。

【語譯】魯襄公二十二年春季，魯國大夫臧武仲奉命出使晉國。路上遇到下雨，就去看望御叔。御叔在他的封邑，正要飲酒，說：「聖人有什麼用？我是將要飲酒，他在下雨天出行，還算什麼聖人？」穆叔聽到這話，說：「自己不稱意，反而傲視使者，這是國家的蛀蟲。」命令他加倍繳納賦稅。

夏季，晉國人召鄭君前去朝見。鄭國人派亞卿公孫僑回答說：「在晉悼公九年，我們國君鄭簡公即位。即位八個月，我國先大夫子駟就跟從鄭簡公朝見晉君，晉君左右執事對我們國君不加禮遇，我們國君恐懼。因為這次出行未受禮遇，所以簡公二年六月就到楚國朝見。晉國因此有戲地的戰役。楚國人還爭強，對敝國表明了禮儀，出兵相救。敝國想要順從您的左右執事，又怕犯下大罪，說：『晉國大概認為我國不會恭敬地對待有禮儀的國家』，因此不敢背離楚國，懷有二心。我簡公四年三月，先大夫子蟜又跟從我們國君到楚國去察看有無縫隙可乘，晉國於是有蕭魚之戰。我們認為敝國靠近晉國，晉國譬如草木，我國不過是草木散發出來的氣味，哪敢有什麼差錯？楚國也不再爭強。我們國君盡力拿土地上的出產，加上宗廟祭祀用的禮樂之器，來接受盟約。接著率領羣臣跟隨您的左右執事，參加年終的會見。順服楚國的子侯、石盂兩個大夫，回國後就受到懲罰。湨梁會盟的明年，子蟜告老退職，公孫夏跟從國君來朝見晉君，在嘗祭時拜見晉君，參與了祭祀，分到了祭肉。隔了兩年，聽說晉君將要會盟以安定東方的國家，四月，又朝見晉君以聽取會盟的日期。沒有來朝見的年歲，也沒有一年不來聘問，沒有一次戰役不跟從。由於大國的政令沒有定準，我們國家困乏到極點，意外的憂患不斷發生，沒有一天不恐懼，怎敢忘記自己朝聘的職責？大國如果安定敝國，我們國君隨時會來朝見，何用辱命召喚呢？如果不體恤敝國的憂患，反而以之作為藉口，那就恐怕承受不了這命令，而被拋棄作為仇敵了。敝國害怕這後果，豈敢忘記晉君的命令？一切託付國君左右的執事，希望執事慎重考慮吧！」

秋季，晉國的欒盈又從楚國逃亡到齊國。晏平仲對齊莊公說：「在商任諸侯相會，接受了晉國禁錮欒盈的命令。現在接納欒氏，將怎麼任用他呢？小國用來事奉大國的是信用，失去信用，不能立身立國。希望國君多加考慮。」齊莊公不聽。晏子退出來告訴陳文子說：「做人君的要保持信用，做人臣的要保持恭敬。忠實、誠信、篤實、恭敬，上下共同保持它，這是上天的常道。國君自暴自棄，不能長久在位了。」

九月，鄭國的公孫黑肱有病，把封邑歸還給公室，召來家臣總管、宗人，立兒子段為後嗣，讓他減省家臣，簡省祭祀。通常的祭祀只許用一頭羊，盛祭才用羊、用豬，但不用牛。留下足以供奉祭祀的土地，其餘的全部歸還給公室，說：「我聽說，生在亂世，地位尊貴但能夠過貧窮的生活，不向百姓求取財物，就可以在別人後面滅亡。恭敬地事奉國君和諸位大臣。生存，在於恭敬和警戒，不在於富有。」二十五日，公孫黑肱病死。君子說：「黑肱善於警戒。《詩經》說：『謹慎地對待你的公侯的法度，用以警戒意外的憂患。』鄭國的黑肱怕是做到了。」

冬季，晉平公和魯、齊、宋、衛、鄭、曹、莒、邾、薛、杞、小邾等國諸侯在沙隨相會，是為了再次禁錮欒氏，命令諸侯不要接納欒盈。欒盈仍然住在齊國。晏子說：「禍亂將要發生了。齊國將會進攻晉國，不能不使人警懼。」

楚國的觀起受到令尹子南的寵信，沒有立功卻有駕幾十輛車子的馬匹。楚國人以為這是憂患，楚康王想要懲罰他們。子南的兒子棄疾在楚康王身邊侍候，康王每次見到他，必定流淚。棄疾說：「國君三次向下臣哭泣了，敢問這是誰的罪過？」楚康王說：「令尹的品性不善良，這是你所知道的。國家將要誅戮他，你還是留下來不逃走吧？」棄疾回答說：「父親被殺戮，兒子留在這裏，國君還怎樣任用他？洩露國君的命令而加重刑罰，這樣的事下臣也不會去做的。」楚康王就在朝廷上把子南殺死；把觀起車裂了，肢體送到四面國境示眾。子南的家臣對棄疾說：「請讓我們到朝廷上把子南的屍體搬出來。」棄疾說：「君臣之間有規定的禮儀，這事只有諸位大臣去辦。」過了三天，棄疾請求收屍。楚康王同意了。安葬以後，他的手下人說：「出走嗎？」棄疾說：「我參與了殺死父親的預謀，出走，還走到哪兒去？」手下人說：「那麼還做國王的臣下嗎？」棄疾說：「背棄父親，事奉仇人，我不忍心這樣做。」他就自縊而死。

楚康王又讓薳子馮做令尹，公子齮做司馬，屈建做莫敖。有八個被薳子馮寵信的人，都是沒有俸祿的庶民，卻有很多馬匹。過些日子，薳子馮上朝，要和申叔豫說話，申叔豫不睬他而走開。薳子馮跟上去，申叔就走進人羣中。薳子馮又跟上去，申叔就回家去。薳子馮退朝後，就去拜見申叔豫，說：「您在上朝時三次不理我，叫我困窘，我害怕，不敢不來見您。我有過錯，您不妨告訴我，為什麼要嫌棄我呢？」申叔回答說：「我自己還害怕不能免於這禍難，哪敢告訴您呢？」薳子馮說：「這是什麼緣故？」申叔回答說：「從前觀起受到子南寵信，子南得罪被殺，觀起被車裂，為什麼還不驚懼？」薳子馮自己駕著馬車回去，車子七歪八斜不能走在正道上。到家後，對那八個人說：「我進見了申叔，他老人家就是所謂使死人復活、使白骨長肉的人啊。他使我新生，你們能像他老人家一樣知心的就留下，不然請就此結束。」辭退了這八個人以後，楚王才對他放心。

十二月，鄭國的游眅將要回到晉國去，還沒有出國境，遇到人家迎娶妻子，游眅奪走了人家的妻子，就在那個城邑住下。十四日，那個妻子的丈夫攻打游子明，殺死了子明，帶著他的妻子逃走了。鄭國的正卿子展廢掉游眅的兒子游良而立游眅的弟弟游吉繼承爵位，說：「國家的卿大夫，是國君的助手，百姓的主人，不可以隨便的。請拋棄游子明之流的人。」並派人尋找和妻子一起逃亡的人，讓他回到自己的鄉里，又關照游氏不要怨恨他，說：「不要張揚邪惡了。」

【說　明】春秋時，繼承西周的政治、經濟制度，卿大夫從諸侯那裏接受封邑，任命邑宰加以管理，封邑的收入，三分之一要上繳公室，還要為國君提供軍隊糧草和勞役。這就是《國語・晉語》所說的「公食貢，大夫食邑，士食田，庶人食力」。卿大夫多為公族出身，是公子、公孫或是其後裔。他們貪婪淫奢，無惡不作。如本傳的游眅就是鄭穆公之孫子蟜的兒子，奪人之妻而被人所殺；其子游良也是惡人，故被廢而不能立為大夫，食邑和爵位歸其弟游吉（大叔）繼承。另一個鄭穆公之孫黑肱大概總結了鄭國公族子駟等被殺的教訓，臨死前將餘邑歸還公室，要子孫「貴而能貧」，不要向百姓求索財物，以免禍患。這種卿大夫算是「善戒」的了。

卿大夫對封邑內的庶民具有生殺予奪之權。封邑內也設有武裝組織。庶民稱為野人、小人，被迫為封邑領主耕田和服勞役。卿大夫也選用「無祿」的庶人作為家臣，以奉侍左右，辦理事務。其中有些人是相當賢能的，有些則是仗勢欺人，恃寵驕橫。楚國令尹子南寵信的觀起就是這樣的人，未立功「未益祿」卻已「有馬數十乘」，可見子南權勢的顯赫，以致為楚康王（子南之姪）所不容，子南被殺，觀起車裂。繼任的令尹薳子馮也由此警戒，辭退了「無祿而多馬」的八個臣僕，以免自禍。從傳文的這些記述中可以窺見當時各國的政治經濟結構與階級關係。

春秋時，各小國要向霸主繳納財賦，提供勞役。大國求索，政令無常，使小國疲憊困乏，不勝負擔。鄭國順服晉國十多年來，無歲不聘，無會不與，伐秦伐齊無役不從，但晉國仍不體恤。為卿三年的子產，初登政治舞臺，就此向晉平公提出了警告，雖然語氣平和，措辭委婉，然與文公十七年傳〈鄭子家與晉趙宣子書〉有異曲同工之妙。去年晉滅欒氏，欒盈逃亡楚國，今秋又自楚至齊。晉平公又與十一國諸侯會於沙隨，命諸侯不得接納欒盈。但齊莊公不從晉命，至冬欒盈仍在齊國。晏子預感到齊將伐晉，「禍將作矣」。襄公十八年晉齊之戰後只四年，明年又要烽火四起了。

二十三年

辛亥，西元前五五〇年。周靈王二十二年、齊莊公四年、晉平公八年、秦景公二十七年、楚康王十年、宋平公二十六年、衛獻公二十七年、衛殤公九年、陳哀公十九年、蔡景公四十二年、曹武公五年、鄭簡公十六年、燕文公五年、許靈公四十二年、吳諸樊十一年。

經 二十有三年春王二月癸酉朔，日有食之。

三月己巳，杞伯匄卒。

夏，邾畀我來奔。

葬杞孝公。

陳殺其大夫慶虎及慶寅。

陳侯之弟黃，自楚歸于陳。

晉欒盈復入于晉，入于曲沃。

秋，齊侯伐衛，遂伐晉。

八月，叔孫豹帥師救晉，次于雍榆。

己卯，仲孫速卒。

冬十月乙亥，臧孫紇出奔邾。

晉人殺欒盈。

齊侯襲莒。

傳 二十三年春，杞孝公卒，晉悼夫人喪之❶。平公不徹樂❷，非禮也。禮，為鄰國闕❸。

陳侯如楚，公子黃愬二慶于楚❹，楚人召之。使慶樂往，殺之。慶氏以陳叛。夏，屈建從陳侯圍陳。陳人城，版隊而殺人❺。役人相命，各殺其長，遂殺慶虎、慶寅。楚人納公子黃。君子謂「慶氏不義，不可肆❻也。故《書》曰：『惟命不于常❼。』」

晉將嫁女于吳，齊侯使析歸父媵之❽，以藩載欒盈及其士❾，納諸曲沃❿。欒盈夜見胥午⓫而告之。對曰：「不可。天之所廢，誰能興之？子必不免。吾非愛死也，知不集也⓬。」盈曰：「雖然，因子而死⓭，吾無悔矣。我實不天，子無咎焉⓮。」許諾。伏之而觴曲沃人⓯。樂作，午言曰：「今也得欒孺子何如？」對曰：「得主而為之死，猶不死也。」皆歎，有泣者。爵行⓰又言。皆曰：「得主，何貳之有？」盈出，偏拜之。四月，欒盈帥曲沃之甲，因魏獻子⓱，以晝入絳⑱。初，欒盈佐魏莊子于下軍⑲，獻子私焉⑳，故因之。趙氏以原、屏之難怨欒氏㉑，韓趙方睦㉒。中行氏以伐秦之役怨欒氏，而固與范氏和親㉓。知悼子㉔少，而聽于中行氏。程鄭㉕嬖于公，唯魏氏及七輿大夫㉖與之。

樂王鮒侍坐于范宣子㉗，或告曰：「欒氏至矣。」宣子懼，桓子曰：「奉君以走固宮㉘，必無害也。且欒氏多怨，子為政，欒氏自外，子在位，其利多矣。既有利權，又執民柄㉙，將何懼焉？欒氏所得，其唯魏氏乎？而可強取㉚也。夫克亂在權，子無懈矣。」公有姻喪㉛，王鮒使宣子墨縗冒絰，二婦人輦以如公㉜，奉公以如固宮。范鞅㉝逆魏舒，則成列既乘㉞，將逆欒氏矣。趨進曰：「欒氏帥賊以入，鞅之父與二三子在君所矣。使鞅逆吾子。鞅請驂乘㉟。」持帶，遂超乘㊱，右撫劍，左援帶，命驅之出㊲。僕請㊳，鞅曰：「之公。」宣子逆諸階，執其手，賂之以曲沃。初，斐豹，隸也，著于丹書㊴。欒氏之力臣曰督戎，國人懼之。斐豹謂宣子曰：「苟焚丹書，我殺督戎。」宣子喜曰：「而殺之，所不請于君焚丹書者，有如日㊵！」乃出豹而閉之。督戎從之。踰隱而待之㊶，督戎踰入，豹自後擊而殺之。范氏之徒在臺後，欒氏乘公門㊷。宣子謂鞅曰：「矢及君屋，死之！」鞅用劍以帥卒，欒氏退。攝車㊸從之，遇欒樂，曰：「樂，免之㊹。死，將訟女于天。」樂射之不中，又注㊺，則乘槐本而覆㊻。或以戟鉤之，斷肘而死。欒魴傷，欒盈奔曲沃，晉人圍之。

秋，齊侯伐衛。先驅，穀榮御王孫揮，召揚為右；申驅㊼，成秩御莒恆，申鮮虞之傅摯㊽為右。曹開御戎，晏父戎為右㊾。貳廣㊿，上之登御邢公，盧蒲癸為右；啟(51)，牢成御襄罷師，狼蘧疏為右；胠，商子車御侯朝，桓跳為右；大殿(52)，商子游御夏之御寇，崔如為右，燭庸之越駟乘(53)。自衛將遂伐晉。晏平仲曰：「君恃勇力以伐盟主，若不濟，國之福也。不德而有功，憂必及君。」崔杼諫曰：「不可。臣聞之，小國間大國之敗而毀焉(54)，必受其咎。君其圖之。」弗聽。陳文子見崔武子(55)曰：「將如君何？」武子曰：「吾言于君，君弗聽也。以為盟主，而利其難(56)。羣臣若急，君于何有(57)？子姑止之(58)。」文子退，告其人曰：「崔子將死乎？謂君甚而又過之(59)，不得其死。過君以義，猶自抑也，況以惡乎(60)？」

齊侯遂伐晉，取朝歌(61)。為二隊，入孟門，登大行(62)。張武軍于熒庭(63)，戍郫邵(64)，封少水(65)，以報平陰之役(66)乃還。趙勝(67)帥東陽(68)之師以追之，獲晏氂(69)。八月，叔孫豹(70)帥師救晉，次于雍榆(71)，禮也。

【注　釋】❶杞孝公卒二句　杞孝公名匄，杞桓公之子，在位十七年而死。晉悼夫人，杞孝公之姊妹，晉平公之母。據成公十八年傳，杞桓公朝晉而請為婚，則其後以女嫁晉悼公為夫人。故杞孝公死，晉悼夫人為之服喪。❷不徹樂　不撤去樂舞。徹，通「撤」。❸禮為鄰國闕　按禮制，鄰國有喪，諸侯不舉樂。闕，撤樂。❹公子黃愬二慶于楚　公子黃是陳哀公弟，陳卿慶虎、慶寅誣告他叛楚從晉，故公子黃奔楚控訴二慶以自辯。見襄公二十年傳。愬，同「訴」。控訴。❺陳人城二句　陳國人修築城牆抵抗楚軍，築城的夾板掉下來，慶氏就殺死了築城的役夫。版，夾土的木板。築城時用兩板夾土，以杵夯土使堅實，即所謂版築。隊，同「墜」。❻肆　放肆；放縱。❼書曰二句　見《尚書・康誥》，意謂天命不會常在。《禮記・大學》引此句釋之云：「道善則得之（天命），不善則失之矣。」❽媵之　送陪嫁女。古時諸侯女出嫁，同姓諸侯要送女陪嫁，稱「媵」。齊晉異姓，亦送女陪嫁，實借機送欒盈入晉謀亂。❾以藩載欒盈句　用有障蔽的馬車載著欒盈和他的甲士。杜注：「藩，車之有障蔽者。使若媵妾在其中。」古時女子乘車，車有障蔽。欒盈，即欒懷子，本是晉國下軍副帥，是欒書之孫。因其父欒黶專橫，得罪中行氏荀偃和范宣子父子。襄公二十一年晉滅欒氏，欒盈逃亡楚國，去年由楚至齊，今裝作媵妾乘藩車入晉。下稱欒孺子。❿曲沃　本是晉武公發跡地，晉宗廟在此。杜注：「欒盈邑也。」或封給欒氏的只是曲沃的一部分土地。其地在今山西省聞喜縣東北。而《戰國策・釋地》云，此曲沃指桃林塞之曲沃，則在今河南省陝縣西南四十里之曲沃鎮。⓫胥午　守曲沃的晉大夫。⓬知不集也　我知道舉事不能成功。集，成。⓭因子而死　依靠您舉事而死。因，憑藉；依靠。⓮我實不天二句　我確實不被上天保佑，您是沒有罪過的。咎，罪過。⓯伏之而觴曲沃人　胥午把欒盈藏匿後請曲沃人喝酒。觴，進酒。⓰爵行　互相舉杯。爵，古時的酒杯。⓱魏獻子　即魏舒，魏犨之孫，魏絳之子。魏絳即魏莊子，為晉下軍帥。此時魏絳已不在位，當由魏舒繼位。⓲絳　晉都新田，在今山西省侯馬市。成公六年晉遷都新田，亦稱為絳，而稱舊都絳為「故絳」。⓳欒盈佐魏莊子于下軍　欒盈之父欒黶本為下軍帥，大約死於襄公十七年。十八年晉伐齊時，魏莊子由下軍佐升任下軍帥，欒盈為下軍佐。⓴獻子私焉　魏舒和欒盈私下裏很友好。杜注：「私相親愛。」魏舒當隨父在軍中。㉑趙氏以原屏之難怨欒氏　此趙氏當指趙武，趙朔之子，趙盾之孫，晉上軍帥。原即趙同，屏即趙括，都是趙衰之子，趙盾異母弟。趙朔死後，趙武之母莊姬淫亂，並在晉景公面前譖害原、屏將作亂，而欒書為之作證，原、屏因而被殺。事見成公八年傳。故趙武怨及欒盈。㉒韓趙方睦　韓氏和趙氏正相和睦友好。韓起讓趙武為上軍帥，自居上軍佐（副帥），故二人相睦。韓起即韓宣子，為韓厥之子。㉓中行氏以伐秦之役二句　中行氏指中行獻子荀偃之子荀吳一族。荀偃為中軍元帥，伐秦之役中，欒黶驕橫，不肯聽命，擅自撤軍；又迫使范鞅逃亡，得罪范氏。見襄公十四年傳。故中行氏、范氏怨欒氏。又，晉悼公本使范宣子任中軍將，范宣子讓於中行偃，自己仍任中軍佐，見襄公十三年傳。故中行氏和范氏和睦相親。范宣子即士匄，此時已升任中軍將，執國政。㉔知悼子　即知盈，知武子荀罃之孫，知朔之子。襄公十四年傳「盈生六年而武子卒」。武子死於襄公十三年，故知盈今年十七歲，尚年少。中行氏荀偃是荀林父之孫，知悼子是荀林父之弟荀首的曾孫，知氏、中行氏皆晉大夫逝敖的後代，本是一族，故知悼子聽命於中行氏。㉕程鄭　晉大夫，魯成公十八年時為乘馬御，孔疏引《世本》謂程鄭為荀氏別族。《國語·晉語七》韋注謂程鄭是荀騅曾孫。荀騅見成公三年傳。㉖七輿大夫　官名。見僖公十年傳。沈欽韓《補注》以為下軍之輿帥七人為七輿大夫。㉗欒王鮒侍坐于范宣子　欒氏名王鮒，晉大夫。侍坐，陪坐。㉘固宮　晉侯之別宮，有臺館守備。㉙執民柄　執掌賞罰大權。杜注：「賞罰為民柄。」㉚強取　用強力爭取過來。㉛公有姻喪　指晉平公舅父死，晉悼夫人為其兄服喪。㉜使宣子墨縗冒絰二句　使宣子穿黑色的喪服、帽巾、腰帶，和兩個婦人乘著輦車到晉平公宮中。殽戰後晉國喪服為黑色。見僖公三十三年傳。縗，麻布喪服。冒，同「帽」。絰，麻帶，束在頭上和腰間。這是使范宣子裝作晉悼夫人的侍御，亦如晉悼夫人之服。輦，用人力推挽的車。用作動詞。乘輦車。㉝范鞅　范宣子士匄之子，又稱士鞅。時為公族大夫。見襄公十四年、十六年傳。㉞則成列既乘　指魏舒的軍隊已經排成行列，登上兵車。㉟鞅請驂乘　范鞅請求作為驂乘，即站在車右。㊱持帶二句　拉住兵車上的皮帶子，就跳上魏舒的兵車。帶，即綏。超，越；跳上。㊲命驅之出　命御手將兵車馳出行列。㊳僕請　御手問馳往何處。㊴裴豹三句　裴豹是官奴，他的罪過用丹砂寫在竹簡上。杜注：「蓋犯罪沒為官奴，以丹書其罪。」㊵而殺之三句　你殺死他，我如不向晉君請求燒掉丹書，有太陽見證。此為誓詞句式。而，同「爾」。你。所，如若。㊶踰隱而待之　裴豹跳過矮牆埋伏著，等候督戎。隱，矮牆。㊷乘公門　登上晉侯固宮的門牆。㊸攝車　猶言超乘，跳上戰車。㊹樂免之　意謂欒樂，你別打了。欒樂為欒盈族人。㊺注　把箭搭上弓弦。㊻乘槐本而覆　兵車撞在槐樹根上而翻倒。㊼中驅第二前鋒，後於「先驅」。㊽傅摯　中鮮虞之子，為莒恆兵車的右衛。㊾曹開御戎二句　此戎指齊莊公的戰車，由曹開駕御、居左，晏父戎為車右，莊公居中。㊿貳廣　杜注：「貳廣，公副車。」(51)啟　戰陣的左翼。杜注：「左翼曰啟」，「右翼曰胠。」(52)大殿　後軍；行軍走在最後的部隊。(53)驅乘　杜注「四人共乘殿車也」。按，以上言齊莊公的兵力部署：兩支先鋒軍有王孫揮、莒恆為將；自己親率主軍，配以副車，以邢公為將；左翼有襄罷師為將，右翼有侯朝為將；後軍有夏之御寇為將，又配以驅乘；各將均有御者及車右。(54)小國間大國之敗句　小國乘大國有內亂而用兵進攻。間，縫隙。用作動詞。乘間；鑽空子。敗，指晉國欒氏之亂。(55)陳文子見崔武子　陳文子名須無，陳完之曾孫。崔武子即崔杼，齊大夫，襄公十九年迎立公子光為齊莊公。(56)而利其難　以晉國之禍難為自己之利。利，意動用法。(57)羣臣若急二句　羣臣如果急迫了，就哪有什麼國君不國君。意謂急則殺君。58子姑止之　您暫且不用管了。止，休。之，助詞。59謂君甚而又過之　指責國君太凶狠而自己的罪過又超過了國君。謂崔杼將殺君之罪超過國君伐盟主之罪。60過君以義三句　應該在道義上勝過國君，指責國君還應自己抑制，何況自己將作惡呢。61朝歌　晉邑，在今河南省淇縣東北之朝歌城。62為二隊三句　兵分二隊，一隊入孟門，一隊登太行。孟門，在今河南省輝縣西之白陘，為入晉門戶。大行，疑即太行陘，在今河南省沁陽市西北三十里，為太行山八陘之一。大，同「太」。63張武軍于熒庭　在熒庭建築張揚武功的紀念物。武軍，收敵屍而封土，上建表木以彰武功。見宣公十二年傳注。64郫邵　在今河南省濟源市西一百二十里之邵源鎮。即文公六年傳之郫。65封少水　封即封屍，收晉軍屍合埋一坑，上築土山。少水即今沁河，源出山西沁源縣，南流至河南省沁陽市，東入黃河。封屍處疑在今山西省沁心縣東。66平陰之役　見襄公十八年傳，齊敗於平陰。平陰在今山東省平陰縣。67趙勝　趙旃之子，趙穿之孫，謚傾子，食邑於邯鄲，又稱邯鄲勝。趙旃見成公三年傳。68東陽　泛指晉屬太行山以東之地，約今河南省安陽市北至河北邯鄲市、邢臺市一帶。69晏氂　晏嬰之子。《國語·魯語下》稱為晏萊。70叔孫豹　魯卿，又稱穆叔，叔孫得臣之子。71雍榆　在今河南省浚縣西南四十八里，滑縣西北。《國語·魯語下》云，魯軍駐於此，與趙勝夾擊齊軍。

【語　譯】魯襄公二十三年春季，杞孝公死了，晉悼公夫人為他服喪，他是悼公夫人的兄弟。晉平公沒有撤去樂舞，這是不合禮的。按禮法，鄰國有喪事，諸侯要停止娛樂。

陳哀公到楚國朝見，公子黃向楚王控訴陳卿慶虎、慶寅的罪行。楚國人召見二慶，二慶派慶樂前往，楚國人殺了慶樂。二慶佔據陳國背叛楚國。夏季，楚將屈建領兵跟從陳哀公圍攻陳國都城，陳國人築城抵禦，夾板掉下來，慶氏就殺死了築城的役夫。役夫互相傳令，各自殺死他們的長官，接著殺死了慶虎、慶寅。楚國人把公子黃送回陳國。君子認為：「慶氏沒有道義，不能讓他放肆。所以《尚書》說：『天命不會常在。』」

晉國將把女兒嫁到吳國去，齊莊公就讓析歸父送去陪嫁的媵妾，用有遮篷的車載著欒盈和他的武士，裝作送去的媵妾，把他們送進晉國的曲沃城。欒盈在夜裏拜見守城大夫胥午，告訴他要起事。胥午回答說：「不能那麼做。上天所廢棄的，誰能使他興起？您必然不免於死。我不是捨不得死，是知道事情不會成功呀！」欒盈說：「儘管如此，我通過您而去死，我不後悔。我確實不被上天保佑，您是沒有罪過的。」胥午就答應了。他把欒盈藏伏起來，就請曲沃人喝酒，音樂開始演奏，胥午發話說：「現在要是找到欒孺子，怎麼樣？」大家回答說：「找到了主公能為他死，雖死猶生。」大家都歎息，還有哭泣的。互相舉杯敬酒，胥午又說欒盈回來的話。大家都說：「找到主公，還有什麼貳心的？」欒盈就走出來，對大家一一拜謝。四月，欒盈率領曲沃的甲兵，依靠下軍帥魏獻子而在白天進入絳都。當初，欒盈在下軍輔佐魏莊子，魏獻子和他私下裏很要好，所以依靠他。趙氏由於原同、屏括被殺的禍難怨恨欒氏，韓起和趙武兩族正相和睦。中行氏一族由於欒黶在伐秦戰役中不聽從命令，故怨恨欒氏，而本來和范宣子親近要好。知悼子年紀小，因此聽從中行氏的話。程鄭受到晉平公的寵信，所以只有魏獻子和七輿大夫幫助欒氏。

欒王鮒陪侍坐在范宣子身旁。有人來報告說：「欒氏回來了。」宣子恐懼。王鮒說：「事奉國君逃到固宮，必定沒有危害。而且欒氏怨敵很多，您執掌國政，欒氏是從外面進來，您處在掌權的地位，有利的條件很多了。既然有利有權，又掌握著對百姓賞罰的大權，還怕什麼呢？欒氏得到支持的，不就是魏氏嗎？而魏氏是可以用強力爭取過來的。平定叛亂在於用權力，您可不要懈怠！」這時晉平公有舅父的喪事，樂王鮒就讓范宣子穿著黑色的喪服，戴著喪帽，束著麻帶，和兩個婦人坐上手推車到晉平公那裏，事奉晉平公到固宮去。派范鞅去迎接魏舒，原來魏舒的軍隊已排成行列、登上戰車，準備去迎接欒氏了。范鞅快步走進去，說：「欒氏率領叛亂分子進入國都，我的父親和諸大臣已在國君那裏，派我來迎接您。讓我在車上作為驂乘吧！」拉住車上的皮帶，就跳上魏舒的戰車，右手按著劍，左手拉住皮帶，命令驅車馳出行列。駕車的問到哪裏去。范鞅說：「到國君那裏去。」范宣子在階前迎接魏舒，拉著他的手，答應把曲沃送給他作封邑。當初，裴豹因罪沒為官奴，他的罪過用丹砂寫在竹簡上。欒氏的大力士叫督戎，晉國人怕他。裴豹對范宣子說：「如果燒掉那丹砂寫的文書，我去殺死督戎。」范宣子很高興，說：「你殺死他，如果不請求國君燒掉丹書，太陽可作見證！」於是讓裴豹出宮門，而後關上宮門。督戎跟上去。裴豹翻身跳過矮牆等著督戎。督戎翻過牆來，裴豹從他身後猛擊，把他殺死了。范宣子的一幫人在公臺的後面，欒氏登上固宮的門牆。宣子對范鞅說：「箭要是射到國君的屋子，就要你死！」范鞅用劍指揮步兵迎戰，欒氏敗退，范鞅跳上戰車追擊。遇到欒樂，范鞅說：「欒樂，別打了。我如死了，會向上天控告你。」欒樂用箭射他，沒有射中；又搭上箭，可是車輪碰上槐樹根翻了車。有人用戟鉤他，鉤斷了他的手臂，他就死去。欒魴受了傷。欒盈逃回曲沃城。晉國人把曲沃包圍起來。

秋季，齊莊公發兵攻打衛國。第一先鋒軍，穀榮為王孫揮駕戰車，召揚作為車右。第二先鋒軍，成秩駕御莒恆的戰車，申鮮虞的兒子傅摯作車右。曹開駕御齊莊公的戰車，晏父戎作車右。齊莊公的副車，由上之登駕御邢公的戰車，盧蒲癸作車右。左翼部隊，由牢成駕御襄罷師的戰車，狼蘧疏作車右。右翼部隊，由商子車駕御侯朝的戰車，桓跳作車右。大軍殿後，商子游駕御夏之御寇的戰車，崔如作車右。燭庸之越等四人共乘的戰車殿後。從衛國出發，接著就攻打晉國。晏平仲說：「國君自恃勇力，去進攻盟主。如果不成功，這是國家的幸運。沒有德行而有戰功，憂患必然會落到國君頭上。」崔杼進諫說：「不能這樣做。下臣聽說：小國乘大國有禍亂而攻打他，必定會受到災禍。希望國君三思。」齊莊公不聽。陳文子進見崔杼說：「拿國君怎麼辦？」崔杼說：「我對國君說了，可國君不聽。把晉國奉為盟主，卻把他的禍難看作進攻的有利時機。大臣們如果急迫了，就還有什麼國君不國君？您姑且不要管了。」陳文子退了出去，告訴他的手下人說：「崔子將死了吧？指責國君太凶狠，而自己的過錯又超過了國君，怕不得好死了。臣下要在道義上勝過國君，指責國君的過錯尚且要自己抑制，何況自己將作惡呢？」

齊莊公就此攻打晉國，攻佔了朝歌城。兵分兩隊，一隊攻入孟門，一隊登上太行山口。在熒庭收埋晉軍屍體，封土建立紀念物來張揚武功，派兵戍守郫邵，在少水又收埋晉軍屍體築成大墳，以報復平陰之戰的失敗，而後就收兵回去。晉國的趙勝率領東陽地區的軍隊追擊齊軍，俘虜了晏氂。八月，魯國叔孫豹領兵救援晉國，駐紮在雍榆，夾擊齊軍，這是合於禮的。

【說明】本傳分為二章，以上為第一章。陳國二慶殺築城役夫，因而激起役夫暴動起義，殺死二慶。齊莊公送欒盈入晉，欒盈起事失敗。這是自襄公十四年起歷年寫欒氏史事的一個大結局。左氏筆下的欒盈是個極有個性的人物，他與人以惠，「士多歸之」，並不是劣跡昭彰、作惡多端的人。只是由於其父欒桓子專橫，不肯聽命於中行氏荀偃，又得罪了范宣子父子，《國語》又說他貪欲奢侈，喪失人心，賴其父欒書（欒武子）之德而免於難，卻貽禍子孫，招人怨恨。桓子死後，其妻因通姦淫亂而起惡心，竟向范宣子誣告其子「盈將為亂」，於是欒盈被逐，亡命楚、齊。晉誅戮其黨，十大夫被殺，四大夫出奔，三大夫被囚。晉侯又兩會諸侯，禁錮欒氏。欒盈走投無路，自知上天不佑，被迫鋌而走險，死而無悔。傳文寫他入曲沃，曲沃人皆願為之慷慨赴難。他憑藉魏舒，帶領甲士白晝入晉都，故人得見而告宣子。魏禧謂此乃欒盈失著關鍵。實因雙方力量懸殊，荀氏（中行氏、知氏皆荀氏）、范氏、趙氏、韓氏都是大族，結成一派，執掌大權。魏舒又被范鞅以強力劫持，宣子以封邑籠絡。欒盈孤軍奮戰，必敗無疑。欒氏數世經營，至此一族盡誅，成為歷史的一個悲劇。齊莊公於襄公二十年參加澶淵之盟，以後參加商任之會、沙隨之會，奉晉為盟主。今年則利用欒氏之亂，發兵攻晉，兵分兩路，越過太行山口，攻入晉國腹地，以報復平陰之役的失敗。齊軍回國時受到邯鄲勝及魯軍的夾擊，小有損失。其後事於第二章續敘。

傳 季武子無適子❶，公彌長而愛悼子❷，欲立之。訪于申豐❸曰：「彌與紇，吾皆愛之，欲擇才焉而立之。」申豐趨退，歸，盡室將行。他日又訪焉。對曰：「其然，將具敝車而行❹。」乃止。訪於臧紇❺，臧紇曰：「飲我酒，吾為子立之。」季氏飲大夫酒，臧紇為客。既獻❻，臧孫命北面重席❼，新樽絜之❽。召悼子，降，逆之❾。大夫皆起。及旅而召公鉏，使與之齒❿。季孫失色⓫。季氏以公鉏為馬正⓬，慍而不出⓭。閔子馬見之，曰：「子無然。禍福無門，唯人所召。

為人子者患不孝，不患無所⑭。敬共父命，何常之有⑮？若能孝敬，富倍季氏可也⑯；姦回不軌⑰，禍倍下民可也。」公鉏然之，敬共朝夕⑱，恪居官次⑲。季孫喜，使飲己酒⑳，而以具往，盡舍旃㉑。故公鉏氏富，又出為公左宰㉒。

孟孫㉓惡臧孫，季孫愛之。孟氏之御騶豐點㉔好羯㉕也，曰：「從余言，必為孟孫。」再三云，羯從之。孟莊子疾，豐點謂公鉏：「苟立羯，請讎臧氏㉖。」公鉏謂季孫曰：「孺子秩，固其所也㉗。若羯立，則季氏信有力于臧氏矣㉘。」弗應。己卯㉙，孟孫卒。公鉏奉羯，立于戶側㉚。季孫至，入哭而出，曰：「秩焉在？」公鉏曰：「羯在此矣。」季孫曰：「孺子長。」公鉏曰：「何長之有？唯其才也㉛。且夫子之命㉜也。」遂立羯，秩奔邾。

臧孫入哭甚哀，多涕。出，其御曰：「孟孫之惡子也，而哀如是。季孫若死，其若之何？」臧孫曰：「季孫之愛我，疾疢也；孟孫之惡我，藥石也㉝。美疢不如惡石㉞。夫石猶生我，疢之美其毒滋多。孟孫死，吾亡無日矣！」孟氏閉門，告于季孫曰：「臧氏將為亂，不使我葬。」季孫不信。臧孫聞之，戒。冬十月，孟氏將辟㉟，藉除于臧氏㊱。臧孫使正夫㊲助之。除于東門，甲從己而視之㊳。孟氏又告季孫。季孫怒，命攻臧氏。乙亥㊴，臧紇斬鹿門之關㊵以出，奔邾。

初，臧宣叔娶于鑄[41]，生賈及為而死[42]。繼室以其姪，穆姜之姨子也[43]，生紇，長于公宮，姜氏愛之，故立之。臧賈、臧為出在鑄[44]。臧武仲自邾使告臧賈，且致大蔡[45]焉，曰：「紇不佞，失守宗祧[46]，敢告不弔[47]。紇之罪不及不祀[48]，子以大蔡納請，其可[49]。」賈曰：「是家之禍也，非子之過也。賈聞命矣。」再拜受龜，使為以納請，遂自為也[50]。臧孫如防[51]，使來告曰：「紇非能害也，知不足也[52]。非敢私請[53]，苟守先祀[54]，無廢二勳[55]，敢不辟邑[56]。」乃立臧為。臧紇致防而奔齊。其人曰：「其盟我乎[57]？」臧孫曰：「無辭[58]。」將盟臧氏，季孫召外史掌惡臣而問盟首焉[59]。對曰：「盟東門氏[60]也，曰：『毋或如東門遂不聽公命，殺適立庶[61]。』盟叔孫氏[62]也，曰：『毋或如叔孫僑如欲廢國常[63]，蕩覆公室。』」季孫曰：「臧孫之罪皆不及此。」孟椒[64]曰：「盍以其犯門斬關？」季孫用之，乃盟臧氏曰：「無或如臧孫紇干國之紀，犯門斬關。」臧孫聞之曰：「國有人焉，誰居[65]？其孟椒乎？」

晉人克欒盈于曲沃，盡殺欒氏之族黨，欒魴出奔宋。書曰「晉人殺欒盈」，不言大夫，言自外也[66]。

齊侯還自晉，不入，遂襲莒，門于且于[67]，傷股而退。明日將復戰，期于壽舒(68)。杞殖、華還載甲夜入且于之隧(69)，宿于莒郊。明日，先遇莒子于蒲侯氏(70)，莒子重賂之，使無死(71)，曰：「請有盟。」華周對曰：「貪貨棄命，亦君所惡也。昏而受命，日未中而棄之，何以事君？」莒子親鼓之，從而伐之，獲杞梁(72)。莒人行成(73)。齊侯歸，遇杞梁之妻于郊，使弔之。辭曰：「殖之有罪，何辱命焉(74)？若免于罪，猶有先人之敝廬在，下妾不得與郊弔(75)。」齊侯弔諸其室。

齊侯將為臧紇田，臧孫聞之，見齊侯。與之言伐晉，對曰：「多則多矣，抑君似鼠(76)。夫鼠晝伏夜動，不穴于寢廟(77)，畏人故也。今君聞晉之亂而後作(78)焉，寧將事之(79)，非鼠如何？」乃弗與田。

仲尼曰：「知之難也，有臧武仲之知，而不容于魯國，抑有由也，作不順而施不恕(80)。〈夏書〉曰：『念茲在茲(81)。』順事、恕施也。」

【注釋】❶季武子無適子　季武子嫡妻沒有生子。季武子即魯卿季孫速，下稱季孫、季氏。適，同「嫡」。正妻及正妻所生子均稱嫡。❷公彌長而愛悼子　公彌即公鉏，悼子名紇，二人都是季武子妾所生。古禮，無嫡子當立長子，應立公彌為繼承人。❸訪于申豐　跟申豐商議。訪，詢問；徵求意見。訪字古無拜訪義。申豐，季氏家臣。❹其然二句　若如此，我就套上破車子走了。其，作假設連詞。❺臧紇　即臧武仲，臧宣叔之子，臧孫辰之孫。下稱臧孫、臧氏。魯國對季、孟、叔、臧四個卿大夫的嗣位者可稱孫、稱氏。❻既獻　向所有賓客敬酒之後。❼北面重席　在北面鋪上兩層席子。古人席地而坐，席之層次依其位之高低。《儀禮》云：「公三重，大夫再重。」此北面重席，是為悼子設位，使之南向受禮。❽新樽絜之　新的酒杯又洗清潔。樽，酒杯。絜，今作「潔」。❾降逆之　臧孫走下臺階，迎接悼子入座。逆，迎。❿及旅二句　到主賓互相敬酒酬答以後就召見公鉏，讓他和眾賓客大夫按年齡長幼排列座位。旅即旅酬。《禮記・中庸》：「旅酬下為上，所以逮賤也。」旅酬之後召公鉏，且使與一般大夫齒列座次，則視公鉏為庶子，明其不得嗣季氏卿位。⓫季孫失色　季武子也感到突然，故面容變色。杜注：「恐公鉏不從。」⓬馬正　卿大夫家的司馬，主管其封邑的武裝組織。這是季武子撫慰公鉏。⓭慍而不出　心裏怨恨，不肯出來任職。⓮不患無所　不愁沒有地位。所，位。⓯何常之有　有什麼一定呢。事無一定，會有變化。⓰富倍季氏可也　富有可比季氏多一倍。此季氏指其弟悼子，因悼子將嗣季武子之位。⓱姦回不軌　姦邪不合法度軌範。姦、回同義，邪亂。⓲敬共朝夕　恭敬地早晚向父親問安。共，同「恭」。⓳恪居官次　謹慎地居官盡職。恪，謹慎。居，居職。官次，官位；官職。⓴使飲己酒　讓公鉏招待自己喝酒。飲，使動用法，與上文「飲我酒」同。㉑盡舍旃　謂飲宴的用具全部留下，不帶回去。舍，同「捨」。旃，之焉的合音字。之，指酒具。焉，語氣詞。㉒為公左宰　做魯君的左宰。左宰，官名，掌公室事務。㉓孟孫　孟莊子仲孫速，孟獻子仲孫蔑之子，魯卿。下文「必為孟孫」指為孟莊子繼承人。按，魯桓公嫡長子立為魯莊公，莊公有三弟慶父、叔牙、季友，其後代為孟孫氏、叔孫氏、季孫氏，稱三桓。因慶父又稱共仲，故孟孫氏又稱仲孫氏。經稱仲孫，傳稱孟孫。㉔御騶豐點　御騶是養馬、駕車之官，其人名豐點。㉕羯　孟莊子的庶子，亦稱孟孝伯，是孺子秩之弟。㉖請讎臧氏　讓我為你向臧孫報仇。讎，同「仇」。用作動詞。報仇。㉗孺子秩二句　孺子秩本當是孟孫氏繼承人。秩既稱孺子，則已定為孟氏繼承人。㉘若羯立二句　意謂季氏本欲立悼子，臧孫僅助成其事，而孟氏已定孺子秩為後嗣，若季氏廢秩而立羯，則季氏權勢確實大於臧氏。信，確實；真的。㉙己卯　初十日。經謂仲孫速死在八月己卯。㉚公鉏奉羯二句　古時喪禮，死者之屍尚在室，後嗣者向南立在門旁，以受賓客弔唁。《禮記・檀弓上》：「喪無二孤。」《禮記・檀弓下》：「大夫之喪，庶子不受弔。」公鉏侍奉羯立在門側受弔，則孺子秩被廢，宣告不是繼承人。㉛何長之有二句　有什麼年長不年長，只要他有才能。此以季孫立悼子之語還報季孫。公鉏實恨其父季孫，於此可見。㉜夫子之命　指孟莊子之命。是假託死人之命，使季孫無可奈何。㉝季孫之愛我四句　意謂季孫之愛我，多是讚揚我有德行智慧，好比熱病，實是害我；孟孫厭惡我，好比能治病的藥石，雖苦雖痛，卻能治好病。疾疢，同義詞。頭腦發熱的熱病。藥指草藥，石指針砭之石。《孟子・盡心上》：「人之有德慧術知者，恆存乎疢疾。」㉞美疢不如惡石　《管錐編》謂「美、惡均指形貌」，惡謂醜惡。此句申述前意，謂季孫之愛雖無痛苦；孟孫之愛，有痛苦，使人難堪，但前者不如後者好。㉟辟　同「闢」。指開闢墓道。古時安葬要挖坑道。㊱藉除于臧氏　向臧氏要役夫，藉以開闢墓道。除即除徒，開闢墓道的役夫。㊲正夫　即襄公九年傳之正徒，指魯都城郊供常役的役夫。臧孫時任司寇，或兼司徒之職，掌管徒役。㊳除于東門二句　徒役在東門挖墓道，臧孫使甲士跟隨自己前去視察。臧孫帶甲士是防孟孫羯攻己，非欲攻人。孟氏又以此誣告臧氏「將為亂」，故季孫怒而攻臧紇。除，除道；開墓道。㊴乙亥　十月乙亥，初七日。見經文。㊵鹿門之關　鹿門是魯都曲阜東南的城門。關，橫木，今稱門栓。郲國在今山東省鄒城市南，在魯都東南，故由鹿門出奔。㊶臧宣叔娶于鑄　臧宣叔是臧孫紇的父親，又稱臧孫許。鑄，古國名，為齊所滅，在今山東省寧陽縣西北，肥城市之南。㊷生賈及為而死　臧賈、臧為二人是臧紇的兩個哥哥。臧賈已見襄公十七年傳。㊸繼室以其姪二句　把前妻的姪女娶為後妻，她是穆姜妹妹的女兒。穆姜為魯宣公夫人，成公之母，見成公十六年傳。姨，指姊妹。古代稱母之姊妹為從母，不稱姨。至漢代劉熙《釋名》始謂母之姊妹為姨。子，古時女兒亦稱子。故臧宣叔前妻之兄嫂為穆姜之妹，其女即穆姜外甥女為臧宣叔後妻，生臧紇。㊹出在鑄　出離臧家，住在鑄地舅氏家。㊺大蔡　大龜。蔡地產大龜，故稱龜為大蔡。《漢書・食貨志》：「元龜為蔡。」㊻失守宗祧　不能祭祀宗廟。即不能繼承氏族的爵祿。祧，祖廟。㊼不弔　不善。古弔字即淑字。㊽不祀　斷絕祭祀。即斷絕後代。㊾子以大蔡納請二句　您把大龜進獻，請求立您為繼承人，該是會允許的。臧賈本是臧宣叔嫡長子，當嗣。㊿使為以納請二句　使臧為去代己獻龜請求，他卻為自己求立為繼承人。上句「為」指臧為，下句「為」介詞，給；替。(51)防　此為東防，臧孫的封邑，在今山東省泗水縣東北二十八里。見襄公十七年傳。(52)紇非能害也二句　臧紇並非能傷害別人，只是智謀不足。意謂使甲士從己並非要謀亂，卻正中孟孫之誣告。(53)非敢私請　不敢為個人請立後嗣，是為氏族請立。(54)苟守先祀　如能保持祖先的祭祀。守，保。(55)二勳　指臧孫辰、臧宣叔，皆魯國有功之大夫。(56)辟邑　離開防邑。辟，同「避」。(57)其盟我乎　他們會為我們出奔而盟誓嗎。古時大臣出奔，諸大夫要盟誓以宣告其罪。(58)無辭　不好寫盟辭。若論臧孫之罪在廢長立少，則季孫亦不敢言。無罪狀可言，故曰無辭。(59)季孫召外史句　外史，官名，掌管惡臣即逃亡在外之臣的罪行。盟首，王引之《述聞》以為盟道，《會箋》謂首猶辭也。問盟首即問盟辭的寫法。(60)東門氏　魯莊公之子、僖公之弟名遂，字襄仲，駐軍於東門，故稱東門襄仲，其後稱東門氏。襄仲執政三十餘年，死於宣公八年。(61)殺適立庶　東門遂殺魯文公嫡子，立庶子為魯宣公。見文公十八年傳。(62)叔孫氏　指叔孫僑如，又稱宣伯，因與穆姜通姦而亂國政，被驅逐，出奔齊國。見成公十六年傳。(63)國常　國家的綱常法紀。(64)孟椒　即子服惠伯，名椒，孟獻子之孫，仲孫它之子。(65)誰居　是誰呀。居，同「歟」。表疑問語氣，助詞。(66)言自外也　杜注：「自外犯君而入，非復晉大夫。」故《春秋》只說「殺欒盈」，不說「殺大夫欒盈」。(67)門于且于　攻打且于的城門。門，動詞。攻城。且于，莒邑，在今山東省莒縣境內。(68)期于壽舒　約定各部隊在壽舒集中。壽舒，莒地名，亦在今莒縣境。(69)杞殖華還句　杞殖字梁，下稱杞梁。華還字周，下稱華周。二人都是齊國大夫。隧，險隘的狹道。(70)先遇莒子于蒲侯氏　在去壽舒時，先遇上莒國國君犂比公。蒲侯氏，地名，近莒國都。(71)使無死　叫他們不要出戰而死。(72)獲杞梁　杞梁戰死。此「獲」是死獲。(73)行成　講和。(74)殖之有罪二句　杞殖如有罪，怎敢屈辱國君來弔唁。前句為假設分句，「之」作如若解。(75)不得與郊弔　不能在郊外接受弔唁。古禮，大夫不於郊弔，應弔於室。《禮記・檀弓下》鄭注：「行弔禮于野，非。」故杞梁妻辭弔。(76)多則多矣二句　伐晉的戰功是很多了，不過國君膽小如鼠。抑，轉折連詞。杜注：「臧孫知齊侯將敗，不欲受其邑，故以比鼠，欲使怒而止。」(77)寢廟　宗廟。(78)作　杜注：「起兵。」(79)寧將事之　晉國一旦安寧，你又將事奉他了。(80)抑有由也二句　還是有原因的，是因為他做事不順事理，施行於人，別人忍受不了。指廢長立幼不合立嫡立長之禮，又不推想被廢者心裏忍受不了。恕，用己心推想別人的心。《論語・衛靈公》：「子曰：其恕乎！己所不欲，勿施於人。」(81)夏書曰二句　此為逸書，偽古文採入〈大禹謨〉篇，意謂想的做的都在此軌範之中。

【語　譯】季武子沒有嫡子，庶子公彌年長，但是季武子喜歡悼子，想立他為繼承人。同家臣申豐商議說：「公彌和悼子，我都喜歡，想要選擇有才能的立為繼承人。」申豐快步退出，回到家，打算全家出走。過了幾天，季武子又詢問申豐。申豐回答說：「如果這樣，我就套上我的破車子離開您了。」季武子就不說了。季武子又去詢問臧紇，臧紇說：「招待我喝酒，我為你立悼子。」季氏招待大夫們喝酒，臧紇是上賓。向眾大夫敬酒完畢，臧孫紇命令在北面鋪上兩層席子，換上清潔的新酒杯，然後召見悼子，走下臺階去迎接他入座。大夫們都站起來。等到賓主互相敬酒酬答以後，方才召見公鉏，讓他和大夫按年齡長幼排列座次。季武子也感到突然，臉色都變了。季武子就讓公鉏任馬正官，公鉏心裏惱恨，不肯出任。閔子馬拜見他說：「您不要這樣。禍、福沒有門，都是人們自己喚來的。做兒子的，只怕不孝，不愁沒有地位。恭敬地對待父親的命令，難道會沒有變化嗎？如果能孝順恭敬，富有可比季氏多一倍。邪亂不合法度，禍患可比百姓多一倍。」公鉏同意他的話，就恭敬地早晚向父親問安，謹慎地恪盡職守。季武子高興了，讓公鉏招待他喝酒，而帶著飲宴的器具前往，酒後把器具全留給他，所以公鉏氏富有起來，又出任魯襄公的左宰。

孟莊子討厭臧孫紇，但季武子喜歡他。孟家的車馬官叫豐點，他喜歡孟莊子的庶子仲孫羯，對羯說：「聽從我的話，你必定成為孟氏的繼承人。」兩次三次這樣說，羯就聽從了。孟莊子生了病，豐點就對公鉏說：「如果立了羯做繼承人，我就為你報復臧孫氏。」公鉏就對父親季武子說：「羯的哥哥孺子秩本來是孟孫氏的繼承人。如果廢秩立羯，那麼季氏就確實比臧孫氏有力量了。」季武子不答應。八月初十日，孟莊子死了。公鉏侍奉羯立在門旁接受賓客來弔唁。季武子前來，進門哭弔，而後出門，說：「孺子秩在哪裏？」公鉏說：「有羯在這裏了。」季武子說：「孺子年長。」公鉏說：「有什麼年長不年長的？只要他有才能。而且是他父親的命令。」季武子無奈，就立了羯為繼承人，稱仲孫羯，孺子秩逃奔到邾國。

臧孫進門哭弔，十分哀痛，眼淚很多。出門後，他的車夫說：「孟莊子討厭您，而您卻悲哀成這個樣子。季武子如果死了，您要悲哀成什麼樣子呢？」臧孫紇說：「季武子喜歡我，好比使我沒有痛苦地患上熱病；孟莊子討厭我，好比是治我疾苦的藥石。沒有痛苦的熱病不如使人痛苦的藥石。藥石還能治病，使我活下去；患熱病而不知痛苦，它的毒害就更深。現在孟莊子死了，我離滅亡也沒有多少日子了。」孟氏關起大門，向季武子告狀說：「臧孫氏將作亂，不讓我家安葬。」季武子不相信。臧孫紇聽到了，就實行戒備。冬季十月，孟氏準備開挖墓道，向臧氏借用役夫。臧孫紇派常設役夫去幫忙，在東門挖掘墓道，臧孫帶著甲士前去視察。孟氏又向季武子誣告。季武子生氣，命令攻打臧孫氏。十月初七日，臧孫紇砍斷了東南向鹿門的門栓，出了都城，逃亡到邾國。

當初，臧孫紇的父親臧宣叔在鑄國娶妻，她生了臧賈、臧為就死了。臧宣叔把妻子的姪女娶為後妻，就是宣公夫人穆姜妹妹的女兒，生了臧孫紇，在魯公的宮中長大，穆姜喜歡他，所以立為臧宣叔的繼承人。臧賈、臧為就離開家住到鑄國舅家去。臧孫紇從邾國派人告訴臧賈，並送去大龜，說：「紇沒有才能，不能再祭祀宗廟，謹向您報告我的不善。紇的罪過不至於斷絕後代，您把大龜進獻而請求立為繼承人，該是會許可的。」臧賈說：「這是我家的災禍，不是您的過錯。臧賈聽從你的命令。」行再拜禮，接受了大龜，就讓臧為去代替他進獻大龜並請求立嗣，臧為卻替自己請求立做繼承人。臧孫紇回到魯國的防邑，派人來報告魯公說：「臧紇並非能傷害別人，只是由於智謀不足。紇不敢為個人請求，是為氏族請求。如果保存祖先的祭祀，不拋棄兩位先人的功勞，我怎敢不離開防邑！」於是立了臧為作繼承人。臧紇把防邑繳還臧家而逃亡到齊國。他的手下人說：「他們會為我們盟誓嗎？」臧紇說：「我無罪，不好寫盟辭。」季武子打算為了臧氏出亡而盟誓，召來掌管逃亡之臣的外史詢問盟辭的寫法。外史回答說：「為東門氏的盟誓說：『不要有人像東門遂那樣不聽從國君的命令，殺嫡子，立庶子。』為叔孫氏的盟誓說：『不要有人像叔孫僑如那樣想要廢棄國家的綱紀，顛覆公室。』」季武子說：「臧紇的罪過都不至於此。」孟椒說：「何不把他進犯城門砍斷門栓作為罪呢？」季武子就採用這意見，為臧氏逃亡而和大夫盟誓說：「不要有人像臧孫紇那樣觸犯國家的法紀，攻城砍斷城門門栓。」臧孫紇聽到了，說：「國內有人才的，是誰呀？大概是孟椒吧？」

晉國人在曲沃戰勝了欒盈，把欒氏的親族同黨全部殺光。欒魴逃亡到宋國。《春秋》記載說：「晉人殺欒盈。」不說他是晉大夫，是說他是從國外進入晉國作亂的，不再是晉大夫了。

齊莊公攻打晉國回來，沒有進入國都，就領兵去襲擊莒國，攻打且于城，大腿受了傷而退卻。第二天準備再戰，約定軍隊在壽舒集中。杞梁、華周兩個大夫用戰車裝載甲士夜裏進入且于的險隘小路，露宿在莒都郊外。第二天先和莒國國君在蒲侯氏相遇。莒君送給他們重禮，要他們不要作戰而死，說：「請和你們結盟。」華周回答說：「貪得財貨，背棄君命，這也是你所厭惡的。昨晚接受命令，今天太陽還不到中午就背棄命令，還用什麼事奉國君？」莒君親自擊鼓，追擊齊軍，殺死了杞梁。莒國人和齊國講和，齊莊公回國去，在郊外遇到杞梁的妻子護送著靈柩，就派人向她弔唁慰問。她辭謝說：「杞梁如有罪，何勞屈辱國君派人弔唁？如果杞梁戰死免罪，那麼還有先人的破草屋在那裏，下妾不能在郊外接受弔唁。」齊莊公就到杞梁家去弔唁。

齊莊公打算封給臧紇田地。臧紇知道了，不想接受封邑，來見齊莊公。齊莊公和他談起攻打晉國取勝的事，臧紇回答說：「戰功多是多了，不過國君卻像老鼠。那老鼠白天藏起來，夜裏才出動，不敢在宗廟裏打洞，是由於怕人的緣故。現在國君知道晉國有欒盈動亂的事而乘機出兵，等晉國安定了又準備事奉他，這不是老鼠是什麼？」齊莊公就不給他田地了。

孔子說：「聰明是很難得的啊。有臧武仲這樣的聰明人，卻不能被魯國所容納，不過這是有原因的，因為他做的事不順於事理，施行於人的別人忍受不了。〈夏書〉說：『所想的、所做的都在這軌範之中。』就是要順於事理，別人所要的才施與人啊！」

【說　明】周天子分封諸侯，是把土地連同土地上的人民一併封賜的。諸侯又有權把封國內的土地及土地上的人民封賜給自己的子孫及有功的親信，以之為卿大夫，作為諸侯國的大小官員。卿大夫也可把自己的一部分封地再分賜給家族成員，並有家臣作為大夫的官吏。諸侯和卿大夫是世襲制，但子孫不止一個，所以宗法制度規定嫡長子是合法繼承人。這種封國、封邑及爵位官職的世襲壟斷性質導致貴族統治階級內部爭奪繼承權的尖銳鬥爭，前傳已記敘了許多因廢嫡立庶、廢長立幼而釀成互相殘殺的慘禍，講求禮義的魯國就接連發生，如魯文公死後，公子襄仲殺文公嫡子，立庶子為宣公，到宣公在位十八年之後一死，季文子就清算襄仲殺嫡立庶之罪，其子公孫歸父被逐，亡命齊國。本傳又寫季武子無嫡子，廢長子公鉏而立悼子為繼承人，臧孫紇助成其事，在飲宴諸大夫時迎立悼子，公鉏懷恨在心而強為恭敬。孟莊子死，本應長子孺子秩繼位，但車馬官豐點勾結公鉏，立孟孫庶子羯為繼承人，一報還一報，執政的季武子也不敢奈何。公鉏又借孟氏之力，報復臧孫紇，誣告他「將為亂」，臧紇只得「犯門斬關」，逃亡邾、齊。人稱臧武仲有智，實亦小智而已。這種貴族階級內部爭奪繼承權的鬥爭，同反映社會基本矛盾的人民與貴族的階級鬥爭如人民逃亡、暴動起義等，在整個春秋時期是從未間斷的。

臧孫所說的「季孫之愛我，疾疢也；孟孫之惡我，藥石也。美疢不如惡石。」倒是一種辯證的思維方法。季孫之愛多讚揚，只是使人頭腦發熱發昏，不知痛苦而「其毒滋多」；孟孫惡我，尖銳的批評指責，聽來覺得不舒服，但能治病，很有益處。《孔子家語・六本》云：「良藥苦于口而利于病，忠言逆于耳而利于行。」以藥石為喻即本此傳。至唐柳宗元〈敵戒〉講「敵」為益之大，用意亦正同此傳。

齊莊公伐晉後回國，未入都城，又襲擊莒國，結果自己傷了大腿，大夫杞梁、華周又戰死。齊連年戰禍，國勢日衰，內外矛盾必交并相乘。齊侯弔唁杞梁家，《孟子・告子下》言「華周、杞梁之妻善哭其夫」。《說苑》

及《列女傳》推演發揮成杞梁之妻「聞之，向城而哭，城為之阤，而隅為之崩」。雖誇言而非史實，卻成為孟姜女哭長城的最早出處。

二十四年

壬子，西元前五四九年。周靈王二十三年、齊莊公五年、晉平公九年、秦景公二十八年、楚康王十一年、宋平公二十七年、衛獻公二十八年、衛殤公十年、陳哀公二十年、蔡景公四十三年、曹武公六年、鄭簡公十七年、燕文公六年、許靈公四十三年、吳諸樊十二年。

經 二十有四年春，叔孫豹如晉。

仲孫羯帥師侵齊。

夏，楚子伐吳。

秋，七月甲子朔，日有食之，既。

齊崔杼帥師伐莒。

大水。

八月，癸巳朔，日有食之。

公會晉侯、宋公、衛侯、鄭伯、曹伯、莒子、邾子、滕子、薛伯、杞伯、小邾子于夷儀。

冬，楚子、蔡侯、陳侯、許男伐鄭。

公至自會。

陳鍼宜咎出奔楚。

叔孫豹如京師。

大饑。

傳 二十四年春，穆叔❶如晉，范宣子逆之，問焉，曰：「古人有言曰：『死而不朽』❷，何謂也？」穆叔未對。宣子曰：「昔匄之祖，自虞以上為陶唐氏❸，在夏為御龍氏❹，在商為豕韋氏❺，在周為唐杜氏❻，晉主夏盟為范氏❼，其是之謂乎？」穆叔曰：「以豹所聞，此之謂世祿，非不朽也。魯有先大夫曰臧文仲❽，既沒，其言立，其是之謂乎！豹聞之，『大上有立德，其次有立功，其次有立言』，雖久不廢，此之謂三不朽❾。若夫保姓受氏，以守宗祊❿，世不絕祀，無國無之，祿之大者，不可謂不朽。」

范宣子為政，諸侯之幣重⓫，鄭人病之⓬。二月，鄭伯如晉，子產寓書於子西，以告宣子⓭，曰：「子為晉國⓮，四鄰諸侯，不聞令德⓯，而聞重幣，僑也惑之。僑聞君子長國家者⑯，非無賄之患，而無令名之難⑰。夫諸侯之賄，聚於公室⑱，則諸侯貳⑲；若吾子賴之，則晉國貳⑳。諸侯貳則晉國壞㉑，晉國貳則子之家㉒壞，何沒沒㉓也！將焉用賄？夫令名，德之輿也㉔；德，國家之基也。有基無壞，無亦是務乎㉕？有德則樂，樂則能久。《詩》云：『樂只君子，邦家之基㉖。』有令德也夫㉗！『上帝臨女，無貳爾心㉘。』有令名也夫！恕思以明德，則令名載而行之㉙，是以遠至邇安㉚。毋寧㉛使人謂子，『子實生我』㉜，而謂『子浚我以生』㉝乎？象有齒以焚其身，賄也㉞。」宣子說㉟，乃輕幣。是行也，鄭伯朝晉，為重幣故，且請伐陳也。鄭伯稽首，宣子辭㊱。子西相㊲，曰：「以陳國之介恃大國㊳，而陵虐於敝邑，寡君是以請請罪焉㊴，敢不稽首？」

【注釋】❶穆叔　即魯卿叔孫豹。下文自稱其名豹。❷死而不朽　《國語・晉語八》亦載此事，韋注：「言身死而名不朽滅。」❸昔匄之祖二句　匄，范宣子名匄，即士匄，士燮范文子之子，時為晉中軍帥，執掌國政。士匄稱其祖在虞舜以前為陶唐氏。陶唐氏即唐堯。堯、舜都是上古五帝之一。❹在夏為御龍氏　在夏朝時就是御龍氏。御龍氏即劉累，相傳為唐堯的後代，夏朝十四世帝孔甲時人。昭公二十九年傳云：「及有夏孔甲，有陶唐氏既衰，其後有劉累，賜氏曰御龍。」今河南省臨潁縣北十五里有御龍城，恐出於附會。❺在商為豕韋氏　在商代就是豕韋氏。昭公二十九年傳又云：「賜氏曰御龍，以更豕韋之後。」杜注：「更，代也。以劉累代彭姓之豕韋。累尋遷魯縣，豕韋復國，至商而滅。累之後世繼承其國，為豕韋氏。」相傳今河南省舊滑縣治東南五十里有韋鄉，即古豕韋國。❻在周為唐杜氏　在周朝時成為唐杜氏。唐杜亦古國名，春秋前已絕滅。文公六年傳有杜祁，可知杜國為祁姓。今陝西省西安市東南十五里有杜陵，即唐杜故國。❼晉主夏盟為范氏　到晉國主持華夏各國的盟會時就成為范氏。《山東通志》謂今山東省舊范縣治東南三十里之范城即晉范氏食邑。今范縣移治櫻桃園。❽臧文仲　即臧孫辰，魯孝公的後代，莊公二十八年為卿，歷閔公、僖公，至文公十年死，為四朝老臣，其子臧宣叔，孫臧武仲。❾大上有立德五句　最高的是樹立德行，其次是建立功業，再次是著立言論，雖然人死了很久，卻世代不廢，這就叫三不朽。❿以守宗祊　用來保持宗廟。守，保。祊，宗廟門內設祭的地方。宗祊即宗廟。⓫諸侯之幣重　諸侯向晉國貢獻財物的負擔加重。幣，本指用於朝聘的皮帛，此泛指一切禮物。⓬病之　以之為憂患。病，患。⓭子產寓書二句　子產即公孫僑，鄭穆公之孫，子國之子，襄公十九年時為卿，是春秋時著名的政治家。下自稱其名「僑」。寓，寄；託。子西，即公孫夏，鄭穆公孫，子駟之子，時從鄭簡公朝晉，子產託他帶書信給晉卿范宣子。⓮子為晉國　您治理晉國。子，對對方的敬稱。⓯令德　美德。⓰長國家者　領導國家的人。長，作首長。動詞。⓱非無賄之患二句　都是倒裝句，即「不患無賄，而患無令名」。賄，財物；貨物。通常指禮物。患、難互文，難亦患義，見《述聞》。⓲諸侯之賄二句　諸侯國的財貨積聚在晉國公室。實指責晉君聚斂財貨。⓳貳　動詞。懷有二心，不同心同德。⓴若吾子賴之二句　如果您認為這樣聚斂對您私家有利，那麼晉國人亦懷二心而背離您。實指責范宣子亦斂聚財貨。吾子，稱對方而語氣親昵。賴，利。意動用法。以為有利。㉑壞　毀壞；受損害。㉒子之家　您的一族。諸侯公室稱國，卿大夫一族稱家。㉓沒沒　同「昧昧」。昏昧糊塗，不明事理。㉔夫令名二句　說到這美好的聲譽，就是載德行的車子。有令名，德行就遠播四方。夫，句首語氣詞，引起議論，兼有指示意味。㉕無亦是務乎　為什麼不致力於這件事呢。無，用法同「不」。不亦，表示反問。是，此，作「務」的賓語前置，指代「德」。㉖詩云三句　見《詩經・小雅・南山有臺》，意謂喜樂啊君子，是國家的基石。樂是君子的謂語，前置。只，句中語氣詞，略同「哉」。㉗有令德也夫　是說君子有美德吧。也夫，語氣詞連用。㉘上帝臨女二句　引自《詩經・大雅・大明》，本為武王伐紂時對將士的誓詞，謂上帝監督著你們，你們不能懷有二心。臨，下視；監視。女，同「汝」。無，通「毋」。不要。引詩常斷章取義，傳意謂上帝監督著你（晉統治者），諸侯與下民就不會對你懷有二心。㉙恕思以明德二句　用「恕」的原則來顯示美德，那麼好的聲譽就會載著美德播揚遠方。恕，即以心揆心，俗語將心比心，孔子概括為「己所不欲，勿施於人」。見《論語・衛靈公》。此暗諷晉國自己不肯納幣於人，卻要諸侯納重幣於己，勒索諸侯，違背恕道。明，使顯明。使動用法。之，指代德，是載、行的賓語。㉚遠至邇安　遠方的諸侯來歸附，鄰近的諸侯能安心。㉛毋寧　即無寧。用於反問句首，對下述內容加以否定，相當於「難道不應該」。㉜子實生我　您確實是養育我們的人。生，養育。㉝子浚我以生　您榨取我們的血汗來養肥自己。浚，榨取，今言剝削。㉞象有齒以焚其身二句　大象因有牙齒而自身遭到圍獵，是因為象牙是珍貴的財物。焚，古代放火燒林進行圍獵。㉟說 同「悅」。喜悅，形容恍然大悟的心情。㊱辭 辭謝，不敢受叩首大禮。㊲相 動詞。相禮；主持朝見禮儀。㊳介恃大國 介恃，仗恃。介，因；依。大國，指楚國。㊴請請罪焉 原不重「請」字，作「請罪焉」。今依《校勘記》改正。焉，於之。之指陳國。請求請罪於陳，即請求伐陳。

【語 譯】魯襄公二十四年春季，穆叔公孫豹到晉國出使。范宣子士匄到郊外迎接他，向他問道：「古人有話說『死而不朽』，這說的是什麼意思？」穆叔沒有回答。范宣子說：「從前匄的先祖，在虞舜以前是陶唐氏，到夏朝就是御龍氏，到商朝成為豕韋氏，在周朝是唐杜氏，到晉國主持中原盟會的時候就成為我們范氏，大概所說的不朽就是這個意思吧？」穆叔說：「據我所知，這只叫世祿，不是不朽。魯國有位大夫叫臧文仲，死了已六十八年，他的話世代不廢。所謂不朽，說的就是這個吧！我聽說：『最高的是樹立德行，其次是建立功業，再其次是著立言論。』能做到這樣，雖然人死了很久，也不會被廢棄，這叫做三不朽。至於那種保存姓氏，用來守住宗廟，世代不斷絕祭祀，沒有一個國家沒有這種情況的。這是世祿中的大族，但不能說是不朽。」

范宣子執掌國政，諸侯朝見晉國要繳納很重的貢品，鄭國人為此感到憂慮。二月，鄭簡公到晉國去朝見，子產公孫僑託子西帶書信給范宣子，說：「您治理晉國，四鄰的諸侯不聽說您有美德，只聽說您要很重的貢品財物，我公孫僑對這種情況迷惑不解。我聽說君子治理國和家，不愁沒有財禮，只愁沒有好名聲。把諸侯的財物聚集在晉君公室，那各國諸侯就懷有二心；如果您認為這樣聚斂財物對您私家有利，那麼晉國人就對您懷有二心。諸侯懷有二心，晉國就受到損害；晉國人懷有二心，您一家就受到損害。多麼昏昧糊塗啊！聚斂財貨有什麼用呢？好的名聲，是裝載美德的車子。德行，是國和家的根基。有根基才不致於毀壞，你不也應該盡力這麼做嗎？有了美德就能和大家共同快樂，大家快樂了國和家就能長久。《詩經》說：『快樂啊君子，是國、家的基礎。』這是因為有美德啊！『天帝在監督你，人們就不會有二心。』這是說有好的名聲啊！揆度別人是否需要和能否接受，來發揚美德，那麼好的名聲就會載著美德播揚遠方。因此遠方的諸侯會來歸附，鄰近的諸侯能夠安心。難道不應該讓人們對您說『您確實養活了我們』，而要讓人們說『您榨取我們的血汗來養肥自己』嗎？大象有了象牙而使自身被燒林圍獵，這是由於象牙是珍貴的財物呀。」宣子看了書信恍然大悟，心裏很高興，就減輕了諸侯國繳納的財物。這一趟，鄭簡公朝見晉國，是為貢獻財物太重的事而去的，同時請求進攻陳國。鄭簡公行叩頭禮，范宣子辭謝不敢當。子西相禮，說：「因為陳國仗恃楚國而欺凌侵害敝國，我們國君因此請求向陳國問罪，怎敢不叩首呢？」

【說明】本傳分為兩段，以上為第一段。首章敘「死而不朽」是什麼意思。范宣子把自己的先祖從虞、夏、商、周至晉世代不絕的世系解釋為死而不朽。穆叔認為那是世祿，不是不朽；只有立德、立功、立言才是三不朽，雖死而名不磨滅。這是古代社會的一種積極的人生觀、價值觀，所以成為傳世名言，影響深遠。傳文再敘〈鄭國子產與范宣子書〉。春秋後期，晉為盟主，命諸侯國朝聘獻賦以榨取財貨。鄭是小國，不堪負擔。子產致書晉執政范宣子，不是從諸侯及鄭國的利害著眼，而是為晉國及范氏的利害著想，將「重幣」與「令德」「令名」作為互不相容的對立面加以正反比照，陳述利害，指出大國不愁沒有財物，只愁沒有德行和失去聲譽。大國什麼都不缺，就是缺德，卻仍在「重幣」聚斂以自肥，這樣不僅無益反而有禍，只會使「國壞」「家壞」，離心離德。只有「令德」「令名」才是立國之基，使諸侯信賴，「遠至邇安」。最後用象齒為喻，以危語、冷語作結。文字簡練而剴切詳明，具有很強的說服力，使晉國不得不「輕幣」，以減輕諸侯國的負擔。這是繼襄公二十二年傳子產忠告晉國之後第二次顯示出他的政治家的才能，反映了春秋時期大國對小國的掠奪和小國對大國的巧妙反抗。

傳 孟孝伯❶侵齊，晉故也。

夏，楚子為舟師以伐吳❷，不為軍政❸，無功而還。

齊侯既伐晉而懼，將欲見楚子。楚子使薳啟彊如齊聘，且請期❹。齊社❺，蒐軍實❻，使客❼觀之。陳文子❽曰：「齊將有寇❾。吾聞之，兵不戢，必取其族❿。」

秋，齊侯聞將有晉師，使陳無宇從薳啟彊如楚，辭⓫，且乞師。崔杼帥師送之，遂伐莒，侵介根⓬。

會于夷儀⓭，將以伐齊。水，不克⓮。

冬，楚子伐鄭以救齊，門于東門⓯，次于棘澤⓰。諸侯還救鄭。晉侯使張骼、輔躒致楚師⓱，求御于鄭⓲。鄭人卜宛射犬，吉⓳。子大叔戒之曰：「大國之人，不可與也⓴。」對曰：「無有眾寡，其上一也㉑。」大叔曰：「不然，部婁無松柏㉒。」二子在幄㉓，坐射犬于外；既食，而後食之㉔。使御廣車㉕而行，己皆乘乘車㉖。將及楚師，而後從之乘，皆踞轉而鼓琴㉗。近，不告而馳之㉘。皆取冑於櫜而冑㉙，入壘，皆下，搏人以投㉚，收禽挾囚㉛。弗待而出㉜。皆超乘㉝，抽弓而射。既免㉞，復踞轉而鼓琴，曰：「公孫！同乘，兄弟也，胡再不謀㉟？」對曰：「曩者志入而已，今則怯也㊱。」皆笑，曰：「公孫之亟㊲也。」

楚子自棘澤還，使薳啟彊帥師送陳無宇。

吳人為楚舟師之役故，召舒鳩㊳人。舒鳩人叛楚。楚子師于荒浦㊴，使沈尹壽與師祁犁讓之㊵。舒鳩子㊶敬逆二子，而告無之，且請受盟。二子復命，王欲伐之。薳子㊷曰：「不可。彼告不叛，且請受盟，而又伐之，伐無罪也。姑歸息民，以待其卒㊸。卒而不貳，吾又何求？若猶叛我，無辭，有庸㊹。」乃還。

陳人復討慶氏㊺之黨，鍼宜咎出奔楚。

齊人城郟㊻。穆叔如周聘，且賀城。王嘉其有禮也，賜之大路㊼。

晉侯嬖程鄭㊽，使佐下軍㊾。鄭行人公孫揮㊿如晉聘，程鄭問焉，曰：「敢問降階何由(51)？」子羽不能對，歸以語然明(52)。然明曰：「是將死矣，不然將亡。貴而知懼，懼而思降，乃得其階(53)。下人而已(54)，又何問焉？且夫既登而求降階者，知人(55)也，不在程鄭(56)。其有亡釁(57)乎？不然，其有惑疾(58)，將死而憂也。」

【注釋】❶孟孝伯　即仲孫羯，孟莊子仲孫速之子。見去年傳。去年齊伐晉，魯為晉同盟國，故今年孟孝伯領兵侵齊，為晉報復。❷楚子為舟師以伐吳　楚康王出動水軍去攻打吳國。以前中原交戰皆用車兵，此首見「舟師」。❸不為軍政　不教育士兵，加強賞罰。❹楚子使薳啟疆如齊聘二句　疆字本作「彊」，今從監本、毛本改。請期，請確定會見的日期。❺齊社　齊國祭祀土地神。社，軍社；檢閱軍隊時立土地神位而祭祀。❻蒐軍實　對軍隊的戰車和器械裝備進行大檢閱。❼客　指薳啟疆。❽陳文子　齊大夫，名須無，陳完曾孫。下文陳無宇為陳文子之子。❾有寇　有敵人入侵。❿兵不戢二句　不收斂對外用兵的武力，必定會自取兵禍。杜注：「戢，藏也。族，類也。取其族，還自害也。」⓫辭　辭謝相會。杜注：「辭有晉師，未得相見。」⓬介根　本莒國舊都，在今山東省膠州市西南五里之介根城。後莒遷都，在今山東省莒縣。⓭會于夷儀　經文云，八月，晉平公與魯、宋、衛、鄭、曹、莒、邾、滕、薛、杞、小邾十一國諸侯會於夷儀以伐齊。夷儀，晉地，在今河北省邢台市西。與閔公二年傳邢國之夷儀（今山東省聊城市西南）是同名異地。⓮水不克　由於大水災，未能伐齊。大水亦見經文。⑮門于東門　攻打鄭國東門。上「門」字動詞，攻城。⑯棘澤　在今河南省新鄭市南，近長葛市。⑰晉侯使張骼輔躒致楚師　晉平公派張骼、輔躒二大夫向楚軍單車挑戰。張骼，解張（見成公二年傳）曾孫，張老（成公十八年傳）之孫。致師，詳宣公十二年傳注。⑱求御于鄭　要鄭國挑選一名駕戰車的御手。杜注：「欲得鄭人自御，知其地利故也。」⑲卜宛射犬二句　占卜結果，選派宛射犬吉利。射犬，鄭國公孫，食邑於宛，以宛為氏，下文稱公孫。宛邑在今河南省許昌市西北。⑳大國之人二句　對晉國的兩個將領，不可和他們平行抗禮。意謂要自謙卑下。與，敵；相當。㉑無有眾寡二句　謂國與國之間不論兵多兵少，我是御手，他們在車左車右，御手的地位在他們之上，這是各國相同的。㉒部婁無松柏　小土山上沒有松柏、不長大樹。謂小國不可與大國對等。部婁，《說文》引作附婁，云「小土山也」。㉓幄　軍用帳幕。下句「外」指帳幕外。㉔既食二句　二人先吃，吃好後使射犬吃。下「食」字用作使動。㉕廣車　攻敵用的車，即向楚軍挑戰用的車。㉖乘乘車　指乘坐平日所乘的戰車。㉗皆踞轉而鼓琴　二人都蹲在車後的橫木上彈琴。這是表示挑戰者的勇敢，視挑戰為遊戲。轉，即軫，車箱底部後面的橫木。《考工記》：「車軫四尺。」㉘近不告而馳之　廣車駛近敵營，射犬沒有告訴兩人，疾馳而入敵營。㉙皆取胄句　都從袋子裏拿出頭盔戴上。橐，盛甲胄的袋子。下「胄」字為動詞。㉚入壘三句　進入楚軍營壘，兩人都跳下廣車，與楚兵搏鬥，把楚兵舉起來扔出去。㉛收禽挾囚　收，逮捕。此指捆綁。禽，同「擒」。作名詞。擒獲的俘虜，與「囚」同義。挾，挾在腋下。㉜弗待而出　射犬不等二人上車，獨自馳車出楚營。㉝超乘　跳上廣車。超，躍。㉞既免　指脫離楚兵追擊的險區。㉟同乘三句　同乘一輛戰車去挑戰，就是兄弟了，為什麼兩次不打招呼。指入馳不告和出壘不待。胡，何。㊱曩者志入二句　先前只是一心衝入敵營，沒想到打招呼；後來是怕敵眾我寡，迫不及待，顧不上打招呼。曩者，先前；以往。與「今」相對。㊲亟　急。杜注：「言其性急，不能受屈。」㊳舒鳩　楚屬國，在今安徽省舒城縣。㊴師于荒浦　出師到荒浦。師，用作動詞。荒浦，音轉為黃陂，《方輿紀要》謂在舒城縣東南十五里。㊵使沈尹壽與師祁犁讓之　沈尹壽是沈邑大夫名壽。師祁犁是複姓師祁名犁。一說是師氏名祁犁，楚將潘尪字師叔，疑祁犁為其後，以字為氏。讓，責備。㊶舒鳩子　舒鳩國君。經傳例稱所謂蠻夷之君為子。㊷薳子　杜注「令尹薳子馮」。即襄公十五年、十八年傳之蔿子馮，蔿艾獵之子，孫叔敖之姪。㊸卒　結果；後果。㊹無辭有庸　他們就無話可說，我們可獲得成功。庸，功。㊺慶氏　指慶虎、慶寅，本是陳卿，因謀亂被殺。見襄公二十三年傳。㊻齊人城郟　齊國人在郟地為周王築城。郟即郟鄏，周王城所在地。在今洛陽市西北郟山即北邙山下。㊼大路　天子所賜之車總名大路。㊽程鄭　晉大夫，本為悼公車馬官，後為晉平公所寵信。㊾佐下軍　為下軍之佐即副帥。即由大夫升為卿。㊿行人公孫揮　行人，外交官；使者。公孫揮字子羽。下文稱其字。(51)降階何由　用什麼辦法降級。程鄭登上卿位，自覺難以勝任，故想降階自保。(52)然明　鄭大夫，即鬷蔑。(53)乃得其階　就可得到適合自己才德的官位。(54)下人而已　在別人的下位罷了。下，用作動詞。在人之下。(55)知人　聰明人。知，同「智」。(56)不在程鄭　程鄭不屬於明智的人。言程鄭以奉承佞媚而得寵，升至卿位，並非此種登高位而能降階的智者。(57)亡釁　逃亡的跡象。(58)惑疾　疑心病。疑神疑鬼，患得患失，心神不安。

【語　譯】魯國的孟孝伯領兵入侵齊國，這是為晉國向齊國報復。

夏季，楚康王出動水軍去攻打吳國，由於不教育士兵，嚴明賞罰，所以無功而返。

齊莊公去年進攻晉國以後又害怕起來，打算會見楚康王。楚康王派薳啟疆到齊國去聘問，同時請約定會見的日期。齊國在軍中祭祀土地神，對車兵和器械舉行大檢閱，讓薳啟疆等客人觀看。齊大夫陳文子說：「齊國將有敵寇入侵。我聽說，不收斂對外攻伐的武力，必定會自取兵災之禍。」

秋季，齊莊公聽到晉國將要出兵，就派陳無宇送薳啟疆到楚國去，說明將有戰事，不能約期會見了，同時求楚國出兵援助。齊大夫崔杼率領軍隊送他們，乘機攻打莒國，侵襲介根城。

晉平公和魯、宋、衛、鄭、曹、莒、邾、滕、薛、杞、小邾十一國諸侯在夷儀會見，準備進攻齊國。由於大水，沒有能夠進攻。

冬季，楚康王領兵進攻鄭國以救援齊國，攻打鄭國的東門，軍隊駐紮在棘澤。夷儀的諸侯軍回過來救援鄭國。晉平公派張骼、輔躒向楚軍單車挑戰，要鄭國選派駕御戰車的人。鄭國人占卜，派宛射犬吉利。子太叔告誡射犬說：「對大國的人不能和他們平行抗禮。」射犬回答說：「不論國家兵多兵少，御者的地位在車左車右之上是一樣的。」太叔說：「不是這樣。小山上長不出大松柏。」張骼、輔躒坐在帳幕裏，讓射犬坐在帳幕外；先吃完飯，才讓射犬吃。讓射犬駕著挑戰用的戰車前進，張、輔兩人卻坐著平時自己所乘的戰車。將要到楚軍軍營時，方才留下自己的戰車，登上射犬的戰車，兩人都蹲在車後的橫木上彈琴。車子駛近楚營，射犬沒有打招呼就疾馳而入。兩人趕忙從袋子裏拿出頭盔戴上，進入楚軍營壘後，都跳下車，同楚兵搏鬥，把楚兵舉起來扔出去，捆綁好俘虜的楚兵，挾在腋下。射犬沒有等他倆上車就獨自驅車出來。兩人都快步跳上車，抽出車上的弓箭射追兵，到脫離險區以後，兩人又蹲到車後的橫木上彈琴，說：「公孫！同坐一輛戰車就是兄弟了，為什麼兩次都不打招呼？」射犬回答說：「先前是一心想著衝人敵營，沒注意打招呼，後來是心裏害怕敵軍人多，顧不上打招呼。」兩個人都笑了，說：「公孫是性子太急呀！」

楚康王從棘澤退兵回國，派薳啟彊帶著兵送走陳無宇。

吳國人為楚國「舟師之役」的緣故，召來舒鳩人。舒鳩人背叛楚國。楚康王出兵到荒浦，派沈尹壽和師祁犁去責備舒鳩。舒鳩國君恭敬地迎接他們，告訴他們沒有叛楚這回事，而且請求接受盟約。這兩人回來復命，楚王想要攻打舒鳩。薳子馮說：「不行。他告訴我們沒有背叛，而且請求接受盟約，如果我們又去進攻他，就是進攻無罪的國家。姑且回去讓百姓休息，以等待結果。如舒鳩終於沒有二心，我們還要求什麼呢？如果他真的背叛我們，他就無話可說，我們打他就可成功了。」楚王就退兵回去。

陳國人再次討伐慶氏的同黨，鍼宜咎逃亡到楚國去。

齊國人在郟地為周王築城。魯國的穆叔到成周聘問，同時祝賀築城完工。周靈王嘉獎穆叔有禮，賜給他大路之車。

晉平公寵信程鄭，任命他為下軍副帥。鄭國的外交官公孫揮到晉國去聘問，程鄭問他說：「謹向你請教怎樣就可降級？」公孫揮不能回答，回去後告訴了然明，然明說：「這個人將要死了。不然，就將要逃亡。地位高貴，因沒有才德而知道害怕，害怕了就想到降級，想得到適合自己的官位。不過是在別人下面罷了，又何必問呢？再說已經登上高位而要求降級的，是聰明人，可程鄭不是這樣的人。他大概有逃亡的跡象了吧？否則，恐怕有疑心病，心神不安，自知將要死了而憂慮啊！」

【說　明】齊莊公去年進攻晉國後一直怕晉國報復，所以投靠楚國，求救兵。晉平公與十一國諸侯會於夷儀，打算攻打齊國。楚康王領兵伐鄭救齊，晉與諸侯軍回兵救鄭，派單車向楚軍挑戰。楚軍沒有出擊，就從鄭都東南退兵回國。可見楚國的戰略重點已經不在中原。楚國出動水軍進攻吳國，無功而返。吳國唆使舒鳩叛楚，楚王難以容忍，立即出兵進攻，舒鳩否認有叛楚之事，楚軍又無功而返。這說明吳楚為爭奪江淮地區，鬥爭日趨激烈。而楚國保守的軍事策略已無法對晉、吳構成實質性的威脅。

本傳寫到晉、魯、鄭、齊、楚、吳、莒等國之間頻繁的戰事，又有往來聘問求援、會盟，人眾事繁，然傳文有條不紊，既觀照全局，又突出細節，詳寫晉大夫張骼、輔躒單車挑戰，御者為鄭國公孫宛射犬。晉大夫負貴倨傲，坐、食、乘車三次失禮。射犬則自恃御者在其上位，不能受屈，故還以顏色，不告而馳入敵營，又弗待而出。最後以志入敵壘和怯敵作託詞以自解；二大夫也自知失敬而稱他為兄弟，又不點穿他是鬧意氣，而笑言其性急，亦以託詞解之。大家心照不宣，喜笑相樂。而晉大夫之「搏人以投，收禽挾囚」，兩次「踞轉而鼓琴」，寥寥數言，把他們的勇力武藝，視單車挑戰、深入敵壘為遊戲的神情表現得鮮明生動。左氏敘事常既有大筆縱橫揮灑，又有細筆特寫，所以讀來引人入勝。

二十五年

癸丑，西元前五四八年。周靈王二十四年、齊莊公六年、晉平公十年、秦景公二十九年、楚康王十二年、宋平公二十八年、衛獻公二十九年、衛殤公十一年、陳哀公二十一年、蔡景公四十四年、曹武公七年、鄭簡公十八年、燕懿公元年、許靈公四十四年、吳諸樊十三年。

經 二十有五年春，齊崔杼帥師伐我北鄙。

夏五月乙亥，齊崔杼弒其君光。

公會晉侯、宋公、衛侯、鄭伯、曹伯、莒子、邾子、滕子、薛伯、杞伯、小邾子于夷儀。

六月壬子，鄭公孫舍之帥師入陳。

秋八月己巳，諸侯同盟于重丘。

公至自會。

衛侯入于夷儀。

楚屈建帥師滅舒鳩。

冬，鄭公孫夏帥師伐陳。

十有二月，吳子遏伐楚，門于巢，卒。

傳 二十五年春，齊崔杼❶帥師伐我北鄙，以報孝伯之師也❷。公患之，使告于晉。孟公綽❸曰：「崔子將有大志，不在病我❹，必速歸，何患焉？其來也不寇，使民不嚴，異於他日❺。」齊師徒歸❻。

齊棠公❼之妻，東郭偃❽之姊也。東郭偃臣崔武子。棠公死，偃御武子以弔焉。見棠姜而美之，使偃取之❾。偃曰：「男女辨姓❿，今君出自丁，臣出自桓⓫，不可。」武子筮之，遇〈困〉䷮之〈大過〉䷛⓬。史皆曰：「吉。」示陳文子⓭，文子曰：「夫從風，風隕妻⓮，不可娶也。且其繇曰：『困于石，據于蒺梨，入于其宮，不見其妻，凶⑮。』困于石，往不濟也。據于蒺蔾，所恃傷也。入于其宮，不見其妻，凶，無所歸也。」崔子曰：「嫠也何害？先夫當之矣⑯。」遂取之。莊公通焉⑰，驟如崔氏⑱，以崔子之冠賜人。侍者曰：「不可。」公曰：「不為崔子，其無冠乎⑲？」崔子因是⑳，又以其間伐晉㉑也，曰：「晉必將報。」欲弒公以說于晉，而不獲間。公鞭侍人賈舉，而又近之，乃為崔子間公㉒。夏五月，莒為且于之役㉓故，莒子朝于齊。甲戌㉔，饗諸北郭㉕。崔子稱疾不視事㉖。乙亥㉗，公問崔子，遂從姜氏。姜入于室，與崔子自側戶出。公拊楹㉘而歌。侍人賈舉止眾從者而入，閉門。甲興㉙，公登臺而請，弗許。請盟，弗許。請自刃於廟，弗許。皆曰：「君之臣杼疾病，不能聽命㉚。近於公宮，陪臣干掫有淫者，不知二命㉛。」公踰牆，又射之㉜，中股，反隊㉝，遂弒之。賈舉、州綽、邴師、公孫敖、封具、鐸父、襄伊、僂堙皆死㉞。祝佗父祭於高唐㉟，至，復命，不說弁而死於崔氏㊱。申蒯，侍漁㊲者，退謂其宰㊳曰：「爾以帑免㊴，我將死。」其宰曰：「免！是反子之義也㊵。」與之皆死㊶。崔氏殺鬷蔑于平陰㊷。晏子㊸立於崔氏之門外，其人曰：「死乎？」曰：「獨吾君也乎哉？吾死也㊹？」曰：「行乎？」曰：「吾罪也乎哉？吾亡也？」曰：「歸乎？」曰：「君死，安歸？君民者，豈以陵民？

社稷是主(45)。臣君者，豈為其口實？社稷是養(46)。故君為社稷死，則死之；為社稷亡，則亡之。若為己死而為己亡，非其私暱，誰敢任之(47)？且人有君而弒之(48)，吾焉得死之？而焉得亡之？將庸何(49)歸？」門啟而入，枕尸股而哭(50)。興，三踊而出(51)。人謂崔子「必殺之」！崔子曰：「民之望也，舍之得民(52)。」盧蒲癸(53)奔晉，王何奔莒。叔孫宣伯(54)之在齊也，叔孫還納其女於靈公(55)，嬖，生景公。丁丑(56)，崔杼立而相之(57)，慶封(58)為左相，盟國人於大宮(59)，曰：「所不與崔、慶者……」晏子仰天歎曰：「嬰所不唯忠於君、利社稷者是與，有如上帝(60)。」乃歃(61)。辛巳(62)，公與大夫及莒子盟。大史書曰：「崔杼弒其君。」崔子殺之。其弟嗣書，而死者二人。其弟又書，乃舍之。南史氏(63)聞大史盡死，執簡以往(64)。聞既書矣，乃還。閭丘嬰以帷縛其妻而載之，與申鮮虞乘而出(65)，鮮虞推而下之，曰：「君昏不能匡，危不能救，死不能死，而知匿其暱(66)，其誰納之(67)？」行及弇中(68)，將舍，嬰曰：「崔、慶其追我。」鮮虞曰：「一與一(69)，誰能懼我？」遂舍，枕轡而寢(70)。食馬而食(71)，駕而行。出弇中，謂嬰曰：「速驅之！崔、慶之眾，不可當也(72)！」遂來奔。崔氏側莊公于北郭(73)。丁亥(74)，葬諸士孫之里(75)，四翣(76)，不蹕(77)，下車七乘，不以兵甲(78)。

晉侯濟自泮79，會于夷儀80，伐齊，以報朝歌之役81。齊人以莊公說82，使隰鉏請成83，慶封如師，男女以班84，賂晉侯以宗器、樂器85。自六正、五吏、三十帥、三軍之大夫、百官之正長、師旅及處守者皆有賂86。晉侯許之。使叔向87告於諸侯。公使子服惠伯88對曰：「君舍有罪，以靖小國，君之惠也。寡君聞命矣。」

晉侯使魏舒、宛沒逆衛侯89，將使衛與之夷儀。崔子止其帑，以求五鹿90。

【注釋】❶崔杼　齊大夫，又稱崔武子。宣公十年傳云「崔杼有寵於惠公」，成公十七年傳云「齊侯使崔杼為大夫」，此時崔杼當已六十多歲。食邑於崔（今山東省章丘市西北），以崔為氏。❷以報孝伯之師也　報復孟孝伯去年侵襲齊國。孝伯即魯卿仲孫羯，孟獻子之孫。❸孟公綽　魯大夫。❹崔子將有大志二句　崔杼將要幹大事，心不在於困擾我國。❺其來也不寇三句　他來入侵時並不劫掠，對百姓不嚴厲殘暴，和往日不同。寇，劫掠；騷擾。❻徒歸　白跑一趟就回去。徒，空。❼齊棠公　齊國棠邑大夫。棠，本是萊國屬邑，齊滅萊後屬齊，見襄公六年傳。其地在今山東省平度市東南。❽東郭偃　崔杼家臣，複姓東郭，名偃。❾使偃取之　使東郭偃為自己娶她。取，同「娶」。❿男女辨姓　男女婚嫁要辨別姓氏。意謂同姓不婚。⓫今君出自丁二句　崔杼是齊太公姜尚之子齊丁公的後代，故稱出於丁。東郭偃是齊桓公小白的後代，故稱出自桓。崔杼與棠姜同為姜姓，不可嫁娶。⓬遇困䷮之大過䷛　得到〈困〉卦變為〈大過〉卦。古代占卜用的符號以陽爻一和陰爻--相配而成八卦，代表八種事物，八卦相互組合成六十四卦，坎下兌上為〈困〉卦，巽下兌上為〈大過〉卦。〈困〉變為〈大過〉，即〈坎〉卦變為〈巽〉卦，陰爻變為陽爻。這種情形，依《左傳》易例，其吉凶之占斷，即根據〈困〉卦六三爻辭來占斷吉凶。下文「繇曰」所引正是〈困〉卦六三爻辭。⓭陳文子　齊大夫，字須無，陳完曾孫。⓮夫從風二句　坎代表水，又認為代表男，故曰夫。坎變為巽，巽代表風，故曰夫從風。兌代表澤，又認為代表女，兌上巽下，困男變為大過之風，風把上面的女子吹落，故曰風隕妻。這是古人對卦象的解釋，不足信，不必深究。⓯困于石五句　此為《易經・困》六三爻辭。繇，卦爻辭。坎為水，被石所困（因是困卦之水），雖欲往而無法成功。據守在蒺藜中，意味著所持之物有刺，會使人受傷。走進屋，不見其妻，是凶象，意味著無處可歸宿。蒺棃，今《易經》作「蒺蔾」，即蒺藜，有刺的野生植物。宮，古代屋室的通稱。⑯嫠也二句　她是寡婦，有什麼妨害？死去的丈夫棠公已擔當這凶兆而死了。嫠，寡婦。⑰莊公通焉　齊莊公和棠姜私通淫亂。焉，之。⑱驟如崔氏　頻繁地到崔家去。驟，屢；頻。下文「近於公宮」，知崔家近於莊公之宮室。⑲不為崔子二句　不用崔武子的冠帽，難道就沒有別的冠帽嗎。意謂崔子之冠與他冠無異。⑳因是　杜注「因是怒公」。㉑間伐晉　乘晉國有欒盈之禍而攻打晉國。見襄公二十三年傳。間，縫隙。用作動詞。乘機；鑽空子。㉒乃為崔子間公　就為崔杼找機會殺莊公。㉓且于之役　且于為莒國屬邑，莊公伐且于傷股。見襄公二十三年傳。㉔甲戌　十六日。㉕饗諸北郭　在北城設宴款待莒子。饗，享；以酒肉款待。諸，之於。之，指莒子，即莒君犁比公。㉖不視事　不辦公事。崔子稱疾不視事，是要讓莊公來探問而殺之。㉗乙亥　五月十七日。㉘拊楹　拍著柱子。拊，輕拍，又作「撫」。《史記・齊世家》注引服虔云：莊公以姜氏不知己在外，故拊柱而歌以命之。㉙甲興　埋伏的甲兵起來攻莊公。㉚不能聽命　不能親聽公命。故莊公問崔子疾，莊公實未嘗見崔子。㉛陪臣干掫有淫者二句　陪臣巡夜搜捕淫亂的人，只知執行崔杼之命，不知其他命令。大夫之臣對國君稱陪臣。干掫，巡夜捕擊犯法者，亦單稱掫。見昭公二十年傳注。㉜又射之　「又」當讀作「有」，有人。說見俞樾《平議》。㉝反隊　仍跌落牆內。反，同「返」。隊，同「墜」。㉞賈舉州綽句　杜注：「此八子皆齊勇力之臣為公所嬖者，與公共死于崔子之宮。」此死難之賈舉非「莊公侍人賈舉」。州綽，見襄公十八年、二十一年傳。㉟高唐　齊邑，在今山東省高唐縣東三十五里。杜注：「高唐有齊別廟也。」㊱不說弁而死於崔氏　還沒有脫下皮帽就在崔家被殺死。說，通「脫」。弁，皮革做的帽子，祭祀時戴。㊲侍漁　官名，監收魚稅。齊國擅魚鹽之利。㊳宰　家宰；家臣之首。㊴爾以帑免　你帶著我的妻子兒女逃走，免得受禍。帑，妻和子女。亦作「孥」。㊵免是反子之義也　我逃走免禍，這就違背您的道義了。㊶與之皆死　同他一起自殺。皆，通「偕」。㊷殺鬷蔑于平陰　平陰為齊國險要之地，在今山東省平陰縣東北三十五里。鬷蔑或為莊公母鬷聲姬之族人，又守平陰，故殺之。㊸晏子　名嬰，字平仲，晏弱之子，已見襄公十七年傳。杜注「晏子聞難而來」。莊公入崔家後，崔家即「閉門」，至莊公及其臣皆死，其門未啟，故晏子立於門外。祝佗父及申蒯之死或在其後。㊹獨吾君也乎哉二句　難道國君是我一個人的國君嗎？我要為國君死難嗎。意謂國君不獨是我的國君，我為何要殉死呢。也乎哉，三語氣詞連用，加強反問語氣。㊺君民者三句　作百姓的國君，難道是要他來陵駕在百姓頭上的？是要他來主持國家政事的。君，用作動詞。作國君。社稷是主，主社稷的倒裝句。㊻臣君者三句　作國君的臣下，難道是為了自己的俸祿？是要他保護國家的。口實，食祿，古以封邑的實物為祿。養，養護。㊼非其私暱二句　不是他個人所親愛的人，誰敢跟著殉死或逃亡，承擔不義的責任呢。意謂我如為之死或逃亡，就有與君共同為惡之嫌。暱，今作「昵」。此指國君所親近而共同作惡的人。㊽人有君而弒之　謂崔杼立莊公為君而又殺了他。㊾庸何　同義。劉淇《助字辨略》：「庸何，重言也。」㊿枕尸股而哭　杜注：「以公尸枕己股。」把莊公的屍首枕在自己的大腿上而號哭。按傳意當為「枕尸之股」。見《管錐編》。51興三踊而出　站起來，三次頓足而後出門。興，起。踊，跳躍。此為頓足，表示哀痛。52民之望也二句　他是民心所期望的人，放了他，可得民心。舍，同「捨」。此寫崔氏狡黠。53盧蒲癸　齊大夫，見襄公二十三年、二十八年傳。54叔孫宣伯　即魯卿叔孫僑如，因與穆姜通姦亂政，被逐，逃亡齊國，時在齊靈公七年。見成公十六年傳。55叔孫還句　杜注：「還，齊羣公子，納宣伯女于靈公。」宣伯之女後稱穆孟姬，生景公，故景公是齊莊公的同父異母弟。56丁丑　五月十九日。莊公死之第三日。57相之　做齊景公的宰相。58慶封　慶克之子。見成公十八年傳。後亡命吳國。59大宮　齊始祖姜太公之廟。60嬰所不唯二句　晏嬰如不是只親附忠君利國的人，有上帝為證。按，崔、慶讀其盟誓未畢，晏子插入此盟誓以修正崔氏盟誓。與，親附；結交。為強調「與」的賓語「忠於君、利社稷者」，故將賓語前置，加「是」複指賓語。61歃　飲血。古代盟誓時，殺牲滴血而飲，以表誠意，謂之歃。62辛巳　五月二十三日。63南史氏　齊史官。64執簡以往　在竹簡上仍書「崔杼弒其君」，拿著這竹簡前去。簡，竹片，古時記事書寫在竹簡上。65閭丘嬰二句　閭丘嬰用車上的帷布包裹他的妻子，把她藏在馬車中，和申鮮虞一同乘著逃出國都。閭丘，複姓。申鮮虞，已見襄公二十三年傳。66而知匿其暱　卻只知道藏匿自己親昵的人。67其誰納之　還有誰會接納我們。之，代詞。指代第一人稱。68弇中　指齊都臨淄西南的弇中峪，界兩山間，長百餘里。在今山東省臨淄鎮西南至萊蕪市的夾谷中。69一與一　一個戰一個。與，戰；敵；當。見《述聞》。因路狹，車不能平行，如追者來相鬥，只能一敵一，故不懼。70枕轡而寢　頭枕馬轡而睡。杜注「恐失馬也」。71食馬而食　先飼馬而後己食。防備追者突至，能馳驅逃奔。72速驅之三句　趕快驅馬快跑，因出弇中後，路寬廣，追者一旦追上，人多可以圍攻，將不可抵擋。73側莊公于北郭　把齊莊公的棺柩擱在外城北面，用磚繞在棺外。側，通「堲」。棺外繞磚。見俞樾《經說》。諸侯之柩本應殯於祖廟。74丁亥　五月二十九日。莊公死後第十三日。75士孫之里　鄉里名，士孫為姓氏。諸侯死，五月而葬於族墓。莊公死，十三日便葬，且不入兆域，以示懲罰。參哀公二年傳注。76四翣　四把長柄扇。葬時隨柩車而行，葬則置立墓坑中。據《禮記》，天子八翣，諸侯六翣，大夫四翣。77蹕　清道警戒，禁止通行。78下車七乘二句　粗劣的送葬車七輛，也不用軍隊甲兵送葬。按禮，諸侯送葬應用上等好車九輛，並備列軍陣。以上言崔子不以諸侯禮葬莊公。79濟自泮　渡過泮水。泮水疑在夷儀（即今山東省聊城市）之西。80會于夷儀　經文云，晉、魯、宋、衛、鄭、曹、莒、邾、滕、薛、杞、小邾十二國諸侯會於夷儀。此夷儀是衛邑，本邢國都（見僖公元年經），衛滅邢後屬衛，在今聊城市西南十二里。與晉國之夷儀（今河北省邢台市西）為同名異地。81朝歌之役　齊莊公伐晉，取朝歌（今河南省淇縣）。見襄公二十三年傳。82說　解釋。83使隰鉏請成　派隰鉏去請求講和。杜注：「隰鉏，隰朋之曾孫。」84男女以班　男女分開排列，捆綁雙手，以示降服。85宗器樂器　宗廟祭祀用的禮器和鐘磬之類樂器。86六正五吏句　六正，六個正卿，即三軍之將、佐。五吏，指軍尉、司馬、司空、輿尉、候奄五個軍大夫，見襄公十九年傳。三十帥，一軍五師，一師二千五百人，每師有正副二帥，故一軍有十帥，三軍有三十帥，皆中大夫。三軍之大夫，指軍中職掌其他軍務之大夫。百官之正長師旅，指晉國各部門長官及其官屬。說參王引之《述聞》。87叔向　即羊舌肸，晉國太傅。88子服惠伯　孟獻子之孫，仲孫它之子，名椒，又稱孟椒。89逆衛侯　逆，迎接。衛侯，指衛獻公，魯襄公十四年逃亡齊國，今晉平公派人迎接他回衛國，要衛殤公讓他居於夷儀。90崔子止其帑二句　崔杼留下衛獻公的妻兒作人質，以求取五鹿。止，留。五鹿，衛邑，在今河南省濮陽縣東南三十里。

【語　譯】魯襄公二十五年春季，齊大夫崔杼領兵進攻我魯國北部邊境，是為了報復去年孟孝伯的侵襲。魯襄公為此擔憂，派人報告晉國。孟公綽說：「崔子將要幹大事，心思不在於困擾我國，必定很快回去，憂慮什麼呢？他來入侵時不劫掠，對百姓不嚴厲，和往日不一樣。」齊軍白跑了一趟就回去。

齊棠公的妻子是東郭偃的姊姊，東郭偃是崔武子的家臣。齊棠公死後，東郭偃為崔武子駕車去弔唁，崔武子看到棠公妻子姜氏很美，就讓東郭偃為他娶過來。東郭偃說：「男女婚配要辨別姓氏。現在您是齊丁公的後代，下臣是齊桓公的後代，您同我姊姊是不可以婚配的。」崔武子就占筮，得到〈困〉卦䷮變成〈大過〉卦䷛，太史都說「吉利」。拿給陳文子看，陳文子說：「丈夫跟從風，風吹落妻子，不能娶的。而且它的卦爻辭說：『困於石，據於蒺藜，入於其宮，不見其妻，凶。』為石頭所困，這意味著前去不能成功。據守在蒺藜中，意味著所依恃的東西會刺傷人。走進屋，不見妻，是凶象，這意味著無處歸宿。」崔武子說：「她是寡婦，有什麼妨害？死去的丈夫棠公已承擔這凶兆了。」於是崔杼就娶了棠姜。齊莊公和棠姜私通，頻繁地到崔家去，又把崔杼的冠帽賜給別人。侍候他的人說：「這不可以。」莊公說：「不用崔子的帽子，難道就沒有帽子了？」崔杼由此懷恨齊莊公，又因為齊莊公乘晉國有動亂而進攻晉國，認為晉國必然要報復，所以想殺死齊莊公來討好晉國，只是沒有找到機會。齊莊公鞭打侍候他的賈舉，後來又親近賈舉，賈舉就為崔杼找機會殺齊莊公。夏季五月，莒國由於且于那次戰役的緣故，莒國君主到齊國朝見。十六日，齊莊公在北城設宴款待他，崔杼推說有病，不辦公事。十七日，齊莊公上門問候崔杼，就跟著去棠姜那兒幽會。棠姜進入內室，和崔杼從側門出去。齊莊公拍著柱子唱歌。侍候他的賈舉禁止莊公的隨從入內，自己走進去就關上大門。崔家的甲士起來圍攻，齊莊公登上高臺請求免死，甲士不答應；請求講條件盟誓，甲士也不答應；請求到太廟去自殺，也不答應。甲士都說：「國君的大臣崔杼病得很重，不能來聽你的命令。這裏靠近國君的宮室，陪臣巡夜搜捕淫亂的人，不知道有別的命令。」齊莊公爬上牆去，有人用箭射他，射中大腿，仍跌落在牆內，於是就殺死了他。賈舉、州綽、邴師、公孫敖、封具、鐸父、襄伊、僂堙八個勇力之臣都被殺死。祝佗父在高唐祭祀，回到國都復命，還沒有脫去皮帽，就被殺死在崔家。申蒯是管理漁業的人，退出來對他的家臣總管說：「你帶著我的妻子兒女逃走以免受禍，我將一死。」他家的總管說：「如果我逃走，這就違背了你的道義了。」就和申蒯一起自殺。崔杼又在平陰殺死了鬷蔑。晏子站立在崔家的門外，他手下的人說：「去死難嗎？」晏子說：「難道是我一個人的國君嗎？我要去為他死？」手下人說：「逃亡吧？」晏子說：「是我的罪過嗎？我要為此逃亡？」手下人說：「就回家吧？」晏子說：「國君死了，回到哪兒去？作為百姓的君主，難道是用他來陵駕在百姓頭上的？是要他來主持國家政事的。作國君的臣下，難道是為了自己的俸祿？是要他養護國家的。所以君主如為國家而死，臣下就為他殉死；君主如為國家而逃亡，臣下就跟他逃亡。如果國君因為自己作惡而死，或因為自己作惡而逃亡，那麼不是他個人所寵愛的人，誰敢殉死或逃亡來承擔共同作惡的責任呢？而且別人立了國君而又殺了他，我怎能為他殉死？怎能為他逃亡？但又能回到哪裏去呢？」崔家開了大門，晏子進去，伏在莊公屍體大腿上號哭，站起來，頓足三次以後出門。有人對崔武子說：「定要殺了他！」崔武子說：「他是百姓所仰望的人，放了他，可以得民心。」盧蒲癸逃亡到晉國，王何逃亡到莒國。叔孫宣伯以前逃亡在齊國時，叔孫還把宣伯的女兒嫁給齊靈公，受到齊靈公寵愛，生了齊景公。五月十九日，崔杼立景公為國君，自己作他的宰相，慶封做左相，和國都的大夫們在太公的宗廟盟誓，說：「如有不依附崔氏、慶氏的……」話沒有說完，晏子就向天歎氣說：「晏嬰如果不是只親附忠君利國的人，有上帝為證！」於是歃血為盟。二十三日，齊景公和大夫以及莒國國君結盟。太史記載說：「崔杼弒其君。」崔杼就把太史殺死了。太史的弟弟接著這樣寫，因而被殺死的又有兩人。他的小弟又這樣寫，崔杼被迫就放了他。南史氏聽說太史都被殺死了，就拿著照樣寫好的竹簡前去。知道已經如實記載了，方才回去。閭丘嬰用車上的帷布包了妻子，把她藏在馬車上，和申鮮虞一起坐在車上逃出國都。鮮虞把閭丘嬰的妻子推下車，說：「國君昏庸不能去糾正，國君危難不能去救駕，國君被殺死不能去殉死，只知道藏匿自己親愛的人，還有誰會接納我們？」逃到弇中狹道，準備住下來，閭丘嬰說：「崔氏、慶氏可能在追我們。」鮮虞說：「追來的話一個戰一個，誰能讓我害怕？」就住下來，頭枕在馬轠繩上睡覺，醒來後先餵飽馬，自己再吃飯，套上馬車繼續逃跑。逃出弇中，對閭丘嬰說：「快點趕馬快跑！路寬了，崔氏、慶氏人多，是不可抵擋的。」兩人就逃亡來魯國。崔氏沒有把齊莊公的棺柩殯放在祖廟，而是放在外城北邊，用磚繞在棺外。五月二十九日，就安葬在士孫之里。送葬時只用四把長柄扇，沒有清道警戒，送葬的七輛車子是粗劣的下等車，沒有用軍隊甲兵護送。

晉平公渡過泮水，和魯、宋、衛、鄭、曹、莒、邾、滕、薛、杞、小邾十一國諸侯在夷儀相會，進攻齊國，以報復前年齊國攻取朝歌城的戰役。齊國人把殺死齊莊公來向晉國作解釋，派隰鉏去求和，慶封到諸侯軍中，男女分開排列、捆綁著待命，把宗廟裏祭祀用的禮器和鐘磬之類樂器送給晉平公。對晉國的六卿、五吏、三十個師級將領、三個軍的大夫到各部門長官和屬官以及留守的官吏都贈送財物。晉平公答應講和，派叔向通告諸侯。魯襄公派子服惠伯回答說：「國君寬免有罪的，以安定小國，這是國君的恩惠。我們國君聽到命令了。」

晉平公派魏舒、宛沒二人去迎接逃亡在齊國的衛獻公回國，要衛國把夷儀給他居住。齊國崔武子留下了衛獻公的妻子兒女，用來求取衛國的五鹿城。

【說明】本傳分為兩段。以上為第一段，記五月以前的事。齊國大夫崔杼領兵攻打魯國，回去後就推說有病，不辦公事，讓齊莊公前去探問，趁機閉上大門把他殺了，然後立景公為君。起因是莊公與崔杼的妻子棠姜私通。故傳文先補敘棠姜身世及崔杼娶她的經過。此時崔杼當已六十多歲，為正卿已二十七年，權勢顯赫。殺死莊公及其寵臣八人，卜祝之官亦死，漁官與其家宰自殺，盧蒲癸、申鮮虞等逃亡國外。唯有晏子既不殉死，也不逃亡，而立於崔氏門外，在與隨從的對話中，死、亡、歸三層疊起波瀾，突出社稷二字以為皈依：君為社稷死、為社稷亡（逃亡），則臣亦為之死、為之亡。今莊公因為淫亂而被殺，故晏子不死君難。君臣死生以國家社稷為重，案斷如山，不可移易。崔氏門啟，晏子入，枕屍而哭，這是哭莊公不能主持國政。崔氏釋晏子而不殺，是為收攬民心。盟誓時，晏子又凜然不懼，修改盟誓：唯親附忠君利國者。晏子一身正氣，成為民所仰望之名臣。《史記》將他與管仲合傳，決不是偶然的。齊國太史為如實記錄「崔杼弒其君」而被殺，其弟續書又被殺，其少弟又書，南史氏又「執簡以往」。他們是殺不盡、嚇不倒的，從而樹立了我國古代史官秉筆直書的光輝典範。《新序》等亦載此事，文天祥〈正氣歌〉也歌頌說：「在齊太史簡，在晉董狐筆（見宣公二年傳）。」對社會歷史負責的史學工作者要敢於真實記錄史事，不隱惡，不虛美，是需要具有堅貞的性格和無畏的精神的。

又，晏子「枕尸股而哭」，杜注「以公尸枕己股」。按傳意當為「枕尸之股」。僖公二十八年傳「枕之股而哭之」，襄公二十七年傳「枕之股而哭」，如傳無此等文字，則杜注亦可謂不誤。此所謂「一切解即一解也」。

傳 初，陳侯會楚子伐鄭❶，當陳隧者，井堙木刊❷，鄭人怨之。六月，鄭子展、子產❸帥車七百乘伐陳，宵突❹陳城，遂入之。陳侯扶其大子偃師奔墓，遇司馬桓子❺曰：「載余！」曰：「將巡城。」遇賈獲❻，載其母妻，下之，而授公車。公曰：「舍而母⑦。」辭曰：「不祥。」與其妻扶其母以奔墓，亦免。子展命師無入公宮，與子產親御諸門⑧。陳侯使司馬桓子賂以宗器⑨。陳侯免，擁社⑩，使其眾男女別而纍⑪，以待於朝。子展執縶而見，再拜稽首，承飲而進獻⑫。子美⑬入，數俘而出。祝祓社⑭，司徒致民，司馬致節，司空致地⑮，乃還。

秋，七月己巳⑯，同盟于重丘⑰，齊成故也。

趙文子⑱為政，令薄諸侯之幣⑲，而重其禮。穆叔⑳見之。謂穆叔曰：「自今以往，兵其少弭矣㉑。齊崔、慶新得政，將求善於諸侯。武也知楚令尹㉒。若敬行其禮，道之以文辭㉓，以靖諸侯，兵可以弭。」

楚薳子馮㉔卒，屈建㉕為令尹，屈蕩為莫敖㉖。舒鳩㉗人卒叛楚，令尹子木伐之，及離城㉘，吳人救之。子木遽以右師先㉙，子彊、息桓、子捷、子駢、子盂帥左師以退。吳人居其間㉚七日。子彊曰：「久將墊隘㉛，隘乃擒也，不如速戰。請以其私卒誘之，簡師，陳以待我㉜。我克則進，奔則亦視之，乃可以免。不然必為吳禽㉝。」從之。五人以其私卒，先擊吳師，吳師奔，登山以望，見楚師不繼，復逐之，傳諸其軍，簡師會之㉞。吳師大敗。遂圍舒鳩，舒鳩潰。八月，楚滅舒鳩。

衛獻公入于夷儀。

鄭子產獻捷于晉[35]，戎服將事[36]。晉人問陳之罪，對曰：「昔虞閼父為周陶正[37]，以服事我先王。我先王賴其利器用[38]也，與其神明[39]之後也，庸以元女大姬配胡公[40]，而封諸陳，以備三恪[41]。則我周之自出，至于今是賴[42]。桓公之亂，蔡人欲立其出[43]。我先君莊公奉五父而立之[44]，蔡人殺之。我又與蔡人奉戴厲公。至於莊、宣，皆我之自立[45]。夏氏之亂，成公播蕩，又我之自入[46]，君所知也。今陳忘周之大德，蔑[47]我大惠，棄我姻親，介恃[48]楚眾，以憑陵[49]我敝邑，不可億逞[50]，我是以有往年之告[51]，未獲成命，則有我東門之役[52]。當陳隧者，井堙木刊。敝邑大懼不競[53]，而恥大姬。天誘其衷，啟敝邑之心[54]。陳知其罪，授手[55]于我。用敢獻功。」晉人曰：「何故侵小？」對曰：「先王之命，唯罪所在，各致其辟[56]。且昔天子之地一圻[57]，列國一同[58]，自是以衰[59]。今大國多數圻矣，若無侵小，何以至焉？」晉人曰：「何故戎服？」對曰：「我先君武、莊為平、桓卿士[60]。城濮之役[61]，文公布命曰：『各復舊職。』命我文公戎服輔王，以授楚捷，不敢廢王命故也[62]。」士莊伯[63]不能詰，復於趙文子。文子曰：「其辭順。犯順，不祥。」乃受之。冬，十月，子展相鄭伯如晉，拜陳之功[64]。子西復伐陳，陳及鄭平。仲尼曰：「志有之：『言以足志，文以足言[65]。』不言，誰知其志？言之無文，行而不遠[66]。晉為伯[67]，鄭入陳，非文辭不為功。慎辭哉！」

楚蔿掩[68]為司馬，子木使庀賦，數甲兵[69]。甲午[70]，蔿掩書土田[71]，度山林[72]，鳩藪澤[73]，辨京陵[74]，表淳鹵[75]，數疆潦[76]，規偃豬[77]，町原防[78]，牧隰皐[79]，井衍沃[80]，量入修賦[81]，賦車籍馬[82]，賦車兵、徒兵、甲楯之數[83]。既成，以授子木，禮也。

十二月，吳子諸樊[84]伐楚，以報舟師之役[85]，門于巢[86]。巢牛臣曰：「吳王勇而輕，若啟之，將親門[87]。我獲射之，必殪。是君也死，疆其少安。」從之。吳子門焉，牛臣隱於短牆以射之，卒。

楚子以滅舒鳩賞子木。辭曰：「先大夫蔿子之功也。」以與蔿掩。

晉程鄭卒，子產始知然明[88]，問為政焉。對曰：「視民如子。見不仁者誅之，如鷹鸇之逐鳥雀也。」子產喜，以語子大叔，且曰：「他日吾見蔑之面而已，今吾見其心矣[89]。」子大叔問政於子產。子產曰：「政如農功，日夜思之，思其始而成其終，朝夕而行之。行無越思[90]，如農之有畔，其過鮮矣。」

衛獻公自夷儀使與甯喜[91]言，甯喜許之。大叔文子[92]聞之，曰：「烏呼！《詩》

所謂『我躬不說，皇恤我後』[93]者，甯子可謂不恤其後矣，將可乎哉？殆必不可。君子之行，思其終也，思其復也[94]。《書》曰：『慎始而敬終，終以不困[95]。』《詩》曰：『夙夜匪解，以事一人[96]。』今甯子視君不如弈棋，其何以免乎？弈者舉棋不定，不勝其耦，而況置君而弗定乎？必不免矣。九世之卿族[97]，一舉而滅之，可哀也哉！」

會于夷儀之歲[98]，齊人城郟。其五月，秦、晉為成，晉韓起[99]如秦涖盟，秦伯車如晉涖盟。成而不結[100]。

【注釋】❶陳侯會楚子伐鄭　陳哀公會同楚康王攻打鄭國。事在去年冬，去年經文云：「冬，楚子、蔡侯、陳侯、許男伐鄭。」❷當陳隧者二句　在陳軍經過的路上，水井被塞，樹木被砍。隧，道路。堙，塞。刊，砍削。❸子展子產　都是鄭穆公之孫。子展即公孫舍之，子罕之子，時主宰國政。子產即公孫僑，子國之子。去年二月，鄭朝晉，求伐陳，晉未許所請；冬，楚陳伐鄭。故今年鄭子展、子產領兵伐陳。❹突　乘人不備，突然進攻。❺司馬桓子　疑即襄公三年傳之袁僑，官司馬。杜注：「袁僑，袁濤塗四世孫。」《世族譜》云「謚桓子」。❻賈獲　陳國大夫。❼舍而母　安置好你的母親。意謂讓你母親同乘此車。而，同「爾」。你的。❽親御諸門　親禦之於宮門。即親自在宮門守衛。御，通「禦」。諸，之於。❾宗器　宗廟的祭器。❿陳侯免二句　陳侯穿著喪服，抱著土地神的神主（牌位）。表示國亡而降服。免，後來寫作「絻」，古代的一種喪服，脫帽，以麻布束髮髻。⓫別而纍　分別站立，捆綁雙手，以示降服，即上文「男女以班」。纍，繩索。用作動詞。捆綁。⓬子展執縶三句　子展拿著繩子進見陳哀公，再拜叩頭，捧著酒杯進獻給他。這是外臣戰勝後進見敵國君主的禮儀，成公二年傳韓厥見齊侯亦如此。縶，拴馬的繩索。承飲即奉觴。⓭子美　即子產。⓮祝祓社　鄭國的祝官向陳國土地神祝禱，消災求福。祝，祭祀時主持祝告的人。祓，除災求福的迷信活動。鄭人入陳都，恐觸怒陳鬼神，故祓除不祥。⓯司徒致民三句鄭國的司徒歸還百姓，司馬歸還兵符，司空歸還土地。此三司示鄭不滅陳國，無所侵犯。節，符節；兵符。致節就是歸還軍隊指揮權。⑯己巳　十二日。傳云七月己巳，經言「八月」誤。⑰同盟于重丘　指會於夷儀的晉、魯等十二國諸侯會於重丘。重丘，當是曹地，在今山東省茌平縣南、聊城市東南五十里。見襄公十七年傳注。⑱趙文子　即趙武，趙盾之孫。本為晉上軍帥，此時范宣子已死，由趙武執政。下文自稱其名「武」。⑲令薄諸侯之幣　命令減輕諸侯進貢的財物。見去年傳注。⑳穆叔　即魯卿叔孫豹。㉑兵其少弭矣　戰爭將稍微止息了。弭，止息。趙武所言為襄公二十七年傳弭兵以召諸侯張本。㉒知楚令尹　熟悉楚國令尹。時令尹為屈建。㉓道之以文辭　用外交辭令和他們說話。相當於今語「向他們宣傳」。道，說話。文辭，文飾的外交辭令，即官方語言。㉔薳子馮　即蔿子馮，襄公二十二年為楚國令尹。二十四年楚王欲伐舒鳩，薳子請待其叛而後伐，對滅舒鳩有功。㉕屈建　字子木，屈到之子，屈蕩之孫。已見襄公二十二年傳。㉖屈蕩為莫敖　此屈蕩為另一人，非屈建祖父。屈建祖父為宣公十二年傳楚王車右之屈蕩。莫敖為官名。㉗舒鳩　楚屬國，在今安徽省舒城縣。㉘離城　即舒鳩城，在今舒城縣之西。㉙遽以右師先　急速率領右翼部隊搶先到舒鳩。遽，急速。㉚其間　指楚右師、左師之間。㉛塾隘　疲弱。當時習語，又單稱「隘」。㉜請以其私卒三句　請求率領我們的家兵去引誘他們，你們挑選精兵，布列陣勢等我。私卒，各將領的私家士兵，即親兵。簡，選。陳，同「陣」。列陣。動詞。㉝禽　同「擒」。擒獲；俘虜。㉞傳諸其軍二句　吳軍迫近楚軍家兵，楚軍精選的士兵就和家兵會攻吳軍。傳，通「附」。靠近。㉟獻捷于晉　向晉國進獻攻入陳國的戰利品。㊱戎服將事　穿著軍服辦事。㊲昔虞閼父為周陶正　虞閼父相傳為虞舜後代，又作「遏父」，周武王時任陶正，主管陶器製作。㊳賴其利器用　嘉獎他製作陶器，於人有利。賴，善；以為好。猶言嘉獎。㊴神明　指虞舜。㊵庸以元女大姬配胡公　庸，乃；就。元女大姬，武王長女太姬。大，同「太」。胡公，是虞閼父之子。㊶以備三恪　周武王封黃帝之後於薊、封帝堯之後於祝、封帝舜之後於陳謂之三恪。見《禮記》孔疏。杜注則以封虞、夏、商之後為三恪。恪，誠敬。㊷則我周之自出二句　陳國是周王的外甥，至今依賴周朝。㊸桓公之亂二句　陳桓公死，陳內亂，蔡國人要立他們的外甥陳厲公為君。事在魯桓公五年。蔡出，指陳桓公之子厲公，名躍，其母為蔡國女。㊹我先君莊公句　鄭莊公擁立五父為君。五父是陳文公子，陳桓公弟，名佗。桓公五年傳云：「文公子佗殺太子免而代之。」鄭莊公就擁立佗。㊺至於莊宣二句　至於陳莊公、陳宣公，都是我鄭國擁立的。莊、宣，都是陳厲公之子。㊻夏氏之亂三句　夏徵舒殺死陳靈公，陳成公流離失所，又是從我國入陳國為君的。事見宣公十年傳。㊼蔑　背棄；滅。㊽介恃　依仗。介，因；依憑。㊾憑陵　逼迫欺陵。憑陵常連用，同義。㊿億逞　滿足心意。(51)往年之告　指去年鄭伯朝晉，求晉伐陳。(52)東門之役　指去年冬陳與楚攻打鄭國東門。(53)大懼不競　很怕被削弱。競，強。(54)天誘其衷二句　謂上天誘導、開啟了我國伐陳的心念。衷，心。(55)授手　即授首。表示投降，接受懲罰。(56)各致其辟　分別給他們懲罰。辟，刑；罰。(57)一圻　方圓一千里。古稱京都四周千里之地為圻。(58)一同　方圓百里。(59)自是以衰　依此次序遞減。衰，遞降；遞減。(60)武莊為平桓卿士　鄭武公、鄭莊公是周平王卿士，周平王死後，鄭莊公又為周桓王卿士。(61)城濮之役　見僖公二十八年傳。此役晉文公大敗楚國，成為中原霸主。(62)命我文公三句　此文公指鄭文公。鄭文公戎服授楚捷，今子產不敢廢王命，亦戎服獻捷。(63)士莊伯　晉大夫士弱，士渥濁之子。(64)拜陳之功　拜謝晉國接受伐陳的戰利品。鄭國六月伐陳，七月獻捷，十月又拜謝。(65)志有之三句　古書上有這樣的話：「言語用來充分表達思想，文采用來充分潤飾言辭。」(66)言之無文二句　言辭沒有文采，就不能播達遠方。(67)晉為伯　晉國成為霸主。伯，霸；諸侯之長。(68)蔿掩　蔿子馮之子，又作「薳掩」。(69)庀賦數甲兵　治理軍賦，計算和檢查盔甲武器。庀，治。賦，稅收以及供軍用之軍賦。(70)甲午　十月初八日。(71)書土田　記載土地和田畝的情況。下文分述九種情況。(72)度山林　度量山林的材木，以供國用。(73)鳩藪澤　聚集水澤的出產。鳩，聚。藪，水稀少而草木茂盛的沼澤地。(74)辨京陵　區別山地高低，以備種植和行軍。杜注：「絕高曰京，大阜曰陵。」(75)表淳鹵　標出鹽碱地。表，作標記。(76)數疆潦　計算積水淹沒的土地。疆，當作「彊」，同「強」。強潦，土質硬而受水成潦。鹽碱地、水淹地當輕其稅賦。(77)規偃豬　規劃築堤蓄水。偃，同「堰」。攔水的堤壩。豬，同「瀦」。水停聚的地方。(78)町原防　治理可耕種的堤防旁的小塊耕地。町，治理田地。原，可種植的田地。《爾雅・釋地》：「可食者曰原。」(79)牧隰皋　在低濕而多水草的地方放牧。隰，低濕之地。皋，水邊淤地。(80)井衍沃　在平坦而肥沃的土地上開闢井田。(81)修賦　修訂賦稅法則。(82)賦車籍馬　徵收戰車稅馬匹稅，以置備車馬。賦、籍同義，徵稅。(83)賦車兵句　徵收車兵、步卒所執兵器和盔甲、盾牌稅賦的數額。兩「兵」字皆指兵器，車兵和步卒所用兵器不同，故分列。(84)諸樊　吳王，壽夢長子，在位十三年，今年戰死，由其弟餘祭繼位。(85)舟師之役　去年夏，楚王用水軍攻伐吳國。(86)門于巢　攻打巢城。門，動詞。攻城門。巢，楚邑，在今安徽省巢湖市東北五里。(87)將親門　將親自入城門。門，動詞。入城。下句「吳子門焉」同。(88)子產始知然明　意謂子產方始敬佩然明有識見。去年然明曾預言程鄭將死，今果然言中。(89)他日二句　往日我只看到然明的面貌，現在我看到他的內心是很有見識的。然明，姓鬷名蔑，面貌醜陋，見昭公二十八年傳。往日子產「見其面」即謂其貌醜，以貌取人。(90)行無越思　施行政事都是經過深思的而不要越出所深思的。未思考成熟的不妄行。(91)甯喜　即襄公二十年傳之悼子，甯殖之子，衛國公族，世代為卿。衛獻公於襄公十四年奔齊，今入居夷儀而求復國。甯喜已事衛殤公而又答應衛獻公復國，必致內亂。(92)大叔文子　衛國大夫太叔儀，謚文子，衛獻公出亡時留守衛國。(93)詩所謂二句　見《詩經・邶風・谷風》及〈小雅・小弁〉，意謂我自身還不能被人容納，何暇顧念我的後代。說，今《詩經》作「閱」，容納。皇，同「遑」。暇。94君子之行三句　君子做事，要想到這樣做的後果，要想到能繼續再這樣做下去。95書曰三句　此為逸書。《逸周書・常訓》云：「慎微以始而敬終，乃不困。」偽古文變其文云：「慎厥初，惟厥終，終以不困。」意謂事情的開頭就要慎重，謹慎地做到結束，就不會困惑。96詩曰三句　見《詩經・大雅・烝民》，本意「一人」指周宣王，此喻衛君。意謂從早到晚一刻也不懈怠，以事奉一個國君。解，同「懈」。懈怠。今甯喜既事衛殤公，又要迎獻公復位，故不能免禍。97九世之卿族　杜注：「甯氏出自衛武公，及喜九世也。」98會于夷儀之歲　指去年諸侯會於夷儀，以區別今年夷儀之會。下言齊人為周王築郟城，本是去年事，今補敘去年五月「秦、晉為成（講和）」事。此章本應列於下年傳首，後人編次，將此章割置於此年末，遂若無所繫屬。99韓起　即晉卿韓宣子，韓厥之子。伯車，秦景公之弟，名鍼。100成而不結　講和結盟卻並不牢固。

【語　譯】當初陳哀公會同楚康王攻打鄭國，在陳軍經過的大路兩旁，水井被塞，樹木被砍，鄭國人為此痛恨陳國。六月，鄭國的子展、子產帶領戰車七百輛攻打陳國，夜裏突然襲擊陳國都城，就進了城。陳哀公扶著他的太子偃師逃奔到墳地裏，遇到司馬桓子，說：「用車載上我！」桓子說：「我正要去巡視都城呢。」遇到賈獲，車上載著他的母親和妻子，賈獲就讓他的母親、妻子下車，把車子交給陳哀公。陳哀公說：「讓你母親坐到車上。」賈獲辭謝說：「婦女同你坐一輛車，不吉祥。」就和他的妻子扶著他的母親逃奔到墓地裏，也免了禍難。子展命令軍隊不要進入陳哀公的宮室，和子產一起親自守衛在宮門口。陳哀公派司馬桓子把宗廟的祭器贈送給他們。陳哀公穿上喪服，抱著土地神的神主，讓他手下的男男女女分開排列，捆綁雙手，在朝廷上待命。子展拿著繩子進見陳哀公，再拜叩頭，捧著酒杯進獻給陳哀公。子產進入朝廷，點數了俘虜的人數就出去了。鄭國的祝官向陳國的土地神祝告消災去邪，鄭國的司徒歸還百姓名冊，司馬歸還兵符，司空歸還土地冊籍，表示鄭國無所侵犯，而後就退兵回國。

秋季七月十二日，晉平公和魯、宋、衛、鄭、曹、莒、邾、滕、薛、杞、小邾共十二國諸侯在重丘結盟，是為了同齊國講和的緣故。

趙文子主持晉國政事，命令減輕諸侯繳納的財物，而著重禮儀。魯卿穆叔拜見他。趙文子對穆叔說：「從今以後，戰爭大概可稍為止息了。齊國的崔杼、慶封新近當政，將要求改善同諸侯的關係。我趙武和楚國令尹熟悉。如果恭敬地按禮儀行事，用外交辭令和他們說話，以求安定諸侯，戰爭就可以止息。」

楚國令尹薳子馮死了，屈建做令尹，屈蕩做莫敖。舒鳩人終於背叛楚國，令尹屈建率兵攻打舒鳩，到達離城。吳國人救援舒鳩。屈建急忙率領右軍搶先到舒鳩城，子彊、息桓、子捷、子駢、子盂率領左軍向後撤退。吳國人處在楚國左軍、右軍之間七天。子彊說：「時間久了就會疲弱，疲弱了就會被擒獲，不如速戰。我請求帶領家兵去引誘他們，你們挑選精兵，擺好戰陣等待我。我得勝，你們就前進；我逃跑，你們就看情況救助我。這樣就可以免於被俘。不然，必定被吳國俘虜。」大家聽從他的話。五個人帶領他們的家兵先攻擊吳軍。吳軍逃跑，登上山頭遠望，看到楚軍沒有後續部隊，就再追逐楚軍家兵，等到迫近楚軍時，挑選的精兵就和家兵會合夾擊吳軍，吳軍大敗。楚軍就包圍了舒鳩，舒鳩人潰散逃跑。八月，楚國滅亡了舒鳩。

衛獻公進入衛邑夷儀。

鄭國的子產到晉國進獻伐陳的戰利品，穿著軍服辦事。晉國人質問陳國有什麼罪，子產回答說：「從前虞閼父做周朝的陶正，服事我們先王周武王。我們先王嘉獎他能製作陶器，於人有利，又因他是虞舜的後代，就把大女兒太姬匹配給閼父的兒子胡公，封他在陳地，以表示對黃帝、堯、舜的後代的誠敬。所以陳國是我周朝的外甥，到現在還依靠著周朝。陳桓公死後發生內亂，蔡國人想要立他們的外甥陳厲公為君，我們先君鄭莊公奉事五父佗而立他為君，蔡國人殺死了五父。我國就和蔡國人奉事陳厲公，擁立他為陳君。至於陳莊公、陳宣公，都是我鄭國擁立的。到夏氏作亂殺死陳靈公，陳成公流離失所，又是我國讓他回陳國即位的，這是晉君所知道的。現在陳國忘記了周朝的大德，背棄我鄭國的大恩，拋棄我們這個姻親，仗恃楚國人多，來侵逼欺淩敝國，仍不滿足心意，我國因此而在去年請求攻打陳國，沒有獲得貴國允許，反而有了陳國攻打我國東門的戰役，在陳軍經過的路邊，水井被填塞，樹木被砍伐。敝國非常害怕被削弱而使太姬在上天受恥辱。上天誘導、啟發了敝國伐陳的心念。陳國知道自己有罪，向我投降受罰。因此我們敢於奉獻伐陳之功。」晉國人又質問說：「為什麼侵犯小國？」子產回答說：「先王命令，只要是罪過所在，就要分別給以懲罰。

從前天子的土地方圓一千里，諸侯國土地方圓一百里，由此依次遞減。現在大國的土地多到方圓數千里，如果不是侵佔小國，怎能到這地步呢？」晉國人質問說：「為什麼穿著軍裝？」子產回答說：「我們先君鄭武公、鄭莊公為周平王、周桓王的卿士。城濮戰役後，晉文公發布命令說：『各人恢復原來的職務。』命令我國鄭文公穿著軍服輔佐周天子，把楚國俘虜進獻天子，我現在穿上軍服來獻戰俘，也是不敢廢棄天子命令的緣故。」晉國的士莊伯不能再質問，就向趙文子回覆。趙文子說：「他的言辭順理成章。違犯情理，就不吉利。」於是接受了鄭國的戰利品。冬季十月，子展作鄭簡公的相禮官到晉國朝見，拜謝晉國接受伐陳的戰利品。鄭國的子西再次伐陳，陳國和鄭國講和。孔子說：「古書上有這樣的話：『言辭用來充分表達心意，文采用來充分潤飾言辭。』不說話，誰知道他的心意？言語沒有文采，不能播達遠方。晉國成為霸主，鄭國攻入陳國，如果不是善於文辭就不能成功。要謹慎地使用文辭啊！」

楚國的蔿掩做司馬，令尹子木派他治理軍賦，檢查盔甲武器。十月初八日，蔿掩開始登錄土地、田畝情況：度量山林的木材，聚集沼澤地的出產，區別各種高地山丘，標出鹽碱地，計算水潦地，規劃築堤蓄水，治理堤旁小塊耕地，在低濕多水草的地方放牧，在平坦而肥沃的土地上開闢井田。計量田地的收入修訂賦稅法制，徵收戰車稅、馬匹稅，徵收車兵、步卒所用的兵器和盔甲盾牌稅。這些事情完成後，把賦稅交付給子木。這是合於禮的。

十二月，吳王諸樊進攻楚國，為報復去年「舟師之役」，攻打巢邑城門。巢邑牛臣說：「吳王勇猛而輕率，如果我們打開城門，他會親自帶頭進城。我乘機射他，必定把他射死。這個國君被射死了，邊疆或許可以稍為安定些。」大家聽從他的意見。吳王進入城門，牛臣躲在矮牆後面射他，吳王被射死了。

楚康王因滅亡了舒鳩而賞賜子木。子木推辭說：「這是先大夫蔿子馮的功勞。」楚王就賞賜給了蔿掩。

晉國的程鄭死了，被然明預言說中。子產開始敬佩然明，向他詢問施政的意見。然明回答說：「把百姓看作子女一般。見到不仁的人，就誅戮他，好像老鷹、鸇鳥追趕鳥雀一樣迅猛不容情。」子產很高興，把這話告訴子太叔，並且說：「往日我只看到然明的面貌醜，現在我看到他的內心很有識見。」子太叔向子產詢問政事。子產說：「政事如同農事，白天黑夜想著它怎麼做，事情開始就要想到如何取得好的結果，從早到晚按照想好了的去做，所做的不能超越所想的，沒有深思熟慮的事決不妄行，好像農田有田埂限制一樣，那過錯就會少一些。」

衛獻公從夷儀派人和甯喜商談復國為君的事，甯喜答應了。太叔文子知道這事，就說：「啊！《詩經》所謂『我自身還不被容納，何暇顧念我的後代』，甯子可說是不顧念他的後代了。這樣做行嗎？大概一定是不行的。君子做事，要想到它的後果，想到能再繼續做下去。《書》說：『事情開頭就要謹慎，一直恭敬地做到結束，結果就不會困惑。』《詩經》說：『從早到晚都不能懈怠，以事奉一個國君。』現在甯子把置立國君看得還不如下棋慎重，他怎能免於禍難呢？下棋的人舉棋不定，就不能勝過他的對手。何況置立國君的事，怎能舉棋不定呢？他必定不免禍難了。九代相傳為卿的卿族，一舉而滅亡，可悲啊！」

諸侯在夷儀會見的那一年，齊國人在郟地築城。那年五月，秦國和晉國講和，晉卿韓起到秦國去參加結盟，秦國的伯車到晉國去參加結盟。雖然講和卻並不鞏固。

【說明】以上為第二段，寫六月以後的史事。鄭國為報復去年的東門之役，六月，鄭國子展、子產攻入陳國。陳哀公授首投降，自以為國已滅亡。鄭國則收其人民、兵馬、土地而又歸還陳國，無所侵犯。七月向晉國進獻戰俘。楚國因舒鳩叛楚而討伐，吳軍救援舒鳩，經過七天對峙，楚軍用計誘敵，前後夾擊，吳軍因而大敗。於是楚滅舒鳩，隨後用蔿掩為司馬，治理軍賦，加強軍備。十二月吳王諸樊興師伐楚，攻打巢邑，因輕率入城，被伏兵用暗箭射死。吳國雖是春秋中期的新興強國，但整體實力還不能與楚抗衡。

晉國范宣子死，由趙文子執政。他減輕了諸侯進貢財禮的負擔，又根據齊、楚形勢，提出了「弭兵」策略。這是繼魯成公十二年華元弭兵之議後，第二次提出弭兵之議，為襄公二十七年諸侯弭兵會盟創造了條件，反映了當時各國對長期戰亂的普遍厭惡。

衛獻公入居夷儀後謀求復位。甯喜既事衛殤公，又應允助獻公復國，真如太叔儀所說：「舉棋不定，不勝其耦」，何況置立國君，怎能舉棋不定？這就導致明年衛國再起禍亂，後年甯喜被殺。

本傳引孔子語「言之無文，行而不遠」，並以子產獻捷於晉為例，說明「非文辭不為功」。文辭要順理成章，這不是個人的小事，而是關係到國家事業成敗的大事，所以必須「慎辭」。強調學習和善於言辭因而成為我國古代的一個優良傳統。

二十六年

甲寅，西元前五四七年。周靈王二十五年、齊景公杵臼元年、晉平公十一年、秦景公三十年、楚康王十三年、宋平公二十九年、衛獻公三十年（復位後元年）、衛殤公十二年、陳哀公二十二年、蔡景公四十五年、曹武公八年、鄭簡公十九年、燕懿公二年、許靈公四十五年、吳王餘祭元年。

經 二十六年春，王二月辛卯，衛甯喜弒其君剽。衛孫林父入于戚以叛。甲午，衛侯衎復歸于衛。

夏，晉侯使荀吳來聘。

公會晉人、鄭良霄、宋人、曹人于澶淵。

秋，宋公殺其世子痤。

晉人執衛甯喜。

八月壬午，許男甯卒于楚。

冬，楚子、蔡侯、陳侯伐鄭。

葬許靈公。

傳 二十六年，春，秦伯之弟鍼如晉修成①，叔向命召行人子員②。行人子朱曰：「朱也當御③。」三云，叔向不應。子朱怒曰：「班爵同，何以黜朱於朝④？」撫劍從之。叔向曰：「秦、晉不和久矣，今日之事幸而集⑤，晉國賴之。不集，三軍暴骨。子員道二國之言無私，子常易之⑥。姦以事君者，吾所能御⑦也。」拂衣⑧從之。人救⑨之。平公曰：「晉其庶乎⑩！吾臣之所爭者大。」師曠⑪曰：「公室懼卑。臣不心競而力爭⑫，不務德而爭善，私欲已侈，能無卑乎？」

衛獻公使子鮮為復⑬，辭。敬姒⑭強命之，對曰：「君無信，臣懼不免。」敬姒曰：「雖然，以吾故也。」許諾。初，獻公使與甯喜言⑮，甯喜曰：「必子鮮在，不然必敗。」故公使子鮮。子鮮不獲命⑯於敬姒，以公命與甯喜言曰：「苟反，政由甯氏，祭則寡人。」甯喜告蘧伯玉⑰，伯玉曰：「瑗不得聞君之出，敢聞其入？」遂行，從近關出⑱。告右宰穀⑲，右宰穀曰：「不可。獲罪於兩君，天下誰畜之？」悼子曰：「吾受命於先人，不可以貳。」穀曰：「我請使焉而觀之⑳。」遂見公於夷儀。反，曰：「君淹恤在外㉑十二年矣，而無憂色，亦無寬言㉒，猶夫人也㉓。若不已㉔，死無日矣。」悼子曰：「子鮮在。」右宰穀曰：「子鮮在何益？多而能亡，於我何為㉕？」悼子曰：「雖然，弗可以已。」孫文子㉖在戚，孫嘉聘於齊，孫襄居守㉗。二月庚寅㉘，甯喜、右宰穀伐孫氏，不克，伯國傷。甯子出舍於郊。伯國死，孫氏夜哭。國人召甯子，甯子復攻孫氏，克之。辛卯㉙，殺子叔㉚及大子角。書曰「甯喜弒其君剽」，言罪之在甯氏也。孫林父以戚如晉。書曰「入于戚以叛」，罪孫氏也。臣之祿，君實有之。義則進，否則奉身而退㉛。專祿以周旋㉜，戮也。甲午㉝，衛侯入。書曰「復歸」㉞，國納之也。大夫逆於竟者，執其手而與之言；道逆者，自車揖之；逆於門者，頷之㉟而已。公至，使讓大叔文子㊱曰：「寡人淹恤在外，二三子皆使寡人朝夕聞衛國之言，吾子獨不在寡人。古人有言曰：『非所怨，勿怨㊲。』寡人怨矣。」對曰：「臣知罪矣。臣不佞，不能負羈絏以從扞牧圉㊳，臣之罪一也；有出者，有居者㊴，臣不能貳，通外內之言以事君，臣之罪二也。有二罪，敢忘其死？」乃行，從近關出。公使止之。

衛人侵戚東鄙，孫氏愬㊵於晉，晉戍茅氏㊶。殖綽㊷伐茅氏，殺晉戍三百人。孫蒯㊸追之，弗敢擊。文子曰：「厲之不如㊹！」遂從衛師，敗之圉㊺，雍鉏獲殖綽。復愬于晉。

鄭伯賞入陳㊻之功。三月甲寅朔，享子展，賜之先路三命之服，先八邑㊼。賜子產次路再命之服，先六邑。子產辭邑，曰：「自上以下，隆殺以兩㊽，禮也。臣之位在四㊾，且子展之功也，臣不敢及賞禮，請辭邑。」公固予之，乃受三邑。公孫揮㊿曰：「子產其將知政(51)矣，讓不失禮。」

晉人為孫氏故，召諸侯，將以討衛也。夏，中行穆子(52)來聘，召公也。

楚子、秦人侵吳，及雩婁(53)，聞吳有備而還，遂侵鄭。五月，至于城麇(54)。鄭皇頡戍之，出與楚師戰，敗。穿封戌囚皇頡，公子圍(55)與之爭之，正於伯州犁(56)。伯州犁曰：「請問於囚。」乃立囚(57)。伯州犁曰：「所爭，君子也，其何不知？」上其手，曰：「夫子為王子圍，寡君之貴介(58)弟也。」下其手，曰：「此子為穿封戌，方城(59)外之縣尹也。誰獲子？」囚曰：「頡遇王子，弱焉(60)。」戌怒，抽戈逐王子圍，弗及。楚人以皇頡歸。印堇父與皇頡戍城麇，楚人囚之以獻於秦。鄭人取貨於印氏，以請之(61)，子大叔為令正(62)，以為請。子產曰：「不獲。受楚之功，而取貨於鄭，不可謂國，秦不其然(63)。若曰：『拜君之勤鄭國，微君之惠，楚師其猶在敝邑之城下(64)。』其可。」弗從，遂行，秦人不予。更幣，從子產，而後獲之[65]。

六月，公會晉趙武[66]、宋向戌、鄭良霄、曹人于澶淵[67]，以討衛，疆戚田[68]。取衛西鄙懿氏六十[69]以與孫氏。趙武不書，尊公也。向戌不書，後也。鄭先宋，不失所也[70]。於是衛侯會之[71]。晉人執甯喜、北宮遺[72]，使女齊以先歸[73]。衛侯如晉，晉人執而囚之於士弱氏[74]。秋七月，齊侯、鄭伯為衛侯故如晉，晉侯兼享之[75]。晉侯賦〈嘉樂〉[76]。國景子[77]相齊侯，賦〈蓼蕭〉[78]。子展相鄭伯，賦〈緇衣〉[79]。叔向命晉侯拜二君[80]，曰：「寡君敢拜齊君之安我先君之宗祧[81]也，敢拜鄭君之不貳[82]也。」國子使晏平仲私於叔向[83]曰：「晉君宣其明德於諸侯，恤其患而補其闕，正其違而治其煩[84]，所以為盟主也。今為臣執君[85]，若之何？」叔向告趙文子，文子以告晉侯。晉侯言衛侯之罪，使叔向告二君。國子賦〈轡之柔矣〉[86]，子展賦〈將仲子兮〉[87]，晉侯乃許歸衛侯。叔向曰：「鄭七穆[88]，罕氏其後亡者也，子展儉而壹[89]。」

【注釋】❶秦伯之弟句　此文應與去年傳文末章連讀。襄公二十四年五月，秦晉講和，秦景公之弟名鍼（字伯車），到晉國結盟。今年春，嬴鍼又去晉國重溫盟約，修好關係。成，和議。❷叔向命召行人子員　叔向，羊舌氏名肸，晉國太傅。行人，外交官。晉行人有數人，子員最有才德，已見襄公四年傳。❸當御　猶今言當班、值班。值班則當奉職。❹班爵同二句職位級別相同，為什麼在朝廷上排斥子朱而不用。子朱與子員同職級。黜，退；不進用。❺集　成功。❻子員道二國之言二句　子員溝通秦晉二國的話沒有私心，您卻常常違背原意。道，語；說。易，反。哀公元年傳之「子常」為楚大夫，此「子常」非人名。❼御　同「禦」。抵抗。❽拂衣　振衣；提起衣裳。這是將跟子朱動武的動作。❾救　止住。《說文》：「救，止也。」❿晉其庶乎　晉國大概可以治理好了吧。庶，副詞，表示可能或期望。杜注「庶幾於治」。⓫師曠　晉樂師，盲人。⓬臣不心競而力爭　臣下不在內心競爭為忠而用武力來爭是非。力爭，指撫劍、拂衣。⓭衛獻公句　衛獻公派子鮮去為自己恢復君位。衛獻公名衎，魯襄公十四年被孫林父、甯殖所逐，出奔齊國，去年回國入居夷儀（在今山東省聊城市西南十二里）。子鮮是獻公同母弟，名鱄。⓮敬姒　獻公和子鮮之母，衛定公妾。見成公十四年傳。⓯使與甯喜言　事見去年傳，今補敘與言情況。甯喜，即悼子，甯殖之子。甯殖臨死時囑咐甯喜助獻公復位，見襄公二十年傳。⓰不獲命　沒有得到具體指示。敬姒僅強使子鮮往言，未命其他。⓱蘧伯玉　名瑗，蘧莊子無咎之子。⓲從近關出　從最近的邊關出境。恐有禍亂，欲速出境，故從近關出國門。襄公十四年伯玉亦如此。⓳右宰穀　衛大夫。右宰是官名，以官為氏，名穀。⓴我請使焉而觀之　請讓我出使到夷儀獻公那兒觀察一下。㉑淹恤在外　因憂患淹留在國外。即避難在外。恤，憂。㉒寬言　寬容的話。㉓猶夫人也　還是那樣的一個人。夫，那。代詞。㉔不已　不停止。指復位活動不停止。㉕多而能亡二句　他至多自己能逃亡，對我們能做什麼呢。㉖孫文子　即孫林父，衛卿。戚為其食邑，在今河南省濮陽縣東北七里。㉗孫嘉二句　孫嘉、孫襄是孫文子二子，孫蒯之弟。孫襄字伯國（下文稱其字），留守衛都帝丘。帝丘在今河南省濮陽縣西南，距戚邑約八十里。㉘庚寅　初六日。㉙辛卯　初七日。㉚子叔　即衛殤公，名剽，衛穆公之孫，衛定公弟子叔黑背之子，故以子叔為氏，在位十二年被殺。㉛義則進二句　國君有道義就出仕受祿，沒有道義就保全自身而引退。㉜專祿以周旋　把俸祿（食邑）看作私有財產，用來和別人作交易，指孫林父以戚邑叛衛入晉。㉝甲午　二月初十日。㉞復歸　成公十八年傳云：「凡去其國，……復其位曰『復歸』。」㉟頷之　即點頭。《說文》：「頷，低頭也。」㊱使讓大叔文子　派人去責備太叔文子。大叔文子即太叔儀，諡文子。獻公出亡時，他留守衛都。大，同「太」。㊲非所怨二句　不該怨恨的就不要怨恨。㊳不能負羈絏以從扞牧圉　不能背著馬籠頭、馬韁繩跟從國君逃亡以保護國君的牛馬。絏，馬韁繩。扞，保衛。牧圉，放牧牛馬的人。此指牛馬。㊴有出者二句　有人出亡在外，指獻公；有人留居在內，指殤公。㊵愬　同「訴」。控訴；控告。㊶茅氏　地名，在戚邑東南。㊷殖綽　杜注謂即齊莊公的勇士。去年齊莊公被殺，殖綽奔衛事獻公。㊸孫蒯　孫文子之子。㊹厲之不如　連厲鬼都不如。厲，惡鬼。謂晉戍守的士兵被殺後尚成厲鬼復仇，孫蒯還不如他們。㊺圉　地名，在今濮陽縣東之圉城。㊻入陳　鄭國攻入陳國都城淮陽。事見去年傳。(47)賜之先路二句　賞賜子展先路之車和三命之服，然後再賞賜八個城邑。路即輅。諸侯所乘所賜的馬車稱路，路有三等，稱大路、先路、次路。對卿大夫的賞賜有三命、再命、一命之別，三命最尊貴，車服亦華麗。先八邑即先於八邑，古代賞賜先輕物後賜重物。(48)隆殺以兩　按二的數目向下遞降，即按九、七、五、三、一遞減。「隆」字當作「降」。石經、宋本都作「降」。(49)臣之位在四　鄭國卿位的次序為子展、良霄、子西、子產。子產位在第四，故辭六邑。(50)公孫揮　鄭大夫，字子羽。與穆公之子子羽同名字。(51)知政　主持國政。知，主持。(52)中行穆子　即經文之荀吳，晉卿，中行獻子荀偃之子，荀林父曾孫。荀林父曾為步軍中行將，其後以中行為氏。(53)雩婁　吳地，在今河南省商城縣東南，安徽省金寨縣西北。(54)城麇　《釋地》謂為鄭國東南邊邑，接陳國境，在今河南省西華縣西。(55)公子圍　楚共王之子，楚康王之弟，楚稱王子圍。(56)正於伯州犁　請伯州犁主持公正。正，用作動詞。裁正。伯州犁，晉大夫伯宗之子，伯宗被害後奔楚為太宰。見成公十五、十六年傳。(57)乃立囚　就讓囚犯皇頡立在面前。立，使動用法。(58)貴介　地位高貴。介，大。(59)方城　山名，在今湖北、河南二省交界處。(60)弱焉　弱於他，即抵禦不了他，為他所俘。(61)取貨於印氏二句　從印家取財貨向秦國要求贖回印堇父。(62)子大叔為令正　子太叔即游吉，鄭大夫，官令正，主稿文件，故為請贖印氏起草文稿。(63)受楚之功四句　意謂秦受楚所獻戰俘，如取鄭財物而出賣戰俘，那就不成為國家了，所以秦國不會那樣做的。(64)拜君之勤鄭國三句　拜謝秦君為鄭國奔勞，若無秦君恩德，楚軍至今還在敝國城下。此為子產之外交辭令。秦實助楚侵鄭，反說秦有惠於鄭，使楚退兵，如此可放歸印氏。勤，勞。微，通「非」。(65)更幣三句　另外派使者送去財禮，按子產的話去說，就得到印氏。幣，玉帛皮革之類的財物。(66)趙武　晉正卿，執國政，諡文子，下稱趙文子。趙朔之子，趙盾之孫。(67)澶淵　此時已為晉地，在今河南省濮陽縣西北。(68)疆戚田　劃定戚邑田地的疆界。疆，用作動詞。(69)懿氏六十　懿氏地方六十個村邑。懿氏為衛國西北邊地，在今濮陽縣西北五十七里。古時邑有大有小，大至侯國，小至村落，都稱邑。此六十即指鄉里村落。(70)趙武不書六句　為釋經之語。經文「公會晉人、鄭良霄、宋人、曹人于澶淵」，不記趙武的名字，是為了尊崇魯襄公；不記宋卿向戌的名字，是因為他遲到了；先記「鄭良霄」，後記「宋人」，是因為良霄如期到會。按例宋應在鄭前，今先鄭後宋，故作解釋。不失所，不失期。(71)於是衛侯會之　在這時衛獻公也去赴會。因晉不讓與會，故經文未書。(72)北宮遺　衛大夫，北宮括之子，諡成子。(73)使女齊以先歸　派女齊押送甯喜、北宮遺先回國。女齊，晉大夫，又稱女叔侯、司馬侯。見襄公二十九年傳。(74)士弱氏　士弱為士渥濁之子，又稱士莊子，晉國主管刑獄的大夫。(75)兼享之　同時設宴款待齊景公、鄭簡公。享，饗；以酒肉待人。(76)嘉樂　《詩經・大雅》篇名，內有「嘉樂君子，顯顯令德，宜民宜人，受祿于天」之句。賦此以嘉樂齊鄭二君。(77)國景子　即國弱，國佐之子，國歸父之孫，齊國上卿，時為齊景公相禮。下文稱國子。(78)蓼蕭　《詩經・小雅》篇名，內有「既見君子，孔燕豈弟，宜兄宜弟」之句。意謂晉衛是兄弟之國，勸晉釋衛獻公。晉為周武王子叔虞封國，衛為周武王弟康叔封國。(79)緇衣　《詩經・鄭風》篇名，內有「適子之館兮，還，寧授子之粲兮」之句。意在望晉能允所請。(80)叔向命晉侯拜二君　命，告；要求。叔向明知齊、鄭二君賦詩之意，而晉侯不肯釋放衛侯。叔向就故意誤解其意，使晉侯拜謝二君。解詩本無達詁，可以斷章取義。(81)拜齊君之安我先君之宗祧　取《蓼蕭》首章「既見君子，燕笑語兮，是以有譽處兮」句意，以為齊侯言晉君有聲譽，常處君位，故謝其安定我國先君之宗廟。祧，遠祖之廟。(82)敢拜鄭君之不貳　取《緇衣》首章「緇衣之宜兮，敝，予又改為兮」，及下章「予授子之粲兮」等句意，以為鄭君常進獻衣服、飲食，故謝其沒有二心。(83)晏平仲私於叔向　晏子私下對叔向說明用意。晏平仲即晏嬰，齊國名臣。(84)正其違而治其煩　糾正他們的違禮行為，治理他們的動亂。煩，亂。(85)為臣執君　為臣下孫林父而拘囚國君衛獻公。(86)轡之柔矣　杜注：「逸詩，見〈周書〉，義取寬政以安諸侯，若柔轡之御剛馬。」《逸周書》引詩云：「馬之剛矣，轡之柔矣。馬亦不剛，轡亦不柔。」當即此詩。(87)將仲子兮　《詩經・鄭風》篇名，內有「豈敢愛之？畏人之多言。仲可懷也，人之多言，亦可畏也」之句。義取衛侯雖有罪，豈敢不捨棄？而晉為臣執君，眾言亦可畏。(88)鄭七穆　鄭穆公有十三子，除鄭靈公及其弟襄公外，子然、子孔、士子孔三族已亡（見襄公十九年傳）；子羽不為卿，成公十三年被殺；此時尚在世而當政的有罕氏、駟氏、良氏、國氏、游氏、豐氏、印氏七族：子罕之子公孫舍之，即子展；子駟之子公孫夏，即子西；子良之孫、子耳之子良霄，即伯有；子國之子公孫僑，即子產；子游之孫、子蟜之子游吉；子豐之孫、子張之子公孫段；子印之子有子石印段。印堇父當亦子印之後。(89)子展儉而壹　杜注：「子展，鄭子罕之子，居身儉而用心壹。」

【語　譯】魯襄公二十六年春季，秦景公之弟鍼到晉國去重修和約，晉國叔向召喚外交官子員。外交官子朱說：「今天是我子朱值班。」說了三次，叔向不答理。子朱發怒，說：「我同子員的職位級別相同，為什麼在朝廷上不用我子朱？」手持劍跟上去。叔向說：「秦國同晉國不和已很久了。今天的事情幸而成功，晉國要靠這和議。如果不成功，就要打仗，三軍將士曝露屍骨。子員溝通兩國的話沒有私心，您卻常常違背原意。用姦邪之心來事奉國君的人，我是能夠抵抗的。」提起衣服準備跟他動武。被別人止住了。晉平公說：「晉國該能治理好了吧！我的臣下所爭執的是大事。」師曠說：「公室的地位怕要下降了。臣下不在心裏競爭為忠而用武力相爭，不致力於德行而爭執善惡是非，個人的私欲太大，公室的地位能不下降嗎？」

衛獻公派子鮮去為自己謀求再登君位，子鮮辭謝。他們的母親敬姒一定要子鮮去。子鮮回答說：「國君沒有信用，我怕不能免於禍難。」敬姒說：「儘管這樣，為了我的緣故，你還是去吧！」子鮮答應了。當初，獻公派人去和甯喜談復位的事，甯喜說：「一定要子鮮在場。不這樣，事情必然失敗。」所以獻公派子鮮去。子鮮沒有得到敬姒的具體指示，就把獻公的命令告訴甯喜，說：「如果獻公回國，國政由甯氏主持，祭祀就由獻公主持。」甯喜告訴蘧伯玉。伯玉說：「蘧瑗沒能聞知國君的出走，豈敢聞知他回國的事？」於是就逃亡，從最近的邊關出國境。甯喜告訴右宰穀，右宰穀說：「不行。得罪了兩個國君，天下誰能收容你？」甯喜說：「我接受了先父的遺命，不可以有貳心。」右宰穀說：「讓我出使到獻公那兒去觀察一下。」就到夷儀進見衛獻公。回來說：「國君避難在外已十二年了，卻沒有憂患的面色，也沒有寬容的話，還是那樣的一個人。如果他不停止復位的活動，我們離死去就日子不多了。」甯喜說：「有子鮮在呢！」右宰穀說：「子鮮在這裏，有什麼用處？至多他自己能逃亡，對我們會做什麼呢？」甯喜說：「即使如此，也不可以停止了。」孫文子住在戚邑，他的兒子孫嘉到齊國去聘問，孫襄留守在都城。二月初六日，甯喜、右宰穀攻打孫氏，沒有取勝，孫襄（伯國）受了傷。甯喜退出都城住在郊外。孫襄死了，孫家的人在夜裏號哭。都城裏有人召喚甯喜，甯喜再次攻打孫氏，攻克了。初七日，甯喜殺死了衛殤公子叔剽和太子角。《春秋》記載說：「甯喜弒其君剽。」是說罪過在甯氏。孫林父帶了戚邑去投靠晉國。《春秋》記載說「衛孫林父入于戚以叛」，這是歸罪於孫氏。臣下的俸祿食邑，實在是國君所有的。國君有道義就出仕受祿，沒有道義就保全自身而引退。把俸祿作為私有，用來和別人作交易，那罪過該受殺戮。初十日，衛獻公進入都城恢復君位，《春秋》記載說「衛侯衎復歸于衛」，是表示國人讓他進去的。大夫在國境上迎接的，衛獻公拉著他們的手跟他們說話；在半路上迎接的，衛獻公在車上向他們作揖；在城門口迎接的，衛獻公點點頭而已。衛獻公一到宮中，就派人責問太叔文子說：「我流亡在國外，諸位大夫都讓我早晚知道衛國的事，您偏偏不問候我。古人有話說：『不該怨恨的，就不要怨恨。』現在我可要怨恨了。」太叔文子回答說：「下臣自知有罪了。下臣沒有才能，不能背負馬籠頭馬韁繩跟隨君侯保護牛馬財物，這是下臣的第一條罪狀。有人在國外，有人在國內，下臣不能有二心，傳遞內外的信息來事奉國君，這是下臣的第二條罪狀。有這兩條罪狀，下臣豈敢忘記一死？」就出走，從最近的邊關出國境。衛獻公派人阻止了他。

衛國人侵襲戚邑東部邊境，孫氏向晉國控告，晉國派兵戍守茅氏。殖綽攻打茅氏，殺死了晉國守兵三百人。孫蒯追趕殖綽，卻不敢攻擊。孫文子說：「你連惡鬼都不如！」孫蒯就跟衛軍交戰，在圉地打敗了衛軍，雍鉏俘虜了殖綽。孫氏再次向晉國控告。

鄭簡公賞賜攻入陳國有功的人。三月初一日，設宴享之禮款待子展，賜給他先路之車和三命之服，再賜給他八個城邑。賜給子產次路之車和再命之服，再賜給他六個城邑。子產辭不接受城邑，說：「從上而下，按二的數目遞減，這是禮制。下臣位在第四，而且這是子展的功勞，下臣不敢受到賞賜的禮儀，請求辭去城邑。」鄭簡公堅決要賜給他，最後就接受了三個城邑。公孫揮說：「子產恐怕將要主持國政了，他謙讓而不失禮儀。」

晉國人為孫氏控告的緣故，召集諸侯，準備討伐衛國。夏季，派中行穆子荀吳來到魯國聘問，這是為了召請魯襄公赴會。

楚康王和秦國人聯合攻打吳國，到達雩婁，聽到吳國早有防備，就退兵回去，乘機入侵鄭國。五月，到達城麇。鄭國大夫皇頡在那裏守衛，出城和楚軍作戰，戰敗。楚大夫穿封戌俘虜了皇頡，楚國公子圍和他爭功，要伯州犁裁決。伯州犁說：「問問俘虜就行了。」就讓皇頡立在面前。伯州犁說：「所爭奪的便是你，你是君子，還有什麼不明白的？」高舉起手點著公子圍說：「那一位是王子圍，是我們國君尊貴的弟弟。」手向下指穿封戌，說：「這位是穿封戌，是方城山外邊的縣尹。是誰俘虜了您？」皇頡說：「頡遇上王子，抵抗不住。」穿封戌發怒，抽出戈矛追逐王子圍，沒有追上。楚國人帶著皇頡回去。鄭大夫印堇父和皇頡同守城麇，楚國囚禁了印堇父，把他獻給秦國。鄭國人從印家取了財貨向秦國要求贖回印堇父。子太叔做令正，為此起草贖人的文書。子產說：「這樣寫是得不到印堇父的。秦國接受了楚國的戰俘，卻向鄭國拿取財貨出賣戰俘，就不能說是國家的做法，所以秦國不會這樣做的。如果說：『拜謝秦君為鄭國辛勞，如果沒有秦君的恩惠，楚軍將仍在敝國城下。』這樣就可放回印氏了。」子太叔不聽，就動身了。秦國人不給。就再派使者拿了財禮，按照子產的話去說，秦國就放回了印堇父。

六月，魯襄公和晉國趙武、宋國向戌、鄭國良霄、曹國人在澶淵相會，以討伐衛國，劃定戚邑田地的疆界。佔領了衛國西部邊境懿氏六十個村落，把它劃給孫氏。《春秋》記載說「公會晉人、鄭良霄、宋人、曹人于澶淵」，不記載趙武的名字，是為了尊重魯襄公；不記載向戌的名字，是因為他遲到了；先記「鄭良霄」而後記「宋人」，是因鄭國人如期到會。當時衛獻公也來赴會，晉國人不讓參加，並拘捕了甯喜、北宮遺，讓大夫女齊押送著先回晉國。衛獻公到了晉國，晉國人就拘捕他，把他囚禁在士弱家裏。秋季七月，齊景公、鄭簡公為了衛獻公來到晉國，晉平公同時設宴享之禮款待他們。晉平公賦〈嘉樂〉這首詩。國景子做齊景公的相禮官，賦〈蓼蕭〉這首詩，用意是說晉衛是兄弟之國，希望釋放衛獻公。子展為鄭簡公相禮，賦〈緇衣〉這首詩，望晉國能許其所求。叔向故意誤解其意，要晉平公向兩位國君拜謝，說：「我們國君謹拜謝齊君安定我國先君的宗廟，謹拜謝鄭君對晉國沒有二心。」國景子就派晏平仲私下對叔向說：「晉君在諸侯中發揚他的美德，救助諸侯的憂患而補正他們的過失，糾正他們違禮的行為而治理他們的禍亂，因此成為盟主。現在為了臣下孫文子而拘捕他的國君，這怎麼行呢？」叔向把這報告了趙武，趙武報告晉平公。晉平公說明衛獻公的罪過，派叔向告訴齊、鄭二君。國景子賦〈轡之柔矣〉這首詩，要晉國用寬柔之策以安諸侯；子展賦〈將仲子兮〉這首詩，說是眾言可畏。晉平公就允許讓衛獻公回國。叔向說：「鄭穆公的後代還有七個氏族，罕氏將會是最後消亡的，因為子展生活節儉而用心專一。」

【說　明】本傳分為兩段，以上為第一段。衛定公時，衛國受孫林父、甯殖兩大卿族控制。定公死後，衛獻公刻薄無禮，被逐，流亡在齊國十二年。去年讓他回國入居夷儀，他就積極謀求復位。今年依靠甯喜復國，殺死衛殤公剽及太子，排除了孫氏勢力。孫林父以戚邑叛衛入晉。晉平公澶淵之會後，拘捕了甯喜、北宮遺和衛獻公。但在齊、鄭二君勸說下，「為臣（孫氏）執君」，人言可畏，就只能放衛獻公回國復位。而孫、甯二族卻權勢難再，明年甯喜被殺。滄海桑田，歷史是不斷變化的。

楚國聯合秦國攻打吳國，因吳國早有防備，就轉而攻擊鄭國，俘虜了鄭國大夫皇頡和印堇父，而把印氏獻給秦國。鄭國子產用外交辭令使秦國放回印氏。到十月，楚又伐鄭（見第二段傳文）。這時，秦晉已修好，晉楚也將講和，楚伐鄭只是「昧於一來」，已不成氣候了。

傳 初，宋芮司徒❶生女子，赤而毛，棄諸堤下。共姬之妾❷取以入，名之曰棄，長而美。平公入夕❸，共姬與之食。公見棄也，而視之，尤❹。姬納諸御，嬖，生佐，惡而婉❺。大子痤美而很❻，合左師❼畏而惡之。寺人惠牆伊戾❽為大子內師而無寵。秋，楚客聘於晉，過宋。大子知之，請野享之，公使往。伊戾請從之。公曰：「夫不惡女乎❾？」對曰：「小人之事君子也，惡之不敢遠，好之不敢近，敬以待命，敢有貳心乎？縱有共其外，莫共其內❿，臣請往也。」遣之。至則欿，用牲，加書，徵之⓫，而騁告公曰：「大子將為亂，既與楚客盟矣。」公曰：「為我子，又何求？」對曰：「欲速⓬。」公使視之，則信有焉。問諸夫人與左師⓭，則皆曰：「固聞之。」公囚大子。大子曰：「唯佐也，能免我。」召而使請⓮，曰：「日中不來，吾知死矣。」左師聞之，聒而與之語⓯。過期，乃縊而死。佐為大子。公徐聞其無罪也，乃亨⓰伊戾。左師見夫人之步馬者⓱，問之。對曰：「君夫人氏也。」左師曰：「誰為君夫人⑱？余胡弗知？」圉人歸，以告夫人。夫人使饋之錦與馬，先之以玉，曰：「君之妾棄使某獻。」左師改命曰「君夫人」⑲。而後再拜稽首受之。

鄭伯歸自晉，使子西⑳如晉聘，辭曰：「寡君來煩執事，懼不免於戾㉑，使夏謝不敏㉒。」君子曰「善事大國」。

初，楚伍參㉓與蔡太師子朝㉔友，其子伍舉㉕與聲子㉖相善也。伍舉娶於王子牟㉗。王子牟為申公而亡，楚人曰「伍舉實送之」。伍舉奔鄭，將遂奔晉。聲子將如晉，遇之於鄭郊，班荊㉘相與食，而言復故㉙。聲子曰：「子行也，吾必復子。」及宋向戌將平晉、楚㉚，聲子通使於晉。還，如楚。令尹子木與之語，問晉故焉，且曰：「晉大夫與楚孰賢？」對曰：「晉卿不如楚，其大夫則賢，皆卿材也。如杞梓、皮革，自楚往也。雖楚有材，晉實用之。」子木曰：「夫獨無族姻乎㉛？」對曰：「雖有，而用楚材實多。歸生聞之：善為國者，賞不僭而刑不濫㉜。賞僭則懼及淫人㉝，刑濫則懼及善人。若不幸而過，寧僭無濫。與其失善，寧其利淫。無善人則國從之㉞。《詩》曰：『人之云亡，邦國殄瘁。』㉟無善人之謂也。故〈夏書〉曰：『與其殺不辜，寧失不經。』㊱懼失善也。〈商頌〉有之曰：『不僭不濫，不敢怠皇。命于下國，封建厥福。』㊲此湯所以獲天福也。古之治民者，勸賞而畏刑㊳，恤民不倦。賞以春夏，刑以秋冬。是以將賞，為之加膳，加膳則飫賜㊴，此以知其勸賞也。將刑，為之不舉㊵，不舉則徹樂，此以知其畏刑也。夙興夜寐，朝夕臨政，此以知其恤民也。三者，禮之大節也，有禮無敗。今楚多淫刑，其大夫逃死於四方，而為之謀主㊶，以害楚國，不可救療，所謂不能㊷也。子儀之亂，析公奔晉㊸，晉人寘諸戎車之殿㊹，以為謀主。繞角之役㊺，晉將遁矣，析公曰：『楚師輕窕㊻，易震蕩㊼也。若多鼓鈞聲㊽，以夜軍之，楚師必遁。』晉人從之，楚師宵潰。晉遂侵蔡，襲沈㊾，獲其君；敗申、息之師於桑隧㊿，獲申麗而還(51)。鄭於是不敢南面。楚失華夏，則析公之為也。雍子之父兄譖雍子(52)，君與大夫不善是(53)也。雍子奔晉，晉人與之鄐(54)，以為謀主。彭城之役(55)，晉、楚遇於靡角之谷。晉將遁矣，雍子發命於軍曰：『歸老幼，反孤疾，二人役，歸一人。簡兵蒐乘(56)，秣馬蓐食，師陳焚次(57)，明日將戰。』行歸者而逸楚囚(58)。楚師宵潰，晉降彭城而歸諸宋，以魚石歸(59)。楚失東夷，子辛死之(60)，則雍子之為也。子反與子靈爭夏姬(61)，而雍害(62)其事，子靈奔晉，晉人與之邢，以為謀主。扞禦北狄，通吳於晉，教吳叛楚，教之乘車、射御、驅侵，使其子狐庸為吳行人焉(63)。吳於是伐巢、取駕、克棘、入州來(64)，楚罷於奔命，至今為患，則子靈之為也。若敖之亂，伯賁之子賁皇奔晉(65)，晉人與之苗，以為謀主。鄢陵之役(66)，楚晨壓晉軍而陳，晉將遁矣，苗賁皇曰：『楚師之良，在其中軍王族而已。若塞井夷竈，成陳以當之，欒、范易行以誘之(67)，中行、二郤必克二穆(68)，吾乃四萃於其王族(69)，必大敗之。』晉人從之，楚師大敗，王夷師熸(70)，子反死之。鄭叛、吳興，楚失諸侯，則苗賁皇之為也。」子木曰：「是皆然矣。」聲子曰：「今又有甚於此者。椒舉娶於申公子牟，子牟得戾而亡，君大夫謂椒舉：『女實遣之(71)。』懼而奔鄭，引領南望曰：『庶幾赦余。』亦弗圖也(72)。今在晉矣，晉人將與之縣，以比叔向(73)。彼若謀害楚國，豈不為患？」子木懼，言諸王，益其祿爵而復之。聲子使椒鳴逆之(74)。

許靈公如楚，請伐鄭(75)，曰：「師不興，孤不歸矣。」八月，卒于楚。楚子曰：「不伐鄭，何以求諸侯？」冬十月，楚子伐鄭，鄭人將禦之。子產曰：「晉、楚將平，諸侯將和，楚王是故昧於一來(76)。不如使逞而歸，乃易成(77)也。夫小人之性，釁於勇、嗇於禍(78)，以足其性，而求名焉者，非國家之利也，若何從之？」子展說，不禦寇。十二月乙酉(79)，入南里(80)，墮(81)其城。涉於樂氏(82)，門于師之梁(83)。

縣門發[84]，獲九人焉。涉于氾[85]而歸。而後葬許靈公。

衛人歸衛姬[86]於晉，乃釋衛侯。君子是以知平公之失政也。

晉韓宣子[87]聘于周，王使請事[88]，對曰：「晉士起，將歸時事於宰旅[89]，無他事矣。」王聞之曰：「韓氏其昌阜於晉乎！辭不失舊[90]。」

齊人城郟之歲[91]，其夏，齊烏餘以廩丘奔晉[92]，襲衛羊角[93]，取之。遂襲我高魚[94]，有大雨，自其竇入[95]，介于其庫[96]，以登其城，克而取之。又取邑于宋。於是范宣子[97]卒，諸侯弗能治也。及趙文子為政，乃卒治之。文子言於晉侯曰：「晉為盟主，諸侯或相侵也，則討而使歸其地。今烏餘之邑，皆討類也[98]，而貪之，是無以為盟主也。請歸之。」公曰：「諾。孰可使也？」對曰：「胥梁帶能無用師[99]。」晉侯使往。

【注釋】❶芮司徒　宋大夫。芮氏本周同姓國，後以國為氏。❷共姬之妾　共姬的侍女。共姬，魯宣公之女，魯成公姊妹，為宋共公夫人，宋平公之母。又稱伯姬。見成公九年傳。❸入夕　入母室問晚安。❹尤　覺得很美。古以絕美之婦女為尤物。杜注：「尤，異也。」物之出類異常皆可謂尤。昭公二十八年傳：「夫有尤物，足以移人。」❺惡而婉　面貌醜惡而性情和順。❻美而很　容貌美麗而心狠毒。很，乖戾凶狠，俗作「狠」。❼合左師　即向戌，宋卿，官左師，位次第二。❽寺人惠牆句　惠牆氏名伊戾，為太子內宮宦官之長，如後世的總管太監，故稱「寺人」為「內師」。以上為補敘往事，「秋」字以下始是本年史事。❾夫不惡女乎　他不討厭你嗎。夫，彼。指太子。女，同「汝」。❿縱有共其外二句　即使在外面有人供奉侍侯，卻沒有人在內室侍候。共，同「供」。⓫至則欿四句　到了郊野就挖坑，放上祭牲（豬羊），加盟書在牲上，並且檢查一遍。這是伊戾偽作太子與楚人結盟，以誣告太子。欿，同「坎」。用作動詞。挖坑。徵，驗；檢查。⓬欲速　想要快些即位為君。⓭問諸夫人與左師　諸，之於。夫人，宋平公夫人，佐的母親棄。左師，指向戌。⓮使請　使佐向宋平公請求赦罪。⓯聒而與之語　和佐說個沒完。聒，絮語不休。⓰亨　同「烹」。煮。古代的一種酷刑。⓱步馬者　溜馬的牧馬人，即下文之圉人。步馬，猶今言溜馬。⓲君夫人　指佐之母棄。由侍妾而至國君夫人，因出身低微，左師卑之。⓳改命曰君夫人　把賜物的命詞「君之妾棄」改為「君夫人」。⓴子西　鄭卿公孫夏，字子西，子駟之子，鄭穆公孫。下自稱其名「夏」。鄭伯於七月至晉勸晉君釋衛侯，回國後怕得罪於晉，故使子西去聘問致歉。㉑戾　罪。㉒謝不敏　因不會辦事而謝罪。㉓伍參　楚莊王寵臣，已見宣公十二年傳。㉔蔡太師子朝　子朝是蔡文公之子，蔡景公之弟，官太師。㉕伍舉　楚大夫，又稱椒舉，其子伍奢，孫伍子胥。㉖聲子　即公孫歸生，子朝之子。下自稱其名歸生。㉗王子牟　楚大夫，為申縣縣尹，故稱申公，因獲罪逃亡。㉘班荊　扯草鋪在地上，藉以為坐。班，布；鋪。㉙復故　返回楚國的事。故，事。㉚及宋向戌將平晉楚　到今年宋國向戌將要使晉楚二國和好。平，使動用法。晉楚之和在明年，聲子先參與溝通工作。按，此句以下始敘本年事，以上為補敘往事。㉛夫獨無族姻乎　他們晉國難道沒有同宗和姻親嗎。夫，彼。代詞。㉜賞不僭而刑不濫　賞賜不能超越本分，刑罰不能濫用。僭謂不當賞而賞，濫謂不當罰而罰。㉝淫人　邪惡的人。㉞無善人則國從之　沒有賢臣國家就隨之受害。這是重申「無濫」之理。㉟詩曰三句　見《詩經・大雅・瞻卬》，意謂善人盡亡，國家遭殃。云，句中助詞，無義。殄瘁，同義詞連用。病害。㊱夏書曰三句　此為逸書，《偽古文尚書》採入〈大禹謨〉，意謂與其濫殺無罪的人，寧可讓不法的罪人漏失刑罰。不經，不守法的人。㊲商頌有之曰五句　見《詩經・商頌・殷武》，意謂不僭賞，不濫刑，不懈怠偷閒。向下國發布命令，建立他的福祿。皇，《詩經》作「遑」，閒暇。封，大。㊳勸賞而畏刑　杜注：「樂行賞而憚用刑。」勸，通「歡」。作勸勉解亦通。㊴加膳則飫賜　增加膳食則肴多，可把剩餘的賞賜下屬飽食。飫，飽。㊵不舉　減膳撤樂。食不殺牲，不奏樂。見莊公二十年傳注。㊶為之謀主　做敵國的主要謀士。之，其。㊷不能　不相容忍。能，耐；忍也。㊸子儀之亂二句　楚莊王初立，太師申公子儀即鬬克作亂，被殺。事見文公十四年傳。此傳補敘析公因此奔晉。析公疑為析縣縣尹。㊹戎車之殿　坐在晉侯兵車之後。殿，後。謀主當隨君侯。㊺繞角之役　成公六年傳云：晉欒書領兵救鄭，與楚軍遇於繞角（今河南省魯山縣東南），楚師還，晉師遂侵蔡。此傳則言晉用析公之謀，使楚軍宵潰。㊻輕窕　即輕佻，不厚重，不堅韌。已見成公十六年傳。㊼震蕩　被震懾而軍心動搖。㊽多鼓鈞聲　多次同時擊鼓，同發鼓聲。鈞，通「均」。同。㊾襲沈　沈為楚附庸國。晉襲沈，獲沈子揖初，見成公八年傳。(50)敗申息之師於桑隧　成公六年傳云：楚公子申、公子成以申、息之師救蔡，禦諸桑隧（今河南省確山縣東）。晉帥欒書從三卿意見退兵回國。此言敗申、息之師。(51)獲申麗而還　成公八年傳云：晉欒書侵楚，獲申驪。申驪，楚大夫，當即此申麗。(52)雍子之父兄譖雍子　此事不見前傳。雍子，楚大夫。父兄，伯父。譖，說壞話；誣陷。(53)不善是　不和解這矛盾。《禮記・樂記》注「善猶解也」。(54)鄐　晉地，在今河南省溫縣附近。昭公十年傳「邢侯與雍子爭鄐田」。(55)彭城之役　成公十八年傳云：宋大夫魚石等五人叛宋奔楚，楚納之彭城（今江蘇省徐州市）。宋圍彭城，楚軍伐宋救彭城，晉軍救宋，遇楚軍於靡角之谷，楚師還。此傳言晉用雍子之謀，楚師宵遁。(56)簡兵蒐乘　精選士兵，檢閱戰車。(57)師陳焚次　軍隊排成戰陣，燒掉夜宿的帳篷。陳，同「陣」。列陣。動詞。次，舍；軍用帳篷。(58)逸楚囚　故意放鬆對楚國俘虜的看管，讓他們逃逸，回去通報情況。(59)以魚石歸　彭城降晉後，晉拘押魚石等五人歸晉，囚於瓠丘，而將彭城歸還宋國。見襄公元年傳。(60)楚失東夷二句　東夷當指吳國。襄公三年傳云，吳叛楚，與晉修好，通使往來。子辛即公子壬夫，楚穆王之後，為楚令尹，侵欲小國，使陳叛楚從晉。襄公五年楚殺子辛。(61)子反與子靈爭夏姬　事見成公二年傳。子反即公子側。子靈即申公巫臣，又稱屈巫。夏姬為鄭穆公女，為陳大夫御叔之妻，陳靈公等與之通姦淫亂而被殺，楚莊王入陳殺夏姬之子夏徵舒。子反欲娶夏姬，子靈止之。後子靈攜夏姬奔晉，晉使為邢大夫（邢邑在今河南省溫縣東北平皋故城）。(62)雍害　阻撓破壞。雍，同「壅」。塞。(63)通吳於晉四句　見成公七年傳。楚共王殺巫臣之族，巫臣遂為晉通使於吳，教吳叛楚，教吳乘車、射御、戰陣，訓練吳軍，並留其子狐庸為吳行人（外交官）。吳於是始強，與晉修好而伐楚，楚疲於奔命。(64)伐巢取駕克棘入州來　事見成公七年、十七年、襄公三年傳。巢在今安徽省巢湖市。駕在今安徽省無為縣境。棘在今河南省永城縣南。州來在今安徽省鳳台縣。(65)若敖之亂二句　楚令尹子文之姪、司馬子良之子鬬椒，字子越，又字伯棼，為若敖氏曾孫，狼子野心，為令尹後謀亂，楚莊王遂滅若敖氏。事見宣公四年傳。伯棼，此傳作伯賁，並言其子賁皇奔晉，晉與之苗邑（在今河南省濟源市西），稱苗賁皇。(66)鄢陵之役　成公十六年傳云：晉、楚軍於鄢陵（在今河南省鄢陵縣北），楚軍迫近晉軍營布列戰陣，晉將范匄進言塞井平灶，在軍營中布陣迎戰。此傳則謂苗賁皇所言。楚軍於鄢陵戰敗，中軍帥子反自殺。(67)欒范易行以誘之　欒，欒書，晉中軍帥。范，范文子士燮，晉中軍副帥。易行，改變進軍策略。欒、范本「以其族（家兵）夾公行」，即左右夾護晉厲公而行，後變為各以其族誘楚之中軍。(68)中行二郤必克二穆　中行，晉上軍副帥中行獻子荀偃。二郤，晉上軍帥郤錡、新軍副帥郤至。二穆，楚令尹子重時為左軍帥，右尹子辛時為右軍帥，二人都是楚穆王之後，故稱二穆。必克二穆，謂必敗楚左右軍。(69)吾乃四萃於其王族　我們就用上、中、下、新四軍集中攻擊楚中軍王族（楚王親兵）。萃，集中。(70)王夷師熸　楚共王受傷，軍隊潰敗。

夷，同「痍」。創傷。晉呂錡射楚王中其目。熸，火滅。喻全軍潰敗。(71)女實遣之　實是你護送王子牟逃亡的。應上文「伍舉實送之」。女，同「汝」。(72)亦弗圖也　楚王也不考慮赦免。杜注「言楚亦不以為意」。(73)以比叔向　讓伍舉的祿秩和叔向一樣。叔向為上大夫，官太傅。比，同。(74)使椒鳴逆之　椒鳴，伍舉之子，伍奢之弟。逆，迎。(75)許靈公如楚二句　許靈公名寧，在位四十五年。許與鄭有宿怨，見成公四年、五年傳。許為逃避鄭國威脅，於成公十五年遷都至楚國葉縣，遂為楚附庸。(76)昧於一來　冒昧地來打一仗。(77)成　講和；達成和議。(78)釁於勇嗇於禍　憑血氣之勇去鑽空子，在禍亂中有所貪求。釁，縫隙；空子。嗇，貪。此謂鄭人之欲禦楚者為小人之性，昧於大局，勇於尋釁，唯恐天下不亂。(79)乙酉　初五日。(80)南里　鄭地，在今河南省新鄭市南五里。(81)墮　同「隳」。毀壞。(82)樂氏　洧水渡口地名，亦在今新鄭市境。楚軍由樂氏渡過洧水北進。(83)門于師之梁　門，攻打城門。動詞。師之梁，鄭都西門名，已見襄公九年傳。(84)縣門發　放下懸門。縣，同「懸」。縣門為內城的閘門，放下後，城外的鄭人不得入城，故九人被俘。(85)氾　此為南氾水，即汝水，在今河南省襄城縣南一里。楚軍涉汝水南歸。(86)衛姬　衛女，送給晉平公作姬妾。(87)韓宣子　韓起，韓厥之子，本為晉上軍副帥。(88)請事　問事；問明來意。(89)晉士起二句　晉國的士韓起來向宰旅奉獻四時貢品。韓起為晉卿，於周王稱士。《禮記・曲禮下》：「列國之大夫入天子之國曰某士。」時事，四時貢品。宰旅，冢宰之下士，此敬稱對方，相當於所謂執事。(90)辭不失舊　辭令不違背過去的禮制。(91)齊人城郟之歲　指襄公二十四年。以下烏餘事是補敘前年事。(92)烏餘以廩丘奔晉　烏餘，齊大夫，烏氏名餘。廩丘，在今山東省舊范縣治東南七十里之義東堡。(93)羊角　靠近廩丘，在今山東省鄄城縣西北，與舊范縣接界。(94)高魚　魯邑，在羊角東，在今山東省鄄城縣北之高魚鄉。(95)自其竇入　竇，城牆下的排水洞穴。因大雨，故竇開，烏餘率眾由此入城。(96)介于其庫　在武器庫取甲冑裝備士兵。介，甲。用作動詞。(97)范宣子　即范匄，范文子之子，死於去年，故今年由趙文子趙武執政。(98)皆討類也　都是屬於討伐之列。謂烏餘所獻城邑都是侵奪來的。(99)胥梁帶能無用師　胥梁帶能不用軍隊而完成任務。胥梁帶，胥甲父之孫，胥午之子。胥甲父見文公十二年、宣公元年傳。

【語譯】當初，宋國芮司徒生了個女兒，皮膚血紅而且長滿毛，就把她丟在堤岸下。共姬的侍女把她抱進宮來，取名叫棄。長大了卻很美麗。宋平公向母親共姬問候晚安，共姬和他吃晚飯。平公見了棄，細看，覺得美極了。共姬就把她送給平公做侍妾，受到寵愛，生了佐。佐長得容貌醜惡但性情和順。平公的太子名痤容貌美麗但心腸狠毒，左師向戌怕他又厭惡他。太監惠牆伊戾做太子內宮的總管卻不被寵信。今年秋季，楚國的大夫到晉國去聘問，路過宋國。太子和楚大夫相識，就請求在郊野設宴招待他，平公讓他去了。伊戾請求跟著去。平公說：「他不討厭你嗎？」伊戾回答說：「小人事奉君子，被討厭也不敢遠離，被喜歡也不敢親近，只是恭敬地聽命，怎敢有二心呢？太子那裏即使在外邊有人侍候，卻沒有人在室內侍候，所以下臣請求前去。」平公就派他去了。他到了郊野，就挖坑，用上祭牲，把假造的盟書放在祭牲上，並且檢查了一遍，就馳馬回來報告宋平公說：「太子將要作亂，已經和楚國人結盟了。」宋平公說：「他已是我的嗣子了，還謀求什麼？」伊戾說：「想要快點即位呀！」平公派人去視察，果然有結盟的遺跡。為這事詢問夫人棄和左師向戌，他們也都說：「確實聽說過這事。」宋平公就囚禁了太子。太子說：「只有佐能使我免於禍難。」就召喚公子佐，讓他向平公請求，說：「到中午如還不來，我知道應該死了。」左師聽到這話，就去和公子佐說個沒完。過了中午，太子就上吊死了。公子佐被立為太子。宋平公慢慢地聽說太子痤沒有罪，就把伊戾用烹刑殺了。左師見到夫人的溜馬人，問他為誰溜馬。溜馬人說：「為君夫人家溜馬。」左師說：「誰是國君夫人？我為何不知道？」那個溜馬人回去，把這話報告夫人。夫人派人送去錦緞和馬匹，先前又送上玉器，說「君之妾棄使某獻」。左師讓他改這命詞中的「君之妾棄」為「君夫人」，然後再拜叩頭接受這禮物。

鄭簡公從晉國回來，派子西到晉國去聘問，致辭說：「我們國君來麻煩執事，深怕不敬而不免得罪，特派我公孫夏前來致歉。」君子說：「鄭國善於事奉大國。」

當初，楚國的伍參和蔡國的太師子朝友好，他的兒子伍舉和子朝的兒子聲子也互相友好。伍舉娶了王子牟的女兒。王子牟做申公時得罪逃亡，楚國人說：「伍舉確實護送王子牟逃亡的。」伍舉就逃亡到鄭國，將接著逃亡去晉國。正巧聲子要到晉國去，在鄭都郊外碰到伍舉，就把草鋪在地上一起坐著吃東西，談到回楚國去的事，聲子說：「您到晉國去吧！我一定讓您再回楚國去。」到今年宋國的向戌將要調解晉楚二國的關係，使二國和好時，聲子出使到晉國去溝通，回來後又到楚國去溝通。楚國令尹子木和他談話，詢問晉國的情況，並說：「晉國大夫和楚國大夫誰更賢明？」聲子回答說：「晉國的卿不如楚國，晉國的大夫卻是賢明的，都是卿的人材，好像杞木、梓木、皮革，都是從楚國運去的。雖然是楚國的人材，卻實在被晉國使用了。」

子木說：「他們沒有同宗子弟和親戚嗎？」聲子回答說：「雖然有同宗和親戚，但任用的楚國人材確實很多。歸生聽說：善於治國的，賞賜不過分，刑罰不濫用。賞賜過分，就怕賞到惡人；刑罰濫用，就怕傷到好人。如果不注意而過分了，那麼寧可賞賜過分，也不要刑罰過分。與其傷害而失去好人，寧可賞賜過分，讓壞人得利。沒有好人，國家就隨之受害。《詩經》說：『賢人不在了，國家就遭禍殃。』這是說沒有賢人的禍害。所以〈夏書〉說：『與其殺死無罪的人，寧可讓罪人漏失刑罰。』這是怕濫用刑罰而失掉好人。〈商頌〉有這樣的話，說：『不過分賞賜，不濫用刑罰，不敢懈怠偷閒。向下國發布命令，樹立他的福祿。』這是商湯獲得上天賜福的原因。古代治理百姓的人，樂於賞賜而怕用刑罰，為百姓擔憂而不知疲倦。在春夏賞賜，在秋冬行刑。因此將要賞賜時就為此增加膳食，加膳就肉食多，可將剩餘賜給下屬飽食，由此可知他樂於賞賜。將要行刑時就為此減膳撤樂，由此可知他怕用刑罰。早起晚睡，早晚都親自辦理國事，由此可知他為百姓操心。這三件事是禮制的大關鍵。有了禮儀就不會失敗。現在楚國濫用刑罰，大夫們逃亡到四方，而成為別國的主要謀士，來危害楚國，以致不可救治了。這就是所謂的不相容忍。例如：子儀叛亂時，析公逃亡到晉國，晉國人把他安置在晉侯戰車的後面，讓他作主要謀士。繞角戰役中，晉軍將要逃走時，析公說：『楚軍不厚重堅韌，容易震懾而動搖。如果多次同時擊鼓發出大聲，在夜裏出兵進攻，楚軍必然逃跑。』晉國人聽從了，楚軍當夜就崩潰。晉軍就入侵蔡國，襲擊沈國，俘虜了沈國國君；又在桑隧打敗了申縣、息縣的楚軍，俘獲了申驪而後回去。鄭國於是不敢向著南方的楚國。楚國喪失了中原，這就是析公造成的。又如，雍子的伯父誣陷雍子，國君和大夫不去調解這個矛盾，雍子逃亡到晉國，晉國人給了他鄐邑，讓他作主謀。彭城之戰，晉軍和楚軍在靡角之谷相遇，晉軍將要逃跑，雍子對軍隊發布命令說：『年老的、年幼的都回去，孤兒和有病的也都回去，兄弟倆來服役的回去一個。精選士兵，檢閱戰車，餵飽馬匹，士兵飽食，軍隊布列戰陣，燒掉帳篷，明天決一死戰。』就讓該回家的動身上路，又故意放走楚國俘虜，讓他們回去通報消息，當夜楚軍就崩潰了。晉國降服了彭城而把彭城還給宋國，拘囚了魚石等人回國。楚國喪失了東夷，子辛為此而被殺，這就是雍子所造成的。又如，子反和子靈爭奪夏姬而破壞子靈的事，子靈逃亡到晉國，晉人給他邢邑，讓他作主要謀士，抵禦北狄，讓吳國和晉國往來通好，教吳國背叛楚國，教吳國士兵乘戰車、射箭、駕車作戰，讓他的兒子狐庸做吳國的外交官。吳國於是強大起來，攻打巢城，佔領駕城，攻下棘城，進入州來，害得楚軍疲於奔命，到今天還是禍患，這都是子靈所造成的。又如，楚國若敖氏叛亂，伯賁的兒子賁皇逃亡到晉國，晉人給了他苗邑，讓他做主要謀士。鄢陵戰役時，楚軍早上逼近晉軍軍營擺開戰陣，晉軍就要逃走了。苗賁皇說：『楚軍的精銳部隊就在中軍的王族而已，如果塞井平灶，在軍營中擺開戰陣來抵敵，欒書、范文子改變行列，用家兵去引誘楚國中軍，中行氏荀偃和郤錡、郤至必定能戰勝楚穆王後代子重、子辛的左、右軍。然後我們上、中、下、新四個軍就集中攻擊他們的王族，這樣必定把他們打得大敗。』晉國人聽從了，楚軍大敗，楚共王受傷，軍隊崩潰，子反為此自殺。鄭國背叛，吳國興起，楚國失去諸侯，這都是苗賁皇造成的。」子木說：「你說的這些都是對的。」聲子說：「現在還有比這更嚴重的。椒舉娶了申公子牟的女兒，子牟得罪逃亡，國君和大夫對椒舉說：『實是你送他逃走的。』椒舉害怕，就逃到鄭國，伸長脖子南望楚國說：『也許能赦免我吧！』但是楚君也不加考慮。現在椒舉在晉國了。晉國人要把縣給他作封邑，祿秩和上大夫叔向一樣。他如果要謀害楚國，難道不成為禍患？」子木聽了很恐懼，就對楚康王說了。楚康王讓椒舉回來復職並提高了他的官祿爵位。聲子讓椒鳴去迎接父親椒舉。

許靈公到了楚都，請求發兵攻打鄭國，說道：「不發兵，我就不回去了。」八月，許靈公死在楚都。楚康王說：「不攻打鄭國，怎能求得諸侯擁護？」冬季十月，楚康王攻打鄭國，鄭國人準備抵禦。子產說：「晉國和楚國將要講和，諸侯將要和睦，楚康王因此冒昧地來打一下，不如讓他稱心回去，就容易達成和議。小人的本性是勇於乘機鑽空子，在禍亂中有所貪求，以滿足他的本性而求取名利，但不符合國家的利益，怎麼可以依著他們呢？」子展聽了很愉快，就不抵敵楚軍。十二月初五日，楚軍進入南里，毀壞了城牆，從樂氏渡過洧水，攻打鄭都西城師之梁門。鄭軍放下內城的閘門，楚軍俘虜了九個鄭國人。楚軍渡過南氾水回國。然後安葬許靈公。

衛國人把衛姬送給晉平公，晉國就釋放了衛獻公。君子因此知道晉平公喪失了治國的常道。

晉國的韓起到成周聘問，周靈王派人問明來意。韓起回答說：「晉國的士韓起前來向宰旅奉獻時新貢品，沒有別的事情。」周王聽了，說：「韓氏在晉國大概要昌盛了！他的辭令不違背過去的禮制。」

齊國人為周王築郟城的那一年的夏季，齊國的烏餘帶著廩丘邑逃亡到晉國，路上襲擊衛國的羊角邑，佔領了這個地方。接著襲擊魯國的高魚城，正巧下大雨，烏餘率眾從城牆下的排水洞入城，在武器庫拿了甲冑裝備士兵，然後登上城樓，攻佔了高魚。又佔取了宋國的城邑。當時范宣子又死了，諸侯無法懲治烏餘。到趙文子執政以後，終於要把他懲辦了。趙文子對晉平公說：「晉國作為盟主，諸侯或有互相侵掠，就要討伐他，讓他歸還侵奪的土地。現在烏餘進獻的城邑，都是侵奪來的，屬於討伐之列。如果我們貪得這城邑，這就沒有辦法作盟主了。請歸還給諸侯。」晉平公說：「好。誰可以派去辦理？」趙文子回答說：「胥梁帶能夠不用士兵而完成任務。」晉平公就派胥梁帶前去辦理。

【說　明】以上為第二段，寫宋、楚等國事。宋平公太子痤貌美而心狠毒，連內宮的太監也仇恨他，誣陷他，結果太子自縊而死。公子佐貌醜而性和順，繼為太子，後為宋元公。他的母親棄由侍妾而為「君夫人」，母以子貴。楚國伍舉往年因王子牟有罪而受連累，逃奔晉國，途中遇到好友蔡國公孫聲子，聲子答應幫他回楚復職。今年聲子參與向戌的「弭兵」活動，往來晉楚，見到楚令尹子木，得以陳述伍舉之冤案。但先將伍舉事撇在一邊，先陳說楚因濫用刑罰，傷及賢人，其大夫逃亡四方，成為敵國謀主，反害楚國。接著用析公、雍子、子靈（申公巫臣）、苗賁皇四大夫奔晉、為晉謀主的事實，來說明問題的嚴重性。最後水到渠成，提出伍舉奔晉的事，使楚國迎回伍舉，復其位而益其爵祿。伍舉就是伍子胥的祖父。本傳典型地說明列國紛爭主要是人材的競爭，失去賢人就「邦國殄瘁」；能用賢人，就能在競爭中取勝。

二十七年

乙卯，西元前五四六年。周靈王二十六年、齊景公二年、晉平公十二年、秦景公三十一年、楚康王十四年、宋平公三十年、衛獻公三十一年（後元二年）、陳哀公二十三年、蔡景公四十六年、曹武公九年、鄭簡公二十年、燕懿公三年、許悼公買元年、吳王餘祭二年。

經 二十有七年春，齊侯使慶封來聘。

夏，叔孫豹會晉趙武、楚屈建、蔡公孫歸生、衛石惡、陳孔奐、鄭良霄、許人、曹人于宋。

衛殺其大夫甯喜。

衛侯之弟鱄出奔晉。

秋，七月辛巳，豹及諸侯之大夫盟于宋。

冬，十有二月乙亥朔，日有食之。

傳 二十七年春，胥梁帶使諸喪邑者具車徒以受地，必周❶。使烏餘具車徒以受封。烏餘以其眾出。使諸侯偽效烏餘之封者❷，而遂執之，盡獲之。皆取其邑而歸諸侯。諸侯是以睦於晉。

齊慶封❸來聘，其車美。孟孫謂叔孫曰❹：「慶季之車，不亦美乎？」叔孫曰：「豹聞之：『服美不稱，必以惡終❺。』美車何為？」叔孫與慶封食❻，不敬。為賦〈相鼠〉❼，亦不知也。

衛甯喜專❽，公患之，公孫免餘請殺之。公曰：「微❾甯子，不及此，吾與之言矣❿。事未可知⓫，祇成惡名，止也。」對曰：「臣殺之，君勿與知。」乃與公孫無地、公孫臣謀，使攻甯氏，弗克，皆死。公曰：「臣也無罪，父子死余矣⓬。」夏，免餘復攻甯氏，殺甯喜及右宰穀，尸諸朝⓭。石惡⓮將會宋之盟，受命而出，衣其尸⓯，枕之股而哭之。欲斂以亡⓰，懼不免，且曰：「受命矣。」乃行。子鮮⓱曰：「逐我者出，納我者死⓲，賞罰無章，何以沮勸⓳？君失其信，而國無刑，不亦難乎？且鱄實使之。」遂出奔晉。公使止之，不可。及河，又使止之，止使者而盟於河。託於木門⓴，不鄉衛國而坐。木門大夫勸之仕，不可，曰：「仕而廢其事，罪也；從之，昭吾所以出也㉑。將誰愬㉒乎？吾不可以立於人之朝矣！」終身不仕。公喪之如稅服終身㉓。公與免餘邑六十㉔，辭曰：「唯卿備百邑，臣六十矣。下有上祿㉕，亂也。臣弗敢聞。且甯子唯多邑，故死，臣懼死之速及也。」公固與之，受其半。以為少師。公使為卿，辭曰：「大叔儀不貳㉖，能贊㉗大事，君其命之。」乃使文子為卿。

【注　釋】❶胥梁帶二句　此文應緊接上年傳末章。左氏作傳本未嘗分每年為一篇。後人編次，始一傳分置前後。胥梁帶，晉大夫，胥甲之孫。諸喪邑者，指被烏餘劫奪城邑的齊、魯、衛、宋諸國。車徒，車兵和步卒。必周，行動必須周密，不露出色。❷使諸侯偽效烏餘之封者　使齊、魯等諸侯假裝成要把城邑封給烏餘的樣子。效，致；給予。❸慶封　齊國左相，慶克之子，又稱慶季。❹孟孫謂叔孫曰　孟孫指魯卿仲孫羯，孟獻子之孫。叔孫指魯卿叔孫豹，又稱穆叔，叔孫得臣之子。❺服美不稱二句　衣著服飾華美和其人才德不相稱，必定不得好死。僖公二十四年傳「服之不衷，身之災也」。❻叔孫與慶封食　叔孫設便宴招待慶封。❼相鼠　《詩經・鄘風》篇名，有句云「人而無儀，不死何為?」「人而無止（恥），不死何俟?」「人而無禮，胡不遄死?」❽衛甯喜專　衛卿甯喜專斷，把持朝政。甯喜，甯殖之子。去年殺衛殤公，迎衛獻公復位。❾微　通「非」。如果不是。多用在假設句。❿吾與之言矣　衛獻公曾與甯喜約言，復位後「政由甯氏」。見去年傳。⓫事未可知　殺甯喜的事未可知必定成功。⓬父子死余矣　公孫臣和他的父親都為我而死了。獻公亡命齊國時，公孫臣之父為孫林父所殺。⓭尸諸朝　陳屍於朝。即把他們的屍體放在朝廷上示眾。尸，用作動詞。諸，之於。⓮石惡　衛大夫，將參加宋國的弭兵之會。⓯衣其尸　給死屍換上衣服。這是小殮。⓰欲斂以亡　想要等殮屍入棺以後再逃亡。明年石惡奔晉。⓱子鮮　衛獻公同母弟，名鱄。去年奉公命使甯喜納獻公。⓲逐我者出二句　驅逐衛獻公的孫林父已出奔晉國，接納衛獻公復位的甯喜、右宰穀被殺。⓳沮勸　禁止人們為惡，勸勉人們為善。沮，止。⓴託於木門　寄寓在木門。木門，晉邑，在今河北省河間縣西北三里，近故黃河。㉑從之二句　如出仕而不廢其事，就宣揚了我逃亡的原因。出亡之罪在衛君。㉒愬　訴說。㉓公喪之如稅服終身　子鮮死後，衛獻公為他服喪一直到死。稅服，即繐服，疏麻布做的喪服，如小功，服喪五月。按禮，諸侯於兄弟不服喪。衛侯死於襄公二十九年夏，子鮮死於此前不足五月。㉔邑六十　此六十邑與下文之百邑皆指村落而言。古時村落有土城堡，故亦謂之邑。㉕下有上祿　下位的大夫卻有上位卿的祿邑。㉖大叔儀不貳　大叔儀即太叔文子。大，同「太」。上年傳載太叔之言「臣不能貳」，故使太叔為卿。馬王堆漢墓出土帛書《春秋事語》亦載此事。㉗贊　佐助。

【語　譯】魯襄公二十七年春季，晉國大夫胥梁帶讓那些被奪去城邑的諸侯國帶領車兵、步卒來接受城邑，行動必須周密。又讓掠奪城邑的烏餘帶了車兵、步卒來接受封地。烏餘帶領他的一幫人出來受封，讓諸侯假裝把土地封給烏餘的樣子，就乘烏餘不備而逮捕他，他的士卒也全部俘獲。把烏餘掠奪的城邑拿來歸還給齊、魯等諸侯。諸侯因此跟晉國和好。

齊國的慶封來魯國聘問，他的車子很華美。魯卿孟孫氏對叔孫氏說：「慶封的車子，不是很漂亮麼？」叔孫豹說：「我聽說：『服飾華美和人的才德不相稱，必然有惡果，不得好死。』車子漂亮有什麼用？」叔孫豹設便宴招待慶封，慶封表現得不恭敬。叔孫為他賦〈相鼠〉這首詩，他也不明白詩中的意思。

衛國的甯喜專橫，把持朝政，衛獻公為此認為是個禍患。公孫免餘請求殺了甯喜。衛獻公說：「如果沒有甯子，我不能到這地步。我已經跟他約定『政由甯氏』了。要殺他但未必一定成功，只怕落得個惡名，還是不要動手吧。」免餘回答說：「下臣去殺他，國君不要參與就行了。」他就跟公孫無地、公孫臣兩人商量，讓他倆去攻打甯氏，沒有攻下，兩人都戰死了。衛獻公說：「公孫臣是沒有罪的，他和父親都是為我而死了。」夏季，免餘再次攻打甯家，殺死了甯喜和右宰穀，陳屍在朝廷上示眾。大夫石惡將要到宋國去參加會盟，接受了命令而走出朝堂，就給死屍穿上衣服，頭枕在屍體的大腿上為他們哭泣，本想等入殮棺木以後再逃亡，又怕不免有禍難，姑且說：「已接受使命了。」就動身出走了。子鮮說：「驅逐我獻公的已逃亡了，接納我獻公的被殺死了。賞罰沒有章程，怎能禁止人們為惡、勸勉人們為善呢？國君喪失信用，國家沒有刑法，不是很難治理了嗎？而且實在是我鱄使甯喜接納獻公的。」就逃亡到晉國去。衛獻公派人阻止他，沒有阻止成。子鮮到達黃河邊，衛獻公又派人阻止他，子鮮讓使者停下來，而面對黃河盟誓。子鮮寄居在木門地方，坐著時也不肯面向衛國。木門大夫勸他出仕，他不答應，說：「做官而廢棄自己的職責，那是罪過。要是盡自己的職責，那就宣告了我逃亡的原因，罪在衛君。我將向誰訴說呢？我不可以立在別人的朝廷上了！」到死都沒有出來做官。死後，衛獻公為他穿了緦服服喪到死。衛獻公賜給公孫免餘六十個城邑，他辭謝說：「只有卿方才備有一百個邑，下臣已經有六十個邑了。下位的大夫卻有上位卿的祿邑，這是禍亂。下臣不敢聽聞這種事。而且甯喜就因為封邑多了，所以遭死罪，下臣怕封邑多了死得快呀。」衛獻公定要給他封邑，他接受了一半三十邑。又讓他做少師。衛獻公讓他做卿，他推辭說：「太叔儀沒有貳心，能佐助大事，希望國君任命他吧。」於是就讓太叔儀做了卿。

【說　明】本傳分兩段，以上為第一段，先接上年傳文，寫胥梁帶奉晉君之命，懲治烏餘一伙歹徒。胥氏不帶一兵一卒，卻用計逮住烏餘及其兵眾，把他掠奪的城邑還給諸侯國，做到了「能無用師」而完成任務。接寫甯喜專權，衛侯失信，讓公孫免餘殺甯喜與右宰穀。甯喜固然是「視君不如弈棋」，貪權而「不思其終」的小人，右宰也是個投機分子，先從獻公出亡，又逃回來事奉衛殤公，所謂「余狐裘而羔袖」不過是文飾之辭；至夷儀觀獻公，知道他並未改悔，仍是刻薄無禮之人，但仍跟甯喜殺殤公、迎獻公，終亦被殺。衛國並非沒有賢人，太叔儀、子鮮、以及兩度「從近關出」的蘧伯玉都堪稱君子。子鮮奔晉後終身不仕，「不鄉衛國而坐」。《公羊傳》謂：「鱄與妻子盟，不履衛地，不食衛粟。」以上事應與襄公十四年傳、二十五、二十六年傳合讀，始見人物面貌。本傳又寫齊國慶封服飾車馬華美，官至左相，卻是個連〈相鼠〉的詩意也不明白的無恥之徒，為人陰險而狠毒。下段傳寫崔杼治家無能，失德失禮，二子崔成、崔強為爭宗邑而殺東郭偃、棠無咎。慶封則乘機殺崔成、崔強，「盡俘其家」，棠姜自縊，崔杼無家可歸，應了二十五年傳「入于其宮，不見其妻，凶」的爻辭，只能自縊而死。於是慶封當權，但也如叔孫豹所言「必以惡終」，明年就亡命魯國、吳國了。左氏所記衛獻公之出亡及復歸、崔杼之殺齊莊公及慶封之滅崔氏，都結構完整，故事生動，很有文學色彩，體現了我國傳統文化中文史哲一體的特色，從而深刻反映出當時各國內部政治鬥爭的深刻變化，標誌著春秋時代已接近尾聲了。

傳 宋向戌善於趙文子，又善於令尹子木❶，欲弭諸侯之兵以為名❷。如晉告趙孟，趙孟謀於諸大夫。韓宣子曰：「兵，民之殘也，財用之蠹❸，小國之大菑❹也。將或弭之，雖曰不可，必將許之。弗許，楚將許之，以召諸侯，則我失為盟主矣。」晉人許之。如楚，楚亦許之。如齊，齊人難之。陳文子❺曰：「晉、楚許之，我焉得已？且人曰弭兵，而我弗許，則固攜吾民矣⑥，將焉用之？」齊人許之。告於秦，秦亦許之。皆告於小國，為會於宋。五月甲辰⑦，晉趙武至於宋。丙午，鄭良霄至。六月丁未朔，宋人享趙文子，叔向為介⑧。司馬置折俎⑨，禮也。仲尼使舉是禮也，以為多文辭⑩。戊申⑪，叔孫豹、齊慶封、陳須無、衛石惡至。甲寅，晉荀盈從趙武至⑫。丙辰⑬，邾悼公至。壬戌，楚公子黑肱⑭先至，成言於晉⑮。丁卯⑯，宋向戌如陳，從子木成言於楚。戊辰，滕成公至。子木謂向戌，請晉、楚之從交相見也⑰。庚午，向戌復於趙孟，趙孟曰：「晉、楚、齊、秦匹也⑱，晉之不能於齊，猶楚之不能於秦也。楚君若能使秦君辱於敝邑⑲，寡君敢不固請於齊？」壬申⑳，左師復言於子木，子木使馹謁諸王㉑。王曰：「釋齊、秦，他國請相見也。」秋，七月戊寅㉒，左師至。是夜也，趙孟及子晳盟，以齊言㉓。庚辰，子木至自陳。陳孔奐、蔡公孫歸生至。曹、許之大夫皆至。以藩為軍㉔，晉、楚各處其偏㉕。伯夙㉖謂趙孟曰：「楚氛甚惡，懼難。」趙孟曰：「吾左還㉗入於宋，若我何？」辛巳㉘，將盟於宋西門之外。楚人衷甲㉙。伯州犁㉚曰：「合諸侯之師，以為不信，無乃不可乎？夫諸侯望信於楚，是以來服；若不信，是棄其所以服諸侯也㉛。」固請釋甲。子木曰：「晉、楚無信久矣，事利而已。苟得志焉，焉用有信？」大宰退，告人曰：「令尹將死矣，不及三年。求逞志而棄信，志將逞乎？志以發言，言以出信，信以立志㉜，參以定之㉝。信亡，何以及三㉞？」趙孟患楚衷甲，以告叔向。叔向曰：「何害也？匹夫一為不信，猶不可，單斃其死㉟。若合諸侯之卿，以為不信，必不捷矣。食言者不病㊱，非子之患也。夫以信召人，而以僭濟之㊲，必莫之與㊳也，安能害我？且吾因宋以守病㊴，則夫能致死㊵。與宋致死，雖倍楚可也，子何懼焉？又不及是㊶。曰弭兵以召諸侯，而稱兵以害我，吾庸多矣㊷，非所患也。」季武子㊸使謂叔孫以公命曰：「視邾、滕㊹。」既而齊人請邾，宋人請滕㊺，皆不與盟。叔孫曰：「邾、滕，人之私也；我，列國也，何故視之？宋、衛，吾匹也。」乃盟。故不書其族，言違命也㊻。晉、楚爭先㊼，晉人曰：「晉固為諸侯盟主，未有先晉者也。」楚人曰：「子言晉、楚匹也，若晉常先，是楚弱也。且晉、楚狎主諸侯之盟也久矣㊽，豈專在晉？」叔向謂趙孟曰：「諸侯歸晉之德只㊾，非歸其尸盟㊿也。子務德，無爭先。且諸侯盟，小國固必有尸盟者，楚為晉細(51)，不亦可乎？」乃先楚人。書先晉，晉有信也(52)。壬午(53)，宋公兼享晉、楚之大夫，趙孟為客(54)，子木與之言，弗能對；使叔向侍言(55)焉，子木亦不能對也。乙酉，宋公及諸侯之大夫盟于蒙門(56)

之外。子木問於趙孟曰：「范武子[57]之德如何？」對曰：「夫子之家事治，言於晉國無隱情，其祝史陳信於鬼神，無愧辭。」子木歸以語王，王曰：「尚矣哉！能歆神人[58]，宜其光輔五君[59]以為盟主也。」子木又語王曰：「宜晉之伯也，有叔向以佐其卿，楚無以當之，不可與爭。」晉荀盈遂如楚涖盟。

鄭伯享趙孟于垂隴[60]，子展、伯有、子西、子產、子大叔、二子石從[61]。趙孟曰：「七子從君，以寵武也。請皆賦以卒君貺[62]，武亦以觀七子之志。」子展賦〈草蟲〉[63]。趙孟曰：「善哉，民之主也！抑武也，不足以當之。」伯有賦〈鶉之賁賁〉[64]。趙孟曰：「牀笫之言不踰閾[65]，況在野[66]乎？非使人之所得聞也。」子西賦〈黍苗〉[67]之四章。趙孟曰：「寡君在，武何能焉？」子產賦〈隰桑〉[68]。趙孟曰：「武請受其卒章。」子大叔賦〈野有蔓草〉[69]。趙孟曰：「吾子之惠也。」印段賦〈蟋蟀〉[70]。趙孟曰：「善哉！保家之主也，吾有望矣。」公孫段賦〈桑扈〉[71]。趙孟曰：「匪交匪敖[72]，福將焉往？若保是言也，欲辭福祿，得乎？」卒享，文子告叔向曰：「伯有將為戮矣。詩以言志，志誣其上，而公怨之，以為賓榮，其能久乎？幸而後亡。」叔向曰：「然，已侈[73]，所謂不及五稔[74]者，夫子之謂矣。」文子曰：「其餘皆數世之主也。子展其後亡者也，在上不忘降[75]。

印氏其次也，樂而不荒。樂以安民，不淫以使之，後亡，不亦可乎？」

宋左師請賞，曰：「請免死之邑[76]。」公與之邑六十，以示子罕[77]。子罕曰：「凡諸侯小國，晉、楚所以兵威之，畏而後上下慈和，慈和而後能安靖其國家，以事大國，所以存也。無威則驕，驕則亂生，亂生必滅，所以亡也。天生五材[78]，民並用之，廢一不可，誰能去兵？兵之設久矣，所以威不軌而昭文德也。聖人以興，亂人以廢[79]。廢興存亡，昏明之術，皆兵之由也。而子求去之，不亦誣乎？以誣道蔽諸侯[80]，罪莫大焉。縱無大討，而又求賞，無厭之甚也。」削而投之。左師辭邑。向氏欲攻司城，左師曰：「我將亡，夫子存我，德莫大焉，又可攻乎？」君子曰：「『彼己之子，邦之司直[81]。』樂喜之謂乎？『何以恤我？我其收之[82]。』向戌之謂乎？」

齊崔杼生成及彊而寡[83]。娶東郭姜[84]，生明。東郭姜以孤入[85]，曰棠無咎，與東郭偃相崔氏。崔成有疾而廢之，而立明。成請老于崔[86]，崔子許之，偃與無咎弗予，曰：「崔，宗邑也，必在宗主[87]。」成與彊怒，將殺之，告慶封曰：「夫子之身[88]，亦子所知也，唯無咎與偃是從，父兄莫得進矣。大恐害夫子，敢以告。」慶封曰：「子姑退，吾圖之。」告盧蒲嫳[89]。盧蒲嫳曰：「彼，君之讎也。天或者將棄彼矣。彼實家亂，子何病焉？崔之薄，慶之厚也。」他日又告。慶封曰：「苟利夫子，必去之[90]。難，吾助女。」九月庚辰[91]，崔成、崔彊殺東郭偃、棠無咎於崔氏之朝[92]。崔子怒而出，其眾皆逃，求人使駕，不得。使圉人駕，寺人御而出，且曰：「崔氏有福，止余猶可[93]。」遂見慶封，慶封曰：「崔、慶一也。是何敢然？請為子討之。」使盧蒲嫳帥甲以攻崔氏。崔氏堞其宮而守之[94]，弗克，使國人助之，遂滅崔氏，殺成與彊，而盡俘其家，其妻縊。嫳復命於崔子，且御而歸之。至，則無歸矣，乃縊。崔明夜辟諸大墓。辛巳，崔明來奔。慶封當國。

楚薳罷[95]如晉涖盟，晉侯享之。將出，賦〈既醉〉[96]。叔向曰：「薳氏之有後於楚國也，宜哉！承君命，不忘敏[97]。子蕩將知政矣。敏以事君，必能養民，政其焉往？」

崔氏之亂[98]，申鮮虞來奔，僕賃於野，以喪莊公[99]。冬，楚人召之，遂如楚，為右尹。

十一月乙亥朔，日有食之。辰在申，司歷過也，再失閏矣[100]。

【注釋】❶宋向戌二句　向戌，宋卿，官左師，僅次於右師，為宋桓公之後代。趙文子，即趙武，下稱趙孟，趙盾之孫，為晉正卿，執國政。子木，即屈建，屈到之子，屈蕩之孫，為楚國令尹。❷欲弭諸侯之兵以為名　想要止息諸侯之間的戰爭以取得名聲。弭，止。弭兵之意起自趙武，見襄公二十五年傳。時秦晉議和，各國醞釀弭兵。❸蠹　蛀蟲。此為耗費、敗壞之意。❹菑　通「災」。❺陳文子　齊大夫，即下文之陳須無，陳完曾孫，謚文子。❻則固攜吾民矣　當然就會使我們的百姓離心了。攜，離；有二心。❼甲辰　二十七日。下文丙午為二十九日。❽叔向為介　叔向作主賓（趙文子）的副手。叔向，晉國上大夫，官太傅，為晉賢臣。介，副使。❾司馬置折俎　宋國的司馬將煮熟的牲體解開放在盤中。司馬，官名，掌軍政，據《周禮》，司馬主管會同薦羞之事，故「置折俎」。俎，置牛羊等肉食的禮器。參見宣公十六年傳「宴有折俎」注。❿仲尼使舉是禮也二句　孔子看到這次禮儀的記錄，認為文辭太多。舉，記錄之意，見《釋文》。《公羊》、《穀梁》謂孔子生於魯襄公二十一年，則此時不過七歲，當是以後得見此史料。⓫戊申　六月初二日。下文甲寅為初八日。⓬晉荀盈從趙武至　趙武先至，荀盈隨後而來。荀盈，荀罃知武子之孫，又稱知盈。⓭丙辰　初十日。下文壬戌為十六日。⓮楚公子黑肱　楚國王族，下稱其字子晳。⓯成言於晉　和晉國商定有關盟會的文辭。⓰丁卯　二十一日。下文戊辰為二十二日，庚午為二十四日。⓱請晉楚之從交相見也　請求跟從晉、楚的盟國交互朝見，即晉之盟國朝楚，楚之盟國朝晉。由此晉楚並為盟主，小國要向晉楚分別納貢。⓲晉楚齊秦匹也　晉楚齊秦四大國地位相等。匹，相匹敵。故謂晉不能指揮齊，楚亦不能指揮秦。⓳楚君若能使秦君辱於敝邑　楚君如能使秦君屈辱來向敝國朝見。按，趙武以此難楚。下文楚王言「釋齊秦」，故齊秦不「交相見」，經文亦不書與會。⓴壬申　六月二十六日。㉑子木使馹謁諸王　子木先至陳國（在今河南省淮陽縣），故派傳車趕到楚國請示楚康王。馹，傳車，如後代之驛車。㉒戊寅　七月初二日。下文庚辰為初四日。㉓以齊言　以統一雙方約定的言辭，如盟書的文辭等。齊，一。㉔以藩為軍　用籬笆作為各國軍營的分界。盟會各有軍旅扈從。㉕晉楚各處其偏　晉、楚之軍各駐在兩頭。晉處北，楚處南。偏，側。㉖伯夙　杜注謂即荀盈。㉗左還　向左轉而行。還，通「旋」。各國卿大夫盟於宋都西門外，晉軍駐北端，左轉即入宋都商丘。㉘辛巳　七月初五日。㉙衷甲　把甲衣穿在裏面。甲，皮製。衷，內衣。用作動詞。㉚伯州犁　楚國太宰。本是晉大夫伯宗之子，魯成公十五年奔楚為太宰。其孫即伯嚭，為吳王太宰。㉛是棄其所以服諸侯也　這就拋棄了使諸侯順服的東西了。㉜志以發言三句　有心志、意願就發為言語，言語就用來表現出信用，守信用就能樹立、加強意志。㉝參以定之　志、言、信三者一致，三者方可確立。參，三。㉞信亡何以及三　志言信三者統一，缺一不可。丟掉信，就三者全失。故言子木活不到三年。㉟單斃其死　都怕不得好死。單，同「殫」。盡。斃，踣；向前跌倒。㊱食言者不病　說話不算數的人不能使人困病。不病下省「人」字。病，患難。㊲而以僭濟之　而利用虛偽，即以欺詐為利。僭，虛偽不實。《說文》：「僭，假也。」濟，利用。楚本與宋向戌、晉趙孟俱有成言，今廢成言而衷甲，是無信而偽詐。㊳與　結交；親附。㊴因宋

以守病　依憑宋國來防禦楚困病我。因，依靠；憑藉。(40)則夫能致死　就人人能拚死抵抗。夫，猶言人人。見襄公八年傳「夫人愁痛」注。《經傳釋詞》：「夫猶凡也，眾也。」(41)又不及是　又不到這地步。叔向估計楚不敢貿然攻晉。(42)吾庸多矣　對我大有用處。庸，用。(43)季武子　魯國正卿季孫宿，季孫行父之子。(44)視邾滕　比同邾國、滕國。季孫恐魯既屬晉，又屬楚，貢賦不勝負擔，故命比同二小國。視，比；相同。(45)既而齊人請邾二句　過後齊國人請求以邾為屬國，宋國人請求以滕為屬國。屬國非獨立國，不參與盟會，故邾悼公、滕成公與會而經文不書。(46)故不書其族二句　所以《春秋》不記他的族氏「叔孫」，就是說他違背魯襄公的命令。經文僅書「秋，七月辛巳，豹及諸侯之大夫盟于宋」，不書「叔孫豹」。(47)爭先　爭歃血盟誓的先後。先歃即是盟主。(48)且晉楚狎主句　而且晉、楚交替主持諸侯會盟已很久了。狎，更替。孔疏：「陳、蔡、鄭、許，乍南（服楚）乍北（服晉），成二年楚公子嬰齊為蜀之盟，諸夏之國大夫皆在。」即楚主盟。(49)只　句末助詞，無義。(50)尸盟　主持結盟。尸，主。(51)楚為晉細　楚為晉國做細事。即為小國主盟。(52)書先晉二句　楚先歃，而《春秋》先書「晉趙武」，後書「楚屈建」，是表示晉國有信用。經文書九國大夫「夏」會於宋，「秋，七月辛巳」盟於宋者亦九國大夫而省其名氏。(53)壬午　七月初六日。下文乙酉為初九日。(54)客　上賓，坐首席。(55)侍言　在旁陪侍說話。(56)蒙門　宋都城東北門。出此門可至宋邑蒙城。(57)范武子　即士會，范文子士燮之父，范宣子士匄祖父；晉靈公、成公時為卿，晉景公七年為正卿，執國政，兼太傅，修晉國之法，以賢聞名於諸侯。見宣公十七年傳。(58)能歆神人　能使神和人都欣喜。歆，欣喜。(59)光輔五君　輔助五世國君。杜注：「五君謂文、襄、靈、成、景。」范武子蓋晉文公時已為大夫。(60)垂隴　鄭邑，在今河南省鄭州市西北二十餘里。趙武自宋返國，鄭簡公於此設宴款待。(61)子展伯有句　此七人皆鄭穆公之後，見去年傳「鄭七穆」注。伯有即與弭兵之會的良霄，為子良之孫，子耳之子。子太叔即游吉，子游之孫，子蟜之子。二子石即印段、公孫段，二人都字子石。公孫段為子豐之孫，子張之子，見襄公二十二年傳。(62)以卒君貺　以完成鄭君的賜宴。貺，賜。(63)草蟲　《詩經・召南》篇名，有句云：「未見君子，憂心忡忡。亦既見止，亦既覯止，我心則降。」以趙孟為君子而心憂國事。(64)鶉之賁賁　《詩經・鄘風》篇名，今詩作「鶉之奔奔」。〈詩序〉謂此詩刺衛宣姜淫亂，故趙孟以為「牀第之言」。而伯有賦此詩，意在「人之無良，我以為君」二句，故趙孟退而又云：「誣其上而公（然）怨之，以為賓榮。」(65)牀第之言句　床第之言，即男女枕席之情話。第，牀版。不踰閾，不能在房門外說。閾，門檻。(66)野　指垂隴。鄭郊野之邑。(67)黍苗　《詩經・小雅》篇名，其四章云：「肅肅謝功，召伯營之。列列征師，召伯成之。」比趙武為召伯。(68)隰桑　《詩經・小雅》篇名，子產意取「思見君子，盡心以事之。曰，既見君子，其樂如何？」而趙武受其卒章，欲子產之見誨。其卒章云：「心乎愛矣，遐不謂矣。中心藏之，何日忘之？」(69)野有蔓草　《詩經・鄭風》篇名，有句云：「邂逅相遇，適我願兮。」(70)蟋蟀　《詩經・唐風》篇名，有句云：「無以大康，職思其居。好樂無荒，良士瞿瞿。」瞿瞿，戒懼貌。故趙孟以為他是可以保家之大夫。(71)桑扈　《詩經・小雅》篇名，義取君子有禮文，故能受天之祜。(72)匪交匪敖　不驕不傲。〈桑扈〉末句云：「彼交匪敖，萬福來求。」(73)已侈　太奢侈。已，太。(74)五稔　五年。此為良霄於三十年被殺張本。(75)在上不忘降　在上位而不忘貶抑自己。據子展所賦詩有句云「我心則降」。(76)請免死之邑　杜注謂弭兵之會若不成，則罪不容死，今幸而能成，可以免死，故請求封邑謂免死之邑。(77)以示子罕　把賜邑的文書給子罕看。子罕，即樂喜，宋卿，官司城，因有才德而執國政。見襄公九年傳。古時文書寫在竹簡或木札上，如誤書則以刀削之。此所示子罕者即簡札，故子罕削而投之。(78)五材　指金、木、水、火、土五種材料。(79)聖人以興二句　聖人靠武力興起，亂人靠武力去鏟除。介詞「以」下省「兵」字。(80)以誣道蔽諸侯　用荒謬的騙術來蒙蔽諸侯。(81)彼己之子二句　見《詩經・鄭風・羊羔》，己，今詩作「其」，助詞。句意謂他那個人，是國家主持正義的人。毛傳：「司，主也。」(82)何以恤我二句　杜注謂逸詩，實是《周頌・維天之命》「假以溢我，我其收之」的變文。假，遐；何。恤、溢皆「賜」之假字。句意謂拿什麼賜予我？我都將接受它。(83)崔杼句　崔杼，齊景公國相。魯襄公二十五年，崔杼殺莊公，立景公。寡，喪妻。《小爾雅・廣義》：「凡無妻、無夫通謂之寡。」彊，同「強」。(84)東郭姜　即棠姜，東郭偃之姊，初嫁齊棠公為妻，棠公死後，崔杼娶之。東郭偃為齊桓公之後，姜姓。見襄公二十五年傳。(85)以孤入　帶了前夫棠公之子入崔家。(86)成請老于崔　崔成請求在崔邑養老。崔，崔杼封邑，在今山東省濟陽縣東北三十五里。(87)崔宗邑也三句　崔邑是崔家宗廟所在地，必定要歸宗主所有。宗主，宗子；嫡長子。崔成本為崔氏宗子，因疾而廢之，立崔明為繼承人，崔明就是宗主。(88)夫子之身　夫子之人。夫子，指崔杼，此時已年老。(89)盧蒲嫳　慶封屬下大夫。(90)必去之　指必除去東郭偃及棠無咎。(91)庚辰　初五日。下文辛巳為初六日。(92)崔氏之朝　崔家的朝堂。古時諸侯及卿大夫皆有朝堂，分內朝與外朝，此為崔氏外朝。(93)止余猶可　災禍落在我身上還好些。崔氏恐滅家，禍不止其身。(94)崔氏堞其宮而守之　崔成、崔強加築宮牆而守禦。堞，城垛子。用作動詞。《釋名》：「城上垣或名堞，取其重疊之義也。」(95)薳罷　字子蕩，後為楚國令尹。(96)既醉　《詩經・大雅》篇名，有句云：「既醉以酒，既飽以德。君子萬年，介爾景福。」意為謝享禮，贊晉侯。(97)敏　敏捷從事。將出而賦此詩，正得其時，故謂其敏於事。(98)崔氏之亂　指魯襄公二十五年崔杼殺齊莊公，齊大夫申鮮虞奔魯。(99)僕賃於野二句　在郊野雇傭僕人，為齊莊公服喪。(100)辰在申三句　當天斗柄指在申位，是管曆法的人有過錯，兩次應置閏月而未置閏。辰，北斗星的斗柄。周曆十一月斗柄應在戌位，在申位是周曆九月，相差兩月，故以為司曆兩度失閏。後人按曆法推算，十一月乙亥朔，日全蝕，是公曆十月十三日，並無失誤，亦非再失閏。經書「十有二月乙亥朔」誤。

【語　譯】宋國的向戌和晉國的趙武友好，又和楚國令尹子木友好，想要止息諸侯之間的戰爭以取得名譽。他到晉國去告訴了趙武。趙武同大夫們商議。韓宣子說：「戰爭是殘害百姓、毀壞財物的禍事，是小國的大災難。有人要消除它，雖說辦不到，但必定要答應他。我們如不答應，楚國將答應他，以此號召諸侯，那麼我國就喪失盟主的地位了。」晉國人就答應了向戌。向戌又到楚國去，楚國也答應他「弭兵」。到齊國，齊國人感到為難。陳文子說：「晉國、楚國答應了，我們怎能不答應？而且別人說止息戰爭，而我們不答應，那當然使我們的百姓離心了，還怎麼用他們？」齊國人就答應了。向戌告知秦國，秦國也同意。於是都通告小國，在宋國舉行會見。五月二十七日，晉國的趙武來到宋國。二十九日，鄭國的良霄來到宋國。六月初一日，宋國人設宴享之禮招待趙武，叔向作趙武的副手。宋國司馬把煮熟的牲體分解開，放在盤子裏，這是合於禮的。以後孔子看到這次會盟禮儀的記錄，認為文辭太多。六月初二日，魯國叔孫豹、齊國的慶封、陳須無、衛國石惡到達宋國。初八日，晉國的荀盈隨趙武之後到達宋國。初十日，邾悼公到會。十六日，楚國的公子黑肱先來到宋國，和晉國商定了有關的事情如盟書的言辭等。二十一日，宋國向戌到陳國去，跟子木商定有關楚國的諾言。二十二日，滕成公到會。子木對向戌說，請跟從晉國和楚國的小國交互朝見晉、楚。二十四日，向戌向趙武彙報楚國的要求。趙武說：「晉、楚、齊、秦，這四國是地位相等的，晉國不能指揮齊國，就像楚國不能指揮秦國一樣。楚國國君如果能讓秦君屈辱，朝見敝國，我們晉君豈敢不堅決請求齊君？」二十六日，左師向戌又把這話轉告子木。子木從陳國派傳車飛速報告楚康王。楚康王說：「放下齊、秦二國，請求其他國家交互朝見。」秋季七月初二日，向戌從陳國回到宋國，這天夜裏，趙武和公子黑肱統一了盟書的言辭，達成了協議。初四日，子木從陳國來到宋國，陳國的孔奐、蔡國的公孫歸生也一起來到。曹國、許國的大夫也都到達。各國軍營用籬笆作圍牆，晉國和楚國分別駐紮在兩頭。伯夙對趙武說：「楚國的氣氛很壞，怕有患難。」趙武說：「我們向左轉就進入宋國都城，能把我們怎麼樣？」七月初五日，各國將要在宋國西門之外結盟，楚國人在外衣裏面穿上皮甲。楚國太宰伯州犁說：「會合諸侯的軍隊，而做別人不信任的事，恐怕不可以吧？諸侯希望楚國有信用，因此來順服。如果楚國不信任別人，這就拋棄了使諸侯來順服的條件了。」他堅決請求都脫下皮甲。子木說：「晉楚之間缺乏信用已經很久了，事情只要做得對我們有利就行了。如果能稱我心意，哪裏用得著有信用？」太宰伯州犁退下去對人說：「令尹怕將要死了，活不到三年。只求滿足心意而拋棄誠信，那心意會滿足嗎？有心志、意願就發於言論，有言論就要表現出誠信，言行一致，有誠信的言行就加強心志，樹立意願。志、言、信三者互相統一，然後方能確立。缺了一樣，三者全失。丟了信用，還怎麼能活到三年？」趙武擔憂楚國人裏衣穿著皮甲，把這事告訴叔向。叔向說：「這有什麼危害？一個普通人一旦做出不守信用的事尚且不行，怕不得好死。如果一個會合諸侯的卿相，卻做出不守信用的事，就必然不會成功。說話不算數的人不能使別人困病，這不會是您的患難。用誠信召集人，而又用虛偽來加以利用，必定沒有人親附他，又怎能危害我們呢？而且我們可依靠宋國來防禦禍患，如楚國製造禍患，晉軍就人人能拚死作戰。和宋軍一起拚死抵抗，即使楚軍加一倍也可抵抗的，您怕什麼呢？況且事情又不至於到這地步。口稱止息戰爭而召集諸侯，反而發動戰爭來危害我們，那對我們就大有用處了，根本不是患難的事。」魯國季武子派人對叔孫豹傳達魯襄公的命令，說：「把魯國比同邾國、滕國。」過後齊國人請求把邾國作為屬國，宋國人請求把滕國作為屬國，附屬國都不參加結盟。叔孫豹說：「邾國、滕國是別人的附屬國，我們魯國是獨立的諸侯國，為什麼比同他們？宋國、衛國是和我國地位相等的。」就參加結盟。所以《春秋》不記載他的氏族名「叔孫」，只記「豹及諸侯之大夫盟于宋」，這是說他違背了魯襄公的命令。（初五日）晉國和楚國爭執歃血盟誓的先後。晉國人說：「晉國本來就是諸侯的盟主，從來沒有誰在晉國之前歃血的。」楚國人說：「您說晉、楚地位相等，如果晉國總是在前面，這就顯得楚國弱小了。而且晉楚交替著主持諸侯的盟會已有很久了，難道專門由晉國主持？」叔向對趙武說：「諸侯是歸服晉國的德行，不是歸服他主持結盟。您致力於德行，用不著去爭先後。而且諸侯會盟，小國本來必定有主持結盟的義務，讓楚國給晉國做小國的主盟者，不也是可以的嗎？」就讓楚國先歃血。《春秋》記載晉國在前面，是由於晉國有誠信。七月初六日，宋平公同時宴請晉國、楚國的大夫，趙武作為上賓坐在首席，子木跟他說話，他不能回答。趙武讓叔向在旁邊陪侍談話，子木也不能回答叔向的問話。初九日，宋平公和諸侯的大夫在蒙門外結盟。子木向趙武詢問說：「范武子的德行怎麼樣？」趙武回答說：「這個人對家族事務治理得好，對晉國來說沒有什麼情況要隱瞞的，他家的祝史向鬼神表示誠信，沒有言不由衷的話。」子木回國後把這話告訴楚王，楚康王說：「崇高啊！能夠讓神和人都欣喜，無怪乎他能輔佐五世國君作盟主。」子木又對楚王說：「該應晉國稱霸諸侯了，有叔向來輔佐他的卿，楚國沒有和他相當的人，不能和他相爭。」晉國的荀盈接著就到楚國去參加結盟。

趙武由宋回國，鄭簡公在垂隴設宴享之禮招待趙武，鄭國的子展、伯有、子西、子產、子太叔和兩個子石跟隨著鄭簡公。趙武說：「這七位大夫跟隨國君來宴請我，是尊貴我。請都賦詩來完成國君賜給的光榮，趙武也藉以學到七位大夫的心志。」子展賦〈草蟲〉這首詩，趙武說：「好啊！這是百姓的主人！不過趙武是不足以當君子的。」伯有賦〈鶉之賁賁〉這首詩，趙武說：「床上的話不能出門檻，何況在這野外呢？這不是使人所應該聽到的。」子西賦〈黍苗〉詩的第四章，趙武說：「有我們國君在，趙武有什麼能力呢？」子產賦〈隰桑〉這首詩，趙武說：「讓我接受詩的最後一章。」子太叔賦〈野有蔓草〉這首詩，趙武說：「這是您給我的恩惠。」印段賦〈蟋蟀〉這首詩，趙武說：「好啊！這是保住家族的大夫！我希望於你了。」公孫段賦〈桑扈〉這首詩，趙武說：「不驕不傲，福祿還會跑到哪兒去？如果保持這些話，即使想推辭福祿，能辭得了嗎？」宴禮結束，趙武告訴叔向說：「伯有將要被殺了。詩是用來說明心意的，心意在誣蔑他的國君並且公開怨恨國君，還以此作為賓客的光榮，他能長久嗎？遲點死已是僥倖了。」叔向說：「是這樣，他太驕奢。所謂活不到五年，說的就是這個人了。」趙武說：「其餘的人都是可以傳幾代的大夫。子展將是最後滅亡的氏族，他處在上位卻不忘記貶抑自己。印氏是最後第二家滅亡的，因為他歡樂而有節制，知道戒懼。用歡樂來安定百姓，不要荒淫地役使百姓，就滅亡在後，不是也可以的嗎？」

宋國左師向戌請求賞賜，說：「下臣弭兵之會幸而成功，免於一死，請求賜給免死的城邑。」宋平公賜給他六十個邑，把封賞文書拿給子罕看。子罕說：「凡是諸侯小國，晉國、楚國分別用武力來威懾他們，使他們畏懼而後上下慈愛和睦，慈愛和睦而後方能安定他們的國家，去事奉大國，因此就能生存。沒有威懾就要驕橫，驕橫就會發生禍亂，發生禍亂就必定滅亡，這就是滅亡的原因。上天生長了金、木、水、火、土五種材料，百姓樣樣都用得上，缺一種都不行。誰能夠廢除武器？兵器的設置已經很久了，這是用來威懾行為不軌而發揚文德的。聖人依靠武力而興起，作亂的人要用武力去廢棄。廢棄或興盛，生存或滅亡，糊塗或明白的策略，都是由武力而來的。然而您卻謀求去掉它，豈不是荒謬嗎？用荒謬的騙術去蒙蔽諸侯，沒有比這罪過再大的了。縱然沒有責罰您，您卻又要求賞賜，真是貪得無厭到極點了。」子罕就把文書（竹簡）上的字削去而後把它扔在地上。向戌就辭不接受封邑。向家的人想要攻打子罕。向戌說：「我要滅亡時，他老人家救了我，恩德沒有比這再大的了，怎麼可以攻打他呢？」君子說：『「他這個人，是國家主持正義的人」，這說的就是子罕吧？『拿什麼賜給我？我都將接受它』，這說的就是向戌吧？」

齊國大夫崔杼生下崔成和崔強就死了妻子，就又娶了東郭姜，生了崔明。東郭姜帶了前夫生的兒子進入崔家，名叫棠無咎，他和東郭姜的弟弟（母舅）東郭偃一起輔佐崔杼。崔成有病被廢了繼承人，立崔明為繼承人。崔成請求在崔邑退休養老，崔杼答應了。東郭偃和棠無咎不給，說：「崔邑是宗廟所在地，一定要歸宗子繼承人所有。」崔成、崔強發怒，要殺死他們，去對慶封說：「我父親的為人，是您所知道的，他只是聽從棠無咎和東郭偃的話，父老兄長的話都聽不進。很怕會傷害他老人家，謹敢向您報告。」慶封說：「你們姑且回去，讓我考慮考慮。」慶封告訴他的屬大夫盧蒲嫳。盧蒲嫳說：「他，是您的仇人。上天或許將要拋棄他了。他家裏確實出了亂子，您擔心什麼呢？崔家削弱，就是慶家的加強。」過幾天崔成、崔強又求告慶封。慶封說：「如果有利於他老人家，就必定要除去棠無咎和東郭偃。如有危難，我來幫助你們。」九月初五日，崔成、崔強在崔家的朝堂上殺死了東郭偃和棠無咎。崔杼大怒，走了出來，他的手下人都逃走了，找人套馬車也找不到人。就讓養馬人套上車，由內侍駕著車出門，一面說：「崔家如果有福，禍患就只落在我身上好了。」就拜見慶封，慶封說：「崔家、慶家是一家。這些人怎麼敢這樣？請讓我為您討伐他們。」就派盧蒲嫳帶領甲兵去攻打崔家。崔成、崔強加築宮牆據以防守。盧蒲嫳沒有攻下，發動都城裏的人幫著攻打，就攻滅了崔家，殺死了崔成、崔強，奪取了他家的全部人口和財物，崔杼的妻子東郭姜上吊自殺。盧蒲嫳向崔杼復命，並且駕車送他回家。崔杼到家，原來已無家可歸了，就上吊而死。崔明在夜裏躲避到墓羣裏。初六日，崔明逃亡來魯國。於是慶封掌握了政權。

楚國的薳罷到晉國去參加結盟，晉平公設宴享之禮款待他。宴禮結束將退出時，薳罷賦〈既醉〉這首詩。叔向說：「薳氏的後代在楚國將長享祿位，這是合宜的！接受了國君的命令，不忘記敏捷從事。薳罷將要主持國政了。敏捷辦事，以事奉國君，必定能保養百姓，政權還會到哪家去？」

在崔杼殺死齊莊公的動亂中，齊大夫申鮮虞逃奔來魯國，在郊外雇了僕人，為齊莊公服喪。今年冬季，楚國人召請申鮮虞，他就到楚國去，做了右尹。

十一月初一日，日食。當時斗柄朝向申位。斗柄在申位是九月，由於主管曆法官員的過錯，兩次應置閏月而沒有置閏月。

【說　明】在宋國向戌的倡議、撮合下，本年六、七月間，十四個諸侯國的大夫到宋國參加弭兵之會，這是繼魯成公十二年華元弭兵之後的第二次弭兵大會，史稱「向戌弭兵」。其直接結果是晉、楚為首的兩大盟國集團在政治和軍事上達成了暫時和解，分享霸權。會上規定，晉、楚之從國必須「交相見」，就是說僕從國必須既朝晉又朝楚，承認晉、楚都是霸主。因齊、秦是大國，可不「交相見」；邾、滕是齊、宋附屬國，宋是召集人，故經文只記晉、楚等九國大夫會盟。會後中原各小國要向晉、楚納幣貢賦，變為雙重負擔，但相對於曠日持久的戰爭來說，畢竟有了喘息的機會，從此數十年晉、楚沒有再發生大規模的戰爭。小國不被侵伐者，宋國有六十五年，魯國有四十五年，衛國有四十七年，曹國有五十九年。當然齊、楚與會並不誠信，楚令尹本與向戌、趙武約有「成言」，但結盟時楚廢「成言」而「衷甲」，又爭當盟主，搶先歃血，說明弭兵只是迫於形勢的暫時妥協，並不能徹底結束戰爭狀態。戰爭殘害百姓、毀壞財物；止息戰爭是百姓普遍的願望。但這只是問題的一面。宋國子罕就直指「兵」的本源，說「誰能去兵？兵之設久矣，所以威不軌而昭文德也」，

「廢興存亡，昏明之術，皆兵之由也」。認為弭兵是騙術，是「誣道」。《呂氏春秋・蕩兵》發揮子罕之意尤為酣暢；至《韓非子》更謂人之情性無時不欲爭，〈五蠹〉謂「中世逐于智謀，當今爭于氣力」。在那個大變革的歷史時代，「弭兵」僅是願望而已。

二十八年

丙辰，西元前五四五年。周靈王二十七年、齊景公三年、晉平公十三年、秦景公三十二年、楚康王十五年、宋平公三十一年、衛獻公三十二年（後元三年）、陳哀公二十四年、蔡景公四十七年、曹武公十年、鄭簡公二十一年、燕懿公四年、許悼公二年、吳王餘祭三年。

經 二十有八年春，無冰。

夏，衛石惡出奔晉。

邾子來朝。

秋八月，大雩。

仲孫羯如晉。

冬，齊慶封來奔。

十有一月，公如楚。

十有二月甲寅，天王崩。

乙未，楚子昭卒。

傳 二十八年春，無冰❶。梓慎❷曰：「今茲宋、鄭其饑乎！歲在星紀，而淫於玄枵❸，以有時菑，陰不堪陽❹。蛇乘龍，龍，宋、鄭之星也❺。宋、鄭必饑。玄枵，虛中也❻。枵，耗名也❼。土虛而民耗，不饑何為？」

夏，齊侯、陳侯、蔡侯、北燕伯❽、杞伯、胡子❾、沈子、白狄朝于晉，宋之盟故也。齊侯將行，慶封❿曰：「我不與盟，何為於晉？」陳文子⓫曰：「先事後賄⓬，禮也。小事大，未獲事焉，從之如志，禮也⓭。雖不與盟，敢叛晉乎？重丘之盟⓮，未可忘也。子其勸行！」

衛人討甯氏之黨，故石惡⓯出奔晉。衛人立其從子圃⓰，以守石氏之祀，禮也。

邾悼公來朝，時事⓱也。

秋八月，大雩，旱也。

蔡侯歸自晉，入于鄭⓲。鄭伯享之。不敬。子產曰：「蔡侯其不免乎！日其過此也，君使子展迋勞於東門之外，而傲⓳。吾曰『猶將更之』。今還，受享而愎，乃其心也。君小國⑳，事大國，而愎傲以為己心，將得死乎㉑？若不免，必由其子。其為君也，淫而不父㉒。僑聞之，如是者，恆有子禍。」

孟孝伯㉓如晉，告將為宋之盟故如楚也。蔡侯之如晉也，鄭伯使游吉㉔如楚。及漢，楚人還之㉕，曰：「宋之盟，君實親辱㉖，今吾子來。寡君謂吾子姑還，吾將使駟㉗奔問諸晉，而以告。」子大叔曰：「宋之盟，君命將利小國，而亦使安定其社稷，鎮撫其民人，以禮承天之休㉘，此君之憲令，而小國之望也。寡君是故使吉奉其皮幣㉙，以歲之不易㉚，聘於下執事㉛。今執事有命曰：『女何與政令之有㉜？必使而君棄而封守，跋涉山川，蒙犯霜露，以逞君心。』小國將君是望，敢不唯命是聽，無乃非盟載㉝之言，以闕君德，而執事有不利焉，小國是懼。不然，其何勞之敢憚㉞？」子大叔歸，復命，告子展曰：「楚子將死矣！不修其政德，而貪昧㉟於諸侯，以逞其願，欲久，得乎？《周易》有之，在〈復〉䷗之〈頤〉䷚㊱，曰：『迷復，凶㊲。』其楚子之謂乎！欲復其願，而棄其本，復歸無所，是謂迷復㊳，能無凶乎？君其往也，送葬而歸，以快楚心。楚不幾十年，未能恤諸侯也㊴，吾乃休吾民矣。」裨竈曰：「今茲周王及楚子皆將死。歲棄其次，而旅於明年之次，以害鳥帑，周楚惡之㊵。」九月，鄭游吉如晉，告將朝于楚，以從宋之盟。子產相鄭伯以如楚。舍不為壇[41]。外僕[42]言曰：「昔先大夫相先君適四國，未嘗不為壇。自是至今，亦皆循之。今子草舍，無乃不可乎？」子產曰：「大適小，則為壇；小適大，苟舍而已，焉用壇？僑聞之，大適小有五美：宥其罪戾，赦其過失，救其菑患，賞其德刑，教其不及[43]。小國不困，懷服如歸，是故作壇以昭其功，宣告後人，無怠於德。小適大有五惡：說其罪戾，請其不足，行其政事，共其職貢，從其時命[44]。不然，則重其幣帛，以賀其福而弔其凶。皆小國之禍也，焉用作壇，以昭其禍？所以告子孫，無昭禍焉可也。」

齊慶封好田而耆酒[45]，與慶舍[46]政，則以其內實[47]遷于盧蒲嫳氏，易內而飲酒。數日，國遷朝焉[48]。使諸亡人得賊者，以告而反之[49]。故反盧蒲癸[50]。癸臣子之，有寵，妻之。慶舍之士[51]謂盧蒲癸曰：「男女辨姓，子不辟宗[52]，何也？」曰：「宗不余辟，余獨焉辟之[53]？賦詩斷章，余取所求焉，惡識宗[54]？」癸言王何[55]而反之，二人皆嬖，使執寢戈而先後之[56]。

公膳[57]，日雙雞，饔人竊更之以鶩[58]。御者知之，則去其肉，而以其洎饋[59]。子雅、子尾[60]怒。慶封告盧蒲嫳，盧蒲嫳曰：「譬之如禽獸，吾寢處之矣[61]。」使析歸父告晏平仲[62]，平仲曰：「嬰之眾不足用也，知無能謀也。言弗敢出，有盟可也。」子家63曰：「子之言云，又焉用盟？」告北郭子車64，子車曰：「人各有以事君，非佐之所能也。」陳文子謂桓子65曰：「禍將作矣，吾其何得？」對曰：「得慶氏之木百車於莊66。」文子曰：「可慎守也已67！」盧蒲癸、王何卜攻慶氏，示子之兆68曰：「或卜攻讎，敢獻其兆。」子之曰：「克，見血。」

冬十月，慶封田于萊69，陳無宇從。丙辰70，文子使召之，請曰：「無宇之母疾病，請歸。」慶季卜之，示之兆曰：「死。」奉龜而泣，乃使歸。慶嗣71聞之，曰：「禍將作矣。」謂子家：「速歸，禍作必於嘗72，歸猶可及也。」子家弗聽，亦無悛志73。子息曰：「亡矣！幸而獲在吳、越。」陳無宇濟水而戕舟發梁74。盧蒲姜謂癸曰：「有事而不告我，必不捷矣。」癸告之。姜曰：「夫子愎75，莫之止，將不出，我請止之。」癸曰：「諾。」十一月乙亥76，嘗于大公之廟，慶舍涖事。盧蒲姜告之，且止之，弗聽，曰：「誰敢者？」遂如公77。麻嬰為尸78，慶奊為上獻79。盧蒲癸、王何執寢戈，慶氏以其甲環公宮。陳氏、鮑氏之圉人為優80。慶氏之馬善驚81，士皆釋甲束馬而飲酒，且觀優至於魚里82。欒、高、陳、鮑之徒介慶氏之甲83。子尾抽桷擊扉三84，盧蒲癸自後刺子之，王何以戈擊之，解其左肩。猶援廟桷，動於甍85，以俎壺86投，殺人而後死。遂殺慶繩、麻嬰。

公懼，鮑國曰：「羣臣為君故也。」陳須無以公歸，稅服[87]而如內宮。慶封歸，遇告亂者。丁亥[88]，伐西門，弗克。還伐北門，克之。入，伐內宮，弗克。反，陳于嶽[89]，請戰，弗許，遂來奔。獻車於季武子，美澤可以鑑[90]。展莊叔見之曰：「車甚澤，人必瘁[91]，宜其亡也。」叔孫穆子食慶封[92]，慶封汜祭[93]。穆子不說，使工為之誦〈茅鴟〉[94]，亦不知。既而齊人來讓，奔吳。吳句餘予之朱方[95]，聚其族焉而居之，富於其舊。子服惠伯[96]謂叔孫曰：「天殆富淫人，慶封又富矣！」穆子曰：「善人富謂之賞，淫人富謂之殃。天其殃之也，其將聚而殲旃[97]。」

癸巳[98]，天王崩。未來赴，亦未書，禮也。

崔氏之亂[99]，喪羣公子，故鉏在魯，叔孫還在燕，賈在句瀆之丘。及慶氏亡，皆召之，具其器用而反其邑焉。與晏子邶殿其鄙六十[100]，弗受。子尾曰：「富，人之所欲也。何獨弗欲？」對曰：「慶氏之邑足欲，故亡。吾邑不足欲也。益之以邶殿乃足欲。足欲，亡無日矣。在外，不得宰吾一邑[101]。不受邶殿，非惡富也，恐失富也。且夫富，如布帛之有幅[102]焉，為之制度，使無遷也[103]。夫民，生厚而用利[104]，於是乎正德以幅之[105]，使無黜嫚[106]，謂之幅利。利過則為敗。吾不敢貪多，所謂幅也。」與北郭佐邑六十，受之。與子雅邑，辭多受少。與子尾邑，受而稍致之[107]。公以為忠，故有寵。釋盧蒲嫳於北竟[108]。求崔杼之尸，將戮之，不得。叔孫穆子曰：「必得之。武王有亂臣[109]十人，崔杼其有乎？不十人不足以葬。」既，崔氏之臣曰：「與我其拱璧[110]，吾獻其柩。」於是得之。十二月乙亥朔[111]，齊人遷莊公，殯于大寢[112]。以其棺尸崔杼於市[113]。國人猶知之，皆曰「崔子也」。

為宋之盟故，公及宋公、陳侯、鄭伯、許男如楚。公過鄭，鄭伯不在，伯有迋勞於黃崖[114]，不敬。穆叔曰：「伯有無戾於鄭，鄭必有大咎[115]。敬，民之主也，而棄之，何以承守[116]？鄭人不討，必受其辜。濟澤之阿，行潦之蘋藻，寘諸宗室，季蘭尸之，敬也[117]。敬可棄乎？」及漢，楚康王卒。公欲反。叔仲昭伯[118]曰：「我楚國之為，豈為一人？行也！」子服惠伯曰：「君子有遠慮，小人從邇。飢寒之不恤，誰遑其後[119]？不如姑歸也。」叔孫穆子曰：「叔仲子專之矣[120]，子服子，始學者也。」榮成伯[121]曰：「遠圖者，忠也。」公遂行。宋向戌曰：「我一人之為，非為楚也。飢寒之不恤，誰能恤楚？姑歸而息民，待其立君而為之備。」宋公遂反。

楚屈建卒，趙文子喪之如同盟，禮也。

王人來告喪，問崩日，以甲寅告。故書之，以徵過也[122]。

【注釋】❶春無冰　此年建子，以周曆一、二、三月為春，相當於夏正（今農曆）十一月、十二月及次年一月，即相當於今之冬，故無冰為天氣反常，經傳予以記載。此年周曆正月十八日辛卯日冬至。❷梓慎　魯大夫。與下文鄭國大夫裨竈都是古代的陰陽曆算家。又見昭公九年、十七年傳。❸歲在星紀二句　今年歲星本應在星紀次，卻越過星紀，行在玄枵次。歲，歲星即木星，公轉周期（繞太陽一周）為十一年又百分之八十六年，古人誤為十二年，而以歲星紀年，因此分周天為十二次，歲星每年行一次，每次三十度，周天三百六十度。十二次各有名，星紀、玄枵為第十、十一次。十二次又與地支和二十八宿（星座）相配。梓慎推算，此年歲星應在星紀，而觀測所得卻在玄枵。淫，過。其實，歲星公轉一周天要超過百分之十四，七周（八十四年）之後，要超過百分之九十八年，約等於一次。至祖沖之始謂歲星行天七匝，輒超一位，僅不足百分之二，曆算遂密。歲星紀年不能與天象相合，故東漢順帝以後即廢而不行。❹以有時菑二句　因此有天時不正常的災害，寒不能勝暖。菑，同「災」。古人以寒為陰，暖為陽。應有冰寒而無冰，故曰陰不勝陽。❺蛇乘龍三句　古人以歲星為木，木為青龍，今次於玄枵，玄枵次相當於二十八宿之女、虛、危三宿。古人以虛、危為蛇，今龍星行至虛危宿，在蛇之下，故曰蛇乘龍。古人又以地上疆域配天上星座，《史記・天官書》：「天則有列宿，地則有州域。」又云：「宋鄭之疆，候在歲星。」故謂龍（歲星）是宋鄭二國之星。又以為蛇乘龍，宋鄭必有饑荒。其實二者並無因果關係。❻玄枵虛中也　玄枵次有女、虛、危三宿，虛宿在中間。❼枵耗名也　枵是事物虛耗之名，是空、耗損的意思。《正字通》：「凡物虛耗曰枵，人飢曰枵腹。」❽北燕伯　北燕即燕國，周成王封召公奭之子於薊（今北京市），為燕國，姬姓，伯爵。此北燕伯即燕懿公。❾胡子　胡國國君。此胡為歸姓國，襄公三十一年傳「胡女敬歸」可證。故城在今安徽省阜陽市。去年晉楚為弭兵之會，從晉、楚之國要交相朝見，故今年齊、陳、蔡、燕、杞、胡、沈等國君朝見晉君。❿慶封　為齊景公左相；去年使其屬大夫盧蒲嫳滅崔杼一族後掌權當政。下文稱其字子家，又稱慶季。⓫陳文子　齊大夫，陳完曾孫，名須無。去年隨慶封參加弭兵之會，因齊秦是大國，未參加結盟。⓬先事後賄　先考慮事奉大國，後考慮贈送財貨。這是針對慶封惜財而言。⓭未獲事焉三句　沒有得到事奉晉國的機會（指齊未與盟），今順晉國意願去朝見，是合於禮的。⓮重丘之盟　襄公二十三年，齊莊公乘晉有亂而伐晉，二十五年晉伐齊，齊求和，十二國諸侯盟於重丘（今山東省聊城市東南）。⓯石惡　衛卿，石買之子。已見襄公十九年傳。去年參加弭兵之會，因衛獻公使人滅甯喜一族，石惡今年奔亡晉國。⓰從子圃　石惡兄弟之子石圃。石惡之先祖石碏有大功於衛國（見隱公四年傳），今石惡之罪不至絕祀，故立石圃為繼承人。⓱時事　按時令朝聘。⓲蔡侯二句　蔡景公朝晉後，由晉（今山西省侯馬市）回蔡（今河南省上蔡縣西南），經過鄭國，入鄭都（今河南省新鄭市）。⓳君使子展二句　夏季，蔡景公去晉國時，路過鄭國境而未入國都，故鄭君派子展去東門外慰勞他，他卻表現得很傲慢。迋，同「往」。⑳君小國　做小國國君。㉑將得死乎　將能好死嗎。得死，善終。不得其死即不得善終。見襄公二十三年傳。㉒淫而不父　淫亂而不像父親的樣子。蔡景公與兒媳通姦，故云「不父」。後年為其子班所殺。㉓孟孝伯　即經文之仲孫羯，魯卿，孟獻子之孫，孟莊子之子。去年魯參加弭兵之盟，必須朝楚。魯本從晉，故朝楚前孟孝伯先告知晉國。㉔游吉　即子太叔，子蟜之子。見襄公二十二年傳。㉕及漢二句　到達漢水，楚國人叫他回去。㉖君實親辱　鄭君是親自參加的。按，去年傳僅云鄭良霄參加宋國弭兵之盟，未載鄭君與盟，此乃楚人藉口。㉗馹　傳車，如後來驛站的專用車。㉘以禮承天之休　用禮儀來接受上天賜予的福祿。杜注「休，福祿也」。全文中休字常作賜予解。㉙皮幣　泛指皮、馬、玉、帛之類禮物。與下文「幣帛」同義。㉚以歲之不易　由於年成不好，有饑荒。楊樹達《讀左傳》謂此句應於「寡君是故使吉」句前，為傳寫誤倒。㉛下執事　執事指對方辦事人員，不直言其君，而曰執事，又加「下」字，是謙辭。㉜女何與政令之有　你有什麼資格參與鄭國之政事。女，同「汝」。㉝盟載　盟書。載亦盟書義，又曰載書。㉞其何勞之敢憚　還敢怕什麼勞苦呢。意謂盟書未如此規定，則鄭君來朝有損楚君之德，否則我鄭君不畏勞苦，必來朝楚。㉟貪昧　貪冒；貪婪。㊱在復䷗之頤䷚　得到〈復〉卦變為〈頤〉卦。〈復〉卦震下坤上，〈頤〉卦震下艮上，只是第六爻陰爻變成陽爻，故下用〈復〉卦上六爻辭。㊲迷復凶　這是《周易》〈復〉卦上六爻辭。㊳欲復其願四句　這是對爻辭的解釋，意謂想實現他的願望，卻拋棄了他的根本，如同迷了路才想回家，卻忘掉原來的路徑，結果無處可歸，這叫迷復。棄其本，杜注謂「不修德」。此從高亨說。㊴楚不幾十年二句　楚國沒有近十年時間，不能爭做霸主。幾，近。未能恤諸侯是當時習慣語，即未能爭霸。此蓋又本爻辭「至于十年不克征」。㊵歲棄其次四句　歲星不在星紀次，而行到明年的玄枵次，就侵害朱雀星宿的分野，周、楚要受其災殃。杜注「歲星所在，其國有福。失次于北，禍衝在南。南為朱鳥，鳥尾曰帑。鶉火、鶉尾，周、楚之分野，故周王、楚子受其咎。俱論歲星過次，梓慎則曰宋、鄭饑，裨竈則曰周、楚王死。」鳥，指朱雀。二十八宿中，井、鬼、柳、星、張、翼、軫七宿總稱南方朱雀，其中柳、星、張三宿又稱鶉火，翼軫二宿又稱鶉尾。㊶舍不為壇　搭帳篷為舍而不築高壇。古代國君至他國聘問，要在郊外除草坦坪，設壇以受聘問國的郊勞（慰勞）。今鄭伯被迫朝楚，子產慎行，僅以帷為舍，又未除草築壇，以免招禍。故下文謂草舍。㊷外僕　官名，掌管為壇及舍之事。㊸賞其德刑二句　讚賞小國的德行和刑法，教導小國做得還不到的地方。㊹小適大有五惡六句　小國到大國去朝會有五種壞事：向小國解釋自己的罪過，求取大國所缺少的東西，要小國奉行大國的政令，供給貢品，服從他的不時之命。說，解說。實是掩飾。共，同「供」。㊺好田而耆酒　田，同「畋」。打獵。耆，同「嗜」。㊻慶舍　慶封之子，字子之。下文稱其字。慶封不自己執政，而交付慶舍。(47)內實　妻妾和寶物。下文「易內」即易妻，交換妻妾，猶昭公二十八年傳之「通室」。(48)國遷朝焉　諸大夫就改到盧蒲嫳家來朝見慶封。(49)使諸亡人二句　讓逃亡在外而知道崔杼餘黨的人前來密告，就允許他回國復官。亡人，避崔杼之難者。反，同「返」。(50)盧蒲癸　盧蒲氏名癸，本為齊莊公車右，見襄公二十三年傳。二十五年崔杼殺莊公，癸出奔晉國。今返齊為子之（慶舍）之臣。(51)士　家臣。卿大夫家臣之長稱宰、室老，其餘可泛稱為士。(52)男女辨姓二句　男女結婚要辨別是否同姓，您卻不避同姓。古禮，同姓同宗不能結婚。慶舍之女嫁盧蒲癸為妻，而盧蒲氏與慶氏都是姜姓。故癸妻下稱盧蒲姜。(53)宗不余辟二句　同宗不避我（慶舍要以女嫁我），我怎要避開呢。辟，同「避」。獨，副詞，表示反問。難道。焉，疑問代詞。怎麼。(54)賦詩斷章三句　比如賦詩時的斷章取義，我取我所需要的，哪管同宗不同宗。春秋時外交場合常引詩表意，賦者聽者常不顧詩的本意而各取所求，借古之章句以為己用，謂之斷章取義。惡，疑問代詞。哪裏。(55)王何　魯襄公二十五年為避禍逃亡莒國，今亦返齊為慶舍之臣。(56)使執寢戈而先後之　慶舍使癸與王何二人拿著寢戈作隨身警衛，或在前，或在後。寢戈，杜注「親近兵杖」。先後，用作使動詞。(57)公膳　卿大夫在朝公務用餐，由朝廷供給。如六朝之「客食」，唐朝之「堂餐」。(58)饔人句　管伙食的人暗中把雞換作鴨子。更，換。鶩，家鴨。(59)以其洎饋　侍御的人只把湯汁送上去。洎，湯汁。(60)子雅子尾　子雅，即公孫竈，公子欒堅之子；子尾，即公孫蠆，公子高祈之子，下文省稱欒、高。二人都是齊惠公之孫，比齊景公長兩輩。(61)吾寢處之矣　我把他們的皮用來墊在底下睡和坐了。襄公二十一年傳「譬于禽獸，臣食其肉而寢處其皮矣」。此傳簡省，不如初見者語詳而意豁。左氏為文，常先詳而後簡約。(62)晏平仲　晏氏名嬰，字仲，諡平。有《晏子春秋》傳世。慶氏想與晏子共謀殺子雅、子尾，晏子飾詞辭謝。(63)子家　當指慶封。因下文「子家」即是慶封。如此子家指析歸父，則按《左傳》體例，必加氏號以資分別。(64)北郭子車　齊大夫，北郭氏名佐，字子車。下稱北郭佐。(65)桓子　陳須無之子陳無宇，諡桓子。(66)得慶氏之木句　在莊街上獲得慶氏的木材一百車。意謂慶氏必敗，我可得人得權。《日知錄》引邵國寶云：「此陳氏父子為隱語以相喻也。」莊，齊都臨淄城中大街名。(67)可慎守也已　能謹慎地守機會就可以了。(68)示子之兆　把占卜的兆象給慶舍看。兆，龜甲燒炙的裂紋，據以卜吉凶。(69)萊　齊邑，在今山東省昌邑市東南，距齊都約二百餘里。(70)丙辰　十月十七日。(71)慶嗣　慶封族人，字子息。下稱其字。(72)嘗　秋祭曰嘗。下文「十一月乙亥」即夏正九月初七日，嘗祭於太公之廟。(73)悛志　悔改之意。(74)戕舟發梁　破壞渡船，撤去橋梁。自萊至臨淄要渡過濰水、瀰河、淄水。(75)夫子愎　我父親（慶舍）性情剛愎拗強。(76)乙亥　初七日。(77)遂如公　就到太公廟中。(78)麻嬰為尸　麻嬰充當祭尸受祭。古人祭祀，以活人充當受祭者稱尸。(79)上獻　上賓，負責獻上祭品。《儀禮》：「上賓洗爵以升。」(80)陳氏鮑氏之圉人為優　陳須無、鮑國兩家的養馬人演戲。鮑氏，鮑國，鮑叔牙曾孫。優，俳優；演藝者。(81)善驚　容易受驚。馬驚則跳躍奔逸。(82)魚里　城中里巷名，蓋演藝在此。(83)欒高陳鮑之徒句　子雅、子尾、陳須無、鮑國四家的人就穿上慶氏之士脫下的皮甲。介，甲。用作動詞。穿上皮甲。(84)抽桷擊扉三　拔出槌子在門上敲了三下。這是政變的信號。《博雅》：「桷，槌也。」下文「廟桷」之桷，義為方形椽子。(85)動於甍　震動棟梁。甍，《釋名》謂屋脊。(86)俎壺　俎是盛肉器，壺是盛酒器。(87)稅服　脫去祭服。稅，同「脫」。(88)丁亥　十一月十九日。(89)陳于嶽　在嶽街上擺開戰陣。陳，同「陣」。列陣。嶽，臨淄城內大街名。《孟子・滕文公下》：「引而置之莊、嶽之間。」莊，已見上文。(90)鑑　鏡子。用作動詞。照人。(91)人必瘁　別人必然憔瘁。意謂慶封之車如此奢華，必聚斂搜括特甚，受害者必憔瘁。(92)叔孫穆子食慶封　叔孫穆子設便宴招待慶封。穆子即叔孫豹，魯卿。(93)氾祭　遍祭諸神。此為叔孫宴慶封，慶封不宜氾祭，封不知禮。(94)茅鴟　杜注：「逸詩，刺不敬。」襄公二十七年傳云：慶封不敬，叔孫為賦〈相鼠〉，慶封不知其意。今不賦而誦，慶封亦不知其意。(95)吳句餘予之朱方　杜注：「句餘，吳子夷末也。」服虔以為是吳王餘祭。餘祭為壽夢第二子，夷末為第三子。慶封奔吳當在下年初，餘祭之死在下年五月，故服虔說可信。朱方，吳邑，在今江蘇省鎮江市東南。(96)子服惠伯　即孟椒，孟獻子之孫，仲孫它之子。魯大夫。(97)旃　「之焉」的合音詞。之，代詞。焉，語氣詞。(98)癸巳　十一月二十五日。按，周靈王死於此日，因未有訃告，故經文未書。詳末章。(99)崔氏之亂　指魯襄公十九年齊靈公死，崔杼、慶封擁立齊莊公，拘執公子牙，殺高厚。二十一年復討公子牙之黨，執公子買於句瀆之丘，公子鉏奔魯，叔孫還奔燕。此傳買作賈，二字形近，未知孰是。(100)邶殿其鄙六十　邶殿城郊野的六十個邑。邶殿，齊國大邑，在今山東省昌邑市西二里。其，之。此六十邑指村落，見襄公二十七年傳。(101)在外不得宰吾一邑　逃亡在外，我就連一邑都不能主宰了。(102)幅　布帛的寬度。幅富同聲符，故以相喻。(103)為之制度二句　給它規定幅度，使它不能改變。古時麻布寬二尺二寸，帛寬二尺四寸，不能增減。廣狹不中量，不能上市。(104)生厚而用利　生活求豐厚，器用求富足。(105)正德以幅之　端正道德而限制私利。幅，由布帛之幅度引申為限制。(106)使無黜嫚　使它不能不足，也不要過分。黜，退；下；不足。嫚，通「漫」。過分。(107)稍致之　全都還給齊景公。《廣雅・釋詁》：「稍，盡也。」(108)釋盧蒲嫳於北竟　放逐盧蒲嫳到北部邊境。竟，同「境」。昭公三年傳云，又逐之於北燕。(109)亂臣　治理天下之臣。亂，治。(110)拱璧　大玉璧；如雙手合拱大的玉璧。(111)十二月乙亥朔　當是己亥朔。己誤作乙，形近而誤。十一月有乙亥、丁亥，十二月初一日不得為乙亥。(112)殯于大寢　棺柩停放在正寢。大寢，諸侯所居之正室。遷葬齊莊公，葬前先殯。(113)以其棺尸　用崔杼的棺材，把崔杼的屍體曝露在街上示眾。尸，曝屍。動詞。崔杼於去年九月初五日自縊，其屍尚未腐朽。(114)黃崖　在鄭都北郊，在今河南省新鄭市東北二十里。(115)伯有無

戾二句　伯有如在鄭國無罪，不受戮，鄭國必受大害。[116]承守　承先祖，保家業。[117]濟澤之阿五句　渡口水澤邊的崖岸薄土，路邊積水中的浮萍水草，把它放到宗廟裏作祭品，讓季蘭作祭尸受祭，這是表示恭敬。阿，水崖。潦，積水。此數句義同《詩經・召南・采蘋》。又見隱公三年傳。[118]叔仲昭伯　即叔仲帶，叔仲惠伯之孫。[119]誰遑其後　誰有工夫顧到以後的事。遑，暇。遑字下承上省「恤」字。[120]專之矣　能專門任用他了。杜注「言足專用」。[121]榮成伯　叔肸曾孫，子叔齊子之子。叔肸為魯宣公弟。[122]故書之二句　所以《春秋》記載「十二月甲寅（十六日），天王崩」，用來懲戒周王臣下的過錯。周王實死於十一月癸巳（二十五日）。徵，讀作「懲」。

【語　譯】魯襄公周曆二十八年春季，沒有凍冰。梓慎說：「今年宋國、鄭國怕要饑荒了。歲星應行在星紀次，卻過頭行到玄枵次。因此要發生天時不正常的災荒。寒氣不勝暖氣，所以無冰。玄枵次為蛇，乘坐在龍的上面，龍是宋鄭兩國的星，所以宋鄭必然有饑荒。玄枵有三個星宿，虛宿在中間。枵是虛耗的意思，土地空虛而百姓耗減，怎能不發生饑荒呢？」

夏季，齊景公、陳哀公、蔡景公、北燕伯、杞文公、胡子、沈子、白狄等國君主到晉國朝見，這是由於去年在宋國結盟的緣故。齊景公將動身時，慶封說：「我國沒有參加結盟，為什麼向晉國朝見？」陳文子說：「先完成事奉的禮節，然後再考慮進貢，這是合於禮的。小國事奉大國，如沒有獲得事奉的機會，就要順從大國的意圖，這也是合於禮的。我國雖沒有參加結盟，敢背叛晉國嗎？重丘會盟的事是不能忘記的。您還是勸國君前去吧！」

衛國人討伐甯喜的餘黨，所以石惡就逃奔到晉國。衛國人立石惡的姪子石圃做繼承人，以保存石氏的祭祀，這是合於禮的。

邾悼公來魯國朝見，這是四時的朝聘。

秋季八月，大舉雩祭求雨，是由於有旱災。

蔡景公朝晉後從晉都回國，進入鄭國都城。鄭簡公設宴招待他，蔡景公表現不恭敬。子產說：「蔡侯恐怕不免禍難了！前時經過鄭國，國君派子展前往東門外慰勞他，他就很傲慢。我說他還會改變的。現在從晉國回來，接受宴禮而顯得怠惰不敬，這就是他的本性了。做小國的國君，事奉大國，而存心怠惰傲慢，將會好死嗎？如果不免於禍難，就必定由於他的兒子造成的。他作為國君，竟然淫亂得不像作父親的樣子。我聽說，像這種姦淫兒媳的人，常會引起兒子作亂的。」

魯國的孟孝伯到晉國去，告訴晉國，魯國為了在宋國結盟的緣故而將去朝見楚國。蔡景公到晉國去的時候，鄭簡公派游吉到楚國去朝聘。他到達漢水時，楚國人叫他返回來，說：「宋國結盟時，你們國君親自參加，現在卻派你來。我們國君說你姑且回去，我們將派傳車奔赴晉國詢問以後再告知你。」游吉說：「在宋國結盟時，楚君命令要有利於小國，也要讓小國安定他的國家，鎮撫他的百姓，用禮儀承受上天的賜予，這是楚君的法令，也是小國所希望的。由於年成不好，我們國君因此派我奉上皮帛財禮，向貴國下級執事聘問。現在執事命令說：『你有何資格參與鄭國的政事？定要你們的國君離開他的國境，跋山涉水，冒著霜露，來滿足我國君的心意。』小國期望楚君恩賜，怎敢不唯命是聽？無奈這不是盟書的話，如果使楚國國君的德行有缺損，對執事也有所不利，小國就怕這個，所以才派我來。否則，我們國君還敢怕什麼勞苦？必親來朝見了。」游吉回到鄭國復命，告訴子展說：「楚王怕將要死了。不修明他的政事德行，而貪圖諸侯的財貨，以滿足他的欲望，這樣想活得長久，做得到嗎？《周易》有這樣的話，得到〈復〉卦䷗變成〈頤〉卦䷚，爻辭說『迷復，凶』。這說的就是楚王吧！想實現他的願望，卻拋棄了他的根本，如同迷了路才想往回走，卻忘掉原來的路徑，結果無處可歸，這就叫『迷復』，能沒有凶災嗎？希望國君去楚國吧，送葬楚王後回來，讓楚國痛快一下。楚國沒有近十年時間，是不能爭做霸主的，我們可讓百姓休養生息了。」裨竈說：「今年周天子和楚王都將死去。歲星離開它的位次，而運行到明年的位次，這就禍害朱雀星區的鶉尾宿，它是周楚的分野，所以周朝和楚國要受災殃。」九月，鄭國的游吉到晉國，報告晉國，鄭國將朝見楚國以遵循在宋國的盟約。子產輔佐鄭簡公到楚國去，在楚國郊外搭了帷帳而不築高壇。外僕說：「從前先大夫輔佐先君到四方各國聘問，沒有不築壇的。從那時到現在也都照辦的。現在您不除草，搭個帷帳就算了事，恐怕不可以吧？」子產說：「大國君臣到小國去，就除草築高壇；小國去到大國，隨便搭個帷帳就行了，哪裏用得著築壇？我聽說過，大國君臣到小國去有五種好處：寬恕他的罪過，赦免他的失誤，救助他的災難，讚賞他的德行和刑法，教導他做得還不到的地方。小國不困乏，順服大國像回家一樣，因此築壇來顯揚他的功德，向後代人宣告，不要怠惰於修養德行。小國君臣去到大國有五種壞處：向小國掩飾他的過錯，求取他所缺乏的東西，要小國奉行他的政令，供給他財貨禮品，隨時服從他發出的命令。不這樣，就是加重小國的財禮，用來祝賀他的喜事和慰問他的禍事。這都是小國的災禍，哪裏還用築壇以招惹災禍？把這些告訴子孫，不要招來禍患就可以了。」

齊相慶封喜歡打獵，嗜好喝酒，把政事交付給兒子慶舍去辦，自己卻帶著妻妾財物搬到大夫盧蒲嫳家，交換妻妾，喝酒作樂。幾天以後，官員們就改到這裏來朝見。慶封讓逃亡在外而知道崔杼餘黨的人，如前來密告就讓他回國復職。所以就讓盧蒲癸回國，做了慶舍的家臣，受到寵信。慶舍把女兒嫁給盧蒲癸作妻子，就叫盧蒲姜。慶舍的家臣問盧蒲癸說：「男女婚配要辨別是否同姓，您卻不避同姓同宗，為什麼？」盧蒲癸說：「同宗的人不避我，我難道偏偏要避開同宗？比如賦詩時斷章取義，我取我所需要的就是了，哪管它什麼同宗不同宗？」盧蒲癸又向慶舍推舉王何，而後讓他回國，兩人都受到寵信。慶舍讓他倆拿著寢戈在前後作隨身警衛。

卿大夫在朝廷辦公務供應膳食，每天吃兩隻雞，管膳食的人暗中換成鴨子。侍候的人知道了，就除去鴨肉，只把湯汁送上去。子雅、子尾大怒。慶封告訴了盧蒲嫳，盧蒲嫳說：「把他們比作禽獸，殺了他們，把他們的皮墊在底下讓我坐臥了。」就派析歸父告知晏平仲，晏平仲說：「我的家人不足用，智慧也不能謀劃。但這些話決不敢洩漏，可以盟誓。」慶封說：「您的話如此說了，哪裏還用盟誓？」又告訴北郭子車，子車說：「各人有各自的方式事奉國君，這不是我北郭佐所能做的。」陳須無對兒子陳無宇說：「禍難將要發生了，我們能得到什麼？」陳無宇回答說：「在莊街上可獲得慶氏的木材一百車。」陳須無說：「謹慎地守候機會就可以了。」盧蒲癸、王何為攻打慶氏而占卜，把兆象給慶舍看，說：「有人為攻打仇人而占卜，謹獻上占卜的兆象。」慶舍說：「攻下了，見到血。」冬季十月，慶封到萊地打獵，陳無宇隨從。十七日，陳須無派人召喚陳無宇回來，請求說：「無宇的母親病重，請讓他回家。」慶封占卜，把兆象給陳無宇看。無宇說：「這是死兆。」捧著龜甲就哭泣。慶封就讓他回家。慶嗣知道了，說：「禍難將要發生了。」就對慶封說：「趕快回去，禍難必然發生在嘗祭的時候，回去還來得及。」慶封不聽，也沒有悔改的意思。慶嗣說：「我逃亡吧！能逃到吳國、越國就僥倖了。」陳無宇回去時渡過河流，就破壞了渡船，撤去了橋梁。盧蒲姜對丈夫盧蒲癸說：「你有事不告訴我，必然不能成功。」盧蒲癸就告訴她。她說：「我父親性情拗強，如沒有人勸阻他，他反倒不出來了。請讓我去勸阻他。」盧蒲癸說：「好的。」十一月初七日，在太公的廟裏舉行嘗祭，慶舍將去主持祭祀。盧蒲姜告訴他會有禍亂，並且勸阻他不要去。他不聽，說：「誰敢作亂？」就到太公廟去。麻嬰充當祭尸受祭，慶奊作上賓進獻祭品。盧蒲癸、王何手執寢戈，慶舍把他的甲士圍在太公廟外的公宮四周。陳家、鮑家的養馬人表演戲曲。慶家的馬容易受驚，甲士都脫下皮甲，繫住馬匹而後去喝酒，到魚里去看戲。子雅、子尾、陳須無、鮑國四族的徒兵就穿上慶家甲士脫下的皮甲。子尾拔出槌子，在廟門上敲了三下。盧蒲癸就從後面直刺慶舍，王何用寢戈對他猛擊，砍去了他的左肩。他還能攀援廟宇的椽子，震動了棟梁，把盛肉的盤子和酒壺向人扔去，扔殺了人而後死去。盧蒲癸等人接著殺死了慶繩、麻嬰。齊景公恐懼，鮑國說：「羣臣是為了國君的緣故。」陳須無帶著齊景公回去，脫下祭服後就送他進了內宮。慶封回來，遇到報告動亂的人。十九日，他就攻打西門，沒有攻下。回過來攻打北門，攻破了。進城，攻打內宮，沒有攻下。返回來，在名嶽的大街上列陣，請求決戰，又沒人跟他戰。他就逃亡到魯國來，把車子獻給季武子。車子華美光澤得可以作鏡子照人。展莊叔見了說：「車子很光亮，別人必然憔悴，無怪乎他要逃亡了。」叔孫穆子設便宴招待慶封，慶封先遍祭眾神。穆子不高興，讓樂工為他誦〈茅鴟〉這首詩，他也不知道詩的意思。不久齊國人來責問魯國，慶封就逃亡到吳國。吳王句餘給了他朱方邑，他聚集了族人住在那裏，比以前還富有。子服惠伯對叔孫穆子說：「老天大概讓壞人富有的，慶封又富有了。」穆子說：「好人富有叫做獎賞，壞人富有叫做災殃。上天恐怕將降災於他了，將要讓他們聚集後一起殲滅吧！」

十一月二十五日，周靈王去世。沒有發來訃告，《春秋》不加記載，這是合於禮的。

崔氏討伐公子牙的那次動亂，公子們各自逃亡，所以公子鉏逃在魯國，叔孫還逃在燕國，公子賈逃在句瀆之丘。等到今年慶封逃亡後，齊國就把他們召回去，為他們準備好器用物品，把封邑還給他們。另外封給晏子邶殿郊野六十個村邑，晏子不肯接受。子尾說：「富有，是人人所需要的。為什麼偏偏你不要？」晏子回答說：「慶氏的城邑滿足了他的欲望，所以逃亡。我的城邑不能滿足我的欲望，如加上邶殿，就滿足欲望了。滿足了欲望，離逃亡就沒有幾日了。如逃亡在外，我就連一個邑也不能主宰了。不接受邶殿，並非討厭富有，而是恐怕失去富有。再說富有這東西，好像布帛要有一定的寬度，給它規定幅度，使它不能改變。百姓總想生活豐厚，器用富足，因此要端正他們的德行，而加以限制，讓他們生活不要不足，也不能過分，這叫做限制私利。私利過分，不加節制，就要敗壞政事。我不敢貪多，就是所說的限制私利。」齊景公賜給北郭佐六十個邑，他接受了。賜給子雅封邑，他辭去了多數而接受了少數。賜給子尾封邑，他接受了以後又全都還給了齊君。齊景公認為子尾忠誠，所以子尾受到寵信。把盧蒲嫳放逐到齊國北部邊境。接著尋找崔杼的屍體，準備戮屍，但沒找到。叔孫穆子說：「一定找得著的。周武王有十個治天下的大臣，崔杼能有嗎？不足十個人，就不可能加以安葬，不葬就能找到屍首。」不久，崔氏的家臣說：「把他的大玉璧給我，我獻出他的棺柩。」由此找到了崔杼的屍首。十二月初一日，齊國人遷葬齊莊公，把他的棺柩停放在正寢。用崔杼的棺材裝著他的屍首放在街市上示眾。都城的人們還認得出，都說：「這是崔杼。」

由於宋國弭兵會盟的緣故，魯襄公和宋平公、陳哀公、鄭簡公、許悼公到楚國去朝見。魯襄公經過鄭國時，鄭簡公已不在國內，伯有到黃崖慰勞魯襄公，表現不恭敬。叔孫穆子說：「伯有如果在鄭國無罪，不被殺戮，就必定使鄭國有大災害。恭敬，是百姓的主宰，他卻拋棄了恭敬，還怎麼繼承先祖來保住家業？鄭國人不懲罰他，必遭到他的災禍。水澤邊的薄土，路旁積水中的浮萍、水草，把它們放到宗廟作祭品，季蘭作祭尸受祭，這是表現恭敬。恭敬怎能丟棄呢？」魯襄公到達漢水時，楚康王死了。魯襄公想要回去。叔仲昭伯說：「我們是為了楚國來的，難道是為了康王一個人？繼續前去吧！」子服惠伯說：「君子有長遠考慮，小人是只看眼前。飢寒都顧不上，誰有工夫顧到以後？不如暫且回去吧。」叔孫穆子說：「叔仲子可被專門任用了，子服子還剛開始學習呢。」榮成伯說：「長遠考慮的人是忠誠的。」魯襄公就繼續前往楚國。宋國的向戌說：「我們是為了楚王一個人，不是為了楚國。百姓飢寒都顧不上，誰能顧恤楚國？姑且回去讓百姓休息，等到楚國立了新君以後再為他來聘問吧。」宋平公就先回國去了。

楚國令尹屈建死了，晉卿趙文子去弔喪如同對待同盟國一樣，這是合於禮的。

周王的使臣來魯國通知喪事，問他周天子死去的日期，他告知是十二月甲寅日，所以《春秋》也這樣記載，用來懲戒臣下的過錯。

【說　明】去年宋國的弭兵之會，晉楚並為霸主。今年，原來順從楚國的陳、蔡和楚的附庸小國胡、沈等去朝見晉國。齊景公不忘重丘之盟，也去朝晉。原來順從晉國的魯、鄭、宋等國前去朝楚，還先要告知晉國，顯得十分謹慎。鄭國大夫游吉至楚聘問，到漢水就被楚人擋回來，定要國君前往。鄭簡公被迫「跋涉山川，蒙犯霜露」，由子產陪同前去朝楚，在楚都郊外搭個帷帳接受「郊勞」之禮，既不先除草，也不築高壇，子產所謂「小適大有五惡」，勿招惹災禍就大幸了。子產慎言慎行，反映當時霸權主義給小國造成的禍害是何等嚴重。但蔡景公朝晉前後，兩次經過鄭國，都表現得傲慢不敬。鄭大夫伯有即良霄在外事活動中也表現不敬，與去年賦詩失禮，都預示將招來災禍。為三十年傳蔡景公、鄭良霄被殺張本。

齊國近數十年來由崔、慶兩大卿族掌權，國君無能。去年慶封滅崔氏後當國執政，但荒淫無恥，搜括特甚，大失民心；又將政權交付其子慶舍；原來避崔杼之禍而逃亡在外的公子與大夫紛紛回國爭權。於是子雅、子尾、盧蒲癸、王何等人，勾結陳須無、鮑國二族發動政變，殺死慶舍，慶封逃亡吳國，盧蒲嫳放逐北境，崔杼雖已死一年多，仍開棺曝屍於市。由此齊國陳氏父子得勢，春秋時代漸近尾聲了。

今年宋、鄭等國饑荒；周靈王、楚康王都死去。陰陽曆算家歸之於歲星運行越位到玄枵次所致，其實二者無因果關係，而是古人對歲星運行計算不準確，計算所得在星紀次，而實際運行已到玄枵次，計算與天象不相合。但這也說明當時已重視對天象的觀測，並予以準確記載了。

二十九年

丁巳，西元前五四四年。周景王貴元年、齊景公四年、晉平公十四年、秦景公三十三年、楚郟敖元年、宋平公三十二年、衛獻公三十三年（後元四年）、陳哀公二十五年、蔡景公四十八年、曹武公十一年、鄭簡公二十二年、燕惠公元年、許悼公三年、吳王餘祭四年。

經 二十有九年春，王正月，公在楚。

夏五月，公至自楚。

庚午，衛侯衎卒。

閽弒吳子餘祭。

仲孫羯會晉荀盈、齊高止、宋華定、衛世叔儀、鄭公孫段、曹人、莒人、滕人、薛人、小邾人城杞。

晉侯使士鞅來聘。

杞子來盟。

吳子使札來聘。

秋九月，葬衛獻公。

齊高止出奔北燕。

冬，仲孫羯如晉。

傳 二十九年春王正月，公在楚，釋不朝正于廟也❶。楚人使公親襚❷，公患之。穆叔曰：「祓殯而襚，則布幣也❸。」乃使巫以桃茢先祓殯❹。楚人弗禁，既而悔之。

二月癸卯❺，齊人葬莊公於北郭❻。

夏四月，葬楚康王，公及陳侯、鄭伯、許男送葬，至於西門之外，諸侯之大夫皆至于墓。楚郟敖❼即位，王子圍❽為令尹。鄭行人子羽❾曰：「是謂不宜，必代之昌❿。松柏之下，其草不殖。」

公還，及方城⓫。季武子取卞⓬，使公冶問⓭，璽書追而與之⓮，曰：「聞守卞者將叛，臣帥徒以討之，既得之矣。敢告。」公冶致使⓯而退，及舍，而後聞取卞。公曰：「欲之而言叛，祇見疏也⓰。」公謂公冶曰：「吾可以入乎？」對曰：「君實有國，誰敢違君？」公與公冶冕服⓱。固辭，強之而後受。公欲無入，榮成伯賦〈式微〉⓲，乃歸。五月，公至自楚。公冶致其邑於季氏，而終不入焉⓳。曰：「欺其君，何必使余⓴？」季孫見之，則言季氏如他日㉑；不見，則終不言季氏。及疾，聚其臣㉒曰：「我死，必無以冕服斂，非德賞㉓也。且無使季氏葬我。」

葬靈王，鄭上卿有事㉔。子展使印段㉕往。伯有㉖曰：「弱，不可。」子展曰：「與其莫往，弱不猶愈乎㉗？《詩》云：『王事靡盬，不遑啟處。』㉘東西南北，誰敢寧處？堅事晉、楚，以蕃㉙王室也。王事無曠，何常之有㉚？」遂使印段如周。

吳人伐越㉛，獲俘焉，以為閽㉜，使守舟。吳子餘祭㉝觀舟，閽以刀弒之。

鄭子展卒，子皮㉞即位。於是鄭饑，而未及麥，民病。子皮以子展之命餼國人粟，戶一鍾㉟，是以得鄭國之民，故罕氏常掌國政，以為上卿。宋司城子罕㊱聞之，曰：「鄰於善㊲，民之望也。」宋亦饑，請於平公，出公粟以貸，使大夫皆貸㊳。司城氏貸而不書，為大夫之無者貸㊴，宋無飢人。叔向聞之曰：「鄭之罕，宋之樂，其後亡者也，二者其皆得國㊵乎！民之歸也。施而不德，樂氏加焉，其以宋升降乎㊶！」

晉平公，杞出㊷也，故治杞㊸。六月，知悼子合諸侯之大夫以城杞㊹。孟孝伯㊺會之，鄭子大叔與伯石㊻往。子大叔見大叔文子㊼，與之語。文子曰：「甚乎其城杞也！」子大叔曰：「若之何哉？晉國不恤周宗之闕，而夏肄是屏[48]。其弃諸姬[49]，亦可知也已。諸姬是弃，其誰歸之？吉也聞之，弃同即異[50]，是謂離德。《詩》曰：『協比其鄰，昏姻孔云。』[51]晉不鄰矣，其誰云之[52]？」

齊高子容與宋司徒見知伯[53]，女齊[54]相禮。賓出，司馬侯言於知伯曰：「二子皆將不免。子容專，司徒侈，皆亡家之主[55]也。」知伯曰：「何如？」對曰：「專則速及，侈將以其力斃[56]；專則人實斃之，將及矣。」

范獻子[57]來聘，拜城杞也。公享之，展莊叔執幣[58]。射者三耦[59]，公臣不足，取於家臣[60]。家臣，展瑕、展王父為一耦；公臣，公巫召伯、仲顏莊叔為一耦，鄫鼓父、黨叔為一耦。

晉侯使司馬女叔侯來治杞田[61]，弗盡歸也。晉悼夫人慍曰：「齊也取貨，先君若有知也，不尚取之[62]。」公告叔侯，叔侯曰：「虞、虢、焦、滑、霍、揚、韓、魏[63]，皆姬姓也，晉是以大。若非侵小，將何所取？武、獻以下，兼國多矣，誰得治之？杞，夏餘也，而即東夷。魯，周公之後也，而睦於晉。以杞封魯猶可，而何有焉[64]？魯之於晉也，職貢不乏，玩好時至，公卿大夫相繼於朝，史不絕書，府無虛月[65]。如是可矣，何必瘠魯以肥杞？且先君而有知也，毋寧夫人[66]，而焉用老臣？」

杞文公來盟，書曰「子」，賤之也67。

【注釋】❶公在楚二句　《春秋》之所以記載「正月，公在楚」，是為魯襄公沒有到祖廟朝正作解釋。諸侯於每月初一至祖廟祭祀，謂之告朔、視朔，於正月初一至祖廟祭祀，謂之朝正。魯襄公於去年十一月前往楚國，今年五月回國，故未朝正。❷使公親襚　使魯襄公親自送壽衣。襚，死人所穿的衣服。襄公至楚，楚康王已大殮殯柩。按禮，鄰國來弔喪，由使臣致襚，今楚人使公親襚，視魯君為臣。❸祓殯二句　先行祓殯之喪禮，而後送上壽衣，就同陳列朝聘的財貨無異。祓，除災求福的一種迷信活動。布，陳列。幣，皮革玉帛之類的財物，朝聘時所貢的財禮。❹乃使巫以桃茢句　就派巫祝用桃枝、苕帚先在殯柩上掃除不祥。茢，苕帚。《禮記・檀弓下》：「君臨臣喪，以巫祝桃茢執戈，惡之也。」楚人本欲視魯君為臣，反使魯君行君臨臣喪的祓殯之禮，故又悔之。❺癸卯　初六日。❻葬莊公於北郭　齊莊公名光，為崔杼所殺（見襄公二十五年傳）。後滅崔氏、慶氏（見二十七、二十八年傳），遂遷葬莊公。但莊公死於兵刃，不能葬入祖墳，故葬於北郭。郭，外城。❼郟敖　楚康王之子熊麇。❽王子圍　楚共王子，楚康王弟，為人強橫。已見襄公二十六年傳。❾行人子羽　行人，使者；外交官。子羽，鄭大夫公孫揮。❿是謂不宜二句　這叫不合適，令尹必定取代楚王而昌盛。因王子圍強橫而楚王幼弱，故下句言松柏之下，小草不能繁殖。為昭公元年王子圍殺郟敖張本。⓫方城　山名，楚國北部屏障，在今河南省方城縣東北四十里。⓬卞　魯邑，在今山東省泗水縣東五十里，洙水北岸。本魯公室所有，季武子乘襄公往楚，取卞以自益。⓭使公冶問　派公冶去問候襄公。公冶為季武子屬下大夫。⓮璽書追而與之　用封泥加璽印把書信密封了追上去給公冶，讓他送給襄公。璽，印。古時諸侯、卿大夫的官印都稱璽，秦始皇以後專指皇帝的印為璽。封口蓋有印信的文書稱璽書，秦以後專指皇帝的詔書。古時無印泥，封識用印，先以泥封口，然後於泥上按印。⓯致使　完成使命。即問安，送交璽書。⓰欲之而言叛二句　想要卞邑而藉口說它背叛，只能是顯得疏遠我。意謂不妨直說。祇，只。⓱冕服　大夫以上的貴族所穿戴的禮帽、禮服。⓲榮成伯賦式微　榮成伯是叔肸曾孫，叔老之子。〈式微〉為《詩經・邶風》篇名，有句「式微式微胡不歸？」賦詩之意是勸襄公回國。⓳公冶致其邑二句　公冶把自己的封邑退還給季武子（不願再為其屬大夫），此後始終不入季孫家門。⓴欺其君二句　欺騙他的國君的事，何必差遣我呢。公冶本不知璽書內容，事後始知問安是假，告取卞是真。取卞是欺君，奉使亦被欺，故自恨為季氏欺魯君。㉑則言季氏如他日　就同往日一樣和季氏說話。㉒聚其臣　聚集他家的臣僕。㉓非德賞　並非德行好而受的賞賜。㉔鄭上卿有事　鄭國上卿子展因鄭簡公往楚朝聘，自己留守，不能離開鄭國去送葬周靈王。按禮應上卿送葬。㉕印段　鄭穆公之子子印的後代，字子石。㉖伯有　即良霄，鄭穆公之子子良之孫，子耳之子。㉗與其莫往二句　與其沒有誰去（不如讓他去），他雖年少，但不是比沒有人去好些嗎。㉘詩云三句　見《詩經・小雅・四牡》，又見〈小雅・采薇〉。意謂王事沒有止息，無暇安居。王事，指諸侯朝聘、會盟、征伐之事。靡，通「無」。盬，止息（用王引之說）。遑，暇。啟，跪。處，居；安坐。古人之坐是兩膝著席，臀著足跟；跪則將腰部伸直，臀不著足跟。㉙蕃　通「藩」。屏藩；捍衛。㉚王事無曠二句　王事沒有缺失，有什麼常規呢。常，指上卿送葬的常規。㉛越　夏少康封其子無餘於會稽為越國，傳三十餘世不通中原。其地在今浙江省紹興市一帶。至西元前四九六年允常死，句踐立，其國始強。傳文於此始見「越」。㉜閽　看守宮門的人。㉝餘祭　吳王壽夢次子，在位四年被殺，由其弟夷昧繼位。㉞子皮　子展之子，子罕之孫，故稱罕氏。子展死後，繼父職為鄭國上卿。㉟以子展之命二句　用子展的遺命把糧食送給百姓，每戶一鍾。子展死之前民已饑荒，故以父命。餼，贈送糧食。鍾，量器，六斛四斗為一鍾，合今日僅一斛多。㊱司城子罕　宋國樂喜，字子罕，官司城，因有才德，執國政。㊲鄰於善　近於善，去做好事。㊳出公粟以貸二句　拿出公室的糧食借貸給百姓，並讓大夫也拿出糧食貸給百姓。㊴貸而不書二句　子罕貸出糧食都不要寫借據（即不求歸還），並且給沒有餘糧的大夫借糧食給百姓。㊵得國　得掌國政。㊶施而不德三句　施捨糧食而不自以為有恩德，樂氏更高出一籌了，他家會和宋國的盛衰一起升降。加，勝過。以，與。謂與宋國同命運。㊷杞出　杞氏所生。晉悼公夫人為杞桓公之女，生晉平公。杞女婚配悼公見成公十八年傳。㊸治杞　修建杞國都城。據昭公元年傳，杞遷都淳于，故晉為之築城。淳于在今山東省安丘市東北三十多里。㊹知悼子合諸侯之大夫句　知悼子即荀盈，又稱知盈、知伯，知武子荀罃之孫，知莊子荀朔之子。經文云：「（魯）仲孫羯會晉荀盈、齊高止、宋華定、衛世叔儀、鄭公孫段、曹人、莒人、滕人、薛人、小邾人城杞。」知悼子共會合十一國大夫修築杞城。㊺孟孝伯　即經文之仲孫羯，孟獻子之孫。㊻子大叔與伯石　子大叔即游吉，下自稱其名「吉」。大，同「太」。伯石即經文之公孫段。㊼大叔文子　即太叔儀，諡文子。經文稱世叔儀。㊽晉國不恤二句　晉國不擔憂周王室的衰微，反而保護這個夏朝的殘餘。闕，缺；殘；衰。肄，餘。杞國是夏朝之後，故稱夏肄。下文云：「杞，夏餘也。」屏，藩屏；保護。「夏肄是屏」即屏是夏肄的倒裝句。㊾諸姬　指魯、鄭、衛等姬姓國，與晉為同姓兄弟之國。㊿即異　親近異姓之國。即，就；靠近。(51)詩曰三句　見《詩經・小雅・正月》。協比，今詩作「洽比」，融洽親近。鄰，相近者；同一類人。昏，同「婚」。孔，甚。云，周旋往來；友好（毛傳「旋也」，鄭箋「猶友也」）。

詩句本意謂得勢之小人與其同黨和姻親相親，往來十分友好。傳文用以指晉與杞親密友好。52晉不鄰矣二句　晉國不把同姓國看作同姓宗親了，還有誰同他往來友好呢。鄰，同姓諸姬。用作動詞。53齊高子容句　高子容即經文之高止。宋司徒即經文之華定，為宋國司徒。知伯即荀盈。高止、華定拜見荀盈，事當在為杞築城前後。54女齊　晉大夫，官司馬，又稱女叔侯、司馬侯。已見襄二十六年傳。55皆亡家之主　都是使家族滅亡的大夫。56專則速及二句　專橫就會很快遭到災禍，奢侈就會由於自己有力量而死亡。今年秋高止即被逐，昭公二十年華定奔陳。57范獻子　即經文之士鞅，范宣子士匄之子，繼父職為卿。58執幣　手捧束帛。宴禮時，主人勸賓客飲酒，然後奉送束帛，名為酬幣。按禮，執幣者為宰夫。59射者三耦　宴禮後行射禮，陪射者要三對。二人一對為耦。三耦先射，主人與賓客後射，每人射四箭。60公臣不足二句　此時魯公室卑下，能知禮而善射的公室之臣已不足六人，故取大夫的家臣補足。61來治杞田　來魯國辦理討還杞國田地的事。下云「取貨」。蓋往年魯曾攻取杞田。62不尚取之　不會助他討取的。尚，佑助。63虞虢焦滑霍揚韓魏　此八國皆姬姓國，已先後為晉所滅。64何有焉　何有於是；哪裏還有這杞國。65史不絕書二句　史官沒有中斷過記載，國庫沒有一個月不受魯國的貢品。66毋寧夫人　寧可讓夫人去辦。服虔云：「毋寧，寧也。」古代婦女不外交，故句意實謂此事不當辦。67書曰子二句　《春秋》記載說「杞子來盟」，不記「杞伯」，是表示輕賤他。自僖公二十七年以後，經文稱杞國君例稱杞伯。

【語　譯】魯襄公二十九年春季，周王曆法的正月，經文記載魯襄公還在楚國，這是為襄公不能在正月初一到宗廟祭祀作解釋。楚國人使魯襄公親自為楚康王的屍體送壽衣，襄公為此憂慮。穆叔說：「先在停放的棺柩上掃除不祥的凶災，再送上死者的壽衣，就等於朝見時陳列皮帛財禮。」於是就讓巫祝用桃枝、苕帚先在棺柩上掃除不祥。楚國人不加禁止，不久又感到後悔。

二月初六日，齊國人在外城北部安葬齊莊公。

夏季四月，安葬楚康王，魯襄公和陳哀公、鄭簡公、許悼公參加送葬，送到西門外，各諸侯的大夫都送到墓地。楚康王的兒子郟敖即位，王子圍做令尹。鄭國的使臣子羽說：「這叫不恰當。令尹必然代替楚王而昌盛，如同松柏之下，小草是不會繁殖的。」

魯襄公回國到達方城山時。季武子佔領了卞邑，派公治來問候襄公，用封泥密封書信按上印而後追去給了公冶。信上是說：「聽說守衛卞邑的人將要叛變，下臣率領徒兵去討伐，已經攻取了卞邑。謹此報告。」公冶完成使命後退出去，到了住的帳篷以後，才知道攻佔卞邑的事。魯襄公說：「想要卞邑而說它叛變，只是顯得疏遠我。」魯襄公對公冶說：「我可以進入魯國嗎？」公冶回答說：「國君是擁有一國，誰敢違抗國君？」魯襄公賜給公冶冕服，公冶堅決辭謝不受，魯襄公硬是賜給他才接受了。襄公想不進入魯國，榮成伯賦〈式微〉這首詩，襄公這才回國。五月，襄公從楚國回到魯國。公冶把他的封邑退還給季武子，而且以後始終不進季氏家門，說道：「欺騙他的國君的事，何必差遣我呢？」季孫見到他，他就同往日一樣和季孫說話。不相見時，他始終不談季氏。公冶到病重時，聚集他家的臣僕說：「我死後，一定不能用冕服入殮，因為那不是由於德行而所得的賞賜。並且不要讓季氏來安葬我。」

安葬周靈王。鄭國上卿子展有守國之事不能去送葬，他派印段前去。伯有說：「印段年紀太輕，不行。」子展說：「與其沒有人去，派年輕的去不是比沒有人去還好些嗎？《詩經》說：『王事沒有止息，沒有閒暇安居。』東西南北，誰敢安穩歇息？堅定地事奉晉國、楚國，是為了捍衛王室。王事沒有失誤，有什麼常規定要上卿去送葬呢？」就派印段到成周去送葬。

吳國人攻打越國，抓到了俘虜，讓他做看門人，又派他看守船隻。吳王餘祭視察船隻，看門人用刀殺死了吳王。

鄭國的子展死去，子皮代父為上卿。這時鄭國有饑荒，還不到麥收，百姓很困乏。子皮用子展的遺命把糧食送給國內的人，每戶六斛四斗，因此得到鄭國百姓的擁護，罕氏就經常執掌國政，做鄭國上卿。宋國的司城樂喜聽到這事，說：「做好事，是百姓所盼望的。」宋國也發生饑荒，司城樂喜向宋平公請求，拿出公室的糧食借給百姓，讓各大夫家也都拿糧食借給百姓。司城家借出糧食不用寫借據，還給沒有餘糧的大夫借糧給百姓。所以宋國沒有挨餓的人。晉國的叔向知道了這些事，說：「鄭國的罕氏，宋國的樂氏，將會是最遲滅亡的。這兩家大夫都將得掌國政吧！這是因為百姓歸順他們啊！施捨糧食而不自以為給人恩德，樂氏就更勝一籌了，他一家大概會隨著宋國的盛衰而升降吧！」

晉平公，是杞國之女所生的，所以晉國為杞國築城。六月，晉國的知悼子荀盈會合魯國、齊國、宋國、衛國、鄭國等十多國大夫為杞國築城，魯國是孟孝伯去參加的，鄭國是子太叔游吉和公孫段伯石去參加的。游吉見到衛國大夫太叔文子，就和他說話。太叔文子說：「為杞國築城這事太過分了！」游吉說：「拿他怎麼辦呢？晉國不擔心周王室的衰微，反而保護夏朝的殘餘——這個杞國；他丟棄姬姓諸國，也就可想而知了。丟棄了同是姬姓的國家，還有誰會歸順他？游吉聽說：拋棄同姓之國而親近異姓之國，這叫離德。《詩經》說：『小人和他的同黨親近融洽，和姻親往來十分友好。』晉國不把同姓國看作同姓國了，還有誰和他友好往來呢？」

齊國大夫高子容和宋國大夫司徒華定在築城時去拜見知悼子，晉國的司馬女齊作相禮官，等客人走了，女齊對知悼子說：「這兩位將不免災禍。子容專橫，司徒奢侈，都是使他的家族滅亡的大夫。」知悼子說：「為什麼呢？」女齊回答說：「專橫就會很快遭到災禍，奢侈會由於自己的力量而招致失敗。專橫，別人就會要他的命，他將遭到禍患了。」

范獻子來魯國聘問，拜謝魯國為杞國築城。魯襄公設宴款待他，展莊叔捧著束帛獻給范獻子。宴禮後舉行射禮，參加射禮的要有三對。公室之臣不夠，就在大夫的家臣中選取。家臣，展瑕、展王父作為一對；公臣，公巫召伯、仲顏莊叔為一對；鄫鼓父、黨叔為一對。

晉平公派司馬女叔侯來魯國為杞國討還田地，田地沒有全部歸還。晉悼公夫人生氣地說：「女齊討取田地不得力，先君如果有知，也不會幫助他的。」晉平公把母親的話告訴女叔侯，叔侯說：「虞國、虢國、焦國、滑國、霍國、揚國、韓國、魏國，都是姬姓國，被晉國滅了，晉國因此擴大。如果不是入侵小國，從什麼地方擴大？晉武公、晉獻公以來，兼併的小國就很多了，誰能討還呢？杞國是夏朝的後代，卻親近東夷。魯國是周公的後代，而和晉國和睦友好。把杞國封給魯國也是可以的，為什麼還要有杞國呢？魯國對於晉國，貢品不缺少，玩好之物不時送來，公卿大夫接連來朝見，史官沒有中斷過記載，國庫沒有一個月不受魯國的財禮。像這樣就可以了，何必要使魯國瘦弱而使杞國肥壯呢？如果先君有知，就寧可讓夫人自己去辦，又哪裏用得著我老臣呢？」

杞文公來魯國結盟，《春秋》記載說「杞子來盟」，不說「杞伯」，這是表示輕賤他。

【說　明】本年傳文可分兩段，以上為第一段。魯、鄭等國諸侯往朝楚國，而楚康王死。楚人強使魯襄公為死者送喪衣，視魯君為臣。留守魯國的季武子乘機自取卞邑，讓其屬下大夫公冶送璽書以謊言欺君。公冶亦被欺而自恨，於是退還封邑，不再為其屬大夫；生不入其家門，「終不言季氏」；死，「無使季氏葬我」。表現出古代士大夫忠誠不欺的人格力量。由此可以想見在那個時代的魯國出現孔子這樣的思想家決不是偶然的。

宋鄭二國鬧饑荒。鄭國子皮賑濟災民，每戶送一鍾糧食。宋國子罕「出公粟以貸，使大夫皆貸」，即由國家貸糧救災。子罕施捨而不自以為有德。故子罕、子皮能得民心。在這大荒之年，晉平公卻命荀盈動員十餘國大夫給杞國築城。杞國本是夏朝之後，只因平公母親、晉悼公夫人是杞國女，故晉平公為舅家築城，受到鄭國游吉和衛國太叔儀的非議。而齊國高止卻表現得專橫，宋國華定表現得奢侈，所以都不免於難。儘管魯國對晉「職貢不乏，玩好時至，公卿大夫相繼於朝，史不絕書，府無虛月」，但晉侯又使司馬叔侯為杞國討還田地。叔侯敢於批評晉侯「瘠魯以肥杞」。晉不恤同姓諸侯國，其霸業已近尾聲了。

傳 吳公子札❶來聘，見叔孫穆子❷，說❸之。謂穆子曰：「子其不得死❹乎？好善而不能擇人。吾聞君子務在擇人。吾子為魯宗卿❺，而任其大政，不慎舉，何以堪之？禍必及子。」請觀於周樂❻。使工為之歌〈周南〉、〈召南〉❼，曰：「美哉！始基之矣❽！猶未也，然勤而不怨矣❾。」為之歌〈邶〉、〈鄘〉、〈衛〉❿，曰：「美哉！淵乎！憂而不困者也⓫。吾聞衛康叔、武公之德⓬如是，是其〈衛風〉乎？」為之歌〈王〉⑬，曰：「美哉！思而不懼，其周之東乎⑭！」為之歌〈鄭〉，曰：「美哉！其細已甚，民弗堪也⑮。是其先亡乎⑯！」為之歌〈齊〉，曰：「美哉！泱泱乎，大國也哉⑰！表東海者，其大公乎！國未可量也⑱。」為之歌〈豳〉⑲，曰：「美哉！蕩乎⑳！樂而不淫，其周公之東乎㉑！」為之歌〈秦〉，曰：「此之謂夏聲㉒。夫能夏則大㉓，大之至也，其周之舊乎！」為之歌〈魏〉㉔，曰：「美哉！渢渢㉕乎！大而婉，險而易行㉖，以德輔此，則明主也。」為之歌〈唐〉㉗，曰：「思深哉！其有陶唐氏㉘之遺民乎！不然，何其憂之遠也？非令德㉙之後，誰能若是？」為之歌〈陳〉㉚，曰：「國無主，其能久乎㉛？」自〈鄶〉以下無譏焉㉜。為之歌〈小雅〉，曰：「美哉！思而不貳，怨而不言㉝，其周德之衰乎？猶有先王之遺民焉。」為之歌〈大雅〉，曰：「廣哉！熙熙乎㉞！曲而有直體㉟，其文王之德乎！」為之歌〈頌〉，曰：「至矣哉！直而不倨，曲而不屈㊱，邇而不偪，遠而不攜㊲，遷而不淫，復而不厭㊳，哀而不愁，樂而不荒㊴，用而不匱，廣而不宣，施而不費，取而不貪㊵，處而不底，行而不流㊶。五聲和，八風平，節有度，守有序㊷，盛德之所同㊸也。」見舞〈象箾〉、〈南籥〉㊹者。曰：「美哉！猶有憾㊺！」見舞〈大武〉㊻者。曰：「美哉！周之盛也，其若此乎！」見舞〈韶濩〉[47]者。曰：「聖人之弘也，而猶有慚德，聖人之難也[48]。」見舞〈大夏〉[49]者。曰：「美哉！勤而不德[50]，非禹，其誰能修之？」見舞〈韶箾〉[51]者。曰：「德至矣哉！大矣！如天之無不幬[52]也，如地之無不載也。雖甚盛德，其蔑以加於此[53]矣，觀止[54]矣。若有他樂，吾不敢請已。」

其出聘也，通嗣君[55]也。故遂聘于齊，說晏平仲，謂之曰：「子速納邑與政[56]。無邑無政，乃免於難。齊國之政，將有所歸，未獲所歸，難未歇也。」故晏子因陳桓子[57]以納政與邑，是以免於欒、高之難[58]。聘於鄭，見子產，如舊相識，與之縞帶[59]，子產獻紵衣[60]焉。謂子產曰：「鄭之執政侈[61]，難將至矣，政必及子。子為政，慎之以禮。不然，鄭國將敗。」適衛，說蘧瑗[62]、史狗[63]、史鰌[64]、公子荊、公叔發、公子朝[65]，曰：「衛多君子，未有患也。」自衛如晉，將宿於戚[66]，聞鐘聲焉，曰：「異哉！吾聞之也：辯而不德[67]，必加於戮。夫子獲罪於君，以在此，懼猶不足，而又何樂？夫子之在此也，猶燕之巢於幕上[68]。君又在殯[69]，而可以樂乎？」遂去之。文子聞之，終身不聽琴瑟。適晉，說趙文子、韓宣子、魏獻子，曰：「晉國其萃於三族[70]乎？」說叔向。將行，謂叔向曰：「吾子勉之！君侈而多良[71]，大夫皆富，政將在家。吾子好直，必思自免於難。」

秋九月，齊公孫蠆、公孫竈放其大夫高止於北燕[72]，乙未[73]，出。書曰「出奔」，罪高止也。高止好以事自為功，且專，故難及之。

冬，孟孝伯如晉，報范叔[74]也。

為高氏之難故，高豎[75]以盧叛。十月庚寅[76]，閭丘嬰[77]帥師圍盧。高豎曰：「苟使高氏有後，請致邑。」齊人立敬仲之曾孫酀，良敬仲也[78]。十一月乙卯[79]，高豎致盧而出奔晉，晉人城緜而寘旃[80]。

鄭伯有使公孫黑[81]如楚，辭曰：「楚、鄭方惡，而使余往，是殺余也。」伯有曰：「世行[82]也。」子晳曰：「可則往，難則已，何世之有？」伯有將強使之，子晳怒，將伐伯有氏，大夫和之。十二月己巳[83]，鄭大夫盟於伯有氏。裨諶曰：「是盟也，其與幾何[84]？《詩》曰：『君子屢盟，亂是用長。』[85]今是長亂之道也，禍未歇也，必三年而後能紓[86]。」然明曰：「政將焉往？」裨諶曰：「善之代不善，天命也，其焉辟子產？舉不踰等，則位班也[87]。擇善而舉，則世隆[88]也。天又除之，奪伯有魄[89]。子西即世[90]，將焉辟之？天禍鄭久矣，其必使子產息之，乃猶可以戾[91]。不然，將亡矣。」

【注　釋】❶吳公子札　吳王壽夢第四子，名札，又稱季札，因封在延陵（今江蘇省常州市），故稱延陵季子。❷叔孫穆子　魯公族，名豹，又稱穆叔，叔孫豹，是魯桓公之子叔牙之後，莊叔得臣之子。❸說　同「悅」。喜歡。❹不得死　不得善終。昭公四年，穆子死於豎牛之亂。❺宗卿　與國君同宗，世代為卿。❻周樂　周成王以天子之樂賜魯，故虞、夏、商、周四代之樂舞盡在魯國，季札因而請求觀樂。❼使工為之歌句　使樂工為季札歌唱〈周南〉、〈召南〉的詩歌。此為弦歌，以樂曲伴奏歌唱，非徒歌。歌詞即《詩經》。〈周南〉、〈召南〉為《詩經》十五國風之首、二篇，產生時代較早。❽美哉二句　樂聲美極了！周朝的王業已開始奠定基礎了。前人以為周文王的教化基於二南。美哉，論其音樂；「始基」以下論其歌詞，下仿此。❾猶未也二句　但還沒有完成王業，然而百姓勞於王事而不怨了。此言二南體現的民情。勤，勞。❿邶鄘衛　《詩經》〈邶風〉、〈鄘風〉、〈衛風〉。邶、鄘、衛三國本是管叔、蔡叔、武庚三監之地，後邶、鄘併入衛國，故三國之詩皆為衛詩。邶在今河南省湯陰縣東南三十里，鄘在今河南省新鄉市西南三十里，衛在朝歌，即今河南省淇縣。⓫美哉三句　樂聲優美而深沉！百姓雖有憂患，但還不至於窮困。衛國遭宣公淫亂，至懿公亡國，後賴齊桓公之力而復國，故言「憂」。⓬衛康叔武公之德　衛康叔是周武王同母弟，食邑於康（今河南省禹州市西北）。周公平管蔡之叛後，成王封康叔於朝歌為衛國，故稱衛康叔。武公，衛武公，康叔九世孫，遭周幽王褒姒之難，然不為所困，仍將兵助周室平戎。⓭王　《詩經・王風》，是洛邑王城之詩。平王東遷後，王室卑下，同於列國，故其詩入國風。⓮思而不懼二句　雖有憂思，但不懼播遷，這莫非是周室東遷後的詩歌吧。⓯其細已甚二句　〈鄭風〉多言男女間瑣碎細事，有關政事極少，故季札由民情風化想見政令苛細煩瑣太甚，百姓不能忍受。已，太。⓰是其先亡乎　這個國家怕要先滅亡吧。鄭亡於西元前三七六年，為韓哀侯所滅。⓱泱泱乎二句　樂聲深廣宏大啊！這是大國的樂詩吧。⓲表東海者三句　這是東海諸國的表率，莫非是姜太公的國家吧！國運未可限量。大公，齊國始祖姜尚，稱太公。大，同「太」。⓳豳　《詩經・豳風》。今〈豳風〉列為國風之末，與魯歌詩次序不同。豳，在今陝西省彬縣東北，為周故都，本太王所居。⓴蕩乎　博大啊。猶《論語・泰伯》之「蕩蕩乎」。㉑樂而不淫二句　歡樂而不過度，莫非是周公東征時的樂詩吧。淫，過度；無節制。周公東征三年，平管蔡之亂，為成王陳〈豳風〉以成其王業。〈豳風〉傳為西周之詩，敘后稷先公創業。㉒此之謂夏聲　這叫西方的音樂。古指西方為夏。一說夏指華夏。秦興起於西部，其地在今陝西、甘肅一帶，後盡有西周舊地，始有車馬禮樂。㉓能夏則大　能演奏夏聲，自然就宏大。《方言》：「夏，大也。自關而西，凡物之壯大者而愛偉之，謂之夏。」㉔魏　《詩經・魏風》。魏本是姬姓國，是周畢公高之後的封國，其地在今山西省芮城縣北。晉獻公滅魏後，賜畢公高之後畢萬為食邑，因以魏為氏。㉕渢渢　輕飄浮泛，形容樂聲宛轉悠揚。㉖大而婉二句　意謂歌詞說的都是大事，其言委婉曲折；政情雖有阻難，但法令易於執行。〈魏風〉多刺詩，故如是說。一說此論樂曲風格，意謂宏亮而婉轉，艱難而流暢。㉗唐 《詩經‧唐風》。周武王子叔虞被封於唐（今山西省太原市），叔虞子改號為晉。故〈唐風〉即晉詩。㉘陶唐氏 堯本封於陶，後徙於唐，稱陶唐氏。故晉為唐堯及夏之故地，其遺風猶存，故云憂思深遠。㉙令德 美德；盛德。此謂繼陶唐氏令德。㉚陳 《詩經‧陳風》。武王以長女太姬嫁殷陶正虞閼父之子，封之於陳，在今河南省淮陽縣。㉛國無主二句 言〈陳風〉樂詩放蕩無忌，國無賢君，國不能久長。西元前四七八年、魯哀公十七年楚滅陳，距此僅六十五年。㉜自鄶以下句 自〈鄶風〉以下的詩歌，季札聽後沒有評議。鄶，今《詩經》作「檜」，周初所封小國，在今河南省新密市東北，為鄭武公所滅。〈檜風〉以下尚有〈曹風〉。「自鄶以下」後為成語，比喻不值一提。㉝思而不貳二句 憂思哀傷，但無背叛之心；雖有怨憤，但能忍而不言。意謂歌詞含蓄，未盡情傾吐。㉞廣哉熙熙乎 廣博啊，和樂融洽啊。㉟曲而有直體 樂歌委曲，抑揚頓挫，而本體（內質）剛健有力。㊱直而不倨二句 正直無私，但不倨傲；雖能委曲，但不卑下屈折。此下十四句都是評論〈頌〉詩的，亦有人說是論其樂曲的。㊲邇而不偪二句 雖與君親近但不侵逼君；雖遭疏遠，但不離心離德。偪，同「逼」。攜，離；貳心。㊳遷而不淫二句 雖遭遷徙，但不邪亂；雖復職，但不就此厭足。㊴樂而不荒 逸樂而不過度。不荒即有節制。㊵用而不匱四句 使用物資但不浪費而至匱乏，心志寬廣而不自顯揚，施惠與人而財物並不減少，義有所取但並不貪婪。一說「用」為行其德，杜注云「德宏大」。㊶處而不底二句 靜止不動但並不板滯，運行流暢但並不流蕩無節制。底，止；停滯。㊷五聲和四句 宮、商、角、徵、羽五聲和諧，金、石、絲、竹、匏、土、革、木八種樂器演奏協調，節奏有尺度，交相演奏有次序，相守不亂。此四句論樂曲。八風即隱公五年傳之八音。平、和互文。㊸盛德之所同 樂歌盡善盡美，與有盛德的人一樣。〈頌〉有〈商頌〉、〈魯頌〉、〈周頌〉，皆宗廟樂歌。季札不論所頌之人德之美盛，而以樂歌作為政治之象徵，謂樂歌與盛德者均盡善盡美。㊹舞象箾南籥 兩種舞名，前者是武舞，舞者執竿而舞，如戰時以干戈擊刺；後者是文舞，舞者執籥奏南方樂曲而舞。〈周頌‧維清序〉「奏〈象〉舞也」，鄭玄云：「象用兵時刺伐之舞。」箾，〈象〉舞時所執的竹竿。一說箾同「簫」，奏簫而為〈象〉舞（見《史記索隱》）。籥，似笛的管樂器。㊺美哉猶有憾 這樂舞美極了！但還有遺憾，周文王自己沒有看到天下太平。〈象〉舞、〈籥〉舞都是頌文王的樂舞。㊻大武 頌周武王的樂舞名。㊼韶濩 頌商湯的樂舞。㊽聖人之弘三句 聖人這樣偉大，尚且未免德有所虧，聖人處世真難啊。慙，同「慚」。慚德，猶言不足。商湯以臣伐君，始以征伐得天下，故謂有慚德。季札觀舞，體察其政教，評論其人物。然閻若璩《尚書古文疏證》，則謂季札僅批評樂舞雖能體現聖人之偉大，但仍有缺點，難以體現聖人的盛德，謂之慚德。㊾大夏 頌夏禹的樂舞。㊿勤而不德 指為民治水勞苦而不自以為有功德。勤，勞。德，認為有德。意動用法。(51)韶箾　頌虞舜的樂舞。《尚書》作〈簫韶〉。箾，同「簫」。(52)幬　覆蓋。(53)其蔑以加於此　沒有別的可以勝過這樂舞了。即盡善盡美，無以復加。蔑，通「無」。加，勝。(54)觀止　觀賞達到止境（頂點），別的就不用再觀賞了。後為成語，如「歎為觀止」等。(55)通嗣君　為嗣君溝通友好。嗣君指吳王夷昧。今年夷昧新立，故使季札聘問魯、齊、鄭、衛、晉諸國。(56)納邑與政　把封邑和政權歸還給國君。季札預見到陳文子父子得勢，齊國政權將落入陳氏之手，故勸晏子如此。(57)陳桓子　陳無宇，陳文子之子。(58)欒高之難　見昭公八年、十年傳。齊惠公之子公子欒堅、公子高祈的後代稱欒氏、高氏。(59)縞帶　白絹做的大帶，又稱紳。(60)紵衣　紵麻所織之衣。(61)鄭之執政侈　指伯有生活奢侈。(62)蘧瑗　蘧伯玉，名瑗。(63)史狗　史朝之子，謚文子。(64)史鰌　即史魚。(65)公子朝　非昭公二十年傳之公子朝。疑為「公孫朝」之誤。(66)戚　衛卿孫文子食邑，在今河南省濮陽縣東北。季札由衛都帝丘，北經戚邑，再西行入晉。(67)辯而不德　變亂而無德行。孫文子逐其君衛獻公，立殤公；獻公復位後，孫氏又以戚邑叛衛入晉。下文「夫子」即指孫文子。(68)猶燕之巢於幕上　如同燕子在帳幕上做窩。帳幕隨時可撤，巢至為危險。(69)君又在殯　據經文，衛獻公死於六月庚午（初五日），此時殯而未葬。(70)萃於三族　謂晉國政權將集中在三家大夫。三族，指趙氏、韓氏、魏氏。(71)多良　多良臣。(72)公孫蠆　公孫蠆即子尾，公孫竈即子雅，二人都是齊惠公孫，即欒、高氏。放，放逐。高止即上文之高子容。北燕，燕國，都薊，今北京市。(73)乙未　九月初二日。(74)報范叔　答謝范叔的聘問。范叔即士鞅，又稱范鞅，今夏聘魯。(75)高豎　高止之子。高氏世為齊上卿，食邑在盧，在今山東省長清縣西南，平陰縣東北。見成公十七年傳。(76)庚寅　二十七日。(77)閭丘嬰　齊大夫，襄公二十五年避崔杼之亂，逃亡魯國，大約於二十八年返齊。(78)齊人立敬仲之曾孫二句　敬仲，即高傒，是齊太公七世孫公子高之孫，齊桓公時為上卿。曾孫，古人對孫以後的子孫都稱曾孫。酀即高偃。良，認為賢良。意動用法。(79)乙卯　二十三日。(80)城緜而寘旃　在緜地築城而把高豎安置在那裏。緜，即緜上，又稱介山，在今山西省介休市東南。旃，「之焉」的合音字。(81)公孫黑　字子皙，公孫夏子西之弟，子駟之子。已見襄公十五年傳。(82)世行　世代為行人。即為外交使者。(83)己巳　初七日。(84)其與幾何　即「其幾何歟」，能有多久呢。(85)詩曰三句　見《詩經・小雅・巧言》。意謂君子屢次結盟，禍亂因此滋長。是用，是以；因此。(86)紓　解除；排解。(87)舉不踰等二句　謂如不越級提拔，按班次提舉，就應由子產執政。(88)世隆　為世人所尊重。(89)奪伯有魄　伯有將惡死。為人作惡而不得善終，謂之天奪其魄。伯有即良霄，明年出奔，被殺。(90)子西即世　子西去世。子西為鄭穆公孫，子駟之子，名夏。鄭卿位次本是子展、子西、伯有、子產，今子展、子西已死，伯有又將惡死，故依班次當由子產執政。(91)戾　安定。

【語　譯】吳國公子季札來魯國聘問，見到叔孫穆子，很喜歡他。季札對穆子說：「您恐怕不得善終吧？您喜歡善良但不能知人之善惡而選用賢人。我聽說君子應當致力於選用賢人。您是魯國宗室，世代為卿，現在主持國政，不慎重舉拔賢人，怎能忍受得了呢？禍患必然落到您身上！」季札請求觀賞周天子的音樂舞蹈。於是讓樂工為他歌唱〈周南〉、〈召南〉，季札說：「音樂美極了！王業開始奠定基礎了，但王業還沒有完成，然而百姓為之勞苦而沒有怨言了。」為他歌唱〈邶風〉、〈鄘風〉、〈衛風〉的詩，他說：「樂聲優美而深沉！雖有憂患但不至於困窮。我聽說衛康叔、衛武公的德行就像這詩歌，這大概是〈衛風〉吧？」為他歌唱〈王風〉之歌，他說：「樂聲美好啊！憂思而不恐懼，大概是周室東遷以後的樂詩吧！」為他歌唱〈鄭風〉之歌，他說：「樂聲優美啊！但多說瑣碎細事，太過分了，百姓是不堪忍受的。這大概是它（鄭國）要先滅亡的原因吧！」為他歌唱〈齊風〉之歌，他說：「多美啊！樂聲多深廣弘大啊！這是大國的樂詩啊！作為東海表率的，大概是姜太公的國家吧！國家前途是不可限量的。」為他歌唱〈豳風〉之歌，他說：「美啊！浩蕩博大啊！歡樂而不過度，大概是周公東征時的樂歌吧！」為他歌唱〈秦風〉之歌，他說：「這就叫西方的夏聲。能演奏夏聲，樂聲自然宏大，雄壯宏大到極點了，大概是周朝舊地的樂歌吧！」為他歌唱〈魏風〉之歌，他說：「多美啊！婉轉而悠揚！題材大而說得委婉含蓄，政情有險阻但政令易行，如用德行加以輔佐，就是賢明的君主了。」為他歌唱〈唐風〉之歌，他說：「思慮深遠啊！大概有陶唐氏的遺民吧！否則，為什麼那樣憂思深遠呢？如果不是美德者的後代，誰能如此呢？」為他歌唱〈陳風〉，他說：「國家沒有賢君，怎麼能長久呢？」為他唱〈鄶風〉以下的詩歌，他聽了就沒有評論了。為他歌唱〈小雅〉之詩，他說：「多美啊！憂傷而沒有背叛之心，怨憤卻不盡情吐露，大概是周朝德行衰微的樂歌吧？不過還有先王的遺民之風呢。」為他歌唱〈大雅〉之詩，他說：「廣博啊！和樂美好啊！樂曲委婉悠揚而本質剛健有力，大概是體現文王的德行吧！」為他歌唱〈頌〉詩，他說：「好到極點了！正直無私而不倨傲，委曲而不卑下屈折；親近而不相逼，疏遠而不離心；遭遷徙而不邪亂，復職而不為厭足；哀傷而不憂愁，逸樂而不過度；應用物資不浪費而使匱乏，心志寬廣而不自顯揚；施惠與人而物本身並不減少，義有所取但不貪婪財物；靜止但不停滯，運行但不流蕩。五聲和諧，八音協調；節奏有尺度規律，樂器交相鳴奏都按次序，相守不亂，如同有盛德的人執政一樣盡善盡美。」公子季札觀看〈象箾〉舞、〈南籥〉舞，說：「多美啊！但還有所遺憾，周文王沒能看到天下太平。」觀看〈大武〉舞，說：「美啊！周朝興盛的時候，大概就像這種情景吧！」觀看〈韶濩〉舞，說：「聖人這樣偉大，尚且還德有所虧，聖人處世真難啊！」觀看〈大夏〉舞，說：「美啊！為民治水勞苦而不自以為有功德，如果不是夏禹，還有誰能做到呢？」觀看〈韶箾〉舞，說：「功德達到最高境界了，偉大啊！如同上天沒有不覆蓋的，如同大地沒有不承載的，只因盛德達到極點，就沒有什麼再比這樂舞好的了，觀賞達到止境了。如果還有別的樂舞，我也不敢再求觀賞了。」

公子季札出國聘問，是為新即位的吳王通達友好。所以接著就到齊國聘問，他喜歡晏平仲，對他說：「您趕快把封邑和政權還給國君。沒有封邑，不掌政權，就能免於禍難。齊國的政權將有所歸屬，沒有歸屬到他所有，禍難不會停止。」所以晏子通過陳桓子歸還了封邑和政權，因此避免了欒氏、高氏發動的禍難。季札到鄭國聘問，見了子產，兩人就像老朋友一樣。季札贈給他白絹大帶，子產送給他紵麻衣。季札對子產說：「鄭國執政的人太奢侈，禍難將到他頭上了，政權必然到您手中。您執掌國政，要按禮儀謹慎地辦事。否則，鄭國將會敗亡。」季札到衛國聘問，喜歡蘧瑗、史狗、史鰌、公子荊、公叔發、公子朝等人，他說：「衛國有很多賢能的君子，不會有什麼禍患。」公子季札從衛國去晉國聘問，將要住宿在戚邑。聽到音樂的鐘聲，說：「奇怪呀！我聽說過，發動變亂而沒有德行，必然要遭殺戮。這位夫子得罪國君因而住在這戚邑，畏罪還來不及，又有什麼歡樂的？這一位躲在這裏，就像燕子在帳幕上做窩，多危險！國君剛死，停柩未葬，怎麼可以尋歡作樂呢？」於是就不住宿而離開戚邑。孫文子聽到這些話，到死就不再聽音樂。季札到達晉國，喜歡和趙文子趙武、韓宣子韓起、魏獻子魏舒結交，說：「晉國的政權大概要集中在這三家了？」他喜愛叔向，離別時，對叔向說：「您努力吧！國君奢侈而賢良的大夫很多，大夫都很富有，政權將歸大夫家所有。您歡喜直言，定要考慮到自己怎樣免於禍難。」

秋季九月，齊國的公孫蠆、公孫竈放逐他們的大夫高止到燕國去。初二日，高止就被逐出齊國。《春秋》

記載說「齊高止出奔北燕」，這是歸罪於高止自己。高止喜歡弄事，並且自以為有功，而且專橫，所以禍難到他頭上。

冬季，魯國的孟孝伯到晉國聘問，這是答謝范叔士鞅對魯國的聘問。

由於高止被放逐，他的兒子高豎就佔據盧邑背叛齊國。十月二十七日，齊國大夫閭丘嬰領兵圍攻盧邑。高豎說：「如果讓高家有後代，我就把盧邑還給國君。」齊國人就立高敬仲的曾孫高酀繼位，這是認為高敬仲賢良。十一月二十三日，高豎歸還盧邑後逃亡到晉國，晉國人築了緜城把他安置在那裏。

鄭國的伯有派公孫黑到楚國去，公孫黑不肯去，說：「楚國和鄭國正是關係壞透了，你要派我去，這等於要殺死我。」伯有說：「你家世代是使者。」公孫黑說：「可以出使就去，有禍難就不去，有什麼世代為使者的？」伯有要強迫他去。公孫黑發怒，要攻打伯有家，大夫們為他們調解。十二月七日，鄭國的大夫們在伯有家盟誓。裨諶說：「這次盟誓，能管多久呢？《詩經》說：『君子多次結盟，禍亂因此滋長。』現在這樣盟誓是滋生禍亂的做法。禍亂不會停止的，一定要三年後才能解除。」然明說：「政權將由哪家大夫執掌？」裨諶說：「好人代替壞人，這是天命，政權怎能避開子產？如果不越級提拔別人，依照班次級別，就應由子產執政了。如果選拔賢人，那麼子產也是世人所尊重的。老天又為子產清除障礙，使伯有不得好死，子西又去世了，只有子產可以執政，怎麼能避開他呢？上天降禍鄭國已很久了，大概必定要讓子產來平息它，國家方才還可安定。不這樣，將會滅亡了。」

【說　明】吳公子季札已見襄公十四年傳，譽為當時賢公子，今年為吳國出使聘問魯、齊、鄭、衛、晉諸國。在魯觀周樂，先聽歌詩，後觀樂舞。季札聞聲見容，都能有得於聲容之外，而想見其所以然，遂一一加以評述。可見公子雖身在吳國所謂蠻荒之地，但已熟習我民族古老的歷史文化，頗有學養，而左氏傳之，遂為奇文。舊注重在政教德義，多附會之辭。姜宸英《湛園札記》言之較為平允：「季札觀樂，使工歌之，初不知其所歌者為何國之詩也。聞聲而後別之，故皆為想像之辭，曰『是其衛風乎』，『其周之東乎』！至於見舞，則便知其為何代之樂，直據所見以讚之而已，不復有所擬議也。」傳文又詳敘季札與所聘國之賢大夫如魯之叔孫豹、齊之晏子、鄭之子產、衛之蘧伯玉、晉之叔向等相交好，並逐一提出忠告，說明他對中原各國的政情與發展趨勢了然於心。其後如其所預言，齊政權歸陳氏，晉被韓、趙、魏三分。季札之神智器識，實是春秋第一流人物。

三十年

戊午，西元前五四三年。周景王二年、齊景公五年、晉平公十五年、秦景公三十四年、楚郟敖二年、宋平公三十三年、衛襄公惡元年、陳哀公二十六年、蔡景公四十九年、曹武公十二年、鄭簡公二十三年、燕惠公二年、許悼公四年、吳王夷昧元年。

經 三十年春王正月，楚子使薳罷來聘。

夏四月，蔡世子般弒其君固。

天王殺其弟佞夫。

王子瑕奔晉。

五月甲午，宋災。宋伯姬卒。

秋七月，叔弓如宋，葬宋共姬。

鄭良霄出奔許，自許入于鄭。鄭人殺良霄。

冬十月，葬蔡景公。

晉人、齊人、宋人、衛人、鄭人、曹人、莒人、邾人、滕人、薛人、杞人、小邾人會于澶淵，宋災故。

傳 三十年春王正月，楚子使薳罷來聘，通嗣君也❶。穆叔問王子圍之為政何如❷，對曰：「吾儕小人，食而聽事，猶懼不給命，而不免於戾❸，焉與知政？」固問焉，不告。穆叔告大夫曰：「楚令尹將有大事❹，子蕩將與焉，助之匿其情矣。」

子產相鄭伯以如晉，叔向問鄭國之政焉。對曰：「吾得見與否，在此歲也。駟、良方爭，未知所成❺。若有所成，吾得見，乃可知也。」叔向曰：「不既和矣乎？」對曰：「伯有侈而愎❻，子晳好在人上，莫能相下也。雖其和也，猶相積惡也，惡至無日❼矣。」

二月癸未❽，晉悼夫人食輿人之城杞者❾，絳縣❿人或年長矣，無子而往，與於食。有與疑年，使之年⓫。曰：「臣，小人也，不知紀年。臣生之歲，正月甲子朔，四百有四十五甲子⓬矣，其季於今三之一⓭也。」吏走問諸朝。師曠曰：「魯叔仲惠伯會郤成子于承匡之歲也⓮。是歲也，狄伐魯，叔孫莊叔⓯於是乎敗狄于鹹，獲長狄僑如及虺也、豹也，而皆以名其子⑯。七十三年矣。」史趙曰：「亥有二首六身，下二如身，是其日數也⑰。」士文伯⑱曰：「然則二萬六千六百有六旬⑲也。」趙孟問其縣大夫⑳，則其屬也。召之而謝過焉，曰：「武不才，任君之大事，以晉國之多虞㉑，不能由吾子㉒，使吾子辱在泥塗㉓久矣，武之罪也。敢謝不才。」遂仕之，使助為政。辭以老。與之田，使為君復陶㉔，以為絳縣師㉕，而廢其輿尉㉖。於是魯使者在晉，歸以語諸大夫。季武子曰：「晉未可媮㉗也，有趙孟以為大夫，有伯瑕以為佐，有史趙、師曠而咨度㉘焉，有叔向、女齊以師保其君㉙。其朝多君子，其庸可媮乎？勉事之而後可。」

夏四月己亥，鄭伯及其大夫盟。君子是以知鄭難之不已㉚也。

蔡景侯為大子般娶于楚，通焉㉛。大子弒景侯。

初，王儋季㉜卒，其子括將見王而歎。單公子愆期為靈王御士㉝，過諸廷，聞其歎，而言曰：「烏乎！必有此夫㉞！」入以告王，且曰：「必殺之！不慼而願大，視躁而足高㉟，心在他矣。不殺必害。」王曰：「童子何知？」及靈王崩，儋括欲立王子佞夫㊱。佞夫弗知。戊子㊲，儋括圍蒍，逐成愆㊳，成愆奔平時㊴。五月癸巳，尹言多、劉毅、單蔑、甘過、鞏成殺佞夫㊵。括、瑕、廖奔晉㊶。書曰「天王殺其弟佞夫」，罪在王也㊷。

或叫于宋大廟曰：「譆譆，出出！」㊸鳥鳴于亳社㊹，如曰：「譆譆！」甲午，宋大災㊺。宋伯姬卒，待姆也㊻。君子謂宋共姬「女而不婦。女待人，婦義事也」㊼。

六月，鄭子產如陳涖盟。歸，復命，告大夫曰：「陳，亡國也，不可與㊽也。聚禾粟，繕城郭，恃此二者，而不撫其民。其君弱植㊾，公子侈，大子卑，大夫敖，政多門㊿，以介(51)於大國，能無亡乎？不過十年矣。」

秋七月，叔弓(52)如宋，葬共姬也。

【注釋】❶楚子使薳罷二句　楚王派薳罷到魯國聘問，是為嗣立的楚王來通好的。嗣君，指楚王郟敖，去年即位。自魯文公九年至此已七十五年楚魯未嘗交聘。薳罷，楚大夫，下稱其字子蕩。❷穆叔句　穆叔即叔孫豹，又稱穆子，魯公族，世代為卿。王子圍，楚共王子，康王弟，為人強霸，去年為令尹，執國政。❸猶懼二句　還怕不足以完成使命，而不能免去罪過。給，足。戾，罪。❹大事　指王子圍將殺王自立。事見昭公元年傳。❺駟良方爭二句　駟氏、良氏正在爭奪權力，不知能否和解。駟，指公孫黑，字子皙，子駟之子，鄭穆公之孫。良，指良霄，字伯有，子良之孫，鄭穆公曾孫。相爭事見去年傳。成，和；調解。❻侈而愎　驕橫奢侈而任性固執。❼惡至無日　仇恨到極點，不久就要爆發。惡，仇恨。❽癸未　二十二日。❾晉悼夫人句　晉悼公夫人請為杞國築城的役夫吃飯。晉悼夫人，杞桓公之女，晉平公母親。食，使食。使動用法。輿人，眾人。指服勞役、去築城的徒卒。城杞事見去年傳。❿絳縣　晉邑，在今山西省新絳縣北，汾城鎮之南。⓫有與疑年二句　有個一起吃飯的人懷疑他的年紀，讓他說出年歲。下「年」字作動詞，說出年齡。⓬四百有四十五甲子　一個甲子為六十日。

四四五個甲子，實歷四四四個六十日，即二六六四〇日。⑬其季於今三之一　最末一個甲子日到今天是三分之一個周甲子。季，末。其季指第四四五個甲子。三之一，甲子一周的三分之一，即二十日。自甲子至此癸未日吃飯正是二十日。故老人之生已歷二六六六〇日，即七十三歲零十五日，虛歲為七十四歲。其生年當在魯文公十一年。⑭魯叔仲惠伯句　魯國大夫叔仲惠伯在承匡會見晉卿郤成子的那一年。即文公十一年。郤成子即郤缺。老人生於魯文公十一年「正月甲子朔」。晉用夏正，相當於周正三月朔（初一日），故老人虛歲七十四，實數七十三歲。⑮叔孫莊叔　即叔孫得臣，謚莊，與叔仲惠伯是從兄弟，都是魯莊公弟叔牙之孫。⑯獲長狄僑如二句　長狄為狄族的一個部落，首領名僑如。文公十一年傳僅言莊叔俘獲僑如，為記其功，其長子取名僑如，字宣伯。此傳又言獲虺、豹，皆以名其子。莊叔次子名豹，即叔孫穆子。但前傳未見名虺者。⑰亥有二首六身三句　亥字有「二」字頭「六」字身，把「二」字拿下來如同身子一樣計算，就是老人出生後的日數。意謂「亥」字上兩筆之「二」代表二萬；下部「六」字身篆文為卯形，古人籌算為六六六，代表六千六百六十。舊注此句者甚多，但春秋各國字體不一，史趙或就當時晉國字體言之。⑱士文伯　晉大夫，下文稱其字伯瑕。⑲二萬六千六百有六旬　二萬六千六百又六十日。六千，阮刻本誤作二千，今從石經、文庫本訂正。⑳趙孟問其縣大夫　趙孟問老人的縣大夫是誰。趙孟，即趙武、趙文子，趙盾之孫，執國政。絳縣或其封邑，故縣大夫為其屬吏。㉑多虞　多憂患。㉒由吾子　任用您。由，用。吾子，敬稱對方。㉓辱在泥塗　謂屈辱您處在卑下的徒役之中。㉔為君復陶　為國君辦理免除徭役的事。陶，讀作徭。勞役。㉕縣師　官名，管理人口和免除勞役事務。㉖輿尉　官名，主管徵役。因使孤老服役，故撤其職。㉗媮　輕薄；輕視。㉘咨度　諮詢；顧問。㉙叔向女齊以師保其君　叔向、女齊做國君的老師。師保，官名，也稱「傅」，如後代之太師、太保，此處作動詞。襄公十六年傳：「平公即位，羊舌肸為傅。」羊舌肸即叔向，晉國上大夫。〈晉語八〉則謂晉悼公時叔向已為太子彪（平公）之傅。女齊，即女叔侯、司馬侯，與叔向同為師保。㉚鄭難之不已　鄭難，指駟氏、良氏之爭。去年大夫為之調解，與大夫盟，今年鄭君臣再盟，可見其爭未止。已，止。㉛通焉　指蔡景公與兒媳私通。襄公二十八年傳子產已言此事。蔡景公名固。㉜儋季　周靈王弟，其子為儋括。㉝御士　侍御之士，即侍衛。㉞烏乎二句　啊！必定是想有這朝廷的大權。烏乎即嗚呼。夫，句末語氣詞，表感歎。㉟不慼而願大二句　父親死了不悲傷，欲望卻很大，目光到處張望而舉足很高。慼，同「慽」。憂傷。躁，不安定。足高，猶桓公十三年傳「舉趾高，心不固矣」。㊱佞夫　周靈王子，周景王弟。㊲戊子　二十八日。當是四月二十八日。周靈王死後已一年多，儋括為亂。㊳圍蔿二句　蔿，本是鄭地，為周桓王所取（見隱公十一年傳），在今河南省孟津縣東北。成愆，杜注謂蔿邑大夫。㊴平時　周邑，在今孟津縣東南，洛陽市東北。㊵五月癸巳二句　癸巳為初四日。

尹言多等五人都是周大夫。㊶括瑕廖奔晉　經文僅書「王子瑕奔晉」，不書儋括與廖。㊷書曰二句　經文書「天王殺其弟佞夫」，是歸罪周景王。㊸或叫于宋大廟三句　有人在宋國太廟裏大喊大叫。大廟，宋始祖微子之廟。大，同「太」。譆譆、出出，喊叫聲。象聲詞。「出出」之意謂逃出去。㊹亳社　祭祀殷商先王的神社。亳為殷商故都，在宋都商丘（今河南省商丘市）。㊺甲午宋大災　五月初五日，宋國大火災。「天火曰災」，不知起因之火災。㊻宋伯姬二句　宋伯姬被燒殺，是為了等待保姆來。宋伯姬，魯宣公之女，宋共公夫人，宋平公之母，故又稱宋共姬。伯姬嫁宋共公在魯成公九年，嫁六年而共公死，寡居三十四年，此時已六十左右。姆，杜注謂女師。《穀梁》、《公羊》俱載此事，謂伯姬左右欲夫人避火，伯姬謂傅母不在，宵不下堂，遂逮（及）乎火而死。《公羊》何休注：「禮，后夫人必有傅母，所以輔正其行，衛其身也。選老大夫為傅，選老大夫妻為母。」㊼女而不婦三句　認為伯姬奉行的是閨女的守則而不是已嫁婦女的守則，閨女要等待傅母才下堂，婦女就要看情況便宜行事。㊽不可與　不可和他交好結盟。㊾弱植　根基薄弱不牢固。㊿公子侈四句　謂陳國公子留奢侈，太子偃師卑微，大夫傲慢，政出多門，誰也作不了主。敖，同「傲」。楚滅陳，見昭公八年傳。(51)介　間。(52)叔弓　魯卿，魯宣公弟叔肸曾孫，叔老之子，又稱敬叔。

【語　譯】魯襄公三十年春季，周王曆法的正月，楚王派薳罷來魯國聘問，是為楚王新即位來通好的。魯卿穆叔問他楚國令尹王子圍執政的情況怎麼樣，薳罷回答說：「我輩小人吃俸祿而聽從使喚，還怕不能完成使命而不免有罪，哪裏能參與議論政事？」穆叔再三詢問，他還是不說。穆叔告訴魯大夫說：「楚國令尹將要發動大亂，薳罷將參與協助他，所以他隱瞞情況不說。」

子產輔助鄭簡公到晉國去朝聘，叔向問起鄭國的政事。子產回答說：「我能不能見到政局穩定，就在這一年了。駟氏子晳和良氏伯有正在爭鬥，不知怎麼調停。如果能調停和解，我能見到，就可知政局如何了。」叔向說：「不是去年已經和解了嗎？」子產答道：「伯有驕橫奢侈而任性固執，子晳喜歡陵駕在別人頭上，兩人互不相讓。雖然讓他倆和解，還是互相仇恨，仇恨積到極點，不久就會爆發。」

二月二十二日，晉悼公夫人請為杞國去築城的役夫吃飯。有個絳縣人年紀大了，沒有兒子，只好自己去服役築城，這次也去接受夫人的慰勞。有個一起吃飯的人懷疑他的年紀，讓他說出自己的年齡。他說：「臣僕是小人，不懂得記年齡。我生的那年是正月初一甲子日，到現在已過了四百四十五個甲子日了，最末一個甲子日到今天正好二十天，是甲子一周的三分之一。」官吏跑到朝廷去詢問，大夫師曠說：「這是魯國叔仲惠伯在承匡會見我國郤成子的那一年。那年狄族攻打魯國，叔孫莊叔當時在鹹地打敗了狄人，俘獲了長狄部落的首領僑如和虺、豹，都用來給兒子取名字。算來有七十三年了。」大夫史趙說：「亥字是『二』字頭『六』字身，把『二』拿下來加上『六』字身，就是他出生至今的日子數。」士文伯說：「那麼就有二萬六千六百六十天了。」上卿趙武問起老人的縣大夫是誰，原來是他的屬下。趙武把老人召來向他道歉說：「趙武沒有才能，擔任國君的要職，由於晉國多憂患，沒有能任用您，讓您屈辱地處於卑下的徒役中已很久了，這是趙武的罪過。我謹向您道歉。」就讓老人做官，輔助自己執政。老人推辭說年紀老了。趙武就給他田地，讓他給國君辦理免除徭役的事，做絳縣的縣師，而把絳縣的輿尉撤了職。這時魯國的使者正巧在晉國，回去後把這事告訴了大夫們。季武子說：「晉國不可輕視啊！有趙武做上卿，有伯瑕輔佐他，有史趙、師曠可以諮詢，有叔向、女齊做國君的師保。他們朝中多的是君子，難道可以輕視嗎？盡力事奉他們才行。」

夏季四月己亥日，鄭簡公和他的大夫們結盟。君子由此知道鄭國駟、良爭鬥的禍難還沒有結束。

蔡景侯為太子般到楚國娶了妻子，又和兒媳婦通姦亂倫。太子般殺死了蔡景侯。

當初，周靈王的弟弟儋季死了，他的兒子儋括將要進見靈王，進入朝廷就歎氣。單公子愆期做靈王的侍衛，經過朝廷，聽到歎氣聲，就說：「啊！必定是想有這朝廷的大權！」進去把情況報告靈王，而且說：「一定要殺了他！他不悲傷父親的死，欲望卻很大，目光到處張望，抬腳很高，心思在別的事上了。不殺他，必然造成禍害。」靈王說：「小孩子知道什麼？」到周靈王死後，儋括想擁立周靈王子佞夫為王，佞夫並不知道。今年四月二十八日，儋括包圍蔿邑，趕走大夫成愆。成愆逃亡到平時。五月初四日，大夫尹言多、劉毅、單蔑、甘過、鞏成等五人殺死了佞夫。儋括、王子瑕、廖三人逃亡到晉國。《春秋》記載說「天王殺其弟佞夫」，這是歸罪於周景王。

有人在宋國太廟裏大喊大叫，說：「嘻嘻！出出！」鳥在祭殿商的神社上鳴叫，叫聲像說「嘻嘻」。五月初五日，宋國發生大火災，宋伯姬被燒死，是為了等保姆來，保姆不在，她不肯下堂。君子認為宋伯姬「奉行的是閨女的守則而不是已嫁婦女的守則。閨女應當有保姆在方可下堂，婦女就應看情況便宜行事」。

六月，鄭國的子產到陳國去參加結盟，回來復命後，對大夫們說：「陳國是將要滅亡的國家，不能同他結好。他們只管積聚糧食，修理城郭，想依恃這兩條，卻不安撫百姓。他們的國君根基不牢固，公子奢侈，太子卑微，大夫傲慢，政事各行其是，誰也作不了主，這樣處在大國之間，能夠不滅亡嗎？不會超過十年了。」

秋季七月，魯國的叔弓到宋國，是去安葬宋共姬的。

【說明】本年傳文可分為兩大段，以上為第一段。魯國穆叔看出楚令尹王子圍將有大亂。至後年，王子圍就殺郟敖自立為楚靈王，子蕩做令尹。陳、蔡等小國政治腐敗。子產說陳哀公「不撫其民」，太子卑弱，公子奢侈，大夫傲慢，政出多門，各自為政，不出十年，陳國將亡。蔡景公荒淫亂倫，與兒媳通姦，因而太子般殺父自立為蔡靈公。至魯昭公八年，楚靈王滅陳，陳哀公自縊；昭公十一年，楚王又誘殺蔡靈公，滅蔡。後陳、蔡雖復國，也是名存而實亡，終被楚惠王所滅。晉國在弭兵之會後已無力稱霸，雖說「其朝多君子」，然政在家門，而公室滋侈，民不聊生。本傳寫絳縣老人七十四歲，無子而應徵徭役，為晉悼公夫人的娘家去築城服勞役，就是一個典型例子。正如四年後叔向對齊國晏子所說，晉國「今亦季世也」，「庶民罷敝，道殣相望。民聞公命，如逃寇仇」(見昭公三年傳)。

絳縣老人「不知紀年」，不知自己活了幾歲，只用甲子記日。這說明古時民間習俗以甲子記日。

傳 鄭伯有耆酒，為窟室❶，而夜飲酒，擊鐘焉。朝至，未已❷。朝者曰：「公焉在❸？」其人曰：「吾公在壑谷。」皆自朝布路而罷❹。既而朝❺，則又將使子皙如楚❻，歸而飲酒。庚子❼，子皙以駟氏之甲，伐而焚之。伯有奔雍梁❽，醒而後知之，遂奔許⑨。大夫聚謀。子皮⑩曰：「〈仲虺⑪之志〉云：『亂者取之，亡者侮之。推亡固存，國之利也。』罕、駟、豐同生⑫，伯有汰侈⑬，故不免。」人謂子產「就直助彊⑭」，子產曰：「豈為我徒？國之禍難，誰知所敝⑮？或主彊直，難乃不生⑯。姑成吾所⑰。」辛丑⑱，子產斂伯有氏之死者而殯之，不及謀而遂行。印段⑲從之，子皮止之，眾曰：「人不我順，何止焉？」子皮曰：「夫子禮於死者，況生者乎？」遂自止之。壬寅，子產入。癸卯，子石入。皆受盟于子皙氏。乙巳，鄭伯及其大夫盟于大宮⑳，盟國人于師之梁㉑之外。伯有聞鄭人之盟己㉒也，怒；聞子皮之甲不與攻己也，喜，曰：「子皮與我矣。」癸丑㉓，晨，自墓門之瀆入㉔，因馬師頡介于襄庫㉕，以伐舊北門。駟帶㉖率國人以伐之。皆召子產，子產曰：「兄弟而及此㉗，吾從天所與㉘。」伯有死於羊肆㉙。子產襚之㉚，枕之股而哭之，斂而殯諸伯有之臣在市側者㉛，既而葬諸斗城㉜。子駟氏欲攻子產，子皮怒之，曰：「禮，國之幹㉝也。殺有禮，禍莫大焉。」乃止。於是游吉㉞如晉，還，聞難，不入，復命于介㉟。八月甲子㊱，奔晉。駟帶追之，及酸棗㊲。與子上盟，用兩珪質于河㊳。使公孫肸入盟大夫。己巳，復歸。書曰「鄭人殺良霄」，不稱大夫，言自外入也。

於子蟜[39]之卒也，將葬，公孫揮與裨竈晨會事焉[40]，過伯有氏，其門上生莠[41]。子羽曰：「其莠猶在乎？」於是歲在降婁[42]，降婁中而旦[43]。裨竈指之曰：「猶可以終歲，歲不及此次也已[44]。」及其亡也，歲在娵訾之口，其明年乃及降婁[45]。僕展從伯有，與之皆死。羽頡出奔晉，為任大夫[46]。雞澤之會[47]，鄭樂成奔楚，遂適晉。羽頡因之，與之比而事趙文子，言伐鄭之說焉[48]。以宋之盟[49]故，不可。子皮以公孫鉏[50]為馬師。

楚公子圍殺大司馬蒍掩[51]，而取其室。申無宇曰：「王子必不免。善人，國之主也。王子相楚國，將善是封殖[52]，而虐之，是禍國也。且司馬，令尹之偏[53]，而王之四體也。絕民之主，去身之偏，艾王之體[54]，以禍其國，無不祥莫大焉，何以得免？」

為宋災故，諸侯之大夫會，以謀歸[55]宋財。冬十月，叔孫豹會晉趙武、齊公孫蠆、宋向戌、衛北宮佗、鄭罕虎及小邾之大夫會于澶淵[56]。既而無歸於宋，故不書其人。君子曰：「信其不可不慎乎？澶淵之會，卿不書，不信也。夫諸侯之上卿，會而不信，寵名[57]皆棄，不信之不可也如是。《詩》曰：『文王陟降，在帝左右。』[58]信之謂也。又曰：『淑慎爾止，無載爾偽。』[59]不信之謂也。」書曰「某人某人會于澶淵，宋災故」，尤之[60]也。不書魯大夫，諱之也[61]。

鄭子皮授子產政[62]，辭曰：「國小而偪，族大寵多[63]，不可為也。」子皮曰：「虎帥以聽，誰敢犯子？子善相之。國無小，小能事大，國乃寬[64]。」子產為政，有事伯石[65]，賂與之邑。子大叔曰：「國皆其國也，奚獨賂焉[66]？」子產曰：「無欲實難。皆得其欲，以從其事，而要其成[67]。非我有成，其在人乎[68]？何愛於邑？邑將焉往？」子大叔曰：「若四國[69]何？」子產曰：「非相違也，而相從也，四國何尤焉[70]？〈鄭書〉有之曰：『安定國家，必大焉先。』[71]姑先安大，以待其所歸[72]。」既，伯石懼而歸邑，卒與之。伯有既死，使大史命伯石為卿，辭。大史退，則請命焉[73]。復命之，又辭。如是三，乃受策入拜。子產是以惡其為人也，使次己位[74]。子產使都鄙有章，上下有服[75]；田有封洫，廬井有伍[76]。大人之忠儉者從而與之，泰侈者因而斃之[77]。豐卷[78]將祭，請田[79]焉。弗許，曰：「唯君用鮮，眾給而已[80]。」子張怒，退而徵役[81]。子產奔晉，子皮止之，而逐豐卷。豐卷奔晉。子產請其田、里[82]，三年而復之，反其田、里，及其入焉。從政一年，輿人誦之曰：「取我衣冠而褚之，取我田疇而伍之[83]。孰殺子產，吾其與之！」及三年，又誦之曰：「我有子弟，子產誨之。我有田疇，子產殖之[84]。子產而死，誰其嗣之？」

【注　釋】❶鄭伯有耆酒二句　伯有即良霄，鄭穆公曾孫，子良之孫，以良為氏，時執掌國政。耆，同「嗜」。窟室，即今地下室；下又稱壑谷。❷朝至未已　朝見的時候已到了，他在窟室飲酒還沒停止。已，止。古時卿大夫先朝執政議事而後朝君。❸公焉在　主公在哪裏。伯有家臣稱伯有為公，朝者亦因此稱公。❹布路而罷　分道回去而停止朝見。杜注：「布路，分散。」罷，結束；停止。❺既而朝　指伯有過後去朝見鄭君。❻又將使子皙如楚　又要命子皙出使去楚國。子皙即公孫黑，鄭穆公孫，子駟之子，為駟氏。去年伯有使子皙如楚，引起駟、良之爭。❼庚子　七月十一日。❽雍梁　鄭邑，在今河南省禹州市東北，新鄭市西南四十五里。❾許　在今河南省許昌市，本屬許國。❿子皮　即罕虎，鄭穆公曾孫，子罕之孫，以罕為氏。其父子展死後，繼父職當國秉政。⓫仲虺　商湯左相。《尚書》有〈仲虺之誥〉篇。⓬罕駟豐同生　鄭穆公之子子罕、子駟、子豐是同母所生。故子罕之孫子皮、子駟之子子皙、子豐之孫公孫段三家相親。⓭汰侈　驕傲奢侈。汰，自大。上文已言「伯有侈而愎」。⓮人謂子產就直助彊　別人勸子產靠攏正直的，幫助強大的。彊，同「強」。杜注：「時謂子皙直而三家強。」子產為鄭穆公之孫，公子發之子，名僑，又字子美，比子皮、伯有長一輩。子產不以駟、良為黨，不偏倚任何一方。⓯誰知所敝　有誰知道制止爭鬥的辦法。敝，通「弊」。制止。《周禮・大司馬》鄭注：「弊，止也。」⓰或主彊直二句　如有人主持國政，既強大而正直，禍難就不會發生。意謂三家並非強直。⓱姑成吾所　姑且保持我不偏不倚的地位。成，定；穩住。所，處，今言地位、立場。⓲辛丑　七月十二日。下文壬寅為十三日，癸卯為十四日，乙巳為十六日。⓳印段　鄭穆公之孫，子印之子，字子石。⓴大宮　太廟；鄭始封君桓叔之廟。㉑師之梁　鄭都西城門。見襄公九年傳。㉒鄭人之盟己　鄭國人為對抗自己（伯有）而盟誓。㉓癸丑　七月二十四日。㉔自墓門之瀆入　杜注：「墓門，鄭城門。」蓋據《詩經・陳風・墓門》王逸注。瀆，借為竇，城門下排水洞穴。伯有自此洞入國都。㉕因馬師頡介于襄庫　靠著馬師頡用襄庫的兵甲裝備眾家兵。馬師頡，鄭穆公子子羽之孫，以羽為氏，下文稱羽頡，官馬師。子羽死於成公十三年。介，甲。用作動詞。穿上甲衣。襄庫，鄭襄公時所建的武器庫。㉖駟帶　字子上。杜注：「駟帶，子西之子，子皙之宗主。」則駟帶亦穆公曾孫，子駟之孫，以駟為氏。子皙為子西之庶弟。㉗兄弟而及此　兄弟之間卻爭鬥到如此地步。駟帶與良霄為兄弟輩。㉘吾從天所與　我順從上天所贊助的一家。即保持中立。與，親附；贊助。㉙羊肆　買賣羊的街市。㉚襚之　給伯有的屍體穿上衣服。即為之小殮。襚，死人穿的衣服。用作動詞。㉛殯諸伯有之臣在市側者　把伯有的棺柩停放在街市邊伯有家臣的家裏。㉜斗城在今河南省通許縣東北、舊陳留縣（今陳留鎮）南三十五里。㉝禮國之幹　禮儀是國家的支柱。意謂殮葬伯有是有禮。㉞游吉　鄭穆公曾孫，子游之孫，子蟜之子，以游為氏，下文又稱子太叔。與伯有、駟帶（子上）是兄弟輩。㉟復命于介　向副使復命。即讓副使人都代為復命。古時卿大夫出使聘問，副手稱介。此介或即下文之公孫肸。㊱甲子　初六日。下文已為十一日。㊲酸棗　在今河南省延津縣北十五里。㊳用兩珪質于河　用兩塊玉圭沉在黃河裏向河神表示誠信。質，取信；保證。㊴子蟜　鄭穆公之孫，游吉之父，死於魯襄公十九年。㊵公孫揮　公孫揮和裨灶在早上會同商議安葬子蟜的事。公孫揮，字子羽，鄭大夫。竈，今簡化為「灶」。㊶莠　狗尾草。㊷於是歲在降婁　在那一年（襄公十九年）歲星運行在降婁次。古人把歲星運行一周天的軌道分為十二次，每年行一次，降婁為十二次位之一。參見襄公二十八年傳「歲在星紀」注。㊸降婁中而旦　降婁星在天空正中，天就亮了。十二次與黃道十二宮、二十八宿相配，降婁次相當於白羊宮和婁宿，此降婁即指婁宿三星，又稱奎星。《禮記・月令》：「季夏旦奎中。」季夏即夏正六月，於周正為八月。子蟜死於襄公十九年周正四月，當於周正七月（或八月）安葬，故天明時裨灶見婁宿在中天。㊹猶可以終歲二句　意謂伯有還可活到歲星繞日一周結束，但活不到歲星再行到降婁位次的那一年，即活不到第十三年。此言在襄公十九年七、八月，歲在降婁，須行過大梁、沈實、鶉首、鶉火、鶉尾、壽星、大火、析木、星紀、玄枵、娵訾共十一次，方為「終歲」，即至魯襄公三十年。及此次，歲星再至降婁次即襄公三十一年。㊺及其亡也三句　到伯有死時，歲星正行在娵訾次的口上，明年才能行到降婁次。此句是證實襄公十九年時裨灶的預言。襄公二十八年傳：「歲在星紀，而淫（過）於玄枵。」則二十九年當由玄枵次行至娵訾次。伯有死在三十年周正七月，歲星正將出娵訾次，但未至降婁，故云「歲在娵訾之口」。㊻羽頡二句　羽頡即馬師頡，逃亡晉國後為任邑大夫。任，晉邑，在今河北省任縣東南。㊼雞澤之會　晉悼公與鄭僖公等會於雞澤的時候，指魯襄公三年六月。㊽與之比二句　羽頡和欒成勾結在一起事奉趙文子，提出伐鄭的建議。比，勾結。成語有「朋比為奸」。趙文子即趙武。言，進言。㊾宋之盟　在宋國舉行的弭兵之盟。見襄公二十七年傳。㊿公孫鉏　子罕之子，子展庶弟。(51)楚公子圍句　公子圍即令尹王子圍，楚共王子。蒍掩，蒍子馮之子，官司馬。見襄公二十五年傳。(52)將善是封殖　應培養這些賢善的人。這是「封殖是善」的倒裝句。封，培育。殖，種植。(53)偏　裨；輔佐。(54)艾王之體　斬除國王的四肢。艾，通「刈」。割。(55)歸　通「饋」。贈送。(56)叔孫豹會晉趙武句　經文未書叔孫豹，只說「晉人、齊人」等十二國人會於澶淵，又未書其人姓名。傳文於此書六國上卿姓名：叔孫豹為魯卿，即叔孫穆子；公孫蠆為齊卿，齊惠公之孫，字子尾；向戌為宋卿，官左師；北宮佗為衛卿，北宮括之子；鄭卿罕虎即子皮。澶淵，晉地，在今河南省濮陽縣西北。57寵名　尊榮和名譽。58詩曰三句　見《詩經・大雅・文王》，謂周文王或升或降，都在天帝左右。陟，登；升。59又曰三句　此為逸詩，意謂好好地謹慎你的舉止，不要施行欺詐。淑，善。載，行。《詩經・大雅・抑》有句云「淑慎爾止，不愆于儀」。60尤之　罪之；怪罪他們。按，經文記載會盟，從不說所會為何事，此獨言「宋災故」，而實於宋災無補，故云尤之。61不書魯大夫二句　魯叔孫豹實與會，而經文不書，是為他隱諱。以上「不信也」、「尤之也」、「諱之也」，都是釋經之語。62鄭子皮授子產政　時子皮當國，因知子產賢能，故讓子產執政。自此子產執政二十餘年，改革圖新，功績顯著。63國小而偪二句　國家小而易受大國逼迫，公族龐大而恃寵尊貴的人又多。偪，同「逼」。族大，見襄公二十六年傳「鄭七穆」注。64國乃寬　國家就寬緩，不受逼迫。65有事伯石　有政事要伯石去辦。伯石即公孫段，字子石，鄭穆公曾孫，因印段亦字子石，為加區別而稱伯石。66奚獨賂焉　為何偏要贈送給他呢。奚，何。67而要其成　但要求他把政事辦成功。要，求取。68非我有成二句　若非我（與之邑）把事辦成，難道別人會（不得邑）就把事辦成功。意謂賂人只是手段。69四國　四方的鄰國。70非相違也三句　謂與之邑並非使羣臣相違抗，而是使相順從，四鄰有何怪罪的。71鄭書三句　鄭國史書上有這樣的話：「安定國家，必須先安定大族。」「必大焉先」是「必先大焉」的倒裝句。焉，助詞，用於倒裝，例見《詞詮》。72以待其所歸　以觀其歸向何處。即觀其得邑後的表現。73請命焉　請求仍命己為卿。伯石辭而又請命，如是三次，才受策命為卿，可見伯石矯情虛偽。74使次己位　使伯石居於比自己低一級的地位。據杜注，子產雖惡伯石之為人，但畏其作亂，故寵之。75都鄙有章二句　都邑和鄉村的事各有規章，上下尊卑各有職責。都，古時都有大小，小邑也稱都，如今之鄉鎮。鄙與都對文，指農村。服，事；職。76田有封洫二句　田間有疆界、溝渠，農舍水井有一定的配置。洫，灌溉、排水用的水溝。伍，古時農戶五家為伍，伍有長，此謂配置。77大人之忠儉者二句　忠誠勤儉的大夫就由此親近他，強橫而奢侈的大夫就由此推倒他。與，親近；舉拔。斃，跌倒。78豐卷　即下文之子張，是鄭穆公之子子豐之後，以豐為氏。79田　田獵。此謂獵取祭品。80唯君用鮮二句　只有國君用新獵的禽獸祭祀，眾人的祭品夠供應就可以了。81徵役　徵召徒兵。將攻子產。82請其田里　請求保留他的田地、住宅，不沒收。83取我衣冠二句　計算我的家產而收財物稅，丈量我的耕地而徵收田稅。褚即貯。楊寬《古史新探》謂貯是財物稅。伍之即賦之，納田稅。昭公四年子產又作丘賦。84殖之　使之增產。

【語　譯】鄭國的執政伯有喜歡喝酒，造了地下室，而且在夜裏喝酒，還擊鐘奏樂。早上朝見的大夫都來了，他喝酒還沒停止。朝見的大夫說：「主公在哪裏？」他的手下人說：「我們的主公在地下室。」朝見的人就分路回去。不久伯有去朝見鄭君，又要派子晳出使楚國，回家以後又去喝酒。七月十一日，子晳帶著駟氏的甲兵攻打伯有家，而且放火燒掉它。伯有逃到雍梁，酒醒以後才明白是怎麼回事。接著就逃亡到許國。鄭國大夫們聚在一起商議，子皮說：「〈仲虺之志〉說：『動亂的就攻取他，滅亡的就欺侮他。摧毀滅亡的，鞏固生存的，這是國家的利益。』罕氏、駟氏、豐氏本是同母所生，良氏伯有驕傲奢侈，所以不免遭難。」有人對子產說要靠近正直的幫助強大的。子產說：「難道是我的同黨？國家有禍難，誰知道如何制止？如果有人主持國政強大有力而且正直，禍難就不會發生。姑且保持我不偏不倚的立場。」七月十二日，子產收殮伯有家的死人而後加以殯葬，來不及和大夫們商議就出了都城。印段跟著他。子皮不讓他走，眾人說：「別人不順從我們，為何阻止他走呢？」子皮說：「這個人對死去的人尚且有禮，何況活著的人呢？」就親自去勸阻子產。十三日，子產進入國都。十四日，印段進入國都。兩個人都到子晳家接受了盟約。十六日，鄭簡公和大夫們在太廟結盟，又同都城的人在西門（師之梁門）外結盟。伯有聽到鄭國人為對抗自己而結盟，大怒；又聽到子皮的甲士沒有參加攻打他，很高興，說：「子皮幫助我了！」七月二十四日早晨，伯有從墓門的排水洞進入國都，靠著馬師羽頡用襄庫的兵甲裝備家兵，帶著他們攻打舊北門。駟帶率領國都的人攻打伯有。兩家都召請子產。子產說：「兄弟之間爭鬥到這地步，我順從上天所贊助的。」伯有被殺死在買賣羊肉的街市上。子產給他的屍體穿上衣服，頭枕在他的大腿上而為他號哭，殮屍後把棺柩停放在街市旁伯有家臣的家裏，不久就把他安葬在斗城。子駟氏想要攻打子產，子皮為此發怒，說：「禮儀是國家的支持。殺有禮的人，禍患就沒有比這再大的了。」子駟氏就停止攻打子產。當時鄭公族游吉到晉國出使後回來，聽到國內有禍難，就不進入國都，讓副使回來復命。八月初六日，逃亡去晉國。駟帶去追趕他，在酸棗追趕上游吉。游吉和駟帶（子上）結盟，把兩塊玉圭沉在黃河裏表示誠信。游吉讓公孫肸進入國都和大夫結盟。八月十一日，游吉再回到鄭國。《春秋》記載說：「鄭人殺良霄。」不稱良霄為大夫，這是說他從國外回來已經喪失官位了。

在子蟜死的那一年，將要安葬子蟜時，公孫揮和裨灶在早上商量葬事，他們路過伯有家，看見門牆上長著狗尾草。公孫揮說：「那狗尾草還能活多久呢？」當時歲星行在降婁次，婁宿三星在天空當中天就亮了。禆灶指著婁宿三星說：「還可以活到歲星繞一周結束，但活不到歲星再行到這降婁次的那一年了。」到今年伯有死時，歲星行在娵訾次的口上，要到明年方才行到降婁次。大夫僕展跟著伯有，和他一起死了。馬師羽頡逃亡到晉國，做了任邑大夫。晉悼公和鄭僖公在雞澤會見時，鄭國大夫樂成逃亡到楚國，接著逃到晉國。羽頡是靠著他，和他勾結在一起事奉晉國上卿趙文子，提出攻打鄭國的建議。由於在宋國有弭兵之盟，所以趙文子不同意他們的建議。鄭國子皮讓公孫鉏做馬師，代替了羽頡的官職。

楚國令尹王子圍殺了大司馬蒍掩，奪取了他的妻室和家財。芋尹申無宇說：「王子必定不能免於禍難。賢良的人是國家的好大夫。王子做楚國的宰相，應該培養賢良的人，現在反而虐殺他們，這是危害國家呀！而且司馬是令尹的輔佐，是國王的四肢。殺死百姓的好大夫，除去自己的輔佐，斬去國君的手足，以危害國家，沒有比這不祥再大的了。他怎麼能免於禍難呢？」

為了宋國火災的緣故，各諸侯國的大夫相會，商議給宋國贈送物資。冬季十月，魯國叔孫豹和晉國的趙武、齊國公孫蠆、宋國向戌、衛國北宮佗、鄭國罕虎以及小邾國的大夫在澶淵會見，過後卻沒有給宋國贈送財物，所以《春秋》不記載與會大夫的姓名。君子說：「講話的信用大概不能不慎重吧？澶淵會見，卿大夫的名字不加記載，就是由於他們不講信用。諸侯的上卿，相會見時說的話不守信用，他們的尊榮和美名都丟掉，不守信用是這樣的不可以啊！《詩經》說：『文王或升或降，都在天帝的左右。』這說的是要守信義。《詩經》又說：『好好地謹慎你的言行舉止，不能做出欺詐的行為。』這說的是不守信義。」《春秋》記載說「某人、某人會於澶淵，宋災故」，就是怪罪他們於宋災無補。也不記載魯卿叔孫豹，這是為他隱諱。

鄭國的子皮把政權交給子產執掌，子產辭謝說：「國家小易受大國逼迫，公族龐大而尊貴的人又多，我不能治理好。」子皮說：「我罕虎率領他們聽從您，誰敢違抗您？您好好地做國相吧。國家不在於小，小國能事奉大國，國家就寬緩，不受逼迫了。」子產執政，有事要伯石去辦，就贈送給他城邑。子太叔游吉說：「國家是眾人的國家，為什麼獨給他送城邑？」子產說：「人要沒有欲望確實是難的。讓他們都滿足欲望，以便去辦理政事，而要求他們辦成功。這不是我的成功，難道別人不滿足欲望就能辦成嗎？對城邑有什麼可愛惜的？它會跑到哪裏去呢？還不仍在鄭國？」子太叔說：「四方鄰國會怎麼說呢？」子產說：「這樣做不是使大家互相違抗，而是使互相順從，四鄰對我們有什麼可責備的？〈鄭書〉有這樣的話：『安定國家，一定要先安定大族。』我姑且先安定大族，再看他表現如何。」不久伯石有所畏懼而把封邑歸還國家，但最終還是給了他。伯有死後，子產讓太史去命令伯石做卿，伯石辭謝。太史退出後，伯石又請太史再命自己為卿。太史再次命令，他又辭謝。這樣一連三次，伯石才接受策書入朝拜謝國君。子產因此厭惡伯石的為人，但擔心他作亂，就讓他居於比自己低一級的官位。子產使城市和鄉村各有規章，上下尊卑各有職責；田地有疆界和水渠，農舍和水井相配置。對忠誠勤儉的大夫就聽從、舉拔他，驕橫奢侈的大夫就推翻他。豐卷準備祭祀，請求去獵取祭品。子產不答應，說：「只有國君可用新獵的禽獸祭祀，眾人的祭品夠供應就可以了。」豐卷發怒，退出後就召集家兵要攻子產。子產要逃亡晉國，子皮阻止他而驅逐了豐卷。豐卷逃到晉國。子產請求保留他的田地和住宅，不加沒收。三年後讓豐卷回國復位，把田地、住宅和一切收入都歸還給他。子產執政一年，眾人歌唱道：「計算我的家產而收財物稅，丈量我的耕地而徵收田稅。誰殺死子產，我就將幫助他。」到了第三年，眾人又歌唱說：「我有子弟，子產教誨他；我有田地，子產使它增產。子產如果死了，誰能接替他呢？」

【說　明】以上為第二段，主要記載鄭國駟、良之爭及子產初執政時所遇到的困難及其政治措施的成就。子產名公孫僑，為司馬子國之子，鄭穆公之孫。他早在「童子」時就顯露頭角，識見不凡（見襄公八年傳）。其後尉氏之亂，子駟、子國、子耳被殺，子產獨能指揮若定，收父屍而平亂；子孔當國，因專權而犯眾怒，子產又出面勸止而安定政局（見襄公十年傳），表現出子產早年已有見事之明與應變之略。至襄公二十七年，子展當國，子耳之子伯有（良霄）執政，子西、子產尚在其下。子展死，其子罕虎子皮當國。子西死，駟氏子晳（公孫黑）與伯有相爭。子產認識到「伯有侈而愎，子晳好在人上，莫能相下」，無法制止。本傳繼襄公二十七年傳，具體寫伯有「侈而愎」，酗酒奏樂，終夜不止；不理政事，卻一再逼子皙出使楚國。仇恨終於爆發，七月十一日，子皙率甲兵攻伯有，伯有逃到雍梁，方始酒醒，知道是怎麼回事。二十四日又入都城，與駟氏相攻，結果被殺，曝屍街市。子產以國家利益為重，不介入駟、良之爭；又慎之以禮，殮屍殯葬死者。伯有之死，為子產執政掃清了道路。子皮授政於子產，子產先安定大族，善待伯石公孫段及豐卷，但又有原則，寬猛並濟，不感情用事。是後執政二十餘年，銳意改革圖強，無論內政外交，皆有顯著功績。至魯昭公二十年病死，孔子稱之為「古之遺愛」。

三十一年

己未，西元前五四二年。周景王三年、齊景公六年、晉平公十六年、秦景公三十五年、楚郟敖三年、宋平公三十四年、衛襄公二年、陳哀公二十七年、蔡靈公般元年、曹武公十三年、鄭簡公二十四年、燕惠公三年、許悼公五年、吳王夷昧二年。

經 三十有一年春王正月。

夏六月辛巳，公薨于楚宮。

秋九月癸巳，子野卒。

己亥，仲孫羯卒。

冬十月，滕子來會葬。

癸酉，葬我君襄公。

十有一月，莒人弒其君密州。

傳 三十一年春王正月，穆叔至自會❶，見孟孝伯❷，語之曰：「趙孟❸將死矣！其語偷，不似民主❹。且年未盈五十❺，而諄諄焉❻如八、九十者，弗能久矣。若趙孟死，為政者其韓子❼乎！吾子盍與季孫言之❽，可以樹善❾，君子也。晉君將失政矣，若不樹焉，使早備魯，既而政在大夫，韓子懦弱，大夫多貪，求欲無厭，齊、楚未足與也，魯其懼哉！」孝伯曰：「人生幾何，誰能無偷？朝不及夕，將安用樹？」穆叔出而告人曰：「孟孫將死矣！吾語諸趙孟之偷也，而又甚焉。」又與季孫語晉故，季孫不從。及趙文子卒，晉公室卑，政在侈家❿。韓宣子為政，不能圖諸侯。魯不堪晉求，讒慝弘多⓫，是以有平丘之會⓬。

齊子尾害閭丘嬰⓭，欲殺之，使帥師以伐陽州⓮，我問師故⓯。夏五月，子尾殺閭丘嬰，以說于我師⓰。工僂灑、渻竈、孔虺、賈寅出奔莒⓱。出羣公子⓲。

公作楚宮⓳。穆叔曰：「〈大誓〉⓴云：『民之所欲，天必從之。』君欲楚也夫，故作其宮。若不復適楚，必死是宮也。」六月辛巳㉑，公薨于楚宮。叔仲帶竊其拱璧㉒，以與御人，納諸其懷，而從取之，由是得罪。立胡女敬歸㉓之子子野，次于季氏。秋九月癸巳㉔，卒，毀也㉕。

己亥㉖，孟孝伯卒。立敬歸之娣齊歸之子公子裯㉗。穆叔不欲，曰：「大子死，有母弟則立之，無則立長。年鈞擇賢，義鈞則卜㉘，古之道也。非適嗣㉙，何必娣之子？且是人也，居喪而不哀，在慼而有嘉容㉚，是謂不度㉛。不度之人，鮮不為患。若果立之，必為季氏憂。」武子不聽，卒立之。比及葬，三易衰，衰衽如故衰㉜。於是昭公十九年矣，猶有童心，君子是以知其不能終㉝也。

冬十月，滕成公來會葬，惰而多涕㉞。子服惠伯㉟曰：「滕君將死矣。怠於其位㊱，而哀已甚，兆於死所㊲矣，能無從乎？」

癸酉㊳，葬襄公。

【注釋】❶穆叔至自會　穆叔，魯卿叔孫豹，又稱叔孫穆子，去年十月參加澶淵之會，今年正月回到魯國，故云「至自會」。❷孟孝伯　即魯卿仲孫羯，孟獻子之孫，孟莊子之子。❸趙孟　即趙武，又稱趙文子，晉國正卿，執國政。❹其語偷二句　他說話得過且過，不像為民作主的人。偷，苟且；得過且過。言無遠慮。❺未盈五十　不滿五十歲。按，成公二年，趙武始生，其父趙朔已死，故此時約四十八歲。❻諄諄焉　絮語不休；嘮嘮叨叨。❼韓子　韓起，又稱韓宣子，韓厥之子。❽吾子盍與季孫言之　您何不對季孫氏說說呢。盍，「何不」的合音字。季孫，季武子，名宿，魯卿，執國政。❾樹善　與韓起建立友好關係。下單用樹字。❿侈家　奢侈的大夫。⓫讒慝弘多　邪惡的人很多。⓬平丘之會　事見昭公十三年傳。晉人聽信邾人、莒人的訴求，拘囚魯卿季孫意如。⓭齊子尾害閭丘嬰　子尾，齊惠公之孫，名蠆。害，以為禍害。意動用法。閭丘嬰，齊大夫，見襄公二十五年、二十九年傳。⓮陽州　此時為魯邑，與齊國接界，後為齊所奪，在今山東省東平縣西北。⓯我問師故　魯國責問齊軍何故入侵。⓰以說于我師　以此向魯軍解釋。即推說是閭丘嬰之罪。⓱工僂灑句　工僂灑等四人是閭丘嬰同黨，故逃奔莒國。莒國在今山東省莒縣。⑱出羣公子　子尾把齊國的公子們逐出齊國。為昭公十年欒、高之難及羣公子復歸張本。⑲公作楚宮　魯襄公建造楚國式的宮殿。杜注：「公適楚，好其宮，歸而作之。」⑳大誓　杜注：「今《尚書・大誓》無此文。」杜預所見《尚書》為西漢後所見本，已逸。《偽古文尚書》有〈泰誓〉三篇，悉採記傳所引，不足信。㉑辛巳　二十八日。㉒叔仲帶句　叔仲帶，魯大夫叔仲昭伯，名帶，叔仲惠伯之孫，叔仲皮之子。拱璧，大璧。㉓胡女敬歸　魯襄公妾，胡國之女，歸姓。㉔九月癸巳　九月十一日。㉕卒毀也　子野死，是由於哀傷過度。㉖己亥　九月十七日。㉗立敬歸之娣句　娣，妹。敬歸之妹齊歸隨嫁魯襄公為妾，其子公子裯即立為魯昭公，時年十九歲。㉘年鈞擇賢二句　年紀差不多就選賢能的，賢能差不多就占卜選定。鈞，均；同等；相差不多。義鈞，謂賢能相等。㉙非適嗣　死去的子野並不是嫡子。適，同「嫡」。正妻所生的兒子。襄公夫人蓋無子。㉚在慼而有嘉容　父親死了反而有喜悅的臉色。慼，同「慽」。哀傷。父母死曰在慼。㉛不度　不孝。《禮記》孔疏引《孝經》云：「天子之孝曰就，諸侯曰度。」㉜比及葬三句　到安葬襄公時，他的喪服換了三次，喪服的衣襟上髒得像舊喪服一般。可見公子裯嬉戲如頑童，故衣襟易髒。衰，同「縗」。喪服。衽，衣襟。㉝不能終　不能善終。昭公於二十五年被三桓逐出魯國，流亡在外，至三十二年病死。故云「不能終」。㉞惰而多涕　怠惰不敬而眼淚很多。㉟子服惠伯　即孟椒，孟獻子之孫，仲孫它之子。㊱位　指弔喪祭奠時的席位。㊲兆於死所　在葬禮中已顯出他將死的預兆。死所，指安葬襄公。㊳癸酉　十月二十一日。

【語　譯】魯襄公三十一年春，周王曆法的正月，穆叔從澶淵之會回到魯國，見了孟孝伯，對他說：「晉國的趙武將要死了。他說話苟且，毫無遠慮，不像為民作主的人。而且年紀不到五十歲，卻絮絮叨叨像八、九十歲的人，他不能活多久了。如果趙武死了，晉國執政的恐怕是韓起吧！你何不對季孫氏說說呢，可以及早同韓起建立友好關係，他是個君子。晉國國君將會失去政權，如果不同韓起建立友好，及早為魯國作好準備，等到以後政權落在大夫手裏，韓起又懦弱，大夫多貪婪，求取財貨的欲望不會滿足，齊國、楚國又不足以依靠，那時魯國怕要陷入困境了！」孟孝伯說：「人一生能活多久，誰能不得過且過？早上活著還怕到不了晚上，哪裏用得著去建立友好？」穆叔退出來，告訴別人說：「孟孝伯將要死了。我告訴他關於趙武得過且過的事，但他比趙武還要苟且馬虎。」穆叔又和季武子講晉國的事，季武子不聽從。等到趙武明年一死，晉國公室地位低落，政權落在豪奢的大夫手裏。韓宣子執掌國政，不能謀求諸侯霸主。魯國難以負擔晉國的求索，邪惡的小人又很多，因此後來有了平丘的約會。

齊國的子尾怕閭丘嬰成為禍害，想殺死他，就派他領兵攻打魯國的陽州。魯國責問他們為什麼出兵侵伐。夏季五月，子尾殺了閭丘嬰，以此向魯軍解釋。工僂灑、渻竈、孔虺、賈寅四人逃亡到莒國。子尾又把齊國的公子們驅逐出去。

魯襄公建造楚國式樣的宮殿。穆叔說：「〈大誓〉說：『百姓所要求的，上天必然聽從。』國君想要去楚國吧，所以建造楚國式的宮殿。如果不再去楚國，必然死在這宮殿裏。」六月二十八日，魯襄公死在楚宮裏。叔仲帶偷了襄公的大玉璧，拿給侍御他的人，放在他的懷裏，又從他懷裏拿了過來，因此得罪了魯國人，被人看得輕賤。魯國擁立襄公妾胡國之女敬歸的兒子子野做國君，住在季孫氏家。秋季九月十一日，子野又死了，這是由於他哀傷過度。

十七日，孟孝伯死了。魯國改立敬歸的妹妹齊歸的兒子公子裯做國君。穆叔不同意，說：「按禮，太子死了，如有同母生的兄弟，就繼立為君；如果沒有，就立年長的。如果兩人年紀相同，就選賢能的；如果賢能相等，就占卜選定，這是古代的常規。現在死去的子野並不是嫡子，何必非要立他母親妹妹的兒子呢？而且這個人居喪卻不哀痛，反而有喜悅的臉色，這叫不孝。不孝的人，很少不成為禍患的。假如真的立了他，必然造成季氏的憂患。」可是季武子不聽，結果立了公子裯。到安葬襄公時，他的喪服換了三次，喪服衣襟上髒得像舊喪服一樣。當時公子裯已十九歲了，還有孩子氣，君子因此知道他不能善終。

冬季十月，滕成公來魯國參加葬禮，表現得怠惰不敬而眼淚很多。子服惠伯說：「滕君將死了吧！在弔喪的席位上顯得怠惰，而哀傷又太過分，在喪禮中顯出將死的預兆，能不跟著死嗎？」

十月二十一日，安葬魯襄公。

【說　明】本傳可分兩大段，以上為第一段，從側面寫出晉國趙武在澶淵之會言無遠慮，只是苟且偷安，而晉君失政，公室卑弱。明年趙武一死，韓起執政，韓起懦弱，政在大夫，而大夫多驕奢淫逸，貪得無厭，如晉國司馬羊舌鮒等都是「瀆貨無厭」的邪惡之徒。晉國已難以復興霸業而漸露末世的破敗景象了。六月魯襄公死，無嫡嗣，立其妾敬歸之妹齊歸之子為君，而此子居喪不哀，年十九而猶如頑童，三換喪服而衣襟仍然髒得如舊衣。如此不肖之子怎能立為國君？但當時執政的季武子立他為魯昭公。魯國自東門襄仲殺嫡立庶以後，歷宣公、成公、襄公至昭公已四世失政失民，政在季氏。後昭公被逐，客死他鄉。這都充分反映出諸侯、卿大夫世襲制度的腐朽。晉、魯等國尚且如此，其他小國之腐敗更不堪言狀了。

傳 公薨之月，子產相鄭伯以如晉❶。晉侯以我喪故，未之見也❷。子產使盡壞其館之垣❸，而納車馬焉。士文伯讓之❹曰：「敝邑以政刑之不修，寇盜充斥❺，無若諸侯之屬辱在寡君者何❻，是以令吏人完客所館❼，高其閈閎❽，厚其牆垣，以無憂客使。今吾子壞之，雖從者能戒，其若異客何❾？以敝邑之為盟主，繕完葺牆❿，以待賓客。若皆毀之，其何以共命⓫？寡君使匄請命⓬。」對曰：「以敝邑褊小⓭，介於大國，誅求無時⓮，是以不敢寧居，悉索敝賦，以來會時事⓯。逢執事之不閒，而未得見，又不獲聞命⓰，未知見時。不敢輸幣⓱，亦不敢暴露。其輸之，則君之府實也，非薦陳之，不敢輸也⓲。其暴露之，則恐燥濕之不時而朽蠹⓳，以重敝邑之罪。僑聞文公⓴之為盟主也，宮室卑庳㉑，無觀臺榭㉒，以崇大諸侯之館。館如公寢㉓，庫廄㉔繕修，司空以時平易道路㉕，圬人以時塓館宮室㉖。諸侯賓至，甸設庭燎㉗，僕人巡宮㉘；車馬有所，賓從有代㉙；巾車脂轄㉚，隸人牧圉各瞻其事㉛，百官之屬各展其物㉜。公不留賓，而亦無廢事㉝；憂樂同之，事則巡之㉞；教其不知，而恤其不足㉟。賓至如歸，無寧菑患㊱，不畏寇盜，而亦不患燥濕。今銅鞮之宮㊲數里，而諸侯舍於隸人㊳，門不容車，而不可踰越㊴。盜賊公行，而天厲不戒㊵。賓見無時，命不可知㊶。若又勿壞，是無所藏幣，以重罪也。敢請執事將何以命之㊷？雖君之有魯喪，亦敝邑之憂也。若獲薦幣，修垣而行，君之惠也，敢憚勤勞！」文伯復命，趙文子曰：「信㊸，我實不德，而以隸人之垣以贏㊹諸侯，是吾罪也。」使士文伯謝不敏㊺焉。晉侯見鄭伯有加禮，厚其宴好而歸之㊻。乃築諸侯之館。叔向曰：「辭之不可以已㊼也如是夫！子產有辭，諸侯賴之㊽，若之何其釋辭也？《詩》曰：『辭之輯矣，民之協矣；辭之繹矣，民之莫矣。』㊾其知之矣。」

鄭子皮使印段如楚，以適晉告㊿，禮也。

莒犂比公(51)生去疾及展輿。既立展輿，又廢之。犂比公虐，國人患之。十一月，展輿因國人以攻莒子，弒之乃立。去疾奔齊，齊出(52)也。展輿，吳出也。書曰「莒人弒其君買朱鉏[53]」，言罪之在也。

吳子使屈狐庸聘于晉，通路也[54]。趙文子問焉，曰：「延州來季子[55]，其果立乎？巢隕諸樊[56]，閽戕戴吳[57]，天似啟之[58]，何如？」對曰：「不立。是二王之命也，非啟季子也。若天所啟，其在今嗣君乎？甚德而度[59]，德不失民，度不失事。民親而事有序，其天所啟也。有吳國者，必此君之子孫實終之[60]。季子，守節者也。雖有國不立[61]。」

十二月，北宮文子相衛襄公以如楚[62]，宋之盟故也。過鄭，印段廷勞于棐林[63]，如聘禮而以勞辭[64]。文子入聘[65]，子羽為行人[66]，馮簡子與子大叔逆客[67]。事畢而出，言於衛侯曰：「鄭有禮，其數世之福也，其無大國之討乎？《詩》云：『誰能執熱，逝不以濯。』[68]禮之於政，如熱之有濯也。濯以救熱，何患之有？」子產之從政也，擇能而使之：馮簡子能斷大事，子大叔美秀而文[69]，公孫揮能知四國之為，而辨於其大夫之族姓、班位、貴賤、能否，而又善為辭令[70]；裨諶能謀，謀於野則獲，謀於邑則否[71]。鄭國將有諸侯之事，子產乃問四國之為於子羽，且使多為辭令；與裨諶乘以適野，使謀可否；而告馮簡子，使斷之。事成，乃授子大叔使行之，以應對賓客，是以鮮有敗事。北宮文子所謂有禮也。

鄭人游于鄉校[72]，以論執政。然明[73]謂子產曰：「毀鄉校何如？」子產曰：「何為？夫人朝夕退而游焉[74]，以議執政之善否。其所善者，吾則行之；其所惡者，吾則改之。是吾師也，若之何毀之？我聞忠善以損怨，不聞作威以防怨[75]。豈不遽止[76]？然猶防川，大決所犯，傷人必多，吾不克救也。不如小決使道，不如吾聞而藥之也[77]。」然明曰：「蔑也，今而後知吾子之信可事[78]也。小人實不才，若果行此，其鄭國實賴之，豈唯二三臣？」仲尼聞是語也[79]，曰：「以是觀之，人謂子產不仁，吾不信也。」

子皮欲使尹何為邑[80]。子產曰：「少，未知可否。」子皮曰：「愿[81]，吾愛之，不吾叛也，使夫往而學焉，夫亦愈知治矣[82]。」子產曰：「不可。人之愛人，求利之也。今吾子愛人則以政，猶未能操刀而使割也，其傷實多。子之愛人，傷之而已，其誰敢求愛於子？子於鄭國，棟也。棟折榱崩，僑將厭焉[83]，敢不盡言？子有美錦，不使人學製焉。大官大邑，身之所庇也，而使學者製焉，其為美錦不亦多乎[84]？僑聞學而後入政，未聞以政學者也。若果行此，必有所害。譬如田獵，射御貫則能獲禽[85]；若未嘗登車射御，則敗績厭覆是懼[86]，何暇思獲？」子皮曰：「善哉！虎不敏。吾聞君子務知大者遠者，小人務知小者近者。我，小人也。衣服附在吾身，我知而慎之。大官大邑所以庇身也，我遠而慢之[87]。微子之言，吾不知也。他日[88]我曰：『子為鄭國，我為吾家，以庇焉，其可也。』今而後知不足。自今請雖吾家，聽子而行。」子產曰：「人心之不同，如其面焉，吾豈敢謂子面如吾面乎[89]？抑心所謂危，亦以告也[90]。」子皮以為忠，故委政焉，子產是以能為鄭國。

衛侯在楚，北宮文子見令尹圍之威儀，言於衛侯曰：「令尹似君矣，將有他志。雖獲其志，不能終也。《詩》云：『靡不有初，鮮克有終。』[91]終之實難，令尹其將不免。」公曰：「子何以知之？」對曰：「《詩》云：『敬慎威儀，惟民之則[92]。』令尹無威儀，民無則焉。民所不則，以在民上，不可以終[93]。」公曰：「善哉！何謂威儀？」對曰：「有威而可畏謂之威，有儀而可象謂之儀[94]。君有君之威儀，其臣畏而愛之，則而象之，故能有其國家，令聞長世。臣有臣之威儀，其下畏而愛之，故能守其官職，保族宜家。順是以下，皆如是，是以上下能相固也。〈衛詩〉曰：『威儀棣棣，不可選也。』[95]言君臣、上下、父子、兄弟、內外、大小，皆有威儀也。〈周詩〉曰：『朋友攸攝，攝以威儀。』[96]言朋友之道，必相教訓以威儀也。〈周書〉數文王之德[97]，曰：『大國畏其力，小國懷其德。』言畏而愛之也。《詩》云：『不識不知，順帝之則。』[98]言則而象之也。紂囚文王七年，諸侯皆從之囚[99]，紂於是乎懼而歸之，可謂愛之。文王伐崇[100]，再駕而降為臣，蠻夷帥服，可謂畏之。文王之功，天下誦而歌舞之，可謂則之。文王之行，至今為法，可謂象之。有威儀也。故君子在位可畏，施舍可愛，進退可度，周旋可則[101]，容止可觀，作事可法，德行可象，聲氣可樂，動作有文，言語有章[102]，以臨其下，謂之有威儀也。」

【注釋】❶公薨之月二句　魯襄公死的那個月（六月），子產輔佐鄭簡公到晉國去朝聘。子產，名僑，鄭穆公孫，故稱公孫僑，去年執國政。❷晉侯二句　晉平公以魯襄公死為由，不接見鄭簡公。按，晉、魯、鄭同為姬姓國，晉以魯喪為託辭而不見鄭君，實是輕慢鄭國。❸盡壞其館之垣　把賓館的圍牆全部拆毀。❹士文伯讓之　士文伯，晉大夫，字伯瑕，下文自稱「匄」，則士文伯名匄，與范宣子士匄是同名。范宣子士匄已死，見襄公二十六年傳。讓，責備。❺充斥　充滿；眾多。常用於貶義。❻無若句　對屈駕前來問候晉君的諸侯臣屬就無法加以保護了。無若……何，是古代漢語的固定結構。若，如。動詞。處理。辱，表敬副詞。在，存問；問候。辱在猶言朝聘。❼完客所館　修繕賓客所居住的館舍。完，動詞。修繕使完好。❽閈閎　大門。閎，本指里巷之門，此與閈同義。❾其若異客何　別國的賓客來了將怎麼辦呢。❿繕完葺牆　完，通「院」。垣；圍牆。見《說文》段注。繕、葺同義。修治。⓫共命　供賓客之所求。共，同「供」。滿足。⓬請命　請示。外交辭令，實是責問。⓭褊小　狹小。⓮介於大國二句　處在大國之間，大國責令進貢物品無有定時。介，間。誅、求同義。責令；求取。⓯悉索敝賦二句　盡量搜索敝國的財物，隨時來朝會晉君。賦，指財物，同「幣」字之義。時事，指行聘問之禮。⓰不獲聞命　沒有聽到晉君召見的命令。⓱輸幣　送上財禮。幣，指玉帛皮革之類禮物。⓲其輸之四句　如果把它送上，那麼這是晉君府庫的物品，不經陳列驗收，是不敢擅自進獻的。其，如若。連詞。府實，府庫中的物資。薦陳，古代賓主相見，賓客先將禮物進陳於庭，謂之薦陳。薦，進獻。⓳則恐燥濕句　就怕晴雨不常，使物品腐朽或蟲蛀。⓴文公　晉文公。㉑宮室

卑庳　宮室低矮狹小。謂晉文公自處儉約。㉒無觀臺榭　沒有觀望遊賞的臺榭。孔疏：「四方而高曰臺，臺上有屋曰榭，皆高可登之以觀望。」㉓公寢　晉君的寢宮。㉔庫廄　謂客館內有庫房可藏幣帛，有馬房可納車馬。㉕司空句　司空，官名，掌建築及修治道路。易，治；修整。㉖圬人句　圬人，泥工。塓，塗；粉刷。㉗甸設庭燎　甸，負責薪火的人。庭燎，庭中用以照明的火把。㉘巡宮　巡視館舍，看夜警衛。㉙賓從有代　有人代替賓客的僕從來服役。㉚巾車脂轄　管車子的人在賓客的車軸上塗抹油脂。巾車，管車輛之官。脂，用作動詞。上油膏，使車輪轉動滑利。轄，插在車軸頭上的小鐵棍，使車輪不致脫出。此指車軸。㉛隸人句　隸人、牧人、圉人各自照看好自己待客的職事。隸人，指負責灑掃清潔的僕役。牧圉，指放牧、圈養牛馬的人。㉜各展其物　各自陳列物品以招待賓客。㉝公不留賓二句　晉文公對賓客隨到隨見，不使滯留，也沒荒廢禮儀方面的事。㉞事則巡之　萬一有事變，就為之巡察，安撫賓客。㉟恤其不足　賓客的物資如有不足就加以接濟。恤，周濟。㊱無寧菑患　豈只沒有災患。菑，同「災」。㊲銅鞮之宮　晉君別宮，在今山西省沁縣南二十五里銅鞮山東。㊳諸侯舍於隸人　使諸侯賓客住在如奴僕居住的館舍裏。舍，動詞。住宿。㊴踰越　指踰牆而入。㊵天厲不戒　夭，當作「天」，見《校勘記》。厲，通「癘」。疫病。天厲，自然造成的疾病。指「燥濕之不時」造成的疾病。不戒，無法防備。㊶命不可知　晉君召見之命何時發布，不得而知。㊷將何以命之　對我還有什麼指教。這是對「請命」句的反詰。㊸信　真的。杜注「信如子產言」。㊹贏　受；容納。接待之意。㊺謝不敏　為不會辦事而致歉意。㊻厚其宴好而歸之　宴禮厚加款待，又增加禮物而後送他們回國。厚，動詞。加重。好，表示友好的禮物。㊼辭之不可以已　辭令不可以廢棄。已，止；廢。即下文所謂「釋辭」。㊽賴之　利之；得其利。㊾詩曰五句　見《詩經・大雅・板》，意謂善於辭令，把話說得和諧，人民就協和、融洽了；把話說得動聽，使人心悅誠服，人民也就安定了。輯，和；睦。協，今《詩經》作「洽」，融洽。繹，條理暢達。今《詩經》作「懌」，喜悅。杜注：「莫，猶定也。」㊿鄭子皮使印段二句　謂鄭國子皮派印段到楚國去聘問，但先到晉國去告知此事。襄公二十七年的弭兵之盟，規定晉楚之從者要交相朝聘，故鄭又朝楚。子皮，名虎，鄭穆公曾孫，子罕之孫，子展之子，又稱罕虎，時掌國政。印段，字子石，鄭穆公之子子印之後。(51)犁比公　莒國國君，以地名犁比為號。下文稱莒子。(52)齊出　齊國之女所生，故去疾是齊國的外甥。(53)買朱鉏　犁比公之名，經文作「密州」。買、密音近；「朱鉏」急讀，合音為「州」。段玉裁《經韻樓集》謂傳以「買朱鉏」釋經之「密州」，是通夷夏之語以互訓。(54)吳子二句　吳王夷昧派屈狐庸到晉國聘問，是為了開通道路，使往來密切。實襄公二十九年吳公子季札已聘問晉國。屈狐庸，屈巫臣之子，本楚人，成公七年至吳為行人（外交官）。(55)延州來季子　公子季札，吳王壽夢第四子，夷昧之弟。初封於延陵（今江蘇省常州市），稱延陵季子；後加封州來（今安徽省鳳台縣），又稱州來季子，此稱延州來季子。為春秋時有名的賢公子。(56)巢隕諸樊　吳王諸樊（壽夢長子）攻巢邑時戰死。見襄公二十五年傳。(57)閽戕戴吳　戴吳即吳王餘祭（壽夢次子），被守門人所殺。見襄公二十九年傳。閽，看守宮門的人。戕，殘殺。(58)啟之　為季子做國君打開大門。(59)甚德而度　很有德行，且有法度。(60)有吳國者二句　擁有吳國的，必定是這個國君（夷昧）的子孫，直到吳國終了。按：後來夷昧之子光（闔閭）殺王僚自立，傳太子夫差而為越所滅，果如其言。(61)雖有國不立　雖然季子應做國君，他也不願立為國君的。(62)北宮文子句　北宮文子即北宮佗，北宮括之子，衛卿。衛襄公，獻公子，名惡，去年即位。(63)印段迋勞句　印段到棐林去慰勞衛侯。迋，同「往」。棐林，即北林，鄭邑，在今河南省新鄭市東北二十五里。(64)如聘禮而以勞辭　衛侯是如楚過鄭，非聘鄭，而印段依照聘問的禮儀接待衛侯，致慰勞之辭。諸侯聘問，受聘國大夫於郊外迎接慰勞。(65)文子入聘　北宮文子入鄭都行聘問之禮。這是對印段郊勞之禮的酬答。(66)子羽為行人　子羽即公孫揮，是春秋時鄭國有名的外交官。行人，外交官，負責接待賓客。(67)馮簡子句　馮簡子與子太叔都是鄭國卿大夫。馮簡子是馮氏歸姓。子太叔即游吉，子游之孫，子蟜之子。逆，迎。(68)詩云二句　見《詩經・大雅・桑柔》，意謂誰能耐熱而不用洗澡呢。逝，句首助詞，無義。舊注謂執熱為手執炙熱之物，濯為洗手以解熱。《經韻樓集》則云：「執熱猶觸熱苦熱，濯謂浴也。」「此詩謂誰能苦熱而不澡浴以潔其體，以求涼快者乎？」較舊說為優。(69)美秀而文　容貌舉止秀美而談吐有文采，熟習典章詩樂。(70)公孫揮三句　公孫揮能熟知四方諸侯國的行事政令，並詳察各國大夫的家族姓氏、官職爵位的等級、身分的貴賤、才能的高低，而且有口才，善於辭令。(71)謀於野二句　在郊野謀劃就得當，在城內謀劃就不得當。蓋裨諶為人喜靜曠，不喜繁擾，故謀劃大事必須在郊野。下文「乘以適野，使謀可否」即是此意。(72)鄉校　鄉里的學校。古時鄉校又是鄉人聚會議事的公共場所。(73)然明　鄭大夫鬷氏名蔑，字然明。(74)夫人朝夕退而游焉　人們在早晚工作餘暇時到鄉校聚遊。夫，句首助詞，提起議論。退，指工作後的休息時間。焉，於之。指鄉校。(75)我聞忠善二句　我只聽說盡力做好事能減少人們的怨恨，沒聽說用武力擺威風可以防止怨恨。(76)豈不遽止　此承「作威」句，謂用強制手段毀鄉校，難道不能很快制止議論。遽，急速。(77)不如小決使道二句　不如讓河水有小決口以疏導河水暢流，我能聽到羣眾的批評，以之為治病的良藥。道，同「導」。藥，以為藥石。意動用法。小決使道喻發揚輿論，讓羣眾有意見能隨時表達。(78)信可事　確實可以成就大事。(79)仲尼句　孔子此時僅十一歲，當是以後聞知此事而加評論。(80)使尹何為邑　派尹何去治理他的封邑。尹何，子皮屬下小臣，今使為邑宰。(81)愿　忠厚老實。古時愿、願是兩個意義不同的字。(82)使夫往而學焉二句　派他去學做邑宰，他也就更懂得治理政事了。夫，彼；他。代詞。(83)棟折二句　棟梁折斷，屋椽就會崩塌，我公孫僑也將被壓在下面。榱，架在棟梁上的椽子。厭，通「壓」。時子皮當國，子產執政，故以此喻子皮用尹何，不但傷尹何，子皮及子產亦將受害。(84)而使學者製焉二句　意謂庇身的大邑反而讓學習的人去治理，大邑的價值比起美錦來不是大得多嗎。製，承上裁製衣服，實謂治邑。(85)射御貫句　射獵駕車熟練了方能獵獲禽獸。《爾雅・釋詁》：「貫，習也。」今作「慣」。《說文》：「禽，走獸總名。」(86)敗績厭覆是懼　唯恐車子崩壞或車翻覆、人被壓。意謂求免自害尚且不能，何暇治邑。(87)遠而慢之　疏忽而輕視它。(88)他日往日。(89)吾豈敢謂子面如吾面乎　言外指子皮的想法未必與我的想法一樣，子皮之家事豈敢皆從我之所為。(90)抑心所謂危二句　不過我認為有危害的事，也必定直言相告。抑，轉折連詞。(91)詩云三句　見《詩經・大雅・蕩》，意謂萬事無不有好的開始，但很少能堅持到結束。即不能善始善終。(92)詩云三句　見《詩經・大雅・抑》，謂威嚴的儀容、舉止言談要表現出恭敬和謹慎，這是百姓的準則。此威儀與上文「令尹之威儀」不同，令尹之威儀僅指威嚴的儀式。(93)民所不則三句　人民所不願效法的人，卻高居人民頭上，就不能善終。則，動詞。效法。下文「則而象之」，以之為準則而仿效他。則，意動用法。以為準則。(94)有儀而可象謂之儀　有儀容舉止而可讓人仿效的叫儀。(95)衛詩曰三句　見《詩經・邶風・柏舟》，謂儀容安詳，優點說不完。棣棣，從容閒靜貌。選，算；數。陳奐云：「言己之儀容美備，不可說數。」(96)周詩曰三句　見《詩經・大雅・既醉》，謂朋友之間有所幫助，用來幫助的就是威儀。攸，所。攝，幫助。(97)周書數文王之德　〈周書〉列舉文王的德行。此〈周書〉已逸，所引二句，偽《古文尚書》採入〈武成〉篇。(98)詩云三句　見《詩經・大雅・皇矣》，謂文王行事不求靠知識，只是順應天帝的法則。(99)紂囚文王二句　商紂王囚禁周文王七年，諸侯都跟從文王去坐牢。《竹書紀年》謂紂之二十三年囚西伯於羑里，而後釋之。(100)崇　商代封國。文王伐崇侯虎，使之降服為臣。(101)施舍可愛三句　施捨給人，可使人愛他；進退舉止，可作為人們的法度；與人交際，言行得體，可作人們的準則。度、則同義。(102)動作有文二句　動作舉止文雅，有修養，說話有條理。

【語　譯】魯襄公死的那月，鄭國的子產輔佐鄭簡公到晉國去朝聘，晉平公推說魯國有喪事，不接見鄭簡公。子產派人把晉國賓館的圍牆全部拆毀而後安放自己的車馬。晉國的士文伯前來責問他，說：「敝國由於政事、刑法不完善，到處都是盜賊，對諸侯的臣屬前來問候我們國君時無法加以保護，因此派官吏修繕賓客所住的館舍，加高大門，增厚圍牆，讓賓客使者不致擔憂。現在您拆毀它，雖然您的隨從能自己戒備，但別國的賓客來了怎麼辦？由於敝國是諸侯盟主，修繕圍牆來接待賓客。如果都像您們拆毀它，那還怎麼滿足賓客的要求呢？國君派我前來請教為何拆毀垣牆。」子產回答道：「由於敝國狹小，夾在大國之間，大國需索貢品無有定時，因此不敢安居，盡力搜求敝國的財物，隨時前來朝會。碰上執事沒有空閒，因而未能拜見晉君。又得不到進見的命令，不知何時才能進見。我們不敢獻上財物，又不敢讓它日曬夜露。如果進獻，那麼這是晉君府庫的財物，不經過進獻陳列的儀式，就不敢奉獻。如果讓它日曬夜露，就又怕晴雨不時而發生腐壞蟲蛀，結果加重敝國的罪過。我聽說晉文公做盟主時，他住的宮室低矮狹小，沒有可觀望遊賞的臺榭，而把接待諸侯的賓館造得又高又大，好像現在晉君的寢宮一樣，賓館內有庫房可藏財物，有馬房可容車馬，都加以修建。司空按時整修道路，泥工按時粉飾賓館宮室。諸侯賓客來了，甸人在庭院點起火把，僕人巡邏看護；車馬有處所安置，賓客的隨從有人代替服役。管車子的給賓客的車軸塗上油脂，打掃的人、放牧牛馬的人各自照看自己的職事，各部官員的屬吏都陳列他的物品來接待賓客。晉文公隨時接見，不讓賓客滯留，也不荒廢賓主的禮儀和公事；憂樂和賓客相同，有意外事故就巡察安撫。賓客不知道的就加以教導，賓客物資不足的就加以周濟。賓客來到晉國就像回到家裏一樣，豈只是沒有災患，更不用怕搶劫偷盜，也不必擔心晴雨燥濕。可現在晉君銅鞮山的別宮綿延數里，而讓諸侯賓客住在像奴僕住的房舍裏，大門進不去車馬，又不能踰牆而入。外面盜賊公然搶劫，病疫又無法防止。賓客進見又無有定時，接見的命令何時發布不得而知。如果再不拆毀圍牆，就沒有地方收藏財物，反而要加重罪過了。謹問執事，還有什麼要教導我的？雖然晉君有魯國的喪事，但這也是敝國的憂慮。如果能進獻財禮，我們將修復垣牆而後回去，這是晉君的恩惠，我們豈敢怕修牆的辛勞！」士文伯去報告執政的趙文子，趙文子說：「真如子產說的。我們實在是不好，用容納奴隸的館舍去接待諸侯，這是我們的罪過啊。」就派士文伯去道歉，表示自己無能。晉平公接見鄭簡公，禮儀有加，宴禮格外隆重，贈送禮物更加豐厚，而後送他回國。於是建造接待諸侯的賓館。晉大夫叔向說：「辭令不能廢棄就像這樣的吧！子產善於辭令，諸侯因而得利，辭令怎麼可以廢棄呢？《詩經》說：『辭令和諧，百姓就融洽；辭令動聽，百姓就安定。』作這詩的人已懂得善於辭令的意義了。」

鄭國的子皮派印段去楚國聘問，先到晉國去報告這件事，這是合於禮的。

莒國君主犁比公生了去疾和展輿。立了展輿之後又廢了他。犁比公暴虐，國內的人認為是禍患。十一月，展輿靠國內的人攻打莒君，殺死了他，就自立為國君。去疾逃亡到齊國，因為他是齊國女人所生的。展輿是吳國女人所生的。《春秋》記載說「莒人弒其君買朱鉏」，這是說罪過在於犁比公。犁比公名買朱鉏。

吳王夷昧派屈狐庸到晉國聘問，是為了溝通兩國交往的道路。趙文子詢問他，說：「延州來季子最終能立為國君嗎？從前進攻巢邑死了吳王諸樊，看門人又殺了吳王餘祭，上天似乎為季子打開了做國君的大門，是不是？」屈狐庸回答說：「不立季子。這是諸樊、餘祭二王的命運不好，並非為季子打開大門。如果上天打開大門，恐怕是為了現在的國君吧？他很有德行，行事有法度。有德行就不會失去百姓，合於法度就不會辦錯事情。百姓親附而事情有秩序，大概就是上天幫助他的。擁有吳國的，必定是這位國君的子孫直到吳國終了。季子是保持節操的人。雖然他應享有國家，但他也不願做國君的。」

十二月，北宮文子輔助衛襄公到楚國去朝聘，這是由於在宋國結盟的緣故。經過鄭國時，鄭國的印段到北林去慰勞他們，依照聘問的禮儀而致慰勞之辭。文子就入鄭都聘問以酬答。鄭國公孫揮負責外交接待，馮簡子和子太叔迎接客人。聘禮結束後文子出都，告訴衛襄公說：「鄭國講究禮儀，這是幾代人的福氣，恐怕這幾代不會有大國去討伐他吧？《詩經》說：『誰能耐熱，而不去洗澡以求涼快呢！』禮儀對於政事來說，就像天熱時有澡洗一樣。洗澡用來解除炎熱，有什麼可擔心的？」子產治理國政，選擇賢能而使用他們：馮簡子能決斷大事，子太叔容貌舉止秀美而有文采，公孫揮能熟知四方諸侯國的政令行事，而且明察各國大夫的家族姓氏、官職爵級、地位貴賤、才能高下，又善於辭令；裨諶能出謀劃策，在郊野謀劃就得當，在城中謀劃就不得當。鄭國將有外交大事時，子產就向公孫揮詢問諸侯國的政令，並讓他多寫外交辭令的文稿；和裨諶一起乘車到野外，讓他策劃是否可行，把結果告訴馮簡子去決斷。計畫完成，就交給子太叔去執行，以應對諸侯賓客，因此很少有把事情辦壞的。這就是北宮文子所說的講究禮儀。

鄭國人在鄉間學校裏聚會交遊，議論國家政事。然明對子產說：「把鄉校毀了怎麼樣？」子產說：「做什麼？人們早晚工作完了到那裏交遊，來議論政事的好壞。他們認為好的，我就推行；他們所厭惡的，我就改正。這是我的老師呀，怎麼能毀掉它？我只聽說忠於為善來減少怨恨，沒聽說擺威風、施強權能防止怨恨的。靠權威難道不能很快制止議論？但是堵住嘴巴就像堵塞河流一樣。大水沖決的決口大，受傷害的人必然多，我就不能挽救了。不如開小的決口，疏導水流暢通，不如讓我聽到羣眾的批評而作為治病的良藥。」然明說：「我從今以後知道您確實可以成就大事的。小人實在沒有才能，如果真的照您的辦法去做，對鄭國確實有利，豈只是有利於幾位大臣？」孔子後來聽到這事，說：「從這事看來，別人說子產不仁，我不相信。」

子皮想讓尹何去治理他的封邑，子產說：「尹何還年輕，不知能否勝任。」子皮說：「尹何謹慎善良，我喜歡他，他不會背叛我的。讓他去學習一下，他也就更加懂得治理政事了。」子產說：「不行。人家喜歡一個人，總是希望對這人有利。現在您喜歡一個人卻把政事交給他，就像一個人不會用刀而讓他去宰割，多半是會割傷他自己的。您喜歡他，不過是傷害他罷了，有誰還敢在您這裏求得喜愛？您在鄭國好比是國家的棟梁，棟梁折斷，椽子就會崩塌，我也將會被壓在底下，我怎敢不把話都說出來？比如您有了漂亮的絲綢，是不會給別人學著裁製衣服的。您的邑宰和大的封邑，是庇護您的地方，反而讓學習的人去治理，它比漂亮的絲綢的價值不是大得多嗎？我只聽說學習好了才能從政，沒聽說用從政來學習的。如若真的這樣做，必定有所傷害。比如打獵，射箭駕車熟練了，才能獵獲禽獸，如果未曾登車射箭就駕駛車馬去打獵，就只怕車子崩裂，翻車人被壓，哪有心思顧到獵物？」子皮說：「您說得好極了！我真不聰明。我知道君子務必注意大的遠的，小人只注意小的近的。我是個小人。衣服穿在我身上，我知道要慎重；大官、大邑是用來庇護自身的，我卻疏忽而輕視它。如若沒有您的勸說，我還不知自己的過失呢。以前我說過：您治理鄭國，我治理我的家以庇護自己，大概還是可以的。現在方知自己不足以治家。從現在起，雖然是我家族的事，也請求聽從您的吩咐去辦。」子產說：「每個人心裏想的都不一樣，就像人的面容都是不同的，我怎敢說您的面容像我的面容呢？不過我心裏認為有危害的事，也一定直言相告的。」子皮認為他忠誠，所以把國家政事全部託付給他，子產因此能夠治理鄭國。

衛襄公在楚國，北宮文子見到令尹王子圍威嚴的派頭，對衛襄公說：「令尹像國君了，他將會有野心，雖然能實現這種野心，但不能善終。《詩經》說：『萬事都有個開頭，但很少有好的結束。』善終實在很難，令尹大概將不免禍難。」衛襄公說：「您是怎麼知道的？」北宮文子回答說：「《詩經》說：『威嚴的儀容、舉止要表現出恭敬又謹慎，因為這是百姓的準則。』令尹沒有這樣的威儀，百姓就沒有準則了。百姓所不願效法的人，卻高居在百姓頭上，就不能善終。」衛襄公說：「說得好啊！那什麼叫威儀？」北宮文子說：「有威嚴而使人敬畏的叫威，儀容舉止言談可讓人仿效的叫儀。國君有國君的威儀，他的臣下敬畏而愛戴他，把他作為準則而仿效他，所以他能保有國家，有好的名聲傳給後代。臣子有臣子的威儀，他的下屬敬畏而愛戴他，所以能保有他的官職，保有他的家族使家族和睦。順著這次序，以下的人都如此，所以上下能互相團結。〈衛詩〉說：『儀容安詳，優點說不完。』這是說君臣、上下、父子、兄弟、內外、大小都有威儀。〈周詩〉說：『朋友之間互相幫助，用來幫助的就是威儀。』是說交友之道就是用威儀來互相教訓。〈周書〉列舉文王的德行，說：『大國敬畏他的武力，小國懷念他的恩德。』是說既敬畏他，又愛戴他。《詩經》說：『不依靠識和知，只是順從天帝的準則。』這是說把他作為準則而仿效他。殷紂王囚禁周文王七年，諸侯跟著他去坐牢，紂王於是害怕而把文王放了回去，可說是敬愛文王了。文王攻打崇國，兩次發兵，使崇侯降服為臣，蠻夷相率歸服，可說是敬畏文王了。文王的功業，天下人都讚誦而歌舞，可說是作為準則了。文王的措施，至今作為法則，可說是仿效文王了。這都是有威儀的緣故。所以君子在職位上讓人敬畏，施惠予人使人敬愛，進退可作為法度，與人交往可作為準則，儀容舉止值得觀賞，做事可讓人學習，德行可讓人仿效，聲音氣度讓人高興，動作文雅，說話有條理，用這些來對待屬下的人，這就叫有威儀。」

【說　明】以上為第二段，主要寫鄭國子產執政的情況。子產相鄭伯如晉朝會，而晉侯借故不予接見，於是子產盡壞晉館舍垣牆。這是出人意表的驚人之舉，然子產胸中早有成算。晉人責問時，子產針鋒相對，進行說理鬥爭：先敘來晉進獻之誠，而何時進見卻不得而知；鄭不敢輸幣，又不敢曝露，左右為難。然後歷敘晉文公為盟主時自處儉約而待客甚敬，使「賓至如歸」，以反擊今日晉之慢客；門不容車，又不可踰牆而入，說盡壞垣之故。最後表明朝會納幣後自當修垣而歸，見出修垣是細事。義正而不屈，詞嚴而不激，從而使晉人折服，趙武自責，晉君厚加禮待，叔向讚不容口，充分寫出子產外交方面的成功。善於辭令固然重要，然理直始能「有辭」。傳文又寫子產選賢授能，展其所長，故治政「鮮有敗事」。《論語・憲問》亦有所論，然與傳文不同。子產不毀鄉校，不壓制一般人對政事的批評意見，並以「防川」為喻，主張「小決使道」，發揚輿論，集思廣益，擇善而從，以羣眾的批評為老師、為治病之良藥。比喻貼切，議論精采，正與〈周語上〉邵公諫厲王「防民之口，甚于防止」同一義理。這種民主性的政治主張，受到孔子的稱讚，唐代韓愈又作頌盛讚之。子皮使尹何為邑宰，這本是子皮家事，然子產以為有害，故直言勸止。「學而後入政」（即「學而優則仕」），是立論大旨，而全篇純以譬喻說理：一喻言「吾愛之」而實傷之，二喻言如此用人亦害子皮及鄭國，三喻破「使夫往而學焉」，四喻破「愈知治」。結處仍以人面無同，其心亦然為喻，表示不敢以己意強人所為。使子皮自知謀慮不足，故委政於子產。相知之深，無過於此。而子產為人忠誠，對人知無不言，故能忠於國事。

去年傳楚國申無宇已言令尹王子圍必不免於難，本傳末章北宮文子又言王子圍威儀如楚王，必有異志而不得善終。明年王子圍殺郟敖，自立為楚靈王。至昭公十三年，楚共王諸公子叛楚，楚靈王自縊，果不得善終。

古籍今注新譯叢書

【哲學類】

新譯四書讀本 謝冰瑩等編譯
新譯學庸讀本 王澤應注譯
新譯論語新編解義 胡楚生編著
新譯孝經讀本 賴炎元等注譯
新譯易經讀本 郭建勳注譯
新譯周易六十四卦經傳通釋 黃慶萱注譯
新譯乾坤經傳通釋 黃慶萱注譯
新譯易經繫辭傳解義 吳怡著
新譯禮記讀本 姜義華注譯
新譯儀禮讀本 顧寶田等注譯
新譯孔子家語 羊春秋注譯
新譯老子讀本 余培林注譯
新譯帛書老子 趙鋒注譯
新譯老子解義 吳怡著
新譯莊子讀本 黃錦鋐注譯
新譯莊子讀本 張松輝注譯
新譯莊子本義 水渭松注譯
新譯莊子內篇解義 吳怡著
新譯列子讀本 莊萬壽注譯
新譯管子讀本 湯孝純注譯
新譯墨子讀本 李生龍注譯
新譯公孫龍子 丁成泉注譯
新譯晏子春秋 陶梅生注譯
新譯鄧析子 徐忠良注譯
新譯荀子讀本 王忠林注譯
新譯尹文子 徐忠良注譯
新譯尸子讀本 水渭松注譯
新譯鶡冠子 趙鵬團注譯
新譯鬼谷子 王德華等注譯
新譯韓非子 傅武光等注譯
新譯呂氏春秋 朱永嘉等注譯
新譯韓詩外傳 孫立堯注譯
新譯淮南子 熊禮匯注譯
新譯春秋繁露 朱永嘉等注譯
新譯新書讀本 饒東原注譯
新譯新語讀本 王毅注譯
新譯潛夫論 彭丙成注譯
新譯論衡讀本 蔡鎮楚注譯
新譯申鑒讀本 林家驪等注譯
新譯人物志 吳家駒注譯
新譯張載文選 張金泉注譯
新譯近思錄 張京華注譯
新譯傳習錄 李生龍注譯
新譯呻吟語摘 鄧子勉注譯
新譯明夷待訪錄 李廣柏注譯

【文學類】

新譯詩經讀本 滕志賢注譯
新譯楚辭讀本 林家驪注譯
新譯楚辭讀本 傅錫壬注譯
新譯文心雕龍 羅立乾注譯
新譯六朝文絜 蔣遠橋注譯
新譯世說新語 劉正浩等注譯
新譯昭明文選 周啟成等注譯
新譯古文觀止 謝冰瑩等注譯
新譯古文辭類纂 黃鈞等注譯
新譯樂府詩選 溫洪隆注譯
新譯古詩源 馮保善注譯
新譯千家詩 邱燮友等注譯
新譯詩品讀本 成林等注譯
新譯花間集 朱恒夫注譯
新譯南唐詞 劉慶雲注譯
新譯絕妙好詞 聶安福注譯
新譯唐詩三百首 邱燮友注譯
新譯宋詩三百首 陶文鵬注譯
新譯宋詞三百首 汪中注譯
新譯宋詞三百首 劉慶雲注譯
新譯元曲三百首 賴橋本等注譯
新譯明詩三百首 趙伯陶注譯
新譯清詩三百首 王英志注譯
新譯清詞三百首 陳水雲等注譯
新譯唐人絕句選 卞孝萱等注譯
新譯唐才子傳 戴揚本注譯
新譯拾遺記 石磊注譯
新譯搜神記 黃鈞注譯
新譯唐傳奇選 束忱等注譯
新譯宋傳奇小說選 束忱注譯
新譯明傳奇小說選 陳美林等注譯

新譯容齋隨筆選　朱永嘉等注譯
新譯明散文選　周明初注譯
新譯明清小品文選　鄭　婷注譯
新譯人間詞話　馬自毅注譯
新譯白香詞譜　劉慶雲注譯
新譯幽夢影　馮保善注譯
新譯菜根譚　吳家駒注譯
新譯小窗幽記　馬美信注譯
新譯圍爐夜話　馬美信注譯
新譯郁離子　吳家駒注譯
新譯歷代寓言選　黃瑞雲注譯
新譯賈長沙集　林家驪注譯
新譯揚子雲集　葉幼明注譯
新譯曹子建集　曹海東注譯
新譯建安七子詩文集　韓格平注譯
新譯阮籍詩文集　林家驪注譯
新譯嵇中散集　崔富章注譯
新譯陸機詩文集　王德華注譯
新譯陶淵明集　溫洪隆注譯
新譯江淹集　羅立乾等注譯
新譯庾信詩文選　歸　青注譯
新譯初唐四傑詩集　李福標注譯
新譯駱賓王文集　黃清泉注譯
新譯王維詩文集　陳鐵民注譯
新譯孟浩然詩集　楊　軍注譯
新譯李白詩全集　郁賢皓注譯
新譯李白文集　郁賢皓注譯
新譯杜甫詩選　張忠綱等注譯

新譯杜詩菁華　林繼中注譯
新譯高適岑參詩選　孫欽善等注譯
新譯昌黎先生文集　周啟成等注譯
新譯劉禹錫詩文選　閻　琦注譯
新譯柳宗元文選　卞孝萱等注譯
新譯白居易詩文選　陶　敏等注譯
新譯元稹詩文選　郭自虎注譯
新譯李賀詩集　彭國忠注譯
新譯杜牧詩文集　張松輝注譯
新譯李商隱詩選　朱恒夫等注譯
新譯范文正公選集　王興華等注譯
新譯蘇洵文選　羅立剛注譯
新譯蘇軾文選　滕志賢注譯
新譯蘇軾詞選　鄧子勉注譯
新譯蘇轍文選　朱　剛注譯
新譯曾鞏文選　高克勤注譯
新譯王安石文選　沈松勤注譯
新譯唐宋八大家文選　鄧子勉注譯
新譯柳永詞集　侯孝瓊注譯
新譯李清照集　姜漢椿等注譯
新譯陸游詩文選　韓立平注譯
新譯辛棄疾詞選　聶安福注譯
新譯歸有光文選　鄔國平注譯
新譯唐順之詩文選　馬美信注譯
新譯徐渭詩文選　周　群等注譯
新譯薑齋文集　平慧善注譯
新譯顧亭林文集　劉九洲注譯
新譯納蘭性德詞　馮　乾注譯

新譯方苞文選　鄔國平等注譯
新譯鄭板橋集　朱崇才注譯
新譯袁枚詩文選　王英志注譯
新譯李慈銘詩文選　潘靜如注譯
新譯聊齋誌異選　任篤行等注譯
新譯閱微草堂筆記　嚴文儒注譯
新譯浮生六記　馬美信注譯
新譯弘一大師詩詞全編　徐正綸編著

歷史類

新譯史記　韓兆琦注譯
新譯漢書　吳榮曾等注譯
新譯後漢書　魏連科等注譯
新譯三國志　吳樹平等注譯
新譯資治通鑑　韓兆琦等注譯
新譯史記—名篇精選　韓兆琦注譯
新譯尚書讀本　吳　璵注譯
新譯尚書讀本　郭建勳注譯
新譯周禮讀本　賀友齡注譯
新譯逸周書　牛鴻恩注譯
新譯左傳讀本　郁賢皓等注譯
新譯公羊傳　雪　克注譯
新譯穀梁傳　顧寶田注譯
新譯春秋穀梁傳　周　何注譯
新譯戰國策　溫洪隆注譯
新譯國語讀本　易中天注譯
新譯說苑讀本　左松超注譯
新譯說苑讀本　羅少卿注譯

新譯新序讀本　葉幼明注譯
新譯吳越春秋　黃仁生注譯
新譯西京雜記　曹海東注譯
新譯列女傳　黃清泉注譯
新譯越絕書　劉建國注譯
新譯燕丹子　曹海東注譯
新譯東萊博議　李振興等注譯
新譯唐六典　朱永嘉等注譯
新譯唐摭言　姜漢椿注譯

【宗教類】

新譯金剛經　徐興無注譯
新譯高僧傳　朱恒夫等注譯
新譯碧巖集　吳　平注譯
新譯百喻經　顧寶田注譯
新譯楞嚴經　賴永海等注譯
新譯梵網經　王建光注譯
新譯圓覺經　商海鋒注譯
新譯法句經　劉學軍注譯
新譯六祖壇經　李中華注譯
新譯禪林寶訓　李中華注譯
新譯維摩詰經　陳引馳等注譯
新譯經律異相　顏洽茂注譯
新譯阿彌陀經　蘇樹華注譯
新譯無量壽經　邱高興注譯
新譯無量壽經　蘇樹華注譯
新譯妙法蓮華經　張松輝注譯
新譯景德傳燈錄　顧宏義注譯
新譯大乘起信論　韓廷傑注譯
新譯釋禪波羅蜜　蘇樹華注譯
新譯八識規矩頌　倪梁康注譯
新譯永嘉大師證道歌　蔣九愚注譯
新譯華嚴經入法界品　楊維中注譯
新譯地藏菩薩本願經　李承貴注譯
新譯悟真篇　劉國樑等注譯
新譯无能子　張松輝注譯
新譯坐忘論　張松輝注譯
新譯列仙傳　張金嶺注譯
新譯抱朴子　李中華注譯
新譯神仙傳　周啟成注譯
新譯性命圭旨　傅鳳英注譯
新譯老子想爾注　顧寶田等注譯
新譯周易參同契　劉國樑注譯
新譯道門觀心經　王　卡注譯
新譯養性延命錄　曾召南注譯
新譯樂育堂語錄　戈國龍注譯
新譯冲虛至德真經　張松輝注譯
新譯長春真人西遊記　顧寶田等注譯
新譯黃庭經・陰符經　劉連朋等注譯

【軍事類】

新譯司馬法　王雲路注譯
新譯尉繚子　張金泉注譯
新譯三略讀本　傅　傑注譯
新譯六韜讀本　鄔錫非注譯
新譯吳子讀本　王雲路注譯
新譯孫子讀本　吳仁傑注譯
新譯李衛公問對　鄔錫非注譯

【教育類】

新譯爾雅讀本　陳建初等注譯
新譯顏氏家訓　李振興等注譯
新譯聰訓齋語　馮保善注譯
新譯曾文正公家書　湯孝純注譯
新譯三字經　黃沛榮注譯
新譯百家姓　馬自毅等注譯
新譯幼學瓊林　馬自毅注譯
新譯增廣賢文・千字文　馬自毅注譯
新譯格言聯璧　馬自毅注譯

【政事類】

新譯商君書　貝遠辰注譯
新譯鹽鐵論　盧烈紅注譯
新譯貞觀政要　許道勳注譯

【地志類】

新譯山海經　楊錫彭注譯
新譯水經注　陳橋驛等注譯
新譯佛國記　楊維中注譯
新譯大唐西域記　陳　飛等注譯
新譯洛陽伽藍記　劉九洲注譯
新譯徐霞客遊記　黃　珅注譯
新譯東京夢華錄　嚴文儒注譯